육천 년 빵의 역사

육천 년
빵의 역사

하인리히 E. 야콥 지음
곽명단·임지원 옮김

SIX THOUSAND YEARS OF BREAD
ITS HOLY AND UNHOLY HISTORY

우물이 있는 집

차례

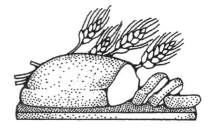

서문

마치 어제 일처럼 생생한 기억이 하나 있다. 내가 네댓 살일 무렵, 내 고향만큼이나 큰 대도시에 살았을 때의 일이다. 그때 나는 삼촌의 사무실에 있는 높다란 의자에 혼자 앉아 있었다. 삼촌은 곡물상이었는데, 당시 나는 곡물상이 어떤 일을 하는지 몰랐다.

우리 부모님은 저녁에 데리러 오겠다며 나를 삼촌에게 맡겨놓고 외출하셨던 것 같다. 혼자 앉아 있던 나는, 바닥에 가득 펼쳐놓은 누런 이삭 더미를 만져보고 싶은 마음에 의자에서 미끄러지듯 내려왔다. 바닥에는 파삭파삭 마른 것들이 수북이 쌓여 있었다.

손으로 만져보니 느낌이 좋지 않았다. 아니, 더럭 겁이 났다. 보기에는 비단처럼 매끄러울 것 같던 줄기가, 막상 만져보니 따끔거리고 까칠까칠했다. 바싹 말라서 부서진 조각들이 손바닥에 박혔고, 냄새가 코를 찔렀다. 작고 단단한 이삭에는 부드럽고 긴 수염이 자라 있었다.

나는 그것을 길가에서 자주 본 것 같았다. 그렇다, 그것은 말의 목에 걸린 꼴망태(마소에게 먹이는 풀을 베어 담는 도구~옮긴이)에서 쏟아지던 사료였다. 말을 무서워했던 나는 그만 울음을 터뜨리고 말았다.

때마침 삼촌이 상자를 들고 사무실로 들어오셨다. 울고 있는 나를 본 삼촌은 어리둥절해서 물었다.

"너, 왜 우니? 그게 뭔지 몰라?"

삼촌은 그것을 내 뺨에 갖다댔다. 간지러웠다. 나는 고개를 돌렸다.

"풀이요." 나는 우물쭈물 대답했다.

"이건 곡식의 견본일 뿐이야. 이까짓 게 뭐가 무섭다구." 삼촌이 말했다.

나는 "곡식의 견본이 뭔데요?" 하고 물어보았다.

삼촌은 웃으면서 이렇게 말했다. "이따가 집에 가거든 저녁 식탁을 잘 살펴보려무나. 틀림없이 네가 좋아할 거야……."

피곤에 지쳐 집으로 돌아왔을 때, 눈을 씻고 찾아봐도 식탁 위에 누르스름한 것이라곤 없었다. 그때 아버지께서 긴 허리를 굽혀 빵을 자르셨다. 빵의 바깥쪽은 아버지의 구레나룻처럼 반질반질 윤이 나는 갈색을 띠고 있었고, 안쪽은 아버지의 평온한 얼굴처럼 하얀 빛깔을 띠고 있었다. 불빛 아래에서 본 빵은 한결 더 평온하고 평화롭게 보였다. 아버지의 따스한 손길처럼, 빵의 하얀 속살에서는 평안함과 온화함 그리고 곧 잠에 빨려들 듯한 고요함이 느껴졌다.

궁금증은 사라졌다. 그 누렇고 이상하게 생긴 것이 식탁 위에서 매일 보게 되는 빵과 어떤 관련이 있다고 생각하는 것 자체가 어리석게 여겨졌기 때문이었다. 정말이지 그건 천치가 아니고서야 도저히 생각할 수 없는 일인 것만 같았다. 나는 그 이상한 것 모두를 무시해 버렸다. 빵은 그저 빵일 뿐, 다른 무엇이 될 수 없었다.

세월이 흐르고 흘러 1920년의 어느 날이었다. 나는 이 일화를 유명한 식물학자 게오르크 슈바인푸르트에게 들려주었다. 그랬더니 그가 살짝 웃으며 말했다.

"어린 조카가 삼촌보다 더 현명했네 그려. 조목조목 따져 보면 그렇다는 말일세."

리빙스턴과 동시대인이었던, 아흔이 다 된 그 노학자의 모습을 나는 지금도 또렷이 기억한다. 검은 대륙을 두루 탐험하고 그곳의 사람들을 계몽하면서 청장년 시절을 보낸 그는 흥미진진한 피그미족의 말(word)과 희귀한 아프리카 식물들을 우리에게 소개해 주었다.

"곡식의 줄기를 무서워하는 것은 당연한 일이야. 그 역사는 알지 못하더라도 말이야. 옛날 사람들은 곡식을 영웅으로 여겼어. 머리에 깃털 장식을 꽂고 단단한 규산으로 만든 돌갑옷을 입은 영웅 말이야. 그리고 그것이 기적을 행한다고 믿었어. 줄기 사이로 바람이 불 때 곡식에서 우수수 우수수 하는 소리가 났던 거야. 로마제국을 침략한 미개한 게르만족과 슬라브족은 난생 처음 그 소리를 듣고는 벌벌 떨기까지 했다니까."

"정말 놀랍군요!" 나는 들뜬 목소리로 말했다.

노학자는 별것 아니라는 듯한 몸짓을 하면서 말을 이어 갔다.

"자네가 그 곡식과 빵을 서로 다른 것으로 여긴 것은 지극히 당연한 일이야. 그 곡식과 빵은 보기에도 영 딴판이야. 인간이 구워 먹거나 끓여 먹던 곡식으로 빵을 만들어 내기까지 장장 1만년이라는 세월이 걸렸거든."

"빵을 처음 만든 사람은 누구예요?"

"그야 모르지. 허나 분명한 것은 농부의 인내심과 화학자의 호기심을 가진, 유일 국가의 사람이 빵을 만들었다는 거야. 아마 이집트 사람이겠지."

"그럼 이집트 사람이 처음 빵을 만든 후에 계속해서 우리 식탁에 빵이 올라온 거예요?"

"뭐 어쩌다 한 번씩 올라왔겠지." 노학자가 머뭇거리며 말했다.

"농부들은 농기구를 빼앗기거나 혹독한 세금 징수 때문에 곡식을 심기가 힘들었어. 안타까운 일이지. 그러나 빵에 얽힌 이야기는 생각보다 훨씬 흥미진진하다네. 내가 아는 가장 놀라운 것은 수천 년의 역사를 가졌음에도 제빵의 역사는 아직도 끝나지 않았다는 거야. 식물학자, 농부, 제분업자, 제빵사가 지금도 꾸준히 실험을 하고 있어. 빵의 역사는 사회, 기술, 종교, 정치, 과학의 역사와 관련이 깊네."

"종교까지요?" 나로서는 이해하기 힘든 점이었다.

"그렇다마다, 빵은 종교를 존속시키는 데 엄청난 역할을 해왔다네. 위대한 문화의 신앙들 대부분은 먼저 '빵의 종교'가 되기 위해 분투했고 지금도 여전히 '빵의 종교'로 남아 있으니까……."

"그 이야기를 한번 써보시지 그러세요?" 나는 소리쳤다. "1만년의 빵의 역사에 대해서요."

그는 마치 나의 마음을 이미 알고 있다는 듯한 표정을 지었다. 갑자기 위대한 학자의 말투가 노회한 퇴역 정치인의 말투로 변했다. "자네가 해보면 어떻겠나? 할 일이라고 해봐야 뭐 별거 있겠어? 화학, 농업, 종교, 경제, 정치, 법에 대한 인간의 역사를 조사하는 정도겠지. 한 20년 정도 자료를 모으면 집필을 시작할 수 있을거야!"

그의 웃던 모습이 지금도 눈에 선하다. 따뜻하면서도, 묘한 여운을 남기는 웃음이었다.

'그 무거운 짐을 왜 내가 떠맡아야 하지?' 나는 속으로 생각했다. '그렇게 많은 자료를 모을 수 있는 사람이 어디 있겠어?'

결국 나는 그 짐을 맡기로 했다. 하지만 자료를 모으는 일은 끝이 없었다. 지금도 자료를 모으고 있는 중이지만 이쯤에서 그 이야기를 시작해 보려고 한다.

일러두기

이 책에는 원주가 없으며, 각주는 모두 역자 또는 편집자가 붙인 것이다.

최초의 농부, 개미

1861년 4월 13일, 저 위대한 찰스 다윈이 런던 린네학회에서 연설을 하려고 자리에서 일어났다. 당시 52세였던 다윈은 아직 젊어 보였다.

여태까지 다윈이 이렇게 흥분한 적도 없을뿐더러, 많은 회원들 앞에 서서 열변을 토하는 것도 처음이었다. "저는 미국 텍사스 주에 살고 있는 물리학자 지디온 린스컴 박사로부터 두 통의 편지를 받았습니다. 농경의 기원에 대한 신비를 밝혀냈다고 하더군요. 그의 주장에 따르면, 농경은 이미 인류가 출현하기 전부터 시작되었습니다. 요컨대 최초로 곡식의 씨앗을 뿌리고 추수를 한 것이 개미라는 거죠."

그것은 다윈이 《종의 기원》을 출간한 때로부터 4년이 지난 후의 일이었다. 린네가 '식물의 아버지'로 불렸다면, 다윈은 '동물의 아버지'로 불렸다. 창세기의 조물주가 아담에게 동물들의 이름을 짓도록 한 이후 다윈과 같은 일을 한 사람이 아무도 없었던 것이다.

다윈은 학회 회원들에게 개미에 관한 첫 번째 편지를 읽어주었다.

"개미는…… 흙더미 주위에 있는 모든 장애물을 치운 다음, 흙더미 출구까지 1미터 가량 되는 길을 평평하게 고릅니다. 마치 근사한 포장도로처럼 말이죠. 그런 다음 정성껏 닦아 놓은 길 위에는 한 종류의 풀, 그러니까 낟알을 맺는 한 종류의 풀 외에 그 어떤 것도 자라지 못하게 합니다. 개미는 흙더미 주위에 둥그렇게 심어 놓은 그 농작물을 지성으로 돌보고 가꿉니다. 그러니까 자신들이 심어 놓은 농작물 사이로 솟아오른 잡풀은 물론, 흙더미를 중심으로 사방 90센티미터 안쪽에 난 풀들을 모두 베어 버리는 겁니다. 그렇게 재배한 풀이 무럭무럭 자라면, 마침내 작고 하얀 낟알이 주렁주렁 열립니다. 개미는 다 여문 낟알을 거둬들입니다. 그리고 알곡을 제외한 쭉정이와 짚들은 모두 내다버립니다. 이 개미벼는 11월 초순에 자라기 시작합니다. 앞서 말씀드린 것처럼 개미가 낟알을 맺는 특정한 풀을 의도적으로 심는다는 사실에는 의심의 여지가 없습니다."

다윈은 자신이 도저히 납득하기 힘든 점에 대해 좀 더 확실한 답변을 해달라는 내용의 답장을 보냈다고 밝혔다. 린스컴의 두 번째 편지는 이에 대한 답변인 셈인데, 이 편지에서 그는 "지난 12년 동안 하나의 개미 도시만을 지켜보았는데 그것은 분명한 사실이다. 개미는 계획적으로 작물을 심어 단일 재배한다."고 주장했다.

"그 포장도로에는 낟알을 맺는 단일한 종의 풀, 즉 아리스티다 스트릭타(Aristida stricta) 외에는 한 포기의 푸성귀조차도 자라지 못하게 합니다……. 물론 몇 가지 다른 종의 낟알이나 갖가지 초본식물의 열매도 채취하기는 합니다. 그러나 절대 심지는 않습니다. 개미들이 정성껏 재배하는 풀은 2년생 식물이거든요. 이들은 그 풀이 잘 자라도록 가을비가 내리기 전에 씨를 뿌립니다. 따라서 11월 초순 무렵이면 포장도로에서 둘레가 약 80센티미터 가량 되는 원을 그리며 아름다운 초록빛 개미 벼가 돋아나지요. 그리고 개미 벼 주위에 자라는 풀이나 잡초는 싹이 나기 무섭게 베어버립니다. 그런 다음에 개미 벼가 완전히 여무는 이듬해 6월까지 두었다가, 추수를 한 후 낟알을 곡식 창고에 보관합니다."

이처럼 상세하게 설명한 린스컴 박사의 편지 글을 듣고 있던 회원들은 심상치 않은 반응을 보였다. 모든 사람이 벌떡 일어나 단상을 향해 소리쳤다. 어떻게 그 따위 설명이 위대한 인류 문명의 수수께끼를 풀수 있는 실마리가 되겠느냐는 것이었다. 그러던 과학자들은 불현듯 학교 다닐 때 배운 신학과 고전 교과서에 실린 중대한 대목을 떠올렸다. 남부, 특히 지중해 연안에 서식하는 개미들은 야생풀의 열매를 따서 겨울 양식으로 저장해 두었다는 이야기가 수천 년 동안 전해온다는 내용이 들어 있었던 것이다. 솔로몬의 〈잠언〉 편에는 "게으른 자여, 개미에게 가서 배우라!"라는 가르침이 있다. 또한 로마 시인 호라티우스는 '미래를 대비하는' 개미들의 현명함을 찬양했다. 역시 개미들의 습성을 관찰했던 베르길리우스도 《아이네이스(Aeneis)》 제4권에서 개미에 대해 썼다. 린스컴 박사는 이 대목과 관련하여, 영국 시인 드라이든이 번역한 글을 인용했다.

"겨울이 되면 양식이 떨어질까 걱정한

개미들이 줄지어 나간다.

그들은 곡식에 마구 들러붙어 누런 낟알을 양껏 따서

자신들의 집으로 옮긴다."

다른 회원들이 벌떡 일어서며 반박했다. "그건 전적으로 다른 차원의 문제지요. 그 글은 개미들이 궁할 때 먹으려고 낟알을 저장한다고만 했으나, 린스컴 박사는 처음으로 씨앗을 뿌려 농사를 지은 것이 개미라고 주장하고 있지 않습니까?"

"정확한 지적이요." 다윈이 고개를 끄덕이며 말했다. "저장과 파종은 스코틀랜드와 중국의 물리적 거리만큼이나 동떨어진 얘깁니다. 여러 각도에서 좀 더 신중하게 생각해 봅시다!"

그들은 골똘히 생각했다. 만약 개미가 파종법을 알고 있다면, 그들은 어느 정도의 사고 행위를 해왔을 것인데, 말 못하는 생명체의 의식적 활동 수준이 제대로 밝혀지지 않은 탓이었을까, 아니면 그저 우연의 소산이었을까? 린네학회의 회원인 이 과학자들은 당연히 동물의 세계를 아주 높이 평가했다. 지구 상에 인류가 출현하기 전에 동물들이 이룩한 일들을 절대 하찮게 여기지 않았던 것이다. 수학, 건축, 물리학 분야만 해도, 그 '말 못하는 동물들'이 인간보다 훨씬 더 앞서지 않았던가. 벌은 각도를 재는 도구가 전혀 없이도 가장 순수한 기하학적 도형인 육각형을 만들 정도이니, 어찌 놀랍지 않겠는가! 또 모르타르를 고안해 낸 제비의 능력을 생각해 보라. 이 새의 발명품만 제대로 분석한다면 인간은 발코니나 베란다를 짓는 방법을 알 수 있을 것이다. 그뿐만이 아니다. 설치류 동물 중에서 가장 힘이 좋은 비버는 몇 미터나 되는 댐을 건설하여 냇물의 흐름을 조절함으로써 지형을 변화시킨다. 비버의 댐 건설에서 커다란 수수께끼는 시간의 문제였다. 그처럼 거대한 댐을 건설하기 위해서 줄잡아 200년은 걸렸을 것이기 때문이다. 비버는 도대체 누구를 위해 댐을 만드는 것일까?

그런데 이제는, 개미가 농업을 처음 시작했으며, 수천 년 전의 인간이 개미를 예리하게 관찰함으로써 그들의 비법을 터득했다는 주장까지 제기된 것이다.

그러나 과연 원시인들이 관찰을 통해, 주도 면밀한 분석 능력을 필요로 하는 인과 관계의 법칙을 터득할 수 있었을까? 원시 시대의 인간들에게는 이성(理性)이 없었거나, 기껏해야 원시적인 추리 능력밖에 없었다는 사실이 최근에 과학적으로 밝혀졌다. 폴리네시아의 마르케사스 섬 주민들은 아이의 출산이 정확히 9개월 전에 행한 부부 관계와 관련이 있다는 사실을 믿으려 하지 않았다. 그들은 지극히 사소한 행위가 그토록 거대하고 경외할 만한 결과를 초래한다는 것이 오히려 비논리적으로 여겨지는 모양이었다. 지금 과학자들은 개미가 추수를 하기 위해 씨앗을 뿌리고, 곡식이 잘 여물 때까지 8개월을 기다리며, 그 8개월 동안 온갖 고통을 무릅쓰고 김매기를 한다는 사실을 믿도록 강요당하고 있다. 그것은 너무 무리한 요구였을 것이다. 그것은 너무나 인간적이고, 너무나 '인간다운' 일이었으니까 말이다.

　오랜 시간 뜨거운 논쟁을 거듭한 끝에, 런던 린네학회 회원들은 린스컴 박사가 허풍쟁이라는 결론을 내렸다. 그러나 과연 다윈과 학회 회원들이 농락을 당했던 것일까?

＊　　＊　　＊

　마크 트웨인의 작품 속에나 등장할 법한 이 황당무계한, 농사짓는 개미에 대한 이야기는 이렇게 일단락되었다. 그로부터 40여 년 후 또 한 사람의 미국인이 이 문제를 다시 끄집어냈다. 휠러는 다음과 같이 썼다.

　린스컴은 개미가 곡식을 추수하기 위해 '개미 벼'라는 단일 종자를 뿌려, 무럭무럭 자라도록 돌보고, 김까지 맨다는 신화를 퍼뜨린 책임을 져야 한다. 텍사스의 초등학생조차도 우스운 얘기로 여김에도 불구하고 이 이야기가 널리 퍼진 것은 위대한 다윈이 여기에 동조하고 나섰기 때문이다.

다윈 시대 이후로 개미에 대한 연구, 즉 '개미학'이 새로운 학문으로 급부상했다. 개미학의 창시자는 스위스 과학자 포렐, 영국의 러버크와 로마네스, 오스트리아 예수교 신부 에리히 바즈만이다. 이 학자들은 자신들의 관찰 결과를 놓고 의견이 분분했다. 개미를 행동하게 하는 기본적인 힘, 즉 동기가 무엇인지에 대한 설명이 저마다 달랐던 것이다. 마침내 수많은 개미학자들은 모든 생물 중에서 인간과 가장 흡사한 지능을 가진 것이 개미라는 결론을 내렸다. 이는 유인원보다 개미가 더 인간과 비슷한 지능을 가졌다는 얘기가 된다. 그러나 일각에서는 이러한 견해를 철저하게 부정했다. 예수교의 바즈만 신부는 '하나의 명제에서 또 다른 명제를 이끌어내고, 전제에서 결과를 도출하는 능력', 즉 인간의 이성이 그렇게 하찮은 미물과 공유할 수 있는 특성이라는 주장을 받아들이지 않았다. 한편 베테는 개미에게는 이성도 본능도 없으며, 모든 무척추동물은 반사적으로 행동하는 무리일 뿐이라고 주장했다.

이러한 논박에도 불구하고 개미에 대한 연구가 수그러들기는커녕, 오히려 개미에 관한 지식의 축적이 날로 방대해져 왔다. 그래서 인간의 초기 역사보다 오히려 개미에 대해 더 많은 것을 알게 될 정도가 되었다.

생물학적으로나 사회학적으로 개미는 뛰어난 종(種)이다. 개미는 냄새나는 물질을 분비하는데, 이 냄새를 맡고 서로의 존재를 인식한다. 또한 더듬이의 움직임으로 표현되는 고유한 언어가 의사소통 수단으로 발전했다. 개미는 일을 하기 위해 자신의 성 기능까지 포기한다. 다시 말해, 교미가 끝난 후 더 이상 쓸모가 없는 수캐미는 굶겨 죽이고, 생식 기능이 없는 일개미가 종족의 복지를 맡는 것이다. 개미들은 이웃한 종족과 전쟁을 벌이다가도, 철천지원수였던 적들과 평화롭게 살아간다. 프랑스 과학자들은 개미의 도로 건설 능력을 연구했고, 영국 과학자들은 개미의 터널과 다리를 조사했다. 또 미국 곤충학자 맥 쿡은 개미의 수면, 잠에서 깨어날 때 하는 하품, 배설, 행동양식을 연구했다. 파렌 화이트 목사는 장례 의식과 환자를 돌보는 모습을 관찰했다. 다윈도 직접 노예 개미를 연구했다.

다윈은 일찍이 서로 환경이 다른 지역에서 살아가는 개미들은 각기 능력이 다르다는 것을 간파했다. 이를테면 영국에 사는 개미는 스위스에 사는 개미와 행동 양식이 달랐다. 시골에 서식하는 개미는 딱정벌레를 잡아 짓이긴 후 하얀 즙을 내서 먹었다. 심지어 그들은 발효법까지도 알고 있었다. 이 개미는 잎을 잘라 입으로 씹어서 물렁물렁한 덩어리로 만들고 자신의 침(인간의 침과 비슷한)에 들어 있는 효소를 이용하여 녹말을 당분으로 바꾼다. 그리고 그렇게 만든 물질을 얼마 동안 그대로 놓아두었다가 먹는다. 이런 행동이 문명의 기적이 아니라고 할 수 있을까? 북구 신화에 따르면, 최초의 발효 맥주는 크바지르*의 침을 커다란 통 속에 담은 곡식과 섞어서 만든 것이라고 한다. 그렇다면 개미가 북유럽의 영웅 크바지르를 알기라도 했단 말인가?

맥 쿡은 펜실베이니아에 서식하고 있는 개미 중에는 인간으로 치면 쿠푸**의 피라미드보다 무려 84배나 큰 저택에서 사는 것도 있다고 주장했다. 그렇다면 이처럼 위대한 종족, 더욱이 발효법까지 발견한 개미들

---

* 신화 속의 인물로 신들이 침을 뱉어 놓은 그릇에서 태어났다고 함.
** 이집트 제4왕조 제2대 왕으로, 세계 7대 불가사의 중 하나로 꼽히는 기제의 피라미드가 바로 이 왕의 무덤이다.

이 농사인들 못 지을까! 그러나 린스컴이 주장한 개미의 '농경지'는 세월이 흐르면서 흔적도 없이 사라져버렸다. 그곳이 어디인지는 아무도 알 수가 없었으며, 텍사스 개미나 다른 개미는 곡식을 심지 않는 것 같았다.

한편 과학자들의 연구가 거듭될수록 개미가 농사에 큰 해악을 끼치는 적이라는 사실이 분명해졌다. 그러나 이것은 본능적인 행위일 따름이었다. 개미는 무슨 수를 써서라도 자신의 먹이에서 싹이 트는 것을 막아야 했던 것이다. 그래서 자신의 창고에 저장하기 전에 낟알에 개미산을 뿌리거나 싹을 베어냈다. 또한 더 이상 발아하지 못하도록 햇빛 아래 낟알을 널어놓고 바싹 말리기도 했다.

린스컴이 거짓말을 한 것일까, 아니면 잘못 관찰한 것일까? 이런 의문에 대한 답변은 1937년 페르디난드 괴트쉬가 해주었다. 그는 린스컴이 주장한 농사짓는 개미가 꾸민 이야기가 아니라 사실이긴 하지만, 그래도 그것은 '우연'의 소산일 뿐이라고 밝혔다. 유럽과 남미에서 광범위하게 개미를 관찰한 괴트쉬는, 개미 종족이 대부분 서로 모순되는 두 가지 본능을 지니고 있다는 사실을 알아냈다. 다시 말해 개미는 '수집 본능'과 '건설 본능'을 지니고 있었던 것이다. 그래서 수집 본능이 작용할 때는 낟알과 나뭇가지 등 온갖 것들을 집으로 모아들이고, 건설 본능이 작용할 때는 모아둔 것들을 모두 밖으로 끌어내 건설하는 데 사용하는데 그 속에 풀의 열매나 낟알도 섞여 있었던 것이다. 가뭄이 들면 개미의 수집 본능이 작용하고, 우기에는 건설 본능이 작용한다. 괴트쉬는 린스컴이 말한 개미의 농지가 건설을 할 때 집밖으로 끌고 나간 숱한 낟알들이 싹터 만들어진 것이라고 주장했다. 그러니까 개미가 무의식적으로 축축한 땅에 놓아둔 낟알에서 싹이 튼 것이지, 결코 개미가 의식적으로 씨앗을 뿌린 게 아니라는 것이다. 그러나 만약 이런 '우연'이 인간의 역사에서 헤아릴 수 없이 많이 일어났고, 따라서 집단 기억이 형성되었다면, 결국 이것이 파종 본능으로 발전했을 가능성은 없는 것일까? 어쩌면 린스컴의 그 특별한 개미들에게 이처럼 엄청난 본능이 생겼을지도 모를 일이고 따라서 린스컴 박사가 착각했다고 단정지을 수는 없을 것이다.

그리고 더욱 분명한 것은 석기시대 사람들이 농업을 처음 알게 된 것이 그들의 의지와는 상관없는 뜻밖의 결과 때문이라는 사실이다. 그들은 일상적으로 먹는 고기의 얼얼한 맛을 줄여주는 맛있는 곡식의 씨앗을 동굴 속 마른땅에 잘 보관해두었다. 그러나 어느 날 동굴 바닥이 축축해져 씨앗에서 싹이 나기 시작했고 싹이 나자 그 씨앗은 맛이 없어져 버렸다. 사람들은 자기 뜻대로 되지 않는 땅에서 살아야 하는 신세를 한탄하며 씨앗을 내다버렸다. 그런데 이게 어찌된 일인가! 그로부터 8개월이 지난 뒤 다시 낟알이 열리기 시작했던 것이다.

쟁기의 발명

원시인들에게는 현미경이 없었다.

"문화는 모방을 통해 발생한다"고 프랑스의 사회학자 가브리엘 타르드가 설파한 바 있지만, 원시인이 모방에 능했을지라도, 그토록 작은 개미를 보고 똑같이 따라하지는 못했을 것이다. '근면성, 본능적 건축술, 질서 의식, 충성심, 용기를 지닌 개미'라는 말을 생각해 보자. 이것은 뒤

부아레몽*이 개미에게 바친 찬사다. 1886년, 연구 작업을 하고 있던 그는 현미경을 통해 개미의 고귀한 특성을 관찰할 수 있었다. 그러나 엄밀히 말해, 그것은 원시인에게는 불가능한 일이었다.

멋진 깃털을 가진 새의 비상, 그것은 또 다른 문제였다. 새의 비행, 새의 춤, 새의 언어는 얼마든지 흉내낼 수 있었다. 새는 (훗날 인디언들도 그랬던 것처럼) 신이나 부족의 시조로 간주되기도 했다. 그러나 안타깝게도 사랑스러운 새는 씨를 뿌리지도, 추수를 하지도 않았다.

그렇다, 인간은 그 어떤 동물에게서도 농사를 배울 수 없었다. 인간 스스로 터득해야만 했다. 아니, 남자보다는 여자가 깨달아야 했다.

남자는 여자가 없었다면 농사법을 습득하지 못했을 것이다. 농사의 기원에 관한 상당히 신빙성 있는 추론은 이렇다.

아주 오래 전, 남자는 사냥꾼이었다.

그는 운이 좋아 사냥이 잘 되는 날에는 끼니를 때울 수 있었지만 자신이 던진 돌멩이에 맞아 쓰러지는 사냥감이 없는 날에는 굶을 수밖에 없었다. 그러던 어느 날 남자는 남은 고기를 불에 구워 저장해 두었다가 먹으면 된다는 사실을 알게 되었다. 불에 구워 불순물을 제거한 고기는 상하지 않았기 때문에 며칠을 두고 먹을 수 있었다.

남자는 고기를 저장했다(요리는 이보다 훨씬 뒤, 그러니까 불의 뜨거운 열을 견딜 수 있는 그릇이 생긴 뒤에야 비로소 시작될 수 있었다). 하지만 저장해 둔 고기는 며칠 만에 다 떨어졌고 남자는 다시 사냥에 나서야만 했다. 그러던 어느 날, 사냥꾼의 아들이 아버지에게 이렇게 제안했을 것이다. "동물을 잡으면 죽이지 말고 큰 울타리 안에 가둬요. 수컷과

* 독일의 동물생리학자.

암컷을 함께 가둬 두면 새끼를 치겠죠. 그럼 우린 계속 고기를 먹을 수 있으니 굶어 죽지 않을 거예요."

이렇게 해서 사냥꾼의 아들은 목동이 되었고 목동이 된 아들은 자신이 기르는 동물들 중에는 다른 동물의 살을 먹는 동물만 있는 것이 아니라 풀이나 나무 열매를 먹는 동물도 있다는 사실을 알게 되었다. 그에게는 그런 동물이 현명하게 보였을 것이다. 그러던 어느 날 아들은 자신을 비롯한 모든 식구가 알 수 없는 병에 걸린 사실을 알게 되었다. 입 안이 헐고 심한 두통이 생기더니 급기야 숨 쉬기조차 힘들어졌다. 아들은 식물의 씨앗을 구해 와서 구운 고기 위에 뿌렸고, 과일 열매도 먹었다. 그랬더니 언제 그랬냐는 듯 병이 깨끗이 나아 버렸다.

가족은 일을 분담했다. 나이가 들어 노쇠해진 아버지는 아들 대신 목동 노릇을 했고 건강하게 자란 아들은 아버지 대신 사냥을 했다. 제일 건강한 동물은 우리에 가두고 나머지는 도살했다. 아내는 풀과 열매를 채집했는데, 도무지 어디서 어떻게 생겨나는지 알 수 없는 땅 위의 신기한 생물들이었다. 그러나 그녀는 혼자 있는 시간이 아주 많았던 만큼, 생각하고 관찰할 시간도 많았다. 그녀는 땅에서 자라는 것이라고 해서 다 똑같은 게 아니라는 것, 그것들 역시 땅 위를 다니며 자손을 번식하는 동물들처럼 서로 다르다는 것을 알게 되었다.

마침내 여러 식물의 고유한 특성을 알게 된 여자는 남자보다 더 큰 힘을 갖게 되었다. 식물은 남편의 마음을 변화시키는 놀라운 힘을 지니고 있었다. 동물들에게 부대껴서 잔뜩 신경질을 부리거나 우울해하는 남편을 잠에 빠지게 하거나, 기분을 좋게 해주는 식물도 있었다. 남편은 하늘에서 일어나는 기괴한 현상들 때문에 늘 두려움에 시달렸다. 예컨대 항상 그대로 있는 것이 아니라 거울처럼 둥글었다가 느닷없이 황소 뿔처럼 변하는가 하면, 흔적도 없이 사라져 버리기도 하는 달이 무서웠던 것이다. 남편은 은백색의 달처럼 빛나는 피부와 근사하게 굽은 뿔을 가진 흰 소를 끌고 와서 달에게 바치며, 그 보답으로 예전처럼 아주 큰 달이 되어 달라고 빌었다. 두려움 속에서 눈물을 흘리며 제물을 바쳤다. 그러나 아내는 남편의 두려움을 가라앉힐 수 있는 방법을 알고 있었다. 태양열을 받은 나무 줄기에서 스며 나오는 발효된 당분에 딱정벌레와 나비가 숱하게 들러붙는 것을 보았기 때문이었다. 그리하여 여자는 술 빚는 법을 터득하게 되었다.

남자는 술을 마신 뒤 푹 자고 일어나면 기분 좋게 가축들을 돌보러 갔다. 집에 남은 아내는 남편의 건강을 지켜줄 식물에 대해 궁리했지만, 가축을 치는 데 필요한 근육의 힘을 키우는 데는 아무 효험이 없다고 생각한 남편은 여전히 식물을 등한시했다.

어느 날 목장에서 돌아온 남편은, 아내가 일구어 놓은 채마밭을 보았다. 아내는 자신의 자궁처럼, 씨앗을 가득 뿌려 놓으면 땅도 아홉 달이 지난 뒤에 열매를 맺는다고 남편에게 설명해주었다. 남편은 어이없어하며 웃어넘겼다. 그러나 그는 곧 아내의 말을 믿게 되었다.

아내는 땅이 씨앗을 잘 받아들일 수 있게 도와주는, 땅을 파는 도구를 발명했다. 그녀는 땅에 홈을 판 다음 '기장의 시조' 격인 씨앗을 심었다. 그리고 그 어떤 식물의 씨앗보다 기장의 자손들에게 아낌없는 사랑을 베풀었다. 기장은 몸에 좋은 양분이 되어 자기 자식들을 건강한 남자로 성장하게 해주었기 때문이다.

그러나 언제부턴가 그녀는 이 도구로 홈을 파는 것이 너무 힘들어졌다. 그래서 남편에게 풀밭을 파도 부러지지 않게끔, 긴 막대에 짧은 막대를 직각이 되도록 묶어 달라고 부탁했다. 이제는 큰 힘을 들이지 않고도 흙을 갈아엎을 수 있게 되었다. 여자가 괭이를 발명한 덕분에, 대지의 자궁은 한결 쉽게 열렸다. 여자는 수천 년 동안 괭이로 밭을 일구어 풀과 채소를 재배했다.

　어느 날 남편은 친구들과 함께 소들을 이끌고 시끌벅적하게 집으로 돌아왔다. 태양신 덕분에 맛 좋은 풀들이 무성하게 자라나, 소들은 통통하게 살이 올랐다. 남자들은 그런 태양신에게 제사를 올리고 싶었다. 이들은 뜰에 있는 나무 밑에 앉아서 술을 마셨다. 얼큰하게 술기운이 오른 한 남자가 괭이를 마당에 어찌나 깊숙이 박았던지 아무도 빼내지 못했다. 모두가 요란스레 웃고 있는데, 집주인이 황소 한 마리를 끌고 와서 자루가 반이나 땅에 파묻힌 괭이에다 아주 질긴 풀을 매었다. 황소가 한 발씩 앞으로 나아가자 괭이가 끌려왔다. 그러나 소는 괭이를 위로 잡아당긴 것이 아니었다. 소가 괭이를 땅에 묻힌 채로 앞으로 끌고 가자 땅이 갈라졌다. 그때 소가 느닷없이 태양을 올려다보며 그 한 줄로 갈라진 땅이 부르르 떨릴 정도로 울부짖었다. 남자들은 마치 짐승 가죽처럼 찢기는 대지를 지켜보았다. 그들은 대지의 자궁을 계속 파헤치는 황소와 괭이가 무서워지기 시작했다. 순간 그들은 술이 확 깨면서, 자신들이 신을 진노하게 했다고 덜덜 떨면서 괭이를 맨 황소를 풀어주었다.

　다음 날 남자들은 깊게 팬 땅을 메우고 어제 있었던 일을 말끔히 잊고 싶었다. 그러나 아내가 끼어들어 이렇게 말했다. "식물의 암수를 옆에 나란히 두었다가, 그 수컷의 씨를 '대지'의 자궁에 넣으면 어떨까요?" 그리하여 남자들은 여자들이 오래도록 해왔던 방식대로 했다. 그러나 남자들은 그것만으로는 마음이 놓이지 않았다. 그들은 땅을 가르고 파헤친 자신들을 용서해 주면, 무엇이든 다 바치겠다고 대지에게 빌었다. 이 남자들은 분노한 대지가 스스로 몸을 열어 자신들을 집어삼킬까 봐 두려웠다. 그러나 그런 일은 일어나지 않았다. 오히려 대지는 자신의 번식을 도와준 사람들에게 축복을 내렸다. 모든 것이 훨씬 더 크고, 더 푸르고, 한층 풍요로워졌다. 그 후부터 남자들은 계속 아내를 도와주었다. 그들은 흙 속에서 끌어낸 괭이에 입을 맞추고 괭이를 신성하게 여겼다.

*　　*　　*

이러한 방법으로 인간은 쟁기를 발명했을 것이다. 어쨌거나 유사 이래 인간의 발명품 중에서 쟁기보다 더 중요한 것은 없었다. 전기, 철도, 비행기의 발명조차도 쟁기만큼 큰 영향을 끼치지 않았으며, 쟁기만큼 대지의 모습을 바꾸어 놓지도 못했다. 쟁기가 최초로 사용된 지역이 어딘지는 알 수 없지만, 아일랜드에서 북아프리카, 서유럽에서 인도, 중국에 이르기까지 광범위하게 사용되었던 것 같다.

분명한 것은 강 유역에서 쟁기가 발명되었다는 사실인데, 관개가 잘되는 땅이라야 원시적이나마 쟁기질을 할 수 있었기 때문이다. 실제로 가장 오래된 문명은 오아시스 문명이다. 최초의 쟁기는 티그리스강과 유프라테스강 유역에서 일어난 고대 메소포타미아에서 사용되었을까? 태양의 상징인 황소를 가장 숭배한 곳이 바로 이 메소포타미아였으니 말이다. 아니면 나일강 유역에서 쟁기를 처음 사용했을까? 아니면, 인도의 갠지스강 유역이 아니었을까? 확실히 알 수는 없다. 그렇다면 중국의 기름진 충적토가 넓게 펼쳐진 황하강 유역? 이에 대해서는 확실히 아니라고 대답할 수 있다. 중국에서 썼던 쟁기는 아시리아인이나 이집트 사람들이 사용했던 서아시아 지역의 쟁기에 비해 한층 발전된 형태여서, 만약 황하강 유역에서 최초로 쟁기를 사용했다면 이는 명백한 퇴보이기 때문이다. 중국인은 호미보다는 삽을 보습으로 사용하는 게 훨씬 더 효율적이라는 사실을 깨달았다. 중국인은 적당히 구부린 쇠판을 쟁깃술 끝에 매단 현대식 쟁기를 고안했다. 따라서 중국의 쟁기는 서아시아의 쟁기보다 훨씬 더 쉽게 많은 땅을 갈아엎을 수 있었다. 하나의 발명품이 쇠퇴할 수는 있지만, 그 기본 원리가 퇴보하는 법은 절대 없다. 바로 이런 점 때문에 쟁기질이 동아시아에서 기원했다고 보기 힘든 것이다.

동서양을 막론하고 쟁기질을 할 때면, 사람들은 어김없이 성행위를 연상했다. 땅을 갈아엎기 위해 대지에 격렬한 힘을 가하는 쟁기질은 마치 남자가 격렬하게 여자를 정복하는 모습과 닮았기 때문이다. 이로부터 한참 뒤, 고대 로마의 철학자 플루타르코스는 "상처 입히는 것이 사랑의 본질이다"라고 갈파했다. 쟁기질 또한 사랑의 행위였던 것이다. 이때 대지는 당연히 여자였다. 대지의 장점과 단점, 순순히 응했다가도 앙칼지게 거절하는 그 변덕스러움이 꼭 여자 같았던 것이다. 땅은 하늘의 아내(그리스인들은 대지의 여신이 제우스의 아내 중 하나라고 믿었다)였다. 제우스가 많은 아내를 거느렸기 때문에, 대지의 여신(데메테르)은 최초의 농부 이아시온과 정을 통하는 것으로 앙갚음을 했다. 이에 격노한 제우스는 이아시온에게 벼락을 내려 죽인다.

그러나 이아시온의 후손들은 끝없이 대지를 사랑해서 쟁기로 땅을 갈아엎고 씨앗을 뿌렸다. 해마다 농부는 이곳저곳 옮겨가며 개간한 것이

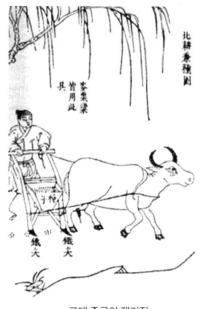

고대 중국의 쟁기질

아니라 친숙한 곳에서만 농사를 지었다. 땅이 자신의 뜻에 순순히 따라
주는 한 농부는 오래도록 땅을 사랑했으며, 목동이 가축을 돌보는 것도
이와 마찬가지였다. 이렇게 쟁기질을 하면서 농부는 재산과 토지를 소
유하고 싶은 욕망이 생겼다. 결과적으로 소유욕은 악의 근원이 되긴 했
지만, 만약 그런 욕심이 없었다면 인간이 지속적으로 토지를 개간하는
일도 없었을 것이다. 그런 점에서 보면 태초의 소유욕은 굉장히 중요한
의미를 지니고 있다. 바야흐로 인간이 처음으로 대지의 주인이 되는 시
점이었다. 식물이 자생하면서 대지를 뒤덮고 있을 때 인간은 손님일 뿐
결코 주인은 아니었다. 그러나 쟁기를 사용하면서부터 대지의 모습이
바뀌었고, 대지는 땅을 갈고 씨를 뿌리는 사람의 것이 되었다.

이제 땅의 주인이 된 인간은 씨앗을 골라 심었다. 씨앗을 골라 심자, 땅은 더 이상 바람의 변덕에 휘둘리지 않았으니, 이 또한 획기적인 변화였다. 인간의 쟁기가 파고드는 땅에서는, 더 이상 식물들이 서로 뒤엉켜 마구잡이로 교접하는 일이 없어졌다. 경작이 시작되면서 땅은 오직 하나의 지아비를 받드는 지어미가 되었다. 지아비인 인간도 일편단심으로 땅을 개간했다. 이 세상의 모든 농업의 신이 곧 결혼의 신이기도 한 것은 바로 이 때문이다. 반대로 바람이 부정(不貞)과 절도의 신인 까닭도 여기에 있다.

노동을 하면서 힘을 얻은 농부는 대지의 지아비로서 행세했다. 이러한 윤리적 관계를 상징하기 위해, 로마에서는 남자와 여자의 결혼식이 쟁기 위에서 엄숙하게 거행되었다. 또한 헤시오도스*는 그리스 농부에게 쟁기질을 할 때는 알몸으로 할 것을 간곡하게 권했다. 인간과 대지의 성스러운 결합이 옷 때문에 방해를 받아서는 안 되기 때문이었다. 추수가 시작되어 축복의 열매를 대지에서 모두 거둔 다음, 농부는 자신의 아내와 함께 벌거벗은 땅 위에 드러누워 성스러운 결합의 의식을 올렸다. 이들 부부는 이렇게 해서 새로운 열매를 맺어야 한다는 것을 대지에게 상기시키곤 했던 것이다!

초기에는 토지를 경작하는 행위 자체에 종교적인 의식이 깃들어 있었다. 땅에게 열매를 맺게 하는 엄청난 기적은 오로지 하늘의 축복을 받은 지고한 존재만이 일으킬 수 있다는 것을 그 누구도 의심하지 않았다. 실제로 성직자들은 날마다 이러한 사실을 강조했다.

그렇다면 성직자들은 언제부터 등장했을까? 본래 인간은 모든 활동

---

* 그리스의 서사시인. 그의 작품 《노동과 나날》은 고대 농경 생활을 엿볼 수 있는 귀중한 자료로 꼽힌다.

을 종교적인 마음으로 행하였으므로, 저마다 자신의 성직자였던 셈이다. 점차 노동이 분화되면서, 성직자, 사냥꾼, 목동, 농사꾼으로 뚜렷하게 구분되었다. 성직자들은 인간의 삶을 변화시킨 위대한 발명이 모두 자신들이 한 일이라고 주장했다. 불, 쟁기, 수레, 마소의 사육, 직조(織造), 단조술(鍛造術)까지 모두 자신들이 이룬 일이라는 것이었다. 성직자들은 이 모든 것이 신탁을 받은 자신들의 공헌이라고 주장했고 따라서 모두가 자신들을 먹여주고 입혀주어야 한다고 주장했다.

물론 성직자는 진실을 왜곡한 것이었다. 어떤 발명품도 신의 영광을 통해 고안되지 않았기 때문이다. 종교는 결코 기술을 창조하지 않았을 뿐 아니라, 그렇게 되기를 바란 적도 없다. 오히려 반대로 발명품이 나온 뒤에 그것을 장악하기에 급급했다. 종교는 신속하게 기술 혁신의 수호자임을 자처하고 나섰다. 인류 문명의 발달에서 이것은 꼭 필요하고도 중요한 과정이었다. 우리는 초기의 인간이 추리력도 미약하고, 기억력도 불완전하며, 확실한 주관이 없었을뿐더러, 항상 미혹에 빠져 지냈다는 사실에 주목해야 한다. 만약 성직자들이 의식을 통해 발명의 의미를 상기시키지 않았다면, 우연한 발명은 금세 잊혔을 것이다.

발명은 어느 것이나 삶의 양식을 향상시키려는 열정에서 비롯되었다. 종교는 발명을 신성시함으로써 망각하지 않도록 수호했다. 사람들은 난폭한 수소나 젖소에게 억지로 쟁기를 끌게 할 수 없다는 사실을 깨닫자 수소를 거세하여 온순한 소로 만들었다. 이 새로운 발견이 가치가 있는 것으로 판명되자 종교가 이를 보호했다.

힌두교에서 쇠고기 먹는 것을 신성모독으로 여긴 것은, 소가 신성한 동물이어서가 아니라, 소가 쟁기질을 하는 데 절대적으로 필요한 신성한 동물이기 때문이었다. 소를 신성시한 또 한 가지 이유는 쟁기질이라는 위대한 문명화 작업을 위해 소의 남성성을 희생시켰다는 데 있다. 다시 말해 강제로 거세당한 소는, 영적인 관심 때문에 결혼을 하지 않음으로써 후손을 얻지 못하는 성직자와 다름없는 존재로 여겨졌던 것이다.

그러나 기술은 독립성을 유지했으며 결코 종교에 종속되지 않았다. 종교가 기술을 종속시키려 할 때마다 어김없이 갈등이 생겼다. 이러한 갈등은 하늘에서 불을 훔쳐와 인간에게 쇠로 연장을 만드는 법을 가르쳐 주었다는 프로메테우스 이야기에 잘 묘사되어 있다. 최고의 신 제우스는 격분한 나머지 그를 바위에 쇠사슬로 꽁꽁 묶어두었으나, 결국 풀어줄 수밖에 없었다. 기술자인 프로메테우스가 제우스보다 강했던 것은, 제우스의 미래를 예견하는 능력이 있었기 때문이다. 이는 참으로 의미심장한 신화가 아닐 수 없다. 종교와 과학기술은 서로 칼을 겨누기보다 협력할 때 더욱 발전했다. 요컨대 (종교가 과학기술을 이용했듯이) 과학기술은 발명품을 보존하기 위해 종교를 이용한 셈이었다. 오늘날의 발명품이 특허법의 보호를 받는 것처럼 인류 초기의 발명품은 종교적 계율의 보호를 받았다.

풀들의 경쟁

인간은 이제 땅 위에 씨를 뿌릴 줄 알게 되었다. 또한 식물의 삶에 직접 관여함으로써 그 수와 종류를 조절할 수 있게 되었다. 커다란 성취를 맛본 인간은 새삼스럽게 자신의 능력에 흠뻑 도취되었다. 마치 땅을 지배함으로써 만천하를 다 얻기라도 한 듯한 황홀경에서 헤어날 줄 몰랐다. 그들은 '씨앗을 심는 것' 외에 또 다른 방법은 상상할 수도 없었나 보다. 브라질을 여행하던 슈타이넨이 인디언 추장에게 성냥 한 통을 선물했을 때, 추장은 "땅에 심어야겠다!"고 환호성을 지르며 좋아했다는 일화도 있다.

인간이 맨 처음 씨를 뿌린 식물이 무엇인지는 지금까지도 밝혀지지 않았다. 아마 영원히 정확한 답을 얻지 못할 것이다.

'풀들의 경쟁' 이야기는 인류 문명사에서 전혀 다루어지지 않은, 참으로 귀가 솔깃해지는 주제이다. 거슬러 올라가면 모든 곡식이 처음에는 풀이었다. 그러나 초기의 인류는 농작물을 수확하기도 전에 빼앗기는 경우가 많았는데, 그 하나는 곤충이었고, 또 다른 하나는 너울거리는 풀들을 헤집고 다니는 힘, 바로 바람이었다. 만개한 야생식물의 꽃봉오리를 바람이 세차게 흔들면 그 씨앗은 사방으로 흩어져버렸다. 생존과 번식을 위해 야생식물에게는 필수적인 일이었지만, 인간으로서는 사방팔방으로 흩어진 열매를 어떻게 수확할 수 있었겠는가! 그래서 인간이 맨 먼저 한 일은 자신이 좋아하는 식물이 바람에 의해 휘둘리는 것을 막는 것이었다. 그로부터 수천 년 동안 인간은 꽃이 꽃자루에 견고하게 잘 붙어 있는 식물만 골라서 재배했고, 마침내 성공했다. 말하자면 인간은 밀, 호밀 등 많은 야생식물을 장차 중대한 식량원이 될 재배종으로 탈바꿈시킨 것이다. 인간이 재배한 식물은 그 열매가 꽃자루에 아주 단단하게 매달려 있었기 때문에 세게 흔들어 털지 않는 한 떨어지지 않았다. 다시 말해서 '타작'할 때만 떨어졌다. 그래서 타작하는 마당은 절대 떨어지지 않으려는 곡식의 이삭과 밀가루에 대한 갈망에 휩싸인 인간이 벌이는 싸움터가 되었다.

선사 시대 사람들이 품종 개량의 기적을 어떻게 이루어냈는지는 지금까지도 불가사의로 남아 있다. 생명의 근원에 대한 이처럼 놀라운 변형과 조작은 19세기에 다시 시도되었는데, 그것은 그레고르 멘델의 유전 법칙을 토대로 전문적인 식물학자들이 주도했다. 그렇다면 초기의 인간은 어떻게 그 자연의 법칙을 알게 되었을까? 도대체 어떤 실험을 통해서 그 자연의 섭리를 신비한 과학으로 탄생시킬 수 있었을까? 혹자는 멘델 역시 성직자였지 않느냐고 반문할지 모르겠다. 초기의 성직자들은 따로 할 일이 없었으므로, 땅에서 나는 모든 것들을 누구보다 세심하게 관찰할 수 있었다. 성직자들이 인류의 삶을 바꾼 써레나 쟁기 같은 도구를 발명했다고 보기는 힘들다. 그러나 식물의 생존 양식에 개입한 사람이 바로 성직자였을 가능성은 아주 높다.

1만5천 년 동안 이어져 온 곡식의 역사는 곧 인간의 역사였다. 인간은 야생곡식을 길들여 가축으로 변형시켰다. 이 곡식은 인간을 따라다녔는데, 그것은 인간 경제활동의 배설물인 거름이나 인산, 질산을 필요로 했기 때문이다. 곡식은 인간이 없으면 금세 죽어버리곤 했다. 이렇듯 곡식이 인자한 주인을 따르는 개보다 더 인간에게 의존했던 것은 곡식의 씨앗이 줄기에 아주 단단하게 붙어 있어서 바람의 힘을 빌어 자신의 씨앗을 퍼뜨릴 수 없었고, 따라서 오로지 인공적인 파종에 의해서만 번식이 가능했기 때문이다.

인간의 목숨을 잇게 해준 곡식이 이제는 인간의 은덕으로 생명을 이어가게 된 것이다. 그렇지만 곡식을 파종한 사람들은 지난 수천 년간 이어져 온 인간의 역사에서 의붓자식 취급을 받아왔다.

＊　　　＊　　　＊

　　인간의 식량이 된 종들은 수천 년에 걸쳐 번성한 형제들이다. 다른 곡식들과 그 역사가 전혀 다른 벼를 제외하면, 원시시대부터 인간이 이용한 곡식은 여섯 가지, 즉 인류 초기의 기장, 귀리, 보리, 밀과 고전주의 시대 말엽부터 이용한 호밀, 그리고 아메리카 발견 이후 재배된 옥수수이다. 이 여섯 형제가 1만 년이 넘도록 세상의 인간들을 먹여 살린 것이다.
　　이 중에서 가장 오래된 것은 아마도 쟁기를 발명하기 전까지 인간과 그 신들의 식량이었던 '기장의 시조'일 것이다. 이 고대 작물은 추운 날씨를 싫어하고, 피부가 푸석푸석한 노인처럼 보였지만, 자신을 사랑해 주는 인간을 충심으로 지켜주고 잘 따랐다. '기장의 시조'와 더불어 살았던 사람들은 풍요롭지는 않았으나 평화롭게 살았다. 중앙아시아의 몽골이나 키르기스 유목민은 지금까지도 기장을 좋아한다. 중국에서는 기원전 2800년경부터 기장을 재배했다. 고대 인도에서는 기장이 주식이었다. 인도를 정복한 아리아인은 피지배 민족이 먹는 음식을 먹을 수 없다 하여 자신들의 곡식을 가져왔다. 그것은 자바스(djavas), 곧 보리였다. 강한 민족과 군인의 곡식인 자바스가 출현하면서 맛의 경쟁이 시작되었고, 결국 보리가 승리를 거두었다.
　　이집트에서는 보리를 조트(djot)라고 불렀는데, 언뜻 듣기에도 아리아인의 말과 비슷하다. 인도와 이집트라는 거대한 두 제국 사이에 상인이나 선원들의 교역이 없었음에도, 곡식의 열매와 그 이름이 한 나라에서 다른 나라로 건너간 것이었다!

보리는 그간 왕좌를 차지하고 있던 기장을 폐위시켰을 뿐만 아니라, 귀리의 도전도 견제했다. 귀리는 단 한 번도 강력한 지위를 얻은 적이 없었으니 그 이유는 인간들에게 총애를 받지 못했기 때문이었다. 귀리는 쉽사리 다른 주인을 따라나서는 훈련이 덜 된 개와 같았다. 말하자면 자신의 사촌인 야생 귀리처럼 격세(隔世) 유전적 성향이 강해서인지 인간의 손보다는 바람에게 자신의 번식을 맡겼다. 수염은 한결 거칠어졌고, 껍질은 더 물렁해진데다, 낟알은 더욱 작아졌다. 온갖 정성을 쏟지 않으면 제멋대로 자라는 어느 잡초와 다를 바가 없었다.

귀리가 인간의 사랑을 받지 못한 이유가 꼭 이것만은 아니었을 것이다. 귀리의 기구한 운명은 그것이 훌륭한 가축 사료였다는 데 있었다. 원시 시대의 사람들은 가축을 애지중지했고 숭배했다. 그러나 점차 세월이 흐르면서 인간은 가축을 마치 노예처럼 하찮게 여겼다. 그러니 어느 누가 그런 가축과 똑같은 먹이를 먹고 싶어 했겠는가? 보리를 구워 쇠고기에 뿌려 먹었던 호메로스 시대의 그리스인들은 스키타이족을 경멸했다. 자신들이 말 사료로 쓰는 귀리를 먹는다는 것이 그 이유였다. 고대 로마인이 게르만족을 멸시한 것도 그 때문이었다. 로마제국의 현명한 의사들은 영양분이 많은 귀리를 대중화시키기 위해 애썼지만 호응을 얻지는 못했다. 또 어떤 의사는 귀리가 환자들에게 좋은 음식이 될 수 있다고도 했다. 그러나 디오클레티아누스 황제는 곡물의 최고 가격령을 선포하고 귀리를 가축 사료로 규정했다. 그에 앞서 카토는 귀리를 근절시켜야 할 잡초로 보았다. 또한 성 히에로니무스는 "오직 야수만이 귀리를 먹는다"고 했다.

귀리에 대한 홀대는 로마제국을 거쳐 중세까지 이어졌다. 프랑스나 영국의 기사들은 자신의 말에게 먹이는 '꼴'을 만지는 것조차 꺼려했다. 로마제국의 지배를 받지 않은 아일랜드와 스코틀랜드에서는 귀리를 즐겨 먹었다. 사무엘 존슨은 자신이 편찬한 권위 있는 영어사전에서 귀리를 '스코틀랜드에서는 사람의 음식, 영국에서는 말의 먹이'라고 정의했다. 이에 발끈한 스코틀랜드인들은 이렇게 응수했다. "영국은 말이 우수하기로 유명하고, 스코틀랜드는 인재가 많기로 유명하다."

한편 인도와 바빌로니아를 비롯한 그 주변 국가에는 귀리가 알려지지 않았다. 이 지역의 전사와 농사꾼들은 맛이 강하고 누런 빛깔을 띤 보리를 좋아했다. 거센 자음으로 이루어진 이름만 들어도 이 곡식의 특징을 짐작할 수 있는데, 보리를 각각 그리스어로는 크리테(krithe), 라틴어로는 호르데움(hor-deum), 독일어로는 게르스테(Gerste)라고 한다. 보리는 시기와 지역에 따라 재배하는 품종이 저마다 달랐다. 스위스의 호수 지역에서는 여섯줄보리* 농사를 많이 지었다. 이집트의 두줄보리**는 고고학자 슈바인푸르트가 석관에서 발견했다. 두줄보리는 기원전 3세기에 그리스와 이탈리아에서 발견되면서 비로소 세상에 알려졌다. 그러나 이 두줄보리는 겨울을 날 만큼 강인하지 못했다.

강 유역에서 재배되는 보리는 단일 재배되는 영광을 누린 적이 없었다. 처음에는 고작 기름진 땅에서만 재배되다가 전역으로 퍼진 밀은 바로 그 무렵 등장했다. 이집트에서는 보리와 밀을 동시에 재배했다. 둘은 곡식 역사의 신기원을 이룬 하나의 사건이 발생하기 전까지는 서로 사이가 좋았다. 이윽고 이집트에서 빵을 발명한 것이었다. 보리는 잘 구워

---

* 이삭에 6열로 씨알이 달리는 보리로, 주로 식량으로 사용하는 일반 보리.
** 맥주를 빚는 주재료로서 맥주보리라고도 한다.

지지 않았기 때문에, 빵의 재료로는 적당하지 않았다. 사람들이 빵을 발명하기 전, 납작한 빵*을 구울 때만 하더라도 보리는 독보적인 위치를 점유했었다. 그러나 빵이 발명되는 순간 보리는 무대 밖으로 밀려나 천민들의 먹거리로 전락했다. 성서에서도 보리를 업신여겼다.

그럼에도 불구하고 이스라엘 민족의 강인함을 상징하는 것은 보리였다. 그 어디에서도 (심지어 호메로스의 시에서도) 성서의 〈판관기〉에서만큼 보리를 강하게 예찬한 글은 찾아보기 힘든데, 여기에는 이스라엘 사람들이 미디안 진지에 모여 자신들의 적을 전멸시킬 일념으로 보리 빵을 굽는 이야기가 나온다.

그러나 빵이 처음 만들어진 때부터 밀은 곡식의 왕이 되었고, 그 지위를 오늘날까지 계속 유지하고 있다. 왕좌에 오른 이래 단 한 번도 그 자리를 내어준 적이 없었다. 슈바인푸르트와 레그랭이 신석기 시대의 고분에서 밀을 발견했는데, 그 밀은 기원전 6, 5세기의 것으로 밝혀졌다. 오스트리아 과학자 운거는 기원전 3천 년 무렵에 세워진 다흐슈르 피라미드의 벽돌 속에 파묻혀 있는 밀알과 겨를 발견했다. 중국에서는 기원전 2700년경에 밀 재배를 시작했으며, 그것을 기리기 위한 장엄한 의식까지 발전시켰다. 아시리아와 바빌로니아의 밀은 고대 유적지 텔에서 발견되었는데, 그 시기는 기원전 3천 년으로 추정된다. 그렇다면 누가 이 모든 민족에게 밀을 가져다주었고 또 야생풀을 처음 재배한 사람은 누구였을까? 이집트와 바빌로니아 사이의 교역을 담당했던 상업국가 시리아처럼, 혹시 밀의 씨앗 교역을 중개한 나라가 있었던 것일까? 이집트인은 밀을 보테트(botet)라고 불렀고, 바빌로니아인들은 부뚜투

---

* flat bread: 발효시키지 않은 반죽으로 그냥 불에 구운 빵. 저자는 발효시켜 만든 빵을 빵의 발명으로 본다.

이집트 밀, 엠머(Emmer)

(buttu-tu)라고 불렀다. 그러나 밀이 중국까지 건너간 것은 또 어떻게 설명할 것인가? 아득히 먼 옛날에는 중동지역과 극동지역 사이에 풀의 교량이 있었을까? 아니면 다른 농작물이나 철새의 위장 속에 숨어서 밀알이 이동했을까? 모두가 수수께끼이고 추측일 뿐이다. 선사시대의 유적을 발굴하는 사람은 땅을 팔수록 더 오래된 지층을 만나게 될 것이다. 그때 그들이 느낄 당혹스러움은 입센의 작중 인물 페르 귄트가 토로한 심경과 같지 않겠는가!

무슨 껍질이 이다지도 많으냐!
이제 그만 알맹이가 나올 때도 되었건만.

내 장담하건대

껍질이 점점 더 작아지기만 할 뿐

그 한가운데에는 아무 것도 없을 것이다!

자연의 놀라운 힘이여

*   *   *

그러나 이제 우리는 가장 오래된 밀이 어디에서 왔는지 어느 정도 분명하게 말할 수 있다. 밀은 아비시니아(에티오피아)에서 처음 재배되었으며, 강의 발원인 이곳 고원지대에서 나일강 유역으로 흘러들었다. 도무지 풀 길이 없을 것 같았던 밀의 기원을 밝힌 사람은 바빌로프였다. 바빌로프는 모든 생물은 '유전자 중심지', 즉 최초의 표본을 얻을 수 있는 명확한 원천이 있다고 가정했다. 아울러 유전자 중심지는 최소의 범위에서 최대의 변종이 발생하는 지역이라고 주장했다. 가령 지구에 와서 영어의 기원이 어디인지 밝혀보려는 화성인이 있다고 하자. 그는 당연히 연구 영역을 영국 남부와 중부로 국한시킬 것이다. 그곳이 바로 최대의 방언이 병존하는 최소 지역이기 때문이다. 이 가설을 언어와 동물에 적용시켜도 상당한 타당성이 있다. 이동이 불가능하거나 이동성이 아주 낮은 식물에 적용시킬 때는 그 타당성이 훨씬 더 높아진다. 바빌로프는 이러한 가설과 멘델의 유전 법칙을 토대로 밀의 발상지를 추론했고, 그곳이 아비시니아라고 결론지었다.

이집트에서 재배한 밀은 오늘날 미국, 캐나다, 우크라이나의 광대한 들판을 뒤덮고 있는 밀과는 사뭇 달랐다. 그것은 초기 재배종인 엠머 밀이었다. 고대 로마인은 이 최초의 밀과 다른 밀을 교배하여 얻은 개량품종을 이집트 전역에 심었다. 그리고 다른 여러 개량품종과 비교해서도 밀이 지중해 연안의 곡물 가운데 으뜸이라고 믿었다. 따라서 로마시대 이후의 밀의 역사에 대해서는 쉽게 가닥을 잡을 수 있다.

호밀은 마치 소외당한 자들이 반란을 일으키듯 어느 날 갑자기 출현했다. 거대한 밀밭으로 둘러싸인, 흑해 연안의 도시 폰토스에서 곡식 종자를 배에 싣고 남부 러시아로 떠났다. 그런데 사람들이 전혀 관심을 가지지 않았던 잡초들이 종자에 섞이게 되었다. 그런데 이게 어찌된 영문인가! 막상 씨앗을 뿌리고 보니, 밀이 자라기엔 토양이 너무 척박했던지 그 잡초들만 무성하게 자랐다. 이리하여 호밀은 어느 날 갑자기 재배종이 된 것이다. 이 사람들은 뜻하지 않게 얻은 행운을 재치 있게 이용하여, 몇 백 년 동안 계속된 밀농사로 토질이 저하된 땅에 호밀을 뿌렸다. 호밀은 작황이 좋았다. 젊음의 패기와 용기를 과시하며 호밀은 빠른 추세로 프랑스와 영국(훗날 이 두 국가는 다시 밀 재배지가 되었지만)으로 진출했다.

로마제국과 영국을 거쳐 이집트를 건너, 다시 북으로 우크라이나를 지나 다뉴브강과 라인강 유역까지 뻗어나간 호밀의 정복은 지속되지 못했다. 그러나 동쪽으로는 독일과 러시아에서 광활한 호밀밭이 형성되기 시작하였고, 시베리아까지 그 범위가 확대되었다. 시베리아 농사꾼은 매우 영리한 사람이었다. 그는 호밀과 밀 씨앗이 서로 숙적 사이라는 사실을 잘 알고 있었다. 둘은 마치 서로 사이가 벌어진 형제처럼 보였다. 시베리아 농사꾼은 호밀과 밀이 다른 종이라고 생각하지 않았으므로, 호밀을 '흑밀'이라고 불렀던 것이다. 파종기가 되자, 이 농사꾼은 흑밀과 백밀을 한데 섞은 다음 사방에 뿌렸다. 만약 그해의 날씨가 추우면, 호밀이 자라고, 날씨가 따뜻하면 밀이 자랐다. 아마도 시베리아 농사꾼은 "내가 너희보다 한 수 위란 말이야!" 하며 의기양양해했는지도 모를 일이다.

기장, 귀리, 보리, 옥수수로는 부풀어오른 빵을 만들 수 없다. 따라서 빵의 역사는 밀과 호밀을 중심으로 발전되었으며, 호밀보다는 밀 중심으로 이루어졌다. 엄밀히 말하면 빵은 인간이 발명한 것으로서, 최초의 화학적 성취 가운데 하나인 셈이다. "빵은 인간보다 나이가 많다"는 알바니아의 속담은 시적 상상력의 발로일 것이나 역사적 의미는 왜곡되었다.

빵은 효모나 다른 발효제로 부풀린 가루 반죽을 오븐에 넣어 적절하게 구워낸 음식이다. 이때 발효 과정에서 발생한 기체가 가루 반죽 안에 남는다. 이 기체를 품고 있는 작은 구멍은 열을 가하면 단단해져 영구 보존된다. 밀가루나 호밀가루로 만든 반죽만이 이 기체를 간직할 수 있다. 이것은 밀과 호밀에만 함유되어 있는 단백질의 특성 때문이다.

먼 옛날부터 서구인들은 구운 곡식이나 납작한 빵보다 부풀린 빵을 훨씬 더 좋아했다. 빵은 그때부터 고대인들을 지배했는데, 이처럼 음식이 인간을 지배한 일은 전무후무한 일이었다. 빵을 발명한 이집트인은 빵을 중심으로 모든 행정조직을 편성했다. 유대인들은 빵을 종교법과 사회법의 출발점으로 삼았다. 또한 그리스인들은 엘레우시스 빵 신전(데메테르를 모신 신전)에 대한 심오하고 장엄한 설화를 창조했다. 로마인들은 빵을 정치적 구성요소로 전환시켰다. 그들은 빵으로써 통치했고, 빵으로써 세계를 정복했으며, 빵으로써 멸망했다. 그리고 마침내 예수 그리스도가 온 날, 빵은 이런 말로써 최고의 영적 의미를 부여받기에 이르렀다. "먹어라! 내가 곧 빵이니라."

제2장

고대의 빵

판다러스: 밀가루가 빻아질 때까지 기다려야 빵이 될 게 아니냐.

트로일러스: 기다렸잖아요?

판다러스: 에이, 빻기만 해서 되나, 곱게 체가 쳐질 때까지 기다려야지.

트로일러스: 기다렸잖아요?

판다러스: 에이, 체질만 끝나서 되나, 발효될 때까지 기다려야지.

트로일러스: 계속 기다려야 하는군요.

판다러스: 그렇지, 잘 발효될 때까지. 그러나 게서 끝나는 게 아니야. 반죽을 하고 빵 모양을 만들고, 오
　　　　　 븐에 불을 지펴야 빵을 구울 수 있지. 그러고도 빵이 식을 때까지 기다려야 해. 그렇
　　　　　 지 않으면 입술을 델 테니까.

—《트로일러스와 크레씨다(Troilus and Cressida)》, 셰익스피어

제빵의 발견—이집트

어느 문명을 막론하고 고대인은 모두 강을 숭배했다. 거대하고 초자연적인 지류를 거느린 위대한 강은 계속 흘러가며, 오직 자신의 의지대로만 움직였다. 언젠가는 사람도 강물과 같은 지혜를 지닌 건축가, 비버처럼 도랑을 파고 댐을 건설하여 강을 압도할 때가 올지도 몰랐다. 그러나 강물의 힘은 언제나 거대하고 막강해서, 사람이며, 집이며, 가축들을 마구잡이로 집어삼키곤 했다. 그러니 강물에게 제물을 바치고 노기를 달래는 것은 당연한 일이었다.

인간은 라인강에도, 론강에도, 유프라테스강에도 예배를 올렸다. 그러나 나일강만큼 인간이 지극한 정성을 다한 강은 없다. 나일강 유역에 사는 사람들에게 나일 신은 두려운 존재가 아니라 자상한 아버지였다. 이집트인에게 나일강은 자식을 먹이고 입혀주는 현명한 가장으로서, 인격신이었던 것이다.

빅토리아 호수에서 지중해까지 장장 3,473마일에 걸쳐 있는 중요한 지류들 중에서 나일강으로 흘러드는 것은 없다. 하늘마저도 나일강에게 아량을 베풀지 않는 듯, 이집트에는 비가 거의 내리지 않는다. 이집트에 있는 물이라곤 오로지 나일강뿐이다. 따라서 이집트의 농지는 모두 폭이 고작 몇 미터밖에 되지 않는 오아시스와 나일강변에 몰릴 수밖에 없었다.

나일강의 양쪽 강둑에는 마을, 채마밭, 도시, 사람들이 사슬처럼 줄지어 있는데, 지구 어느 곳에서도 이런 지형은 찾아볼 수 없다. 때문에 농지도 무한정 길기만 하고 폭은 아주 좁다. 이집트인의 정치 의식 속에는 오직 두 개의 방향, 즉 남쪽과 북쪽밖에 없었다. 동쪽과 서쪽은 낙타를 타고 조금만 가도 이집트를 외부 세계와 단절시키는 사막만이 있을 뿐이다. 양쪽 사막 너머에 있는 것은 형이상학적인 추측의 대상이었다. 동쪽은 해가 뜨는 곳이고 서쪽은 죽은 자가 머무는 곳이었다. 현세의 이집트인은 나일강이 남북으로 흐르며, 빵과 생명을 가져다준다는 사실에만 관심이 있었다.

나일강의 신은 현명한 존재였다. 먼 옛날부터 단 한 해도 거르지 않고, 6월에는 강물이 붇게 했다. 처음에는 서서히 물이 차오르다가 6월 중순부터는 그 속도가 훨씬 더 빨라졌다. 8월이 되면 신은 물이 강둑을 넘쳐흐르게 했다. 물은 9월에서 10월까지는 호수처럼 고여 있다가 11월 초순이 되면 서서히 물러났다. 1월이 되면 이미 나일강의 신은 자신의 오래된 침실로 돌아갔지만, 이때조차도 강물은 완전히 말라붙지 않고 서서히 줄다가 6월이 되면 다시 불어나기 시작했다. 따라서 유한한 존재인 인간으로서는 이해하기 힘든 정확성으로 나일강의 신은 이집트인을 위해 사시사철 일했던 것이다.

그러나 1년 주기로 강물의 양이 줄고 붇기를 거듭하면서, 나일강의 신이 가져다준 것은 단지 물만이 아니었다. 신은 점판암, 탄산바륨, 편마암과 다량의 산화철 가루가 포함된 아비시니아 고원 지대의 진흙을 가져다주었다. 그렇게 해마다 신은 이 '검은 흙'을 오른쪽과 왼쪽 강둑에 가득 쌓아놓았다. 나일강의 물이 불어날수록, 경작할 수 있는 옥토도 그만큼 늘어났다. 이처럼 수천 년 동안 신의 자비로운 은혜를 입은 이집트인은 나일강이 의식적으로 행동한다고 믿었다. 그러나 회의주의의 시조인 그리스인은 그럴 리 없다고 했다. 밀레토스의 헤카타이오스, 테오

폼포스, 탈레스는 나일강의 발원지에 대해 연구했다. 헤로도토스는 꽤나 정확하게 파악해서, 나일강의 발원지인 아비시니아 인근의 적도 지방에서 3월부터 9월까지 내리는 비를 연중 홍수의 원인으로 보았다. 초자연적인 현상으로 보았던 이집트인이 이처럼 구체적인 설명을 들었다면 아연실색했을 것이다. 나일강의 발원지가 있었다? 그 발원지, 곧 신의 분만실을 들추어본다는 것 자체가 이집트인에게는 불경한 일로 여겨졌을 것이다. 나일강의 범람은 거룩한 신의 선물이었다. 이집트인들은 나일강이 범람하기 시작한 밤을 2천 년이 지난 지금까지도 '축복이 내리는 밤(Night of Dripping)'으로 기념하고 있다. 처음으로 홍수가 지는 것을 본 주민이 "물이 넘친다!"고 큰 소리로 외쳤다는 엘레판티네 섬의 수위 측정기가 오늘날까지 보존되어 있다.

고대 이집트에서는 남녀 모두 엄숙하게 행진하며 강물이 범람한 날을 기렸다. 그때 부른 노랫말은 이러하다.

오 나일강이시여, 비나이다!
은자시여, 어둠 속에 있는 것들을 햇빛으로 인도하시는 분이시여!

당신의 물을 태양신의 목초지로
이끌어주시는 분이시여!

이 땅의 인간과 짐승에게 음식을 베푸시고,
모든 땅의 갈증을 풀어주시는,
거룩한 강이시여,

어서 오소서, 강이시여!

이집트인은 자신을 검은 흙(chemi)의 자손인 케메트(chemet)라고 불렀다. 이집트인은 자신들의 기원과 종족의 원천이 씨앗을 뿌릴 수 있도록 기름진 땅을 마련해 준 신에게 있다고 믿었다. 따라서 이들은 자신들이 재배한 곡식에 더욱 애착을 가졌다.

그들은 강물이 서서히 차오르도록 애쓴 신 못지 않게 개간하는 데 많은 노력을 기울였다. 한 뙈기의 땅도 불모지로 남겨두지 않을 정도로 땅을 효율적으로 이용했다. 운하를 곳곳에 건설하여 조금만 가물어도 모든 토지에 물을 댈 수 있게 했다. 이집트인은 비버 말고는 누구도 따를 수 없는 탁월한 댐 건설자가 되었다. 나일강의 저지대에는 운하를 건설했으며, 고지대에는 저수지를 설치하여 물을 저장하고 분배했다. 운하와 저수지로 관개할 수 없는 땅에는 농부들이 직접 물을 날랐다. 물을 길어 올리는 샤두프(shaduf)도 개발하여 널리 사용하였는데, 이것은 양쪽에 말뚝을 하나씩 박아 놓고 그 사이를 이동할 수 있는 막대로 이루어져 있다. 한쪽에는 양동이, 다른 한쪽에는 평형추 역할을 하는 커다란 흙덩이가 달려 있는 것으로 지금까지도 사용하고 있다. 이 샤두프를 이용하면, 관개가 어려운 멀리 있는 밭이나 비탈에 있는 밭에도 귀한 나일강의 물을 댈 수 있었다.

19세기의 과학자 게이뤼삭은 나일강변의 진흙에 비료의 3대 요소 중 하나인 인산이 결핍되어 있다는 사실을 발견했다. 그런데도 나일강의 기적이 일어난 것은 강물이 넘쳐 유기물을 퇴적시키고, 화학적, 물리적 변화를 일으켰기 때문이다. 젖어 있는 진흙은 햇볕을 쪼이면 표층이 갈라진다. 말하자면 햇빛이 쟁기 노릇을 하고, 그 갈라진 틈새로 산소가 공급된다. 범람한 강물이 물러가면 그 자연 상태의 땅이, 공들여 개간한 땅 못지않게 씨앗을 잘 받아들이는 것이다.

이집트 농업에 대해서 경솔하고 쉽게 이야기하는 경향이 있다. 이를 테면 이집트의 대지는 자연의 혜택을 듬뿍 받아서, 인간이 조금만 거들면 쉽게 농사를 지을 수 있다는 것이다. 물론 이것은 잘못된 생각이다. 이집트인의 미학을 알면 그들의 노력을 함부로 폄훼하지는 못할 것이다. 이집트인의 예술은 물질계를 정복하는 것이었다. 현실은 우리의 생각과는 사뭇 달랐다. 일단 홍수가 지나가고 농지가 다시 제 모습을 드러내면, 이집트 농사꾼은 있는 힘을 다해 그 진흙 밭을 쟁기질했던 것이다.

이집트의 쟁기에는 큰 변화가 없었다. 생김새로 말하면 살짝 구부러진 두 개의 쟁깃술 끝에 긴 나무 보습이 달려 있었다. 긴 성에* 끝에는 황소 뿔에 걸 수 있는 가로대가 있었다. 황소의 무게가 이 가로대 뒤쪽에 실리도록 한 것인데, 바로 머리와 목 근육에서 나오는 황소의 힘을 이용하기 위함이었다.

쟁기질은 두 사람이 함께 했다. 한 사람은 쟁깃술을 힘껏 잡고 앞으로 나아가고, 다른 한 사람은 소를 몰았다. 밭고랑을 하나씩 팔 때마다 두 사람은 자리를 바꾸었다. 갈아엎은 흙은 끈적끈적해서 덩어리진 채로 말랐다. 그래서 쟁기질을 한 뒤에는 다시 괭이로 흙을 잘게 골라야 했다.

그 다음은 씨앗을 뿌릴 차례였다. 모든 일을 낱낱이 기록하던 관료주의 국가의 요직인 모든 서기들처럼, '곡물 서기(grain scribe)'도 씨앗의 양을 검사하여 기록했다. 기록이 끝나면 씨앗을 뿌린 다음, 작고 뾰족한

* 쟁깃술에서 앞으로 뻗치어 나간 가장 긴 나무

이집트《사자의 서(書)》에 그려진 농사짓는 장면

발굽에 밟혀 씨앗이 땅에 묻히도록 양과 돼지를 풀어놓았다. 이윽고 줄기에 낟알이 맺히면, 이집트인들은 낫으로 이삭만 베어냈다. 지금처럼 밑동을 자르는 것과는 달리, 그들은 '밀의 낟알'만 베어냈다. 모든 곡물은 일년초인지라, 이런 추수 방식이 과학적이라고 할 만한 근거는 없다. 그러나 포도송이를 따듯이 이삭만 베어낸 것은, 가루로 빻아 빵을 굽는데 꼭 필요한 부분 말고는 식물을 착취해서는 안 된다는 이집트인의 정서가 반영된 것일지도 모를 일이다. 그게 아니면 짚이 많으면 타작하는데 한결 어렵다는 현실적인 판단이 작용했기 때문이었을까?

아무튼 이집트인들은 지금처럼 곡물을 커다란 단으로 묶는 데 익숙하지 않았다. 그래서 그들은 이삭들을 조금씩 타작마당으로 옮겼다. 그런 다음 그 이삭들을 나귀에게 짓밟게 했다. 그들은 무서운 위력을 발휘하는 도리깨를 알지 못했다.

탈곡한 알곡과 겨는 커다란 나무 갈퀴로 긁어 한곳에 수북히 쌓았다. 그런 다음 여자들이 작은 널판지 위에 펼쳐 놓고 밀의 알곡만 따로 골라냈다. 이때 네모난 체를 사용하기도 했다.

그렇게 고른 밀은 지역을 수호해 주는 밭의 정령에게 조금 바치고, 일부는 지주에게 보냈으며, 농신(農神) 민(Min)에게 감사하며 조촐한 잔치를 벌이기도 했다. 이때 지주는 맥주를 하사하여 잔치의 흥을 돋궜다. 곡물 서기들은 수확한 곡물을 창고에 저장하기 전에 수확량을 확인하느라 바쁘게 움직였다. 진흙으로 만든 원통형 창고는 높이가 대략 5미터이며 위 아래로 구멍이 뚫려 있다. 위에 있는 구멍으로는 일꾼들이 사다리를 타고 올라가 곡물을 쏟았고, 아래 구멍으로는 곡물을 꺼냈다. 아래 구멍은 쥐가 들어가지 못하도록 항상 막아두었다.

이것이 농사꾼들의 한해살이였다. 농부들은 수확을 해도 거의 남는 것이 없었으므로, 이렇게 넋두리하곤 했다.

이삭이 팰 때부터 하얀 알곡을 거둘 때까지
우리가 허리 한 번 펼 틈이나 있었던가!
창고에는 차고 넘칠 정도로
곡식이 쌓이고,
배가 두 동강나 가라앉을 만큼
배에는 곡식을 가득 실었건만……,

＊　　＊　　＊

곡식의 지배자는 누구였을까? 그는 국가의 통솔자이자 대지의 가장 큰 지주였다. 기원전 3천 년경, 메네스 왕이 창건한 고대 이집트 왕조의 풍습에 따르면, 최고위 관료에서 최하위 농민에 이르기까지 모든 사람은 파라오에게 무조건 복종해야 했다. 모든 사람은 생존을 위해 강제 노역과 세금을 바쳐야 했던 것이다.

'과세(taxation)'라는 말은 없었고 대신 '회계(accounting)'를 의미하는 말이 사용되었다. '이삭 묶음을 세어서' 판단한 수확량이 세율의 기초가 되었기 때문이다. 수확량은 이집트 전(全) 농지에 파견된 나일강의 곡식 검사관들이 추산했다. 그들은 홍수의 정도에 따라 수확량을 미리 판단했다. 다시 말해, 과세의 기준은 소유한 토지가 아니라 실제 수확량이었는데, 그도 그럴 것이 대부분의 농지는 파라오의 소유였기 때문이다.

이렇게 거두어들인 곡식은 파라오의 국고로 들어가 관료들의 봉급을 지불하는 데 사용되었고 따라서 왕권을 유지하는 데 사용되었다고 할 수 있다. 파라오는 이집트의 전 농토를 소유하고 운하까지 장악하여 관개용수 보급을 결정함으로써 절대 권력을 휘두를 수 있었다. 우리는 고대 이집트의 대규모 농업에서 '사상 최대의 장원제도'를 볼 수 있다. 모든 백성은 무소불위의 권력을 휘두르는 한 개인의 창고를 곡식으로 가득 채우고 그 곡식을 다시 배급받았다. 당연한 일이지만, 입고량과 출고량에는 엄청난 차이가 있었다. 왕에게 가장 많은 수확량을 바친 사람은 가장 가난한 농노였다. 왕의 곡물 창고에 쌓인 곡물이 다시 배급될 때는, 고위 관료, 지방 군주, 기타 파라오의 총애를 받는 사람들에게 거대한 분량이 분배되었다.

　모든 이집트인은 왕에 의지하여 살았는데, 아닌게 아니라 왕은 모든 이집트인에게 생명을 주었다. 이런 사실을 아주 당연하게 받아들였으므로 어느 누구도 왕이 실시한 농노제 때문에 자신들이 정신적으로 억압당한다고 느끼지 않았다. 개인의 자유란 아직 찾아볼 수 없었다. 개인의 자유가 없는 대신 모든 백성들은 끼니 걱정은 하지 않아도 되었다.

　이집트의 부자들은 기껏해야 행정관이나 감독관에 지나지 않는 사람들이었다. 행정관들의 관리 체계를 유지하고, 국가가 '왕의 집'이라는 사실을 끊임없이 상기시키기 위해, 파라오는 관료제를 채택해야 했다. 고대 이집트의 관료는 수가 엄청났고 그만큼 권력도 거대했다. 사실 후세의 모든 관료제는 고대 이집트의 관료제를 모방한 것이었다. 그러나 왕에게는 관료제도가 잠재적인 위험 요소였다. 독자적인 왕실 세력이 거대한 행정구역을 중심으로 형성되었던 것이다. 기원전 1860년, 대제라는 칭호를 얻은 세소스트리스 3세는 기존의 관료들을 모두 파직하고 젊은 관료를 새롭게 임명함으로써 왕권을 회복했다. 이어서 그는 새로운 왕조에서는 모든 땅이 국왕의 영토라고 선포했다. 이집트는 농업왕국을 건설하고 창세기 47장의 저자로 알려진 요셉이 깜짝 놀랄 만큼 엄청나게 변했다. 신전의 경작지를 제외한 모든 농지는 파라오의 것이 되었다. 파라오가 농지를 농부에게 임대해 주는 대신, 농사꾼은 수확량의 5분의 1을 왕족에게 바쳐야 했다. 그 나머지는 농부의 몫으로, 식량과 종자로 사용했다.

성서 속에서 유대인들이 새로운 왕국 이집트에 왔을 때, 파라오는 새로운 빛을 발하고 있었고, 태양 주위를 도는 행성처럼 관료들도 파라오의 반사광을 받아 빛나고 있었다. 이 무렵 서기의 영향력은 점차 커졌다. "오직 왕께서만 이 세상의 지배자이시며, 모든 백성들의 노동을 관리하신다." 이처럼 왕의 절대성을 강조하는 찬사를 바친 대가로 서기는 세금을 면제받았다.

이집트가 농업에 기반을 둔 농업국가였던 만큼 모든 영광을 농민에게 돌려야 마땅한 일이었다. 그러나 정작 모든 영광을 한 몸에 받은 것은 관료들이었다. '농지 대감독관(Great Warden of the Fields)'들은 아멘호테프 왕을 알현하고 남북의 수확량 명부를 제출하는 자리에서 이렇게 보고했다. "나일강은 지난 30년보다 훨씬 더 위대해졌습니다." 이에 감격한 파라오는 명부를 제출한 관료들의 공로를 직접 치하하고 훈장을 달아주도록 명령했다.

그럼에도 모든 일은 농민의 1년을 중심으로 이루어졌다. 달력도 마찬가지였다. 이집트의 열두 달은 세 계절로 나뉘었으며, 계절은 각각 120

일이었다. 이때의 계절 이름은 봄, 여름, 겨울이 아니라, '범람기', '발아기', '추수기'였다. 강의 범람이 시작되는 날이 새해였으며, 이는 시리우스, 즉 큰개자리의 시리우스 별이 새벽 하늘에 떠오르는 날과 일치했다.

나일강은 이집트인에게 계절을 헤아리는 지혜뿐만 아니라 측량기술도 가르쳐준 셈이다. 기원전 25년에 아프리카를 두루 여행한 스트라본은 이렇게 썼다. "옛 이집트의 지방은 지역(district)으로 나뉘었고, 지역은 다시 산지(locality)로 분할되었으며, 산지의 최소 단위는 경작지였다. 그들은 나일강이 해마다 옛 농지를 쓸어버리고 새로 만들기를 반복했기 때문에, 철저하게 기록해야 했다. 나일강이 끊임없이 지형을 변화시키고 개인 소유지를 구별할 수 있는 표시들을 모두 없앴기 때문이다. 그리하여 이집트인은 1년에 한 번씩 측량해야 했다. 페니키아인이 교역의 필요성 때문에 수학을 발전시켰듯이, 이집트인은 개인 농지를 확인해야 하는 필요성 때문에 측량기술을 발전시킨 것이다."

이렇듯 나일강은 이집트의 과학을 지배했다. 이집트는 모든 면에서 '나일강의 선물'이었다. 나일강은 과학기술과 예술이 싹틀 수 있는 기반을 마련해 준 것이다. 그러던 어느 날 나일강은 빵 굽는 기술을 선사함으로써 이집트인을 단박에, 죽이나 납작한 빵을 먹고살던 다른 고대 민족들보다 우위에 올려놓았다.

*　　*　　*

빙하기 이후 수상 가옥에 살던 스위스 주민들은 곡물을 뜨거운 돌에 굽거나 물을 섞어 죽처럼 끓여 먹었다. 마음이 내키면 한 단계 더 나아갔다. 뜨거운 숯불 위에 죽 그릇을 매달아 놓거나, 아니면 걸쭉한 죽을 뜨거운 돌 위에 펴놓고 단단해질 때까지 구웠다. 이렇게 하면 얼마간 보관할 수는 있었지만, 대신 맛이 없어졌다.

죽과 납작한 빵, 이 두 가지는 몇백 년 동안 사람들의 주식이었다. 원시인은 물론, 고대 문명인조차 꽤 오랫동안 죽과 납작한 빵을 주된 음식으로 삼았다. 그러나 이집트와 비교하면, 그들은 빵이 무엇인지조차 몰랐다고 해야 옳다. 플리니우스*는 이렇게 적고 있다. "로마인은 오랫동안 빵이 아니라, 죽을 먹고 살았던 것이 분명하다." 6세기의 항아리 그림에서도 알 수 있듯이, 그리스인은 숯불에 구운 그들 고유의 '빵'을 먹었으며, 두루마리처럼 둘둘 말아서 보관했다. 게르만족은 로마인들과 만났을 때 귀리로 만든 납작한 빵밖에 몰랐다. 그로부터 한참 뒤에도, 슬라브족들은 카샤**만 먹었다. 심지어 검은 수염이 달린 이집트인이라 할 만한 아시리아인도 납작한 보리빵에 대추 시럽을 발라 아침으로 먹었다.

그러나 헤로도토스가 말했듯이, "모든 일을 보통 사람들과는 다른 방식으로 접근하는" 사람들이 곡물을 색다른 방법으로 이용함으로써 문명 발달에 크게 이바지하는 법이다. 다른 민족들은 한결같이 음식이 부패하지 않도록 보관하는 데 급급했는데, 이집트인은 오히려 밀가루 반죽이 부패하는 과정을 관찰하면서 기뻐했던 것이다. 이것이 바로 발효였다.

발효법은 이미 수천 년 동안 알려져 왔지만, 그 본질적인 신비로움이 밝혀진 것은 근대 화학이 출현하고 나서였다. 공기는 양분과 먹이를 기다리는 무수한 박테리아들을 함유하고 있었다. 효모의 포자는 나일강

* 고대 로마의 정치가, 군인, 학자로 《박물지》를 저술했다.
** 메밀가루로 납작하게 구운 빵.

과 밀의 혼합물에 포함된 당분 위에 떨어졌다. 포자는 당분을 알코올과 탄산으로 분해했다. 탄산이 생성되면서 생긴 거품은 서로 엉겨붙은 물질에서 빠져나가지 못하고 그 속에 갇혀 있어, 단단한 반죽이 부풀어오르면서 말랑말랑해졌다. 그리고 빵이 구워질 때 비로소 탄산과 알코올이 밖으로 빠져나갔다. 맥주를 만드는 주성분인 알코올은 완전히 휘발되었다. 탄산은 빵의 기공 조직 속에 약간 남아 있었다.

고대인들에게 이처럼 상세한 화학작용을 이해하고 그것을 명명한다는 것은 상상도 할 수 없는 일이었다. 효모는 17세기에 이르러서야 레벤후크가 현미경을 통해 처음으로 발견했다. 이집트인들은 조금 부패해 시큼해진 반죽을 구우면 지금까지 알지 못했던 색다른 음식으로 변한다는 일련의 결과만 알고 있었던 것이다. 더구나 이 새로운 음식은 숯불에서는 구워지지 않았다. 이집트인들이 오븐을 발명하게 된 동기가 바로 여기에 있었다. 그들은 나일강의 진흙으로 만든 벽돌로 위로 갈수록 점점 좁아지는 고깔 모양의 원통을 만들었다. 그리고 안에는 평평한 판으로 칸막이를 했다. 아래칸은 화구(火口)를 만들고, 위칸은 더 넓게 하여 빵을 올려놓을 곳과 가스 배출구를 마련했다.

빵을 굽기 바로 전에, 시큼해진 반죽에다 소금을 뿌린 다음, 다시 한번 꼭꼭 주물렀다. 그런 다음 빵 굽는 그릇 밑바닥에 반죽이 눌어붙지 않도록 겨를 깔았다. 발효된 반죽을 국자로 떠서 가지런히 팬에 올린 다음, 오븐에 넣고 문을 닫았다.

가족과 친구들이 경이로움과 기대에 가득 찬 눈으로 오븐 주위에 서서 지켜보았다. 이 오븐은 그들의 직접적인 노동의 산물이기는 하지만 통제할 수 없는 초자연적인 힘에 맡길 수밖에 없었다. 집주인은 시간이 될 때까지 오븐을 열지 말라고 명령했다. 그러나 누구도 그 말에 따르지 않았다. 그곳에 모인 사람들은 수시로 오븐을 여닫으면서 빵이 다 구워졌는지 살펴보곤 했다. 그러다 친구들이 의견을 냈다. 개중에 누군가가 굳이 공기에서 효모를 얻지 않아도 되는 방법을 제시했다. 이를테면 시큼해진 반죽 한 조각을 떼어내 보관했다가 새 반죽에 '심으면' 되지 않겠느냐는 것이었다. 그러면 훨씬 더 빨리 반죽이 시큼해질 것이라고 말이다. 이 방법은 그 효과가 입증되었고, 그 후부터 다른 고대 민족들이 화로를 소중히 여겼던 만큼이나, 이집트인들은 집집마다 이 '번식력 있는 시큼한 반죽'을 소중하게 보관했다. 그들은 빵을 만드는 데 더없이 중요한 물질, 다시 말해 빵을 '부풀게 하는' 물질을 잃고 싶지 않았던 것이다.

어느 누가 그 위대한 발견이 연쇄적인 발명을 낳으리라는 것을 상상할 수 있었겠는가? 예를 들어 그들은 반죽에 양귀비 씨, 참깨, 장뇌를 넣는 방법을 알아냈다. 그리고 오래지 않아 50가지의 빵을 만들었다. 그러나 그들은 한 가지를 만들어낸 것만으로도 충분히 자랑스러워했다. 오븐에서 꺼낸 것은 처음 넣을 때와는 사뭇 다른 모습이었다. 밀가루, 물, 소금, 이스트는 이글거리는 불길 속에서 서로 뒤섞였다. 그리고 마침내 그 모습을 드러냈을 때는 완전히 다른 것이 되어 있었다. 정말로 부풀어 오르고 바삭거리는 속살과 그 검고 향기로운 빵껍질이 과연 이 단순한 재료와 관련이 있을까? 정령의 손길이 작용한 것이 아닐까? 그것은 이집트인들을 흥분의 도가니로 몰아넣는 마술이었다.

플루타르크는 이시스*와 오시리스**에 관한 글에서 이렇게 썼다. "이집트의 현명한 성직자들은 '검은 흙'을 '케미아(chemia)'라고 불렀다." 이 검

---

* Isis: 이집트 신화 최고의 여신. 오시리스의 누이이자 아내.
** Osiris: 이집트 신화에 나오는 저승의 신.

은 대지에 섞여있는 알 수 없는 물질이 가장 비옥한 흙을 형성한 나일강의 선물이었듯, 잘 알려진 물질이 잘 알려지지 않은 법칙에 따라 오븐 속에서 하나가 되었다. 오븐은 화학의 산실이었다. 이집트인에게 이 오븐은 으뜸가는 마술단지이기도 했다. 참으로 신기한 것은, 다른 민족의 신들은 백성들에게 마술을 '인과법칙을 깨뜨리는 불경한 일'로 여겨 금지했는데, 이집트인에게는 특별히 허용했다는 사실이다. 머리가 원숭이 형상인 이집트의 신, 토트*가 쓴 마술 책을 넣은 견고한 여섯 개의 궤짝이 어느 외딴 섬에 보존되어 있다고 했다. 이미 많은 마술을 알고 있었음에도 불구하고 이집트인은 집요하게 이 섬을 찾았던 것이다.

　수천 년 동안 전세계는 마술처럼 신묘한 재능을 지닌 이집트인을 두려워했다. 서기 10세기 말, 비잔틴 제국의 사전 편찬자 수이다스는, 이집트인의 반란을 진압한 직후인 296년, 로마 황제 디오클레티아누스가 이집트인들의 화학 서적을 모조리 불사르라는 명령을 내렸다고 기록했다. 두말할 필요도 없이 이는 가장 신경에 거슬리는 이집트인의 마술을 원천적으로 말살하기 위한 것이었다. 10세기의 아랍인 작가 알에딘 또한 피라미드는 부정할 수 없는 "화학 실험실이요 알 수 없는 글자로 씌어진 연금술 교과서"라고 썼다.

　모든 것은 이로운 오븐에서 생겨났다. 그러나 기막히게도 임산부의 배와 비슷하게 생긴 오븐을 이롭게만 생각한 것은 아니었던 모양이다. 수천 년이 흐른 뒤 그에 대한 비유는 이렇게 남아 있다. 게르만족은 해산을 앞둔 여자에 빗대어 "그 오븐은 곧 무너질 것이다"라고 하고, 장애자를 빗대어 "그는 좀 더 구워야 한다"고 말한다.

---

* 이집트 신화에 나오는 지혜의 신.

오븐은 해롭지 않은 것과는 거리가 멀었다. 그것은 또한 해로운 사람들의 발명품이기도 했다. 오븐을 발명한 성직자들은 화학자이기도 해서, 무엇인가를 섞고, 붓고, 끓이고, 계산하는 것이 일과였다.

*　　*　　*

이집트의 일상 생활이 이처럼 많이 알려져 있다는 사실은 참으로 이상한 일이다. 이보다 훨씬 나중 일인, 영국 왕실에 널리 보급된 제빵 기술에 대해서는 잘 모르면서도 나일강변에 살았던 평민들의 삶은 상세히 알고 있으니 말이다.

우리가 이처럼 저들의 삶을 잘 알게 된 것은 바로 이집트인의 고분과 그 안에 그려놓은 벽화 때문이다. 역사학자 디오도루스는 이집트인들이 현세는 짧게 여기고 내세는 길게 여겼다고 말했다. 그래서였을까? 그들은 당장 살고 있는 집은 잠시 여름을 나는 오두막처럼 지었고, 무덤은 영원한 보금자리처럼 꾸몄다. 방파제에 둘러싸인 이집트인의 무덤 앞에서는 세월조차도 무력했다.

현대인이 종교적인 날에만 망자들을 추억하는 반면, 이집트인은 날마다 숱한 망자들을 생각했다. 살아있는 사람은 물론 죽은 사람도 그들의 일상 생활의 일부였기 때문이다. 이런 민간신앙 때문에 망자가 어디서 어떻게 사는지에 대한 견해도 다양했다. 죽은 사람은 은하수 너머 어렴풋이 보이는 별나라로 간다고도 했고, 천진난만하게도 새로 환생하여 무덤 위에 앉아 자신에게 제물을 바치는 것을 지켜본다고도 했다. 또 뱀이 되어 땅속에 있는 구멍으로 기어들거나, 태양신의 아들이 되어 하늘

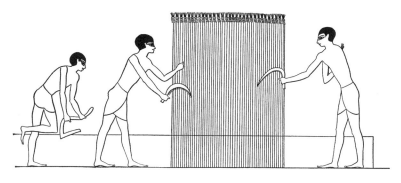

이집트인의 추수(고분 벽화)

을 다스리고 있는지 모른다고도 했다.

그러나 이 모든 것은 과정일 따름이며, 죽은 이들의 한결같은 목적은 되살아나는 데 있다고 믿었다. 그러므로 망자의 옷이나 육신의 부패를 방지해야 했다. 따라서 망자의 몸에 천연 탄산소다와 천연 아스팔트, 수지를 발랐고 사지는 린넨 천으로 쌌다. 얼굴에는 고무 마스크를 씌우고 꼭 눌러서 얼굴의 특징을 살린 다음, 마치 잠자고 있는 사람처럼 (심장을 보호하듯) 왼편으로 세워 눕히고, 그림을 그린 관 뚜껑을 덮었다! 이처럼 시체의 부패를 방지하는 목적은 죽은 사람에게서 빠져나간 카(ka), 즉 생명의 기운이 되살아날 때 제 육신에 정확하게 깃들이게 하기 위한 것이었다. 영생을 굳게 믿은 이집트인은 죽은 자의 육신과 '카'를 모두 돌보아야 했다. 생명의 기운(영혼이라고 부르지 않는 게 더 좋겠다)이 소멸되지 않게 하려면, 산 사람 못지 않게 잘 보살펴야 했다. 무엇보다도 '카'는 자양분을 필요로 했다. 그러니 위대한 새 발명품 빵을 '카'에게 바치는 것은 기본이었고, 부유한 사람은 포도주와 고기를 바치기도 했다.

이집트인은 행여 죽은 사람이 배고픔에 시달리지 않을까 전전긍긍했다. 그들은 하늘에 섬처럼 떠 있는 먹구름을 '양식의 밭'이라고 부르며, 나일강이 범람할 때 운하를 활짝 열면 그 강물을 타고 건너갈 수 있을 것이라고 상상했다. 그리고 마치 살아있는 사람들이 밀을 제분하듯이, 그곳에서는 '사자(死者)의 곡식'을 재배하고, 수확하고, 탈곡한다고 믿었다.

아마 그 밭에서 난 곡식은 사자들에게 바쳤을 것이다. 그러나 만약 사자들이 이 밭을 찾지 못한다면 어쩐단 말인가? 이런 생각 때문에 사자에게 음식을 바치는 일에 더욱 정성을 들였던 것이다. 실수는 하지 않았는지, 빠뜨린 것은 없는지 등등 여러 가지 잘못할 가능성에 대한 두려움 때문에 산 자들은 언제나 걱정이 끊이지 않았다. 우리가 고대 이집트인의 삶을 상세하게 알 수 있는 것은 바로 이런 이집트인들의 걱정 덕분이다.

무덤의 벽에 사실적으로 그려놓은 노동 광경은 원래 사자들의 눈요기로 제공된 것이다. 한곳에만 머물러 있어야 하는 '카'의 따분함을 덜어주기 위한 그림책인 셈이다. 그러나 인간의 활동에는 여러 동기가 있다. 만약 이집트인이 사자들의 거처가 어디인지 확실하게 알았다면, 죽은 자를 위한 의식을 거행하기가 한결 쉬웠을 것이다. 그러나 그곳을 알 길이 없으니 그만큼 사자들을 돌보기 위한 행동도 목적이 다양할 수밖에 없었다. 고분벽화는 즐거움을 주기 위한 것이기도 하지만 위험으로부터 보호하기 위한 목적도 있었다. (날마다 먼 여행을 하는) 사자들은 악령의 마수에 걸려들거나 다른 세속적인 전쟁에 휩쓸려 수감되거나 능지처참 당할 가능성이 얼마든지 있었던 것이다. 사자가 이런 파란만장한 고행을 겪지 않게 하려면, '통행증'(그가 이승에서 살아온 내력)이 필요했다. 말하자면 고분벽화는 사자의 기억을 되살려주기 위한 기록이

람세스 왕의 제빵소(고분 벽화)

었다. "나는 생전에 밧줄공이었던 아무개이다. 이 일만큼은 일가견이 있으니, 그 방법을 상세히 알려줄 수 있다. 그뿐 아니라 밧줄공에 얽힌 재미있는 이야기도 많이 알고 있다. 내 견습공들이 말일마다 요란한 파티를 벌이곤 했었으니까. 그러니 저승에서도 나를 밧줄공으로 삼아달라는 부탁이 전혀 무리는 아니다."

이집트인의 고분벽화는 사자의 신원을 알려주는 역할도 톡톡히 했다. 말하자면 일종의 신원증명서였던 셈이다. 이 때문에 왕들의 고분벽화에는 자본주의적 요소가 첨가되었다. 왕들의 재산을 낱낱이 그려놓음으로써 무덤에서 잠시 머무는 동안에도 절대 잃어버리지 않고 저 세상에 가서도 영원한 부를 향유할 수 있도록 했다. 이 고분 벽화도 왕의 재산 목록 중 하나인 왕의 제빵소(royal bakery)를 그린 것이다.

맨 앞에 장대를 들고 있는 두 남자는 반죽을 힘껏 짓이기고 있다. 마치 춤을 추는 듯한 모습이, 아마도 장대를 이용하여 미끄러지기 십상인 반죽 위에서 중심도 잡고, 위로 뛰어오르기도 하면서 리듬에 맞춰 일하고 있는 것 같다(몇백 년 후에 헤로도토스는 이 모습을 보고 '밀가루 반죽은 발로 하고, 진흙 반죽은 손으로 하는' 민족이라고 비꼬았다). 다음 장면은 두 남자가 항아리에 물을 길어 도제가 반죽을 좌우로 돌리고 있는 작업대로 가는 모습이다. 빵 굽는 용기에 불을 지핀 다음, 모양을 빚은 반죽을 커다란 부젓가락으로 올려놓고 있다. 그러면 다른 도제가 삽처럼 생긴 도구를 이용해 반죽을 가지런히 정돈하고 뒤집는다. 대형 오븐 옆에 있는 사람은 땔감을 계속 넣고 있다. 이것은 아주 적은 양의 빵을 구울 때 쓰는 오븐이어서, 많은 빵을 구울 때처럼 그다지 신경 쓰지 않아도 된다. 밑에 있는 그림은 똑같은 크기의 작은 빵을 대량으로 만드는 과정으로, 모든 빵이 골고루 잘 구워지도록 반죽을 올려놓는 데 각별한 주의를 기울이고 있다.

이렇듯 왕은 생전에 거느렸던 가장 미천한 하인들의 삶을 자신이 죽은 후에 우리에게 상세하게 알려주고 있다. 죽은 군주는 내세에서도 군주다운 삶을 계속 누려야 했다. 그런 까닭에 왕의 제빵소에서 일했던 도제들이 왕을 수행하는 것이다. 파라오가 빵을 받았다는 사실(하루에 1천 개의 빵으로 그 규모가 가히 엄청났다)은 왕이 가장 적은 빵과 물로 간신히 연명하는 대부분의 최하층민과 관련되어 있음을 시사한다.

이집트인은 사자에게 바친 음식을 악령들이 훔쳐가거나 마술을 부려 없애버리지나 않을까 염려했다. 만약 사자들이 빵을 먹으려는 순간 악령의 마술로 빵이 불타버리면 어떻게 할 것인가? 이런 끔찍한 사태에 대비하여 사자를 위한 주술을 걸어주는 것은 당연한 일이었다. 이를테면 어떤 악령이 나타나 빵을 빼앗으려 하면 다음과 같이 주문을 외우는 것이다(이것은 저 유명한《사자의 서(Book of the Dead)》의 한 대목이다).

나는 헬리오폴리스*에 빵이 있는 사람으로

내 빵은 태양신이 계신 하늘에도 있고,

케브**가 계신 땅에도 있노라.

아침 저녁으로 범선은

태양신의 집에서 나의 식량인

빵을 실어나르네.

이렇게 주문을 외우면 사자가 빵을 빼앗기는 일이 없을 것이라고 믿었다.

*   *   *

고대인들 사이에서 이집트인은 '빵을 먹는 사람들'로 알려졌다. 이 말에는 칭송과 경멸의 뜻이 동시에 깃들어 있었다. 또한 참으로 놀라운 것은 모든 이집트인이 빵을 간식이 아닌 주식으로 먹었다는 사실이다. 이집트의 하류계급은 거의 빵으로만 끼니를 때웠다. 오늘날에도 이집트인의 후예들은 둥근 빵을 잘라 벌린 다음 그 속에 알라신이 베풀어준 야채, 다진 고기, 생선을 넣어서 먹는다.

* Heliopolis: 태양신 숭배의 중심지.
** Keb: 대지의 신.

이렇게 '제조된' 제품, 빵은 이집트인에게는 식량 이상의 의미가 있었다. 그것은 문화적 수준의 척도였고 측량의 척도였던 것이다. '빵의 개수'는 부를 의미했다. 이집트 방방곡곡에 있는 오븐은 실질적인 화폐 주조공장이었다. 오븐에서 구워낸 밀가루 반죽은 마침내 전국의 화폐가 되었다. 수백 년 동안 임금은 빵으로 지급되었는데, 농민은 대개 하루에 빵 3개와 맥주 2병을 받았다(전설적인 영웅 데디는 하루에 빵 500개와 맥주 100병을 받았다). 학생들에게 예절을 가르치는 이집트 책에는 이런 대목이 있다. "옆에 있는 사람에게 자신의 빵을 나눠주지 않으려거든 자신도 먹지 말아라." 구걸하는 사람에게 빵을 주지 않는 것은 가장 추악한 범죄였다. 저승에서 양심의 심판을 받을 때도 한 영혼은 이렇게 단언했다. "나는 생전에 모두에게 빵을 주었다."

화폐 기능을 하게 되면서부터 빵은 전부는 아닐지라도 많은 악의 근원이 되었다. 그 초기의 악행은 약속한 날에 빵을 지급하지 않는 것이었다. 빵을 늦게 지급하거나 아예 주지도 않은 (꼭 빵을 주겠노라고 약속을 해놓고도) 군주나 성직자들을 비난하는 적잖은 글들이 현재까지도 전해내려 온다. 한 예로 람세스 4세때부터 전해오는 재미있는 일화가 있다. 지방 파견근무를 했던 노동자들은 기름과 맥주는 받았지만 빵은 받지 못했다. 그러자 그들은 '자기 집에 드러눕기' 시작했다. 즉 파업을 한 것이다. 그로부터 한 달 뒤, 또 빵을 받지 못하자 다시 드러눕고는 지방청이 있는 테베스에 대표단을 보내 탄원했다. 여기서 노동자들은 파업의 결실을 거두었다. 테베스의 지사는 개인 사업체에서 두 번이나 지불을 거절한 빵을 대신 지급해 주었다. '노동자 대표단'의 지도자는 노동자들의 임금대장에 의미심장한 글을 남겼다. "오늘 우리는 드디어 빵을 받았다. 그러나 키를 들고 있는 사람(fanbearer)에게 두 상자의 빵을 바쳐야 했다." 키를 들고 있는 사람은 아마도 관례적으로 뇌물을 상납 받는 지사의 부하였을 것이다.

성직자의 봉급은 꽤 정확하게 알려져 있다. 성직자는 연간 맥주 360병, 고급 밀가루 빵 9백 개, 숯불에 구운 납작한 빵 3만6천 개를 받았다. 그는 물론 빵이 턱없이 부족하다고 불평했다. 왕위를 30년 동안 지킨 람세스 3세는, 사원에 곡물 6백만 포대, 빵 7백만 개를 보냈던 것이다. 이밖에도 거위, 생선, 황소, 콩 등을 보냈다.

이집트의 전 국토는 산 자와 죽은 자에게 양분을 제공하는 하나의 길쭉한 오븐과도 같았다(효모는 빵과 맥주의 산파라는 속담도 있듯이 양조장도 있었을 것이다).

"빵은 자연이 준 근사한 선물이며 그 무엇과도 바꿀 수 없는 음식이다. 도저히 아무것도 입에 대고 싶은 생각이 없을 정도로 병세가 심할 때만 빵을 먹고 싶은 마음이 가신다. 그러다 건강이 좋아지려는 순간에, 마치 회복의 증상이기라도 하듯 빵에 대한 식욕이 되살아난다. 빵은 어떤 체질이든, 아무 때나, 남녀노소 모두가 먹을 수 있는 음식이다. 게다가 고기나 다른 재료들을 곁들여 먹어도 전혀 상관이 없다. 빵은 인간에게 가장 적합하게 만들어진, 태어나서부터 마지막 숨을 거둘 때까지 먹어도 전혀 질리지 않는 음식이다."

이 글은 마치 고대 이집트의 파피루스에 적힌 의료기록에서 인용한 것처럼 보인다. 사실 이 글은 1772년 프랑스인 파르망티에*가 쓴 것이다. 만약 이집트인이 기원전 4천 년에 빵을 발명하지 않았다면 당연히

---

* Parmantier: 군 영양사이자 농학자로서, 프랑스에 최초로 감자를 전파한 인물.

프랑스인이 그 일을 했을 것이라는 생각이 들 정도로 글의 분위기가 진지하다.

이 두 민족은 우열을 가리기 힘들 정도로 빵에 대한 애착이 강하고, 빵의 개발에도 남다른 열정과 재능을 지녔다.

프랑스인들과 마찬가지로 이집트인들은 자신들의 빵이 시각적으로도 만족을 주는 음식이 되기를 바랐다. 고분 벽화에는 빵 만드는 방법뿐만 아니라, 오만 가지 모양의 빵을 열심히 그려놓았다. 대체 어떤 법칙, 어떤 자유분방함이 이런 빵 모양을 만들게 했을까? 둥그런 빵이 있는가하면, 작은 수도관에 둥근 뚜껑을 덮어놓은 듯한 네모난 빵, 밀짚모자를 쓴 멕시코 농민을 닮은 길다란 원뿔 모양의 빵, 꽈배기 모양의 빵, 새나 물고기 형상을 하고 있는 빵, 신비로운 왕들의 무덤을 축소하여 재현한 피라미드 모양의 빵까지, 일일이 열거하기 힘들 정도로 다양하다.

그러나 이런 빵 모양에 특별히 신비로운 의미를 부여하지는 않았을 것이다. 어쩌면 이집트인의 지극히 일상적인 생활을 지나치게 형이상학적으로 파악하려는 우리의 습성 때문에 더욱 신비하게 보일지도 모른다. 이집트인이 그저 재미있게 만든 것이라고 생각해 보면 어떨까? 고대 이집트의 아이들은 온 세상의 주인인 파라오가 되는 꿈을 꾸면서, 나일강의 진흙으로 집과 동물을 빚었을 것이다. 어른들 역시 세상 모든 사람들의 점토라고 할 수 있는 밀가루 반죽으로 다양한 모양의 빵을 만들어 먹으면서, 온 세상 재물을 소유한 듯한 즐거움을 맛보았을 것이다. 중국인들이 특별한 의미 없이 세상에서 구경한 것들을 동석이나 옥에 끊임없이 새겨 넣었듯이, 고대 이집트인들은 빵에 조각했을 것이다. 이처럼 즐거움을 추구하는 것은 오랫동안 평화를 누린 많은 국가에서 화려하고 귀족적인 문화가 융성했던 것과 같은 맥락일 것이다. 신성한 암소 형상을 하고 있는 풍요의 여신, 하토르의 상(象)을 본뜬 고대 이집트의 빵이 과연 파리의 여느 보석상 쇼윈도에 장식해 놓은 작은 에펠탑 모형보다 더 숭고한 의미를 지녔겠는가.

여기서 잠시 현대의 문명이 고대 이집트의 문명처럼 사라져 버렸다고 생각해보자. 그리하여 미래의 고고학자들이 현대인이 빵으로 재현한 모형이나 그림(가령 달팽이 모양의 빵)을 발견한다면 몹시 놀랄 것이다. 얼마나 신비롭게 보이겠는가? 심지어 본래 타고난 달팽이의 나선 구조마저도 심각한 사유의 소재가 될 것이다. 아르키메데스의 나선형 구조와 비슷하게 생긴 나선형 껍데기가 달팽이에게 어떤 용도로 쓰였는지 궁리할지도 모른다. 선박이나 비행기의 구조를 나선형으로 한 것은 공기나 물의 저항력을 줄이기 위한 지혜의 소산이라고 납득할 것이다. 그렇지만 그 느림보 달팽이가 코르크 오프너처럼 생긴 껍데기를 짊어지고 다녀야 할 까닭은 아무리 해도 알 수 없는 노릇이 아닌가? 급기야 그 고고학자들은 20세기 인간들이 달팽이 모양을 본떠 빵을 만들었다는 것을 알게 될 것이다. 우리 현대인이 만약 달팽이 모양에 어떤 상징을 부여했다면, 그것은 과연 무엇이었을까? 느림의 미학? 스피드 숭배에 대한 저항적 표현? 혹시 그 나선형 껍데기를 가진 달팽이는 20세기의 인간들이 숭배했던 신이었을까?

그러나 미래의 고고학자들은 지금의 우리보다 훨씬 더 지혜로워서, 20세기의 인간들이 아이들처럼 예쁜 모양을 만들며 즐거워했다는 결론을 내릴 것이다.

언제가 한 제빵사에게서 들은 말이 생각난다. "어린이 고객을 절대 무시할 수 없습니다. 아이 손에 이끌려 오는 부모가 많거든요. 아이들은 새로운 빵을 개발하기가 무섭게 금방 알아차려요. 심지어는 사람의 눈처럼, 건포도 두 개를 박아 눈이 달린 빵처럼 보이게만 해도 금방 알아요."

네 얼굴에 흐르는 땀으로—이스라엘

> 장담하건대 유대인보다 인류문명에 더 많이 기여한 민족은 없다.
>
> —존 애덤스

이스라엘 민족은 이집트인들과 교류하면서 빵이라는 것을 알게 되었다. 성경에는 양치기 유대인과 농사꾼 이집트인이 처음으로 대면했을 때 어떤 일이 벌어졌는지 기록되어 있다. 유대인으로서 이집트 파라오의 총리대신이 된 요셉이 유목민인 자신의 가족을 데려왔을 때 처신하는 법부터 가르쳐야 했다. 만약 파라오가 직업을 묻거든, 외양간을 돌보기는 했지만 그것은 단지 어려서부터 해온 일에 지나지 않는다고 조심스럽게 대답하라고 일러주었다. 즉, 다른 어떤 일도 배운 적이 없어서 그랬을 뿐이라고 대답하라는 것이었다. 요셉의 설명대로 "모든 유목민은 이집트인에게 혐오의 대상이었기" 때문이다.

요셉은 이집트인이 왜 유목민을 그토록 혐오했지는 밝히지 않고 있다. 농부들이 유목민의 동물에 대한 사랑을 모욕할 리는 없었다. 파라오 역시 소를 좋아했고(마른 소보다는 살찐 암소를 더 좋아했다), 더구나 이집트의 신들은 동물의 머리 형상을 하고 있었기 때문이다. 아마도 이러한 혐오감은 양치기들이 모두 수간(獸姦)(현대까지도 계속 이어져 온 통념인)을 한다는 근거 없는 확신에서 비롯된 것 같다. 1499년 슈바벤 농민과 스위스 유목민 사이에 벌어진 전쟁에서 슈바벤 농민은 여자의 모자를 씌우고 치마를 입힌 소들을 최전선에 세웠던 것이다. 모욕당한 스위스 목동은 격분하여, 끝까지 치고 들어가 그들을 대파했다.

아무튼 이집트인들은 유목민들을 불결한 사람들로 여겼고 그들을 경멸했다. 그래서인지 오늘날에도 이집트인들은 아프리카 내륙의 햄족인 딩카족을 경멸한다. 유목민에 대해 슈바인푸르트는 이렇게 적고 있다. "딩카족은 소에게서 난 것은 무엇이든 순결하고 고귀하다고 여긴다. 소똥을 태운 하얀 재는 잠자리 밑에 깔거나 얼굴에 바르는 분으로 사용한다. 소의 오줌은 세숫물이나 소금 대용으로 사용하는데 아프리카에는 물과 소금이 아주 희귀하기 때문이다." 분명한 것은, 아프리카의 이런 관습은 위생 관념이 철저한 유대인이나 다른 셈족 유목민들에게는 상상할 수조차 없었던 것이다. 그러나 이집트인을 잘 알고 있었던 요셉은 신중하게 처신하고 싶었다. 총리대신인 그 역시 자신이 유목민의 후손이라는 사실 때문에 부당한 대우를 받지 않을까 걱정한 것도 무리는 아니었다. 따라서 요셉은 자신의 아버지와 형들이 이집트인과 가까이 접촉하지 않고 살아갈 수 있도록, 목초지가 많은 고센 지방에 정착시켰다.

유대인들은 소위 땅을 일구는 농부가 하루 종일 빵을 만드는 데 전념한다는 것을 알고 깜짝 놀라지 않을 수 없었다. 유대인은 이집트에서 빵 굽는 법을 배웠다. 그러나 만약 그들이 계속 유목민으로 남아 있었다면 배우지 못했을 것이다. 빵을 굽는 데는 정착 생활과 끈기가 필요하기 때문이다. 천막에서 살았던 아브라함과 그의 백성들은 밀가루를 수확했지만(유목민 사회에서도 약간의 농사는 지었다), 그들에게는 오븐이 없었다. 이집트의 오븐은 벽돌로 만들었기 때문에 정착 생활을 하는 사람들이나 가질 수 있었다. 휴대용 오븐도 있긴 했지만 높이가 90센티미터나 되는 돌이나 쇠로 만든 단지여서 들고 다니기에는 너무 무거웠다. 천막이나 임시 방편으로 지은 오두막에서 생활하는 유목민이 그 무거운 것을 끌고 다닐 수는 없었다. 유대인이 빵을 굽기 시작한 것은 정착 생활을 시작하면서부터였다.

사막에 사는 베두인족의 습성을 통해 유대인이 초창기에 어떻게 곡식을 먹었는지 짐작할 수 있다. 성서 〈룻기〉에 나오는 농민들처럼 곡물을 볶아 먹거나 〈에스라서〉에 씌어 있는 것처럼 낙타 똥 더미에 불을 붙여 납작한 빵을 구워 먹었다. 만약 유대인에게 화로가 있었다면 뜨거운 재에 반죽을 구워서 먹었을 것이다. 그러나 그것은 여전히 납작한 빵일 뿐 발효시킨 진짜 빵은 아니었다. 로마군이 원정할 때 먹었던 숯불에 구운 빵 파니스 수브시네라리아(panis subcineraria)도 진정한 의미의 빵은 아니었다. 신속하게 이동해야 하는 군대에서 반죽이 발효될 때까지 기다릴 시간이 없었기 때문이다.

그것은 유목 생활을 하던 유대인도 마찬가지였다. 그러나 일단 진짜 빵을 굽기 시작하자 유대인은 그 탁월한 재주를 나타냈다. 유대인의 가장 좋은 빵은 체로 쳐서 내린 가장 고운 밀가루로 만든 것이었다. 이 밀가루는 야훼에게 바치는 제물을 만드는 데 사용되거나 부자들이 사용했다. 또 다른 좋은 빵은 화이트 스펠트*로 만든 것이었다. 보리는 가난

* White spelt: 밀의 일종.

한 사람들이 사용했으며 말 사료로 쓰이기도 했다. 로마인이 귀리를 천한 곡물로 여겼다면 유대인은 보리를 천대했다. 그도 그럴 것이, 보리가루로 맛있는 빵을 만들려면 렌즈콩과 강낭콩, 기장을 갈아넣어야 했기 때문이다.

유대 역사의 초창기에는 주부가 오븐을 관리했다. 아마 딸도 거들었으리라. 이 사실은 〈창세기〉를 보면 알 수 있다. 그러나 〈판관기〉에는 하녀를 고용한 대가족의 이야기가 나온다. 유대 사회에서 빵을 만드는 것은 여자들의 몫이었다. 이스라엘의 경우에는 집집마다 오븐이 있었다. 다만 기근이 들 때에는 두 세대가 하나의 오븐을 사용했다.

유대인이 정착 생활을 시작하고 도시를 형성하면서, 남자들이 제빵 일을 도맡게 되었다. 자연적인 노동의 분화로 새로운 직업이 탄생했는데 그것이 바로 제빵사였다. 제빵사에 대한 평판이 나빠지는 데는 그리 많은 시간이 걸리지 않았다. 예언자 호세아*는 제빵사들이 손님을 속인다고 비유를 들어 비난했다. 제빵사가 빵을 올려놓고 '밤새 자고' 아침에 '불에 탄' 빵을 판다는 것이었다. 예수 시절에는 제빵업이 번창했다. 요세푸스의 책에 따르면, 팔레스타인에는 도시마다 제빵소가 있을 정도였다. 예수가 제빵 기술에 관한 폭넓은 지식을 지녔다는 사실이 자못 놀랍다. 그러나 당시에 그런 전문적인 지식은 대단한 것이 아니었다. 동방 지역에서는 모든 노동이 거리에서 이루어졌기 때문이다. 소크라테스처럼, 예수 역시 장인들이 일하는 모습을 보며 그 정교한 솜씨를 배우는 것을 즐겼다. 예루살렘에는 작은 지방 도시에서 보기 힘든 특별한 것이 있었는데, 그것은 바로 제빵사의 거리였다. 특정 직업에 종사하는 기술자

* Josea: 이스라엘 북왕국의 예언자로 BC 8세기 중엽부터 북왕국이 멸망하기 전까지 북이스라엘에서 활약했다.

들은 서로 같은 지역에 모여 살았다. 예언자 예레미야가 '화덕의 거리'로 부르기는 했지만 빵집 주인들은 생산자라기보다는 장사꾼에 가까웠다. 예루살렘에 제빵사들이 밀가루를 가져와 빵을 만드는 '빵 공장'이 있었던 것은 분명하다. 그들은 그곳에서 빵을 만들어 가게에 가져가서 팔았다.

빵은 동그란 모양으로, 가운데가 살짝 부풀어오른 납작한 자갈돌처럼 생겼고 손가락보다 더 굵지 않았다. 그것은 어찌나 작은지 한 끼 식사로 최소한 3개는 필요했다. 아비가일이 다윗과 그의 부하들을 대접할 때 빵은 200개를 내놓았지만 포도주는 두 병뿐이었다는 기록이 있다. 이 빵과 술의 비율을 보면 다윗이 술을 절제했다기보다 빵의 크기가 그만큼 작았다는 사실을 알 수 있다. 크기로 치자면, 유대인의 빵은 요즘의 롤빵만 했다.

빵이 얼마나 납작한지를 알면 유대인이 왜 빵을 자르지 않고 '쪼개' 먹는지를 이해할 수 있다. 이들이 빵에 칼날을 대지 않은 것은 특별한 종교적 의미 때문이 아니었다. 유대인은 빵을 유기적인 생물체나 초자연적인 존재로 여긴 적이 없었다. 이 점은 역사상 중요한 그리스도교의 업적이었다. 물론 애용하는 음식이긴 했지만 유대인에게 빵은 그저 음식의 한 가지일 따름이었다. 그러나 사람은 빵 없이는 살 수 없었다. '만나'* 이야기는 이 사실을 분명하게 강조하고 있다. 신은 파종과 수확을 통해 위에서 자신의 피조물들을 돌보고 있었다. 신은 백성들에게 광야에 있는 40년 동안 빵이 아닌 다른 음식을 먹여야겠다고 결정했다. 그런데도 광야에 있던 유대인들은 '속박의 땅' 이집트로 돌아가는 것을 두고 논쟁을 벌일 정도로 간절하게 빵을 원했다. 이것은 빵이 유대인에게 없어서

---

* Manna: 이집트를 탈출한 이스라엘 백성들이 광야에서 굶주릴 때 신이 내려주었다는 신비로운 음식.

는 안 될 중요한 것이 되었다는 증거이다.

　그러나 가나안에서 빵은 유대인의 음식이었을 뿐만 아니라 자신들의 신, 즉 야훼의 음식이기도 했다. 그것은 분명 매우 특별한 빵이었다. 여기에 얽힌 이야기를 보자.

＊　　＊　　＊

　성서의 기록을 보면 이스라엘 어린이들이 이집트에서 급히 빠져나오느라 미처 이집트 식으로 만든 빵을 완성할 시간이 없었음을 알 수 있다.

　사람들은 발효가 덜 된 반죽통을 옷가지에 싸서 어깨에 둘러메고 나왔다. 그리고 정신없이 그 땅을 빠져나왔다. 그들은 이집트에서 빠져나올 때 가져온, 발효가 덜 된 반죽으로 빵을 구웠다. 왜냐하면 그들은 이집트에서 급하게 도망치느라 달리 먹을 것을 준비하지도 못했던 터여서 발효되기를 기다리기에는 너무 배가 고팠기 때문이다.

　이윽고 모세가 말했다.

　　오늘을 기억하라, 속박의 구렁텅이, 이집트에서 탈출한 오늘을. 신이 강건한 손으로 그곳에서 우리를 구출해 주셨으니 앞으로는 절대 발효시킨 빵을 먹어서는 안 되느니라.

　　이 날은 매년 유월절 주간으로 기념할 것이다.

　　그대는 7일 동안 발효시키지 않은 빵을 먹어야 하며, 제7일인 안식일에는 신께 경배를 올려야 한다.

　　발효시키지 않은 빵을 7일 동안 먹어야 함은 물론, 너희 집 안에 발효된 빵을 두어서도 안 되고, 눈으로 보아서도 안 되느니라.

또한 그대는 아들에게 이 날을 이렇게 설명해 주어야 하느니라. 오늘을 기념하는 것은 이집트에서 탈출할 때 신이 우리를 인도하셨기 때문이니라.

신이 강건한 손으로 너희를 이집트에서 구출해 주셨으니 손으로는 신의 기적을 증거하고, 두 눈으로는 하느님을 기억하며, 입으로는 신의 율법을 전하라.

그리고 해마다 이때를 기념하라.

발효시킨 빵을 먹지 말라고 한 것은 '기억을 돕는 것' 이상의 의미는 아니었다. 유대인들은 해마다 출애굽 당시의 모습을 재현했다. 이 재현 의식은 거의 똑같게 보였지만 사실은 전혀 틀린 것이었다. 의식은 기억을 상기시키는 것 이상의 의미를 지니고 있었다.

종교사학자 오스카 골드버그는 "이 기념 의식의 개념은 모세 5경*과는 상당히 이질적이다"라고 주장한다. 더욱이 무교병**을 먹는 관습은 모세가 태어나기 훨씬 전부터 있었다. 천사들이 롯을 방문했을 때, 롯은 집을 짓고 살고 빵을 구울 시간이 충분함에도 불구하고 발효시키지 않은 빵을 대접했다. 롯은 출애굽 사건보다 몇백 년 앞서 살았던 사람이니 유월절을 기념했다고는 보기 힘들 것이다.

신과 모세가 유대인에게 강요한, 7일 동안 무교병을 먹는 의식은 출애굽을 기념하기 위한 것이라고 할 수 없다. 다시 말해 이것은 본질적으로 관습에서 비롯된 의식이었다. 그렇다면 당시 무교병을 먹는 관습은 무엇을 기념하기 위함이었을까? 롯의 행동에서 그 실마리를 찾을 수 있다.

* 성서 맨 앞의 5권으로 창세기, 출애굽기, 레위기, 민수기, 신명기를 말한다.
** 유월절 의식 때 먹는 발효시키지 않은 빵.

이교도, 즉 이집트인이 발효시켜 오븐에서 구워낸 빵은 일 년 내내, 어떤 축일에든 먹을 수 있었지만, 신과 사제가 있는 곳에서는 시큼한 반죽으로 만들지 않은, 오직 신성한 빵만을 먹을 수 있었다.

신은 다른 빵은 먹으려 하지 않았다. 야훼는 성막(聖幕)에서 백성들에게 제물을 받을 때, 제단에 오직 발효시키지 않은 빵만 올리도록 했다. 발효시킨 빵에 대한 금기는 계속 되풀이된다. 이를 터무니없게 여긴 예언자 아모스는 이렇게 말하기도 했다. "발효시킨 것을 감사의 제물로 바쳐라." 그런데 왜 신은 이것을 강요했을까? 대체 무엇을 기억하기를 원했던 것일까?

그 해답은 유대인의 신, 야훼가 성막, 즉 천막에서 예배를 받았다는 사실에서 찾을 수 있다. 이 성막은 전혀 편안한 장소가 아니었다. 유목민의 신은 정착 생활을 하는 농민들이 하루 걸려 구운 그 빵을 먹는 것을 끔찍하게 싫어했으며, 베두인족이나 전사들이 급하게 구운 납작한 빵을 훨씬 더 좋아했다. 유대인의 신은 삼나무로 지은 사원에 붙박혀 지내는 생활에도 익숙하지 않았다. 다윗 왕이 신을 위한 사원을 지으려 했을 때, 신은 예언자 나단을 불러 다윗에게 이런 말을 전했다.

주님께서 이렇게 말씀하셨습니다.
너희는 내가 머물 집을 지으려는 것이냐? 내가 이집트에서 이스라엘 어린아이들을 이끌고 나온 이래 어떤 집에서도 머물지 않고 오늘날까지도 천막과 성소를 돌아다녔다.
이스라엘 어린이들과 함께 사방으로 떠돌아다닐 때, 내가 '왜 너희는 나를 위해 삼나무 집을 짓지 않는가'라고 말하더냐?

이것은 이스라엘 백성이 '더 이상 떠돌지 않고 정착지가 마련되는' 먼 훗날에 '자신의 이름으로 된 집'에 머물겠다는 신의 뜻이다.

이 무렵 유대인은 도시에 완전히 정착했다. 따라서 신이 발효시키지 않은 빵을 강요함으로써 자신은 진정으로 가난한 유목민의 신이라는 것을 강조하며 복종을 요구하는 것처럼 보였을 것이다. 자신의 천했던 지난날을 자랑스럽게 추억하려는 부자들처럼 말이다.

그러나 이것 역시 그릇된 판단이다. 비교종교학에 의하면 로마에서도 유피테르*의 사제는 누룩을 섞은 밀가루를 만져서는 안 되었다. 로마인은 유목민과는 거리가 먼, 농경민이요 도시 정착민이었다. 로마의 최고신이 자신에게 바칠 음식을 유목민의 전통에 따르도록 강요할 까닭은 전혀 없을 것이다. 이러한 관습이 이들 두 민족 사이에 널리 유행한 것으로 보아 공통적인 이유가 있을 법하다.

* * *

신에게 발효된 빵을 올리지 못하도록 한 금기는 본래 원시인들의 문화에서 시작된 금기 중 하나였다. 금기된 것을 만지면 불행한 일이 닥친다고 생각했다. 인류학자 노스코트 토마스는 브리태니커 사전에 이렇게 썼다. "금기로 규정된 사람이나 물건은 가득 충전되어 있는 물체에 비유할 수 있다. 그들은 만지면 쉽게 감전시키는 엄청난 힘을 가졌고, 저항력이 아주 약한 유기체가 방전을 자극한다면 손상되기 쉽다." 누군가 신 앞에 발효된 빵을 가져간다면 이와 같은 방전현상이 일어날지도

---

* 로마 신화의 최고신. 주피터의 영어식 발음이다.

몰랐다.

왜냐하면 하느님은 발효된 빵을 몹시 싫어했기 때문이다. 신은 특정 동물이나 토막낸 동물을 제단에 올리는 것을 싫어한 것과 마찬가지로 발효된 빵도 싫어했다. 야훼가 유월절 주간에 발효된 빵이나 술을 먹은 유대인에게 사형을 내렸다는 대목을 보면, 그 금기사항을 단순한 관습이나 기념의식이라고 보기는 어렵다. 사소한 관습이라면 그것을 어겼다고 해서 사형시키는 것은 너무나 가혹한 처사이기 때문이다. 신이 계신 곳에서 발효된 빵을 먹는 것(공간적으로는 성막에서, 시간적으로는 유월절 주간에)은 사소한 관습 위반이 아니었다. 그것은 삶의 원칙을 어긴 행동이고 자연계의 율법을 침해한 행동이므로 결국 민족 전체에게 해를 입히는 커다란 죄악이었던 것이다.

이러한 금기 개념은 순수한 상상력의 발로가 아닐까? 금기의 근원에 대해 탐구해 온 프레이저는 그의 저서 《금기와 영혼의 위험(Taboo and the Perils of the Soul)》에서 이 문제를 명쾌하게 정리하고 있다. "그러나 그 위험이 상상한 것이라고 해서 실제보다 덜 위험하지는 않다. 중력이 인간에게 미치는 영향과 다를 바 없이 상상력도 인간에게 실제로 작용하기 때문에 소량의 청산가리처럼 인간을 죽일 수 있다." 믿음이란 그 결과가 기준이 되기 마련인데, 신념은 물리적 세계의 구조를 변화시킬 수 있는 힘을 지니고 있다. 중력이나 전기의 기능에 대해 익히 알고 있으면서도 그것이 발생하는 이유는 잘 모르듯이, 사람들은 많은 금기의 합리적인 근거를 알지 못한다. 그러나 그것을 믿는 사람들에게는 금기가 작용한다.

화학에서는 두 개의 물질이 서로 격렬하게 회피하는 까닭을 아직 풀

유대인의 제빵에 관한 고대 전설을 담은 글과 그림

지 못하고 있으며, 우리는 그 폭발을 보고 들으면서도 그 반발작용의 원인이 무엇인지 모른다. 이와 마찬가지로 금기에도 수수께끼가 많다. 그러나 일 년 내내 아무런 거리낌 없이 먹는 그 발효된 빵을 신에게 바치는 것을 금지하는 금기에 대해서는 설명할 수 있다.

유대인은 죄를 용서받으려면 신께 음식을 바쳐야 한다고 생각했다. 이때 고기는 이틀 동안만 신선도가 유지되기 때문에 사흘째 되는 날에는 불에 익혀야 했다. 이것은 채소도 마찬가지였다. 신 것이나 썩은 것이나 똑같기 때문이었다. 어떻게 감히 하느님께 시고 부패한 것을 바칠 수가 있었겠는가? 여기서 반죽의 발효와 고기의 부패가 과학적으로 어떻게 다른가는 중요하지 않았다. 이것이 박테리아를 매개로 한 변화라는 사실을 알았더라면, 유대인들이 그다지 큰 흥미를 갖지 않았을 것이다. 무엇보다도 그들은 발효된 반죽이 '살아 있다'고 생각해 본 적이 결코 없었다. 이미 알고 있는 사실이지만, 이집트인이라면 달랐을 것이다. 그들은 모든 생명체의 끊임없는 변화와 변형을 숭배했으니, 시큼하게 변질된 반죽을 보면서 감탄했을 것이다. 청결함과 순수함을 중요하게 여긴 유대인들로서는 부패한 음식을 하느님께 바칠 수는 없었다. 그래서 카르타고인들이나 아랍인들을 비롯한 다른 셈족과는 달리, 유대인들은 우유도 제물로 바치지 않았다. 알라신은 효모를 좋아했다. 야훼보다 훨씬 더 현대적인 알라는 박테리아를 생명의 파괴자가 아닌 제공자로 여겼던 것이다. 카프카스 지역의 이슬람교도들은 마호메트가 몸소 케피르* 만드는 법을 가르쳐주었으며, 이것은 천 년이 넘도록 자신들이 가장 좋아하는 음료라고 자랑한다. 그러나 유대인들은 신기해하면서도

* 우유를 발효시켜 만든 음료.

상한 것이 틀림없는 시큼한 맛을 혐오했다. 대신 유대인들은 모든 제물에 소금을 뿌렸는데, 이는 소금이 상처를 낫게 하고 정화시킨다고 믿었기 때문이다. 심지어 갓 태어난 아기도 소금으로 문질러 주었다.

무엇보다 놀라운 사실은 신에게 제물로 바쳐서는 안 되는 빵을 유대인이 자유롭게 먹었다는 데 있다. 그들은 삶을 두 가지 방식으로 영위하는 것이 아주 간단하다는 것을 깨달았다. 다름 아닌 신성한 빵과 세속적인 빵으로 구분하는 것이었다. 이 둘이 공존함으로써 사변적 사고를 하게 되었고, 둘의 차이를 엄격하게 구분함으로써 기쁨을 더욱 심화시켰다.

*   *   *

유대인은 자신들이 먹는 빵을 놀랄 만큼 경건하게 대했다. 아닌 게 아니라 그들은 빵을 볼 때마다 신을 떠올렸다. 그래서 유대인은 빵을 쪼갤 때마다 베라카*를 외치며 빵을 이렇게 찬양했다. "자비로운 하느님 아버지, 당신은 가루로 빵을 만드셨나이다." 신교 이론가이자 기도의 변천사를 연구한 프리드리히 하일러는 "이스라엘 사람들은 제물을 바치면 신이 자신들의 소원을 들어줄 것이라고 굳게 믿었기 때문에 그 이상 신에게 감사해할 필요가 없다"고 생각했으며 이스라엘의 문화가 다른 문화보다 앞설 수 있었던 것은 바로 이러한 감사의 기도 때문이라고 지적했다.

유대인은 빵을 먹을 수 있는 것에 감사했다. 그러나 항상 '소중한 빵', 심지어 '성스러운 빵'이라고 부르는 중세 그리스도교의 정서는 너무나 낯설었다. 성스러운 것이든 세속적인 것이든, 유대인의 책에서는 이집

* Berachah: 찬양, 축복의 뜻.

From an old German woodcut, 1726.

무기병을 준비하는 유대인들(독일의 목판화, 1726)

트인의 '오븐 숭배'와 같은 대목을 찾아볼 수 없다. 오리엔트 지역에서 동로마를 거쳐 다시 러시아로(이 지역에서는 지금도 이 말을 쓴다) 전해진 "오븐은 어머니다"라는 말은 유대인에게 이해할 수 없는 것이었다. 유대인은 로마인이 어머니 신에 속하는 오븐의 신 포르낙스를 숭배한 까닭이 무엇인지 분명히 알고 있었다. 또한 유대인은 농사짓는 법을 알기 전에 인간은 야생 짐승처럼 살았다고 한 그리스의 교리를 배척했음에 틀림없다(그리스인은 데메테르를 기리는 엘레우시스 의식에서, 짐승 가죽을 뒤집어쓴 사람들이 무대에 올라가 서로에게 돌을 던지는 모습을 재현한다).

유대인도 추수감사제를 지냈다. 그러나 그들은 왜 그토록 과도하게 추수를 기념했을까? 만약 어느 유대인이 그 진실을 알기 위해 노력하다 이웃 민족들이 농업의 중요성을 얼마나 강조했는지를 보았다면, 쓴웃음을 짓지 않을 수 없을 것이다. 성서의 〈창세기〉에는 분명히 농업은 저주라고 씌어 있다. 에덴 동산에서 더없이 행복하게 살았던 아담과 이브는, 자비로운 나무에 손만 뻗으면 언제든지 양식을 얻을 수 있었다. 그러나 이들은 죄를 지은 이후, 땅을 갈아야 하는 천벌을 받았다.

이보다 더 현실적인 다른 신화는 없다. 노동을 해야 하는 이유가 저주 때문이라고 감히 말하는 다른 사람도 없다. 다른 모든 종교가 이를 삼갔던 것은 그것이 결국 커다란 사회적 멸망을 초래할 것이기 때문이었다.

쟁기질을 하고 씨앗을 뿌리는 일이 저주였단 말인가? 페르시아 종교의 창시자인 조로아스터는 이와는 반대로 계시했다. 그는 최초의 인간 마스예에게 이렇게 말한다.

창조주께서 곡물 씨앗을 뿌리는 방법을 보여주며 이렇게 이르셨다. 마스예야, 이 황소는 네 것이고 이 곡식도 네 것이며 다른 도구들도 모두 네 것이니라. 그러므로 이것들에 대해 잘 알아야 하느니라.

그리고 그는 천사 하디쉬에게 그 최초의 인간을 먹여 살리게 했다. 그리하여 하디쉬는 마스예의 수호천사가 되었다.

페르시아의 신 아후라마즈다는 최초의 인간에게 흙에 묻혀 지내는 것을 고통이라고 말하지 않았다. 오직 인간의 용기와 인내 그리고 탁월한 이성적 능력을 믿는 유대교에서만 감히 야훼가 아담에게 이렇게 말했다.

너를 위하여 대지에 저주가 내렸으니 너는 평생 슬픔 속에서 먹어야 하고,
너를 위하여 가시와 엉겅퀴가 돋으니 너는 들판의 풀을 먹어야 하며,
흙으로 돌아가기 전에는 네 얼굴에 땀을 흘리며 빵을 먹어야 할지니,
흙에서 난 자 흙을 위하여 흙으로 돌아가야 하니라.

이 얼마나 등골이 오싹해지는 말인가! 이 말만으로도 모든 사람이 손에서 쟁기를 놓고 모든 삶을 부정하기에 충분하지 않았을까? 인간의 운명을 이보다 더 비관적으로 본 종교가 있었으니 그것이 바로 불교였다. 불교는 먹을 빵을 만들어야 하는 인간의 숙명을 가장 큰 고통으로 간주했다. 축법호(竺法護)의 《불소행찬》*에는 이렇게 묘사되어 있다.

도시를 벗어나 농촌으로 접어든 석가모니는 넓게 잘 닦여 있는 길가에

* 인도의 마명이 불타의 일생을 그린 서사시로, 법명이 다르마라크사인 중국 진대의 승려 축법호가 번역한 책이다.

꽃이 만발하고 과실이 주렁주렁 달린 나무를 보았다. 그는 마냥 기뻐서 온 갖 시름이 가시는 듯했다.

길가에서 밭이랑을 따라 쟁기를 들고 터벅터벅 힘없이 걷는 농부와 꿈틀꿈틀 기어가는 벌레를 보았을 때 그는 다시 연민에 빠졌고 마음이 찢어질 듯이 아팠다.

머리는 마구 헝클어지고 얼굴에서는 굵은 땀방울이 뚝뚝 떨어지고 온 몸에는 흙먼지를 뒤집어쓴 채 농부는 허리를 굽히고 고통스럽게 일하고 있었다.

황소는 멍에를 맨 채 혀를 길게 내밀고 숨을 헐떡거리며 쟁기를 끌고 있었다. 천성적으로 사랑과 동정심이 많은 왕자는 슬픔이 극에 달했다.

연민에 사로잡힌 태자는 신음을 토했다. 그리고 땅에 웅크리고 앉아 그 고통스러운 광경을 바라보며, 삶과 죽음에 대해 깊이 생각했다!

"아아, 이 세상에 대해 얼마나 무지몽매한가. 참으로 그 이치를 알 수가 없구나!" 하고 외쳤다. 그러고는 자신의 수행자에게 잠시 쉰 다음, 소원을 말해보라고 했다.

태자는 보리수 그늘 아래에 경건하게 앉아 생각에 잠겼다. 삶과 죽음, 무상함, 끝없이 진행되는 쇠퇴에 대해 곰곰이 생각했던 것이다.

이런 고행을 통해 얻은 결론이 문화, 즉 경작과 동일한 의미로서 농경 문화의 종식이었다. 농업이 처절한 고통과 다름없다면 인간은 농사를 그만 두고 자연에 묻혀 살면서 고생하지 않고 딸 수 있는 나무열매로 연명해야 한다는 것이다. 이것이 석가모니의 가르침이었다.

그러나 유대인의 반응은 달랐다. 그들은 문화를 포기하지 않았다. 문화를 일구기 위해 그들은 고통의 짐을 기꺼이 떠맡았다. 도망치기는커녕 그 짐을 자신들의 삶과 의식 속에 과감히 받아들였다.

이처럼 가혹한 사실을 잊어버리지 않으면 스스로 삶을 영위할 수 없었기 때문이다. 춤을 추듯 밭을 갈고 추수하는 농부의 모습을 그린 이집트 벽화를 유대인이 보았을 때 어떤 생각을 했겠는가? 하느님이 땅을 일구는 사람들을 사랑한다고 생각했을까? 아담의 후예들이 제물을 바쳤을 때 (아벨은 자신의 손으로 직접 기른 양을 올렸고 카인은 땅에서 난 열매를 올렸다) 하느님은 아벨이 올린 양은 받았지만 '카인의 제물은 거들떠보지도 않았다'. 왜였을까? 도대체 무슨 까닭이었을까? 우리로서는 알 길이 없다. 그러나 분명한 사실은 유대인의 신이 땅을 경작하는 사람들을 사랑하지 않았다는 것이다. 노아의 홍수가 있은 뒤에야 농부를 가엾게 여긴 신이 노아와 그 후손들에게 이런 약속을 했다.

나는 다시는 인간을 대신하여 대지를 저주하지 않을 것이고 인간의 마음에 깃들인 사악함을 대신하여 땅을 저주하지 않을 것이며 예전처럼 살아 있는 모든 것을 멸하지 않으리라.

땅이 있는 한, 파종과 추수, 추위와 더위, 여름과 겨울, 낮과 밤은 지속되리라.

그러나 이런 약속에도 아랑곳없이, 신은 여전히 땅을 일구는 사람들에게 큰 은혜를 베풀지 않았다. 밀 이삭이 변한 것이다. 신은 이제까지 굵은 낟알이 줄기 아래까지 주렁주렁 열리던 이삭을 훨씬 작게 만들었다. 노아의 홍수 이후 신은 줄기 꼭대기에만 낟알이 열리게 했다! 유대인은 이 고대의 저주를 〈토라〉*에 기록하지 않았다. 그러나 입에서 입으로 전해져 마침내 《탈무드》에 기록되었으며, 폴란드의 설화에까지 전해졌다. 어쨌든 신의 이 새로운 약속은 농부를 경멸했던 사람들의 마음속 깊이 새겨졌다. 땅을 일구는 것은 즐거운 일이 아니라 고달픈 일이었다. 땅을 갈고 씨를 뿌려 거둔 다음, 탈곡하여 가루로 빻고 다시 빵을 얻기까지 사람들은 얼굴에 소금땀을 흘려야 했다. 신이 인간의 삶을 고달프게 했고 사람들은 빵을 얻기 위해 기꺼이 땀을 흘렸다.

유대인은 이런 깨달음을 철저하게 실행에 옮김으로써 지금까지 인간이 만들어온 '노동의 고통'에 대항할 수 있는 가장 견고한 성채를 건설했다. 이것이 바로 모세의 농지법이었다. 흙을 일구는 것이 신의 저주라 하더라도, 적어도 인간 사이에서 농사가 더 이상 가혹한 저주가 되지 않도록 하는 것이 이 농지법의 목적이었다. 그리스 사람 솔론보다 9백 년 앞서고 로마인 그라쿠스 형제보다 1천3백 년 앞선, 위대한 유대인의 지도자가 농지 수탈을 금지했던 것이다.

*　　*　　*

유대인의 전설적인 영웅 모세는 이집트의 왕궁에서 자랐다. 그런 만큼 모세는 파라오가 지배하는 농업제도가 매우 비도덕적이라는 것을 잘 알고 있었다. 농지는 백성의 것이 아니라 단 한 사람의 소유물이었고 전 농지의 3분의 1은 성직자의 몫이었다. 그래서 백성들은 평생토록 농노 신분에서 벗어날 수 없었다. 그럼에도 이집트인들이 노예나 다름없

---

* Torah: 유대인의 율법서로, 흔히 모세 5경을 말한다.

는 처지에 만족했던 것은 농사를 짓고 그 대가로 빵을 얻을 수 있었기 때문이다. 그러나 유대인은 여기에 만족하지 않았다. 그들은 땅을 소유하는 것보다 이동의 자유를 더 중요하게 여기는 유목민이었다. 만약 이동의 자유가 보장되었다면 그들은 왕이나 성직자의 땅을 경작하는 노예로 사는 것보다는 자신의 땅을 마련하는 쪽을 택했을 것이다.

그러나 그것은 간단한 일이 아니었다. 모세는 그것이 얼마나 힘든 일인지 세계를 신중하게 살펴보아야 했다. 지식인이었던 그는, 다른 오리엔트 제국들은 어떻게 조직되어 있는지를 확실하게 알았어야 했다. 그러나 이집트보다 더 좋은 환경이 있었을까? 예컨대 기원전 1914년 이후, 함무라비 법전을 통치 기반으로 삼은 바빌론의 상황은 어땠을까? 땅은 국왕과 성직자 그리고 갑부-은행업자들이 독차지했고 농민들의 안락한 삶은 허용되지 않았으며 빚 때문에 투옥되는 사람이 많았다. 함무라비 법전은 표면상으로는 '약자를 강자의 횡포로부터 보호하고 과부와 고아를 돌보기 위해' 선포되었다. 그러나 그것은 법전의 전문(前文)에만 기록되어 있을 뿐이었다. 실제로 이 법은 약자에게는 참으로 가혹해서, 280개 조항 가운데 60개 조항이 지주의 권리를 보장하는 내용이었다. 그것은 유대교의 법전에서는 전례를 찾아볼 수 없는 조항이었다.

모세의 법전은 대단히 지혜로운 것이었다. 만약 가나안의 모든 유대인에게 농지를 균등하게 나눠주고 자유처분권(사고 팔 권리)을 부여했다면, 소를 많이 가진 부자가 가난한 사람이 팔려고 내놓은 농지를 구입해 버렸을 것이다. 이런 가능성을 예상한 모세는 영원토록 어느 누구도 농지를 팔지 못하도록 법으로 정했다. 땅은 창조주 하느님의 것이기 때문이었다. 그들은 소작인으로서, 신에게 일시적으로 땅을 빌릴 뿐이었다. "그들은 이방인이요 잠시 머무는 사람들이기 때문이었다."

당시에는 사유재산이 없었고 소수나 혹은 다수가 땅을 배타적으로 독점하는 일도 없었다. 농지는 오직 스스로 경작할 수 있는 사람들(성직자에게는 농지를 소유할 권리가 없었다)에게만 나누어주었고, 그들은 자신이 하느님의 소작농이라는 사실을 받아들였다. 경작할 수 있는 땅은 모두에게 똑같이 분배되었다. 그리고 농지의 경계선에는 경계석을 세웠다. 자신의 이익을 위해 이 경계석을 옮기는 사람은 누구든지 신의 처벌을 받아야 했다.

너희는 옛날부터 전해져 내려온, 이웃의 땅에 세워둔 경계석을 옮겨서는 안 되느니라. 이는 하느님께서 그들에게 내린 땅이기 때문이다.

이웃의 경계석을 옮기는 자에게는 저주가 있을 것이다. 그리하면 모든 백성이 이를 찬양할 것이다.

호라티우스 역시 자신의 시에서 농지 수탈(로마 문학에서 이것은 집만큼 흔한 소재였다)에 대해 언급하고 있다. 금방 버리고 갈 땅을 무엇에 쓰려고 그리 모으느냐고 꼬집은 것이다. 그러나 이 음울한 성찰은 자연적인 죽음과 그 후손을 위한 삶의 공허함을 탄식하는 것에 불과했다. 유대인의 정의감은 한층 차원이 높은 것이었다. 유대인들에게 농지 수탈은 단순히 부도덕한 행위가 아니라 가장 악랄한 사회악 가운데 하나였다. 때문에 예언자 아모스는 호라티우스의 미온적인 비난과는 사뭇 다른 어조로 말한다.

그러하니 네가 가난한 자들을 억압하면 밀농사를 짓는 고생을 해야 할 것이고, 네가 돌을 잘라 집을 지을지언정 그 안에서 살지는 못할 것이며, 맛 좋은 포도를 심을지언정 그것으로 빚은 포도주를 마시지는 못하리라.

농지가 하느님의 것임을 나타내는 가장 근본적인 증거는 농지에 대한 모든 빚을 50년마다 완전히 탕감하도록 규정한 율법 조항에 있다. 온 나라에 나팔소리가 울려 퍼짐과 동시에 시작된다고 해서 그 해를 희년(jubilee, 禧年)이라 불렀다. 희년에는 모든 채무자와 소작농들이 빚을 탕감 받았다.

너는 50년이 되는 해를 기쁨으로 맞아 그 땅에 사는 모든 사람에게 자유를 주어야 할 것이다. 그리하면 네게도 큰 기쁨일 것이니 모든 사람에게 재산을 돌려주고 모든 사람을 가족에게 돌려보내야 하느니라.

또한 네가 소유하고 있는 모든 농지도 주인에게 돌려주어야 하느니라.

만약 가세가 점점 기울어 가는 너의 이웃이 땅을 판 후에 그 형제가 되사러 오거든 그에게 땅을 돌려주어야 하느니라.

그리고 되사러 올 형제가 없을 때에는 그 이웃이 되살 수 있는 능력을 얻을 수 있도록 해야 한다. 그런 다음, 땅을 판 해로부터 햇수를 셈하여 잉여분이 있다면 그에게 되돌려주어야 하느니라. 그러면 그는 제 땅을 되찾을 수 있을 것이다.

그러나 만약 원주인에게 돌려줄 수가 없거든, 다음 희년이 될 때까지 그 땅을 구입한 사람이 갖고 있으라. 그랬다가 희년에 내놓으면 그가 재산을 되찾아 갈 것이니라.

이 율법에 의해 농지 투기는 근절되었다. 모든 농지 거래는 외견상의 거래일 뿐이기 때문에 본질적으로는 다음 희년이 될 때까지 소출만을 파는 것과 마찬가지였다. 그 가격은 희년이 얼마나 남았느냐에 따라 결정되었다. 모세 5경 중 세 번째에 해당하는 〈레위기〉에는 "희년까지 남은 햇수가 많으면 그 값이 오를 것이요, 적으면 그만큼 줄 것이니라. 곡식을 거둘 햇수를 계산하여 그가 너에게 팔 것이니라"라고 적혀 있다. 요컨대 희년이 되기까지 40년이 남았다면, 소출의 값은 희년이 되기까지 10년이 남은 땅의 소출 값보다 네 배가 많은 것이다. 헨리 조지 학파의 토지 개혁가들이 이 율법을 연구한 결과, 모든 거래가 임대 형태를 띠고 있었고, 임대 기간이 곧 판매가격이었던 것으로 밝혀졌다. 19세기의 농지 사회주의자들은 이러한 모세의 율법을 준수했다.

그렇다면 유대인들은 어땠을까? 모세가 농지법을 시행한 목적은 모든 유대인을 궁핍으로부터 영원히 벗어나게 하기 위함이었다. 당대의 모든 백성과 그 후손들이 토지 이용에서 소외되지 않도록 보장한 것으로서, 어느 누구도 이웃에게 땅을 일구게 해서는 안 되고, 다른 사람의 땅을 빼앗아 그들을 곤궁한 삶으로 내몰아서도 안 된다는 것이었다. 그러나 부자들은 여러 방법을 끊임없이 강구하여 희년 제도의 실시를 방해했다. 그들은 채무자의 빚을 탕감해 주지 않았을뿐더러, 토지를 이용해 재산을 불리는가 하면, (마치 농지가 하느님의 것이 아닌 양) 땅을 농지로 사용하다가 목장이나 건축 부지로 마음 내키는 대로 용도를 변경했다.

그럼에도 불구하고 이 율법은 존속되었으며(비록 일상생활에서 이 법을 어기더라도 묵인하긴 했지만), 강력한 양심의 기준이 되었다. 이것은 어느 누구도 다른 사람을 소유하지 못하도록 금지한 율법으로서, 저물어 가는 고대 오리엔트 문명에 오래도록 불을 밝혀준 등불이었다. 그리스도의 시대가 열릴 때까지 모든 예언자가 이 율법을 되새겼다. 이스라엘 사람들에게는, 모든 사람이 균등하게 토지를 소유할 권리를 규정한 법을 (이런 법이 없었던 로마에서는 오랫동안 평민과 귀족 사이에 투쟁이 있었다) 가졌다.

이것도 분명히 반대에 부딪히고 거부당했다. 그러나 그것은 하나의 법이었다. 이 법은 폐기된 적이 없었으므로 여전히 효력이 있었다. 이 법은 공정하면서도 엄중한 '그대의 얼굴에 흐르는 땀으로……'라는 말만큼 영원했다.

씨알의 수난─그리스

> 사람들은 자신들의 생명의 기반인 그것을 모질게 후려칠 것이다.
> (탈곡을 하면서)
>
> ─〈예언〉, 레오나르도 다빈치

고대 그리스의 역사가와 시인의 기록을 신뢰한다면, 그리스인만큼 농사에 탁월한 능력을 발휘한 민족은 없을 것이다. 그러나 사실은 그렇지 않았다. 그리스인의 작품을 냉철하게 살펴보면, 하나의 간절한 염원을 정열적으로 표현한 것임을 알 수 있다. 이를테면 '곡식의 메트로폴리스'로 불리며 최고의 번영기를 맞았던 아테네만 해도 50만 명에게 식량을 공급하기 위해 해마다 1백만 부셸(1부셸=약 35리터)의 곡물을 수입해야 했다.

그리스인이 이집트인과 달랐던 것은 이집트의 토지는 비옥한 데 비해 그리스의 토지는 척박했기 때문이다. 지반이 석회암인데다 부식토가 거의 없는 진흙이 아주 얇게 덮여 있었던 것이다. 표토층이 너무 얇은 탓에 수분을 머금지 못했기 때문에, 소중한 땅을 누가 거저 준대도 달가워할 사람이 없을 정도였다. 그래서 밭에 심은 곡식이 많지 않았다. 주요 곡물은 보리였고 밀은 대부분 시칠리아에서 수입했다. 물론 그리스 본토에 있는 일부의 땅, 예를 들어 펠로폰네소스의 땅은 아테네의 땅보다 한결 기름졌다. 또한 코린토스의 땅은 스타르타 땅보다 월등히 좋았다. 가장 척박한 땅은 아마 에게해 주변의 바위섬들일 것이다. 이 섬들은 오늘날의 노르웨이 절벽만큼 소출이 거의 없었다.

결국 인구가 많은 도시는 해외에서 곡식을 수입해야 했다. 물론 곡물은 이집트에서 언제든지 수입할 수 있었다. 그리고 시칠리아에서 구입할 수 없는 곡물은 동부 연안, 아마도 흑해 북부 연안에서 사들였을 것이다. 러시아인이 크림반도 동쪽에 있는 그리스 도시를 발굴한다면, 아르고 선(船)의 신화는 곡식을 구하러 간 원정대를 낭만적으로 그린 것에 지나지 않는다는 주장을 뒷받침해주는 증거를 발견할지도 모른다. 이아손과 영웅적인 선원들은 기아로 허덕이는 조국을 위해, 아득한 옛날에 잃어버렸다는 '황금빛 양털가죽'을 되찾아 오리라는 희망을 품고 원정길에 오른, 무장한 곡물상들이었다. 이 '황금빛 양털가죽'은 황금빛 곡물이 넘실거리는 평원의 상징이며, 외짝 신을 신고 등장한 이아손은 (땅과의 친밀감을 나타내기 위해 벌거벗고 다니는 인간에 대한 고대신화의 상징인) 아마도 대지의 여신의 연인이자 최초의 농부였다는 이아시온과 동일인물일 것이다.

그리스 본토의 토질을 개선하기 위한 노력도 없지 않았다. 그러나 이집트인의 탐구심도, 로마인의 실용성도 없었던 그리스인은 그 방대한 작업을 계획하고 실행할 만한 의지가 없었다. 그들은 실험실 기재 같은 요긴한 도구를 발명하긴 했으나 실생활에 응용할 만한 문명 도구를 개발한 적은 없었다. 농기구의 외관을 아름답게 꾸미기는 했으나 농업 기술에 관계된 새로운 도구는 고안하지 못했을 뿐만 아니라 질적 개선을 이루지도 못했다. 자신들이 물려받은 쟁기를 그대로 후손들에게 물려주었다. 헤시오도스의 《노동과 나날》에 의하면 유대인이 사울의 통치기인 기원전 1100년에 사용했던 철제 쟁기를 그리스인은 기원전 7세기 말에야 비로소 사용하기 시작했다.

그뿐 아니라 그리스인은 윤작을 할 줄 몰랐다. 다른 민족들이 이미 해마다 번갈아 가며 다른 작물을 심는 법을 터득했을 때에도, 그들은 한 해 농사를 지은 다음에는 땅을 일 년 동안 묵혀 두었다. 게다가 애초의 잠재 수확량의 절반밖에 거두지 못하고도 느긋해했다. 그리스인이 퇴비가 농지에 새 생명을 불어넣는다는 사실을 안 것은 아주 훗날의 일이다. 주지하듯 호메로스는 거름 주는 법을 잘 알고 있었지만, 호메로스 이후의 그리스 지주들은 그것을 완전히 무시했다. 카토, 콜루멜라*와 같은 로마인과 탁월한 통찰력을 지닌 후세들은 농경이 목축업에 크게 의존한다는 사실을 깨달았다. 그러나 이를 전혀 몰랐던 그리스인은 아우게

---

* 에스파냐 태생의 로마 작가로서, 고대 로마 농업의 스승으로 꼽힌다.

이아스 왕의 마구간에 시냇물을 끌어들인 헤라클레스를 대단한 현자로 여겼다.* 퇴비를 훌륭하게 활용할 수 있다는 것과 퇴비는 그냥 쓸어내 버릴 보통 오물이 아니라는 사실을 미처 몰랐던 것이다.

그리스인이 기원전 2천 년 무렵 발칸반도로 이주하여 정착했을 당시 그들은 목동이자 전사였다. 정착 생활을 한 뒤로도 오랫동안 유목민의 생활방식을 고수했다. 호메로스가 군주들의 부를 찬양했을 때, 그것은 밀과 보리농사를 짓는 농지가 많음을 뜻하는 것이 아니었다. 부의 기준은 가축의 양과 질이었다. 예컨대 오디세우스는 고대에 가장 많은 돼지를 소유했고, 네스토르는 준마를 가지고 있었다. 호메로스 작품에 등장하는 영웅이나 그들의 손님은 하나같이 납작한 빵을 먹었고, 언제나 빵을 고기에 곁들여 먹는 음식으로 묘사했지만 영웅들을 (그들이 지주일지라도) 땅을 일구는 사람이라고 생각하기는 어렵다.

더구나 그리스인은 전통적으로 바다를 사랑한 민족이었다. 해안에 거주했던 만큼 끼니를 잇는 데는 별 어려움이 없었으며, 따라서 식량 문제는 그들의 주요 관심사가 아니었다. 바다는 농업의 적인 바로 그 무자비함으로 인간에게 묘한 감동을 주었다. 바다는 느리면서도 덜 자극적인 작업을 필요로 하는 농사와 달리, 해적질, 전쟁, 교역이라는 삶의 방식을 요구했다. 작품 속에서 노를 일종의 괭이로 생각하는 '농투성이'를 미개한 인간으로 표현하는 걸 보면 호메로스에게는 항해용 도구가 인간에게 가장 유용하게 보였던 모양이다.

*　　　*　　　*

---

* 30년 동안 한 번도 청소를 하지 않은 마구간을 헤라클레스가 하루 만에 청소했다는 신화를 말한다.

그리스인이 빵다운 빵을 만드는 민족으로 변모한 것은 정치적으로나 사회적으로나 커다란 변화가 아닐 수 없었다. 이런 급격한 변모는 기원전 7세기에 시작되어 아테네인 솔론이 법전을 완성하면서 전성기를 맞았다. 솔론은 그리스 사람으로서는 처음으로 사회적 의식과 담대한 정신력, 위대한 시인으로서의 풍부한 언어 능력을 두루 갖춘 사람으로서 지주들의 죄를 가차없이 처벌했다. 지주는 소작농들이 더 이상 높은 소작료를 내지 못하면 빚으로 계산하여 노예로 팔아 넘겼다. 솔론은 국가 수반인 집정관이 되자 희년제와 같은 세이삭테이아(seisachtheia), 즉 부채탕감제도를 도입했다. 이 법은 대단히 급진적이었다. 농민들이 채무 노예가 될 위험을 없애주었을 뿐만 아니라, 노예로 팔린 농민은 팔아 넘긴 지주가 대가를 다시 지불함으로써 노예 신분에서 해방시키도록 규정했다.

솔론 개혁법의 압권은 일인 사유지의 확장을 금하고, 법으로 정한 면적 이상의 개인 토지를 모두 몰수한 데 있었다.

일단 솔론이 개혁의 토대를 마련하자, 소농들이 새로운 정치세력으로 부상하였고, 이들은 이내 아테네에서 권력을 얻게 되었다. 일정한 농업 생산성을 갖춘 사람이면 누구나 최고의 관료 선거에 입후보할 수 있었다. 이전까지는 자신들의 토지를 주로 목장으로 활용했던 대지주들이 가장 강력한 세력을 형성했었다. 그런데 이제는 500부셀 이상의 보리를 생산한 농민들, 다시 말해 '빵의 직접 생산자'가 아테네를 다스렸다.

아테네를 농업 민주국가로 변모시킨 솔론의 개혁법은 그리스 민족의 천재들로 대변되는 계급 내의 갈등이 없었다면 백 년 동안 지속되었을지도 모른다. 귀족들의 적대감에는 잘 견디었으나 장인들의 적대감에는 그렇질 못했다. 농업 생산성과는 아주 무관한 사람들, 즉 조각가에서 옹기장이에 이르는 장인들은 자신들이 정치에서 배제되었다는 사실을 깨달았다. 반란을 일으킨 장인들은 강압적으로 솔론의 법을 개정했다. 솔론의 치세가 끝난 지 얼마 안 되어, 주로 농민들이 통치했던 국가에 대한 반동으로 대지주 5인, 농민 3인, 장인 2인으로 구성되는 최고 평의회가 만들어졌다.

아테네의 실험은 끝내 무산되었다. 그러나 솔론의 개혁은 그리스 전역에서 농업을 새롭게 평가하는 기틀을 마련했다. 척박한 땅과 자신들의 이상에도 불구하고 6세기가 저물어갈 무렵 그리스인은 자신들 속에 농경 문화의 성향이 잠재되어 있음을 확인했다. 나일강의 축복도, 파라오의 지배도 없이 그들 스스로 땅을 일구는 삶에 적응할 수 있었던 것은 농업의 필요성을 깨달았기 때문이었다. 그들은 자신들의 필요성에 종교라는 외피를 덧씌우는 기지를 발휘했다. 데메테르 여신을 숭배함으로써 그리스인은 애당초 자신들이 추구했던 것과는 다른 민족이 되었다. 땅에 얽매이지 않은 자유로운 몸으로 태어나 땀과 척박한 땅을 그토록 혐오했던 사람들이 농사를 시작한 것이다. 쟁기질에서부터 밀가루를 빻아 빵을 만들기까지 모든 농사는 데메테르 여신의 보호 아래 이루어졌다. 씨앗을 뿌리거나 빵 만드는 일을 하는 그리스인은 모두 성직을 수행하는 것으로 여겨졌다. 말하자면 그들은 대지의 여신의 종교적 도제가 된 것이었다. 수백 년 동안 '허리를 굽혀 땀을 뻘뻘 흘리며 하는 노동'을 수치로 여겼던 사회에서 농민의 신분이 상승되었다.

*   *   *

빵과 토지라는 이 새로운 종교는 그리스의 적을 쫓아내는 데에도 크게 이바지했다. 페르시아와의 전쟁과 관련된 두 가지 신화가 바로 그 중 거이다. 첫 번째 신화의 줄거리는 이렇다.

파우사니아스에 따르면, 마라톤전투(기원전 490년)에서 일어난 기적이 아니었다면 그리스는 지고 말았을 것이라고 한다. 허름하게 옷을 입은, 농부처럼 보이는 한 남자가 어디선가 무기도 없이 쟁기를 들고 홀연히 전쟁터에 나타났던 것이다. 그는 마치 풀을 베듯 이리저리 보습을 휘두르며 막강한 페르시아 군대를 향해 돌진했다. 그러고는 그리스가 승리하자 그 남자는 흔적도 없이 사라졌다. 그리스인이 델포이에 있는 아폴론 신전의 사제에게 그 남자가 누구였는지 묻자 사제는 이렇게 대답했다. "너희는 데메테르 여신의 위대한 전령 에케틀리오스를 기려야 할 것이다."

2천 년 뒤 로버트 브라우닝은 이 신화를 파우사니아스보다 훨씬 격정적으로 묘사했다.

여기 그대를 감동시킬 이야기가 있으니, 죽어간 그리스인이여, 일어나시오!
밀물처럼 밀려오는 야만적인 페르시아에 맞서 싸운 자 있어,
진정으로 세상을 구했다오, 마라톤전투가 있던 그날!

병사는 아니었지만 가장 용맹스러웠소, 대열에서 물러서지 않고 끝까지 싸웠다오.
위에서, 뒤에서, 앞에서, 밑에서 창이 무수히 날아왔소.

거대한 바람이 가지 많은 나무를 때리듯,

그날 수많은 창이 사방에서 날아왔소!

대열을 지키는 병사는 아무도 없었고 그의 팔에는 창 하나 없었다오.

일순간에 나타났다 스러지는 섬광처럼,

앞에서 나타났다 뒤에서 나타났다 하며 싸움터를 휩쓸고 다녔소.

그에게는 투구도 방패도 없었소! 밭을 가는 농군인 듯, 춤꾼인 듯

사지가 훤히 드러난 염소 가죽 하나 달랑 몸에 두른 채

쟁기질을 하듯 보습을 휘둘렀소.

상어의 습격을 받은 다랑어떼처럼 가운데 열이 흩어졌다오.

온몸이 굳어 팔다리를 쭉 뻗고 엎어진 칼리마코스 폴레마르크처럼

대열은 그 자리에서 뻣뻣하게 굳어버렸소.

강건하게 버티고 섰던 대열은 마침내 무너졌다오.

그 농군은 그리스 땅에서 마지막까지 페르시아 잡초를 뽑아내기 위해

사키안을 지나 메데까지 계속 쟁기질을 했소.

그러나 전쟁이 끝나고 승리했을 때,

어디에서도 그의 모습은 찾을 수 없었다오.

풀밭에도, 시냇가에도, 늪에도, 산기슭을 아무리 둘러보아도,

없었소, 피가 흥건하게 고인 해변에도.

(중략)

어떤 계시였겠소? "전혀 이름 없는 이를 돌보아라!
오직 이렇게만 말하라. '우리는 보습을 든 농부를 돕는 자를 도울 것이다'
그 위업은 결코 헛되지 않으리라."

위대한 이름을 부르지 말라! 저 위대한 이름 밀티아데스를 위해
비통한 노래를 부르라, 파로스 섬 끝까지 울려 퍼지도록!
사르디스 법정의 총독 테미스토클레스를 위해서도!
이런 이름들과 같이 저 농군의 이름을 부르지 말라!

   야만의 홍수 속에서 문명을 구한 사람은 깃털 달린 투구를 쓰고 철갑
을 두른 영웅이 아니라, '이름 없는 농사꾼의 정령'이었던 것이다. 정확
히 10년 뒤 페르시아인이 물밀듯 쳐들어온 2차 침공을 살라미스에서 격
퇴시켰을 때 이같은 신기한 일이 또 일어났다. 이번에는 훨씬 더 힘든
싸움이어서 그리스의 중심 도시인 아테네가 함락되고 모든 사람들이
피난했다. 그리스가 승리할 것이라고 믿는 사람은 거의 없었다.
   이 두 번째 신화에 따르면, 전투가 벌어지기 바로 전날, 그리스 사람
둘이 페르시아 진영에 서서 저 멀리 평원을 내려다보았다. 한 사람은 정
치적 망명객인 스파르타인이었고 다른 한 사람은 아테네 사람이었다.
근심 어린 눈으로 석양빛에 물든 평원을 내려다보고 있던 두 사람은 엘
레우시스 부근에서 먹구름이 몰려오는 것을 보았다. 그 거대한 먹장구
름은 마치 3만 병사가 행군하며 적을 무찌르는 것처럼 소용돌이쳤다.
그때 구름 한가운데서 기이한 외침이 날카롭게 터져 나왔다. 아테네 사
람은 온몸을 떨기 시작했다. 겁에 질린 그는 스파르타 사람에게 소리쳤

다. "오, 데마라투스, 엄청난 불행이 페르시아 왕의 군대에 닥치려나 보네! 오늘이 9월 20일 아닌가. 여느 때 같으면 그리스인들이 모두 엘레우시스에 모여 곡물의 여신에게 제를 올리는 날이지. 저 무시무시하게 휘몰아치는 구름이 엘레우시스 위에 생겼다는 것은 곡식의 여신이 자신을 위해 축제를 벌일 것을 요구하며 축제를 망치는 자에게 큰 복수를 하겠다고 하는 계시가 아니고 무엇이겠는가!" 이 말을 듣는 순간 스파르타인은 얼굴이 하얗게 질리며 아테네 사람의 팔을 움켜잡았다. "입 다물게! 디카이오스. 만약 그런 말을 입 밖에 냈다간, 페르시아 왕이 분명 우리 목을 내리칠 테니!" 두 사람이 이런 말을 하고 있는 사이, 어느새 그 거대한 먹구름은 무서운 기세로 살라미스 만 쪽으로 이동했다. 그 이틀 뒤 페르시아 해군이 전멸했다고 헤로도토스는 적고 있다.

*　　*　　*

전사의 여신도 아니면서 절대 절명의 위기에서 그리스인을 구해준 전지전능한 여신 데메테르는 누구일까? 이름으로 봐서는 그리스 사람 같지만, (데메테르는 '사람들을 자라게 하는 어머니'라는 뜻을 지닌 데모메테르(Demo-Meter), 혹은 '땅의 어머니'라는 의미의 게메테르(Ge-Meter)와 같은 말이다) 데메테르는 그리스 초기에 이주해온 다른 나라 사람이었다. 원래 아시아 사람이었던 데메테르는 이집트의 이시스, 페니키아의 퀴벨레와 사촌지간이었다. 이 여신은 온화한 성정을 가지고 있어서 전쟁을 싫어했지만 어딘가 남다른 데가 있었다.

아시아에서 그리스로 온 신은 한둘이 아니었다. 그러나 남성지상주의 사회인 그리스에서 남신이 아닌 여신이 농업을 관장했다는 한 가지만으로도 데메테르는 이색적인 존재였다. 그런데 이 여신은 땅에서 나는 곡물뿐만 아니라, 땅과 관련된 모든 도구와 노동까지도 관장했다. 데메테르 여신은 자신의 시중을 드는 신들과 숨은 영웅들을 전령으로 거느렸다. 이 여신은 '뛰어난 농부'인 트립톨레모스(Triptolemos)를 날개 달린 마차에 태워 지상으로 내려보내 '세상 모든 사람에게 땅을 개간하는 법'을 가르치게 했다.

여성이 남성의 힘든 육체노동에 대해 절대적인 권력을 행사하는 것은 참으로 신기한 일이었다. 데메테르는 그리스보다 훨씬 더 오래된 다른 문화권 출신이지만, 호전적인 남성 대신 많은 열매를 수확하는 여성이 국운을 결정하던 평화의 시대에 난 사람이었다. 이 시대는 19세기에 스위스 인류학자 바흐오펜이 최초로 밝혀낸 전설적인 모권 사회였는데 그것을 그저 전설이라고만 보기 힘든 것은 크레타 섬이나 소아시아, 에트루리아*에 지금도 그 역사적 흔적이 남아 있기 때문이다. 그리스인은 정치에서 여성이 남성 위에 군림하는 것을 우습게 여겼지만 종교의 영역인 농업과 땅에 대해서는 여성인 데메테르가 관장하는 것을 순순히 받아들였다.

데메테르는 어디에서든 남성들의 숭배를 받았다. 최초로 씨앗을 심었다는 것은 중요한 의미를 지니는 문화적 사건이었다. 한 남자에게서 자식 열을 얻는 것처럼, 씨앗 하나에서 10개의 다른 씨앗을 얻는다는 사실은 충분히 납득할 만한 일이었다. 그러나 번식의 수학은 경이로운 것이었다. 하나의 줄기에 100개의 이삭이 열리는가 하면, 100개의 이삭에

---

* 이탈리아 중부에 있는 지역으로, 현재는 토스카나로 불린다.

서 1만 개의 줄기가 돋았으니 이 기적 같은 기하급수적 번식 능력을 목격한 그리스인은 모두 정신이 아찔할 지경이었다. 더욱이 인간이 정착하는 순간 대지가 일으킨 변화에 경외감마저 느꼈다. 데메테르가 그리스에 오기 전, 남자들은 자신이 사냥을 하고 가축을 치는 유목민에 지나지 않는다고 생각했고, 실제로도 그랬다. 그녀가 온 뒤 지금까지 불확실했던 가족과 재산의 개념이 명료해졌다. 경작지에서 바람을 맞던 텐트는 안전하고 단단한 도시로 바뀌었으며 그 도시는 다시 국가로 성장했다. 플라톤은 땅 위에 세운 도시 성곽의 번성을 곡물의 성장에 비유하는 데 주저하지 않았다. 그리하여 빵과 곡물의 여신은 정착 생활의 입법가(立法家)요 보호자가 되었다.

그리하여 그리스 본토와 여러 섬에는 데메테르의 신전이 우후죽순처럼 생겼다. 수많은 도시에서 저마다 데메테르를 여신으로 모신 까닭에 칭호도 그만큼 많았다. 보에티아에서는 메갈로마조스(Megalomazos)와 메갈라르티오스(Megalartios), 즉 거대한 빵의 여왕이라 했고, 시라쿠스에서는 히말리스(Himalis, 빵 굽는 신)로 숭배했다. 몇백 년 뒤 키케로는 "시칠리아 전체는 빵의 여신 데메테르의 것이다"라고 했다. 앞서 살펴보았듯이, 이 여신은 전쟁으로부터 농민들을 보호해주기도 했지만, 그 주된 정신은 평화였다. 빵의 여신을 숭배하는 곳에서는 데메테르 여신의 위대한 정신을 "칼을 녹여 보습으로 만들라"는 구절과 같은 것으로 여겼다.

*   *   *

파종과 추수는 남자의 일이었다. 탈곡은 짓밟기만 하면 되므로 황소에게 맡겼다. 그러나 밀을 가루로 빻는 일은 여자들이 집에서 손으로 했다. 고대 그리스에서 맷돌질은 여자들의 몫이었고, 남자는 이 일을 하지 않았다. 에게 해의 여러 섬과 펠로폰네소스 해안 우묵한 곳에 있는 평지가 많은 시칠리아, 소아시아의 그리스 도시 등 그리스어를 사용하는 모든 곳에서 맷돌을 돌리는 것은 어린 소녀의 몫이었다.

맷돌 돌리기는 지루하고 고된 일이었다. 초기의 맷돌은 윗면을 약간 파낸 네모난 돌덩이를 고정시키고 그 위에 다른 돌덩이를 포개어놓고 앞뒤로 밀고 당기게 되어 있었다. 위에 포갠 돌을 매끄럽게 갈고 손잡이를 달아 둥글게 돌릴 수 있게 만든 것은 한참 뒤였다. 맷돌을 돌리기란 여간 어렵지 않은데, 이러한 고충은 플루타르코스가 기록한 글에 고스란히 드러나 있다.

> 갈아라, 맷돌아, 갈아라
> 피타코스를 위해서
> 위대한 미틸렌 왕을 위해서

밀이 다 갈아질 때까지 잠시 멈추었다가 세차게 돌리고, 쉬었다가 세차게 돌리는 동안 노래의 음정도 강약을 반복했다.

호메로스는 빵을 만드는 일 중에서 사람들의 사랑을 가장 적게 받는 것은 곡물 빻기라고 주저없이 적고 있다. 그의 서사시 〈오디세이〉에서 오디세우스는 거지로 변장하여 자신의 집으로 들어갔다. 그리고 자신의 아내에게 구혼하는 자들의 행동을 목격했다. 지치고 절망에 빠진 그는 신에게 용기를 달라고 애원했다. 그러자 동트기 전 제우스는 번개로 오디세우스에게 화답하였고, 그 직후 보이지 않는, 맷돌을 돌리는 하녀의 말소리가 들려왔다. 그 대목은 이렇다.

> 백성들의 군주인 맷돌들이 있었지요.
> 열 명도 넘는 여자들이 고생하며
> 밀과 보리를 빻아 사람들의 음식을 만들었답니다.
> 밀을 다 빻은 여자들은 모두 잠들었건만
> 가냘픈 소녀 혼자 끊임없이 일했답니다.
> 맷돌 돌리던 손을 놓고 소녀는 외쳤지요(주인에게는 저주였지만).
> "만인의 아버지시여! 인간과 모든 영원한 것의 주인인 위대한 제우스여,
> 별이 반짝이는 드넓은 하늘에 당신이 내리는 천둥소리는 정말 크군요.
> 구름 한 점 보이지 않아요! 누군가에게 내리는 불길한 재앙이겠지요.
> 불쌍한 저를 굽어살피셔서 제 소원을 들어주소서.
> 오 그들은 모두 즐겁게 매일 잔치를 벌이는군요.
> 여기 오디세우스의 집에서 구혼자들이 잔치를 벌이는군요.
> 보세요, 저의 무릎은 맷돌을 돌리는 고된 노동으로 짓물렀습니다.
> 제발 저들의 잔치를 영원히 끝내게 해주세요!"

이 시는 이루 말할 수 없이 훌륭하다. 고대 사회에서는 후세들이 느낀 것보다 더 큰 사회적 연민을 가지고 있었던 것처럼 보인다. 분명한 것은 민족 혹은 개인의 승리와 신 혹은 군주의 승리는 그리스 문명의 기본적인 덕목이었다. 그리스 예술은 이런 덕목을 찬양하는 역할을 담당했다. 그러면서도 하층민들의 고통과 그들이 속삭이는 작은 소리에 귀를 기

현재와 비슷한 6천 년 전의 맷돌

울었다. 경제적 필요에 의해 노예제도를 시행하고, 오직 힘센 자와 아름다운 사람들만 인간 대접을 해준 문명조차도 근본적으로는 그리스도교적 사랑에 가까운 사회적 연민을 표출했던 것이다.

연민! 그리스인이 비록 그리스도교도는 아니었지만 다른 피조물의 고통이 곧 자신의 고통임을 알았던 것이다. 그러나 그리스인의 깨달음은 인디언, 유대인, 그리스도교도처럼 심오하고 영원한 것은 아니었다. 밀림에서 죽은 코끼리를 보고 자신에 비유했던 석가모니나, 이웃을 자기 몸과 같이 사랑해야 한다는 교리를 전파했던 힐렐이나 예수 그리스도 같은 사람들은 그리스인들에게 달갑지 않았다. 그들이 보기에는 지나친 것으로 생각되었기 때문이다. 그러나 그리스인은 유한 존재인 생명의 존엄성을 강하게 느꼈다. 예술이 무생물에 생명을 불어넣는 능력이 있다고 믿었기 때문에 모든 영광의 최고봉은 예술가들에게 주어졌다. 예술가에게는 노(櫓), 화병, 동굴, 나무 등 모든 것이 살아있는 것이었다. 자신이 살아 있고, 자신에게 재능과 창의성이 있는 한 그 어떤 것도 눈앞에서 죽는 것을 인정할 수 없기 때문에 그들은 살아 있어야 했다. 이처럼 그리스인들이 만물에 생명을 부여할 수 있었던 것은 종교보다는 예술 때문이었다. 예술보다 격정적인 느낌을 주는 것은 없었다. 그것은 냉철하고 참으로 평온하여, 어느 학자는 '인공의 냉정함(plastic cold-ness)'이라고 표현했다.

우리는 그리스 민족이 이집트인, 유대인, 그리스도교도처럼 종교를 계율이라고 여기지 않은 점을 분명히 이해해야 한다. 그리스 최고의 예술가들은 중용과 질서의 범주를 넘어서지 않는 이성적인 사람이었으므로 자신이 알고 있는 신화를 적절하게 변경할 수 있는 권리가 있었다. 그리스인의 진리는 교리 문답이나 절대 어겨서는 안 될 율법 속에 있는 것이 아니라 형식(form)에 있었기 때문이다. 여기서의 형식이란 오늘날의 무형식의 시대의 형식과는 아무런 관련이 없다. 버나드 쇼가 '올림픽 경기장'이라고 불렀던 형식미는 고대 세계에서 신의 은총을 가장 숭고하게 표현한 것이었다.

그리스인에게 모든 것은 이 올림픽 경기장과 같은 존재였다. 예술적 재능을 발휘하여 무엇이든 객체화시켜 놓으면 그것은 예술가 자신을 위해 살고, 그의 앞에서 고통스러워하고 즐거워했다. 그 자신은 아니었으나 자신과 다름없는 엄연한 생명체가 되었다.

그리스인이 승리와 아름다움의 이상을 표현하는 것과는 전혀 상관없는 맷돌 노예를 자신과 비유할 수 있었던 것은 바로 이러한 탁월한 독창성 때문이었다. 사물을 객체화하고 감정을 이입하는 그리스인의 능력은 여기서 그치지 않았다. 더 나아가 그리스인들은 씨앗과의 상생, 다시말해 우호적인 공생 관계를 맺었다. 이들은 맷돌을 돌리는 소녀뿐만 아니라 곡물 또한 큰 고통을 당하고 있다고 여겼던 것이다.

*　　*　　*

그것은 부서지고 고문당했다. 왜 그렇게 되어야 했을까? 밀은 결국 '인간의 생명수'이자 다정한 친구였다. 그럼에도 포도주가 되기 전에 포도가 혹사당하는 것처럼 밀도 혹사당했다. 곡물은 장차, 자신을 먹고 살아갈 바로 그 사람에게 고문당하고 살해된 후에야 비로소 빵이 되는 기구한 운명을 타고났다. 이처럼 냉혹하고 비정한 생각을 처음 생각해낸 것이 그리스인이라고 말할 사람은 거의 없다. 그리하여 그리스인들은 냉정함은 전혀 없고 모든 것을 불로 태우는 종교의 영역으로 끌려들었다. 이것은 악한 마음의 영역이었다.

살기 위해 그리고 문명을 유지하기 위해 인간은 쉴새없이 살해했다. 심지어 모든 동물의 목숨을 소중히 여기는 불교도와 같은 채식주의자들도 따지고 보면 식물의 목숨을 숱하게 빼앗아 왔다. 인간의 역사가 발전하면서 식물과 동물 두 생명체 간의 차이는 많이 좁혀졌다. 나무와 풀은 송아지나 양보다 의식수준이 더 낮을까? 그리스인 누구도 이에 동의하지 않을 것이다. 종교가 아닌 정신적 감수성에서 보면 모든 생명체는 똑같은 정신을 지녔다. 곡물은 맷돌에 갈릴 때 고통을 당하고, 아마(亞麻)는 꺾일 때 고통을 당하며, 포도는 압착될 때 동물처럼 피를 흘렸다. 인간은 빵과 옷과 술이 필요했다. 인간은 고문하고 죽일 수밖에 없었지만, (아무리 종교에 관심이 없었을지라도) 자신들이 죽인 생명체의 영혼을 위로해야 할 필요성을 느꼈다. 그리하여 살아있는 밀의 영혼을 찬양했고, 그 표현 방식이 바로 노래와 조각이었다.

　　종교사학자 로버트 아이슬러는 이 악한 마음이 식량이나 의복을 마련하기 위해 살해를 할 때 인간에게 일어나는 보편적인 현상이라는 것을 여러 민족의 신앙을 예로 들어 설명했다. 악한 마음은 각 민족의 종교에 맞게 식물과 동물이라는 피조물을 신, 반신반인(半神半人), 영웅으로 변형시켜 숭배하는 결과를 낳았다. 튜턴족이나 그리스인은 종교적 기질이 거의 없는 민족이었다. 그러나 위대한 예술적 천재성을 타고난 그들은 속죄의 신화를 창조했다. 신화에서 속죄의 테마는 거의 완전히 희석되었지만, 그 심미적이고 예술적인 탁월성은 전무후무한 것이었다. 포도가 으깨진 것처럼, 술의 신 바쿠스도 이 영원불변하는 시에서는 짓밟히고 으스러진다. 강하거나 약하게 이 속죄의 테마는 모든 민족의 집단의식에서 나타난다. "오 아마여, 우리를 용서해다오!"라고 리투아니아의 한 소녀가 간청한다. '호밀의 비애'는 스칸디나비아인에게 친숙한 동화 소재이다.

　　　제일 먼저 그들은 나를 무덤 속에 묻었다.
　　　그리하여 내가 줄기가 되고, 이삭이 되자
　　　저들이 나를 베어내, 가루로 빻더니

오븐에 넣고 구웠다.

그런 다음 그들은 빵이 된 나를 먹었다.

중세의 시인 크롤레비츠는 이와 아주 흡사하게 그리스도를 묘사한다. 그리스도는 "땅에 묻혀 싹을 틔우고 꽃을 피워 자라고 베어져 다발로 묶인 다음 마당으로 옮겨져 타작당하고 빗자루에 쓸려 오븐 속에 쑤셔 박힌 채 3일을 나면 밖으로 끌려나와 마침내 빵이 되어 인간에게 먹히는" 사람이라고. 여기서 우리는 그리스도의 열정을 곧 빵의 열정으로 해석했음을 알 수 있다. 이집트인이 발명한 빵이 중세시대에 전수되었다니 얼마나 놀라운 일인가!

그러나 '뜨거운 오븐'이라는 마지막 잔혹함이 없다고 할지라도 곡물의 열정은 대단히 비극적이다. 만물에게 영혼이 있다면 살아있는 씨앗을 땅에 묻는 것도 인간이 속죄해야 할 범죄였다. 성서에서 야훼로부터 식물과 동물을 먹어도 좋다는 허락을 받은 유대인조차 이런 죄의식을 떨쳐버리지 못했다. 유대인은 자신이 식물을 살해하고 있다고 생각했다. 그리하여 사악한 형들의 꼬임에 빠져 구덩이에 떨어졌다가 이집트로 팔려간 요셉은 곧 순교한 곡신(穀神)으로서 영광스럽게 부활하는 인물로 표현된다. 요셉이라는 이름은 곧 번식을 뜻했다. 그것은 빵의 신이라는 그의 성격에 적합한 것이었다. 성서에서 말하듯 그는 '바다의 모래알처럼 수를 셀 수 없을 만큼 많은 곡식을' 모았다. 인류를 먹여 살리고 인류에게 기쁨을 주는 이 사람은 고통을 당했으며 그 형들은 참회하고 속죄했다!

그렇다, 사람은 살기 위해서 죽여야 했다! 고대 그리스인에 대해서는 전혀 모르는 스코틀랜드 사람이었지만 어쨌든 그들처럼 살기 위해 애썼던 로버트 번즈는 '씨알의 수난'을 끔찍한 술잔치로 묘사하고 있다. 그는 '존 발리콘'이라는 민요에 기초하여 시를 썼다. 그들의 술잔 속에서 농부가 휘두른 고문 도구의 날이 시퍼렇게 빛났다.

동방에서 세 명의 왕이 왔네,
그들의 승리를 위해서,
그들은 엄숙하게 선언했네,
존 발리콘을 죽여야 한다고.

그들은 땅을 갈아엎고 그 속에 그를 누이고
머리 위에 흙을 덮었네.
그리고 그들은 엄숙하게 선언했네,
존 발리콘은 죽었다고.

그는 땅 속에서 잠자고 있었네,
이슬이 그의 몸에 내려앉을 때까지.
발리콘이 땅에서 머리를 내밀자
모든 사람들이 깜짝 놀랐다네.

거기에 그렇게 한여름까지 있었고
얼굴은 창백해지고 지친 것처럼 보였다네.
그러더니 발리콘은 수염이 자라

남자가 되었다네.

그러자 날이 번득이는 낫을 든 남자들이

그의 무릎을 잘라버렸다네.

오호, 가엾은 존 발리콘!

그들은 잔인하게 다루었다네.

그런 다음 튼튼한 쇠스랑을 든 남자들이

잔인하게 가슴을 찔렀다네.

그리고 끔찍한 비극처럼

그를 꽁꽁 묶어 수레에 태웠다네.

이번에는 단단한 작대기를 든 남자들이

살과 뼈를 팼다네.

맷돌 주인은 그보다 더 잔인하게 그를 다루었다네.

그를 돌 사이에 넣고 갈아버렸다네.

지금까지 땅에서 난 것 중에서

오, 발리콘은 최고의 곡식.

사람들의 손길을 돌려세우는

더없이 좋은 곡식이라네.

그것은 유리잔에 담기기도 하고,

깡통에 담기기도 한다네.

그리하여 제 몸을 가누지 못할 때까지

사람들에게 계속 마시게 한다네.

이 위대한 시는 위스키가 자아내는 분위기를 잘 살리면서도 저변에는 잔혹한 살해라는 주제가 깃들어 있다. 그것을 이해하면 처음에는 으스러져 죽임을 당하는 주신(酒神)의 죽음을 애도하지만 이내 그가 부활하는 것을 보고 기뻐 날뛰는 그리스의 바쿠스 신도들도 이해할 수 있다.

빵의 여신 데메테르와 잃어버렸다가 되찾은 데메테르의 딸을 기리는 축제도 이와 비슷해서, 가슴에 사무치는 슬픔과 날아갈 듯한 기쁨이 한데 뒤엉켜 있었다.

추수하기 위해서는 살아 있는 밀알을 땅속에 묻고 짓밟아야 한다는 슬픔을 그리스인은 씨앗, 즉 페르세포네의 신화로 승화시켰다. 페르세포네는 1년 중 4개월은 어두컴컴한 지하 세계에 남아있어야 하며, 어머니 여신은 그를 애도한다. 그때 모든 그리스인은 자식을 애도하는 어머니가 되는 셈이다.

엘레우시스의 빵 신전—그리스

그대를 감동시킬 이야기가 있나니, 죽어간 그리스인이여, 일어나라!

— 로버트 브라우닝

질투심 많은 저승의 무리들이 '빵의 신을 납치'하려다 실패한 이야기가 기원전 7세기 그리스인의 성스러운 찬가에 전해진다.

어느 여름날, 데메테르와 제우스 사이에서 태어난 어여쁜 페르세포네는 들판에서 꽃을 꺾고 있었다. 그곳은 시칠리아 한가운데 있는 엔나 근처로, 저승세계로 들어가는 문인 에트나 산이 입을 크게 벌리고 위협하고 있었다. 어디선가 홀연 마차를 타고 나타난 어떤 이상한 신이 페르세포네를 낚아채 갔다. 페르세포네는 살려달라며 아버지를 외쳐 불렀다. 그러나 제우스는 이를 알면서도 외면하고 먼 곳에서 열리는 예배에 참석하러 가버렸다. 페르세포네는 납치범의 품 안에서 빠져나오려 발버둥쳤다. 이 신이 지상 세계를 지나가는 동안 페르세포네가 어찌나 비명을 질러댔는지 산이며 바다가 그녀의 울부짖는 소리로 가득했다. 손톱으로 할퀴고 이로 물어뜯으며 빠져나오려 기를 썼지만 끝내 그녀는 지하 세계로 끌려 들어가고 말았다.

데메테르는 딸의 비명을 들었다. 데메테르는 상복을 입고, 에트나 산 봉우리에 횃불을 밝힌 다음 천지사방을 찾아다녔다. 어둠의 여신 헤카테를 만났지만 그녀는 납치범도, 끌려가는 여자도 못 보았다고 했다. 그러나 모든 것을 보는 태양신 헬리오스는 두 사람을 보았고 데메테르에게 그것을 얘기해주었다. 데메테르는 저승신이 자기 딸을 납치해 갔다는 것을 알게 되었다. 저승신은 페르세포네를 아내로 삼아 저승 세계의 왕비 자리에 앉혔다. 그 결혼은 되돌릴 수 없는 것이었다. 헬리오스는 '어디 가서 그 불멸의 왕 하데스보다 훌륭한 사위를 얻겠느냐'며 이제 그만 진정하라고 데메테르를 위로했다.

데메테르는 분을 삭일 수 없었다. 딸의 납치를 방조한 제우스가 살고 있는 올림포스 산에 평생 한 발짝도 들이지 않겠노라고 다짐했다. 울분을 씻지 못한 데메테르는 허리 굽은 노파로 변장하여 계속 헤매 다녔다. 엘레우시스 근처에서 우연히 이 노파를 만난 켈레오스 왕의 딸들은 자신들의 운명을 점쳐 달라고 부탁했다. 이 여신은 얼렁뚱땅 말해주고는, 왕실의 하녀가 되게 해달라고 부탁했다. 메타네이라 왕비는 그녀에게 자신의 젖먹이 아들, 데모폰 트립톨레모스를 돌보게 했다. 그러나 이 쭈글쭈글한 늙은이에게서 가끔씩 느껴지는 범상치 않은 기품과 광채 때문에 왕비는 두렵고 무서웠다. 며칠 동안 데오(왕실에 하녀로 올 때 둘러댄 데메테르의 이름)는 먹지도 않고 말하지도 않고 난로 옆에 앉아 있었는데, 얌베 바우보라는 성격 괄괄한 하녀가 야한 농담을 하여 웃게 했다. 데오는 이 하녀가 술을 권하자 거절하고 대신 곡물 가루를 탄 물 한 잔을 청했다. 어린 아기 트립톨레모스는 새 보모의 손에서 점점 강건하게 자랐다. 그녀는 어린 왕자의 머리에 암브로시아(ambrosia)*를 발라보고는 그 엄청난 마술적 힘을 알게 되었다. 어느 날 밤 왕비가 일어나 몰래 보모를 엿보니, 놀랍게도 데오가 활활 타고 있는 불길 한가운데 벌거벗긴 어린 왕자를 안고 서있었다. 비명을 지르며 방으로 뛰쳐들어간 왕비는 아들을 구해냈다. 그러자 그 이상한 노파가 이렇게 말했다. "내가 왕자에게 영원한 생명을 준 것이야!" 그 순간 찬란한 후광이 그녀의 머리를 에워싸고 주름이 없어지면서 원래의 아름다운 모습으로 되돌아갔다. 데메테르는 왕의 가족에게 자신의 신분을 밝히고 왕의 후손들에게 큰 영광을 베풀겠노라 약속했다. 대신 자신이 공주들과 처음 만났던 바로 그 샘 위에 신전을 세워줄 것을 부탁했다.

왕이 엘레우시스에 신전을 세워주자 데메테르는 그곳에서 살았다.

---

* 꿀, 물, 과일, 치즈, 올리브유, 보리로 만든, 신들이 먹는 음식. 신들은 이 음식을 먹고 불로불사한다고 한다.

그곳은 신들이 사는 올림포스 산에서도, 인간 세상에서도 아주 멀리 떨어져 있었다. 데메테르는 왕의 가족과도 발길을 끊은 채 끔찍한 복수의 마법을 걸었다. 데메테르는 들판에 어떤 과실도 열리지 못하게 했고 심지어 씨앗도 움트지 못하게 했다. 이것은 인간과 짐승은 물론, 신들에게도 큰 위협이었다. 인간과 동물은 식물을 먹지 않으면 살 수 없고, 신은 인간이 바친 제물 없이는 살 수 없기 때문이었다. 만물이 멸종하는 비극만은 막아야겠다고 판단한 제우스는 신들의 전령인 이리스를 데메테르에게 보내 올림포스에 와서 자신과 대화로 해결하자는 뜻을 전했다. 그러나 데메테르는 거절했다. 일이 다급해지자, 헬리오스가 모든 신들을 이끌고 딸을 잃은 슬픔에 사무친 어머니를 찾아가 이 세상에서 가장 귀한 선물을 주겠노라고 했다. 그러나 그 무엇으로도 데메테르의 슬픔이나 분노를 달랠 수는 없었다. 오히려 복수심만 더욱 굳어졌다.

올림포스에 가지도 않고, 곡물을 나게 하지도 않으리라.
나의 눈으로 직접 딸의 얼굴을 보기 전까지는.

결국 제우스는 그녀의 뜻에 따를 수밖에 없었다. 그렇지 않으면 만물이 죽어 흙으로 돌아갈 것이기 때문이었다. 제우스는 '영혼의 인도자' 헤르메스를 저승에 보냈다. 헤르메스는 날개 달린 신발을 신고 저승으로 내려가 저승의 신에게 페르세포네를 보내줄 것을 청했다. 그리고 "페르세포네의 어머니가 씨앗을 대지의 자궁 속에 가두어 신들의 제물이 모두 사라지고 있다!"고 전했다. 뜻밖에도 저승의 신이 허락했다. 웃음을 짓더니 매서운 눈썹을 치켜올리며 말했다.

가라, 페르세포네, 그대의 어머니에게로!

    헤르메스의 뒤를 따라 페르세포네가 지상의 세계로 올라오는 바로 그 순간 데메테르는 자신의 신전에서 밖을 내다보고 있었다. 딸의 모습을 확인하자, 정신없이 뛰어나오면서 눈물을 흘렸다. 딸과 재회한 데메테르는 기뻐 어쩔 줄 몰랐다. 그러나 기쁨의 눈물을 흘린 것도 잠시, 데메테르는 불안감에 휩싸였다. 그리고 페르세포네에게 저승에서 무엇이든 먹은 게 있는지 물었다. 딸은 먹었다고 솔직하게 말했다. 데메테르는 또다시 억장이 무너졌다. 누구든지 하데스의 음식을 먹은 사람은 1년 중 3분의 1을 저승에 머물러야 한다는 사실을 알고 있기 때문이었다. 그러나 데메테르는 정신을 가다듬었다. 1년은 12개월이고, 그것의 3분의 1이면 4개월이니, 땅에 묻힌 씨앗, 즉 페르세포네는 8개월 동안은 자신과 함께 인간 세상에서 살 수 있었다. 여기에 생각이 미치자 데메테르는 다시 기쁨의 눈물을 흘렸다. 제우스가 보낸 전령으로부터 올림포스로 돌아오라는 제안을 전해들은 데메테르는 흔쾌히 응했다. 그러나 그에 앞서 그녀는 대지에 내린 불모의 저주를 풀고, 엘레우시스의 왕에게 이 신전에서 어떻게 씨앗의 납치와 귀환을 기려야 하는지를 가르쳐주었다. 비밀스러운 의식을 거역하거나 그 결과를 추호도 의심해서는 안 된다고 일렀다. 그리고 이 신전의 모녀에게 정성껏 기도를 올리는 모든 사람들에게 축복(행복한 내세)을 내리겠노라 약속했다.

＊   ＊   ＊

데메테르, 트립톨레모스, 페르세포네

데메테르의 조각상

　고대인들은 호메로스가 이 찬가를 썼다고 믿었지만 사실은 그렇지 않다. 권위, 가족의 갈등, 신들의 경쟁을 중심으로 한 호메로스의 사상을 계승한 사람이 썼을 가능성이 높다. 이 이름 모를 시인의 설화는 사람들 사이에서 그리스도교의 교리와 같은 힘을 발휘했다. 찬가에 나타난 데메테르의 고난은 그리스도교에서 성모 마리아의 수난과 같은 위치를 차지하는 그리스인의 신앙이 되었다. 그리스인은 일반적으로 종교적 독단을 매우 싫어했지만(그리스의 신들은 거친 하늘에 떠 있는 구름과 같아서 끊임없이 이동하고 변화했다) 페르세포네 설화만은 예외였다. 이 설화는 모든 그리스인에게 신전의 중심 사상이 될 정도로 큰 의미를 지녔다.

밀알로 살아야 하는 페르세포네의 운명이 고대 그리스인에게 특별한 동정을 받은 것은 아니었다. 젊은 처녀의 납치된 슬픔보다는 딸을 잃은 그 어머니의 애절함이 그리스인에게 훨씬 더 큰 울림을 주었던 것이다. 그리스인이 이 설화를 열렬하게 신봉하게 된 것은 바로 반미치광이가 되어 고난에 처한 딸을 구해낸 데메테르의 열정 때문이었다.

이 설화에서 데메테르는 단순한 대지의 여신(7세기 찬가에서는 더 이상 대지의 여신이 아니었다)이라기보다는 대지에서 싹을 틔우는 힘을 가진 인격신으로 등장한다. 땅은 맹목적이다. 그리스인에게는 분명 그랬다. 땅은 선택의 여지없이 곡물이 성장하고 시들도록 내버려둔다. 그러나 농업의 여신은 선택적 권리를 행사했다. 농업의 여신이 인간을 구원해주는 대신 인간은 여신과의 약속을 지켜야 했는데 이런 점에 있어서는 성서 〈구약〉과 비슷하다. 요컨대 인간이 땅을 갈고, 씨를 뿌려, 빵을 만드는 약속을 이행하지 않으면 농업의 여신은 은혜를 베풀지 않는 것이다.

그러므로 이 설화를 쓴 작가가 빵의 여신이 왕의 가족에게 환대받는 데 역점을 둔 것은 아주 당연한 일이었다. 훗날 켈레오스 왕의 후손들이 세습 제사장(엘레우시스 신전에서의 켈레오스 왕은 그리스도 교회에서 베드로와 같은 위치를 차지했다)이 된 것은, 여신이 은신할 수 있는 장소를 마련해 준 데 대한 영원한 보상인 셈이다. 숲에서 만난 낯선 노파를 왕궁으로 데려가 최고의 신뢰를 암시하는 보모로 채용하는 자비를 베푼다는 것은 뿌리 깊은 종교적 모티브이다. 〈오디세이〉에도 역시 거지들에게 자비를 베풀 것을 요구하는 대목이 나오는데, 그 거지들 중에는 인간을 시험하고 싶어 하는 신이 있기 마련이다. 히브리서 13장 2절

"낯선 사람을 대접하는 일을 소홀히 하지 말라. 네가 모르는 사이 천사를 대접할 수도 있느니라"에는 고대의 계율이 고스란히 담겨 있다.

데메테르가 왕의 가족과 함께 생활했다는 것은 언뜻 보기에는 낭만적인 요소가 가미된 것 같지만, 실제로는 종교의 중요성을 의도적으로 강조한 것이다. 예컨대 영생을 주기 위해 불 속에서 데메테르 여신이 어린 왕자를 안고 있는 부분은 참으로 기발하다. 그리스인은 트립톨레모스를 쟁기의 전령으로 여겼는데, 실제로 철로 된 보습은 불에서도 훼손되지 않는다. 기원전 7세기 엘레우시스 신전의 제사장이 된 트립톨레모스의 후손들이 정치적, 지리적 통치권을 행사함으로써 다른 신들의 제사장은 감히 넘볼 수 없는 독보적인 지위를 확보했다. 의식이나 제물에 있어서도 데메테르는 모든 신을 압도했다. 예외가 있다면 제우스와 아폴론 정도였다.

어떻게 이것이 가능했을까? 빵의 시혜자요, 곡물의 여신 데메테르가 법과 가족, 더 나아가 국가의 기틀을 마련한 시조로 추앙받은 데는 또 다른 위대한 능력이 있기 때문이었다. 그것은 사후 세계에 대한 데메테르의 영향력 때문이었다. 한 영혼의 소멸과 부활을 결정하는 것이 바로 데메테르였다.

데메테르가 이런 능력을 소유하게 된 것은 엘레우시스 사제들의 치밀한 노력의 산물이었다. 그러나 대중은 너무나 쉽게 받아들였다. 언뜻 보기에 죽은 듯한 씨앗이 묻혀 있는 땅은 죽은 사람의 몸이 묻힌 땅과 같은 것이기 때문이었다. 그렇다면 씨앗의 싹이 트게 하거나 씨앗을 시들어 죽게 만들거나 둘 중 하나를 결정하는 신은 바로 저승에서 영혼을 되살아나게 하거나 혹은 영원히 그곳에 머물도록 저주를 내리는 신과 동일한 존재가 아니겠는가? 엘레우시스의 사제들이 익히 알고 있던 이집트인의 《사자의 서》에는 한 영혼이 사후의 세계에서 다음과 같이 대답하는 대목이 있다. "신은 나로 살고, 나는 신으로 산다. 나는 곡물로서 살고, 나는 곡물로 자란다. 나는 곧 보리이니라." 그러므로 영혼을 되살아나게 하는 신과 곡물의 싹을 틔우는 신은 사실상 같은 신이었던 것이다.

현대인이 이러한 신앙을 곧이곧대로 받아들이기를 바란다는 것은 무리다. 씨앗을 다스리는 힘이 곧 영혼을 다스리는 힘이라는 것을 현대인들은 대부분 유추나 은유라고 생각한다. 그러나 고대 그리스인은 유사하다는 추상적인 개념이 없었으므로 '은유'가 아닌 '실재'일 수밖에 없었다. 말하자면 사물은 존재하거나 존재하지 않거나 둘 중 하나였다. 데메테르의 사제들이 빵의 여신, 문명의 창시자, 저승에서 영혼을 구원하는 자는 하나이며 모두 같은 신이라고 했을 때, 신자들은 이 세 가지 특성을 동떨어진 것으로 인식하지 않았다. 그 삼위일체의 신은 아주 명백하고 합리적이었다. 그것을 믿지 않는 그리스인들은 아무도 없었다.

*　　*　　*

오랫동안 잘못 알려진 통념 가운데 하나는 고대 그리스인이 현세의 삶에만 관심이 있다는 것이다. 이는 사실과 전혀 다르다. 그리스인들에게는 저승세계를 안내하는 글을 적은 판자를 망자의 관에 넣는 풍습이 있었다. 거기에는 왼쪽이 아닌 오른쪽으로 돌아가야 한다는 경고문이 씌어 있는데, 천국은 오른쪽에 있다고 믿었기 때문이다. 플라톤의 《대화》를 보면 당대의 그리스인들이 행복한 내세에 대해 관심이 많았다는 것을 알 수 있다. 실제로 오르페우스 교단에서는 신도들을 위해 《저승으로 내려가는 길》이라는 소책자를 발간했다. 새의 머리 모양을 한 신을 섬긴다며 이집트인을 비웃은 그리스인이 내세의 모든 문제에 대해서는 이집트 사도들을 갈망했다.

무엇이 천 년 동안 그처럼 많은 사람들을 엘레우시스 비교(秘敎)에 빠지게 했을까? 단지 씨알이 저승에 갔다가 지상 세계로 되돌아왔다는 극적인 요소 때문만은 아니었다. 그보다는 오히려 종교에 입문하는 사람(그리스도교 용어로는 세례 받은 자)은 스스로 부활하게 될 것이라는 약속 때문이었다. 그리스인의 관심은 바로 여기에 있었으며, 그것은 바로 그리스 시인들이 읊은 내세의 행복이었다. 따라서 데메테르 찬가는 이렇게 끝을 맺는다.

땅 위에 살고 있는 사람들 중에 이것을 아는 자는 행복할지니라!
그러나 이 의식을 공유하지 않고 의식을 행하지 않는 자는
어두컴컴한 저승에서 다른 운명으로 고통 당하리라.

이것은 위장하긴 했지만 분명 저주이다. 의식에 참여하지 않은 사람들은 저주를 받을 것이었다. 이러한 생각은 아테네의 위대한 극작가 소포클레스의 글에 더 직접적으로 묘사되어 있다.

이 의식을 지켜본 사람들은
저승으로 내려가기 전에 세 배의 축복을 받을 것이다!
오직 그들만이 저승에서 생명을 얻을 것이며,

저승왕국의 왕좌에 앉아있는 하데스와 페르세포네 (기원전 5세기 경)

그렇지 아니한 사람들은 모진 시련과 고통을 당할 것이다!

또한 위대한 서정시인이자 찬가의 저자로 유명한 핀다로스는 엘레우시스교에 입문한 사람만이 "인생의 종말이 곧 신이 내린 삶의 시작이라는 것을 알게 된다"고 주장했다. 이것은 더 나아가 영원히 땅에 묻혀 있거나 되살아남에 있어서 곡물과 인간의 영혼은 동일하다는 증거이다. 빵의 여신이 곧 저승의 중재자라는 엘레우시스의 교리는 훗날 그리스도교인이 엘레우시스교에 대한 강한 증오심을 불러일으키는 원인이 되었다. 심지어 그리스도교를 국교로 삼기 전부터 클레멘스, 아스테리우스, 율리우스와 같은 그리스도교 학자들은 '엘레우시스 교도의 어리석음'에 대해 비난을 퍼부었다. 말할 것도 없이 영원한 구원의 중재자는 그리스도뿐이라는 것이었다! 그리스인이 숭배하는 아폴론, 제우스, 아프로디테는 그리스도 교단의 적수로 여겨지지 않았다. 그러나 유독 데메테르의 종교에만 위협을 느낀 것은 엘레우시스교가 교도들에게 사후 영생을 주었기 때문이다. 데메테르의 종교가 그리스도교의 커다란 경쟁 상대가 된 것은 바로 이 때문이었다.

*　　*　　*

제네바의 가장 저명한 학자이자 최고의 종교 비평가이며 독실한 그리스도교인이기도 한 이삭 카자우본은 그리스도의 부활과 데메테르의 씨알의 부활이 아주 유사하다는 사실을 처음 알았을 때 경악을 금치 못했다. 그는 이내 두 손을 치켜올렸다. "하느님은 이교도들이 우리의 가장 깊은 신비에 접근해 오는 까닭을 아셨던 것이야!" 하고 소리쳤다.

사실 카자우본의 동시대인들은 그리스정교회 신자들이 열광하며 "그리스도가 무덤에서 부활했다"고 외쳤던 것과 데메테르가 자신의 딸이 지상으로 되돌아왔을 때 느꼈던 기쁨이 똑같은 성스러움에 뿌리를 두고 있다고 생각하기는 어려웠을 것이다. 로마가톨릭교회의 교황이나 사제라는 지위, 혹은 성찬식과 미사라는 의식이 이미 미개한 시절에 엘레우시스 빵 신전에 존재했었다는 사실도 믿지 못했을 것이다.

성스러운 집단 치고 흥미진진하지 않은 운명을 겪지 않은 집단은 없었다. 엘레우시스교도 예외는 아니어서 내부분열로 제사장의 왕국이었던 엘레우시스가 6개 귀족가문이 공동으로 다스리는 사제 공화국으로 분리되었다. 6개 가문에서 4인의 최고 관료가 선출되었으며, 그것은 종신직이었다. 그중에서 성물(聖物)을 보여주고 해설해주는 교리 해설자가 가장 높은 지위를 누렸다. 두 번째는 전도사였다. 세 번째와 네 번째는 각각 예언자와 제사장이었다. 마지막 두 관료의 임무는 예배 참석자를 모으고 공물을 마련하는 것이었다. 이들 네 관료는 씨알의 죽음과 부활을 재현하는 신비극에 배우로 등장했다. 그리스 전역에서 그들은 오늘날의 교황과 대주교에 견줄 만한 영광을 누렸다. 심지어 이들의 하인들조차 신의 성상(聖像)을 씻겨준다 하여 부러움을 샀으며 극장에서도 상석에 앉았다.

물론 데메테르와 페르세포네에게도 여(女)제사장이 있었다. 이들 여제사장도 귀족 가문 출신이었다. 그러나 이들의 직무는 지극히 제한되어 있었다. 그리스 예법은 여자들이 대중 앞에서 의식을 집행하는 것을 금지했기 때문에 여제사장은 주로 신전 안에서만 활동했다.

엘레우시스교에는 성직자 계급 말고도 많은 관리들이 있었다. 신전 내에서 방문객들의 숙소를 담당하는 시종들과 신전에서 가장 중요한 보물을 지키는 사람들이 있었다. 신전의 재산으로는 그리스 방방곡곡에서 자진해서 봉헌한 곡물과, 그 곡물을 팔아서 모은 돈, 신비극 공연에서 번 수입, 그리고 전국에서 기증한 금은보화 등이 있었다. 수완이 좋은 곡물상들로 구성된 10인 재정위원회에서는 좋은 값에 곡물을 팔아 신전의 재산을 증식시켰다. 이렇게 모은 재산은 의식 비용으로 사용되었다. 이들 성직자들과 일반 관리들은 엘레우시스 신전에서 경찰권과 사법권을 행사하는 3인 감독위원회의 감독을 받았으며 아울러 이들에게는 신들의 평화를 해치는 그리스인을 처벌할 권리도 있었다.

이처럼 엘레우시스의 성직자 계급은 정치적인 집단이었다. 면적은 브룩클린의 4분의 1 정도였으며 멋진 신전 도시의 인구는 1만 명으로 성직자들의 지배를 받았다. 종교적 권력과 세속적 권력이 통합된 이 작은 국가의 행정부는 1879년까지의 교황령에 비견되는 정치력을 형성했다.

그리스 전역에서 데메테르에게 바친 공물 덕분에 몇백 년 동안 빵의 여신은 물론 엘레우시스 사제들까지 부를 축적하였으나 페르시아 전쟁 이후 부와 영향력이 줄기 시작했다. 이를 막기 위해 엘레우시스 사제단은 데메테르의 신화를 아테네의 운명에 결부시키려고 했고, 그들은 엘레우시스의 감독권과 신전 수입의 일부를 세속적인 도시국가, 즉 아테네에 헌납했다. 이웃 아테네는 한때 엘레우시스 교단과 앙숙이었다. 아테네인은 자신들이 섬기는 여신을 농업의 여신으로, 자신들의 영웅 에레크테우스를 쟁기의 전령이자 농사꾼의 스승으로 삼으려 했다. 이유는 확실치 않지만 그들의 계획은 실패했다. '재능과 지혜의 장인'의 신 아테나는 대지의 풍요로움과 그 성장을 도와줄 여신이 아니었다. 비록 올리브 나무를 가져다주긴 했지만 결코 풍요의 여신은 아니었다. 순결한 동정녀였던 아테나는 그런 부담스러운 짐을 지려 하지 않았다. 그런 반면 데메테르는 처녀가 아니었다. 제우스의 여러 아내 중 한 사람이었을 뿐만 아니라 제우스 말고도 연인이 많았다. 제우스가 벼락을 쳐서 죽인 (그리스 신화에 기록된 것처럼, '여신과 잠자리를 같이 한 자는 반드시 죽어야' 했으므로) 이아시온이 그중 한 사람이었다.

이윽고 아테네와 엘레우시스가 정치적 통합을 이루자 아테나와 데메테르 사이의 불화도 사라졌다. 빵의 여신을 섬기는 종교는 아테네의 국교가 되었으며 아테네는 엘레우시스교의 거대하고 세속적인 영광을 향한 교두보가 되었다.

*　　*　　*

위대한 '빵 여신의 축제'는 고대 문명의 가장 성대한 축제로, 이후 3천 년 동안 이보다 더 장엄하고 화려한 축제는 없었다. 해마다 빵 여신의 축제는 씨알이 다시 저승으로 돌아가는 9월 20일에 시작되어 데메테르가 애통해하며 지상을 헤매고 다녔던 9일간 계속되었다. 여기에는 신분과 지위 고하를 막론하고, 그리스어를 사용하는 사람이면 누구나 참가할 수 있었다. 이 축제의 의미는, 비록 여자와 어린아이는 '입교식'을 위한 행사와 신전 내부에서 진행되는 의식에는 참석하지 못하고 대중적인 행사에만 참석할 수 있었지만 여자와 어린아이는 물론 노예까지도 모두 참가하는 데 있었다. 이 축제는 종교의 중심지인 엘레우시스가 아닌, 정치의 중심지 아테네에서 시작되었다. 이때 빵의 여신과 그 딸의 성상은 축제를 시작하기 전에 미리 아테네로 옮겨 두었다. 축제가 시작되기 한 달 전 귀족 자제들을 그리스의 모든 도시에 파견하여 데메테르신의 평화를 기원하며 다음 달 보름달이 뜰 때 축제가 열릴 것임을 선포하도록 했다. 모든 그리스인은 이들의 부름에 순순히 따랐으며 참석자들은 아테네에 있는 숙소로 속속 모여들었다. 축제 첫날에는 아테네의 최고 지배자가 손에 피를 묻힌 사람들은 누구나 축제 행렬에 참석해서는 안 된다는 사실을 선포했다. 그런 다음에 축제에 참석하기 위해 아테네에 온 엘레우시스의 최고 성직자가 설교를 했는데, 그는 이런 유명한 말로 끝을 맺었다. "입교자들은 바다에 들라!" 이 외침과 동시에 거대한 달리기 경주가 시작되었으니, 그해 입교하려는 사람들이 정화시켜 주는 소금물에 가장 먼저 닿기 위해 앞다투어 바다로 내달렸던 것이다. 둘째 날에는 아테네의 공식적인 제물 의식이 거행되었으며 먼 곳에서 뒤늦게 도착한 그리스인을 위해 셋째 날에도 되풀이되었다. 그 다음 날부터는 엘레우시스까지 순례가 시작되었다. 수천 명의 교도들이 뒤따르는 가운데 성상이 사제들의 도시로 되돌아가는 것이었다. 데메테르 모녀의 성상 옆에는 바쿠스-이악코스(Bakchos-Iakchos: 크게 떠드는 술의 신)의 성상도 끼어 있었다. 그 까닭은 바쿠스의 사제들이 그해 가을 포도 수확기를 맞아 자신들의 의식을 유명한 곡물의 여신의 축제에 포함시켰기 때문이다. 지혜로운 선택이라 하지 않을 수 없다. 그리스도의 성찬식에서도 알 수 있듯이 본래 빵과 포도주는 서로 뗄 수 없는 관계이기 때문이다. 엘레우시스까지의 행렬에 술의 신이 참석하지 않았다면 행렬 의식이 더욱 엄숙했을 것이다. 앞으로 4개월 동안 페르세포네가 저승신의 품 안에 있어야 했으니 말이다. 그러나 포도주의 신이 함께 하여 행렬에 참가한 수천 명에게 술을 제공함으로써 경건하면서도 즐거운 분위기를 자아냈다. 이를테면 행렬을 이끄는 지도자들 중에는 '바쿠스의 유모'라는 이름을 써 붙이고 여자로 변장하여 바쿠스 신이 어린 시절 가지고 놀던 갖가지 장난감(주사위, 공, 팽이채, 팽이)을 들고 가는 남자도 있었다. 그 변장한 유모 뒤로는 데메테르의 성스러운 궤짝, 즉 성궤를 운반하는 사람(kistophoros)이 따랐다. 행렬에 쓰인 각종 소품들은 빵으로 만든 것인데, 밀과 꿀로 만든 쟁기도 있고 밀가루 반죽으로 구워 만든 섬세한 장신구들도 있었다. 그 뒤에는 풍구(風具)와 비슷한 모양의 키를 든 사람이 따랐다. 망태기처럼 생긴 키에는 아기 바쿠스가 누워 있었다. 이는 그리스도교에서의 구유에 다름 아니었다. 이 성스러운 키는 나뭇잎으로 덮여 있어서, 누구도 그 안에 무엇이 들었는지 알지 못했다. 곡물의 낟알과 겨를 걸러내는 도구인 키는 엘레우시스교가 인간의 죄를 정화시킨다는 이상을 상징했을 것이다.

행렬의 넷째 줄은 추수한 곡물을 담는 용기인 바구니를 든 사람들이 따랐는데, 이는 아마도 데메테르에게 바치기 위해 햇곡식을 받아야 한다는 것을 상징적으로 나타냈을 것이다. 이들 다음에는 엘레우시스 사제들, 아테네 국가 관료들, 입교자들, 일반 대중 순서로 줄줄이 행렬을 이었다.

경찰들이 이 행렬을 보호하였는데, 장정들로 구성된 이들은 양쪽 길가를 따라 걸어가며 경호해 주었다. 그러나 이것은 사실 불필요한 조치였다. 행진이 시작된 지 1천 년이 지나도록 습격을 받은 적이 한 번도 없었기 때문이다. 감히 그런 불경을 저지를 도적떼는 없었다.

순례자들의 차림새는 수수했다. 행렬에 참가한 가난한 사람이나 노예를 배려하여 화려한 복장을 삼갔다. 신에게 바칠 공물이 없는 사람들일지라도 저마다 최소한의 예의를 갖추어 곡식 몇 단, 농기구나 맷돌, 거대한 빵, 타오르는 횃불을 들고 왔다. 순례자들은 모두 걸어서 갔다. 병자를 제외하고, 탈것을 타고 가는 사람들은 중벌을 받고 벌금을 내야 했다. 데메테르 여신이 횃불을 들고 딸을 찾아 헤매느라 사방을 걸어다녔기 때문이다.

아테네에서 엘레우시스까지는 걸어서 네 시간이면 충분히 도착할 수 있었다. 그런데도 열 시간이나 걸린 것은 곳곳에서 행렬을 멈추고 여러 가지 간단한 의식을 거행했기 때문이다. 예를 들면 어느 한 지점에서는, 마치 유대인들의 탈리스*를 두르듯이 신도들이 주홍 리본을 손과 발에 둘렀다. 냇물을 건널 때는 질펀한 이야기판이 벌어졌는데, 이는 켈레오스 왕실의 난로가에 앉아 슬픔에 잠겨 있던 데메테르를 야한 농담으로 웃음 짓게 한 시녀 얌베 바우보를 기리기 위함이었다. 중간 중간의 휴식, 기도, 이야기판을 벌이면서 횃불을 들고 행렬하던 순례자들이 엘레우시스에 도착했을 때는 보름달이 환히 떠 있었다. 땀에 절고 먼지를 뒤집어쓴 순례자들은 신전 근처에 있는 숙소에서 휴식을 취했다.

그 다음 날은 예식에 쓸 제물을 준비했다. 다른 신의 시샘을 막기 위해 들판의 여신들을 비롯한 모든 신을 위해 공물을 충분하게 준비했다. 엿새째 되는 날에는 바쿠스를 기리는 춤을 추고, 경마, 행진, 바자회를 열었다. 수련자들은 성소 안에서 성스러운 씨알의 죽음과 부활을 주제로 한 수난극을 벌였다. 이 연극은 은밀하게 진행되는데 한번은 두 젊은

---

* 유대인 남자들이 아침 기도할 때 두르는 천.

이가 몰래 신전 안으로 들어가 엿보다가 붙잡혀 죽었다.

　신전에서 실제로 어떤 일이 벌어졌는지에 대해서는 짐작만 할 수 있을 뿐이다. 기원전 7세기에서 서기 4세기 사이에 엘레우시스에 입교한 수백만 명의 사람들은 너 나 할 것 없이 비밀 서약을 철석같이 지켰기 때문이다. 심지어 그리스 곳곳에 있는 돌멩이 하나 하나까지 정확하게 묘사했던 파우사니아스 같은 위대한 작가조차도 신전 내에서 진행된 의식과 신비극에 대해 알려달라는 주위의 성화를 뿌리치며, 그에 대해 말해서는 안 된다는 경고의 꿈을 꾸었다며 침묵으로 일관했다. 우리가 이 신비극의 일부나마 알게 된 것은 데메테르를 빵과 불멸의 여신으로 받드는 것을 증오한 그리스도교 원로학자들의 강렬한 혐오감 때문이다. 그들은 아마도 이 의식의 비밀을 염탐하기 위해 직접 입교했던 것 같다.

　프리메이슨단*과 마찬가지로, 엘레우시스 교단에도 세 계급, 즉 수련자, 사제, 제사장이 있었다. 엘레우시스 의식을 거행하기 6개월 전에 수련자들은 아테네 신전에 소집되어 겉옷과 신발을 벗고 몸에 두른 금속 장신구를 모두 떼어내야 했다. 그런 다음 더 잘 듣기 위해서 은매화로 엮은 화환으로 얼굴을 완전히 가려야 했다. 이런 상태로 페르세포네의 운명에 대해 교육받았다. 교육이 끝나면 눈가리개를 벗고 사제들은 다음 축제 때 서로 확인할 수 있는 암호를 알려주었다. 비밀에 부쳐진 이 암호가 우리에게 알려졌다. 그 암호는 이랬다. "빵을 먹었습니까?"라는 질문을 받은 사람은 이렇게 답변해야 했다. '나는 단식을 한 다음에 밀가루를 탄 물 한 잔을 마셨소. 나는 궤짝에서 빵을 꺼내 조금 먹은 다음에 바구니에 넣었다가 꺼내 다시 궤짝에 집어넣었소." 이것은 켈레오스 왕

---

* Freemason: 거대한 부와 파워 엘리트에 기반한 유대인 비밀 조직.

궁에서 지낸 데메테르의 생활을 알고 있는 사람만이 이해할 수 있는 기이한 대화로서, 그 생활을 느린 동작으로 정확하게 재현한 내용이었다.

수련자들은 엘레우시스를 두 번 순례하도록 되어 있었다. 두 번째 순례를 해야 비로소 입교식을 치를 수 있었다. 입교자들이 신전 마당으로 들어서는 순간 성수가 뿌려졌다. 그들은 신전으로 들어서면서 비로소 '보는 자'가 되었다. 처음에는 눈을 가린 채 신전으로 들어서면 이상한 장치가 되어 있는 곳을 지나 석조 지하실로 내려가야 했다. 인도하는 사제들의 손을 잡고 내려가서 사나운 폭우가 내리고, 굶주린 야수들이 포효하며, 돌이 비오듯 쏟아지고, 사람들의 아우성이 요란한 곳을 지나는 동안 입교자들은 저승의 온갖 공포를 환상으로 체험했다. 그곳을 지나면 뜨거운 늪의 위험이 도사리고 있는데, 여기에는 사람을 잡아먹는 소름끼치는 악귀, 엠푸사가 살고 있었다. 이렇게 긴 어둠 속을 몇 시간 동안 헤매고 난, 두려움에 질린 입교자들은 신비한 침상에서 휴식을 취했다. 잠에서 깨어 눈을 뜨는 순간 돌연 엄청난 빛이 쏟아졌다. 눈가리개가 없어졌던 것이다. 문이 벌컥 열리면서 활활 타오르는 횃불의 불빛 속에서 지친 입교자들은 훨씬 먼저 '형제'가 된 지도자가 자신들을 크게 환영하는 모습을 보았다. "성소에 온 것을 환영합니다, 신랑 여러분!" 입교자들은 정해진 자리에 앉아 오랜 방황을 하고 온 데메테르에게 정신이 들도록 메타네이라 왕비가 건네준 밀가루가 섞인 물 한잔을 받았다. 모든 입교자들은 하얀 천으로 된 옷을 입었다. 입교자들이 눈을 들면, 데메테르 제단에 미소지으며 서 있는 어린 여자아이가 보였다. 사제의 직무를 수행하는 어린아이였다! 엘레우시스 제사장이 그 여자아이 뒤에 서서 불안해하는 아이의 손을 잡아주었다. 그 장면이 땅속으로 꺼지면서 연극은 시작되었다. 이에 대해서는 한 장면도, 한 마디의 대사도 전해오지 않는다. 그 마지막 장면만 알 수 있을 뿐이다. 연극 마지막 장면에서는 빛이 홍수처럼 쏟아져 무대 가득 퍼졌다. 추수 철 한낮의 따뜻한 햇빛이 온 들판을 가득 비추듯. 푸른 풀밭이 그려진 새로운 배경막이 드리워짐과 동시에 향기가 방안 가득 퍼졌다. 신의 평화가 '보는 자'의 영혼으로 들어간 것이다. 그들은 이제 자신들이 낙원에 와 있음을 알았다. 하데스에게서 자신의 딸을 되찾아 부활시킨 데메테르 여신이 저주의 공포에서 그들의 영혼을 구원한 것이다.

*　　*　　*

빵 여신을 섬기는 엘레우시스교의 문화는 오늘날 우리에게 많이 알려져 있다. 그 고양된 감정적 선동은 비극을 어릿광대의 익살로 포장한 셰익스피어적인 기교였음을 알 수 있다. 궁금한 것은 왜 의식의 가장 중요한 부분을 비밀에 부쳤을까 하는 점이다. 데메테르가 빵의 여신이고, 자신의 전령이자 '탁월한 농사꾼'인 트립톨레모스를 날개 달린 수레에 태워 지상에 보내 인간들에게 농사를 가르치게 했다는 이런 사실을 비밀로 해야 했을까?

비밀 엄수는 이집트에서 유래되었다. 플루타르코스가 기술하듯, 이집트에서는 대지의 여신의 아들이 '검지를 세워 입에 대고 있는 것은 이런 문제에 대해 침묵하라는 적절한 표상이었다.' 이것은 참으로 모순이 아닌가? 한편에서는 사제들이 데메테르의 기적을 온 세상에 퍼뜨리려고 애쓰고, 다른 한편에서는 모든 그리스인이 이 여신의 이름이 거론될 때마다 행여 불경을 저지를까 두려워 침묵으로 일관했으니 말이다. 우리에게 이 두 가지 사실은 역설적으로 느껴진다.

이것은 비단 우리 현대인만의 생각이 아니다. 당대의 많은 지성들도 엘레우시스와 그 신비 의식에 대해 문제를 제기했다. 고대 테베의 장군 에파미논다스는 엘레우시스교에 입교하기를 거부했다. 철학자 데모낙스도 이렇게 힐문했다. "왜 내가 입교식을 치러야 하는가? 대체 무엇 때문에 내가 침묵의 서약을 해야 한단 말인가? 내가 배운 것이 유용하다면, 그 지식을 널리 알리는 것이 내 의무일 것이요, 해로운 경우라도 경계로 삼도록 널리 알림이 마땅한 일이거늘." 이것은 도덕주의자의 관점이었다. 그러나 엘레우시스교의 영향력이 너무나 커서 감히 반론을 제기하는 사람을 찾아보기 힘들었다. 그리스가 독립성을 상실하고 로마의 속국이 된 후에도 엘레우시스 신비 의식의 영향력이 감소되기는커녕 오히려 커졌다. 개화한 로마인도, 그리스어를 사용하는 관료도, 군장교도, 세계를 제패한 제국의 철학자도 입교식을 받기 위해 끊임없이 엘레우시스로 몰려들었다. 한편으로는 진정한 신앙심 때문에, 다른 한편으로는 세속적인 욕망 때문에 그들은 그 비밀스러운 종교의 원칙을 수호하는 데 열성적이었다. 아우구스투스에서 마르쿠스 아우렐리우스까지 로마 황제는 모두 빵 여신의 교도들이었다. 엘레우시스교가 아테네에서도 그랬듯이 비록 로마제국의 국교는 아니었지만 로마인은 데메테르를 로마의 곡물의 여신 케레스와 동일시했다. 로마인들은 모두 엘레우시스의 성소와 성지를 종교의 본산으로 여겼다. 클라우디우스 황제가 엘레우시스의 성전을 로마로 이전하겠다는 뜻을 밝히자 온 백성이 두려움에 떨었다. 이는 마치 현대인들이 가톨릭의 본산을 로마에서 뉴욕으로 이전하자는 주장을 접했을 때 느낄 법한 극심한 공포였으리라. 엘레우시스 신전은 여러 날을 미친 듯이 방황하던 여신이 처음으로 인간의 모습을 하고 나타난 장소가 아닌가? 황제는 마지못해 자신의 뜻을 굽혔다.

그러나 이보다 훨씬 더 사소한 일들을 불경죄로 다스리는 경우가 많았다. 소크라테스의 친구 알키비아데스는 기백이 넘치는 사람으로, 어느 날 밤 아테네의 한 여염집에서 열린 파티에서 불경죄를 저질렀다. 그는 사제복 차림으로 파티에 참석했는데, 하얀 복장에 리본을 두른 터번까지 썼다. 그리고 떠들썩한 파티 분위기에 젖어 있는 사람들 앞에서, 엘레우시스 제사장이 의식을 거행하는 흉내를 냈다. 그로 인해 아테네의 장군으로 시칠리아 전투에서 활약한 알키비아데스는 사령관 자격을 박탈당하고 아테네로 후송되어 갤리선*에 갇히게 되었다. 후송 도중 그는 탈출했다. 그는 결석 재판 결과 징역형이 아닌 사형을 선고받았던 것이다. 목숨을 구하자면 탈출이 유일한 방법이었다. 불경죄를 다스리는 재판에는 엘레우시스교에 입교하지 않은 판관이 재판에 관여할 수 없었다. 재판이 비밀리에 진행되었던 만큼 피고는 유죄 판결을 받을 수밖에 없었다.

비밀이란 참으로 묘한 것이다. 종교뿐만 아니라 사회생활에서도 마찬가지다. 엘레우시스교의 신비극을 만들 때 데메테르의 사제들은 자신들이 하고 있는 것이 무엇인지 잘 알고 있었다. 기아와 사랑 다음으로 인간 사회를 움직이는 큰 힘은 호기심일 것이다. 사람들은 이웃이 일확천금을 하는 것은 용납하지만 비밀은 아무리 하찮은 것이라 해도 용납

* 고대 그리스, 로마의 전함.

하지 않는다. 그것이 인간 사회의 생리다. 자연이 진공 상태를 싫어하는 것처럼 인간 사회는 정보의 간극을 싫어한다. 사회적 호기심은 개인이나 집단이 지닌 비밀을 압도할 만큼의 위력을 지니고 있다. 사방에서 밀려온, 비밀을 밝히려는 압력은 마치 잠수함에 가해지는 수압과 같다. 그 압박은 사회 스스로 비밀을 공개하고 순응하거나, 비밀을 간직한 사람이나 단체를 반역자로 낙인찍어 배척하는 결과를 낳는다. 비밀을 공유하지 못한 사람은 대개 이렇게 반응을 보인다. "내게 알려지지 않은 것은 부정한 게 틀림없어."

엘레우시스 사제들은 사람들의 호기심을 의도적으로 조장했지만 비밀을 밝히기 위한 압력 때문에 엘레우시스교가 해를 입지 않도록 철저히 막았다. 입교식이라는 대가를 치르면 누구든지 이 비밀의 세계로 들어갈 수 있었다. 살인자나 문맹자만 아니라면 누구나 빵의 여신을 섬기는 엘레우시스교의 정식 교인으로서 다른 사람들과 비밀을 공유하고 내세의 삶을 보장받을 수 있었다.

그럼에도 우리는 엘레우시스 사제들의 행위를 사리사욕을 채우기 위한 조작으로 몰아세우곤 한다. 대부분의 인간 행동이 그렇듯이, 종교를 신비하게 만들려는 욕구도 자신의 이익과 지고한 이상이 결합되어 나타난 것이다. 종교적 의미는 비밀에 의해 강화된다. 괴테는 비밀이 이상에 보다 큰 힘을 부여한다고 말한 바 있다.

만일 사람들이 사물의 본성을 단번에 알게 된다면 더 이상 알 것이 없다고 생각할 것이다. 어떤 비밀도, 심지어 공공연한 비밀일지라도, 침묵과 은혜에 대한 충분한 대가를 받아야 한다. 비밀 때문에 사람들은 수치감과 선한 도덕심을 갖는다.

이와 같은 맥락에서 매코이는 자신의 저서 《프리메이슨주의의 역사》에서 다음과 같이 비밀을 옹호하고 있다.

> 열매와 꽃으로 대지를 뒤덮는 위대한 노동은 '어두운 땅 속에서 이루어진다.' 자연의 내부는 거대한 실험실과 같아서 물질의 변화를 일으키는 신비한 작업이 끊임없이 이루어지고 있다. 그 끝이 밤과 침묵의 영역에 닿아 있지 않은 것이 우주에는 하나도 없다. 신조차도 어둠에 둘러싸여 있으며 신의 성좌 주위에는 구름과 어둠이 맴돌고 있다. 그래도 신의 은총을 느낄 수 있고 신의 자비가 온 세상을 가득 메우고 있는 것을 볼 수 있다.

이처럼 신성한 존재는 반드시 비밀을 간직해야 한다. 그런데도 비밀을 간직하고 있다는 바로 그 이유 때문에 거의 모든 비밀이 올바른 평가를 받지 못하는 것이다. 기원전 7세기부터 4세기 사이에 수백만 명이 엘레우시스교에 입교했지만 입교하지 않은 사람들이 비교할 수 없이 많았다. 이 모든 사람들이 호기심에 사로잡혀, 그 호기심이 채워지지 않자 마침내는 증오했다. 이것이 영원히 채워지지 않는 호기심의 운명이었다. 그로부터 몇백 년이 흐른 뒤, 비밀결사조직이 (템플 기사단, 장미 십자회, 프리메이슨단과 같은) 자신만의 비밀을 간직할 때마다 무자비한 박해를 받았다. 호기심을 느낀 사람들이 비밀을 간직한 사람들을 파멸시키려고 했던 것이다.

엘레우시스교도 예외는 아니었다. 증오심에 불타 비방을 일삼던 사람들이 그 벽을 부수려 했다. 율리우스 같은 그리스도교 원로 학자들은 엘레우시스 신비극을 가장 흉악한 짓이라고 썼다. "내게 알려지지 않은 것은 부정한 것이다"라는 원칙에 입각하여 일찍이 엘레우시스의 무대 위에서 상연된 것은 데메테르가 소년 트립톨레모스와 잠자는 것을 극화한 것으로 교리 해설자와 여사제가 드러내놓고 성행위를 했다고 단언했다. 당시에는 이러한 비방이 엘레우시스교에 직접적인 타격을 주지 못했다. 그간 쌓인 증오는 콘스탄티노플을 수도로 하는 '동로마제국'에서 최대의 사건이 발생하면서 마침내 폭발하였으니, 그 사건이 바로 394년에 있었던 고트족의 침공이었다.

*　　*　　*

게르만계인 고트족은 사실 처음에는 적이 아니었다. 이들은 서로마제국의 황제 호노리우스의 지원을 받는 로마의 상비군이었다. 그러나 로마제국의 속국인 그리스에 입성하면서 노략질을 일삼았다. 그리스 북부의 고산족이 자신의 부족을 공격한 사실을 빌미로, 알라릭 왕*은 기세등등하게 남부로 진군하기 시작했다.

이 야만족의 수장은 붉은 털옷을 입고 있었다. 병사들은 머리가 길었고 왕은 짧은 금발이었다. 그는 부하들에게 자신의 원래 이름 알라레익스(Ala-reiks) 대신 로마식 이름 알라리쿠스(Alaricus)를 사용하도록 명령했다. 게르만계 출신의 숱한 로마 장교들처럼 라틴어를 잘 하였고 일찍이 그리스어까지 터득하여 그리스 철학자를 숭배하기도 했다.

---

* 비잔틴 제국의 영토인 트라키아에 정주한 서고트족의 왕.

고트족은 수많은 마차를 이끌고 계속 남진했다. 그 왕의 이름과 평판은 밤하늘이 불길에 휩싸이는 것보다 더 소름끼치는 것이었다. 아테네의 정무관은 방어전을 준비했다. 그러나 아테네가 어찌 그들을 물리칠 수 있었겠는가? 아테네에는 로마제국의 군대가 주둔하지 않았다. 다급해진 시민군은 낡아빠진 옛날 무기와 철모, 허름한 갑옷으로 무장했다. 고트족의 말발굽 소리만 듣고도 상인, 교사, 학생들로 이루어진 어설픈 군인들은 뿔뿔이 도망치고 말았다. 그 뒤 알라릭 왕은 믿을 수 없는 전갈을 보냈다. 포로의 몸값만 (그것도 특별히 많지도 않은) 지불하면 아테네를 함락하지 않겠다는 것이었다. 어느 누구도 아테네에 발을 들여놓지 않을 것이며, 전 군대를 이끌고 아테네를 지나 피라에우스 항에 주둔하겠다고 했다. 그가 내세운 단 하나의 조건은, 개인 자격으로 아테네에 들어가 하루만 마음대로 지낼 수 있도록 허락해 달라는 것이었다. 그는 예술과 고전 문학의 요람인 아테네에 무한한 찬사를 보냈다.

아테네인들은 흔쾌히 동의했다. 그 다음 날 하얀 옷을 입은 한 남자가 거리에 나타났다. 그는 천 년 전의 고대 의상, 그러니까 페리클레스 시대의 옷을 입고 있었던 것이다. 그는 다름 아닌 알라릭 왕이었다. 그는 숨을 죽인 채 바라보는 구경꾼들에게 그리스식으로 인사를 건넸다. "카이레(기쁘시죠)?" 이에 그리스인들은 안도의 한숨을 쉬며 긴장을 풀었다. 활시위를 팽팽히 당긴 채 성벽 위에 서있던 보초병들은 조준한 활을 거두었으며, 아테네의 정무관은 무장이 해제된 도성 안으로 그 이상한 손님을 맞아들였다. 알라릭 왕은 유창한 그리스어로, 수많은 도시를 파멸시킨 서기 375년의 지진에도 불구하고 아테네가 무사한 것이 참으로 다행스러운 일이라고 했다. 그 모든 것이 아테나 여신의 가호 때문이라는 말이 그 그리스도교도의 입에서 나왔다. 그러나 그것은 철학적 언사에 가까웠다.

때는 무르익은 가을 아침이었다. 알라릭은 먼저 아크로폴리스로 가서 여러 신전과 유물들을 보고 싶다고 했다. 그 다음에는 프리타네이온에서 열리는 연회에 참석하여 플루트 연주와 노래를 즐겼다. 그의 요청에 따라 플라톤이 지은 《티마이오스》 낭송이 이어졌다. 마지막으로 그는 아이스킬로스의 《페르시아인》 연극을 청했다. 벌써 해가 뉘엿뉘엿 지고 있었다. 눈물에 젖은 얼굴을 한 알라릭은 고대 그리스군이 야만족을 물리치고 승리한 것을 찬미하는 불후의 명시에 귀를 기울였다. 배우들이 쓴 가면에서 고대 그리스는 누구도 무너뜨릴 수 없다는 초자연적인 목소리가 계속 들렸다. 아테네 사람들은 이국의 왕이 이 연극을 보고 피곤에 지치기를 은근히 기대했지만 그는 도리어 더 보고 싶어 했다. 연극이 끝나자 이번에는 호메로스의 《일리아드》와 《오디세이》의 몇 구절을 낭송해 달라고 당부했다. 옛날의 고리타분한 고전시 낭송을 듣다가 지친 아테네 정무관은 그만 잠이 들어버렸다. 그러나 알라릭은 여명이 틀 때까지 감상하다가 여느 때보다 더 상쾌한 마음으로 자기 부대로 돌아갔다.

알라릭의 부하들은 고대 그리스의 백색 의상 클라미스를 입고 이마에는 화환까지 두른 채 아테네를 구경하고 돌아온 자신들의 왕을 보고 킥킥거렸다. 심지어 어떤 사람은 배를 움켜쥐고 웃었다. 알라릭은 화가 치밀었다. 대체 자신이 무슨 짓을 한 것일까? 그는 숙소로 돌아가 조용히 생각에 잠겼다. 심사숙고 끝에 그가 내린 결론은, 그리스에 아테네만큼 지켜주어야 할 도시는 많지 않다는 것이었다.

아테네의 보호는 엘레우시스의 파괴를 의미했다. 낙담한 고트족 전사들이 피라에우스를 출발한 직후, 길 건너 저편에서 보물이 가득한 신전을 발견했다. 그리스도교가 로마의 국교였기 때문에 그리스인은 감히 공개적으로 데메테르 신전에 공물을 바치지 못했다. 그러나 신문화와 구문화 사이에는 문화적 평화가 있었다. 비록 제물과 공물은 바치지 못하도록 금지시켰으나 데메테르의 사제들이 격리된 신전에 남아 있는 것은 허용되었다.

알라릭은 못 박힌 듯 가만히 서서 황혼에 물든 그 도시를 바라보았다. 그러나 그의 부하들은 환호성을 지르며 정신없이 말을 몰아 그의 옆을 스쳐 지나갔다. 말에서 내리기가 무섭게 대문을 밀치고 비밀에 싸여 있던 신전으로 몰려들었다. 오랜 세월 동안 축적된 제물들, 황금 여신상, 은제 컵, 동판 등이 약탈자들의 궤짝과 사료포대에 가득 쌓였다. 가지고 갈 수 없는 것들은 모조리 부수었고, 매끄럽게 포장된 바닥은 마구 파헤쳐 놓았으며, 황금 여신상에는 오물을 뒤집어씌웠다. 엘레우시스의 마지막 제사장이 이렇게 마구잡이로 파괴하고 있는 그들에게 다가갔다. 제사장으로서의 임무 수행은 이미 오래전에 포기한 상태였다. 그가 바로 늙은 네스토리우스*였다. 신비주의적 색채가 강한 신플라톤학파의 한 사람이었던 그는 성직자가 아닌 철학자로서 야만적인 약탈행위를 꾸짖었다. 이 마지막 제사장은 신전을 아수라장으로 만든 그들에게 데메테르가 농업의 여신이자 인간의 친구라는 사실을 일깨워주기 위해 외쳤다. 그러나 허사였다. 고트족과 함께 온 그리스도교 성직자는 망설이는 병사들을 다그쳤다. 반라(半裸)의 여신상을 보고 격분한 이 성직

---

* 예수가 신성(神性)과 인성(人性)을 모두 지녔다는 양성론을 주장하며 특히 예수의 인성을 강조한 신학자.

자는 눈에 보이는 모든 것을 남김없이 때려부수라고 부추겼다. 10여 차례 칼에 찔린 네스토리우스는 바닥에 쓰러졌다. 그는 고트족의 성직자들이 병사들에게 신전 안으로 돌진하라고 지시하는 것을 보며 마지막 숨을 거두었다. "그리스도가 빵이다, 그리스도가 빵이다!"라고 외치는 적들의 소리를 들으며 눈을 감는 순간 네스토리우스는 성모 데메테르보다 더 위대한 빵의 신이 이 세상에 탄생했음을 알았다.

빵은 곧 정치다—로마

그대는 정당하게 산 논밭과 집,

황토빛 티베르 강이 넘실거리는 토지를 물려주어야 한다

그대가 소중하게 간직하고 있는 모든 금은 보화도

후손들에게 물려주어야 한다.

— 호라티우스

79년 베수비오 산이 폭발하면서 용암과 화산재가 폼페이 시를 뒤덮을 때, 이시스의 사제들은 성지에 있는 다른 사제들보다 더 오래 남아있었다. 그 파괴가 종말을 향해 치달을 때까지도 그들은 이시스 여신에게 제물을 바치고 있었다. 단지 한 사제만이 도끼를 들고 바깥 세계를 향해 탈출을 시도했다. 그러나 화산재가 그를 뒤덮고 말았다.

이시스교 또한 데메테르교와 마찬가지로 자신들이 섬기는 여신을 대지와 동일시했다. 아마도 그 성직자들은 저승에도 관여하는 여신이 자신들을 구원해 주리라고 기대했을 것이다. 그러나 시뻘겋게 달아오른 돌덩이들이 신전이며, 집이며, 저잣거리를 완전히 뒤덮어버렸다. 하지만 그것은 묻힘과 동시에 보존되었다. 그로부터 1800년 후, 화산 폭발이 있기 전에 잠들어 있었을 한 도시가 세상에 제 모습을 드러낸 것이다.

1923년 11월, 나는 젊은 부부와 함께 폼페이 유적지를 둘러보았다. 남자는 벨기에 사람으로 제조업에 종사했다. 이들 부부는 신혼여행을 온 참이었다. 신부는 조금 실망한 눈치였다. 파리의 멋쟁이인 그 젊은 여성은 나폴리에 있는 박물관 비슷한 것을 폼페이에서도 찾을 수 있기를 기대했던 것 같다. 그녀는 내심 폼페이에서 발굴하여 나폴리로 옮긴 것과 같은 반지, 접시, 화병 등 자잘한 생활 도구들을 보고 싶었던 것이리라.

남자는 자못 흥미로운 모양이었다. 그는 초석과 벽들을 만져보기도 했고, 대문, 욕탕, 하수 장치들을 보면서 감탄하기도 했다. 그는 기계는 없는지 찾는 기색이었다. 직조공의 집이 어딘지 물었다. 이 도시의 산업에 관심이 쏠렸던 것이다.

우리는 반쯤 허물어진 어느 마당 앞에서 걸음을 멈췄다. 커다란 오븐이 눈에 들어왔다. 그 한켠에 서 있는 2미터는 됨직한 2, 3층의 돌탑은 위아래가 넓고 가운데는 잘록한 것이 모래시계 같았다.

"저건 방아예요." 벨기에 신랑이 보자마자 소리쳤다.

"그걸 어찌 아시오?" 나는 이렇게 묻고는 얼른 관광 안내서를 뒤적였다. 그곳은 카사 디 살루스티오(Casa di Salustio)로 정말 제빵소가 있던 자리라고 씌어 있었다.

"로마인이 기계 방아를 사용했다는 게 사실이군요! 로마 시대 이전에는 맷돌로 곡식을 빻았답니다. 그리스인의 밀가루는 무척 거칠었을 거예요, 돌가루도 한 움큼 섞였을 테니까요."

그는 돌탑을 빙 둘러보았다. 가만 보니 모래시계를 닮은 게 아니라, 폭이 넓은 치마에 긴 블라우스를 입고 있는 인형에 더 가까운 모습이었다. 처음에는 조심스러워하다가 어느새 친근감을 느꼈는지 그는 돌탑의 엉덩이 부분에 손을 얹었다. 나는 그가 사라진 문명에 대해 소개한 글을 읽듯이 유창하게 설명하는 것을 지켜보았다.

"신이 주신 놀라운 기계야! 이 방아를 돌리자면 분명 장정 세 사람은 필요했을 텐데, 부디 사람이 아닌 노새를 부렸기를 바라야죠. 참으로 기발하지 않습니까? 허리가 잘록한 이 탑은 하나가 아니라 두 개의 돌로 만든 거예요. 아래 돌은 고정시켜 놓고, 그 위에 얹혀 있는 우묵하게 패인 돌은 움직이도록 되어 있어요. 이건 손잡이인데요. 여기 이 막대에 동물을 묶었던 거죠. 동물이 빙빙 돌면, 위에서 쏟아 부은 곡물이 빻아졌을 테고, 이 '블라우스'처럼 생긴 돌덩이 밑으로 밀가루가 조금씩 나오는 겁니다. 이제 아시겠죠? 이 돌은 보기보다 무겁지 않았을 겁니다. 돌이라고 해 봐야 화산재가 굳어서 된 응회암이니 동물들은 쉽게 돌릴 수 있었겠지요."

나는 그에게 다가섰다. "쉽게? 글쎄, 과연 그럴까요? 그리스 문학 전집에서 읽은 「늙은 말의 넋두리」가 생각나는군요."

"지금 나는 원을 돌며
니시로스의 무거운 맷돌을 끌고 있다네⋯⋯."

그는 당황해하면서 믿을 수 없다는 듯 나를 처다보았다. "하지만 사람들이 빵을 원했으니 갈 수밖에요. 그깟 늙은 말이야 내 알 바 아니죠! 중요한 것은 기계는 훌륭했다는 겁니다." 그는 조금 민망했는지 맷돌을 검지로 톡톡 쳤다. "아랫돌과 윗돌이 얼마나 잘 맞는지 보세요. 이래서 원활하게 돌아갔을 겁니다. 예술이나 좋아하는 그리스인은 절대 갖지 못한 정교함이 이 맷돌에는 있습니다. 역시 로마인이에요!" 그는 갑자기 소리를 질렀다. "고대의 미국인이라 할 만하죠."

그의 아내도 덩달아 탄성을 질렀다. 2천 년 전에 이곳에서 살았던 사람들이 지혜롭게 만든 세련되고 현대적인 오븐을 보았던 것이다. 프랑스인, 더구나 하얀 빵과 케이크를 좋아하는 이 여성은 그 진가를 알아보았다. 둥그런 오븐 안에는 로마 제빵사가 가열된 공기가 외부로 빠져나가지 못하도록 에워싼, 네모난 빈 공간이 있었다. 거기에는 연기를 빼는 통풍구, 재를 담는 그릇, 빵이 익어 가면서 빵껍질이 딱딱하게 굳지 않고 윤기가 나도록 수분을 제공해 주는 물통이 있었다. 옆에는 제빵사의 작업실 두 개가 있었는데, 안에 반죽을 만드는 돌 탁자가 있었다. 그녀는 그 탁자가 마음에 들었다. 벽 상단에는 오븐의 여신 포르낙스의 그림이 걸려 있었다. 사실 포르낙스는 위대한 여신이라기보다는 신들의 심부름꾼에 더 가까웠다. 그러나 아직도 로마에는 이 포르낙스를 기리는 의식, 포르나칼리아가 있었다. 원래 의식에서는 축제의 개막을 알리는 성화에 구운 곡식의 이삭을 제단에 올렸다. 이 의식은 건국 초기의 누마폼필리우스 왕이 제정하였는데, 훗날 이집트의 제빵 기술이 로마에 보급되면서부터 전국적인 규모의 큰 행사가 되었다. 아무리 냉철하고 실용적인 로마인이지만, (고대의 미국인이라 불릴 만큼) 오븐 속에서 반죽이

커지면서 만들어지는 빵은 어머니의 자궁에서 아기가 자라는 것만큼이나 신비롭게 여겼다.

*　　*　　*

죄수를 부렸든, 동물을 부렸든, 아니면 물의 흐름을 이용했든 실용적인 로마인의 방아에서는 밀가루가 소리없이 흘러내렸다. 밀가루는 삶의 윤활유로서 사람들의 배를 채워 하나로 뭉치게 했고, 가난한 자나 부자나 모두 먹었으며 로마병사들이 세계를 정복했을 때 창 끝에 매달린 자루에 들어있었다.

로마인은 본래 미식가가 아니어서 구운 낟알이나 죽보다 빵이 훨씬 더 맛이 좋다는 사실을 알기까지 오랜 세월이 걸렸다. 그러나 일단 그 사실을 알고 난 후에는 제빵 기술을 철저히 익혔다. 빵 만드는 과정을 설명하는 그림에서 빠진 것을 발견할 때마다 후세를 위해 빠진 부분을 새로 그려 넣었다. 아테나에우스에 따르면, 많은 제빵사들은 땀이나 침 때문에 반죽이 변질되지 않도록 작업할 때 도제들에게 장갑과 마스크를 착용하게 했다. 맛있는 음식에 길들여진 로마인들은 밀가루 반죽으로 여러 가지 시도를 했다. 폭탄처럼 동그란 빵 말고도 꼬챙이처럼 길고 가느다란 아르톱티키우스 빵, 질그릇에 구운 테스투아티우스 빵 등을 개발했다. 그중에서도 일품은 파르티안 빵이었는데, 그것은 물에 띄워 불린 다음에 구웠다. 그러자면 보통 빵에 비해, 반죽이 물에 가라앉지 않을 정도로 아주 가벼워야 했다.

로마인의 빵 모양은 이집트인의 빵 모양보다 훨씬 더 예술적이고 종류도 다양했다. 부자들은 끊임없이 새로운 것을 원했다. 시인이 방문하면 부잣집 주인은 수금(竪琴) 모양의 빵을 만들어 내도록 명령했다. 그런가 하면 결혼식 피로연에서는 두 개의 반지가 연결된 모양의 빵을 대접했다.

식빵을 만드는 제빵사 외에도 단 빵, 우유 빵, 파이를 전문적으로 만드는 제빵사가 있었다. 카토와 폴룩스의 기록에 따르면, 케이크에 들어가는 재료는 대단히 많았다. 이탈리아산보다 질이 좋은 그리스나 소아시아에서 수입한 꿀, 북아프리카에서 수입한 식물성 기름, 쌀, 우유, 치즈, 참기름, 견과, 아몬드, 후추, 아니스, 월계수 잎들을 재료로 사용했다. 재료의 가짓수로만 보면 로마의 제빵사가 현대의 제빵사보다 훨씬 앞선 듯하다.

로마 건국 초기에는 전문 제빵사가 따로 없었다. 모든 음식의 기본인 빵은 당시 가장 영양이 풍부한 것으로 알려진 실리고(siligo) 밀로 집집마다 가정주부가 만들었다. 그러나 로마의 여성들은 점점 귀부인이 되어 갔다. 오랫동안 농부요 전사의 아내로서 자랑스럽게 가사를 도맡아 온 로마의 여인들이 오리엔트 문화를 접하게 되면서 뜨거운 한낮에는 일하지 않는 것이 여성의 아름다움을 유지하는 데 좋다는 사실을 알게 되었다. 거울과 루즈가 젊음을 유지해 준다면, 반죽을 발효시켜 빵을 굽는 일은 빨리 늙게 했다. 고대 오리엔트 문명의 귀부인들은 일찍이 이것을 알고 있었는데, 로마가 오리엔트 정복에 나서면서 로마 여인네들도 자연스럽게 알게 되었다. 172년 아에밀리우스 파울루스가 마케도니아를 정복할 때까지만 해도 로마에 전문적인 제빵사가 있었다는 기록은 없다. 그러나 이 무렵부터 상점에서 파는 빵을 구입했고 가사노동의 부담이 덜어지기 시작했다. 제빵소 주인은 방앗간을 직접 운영했다.

이들의 노동은 고도로 숙련된 기능으로 인정받았다. 오늘날로 치면 대중들에게 디자이너와 비슷한 사람으로 대접받았던 것이다. 이들의 기술이 독창적이고 독보적인 것으로 여겨진 만큼 사람들은 이를 '제빵 기술'이라고 불렀다. 제빵소의 주인은 주로 해방된 노예로서 지금까지도 로마에 그 비석이 보존되어 있는 베르길리우스 에우리사케스처럼 정당하게 부를 쌓은 인물로 존경받았다. 그 비석에는 에우리사케스가 지혜롭게 도제에게 반죽하는 방법을 가르치는 모습이 그려져 있다. 시칠리아나 페니키아 출신의 도제들은 가장 우대받았다. 로마인은 오리엔트 민족이 미각이 뛰어날 뿐만 아니라 빵 굽는 솜씨도 상당히 정교하다는 것을 잘 알고 있었기 때문이다.

제빵사의 강한 자의식은 이내 구체적인 모습을 드러냈다. 국가에서 자신들의 권리를 인정해준 길드를 설립한 것이다. 이들은 자체 내규를 정하여 제빵사와 노예 및 자유 신분인 도제와의 관계를 규정했다. 길드는 로마의 종교 생활에 상당히 중요한 영향을 미쳤다. 오븐의 여신을 기리는 축제일은 6월 9일로 확정되었는데, 이 날은 오븐과 제빵 기구를 꽃으로 에워싸 장식하고 모든 사람들이 맘껏 먹고 마시며 즐겼다. 제빵사 단체(corpus pistorum)는 이탈리아 도시의 민회 선거를 염두에 두고 결성된 조직이었다. 어떤 제빵사가 '그는 맛있는 빵을 만든다'라는 세간의 평가를 받는다면, 이는 곧 그 사람이 민회 의장에 선출될 자격이 있다는 말과 같았다. 실제로 제빵사가 당선되는 경우도 종종 있었다. 제빵사 길드의 회원이었던 파퀴우스 프로쿨루스는 2대 폼페이 민회 의장이 되었다.

로마 황제는 이들의 권리를 인정하고 '민생 복지에 중요한 사람들'이라며 제빵사에게 특권을 부여했다. 이러한 특혜는 야망을 잉태했고 마침내 그 야망이 실현되었다. 제빵사들이 시정 관료가 되었던 것이다. 그것은 제빵사들과 로마 모두에게 보탬이 안 되는 악의 근원이었다. 로마인은 겉으로만 실용적이었지 진짜 문제가 무엇인지 몰랐거나 그런 문제들을 극복할 수 없었다는 것을 단적으로 보여주는 현상이다. 빵은 로마제국을 위대하게 만들었지만 동시에 로마를 파멸시키기도 했다.

*   *   *

오랜 세월에 걸친 로마의 쇠망은 플리니우스의 다음과 같은 말로 시작된다. "라티푼디움*이 이탈리아를 파멸시키고 있다." 로마의 몰락을 연구한 세계적인 역사학자, 영국의 기번, 독일의 몸젠, 이탈리아의 페레로, 프랑스의 글로츠, 러시아의 로스토프체프도 플리니우스가 덧붙인 다음과 같은 글을 분명히 보았을 것이다. "그리고 마침내 제국 전체를 파멸시킬 것이다." 만약 로마제국의 통치자들이 사상 최악의 토지 정책만 펴지 않았던들, 알라릭이 이끄는 고트족의 침입이나 디오클레티아누스 황제의 연방주의 정책만으로는 쉽게 멸망하지 않았을 것이다. 만약 빵을 값싼 정치적 흥정거리로 삼지만 않았다면 로마제국은 지금까지 건재했을지도 모를 일이다!

로마제국 초기에는 농민을 보호하는 훌륭한 법이 있었다. 정복한 토지는 모두 국가에 (처음에는 황제에게, 나중에는 로마공화정에) 귀속되었다. 사실상 사유지가 없었던 것이다. 그러나 국가는 가난한 백성에게

* 고대 로마의 대토지 소유제도.

토지를 나누어줄 권리가 있었다. 국가는 이 권리를 행사했다. 공훈을 세운 병사들이 제대하여 귀향하면 국가는 이들에게 농사를 짓게 했다. 그리고 그 병사들이 토지를 개간하면 그대로 그들의 소유지가 되었다. 이와는 다른 방식으로 분배되는 농지도 있었다. 국가 재정이 필요한 국가가 농지를 부자들에게 임대한 것이었다. 당시의 부자란 농지가 아니라 소, 돼지 등의 가축과 노예를 많이 소유한 사람들이었다.

그렇다면 가난한 사람들은 왜 농지를 분배받지 못했을까? 가난한 사람이 가진 것이라곤 자신의 두 손, 쟁기, 소, 그리고 아내와 어린 자식뿐이었다. 그들은 토질을 향상시키는 데 필요한 거름을 마련할 수 없었다. 이와 달리 부자는 질 좋고 값싼 농작물을 생산하는 데 필요한 모든 것, 노예, 훨씬 뛰어난 성능의 쟁기, 필요할 때 얼마든지 동원할 수 있는 가축을 갖고 있었다. 이탈리아 소작농이 곡물이나 닭 혹은 우유를 팔려고 장터에 나가면 그 읍은 이미 대지주들이 장악하고 있었다. 대지주들은 값싼 노동력을 이용하여 농산물을 대량생산한 만큼 얼마든지 저렴하게 팔 수 있었다. 가난한 농부는 경쟁력을 상실했고 벌이가 없어졌다. 물건을 거의 팔지 못하고 돌아온 가난한 농부는 계속 토지를 개간할 수가 없었다. 이때 부자가 흑심을 품고 찾아와 대단한 아량이라도 베푸는 듯 터무니없는 가격으로 가난한 농부의 땅을 샀다. 부칠 땅이 없어진 그는 도시 빈민이 되어 광장이나 선술집을 전전하다 자신을 기만한 국가를 저주했다. 그들은 물었다. 새로 농민이 된 사람들의 생계를 보장해 주지도 못하면서 왜 병사들을 농민으로 만들었는가?

이에 앞으로 닥칠 위험을 감지하고 이를 막기 위해 법을 마련해야 한다고 주장한 정치인들이 있었다. 플루타르코스는 이렇게 적고 있다.

부자들이 더 많은 토지를 임대 받고 가난한 사람들은 더더욱 가난해지자, 누구든지 5백 에이커 이상의 토지를 소유하지 못하도록 정한 법이 시행되었다. 이 법은 한때나마 부자들의 탐욕을 억제하고 가난한 사람들에게는 가장 좋은 부양책이 되어 일정한 토지를 소유하도록 보장해 주었다. 그러나 부자들은 차명으로 토지를 구입할 수 있는 방법을 궁리해냈으며, 부정하게 취득한 토지를 자기 땅이라고 서슴없이 주장하는 지경에 이르렀다. 자신들의 농지를 빼앗긴 가난한 사람들은 예전처럼 참전할 의욕도 없었고 자녀교육에도 신경 쓰지 않았다. 이탈리아 전역에서 급속하게 자유민이 사라지고 외국 출신의 노예들로 득실거렸다. 부자들은 시민권을 박탈당한 이들을 고용하여 농지를 개간했다.

부자들은 교묘하게 법망을 피해 갔고, 농민의 삶은 더욱 피폐해졌으며, 농지를 포기하고 도시로 떠나는 사람들이 늘어났다. 국가에 큰 재앙이 닥쳐올 것이라고 생각하는 사람들이 점차 많아졌다. 가장 전통 있는 로마 귀족들조차도 이 위기를 더 이상 방치해서는 안 된다고 생각하게 되었다. 카르타고 정복 전쟁에서 혁혁한 공을 세운 로마 장군 스키피오 아프리카누스의 후손들은 농민을 돕기 위한 개혁 운동을 전개했다. 이들이 바로 그라쿠스 형제 티베리우스와 가이우스였다.

어느 날 티베리우스는 공회당에서 여태껏 들어본 적이 없는 라틴어를 섞어가며 연설했다. "이탈리아의 들짐승들은 저마다 동굴이나 둥지를 가지고 있소. 그러나 이탈리아를 위해 전쟁터에 나가 목숨을 걸고 싸운 사람들은 기껏해야 공기나 햇빛만 나눠 가질 수 있을 뿐이오. 그들에게는 집은커녕 비바람을 피할 곳조차 없소. 그들은 처자식을 이끌고 이곳

대지주와 귀족을 향해 항의하는 그라쿠스

저곳 떠돌고 있습니다. '세계의 정복자'라고 불리는 전사들이 자신의 땅 한 뙈기도 가지지 못한 것이오!"

이 연설은 당시의 로마인들보다 현대의 우리들에게 더 큰 울림으로 다가온다. 티베리우스는 그리스도가 한 다음과 같은 말로 연설을 시작했다. "여우에게는 굴이 있고 하늘을 나는 새에게는 둥지가 있다. 그러나 사람의 아들에게는 자신의 머리를 누일 곳조차 없도다." 티베리우스 그라쿠스는 150년 뒤에 나자렛 사람이 하게 될 그 말을 어떻게 알았을까? 아니면 로마사에 대해 전혀 알 길이 없는 무학자(無學者) 예수가 호민관 티베리우스 그라쿠스가 한 말을 알았단 말인가? 아마도 같은 시대적 상황에서 비롯된 우연의 일치였으리라.

　티베리우스가, 소유할 수 있는 농지의 면적을 5백 에이커로 제한한 고대의 법률을 부활시키려고 하자 의회 분쟁이 일어났다. 결국 티베리우스가 승리했는데, 그는 부자의 아들들이 250에이커씩 더 소유할 수 있도록 호의를 베풀었다. 그러나 대지주들은 자객을 보내 평민 집회에서 막 연설하려고 하는 티베리우스를 암살하고 말았다. 참으로 이상한 것은, 티베리우스 그라쿠스가 종교와는 전혀 무관한 인물이었음에도 로마인들은 그를 살해한 것을 신성모독으로 여겼다는 사실이다. 그들은 이렇게 말했다. "농업의 여신을 위로해 드려야 한다." 쟁기의 전령 트립톨레모스처럼, 농지개혁가도 데메테르 여신의 심부름꾼으로 여겼기 때문이다.

　로마는 기원전 497년에 가뭄을 겪은 후, 《시빌린 예언서(Sibylline Books)》에 따라 엘레우시스에서 데메테르 여신상을 모셔왔다(로마인은 데메테르를, 창조주를 뜻하는 케레스라고 불렀다). 케레스는 언제나 로마의 평민당 편을 들어주었다. 이탈리아의 케레스 숭배자들이 대부분 평민들이었기 때문이다. '로마의 평민들(plebs Romana)'이 로마에 있는 일곱 개의 야산에 케레스 신전을 세운 것(기원전 490년)과, 데메테르가 그리스 농민에게 마라톤전투의 승리를 가져다준 것이 같은 해에 일어났다는 것은 참으로 신기한 일이다. 데메테르가 그리스 농민의 편을 들어준 것은 페르시아인이 농업을 경멸했기 때문이 아니었다. 오히려 그들은 그리스인보다 훨씬 훌륭한 농부들이었다. 헤로도토스는 그것을 이렇게 부러워했다. "저들의 땅은 농사 짓기에 아주 좋아서 늘 우리보다 200배 이상 수확했다. 날씨만 좋다면 300배까지도 거뜬히 수확할 수 있을 것이며, 밀 이삭의 크기는 8센티미터나 된다." 그러나 페르시아인들은 전제군주의 농노였지 자작농이 아니었다. 바로 이것이 데메테르가 마라톤 전투와 살라미스 전투에서 그리스 농민을 도와준 이유였다.

'평민회'에서는 암살된 티베리우스 그라쿠스를 '케레스의 전령'으로 여기며 애도했고, 장례 행렬이 끝없이 이어지는 광경을 본 원로원에서는 그라쿠스가 추구한 농지법을 승인하지 않을 수 없었다. 그리고 그라쿠스는 부자들에게서 몰수한 농지를 새로운 농민 8천 명에게 분배했다. 티베리우스의 동생, 가이우스는 형의 위업을 이었다. 그러나 그 역시 암살되었거나 자결하도록 내몰린 것으로 보인다. 대대적인 보복에 나선 대지주들은 그라쿠스 형제의 위업은 말할 것도 없고, 국가의 오랜 전통마저 뿌리째 뒤흔들어놓았다. 이제 이탈리아의 모든 농지는 집 안에 들어앉아 손 하나 까딱하지 않고 노예들만 부리는 소수의 대지주들이 독차지했다. 마리우스*도 아우구스투스도 모두 평민회 출신이었지만 그 악폐를 막지는 못했다. 로마의 통치자들은 농민을 저버리고 부자들 앞에서 머리를 조아렸다.

이것은 맨 먼저 이탈리아 지주들이 농사를 그만두게 하는 결과를 낳았다. 그들은 토지를 거대한 목장으로 사용하는 것이 훨씬 수지맞는 일임을 알게 되었다. 소나 양이 곡물보다 더 많은 이익을 가져다주었기 때문이다. 부자들이 곡물을 파는 경우도 있었다. 그러나 그것은 이탈리아에서 재배된 곡물이 아니었다. 로마의 해외 속국에서 아주 저렴한 비용으로 운반해온 것이었다.

＊　　　＊　　　＊

---

* 농민 출신으로 일곱 차례나 집정관을 지낸 고대 로마 공화정 말기의 정치가, 장군.

로마의 정책이 최악으로 치달으면서 빵 생산국으로서의 입지가 축소되자, 이탈리아의 곡물 수입이 불가피해졌다. 해외의 모든 농지가 로마의 소유였으므로 그것은 그다지 어려운 일이 아니었다.

뜻밖에도, 제국이 갖춘 지리적 조건이 로마에 호재로 작용했다. '원의 중심은 원둘레에 있는 모든 점에서 똑같은 위치에 있다'는 유클리드의 명제를 적용이라도 한 것처럼, 법률과 군사의 중심지인 로마는 거미집처럼 제국의 중심에 위치해 있었다. 이것은 이성이 아니라 본능(거미가 타고난 기하학적 본능)을 통해 저절로 된 것이었다. 거미는 단단해지는 체액을 분비하여 거미집을 짓는다. 그리고 바람의 강도와 자신의 체중을 감안하여 나뭇가지 사이에 집을 매달아놓고 기다린다. 그렇다면 어느 지점에서 기다려야 할까? 오래전에 유클리드가 '거리는 시간과 같다'는 공리를 얻었듯이, 당연히 중심에서 기다려야 한다. 파리가 거미집에 걸려 끈적끈적한 거미줄에서 벗어나려고 발버둥치고 있다면, 거미는 최단 시간에 그 먹이에 도착해야 하고 따라서 항상 최단 거리에 있어야 한다. 파리를 빨리 실신시키지 않으면 파리는 발버둥치면서 거미줄을 찢어버릴 것이다. 그러면 거미는 먹이를 놓치는 것은 물론, 집도 새로 수리해야 한다. 때문에 거미는 중심에 자리를 잡는다.

로마는 이 거미와 흡사했다. 로마라는 거미집은 권력, 기동력, 통솔력이 항상 가운데, 즉 기하학적 중심에서 나올 수 있게 짜여 있었다. 로마 제국은 원둘레에서 벗어나, 마케도니아에서 인도에 이르는 거대한 제국을 건설하려다 실패한 알렉산드로스 대왕의 전례를 거울삼았다. 그 힘은 조직의 중심에서 나오지 않았다. 마케도니아의 군사력으로도, 그리스의 철학으로도 이 구조적 결함을 영원히 메울 수 없었던 알렉산드로스 제국은 오래지 않아 붕괴되고 말았던 것이다.

　반면 로마제국의 지도를 보면 제국 형성 초기부터 끝까지 동심원의 구조를 유지했음을 알 수 있다. 모름지기 이상적인 군사 작전은 위협이 될 만한 모든 요소를 사전에 제거하는 것이다. 마케도니아 정복은 에스파냐 정복과 거의 동시에 이루어졌다. 로마로부터 떨어져 있는 거리가 거의 같았기 때문이다. 달마티아를 정복한 후에 곧바로 프랑스 남부를 침공한 것도 같은 이유에서였다. 또한 카이사르가 영국을 정복하고 6년이 지난 후에 이집트를 정복한 것도 동심원의 구조를 유지하기 위해서였다. 그런 다음 본능적인 군사적 감각에 따라 더 이상의 영토 확장은 무리라는 결론을 내렸다. 로마는 이집트 이북을 넘어서는 안 된다는 현명한 정책에 따라 성벽과 강을 경계로 게르만족과 사르마티아족*을 견제했다. 또한 같은 이유로 남부와 극동의 정복에 나서지 않았다. 카이사르에서 디오클레티아누스까지 모든 로마 황제는 "벽의 안쪽이 있으면 바깥쪽도 있는 법"이라는 중국의 옛말을 그대로 실천한 셈이었다.

　이탈리아의 곡물 생산이 급격히 하락하자 로마 황제는 수백 년 동안 곡물수입을 보장할 수 있는 안정적인 공급지를 확보하라는 명령을 내렸다. 만약 로마의 주요 곡물 공급지가 어디였는지 알게 된다면 현대의 독자들은 다소 놀랄 것이다. 이집트, 에스파냐, 북아프리카를 위시하여, 양의 차이는 있지만 시칠리아, 사르데냐, 심지어 영국도 로마의 식량 공급지였다!

　카르타고 제국이 존재하는 한, 로마는 전략적으로 이베리아 반도에 있는 에스파냐를 점령해야 했다. 에스파냐가 아프리카 부족들이 이탈리아

---

*　흑해의 북동부인 동유럽에 거주하던 부족.

로 진군하는 데 필요한 요충지였기 때문이다. 에스파냐는 전략적 가치뿐만 아니라 광물의 보고이기도 했다. 제정 시대에 들어오면서 로마인은 갑자기 광산 채굴을 포기했다. 이탈리아의 농업으로는 더 이상 로마인의 식량을 조달할 수 없어 곡물이 더욱 중요해졌기 때문이었다. 에스파냐의 토양은 척박하긴 했지만 강 유역을 중심으로 많은 밀밭이 조성되어 있었다. 수출 중심지는 카르타헤나와 타라고나였으나 가장 부유한 수출업자들은 카디즈에 거주하고 있었다. 그리스의 지리학자 스트라본에 따르면, 로마제국의 갑부들은 대부분 카디즈에 살았다고 한다. 그러나 네로 황제 때만 해도 활발한 교역은 이루어지지 않았다. 로마와의 곡물 교역이 봉쇄되었던 것이다. 그것은 에스파냐 해안의 넘쳐나는 곡식을 탐낸, 사하라 사막의 야만족이 해협을 가로막았기 때문이다.

사실 로마는 에스파냐의 곡물이 없어도 살 수 있었다. 아우구스투스 치하에서는 사르데냐와 시칠리아 그리고 에스파냐에서 수입된 곡물을 모두 합쳐도 전체 곡물 소비량의 3분의 1 수준이었다. 나머지 3분의 2는 당시에 아프리카로 여겨졌던, 알제와 튀니스로부터 제공받았다. 오늘날 두 지역은 로마 시대와는 많이 다르다. 원래 로마인들은 카르타고 군대의 전초기지 역할을 하는 알제리와 튀니스에 대해 깊은 원한을 품고 있었다. 그래서 로마는 자신이 점령한 두 지역을 활성화할 계획을 전혀 갖고 있지 못했다. 그러나 율리우스 카이사르는 훨씬 생각이 넓고 야망이 큰 황제였다. 그가 북아프리카에 도시를 설립할 계획을 세움에 따라 두 지역이 집중적으로 개발되었다. 이주해 온 로마인은 물론, 원주민들까지도 이내 큰 번영을 누렸다.

1,200년간 이슬람권에 속했던 튀니스에서 탕헤르*까지의 지역이 2세기에 로마의 거대한 밀밭이 되었다는 사실은 상상하기 어렵다. 로마제국의 위대한 업적은 로마법이나 경찰제도를 전한 것이 아니라, 무수한 유목민을 농민으로 정착시켰다는 데 있다. 그들은 베르베르족**을 강제로 말에서 끌어내려 그들의 손에 씨앗이 든 자루와 쟁기를 들려주었던 것이다.

　　베르베르족은 이집트 농민들과 달리 그다지 가혹한 착취를 당하지 않았다. 그런 까닭에 사막에 남아 있던 자신들의 동족들과 맞서 싸울 만큼 로마제국에 충성했다. 모로코인이 로마와의 해상 교역을 방해하기 위하여 에스파냐를 침공했을 때에도 로마령 아프리카는 번성했다. 지금도 남아있는 지주나 소작농이 살았던 저택의 잔해, 수많은 로마식 마당과 지명 등이 한때 로마인이 북아프리카 전역에 살았음을 증명해 준다. 오늘날 땅이 쩍쩍 갈라지는 불모지가 된 이 땅에서 로마인들은 백 년 동안의 노력으로 과실과 곡물을 생산했다. 그것은 오늘날에는 알려지지 않은 샘을 발견했기 때문이 아니었다. 로마인이 이룬 기적은 그들이 직접 건설한 수로와 수조 덕분이었다. 로마인은 하늘에서 내려오는 빗물에 대해 가혹하리만큼 엄격한 절약 정책을 실시했다. 고고학자들이 발굴한 마을에서는 집집마다 수조가 발견되었다. 아마 강제로 물을 저장하도록 했을 것이다. 이런 인공 관개시설 덕분에 인구 밀도가 높은 마을이 형성되었을 것이다. 3백만 평 정도 되는 땅에 6개의 도시가 들어섰다. 전문가들은 이 북아프리카 도시가 현재의 파리만큼 밀집해 있었다고 말한다.

　　전통적인 방식으로 빵의 땅을 정복한 로마는 바로 그 전통적인 방식 때문에 땅을 잃었다. 농업 인구를 기반으로 한 그 도시에서 관료는 농민

---

*　현재는 모로코의 도시로, 예로부터 전략상의 요충지로 강국들이 쟁탈전을 벌였다.
**　아프리카 북부 지중해 연안과 사하라 사막에 거주하는 종족.

들에게 곡물세를 거두어 로마제국에 바쳤고, 이탈리아의 인습에 따라 농민계급을 차별했다. 정복하자마자 새로 확보한 농지를 국유지로 선포하고, 공훈을 세운 퇴역 장교와 시민들에게 임대하거나 무상 분배했던 것이다. 오래지 않아 부농들은 가난한 농민들의 토지를 매수하기 시작했다. 이로써 대대적인 농지 수탈이 시작되었다. 여기서도 라티푼디움 경제 체제가 확립되었다. 기원전 50년 무렵에는 북아프리카 농지의 절반을 여섯 가문의 로마 부농들이 소유했으며, 불모지에 가까운 그 나머지가 농민 2천 명의 몫이었다(이에 대해 키케로는 자신의 에세이《의무에 대하여》에 밝혀 놓았다. 고대의 작가들이 이런 부패를 몰랐을 리 없다. 다만 오늘날의 작가들만큼 부패를 바로잡을 수 있는 힘을 가지고 있지 않았다). 결국 농민은 소작농으로 전락했다. 소작농은 다시 대소작농(the large leaseholder)에게 착취당했다. 대소작농 위에는 로마의 원로원 의원이나, 자본제적 국가의 수반인 억만장자 황제가 군림했다.

  아프리카에 있는 로마인 소작농의 참혹함은 극에 달했고 농민들은 무장 봉기를 계획했다. 그러나 채 봉기하기도 전에 그들은 뜻밖의 격변에 휩싸였다. 반달족이 침공한 것이었다. 단숨에 헝가리, 남부 스페인을 거쳐 유럽을 휩쓸고 내려온 게르만계 반달족은 429년에 지브롤터 해협을 건너 아프리카를 점령했다. 반달족은 로마 문명의 또 다른 원수이자 노예를 확보하고 재물을 약탈하기 위해 자신들의 조국을 여러 차례 침범하여 화를 자초한 흑인들, 즉 '남부의 야만인'과 결탁했다. 농업을 혐오했던 게르만족 전사들과 흑인 유목민들은 대지주와 부농은 물론, 무장 봉기를 꿈꾸는 소작농들까지 죽였다. 이로써 밀 경작지와 북아프리카 문화는 종말을 맞았다. 그리고 다시는 소생하지 못했다.

유클리드의 기하학적 구조를 취했던 로마제국이 원의 가장자리에 곡물 생산지를 둔 것은 불운이었다. 바로 그 이유 때문에 곡물 생산지를 맨 먼저 빼앗긴 것이다. 그렇다면 이탈리아가 유럽이 아닌 바다 너머 지역의 곡물에 의존한 까닭은 무엇이었을까? 그것은 다름 아닌 프랑스가 유럽의 전통적인 밀 생산국이었기 때문이다. 그러나 율리우스 카이사르가 점령한 갈리아 지역은 밀을 재배할 만한 땅이 아니었고 그럴 가능성도 전혀 없었다. 프랑스 남부에서만 무화과와 포도를 재배하는 정도였고 프랑스 중부와 남부는 숲과 목초지뿐이었다. 갈리아인이 쌓은 부의 토대는 가축이었고 갈리아 귀족계급은 수백 년 동안 오로지 말 사육과 수렵, 어업에만 관심이 있었다. 빵은 도토리를 갈아서 만들었는데 그맛이 몹시 씁쓰름했다.

그러면 수많은 로마 병력이 프랑스에 주둔했을 때는 무엇으로 그들의 빵을 만들었을까? 이 질문에 대한 답은 현대 유럽 농업의 판도를 완전히 뒤집는 것이다. 프랑스, 네덜란드, 벨기에, 라인강 주변에 주둔한 모든 로마인의 식량은 영국에서 들여왔다. 서섹스와 켄트에서 곡물을 운반해왔던 것이다. 암니아누스 마르켈리누스는 "갈리아와 라인란트의 식량은 주로 영국에서 수확한 곡물에 의존했다"고 기록하고 있다. 영국의 곡식 창고 역시 쉽게 차단당할 수 있는 원의 경계선에 있었다는 사실이 로마제국에게 또 하나의 불운이었다.

그러나 이집트가 있는 한 로마의 빵은 충분했다. 이집트를 차지하기 위한 각축전은 그야말로 최대의 빵 생산국을 차지하기 위한 싸움이었다. 합리적인 로마인들이 나일강을 탐낸 것은 강 유역에서 생산되는 곡물 때문이었다. 일찍이 이집트를 정복했던 알렉산드로스 대왕은 스스로 신탁에 의해 왕위를 물려받은 '태양의 아들'임을 천명했다. 그러나 율리우스 카이사르와 안토니우스는 나일강에 오르는 순간 영광을 함께 누리지 못한 원통함이 씻은 듯이 사라졌다. 그들이 바란 것은 오직 곡물이었기 때문이다. 아우구스투스가 바란 것도 역시 곡물이었다. 비록 이집트 왕위에 오르지는 않았지만 아우구스투스가 이집트를 정복한 것은 클레오파트라의 사망 이후 가장 위대한 성과였다. 이집트 왕국은 아우구스투스의 신탁통치를 받게 된 것이었다. 지금으로 말하자면 이집트는 그의 사유지였다. 이때부터 로마 황제들의 로마에 대한 정치적 지배력은 가장 기름진 사유지를 정벌하느냐 여부에 좌우되었다. 다른 모든 지역과 달리 이집트는 로마의 국유지가 아니었다. 황제는 여기에서 얻은 소득을 독차지함으로써 그 자금력을 기반으로 무소불위의 권력을 보장받을 수 있었다. 이에 제국 최대의 지주이자 억만장자인 황제와 도시의 빈민인 로마의 실업자들 간에 상호 이익을 기반으로 하는 관계가 형성되었다. 이집트는 한 나라의 제왕과 무산자 계급을 연결시켜 주는 요술지팡이였다. 한쪽은 빵을 제공했고 다른 한쪽은 주먹을 제공했던 것이다.

아우구스투스 황제는 누구도 넘볼 수 없는 나일강에 대한 확고한 지배력을 형성하는 데 혈안이 되어 있었다. 로마의 기사나 원로원 의원들은 그 빵의 땅을 여행할 수 없었다. 아우구스투스가 왕권을 둘러싸고 안토니우스와 대립하고 있었고, 이집트가 끊임없이 안토니우스 편을 들었기 때문이었다. 이것은 장차 일어나서는 안 될 일이었다. 그래서 로마의 이 초대 황제는 자신이 직접 임명한 관료들이 이집트를 다스리도록 했다. 만약 로마의 반대파들이 빵의 나라를 장악할 경우, 로마 황제는 권력을 상실하게 되고 자신의 호위대인 무산자 계급에게 식량을 제공할

바티칸 박물관에 소장된 아우구스투스 대제의 상

수 없었다.

　이집트 통치는 그다지 어려울 게 없었다. 이집트에는 4천 년 전과 다름없이, 검은 흙과 나일 신의 선물이 제공되고 있었다. 옛것에 대해 아무런 불만이 없었으므로 옛것이 그대로 유지되었다. 이집트의 토착 관료들을 축출함으로써 관리 비용을 대폭 경감했다. 나일강이 범람하는 6월에 열리는 이집트인의 가장 중요한 축제가 열릴 때 파라오가 강에 던지던 황금 컵을 이제는 그 또한 '프타*와 이시스에게 사랑받는' 로마인 총독이 던졌다. 나일 계곡에서 생산되는 많은 밀은 로마를 비롯한 이탈리아 전국에 필요한 빵의 3분의 1을 충당했으며, 값이 저렴해서 그야말로 공짜나 다름없었다.

　이집트는 곧 빵이었다. 그 빵을 소유한 사람이 황제가 될 수 있었다. 바로 이 엄청난 현실적인 중요성 때문에 이집트는 로마 제정 중기에 일어난 대부분의 혁명의 거점이 되었다. 그 예로 베스파시아누스의 반란을 들 수 있다. 베스파시아누스는 로마의 상황을 정확하게 파악하여 작전을 세웠다. 그는 절대권력, 무산자 계급, 빵 사이의 불가분의 역학관계를 정밀하게 파악하고 있었다. 베스파시아누스는 정기적으로 곡물을 로마로 운송하는 선박을 장악할 계획을 세웠다. 곡물 운송선만 장악하면 굶어죽지 않으려는 로마인들이 자신을 황제로 승인할 수밖에 없으리라고 판단했던 것이다. 이러한 치밀한 작전 덕분에 플라비우스 가문은 로마의 권좌에 오를 수 있었다.

*　　*　　*

* 이집트 신화에 나오는 창조의 신.

제빵사를 국가 관료로 삼은 것은 플라비우스 가문이었다. 제빵사는 이제 자유로운 장인 계급이 아니었다. 길드의 특권(누구도 길드의 승인 없이 제빵소를 설치하지 못했다)은 그대로 누렸지만 식량부 장관의 하급관리가 되었던 것이다. 로마의 제빵사들이 가지고 있던 258개의 빵 가게는 이제 개인 소유가 아니었다. 몰수되었다기보다는 '국가기관'이 됨으로써 제빵사와 도제를 국가가 관리하게 되었던 것이다. 누구도 자신의 가게를 처분하거나 폐업할 수 없었다. 제빵사는 세습되었고 제빵소의 모든 이익은 국가에 귀속되었다.

물론 제빵사의 봉급은 식량부 국고에서 지급되었다. 그러나 대부분의 제빵사들은 새로운 체제를 못마땅하게 여겼다. 일부 제빵사들은 매우 부자였고 그중에는 대규모의 사업체를 소유한 사람도 있었다. 가령 라티니 형제 같은 사람들은 하루에 무려 1천 부셀이나 되는 밀가루를 빻아 빵을 구워 팔았다. 그런 사람들이 이제는 사회주의나 다름없는 국가의 고용인이 된 것이다. 반가운 정책은 아니었으나 그들로서는 어쩔 도리가 없었다. 지하의 동굴 벽화를 보면 탁자 옆에 서 있는 로마 제빵사가 왼손에 길드의 상징인 모디우스*를 들고 있다. 그러나 그의 오른손에는 식량구호민(plebs frumentaria: 정상적인 손님이 아니라 국가의 실업수당을 받는 사람들)을 향해 빵이 가득 담긴 바구니를 내밀고 있다.

도시 실업자들인 이들 식량구호민은 국가 재정을 좀먹는 큰 골칫거리였다. 대지주의 전횡으로 이탈리아의 농촌 인구가 줄었고 삶의 터전을 잃은 농민들이 도시로 몰려들었다. 기원전 72년에는 식량구호민의 수가 무려 4만 명에 육박했다. 그러고도 그 수는 계속 증가했다. 살루스티

* 음식 재료의 양을 재는 저울.

우스*가 '나라를 파멸시키는 시책'이라고 비판할 정도였다. 율리우스 카이사르는 무상 식량 수혜자가 20만 명을 넘어서는 안 된다는 사실을 깨달았다. 아우구스투스는 '위장 실업자'에 대한 곡물 지급을 중단시켜 실업자의 수를 줄이려고 했다. 그러나 그의 시도는 곧 무산되고 말았다. 안정적으로 통치하기 위해서는 세 가지 조건을 충족시켜야 했다. 첫째, 식량구호민에게 예전처럼 곡물을 지급하는 것이었다. 둘째, 친위대를 먹여 살릴 수 있어야 했다. 셋째, 곡물 투기꾼 때문에 빵 가격이 인상되는 것을 막기 위해서는 언제라도 시장에 유통시킬 수 있도록 많은 양의 곡물을 비축해 두어야 했다.

로마제국은 사회주의 국가가 아니었으므로 곡물 투기가 성행했다. 황제의 사유지인 이집트에서만 곡물 거래가 금지되었을 뿐 다른 모든 지역에서는 곡물을 사서 투기할 수 있었다. 수에토니우스는 '도시민과 곡물상의 상호 이익'을 아우구스투스의 치적으로 꼽았는데, 사실 곡물상들이 '수반되는 위험이 많다'며 크게 반발하는 상황에서 이것은 결코 쉽지 않은 과제였다. 곡물상들이 선적 운임, 해적과 난파의 위험, 흉작 등을 감안할 때 곡물 가격을 낮출 수 없다고 반발했던 것이다. 그것은 항상 하는 타령이었다. 한번은 배고픔에 못이긴 사람들이 아프리카 곡물상들을 살해하고 곡물을 강탈하는 사건이 있었다. 하지만 경찰은 살인범을 쫓지 않았다.

가장 중요한 것은 로마의 평화 유지였다. 이것을 본 식량부 장관과 제빵사들은 곡물 배급의 혼란을 막기 위해 곡물 배급표를 제작, 배포했다. 이것은 청동으로 만든 것으로 배급자인 황제의 초상이 새겨져 있었다.

---

* 기원전 86-34년. 로마의 정치가.

배급표를 소지한 사람은 다달이 정부에서 지급하는 무상 곡물을 배급받을 수 있었다. 훗날 주당 배급제를 실시하면서부터는 납으로 주화를 만들어 배포했다. 아우렐리아누스 황제 치세에는 곡물이 아니라 빵을 배급했는데, 빈민 1인당 하루 2개씩이었다. 제빵소 앞에는 30만 명이 몰려들어 로마의 좁은 길을 꽉 메우기 일쑤였다. 아우렐리아누스 황제는 무상 배급권의 세습을 선포했다. 이것은 실업자의 급증을 자초하는 결과를 나았다. 그도 그럴 것이 실업자가 되면 자손 대대로 국가에서 부양해 줄 것이기 때문이었다. 이처럼 국가가 백성을 부양하자면, 곡물 수입 항구와 외딴 지역의 관리들까지 지원해야 했다.

이러한 관대함을 베푼 자비로운 '아노나' 여신은 (처음에는 여신이 아니었으나 경제적인 필요성에 의해 추앙된) 온 국민의 숭배를 받았다. 주화에 새겨진 이 여신은 왼손에는 풍요의 뿔*을, 오른손에는 곡식을 들고 있어 데메테르나 케레스와 깊은 관계가 있다는 것을 보여준다. 가끔 여신이 배에 타고 있는 모습을 형상화한 것도 있는데, 그것은 그 곡물이 이탈리아에서 재배한 것이 아님을 시사해준다.

빵의 신, 예수 그리스도—로마

이러한 로마 제정기에 예수 그리스도가 왔다. 우리가 알다시피, 그 시대는 고통이 극심한 육체적 기아의 시대였다. 투기꾼은 곡물을 매점하

---

* 어린 제우스에게 젖을 먹였다는 염소의 뿔.

고 황제는 자신의 권력을 지지해 주는 사람들을 먹여 살리기 위해 빵을 정치적 수단으로 악용했다. 바로 이런 시대에 예수가 와서 자신이 하느님의 아들이라 했던 것이다.

그 세계는 또한 정신적인 허기로 가득 찬 시대였다. 수많은 사람이 올바른 세상이 아니라는 것을 느꼈다. 로마인들은 완벽한 통치에만 천재성을 발휘했을 뿐 정신을 위해서는 아무 것도 하지 않았다. 로마인이 가는 곳곳마다 모든 것이 조직화되었지만 사람들은 모든 것이 소멸하고 있음을 명백히 알 수 있었다. 가치 있는 정신은 서서히 쇠퇴했다. 심지어 종교계에서도 로마인은 서류를 정리하는 사무원처럼 행동했다. 이를테면 농업의 제사장은 많은 신들에게 거대한 제물을 바치면서 빌어야 했다.

> 베르박토르(Vervactor), 휴경지의 신
>
> 레다라토르(Redarator), 두 번째 쟁기질의 신
>
> 임포르키토르(Imporcitor), 밭고랑의 정령
>
> 인시토르(Insitor), 파종의 정령
>
> 오바라토르(Obarator), 쟁기질의 수호신
>
> 사리토르(Sarritor), 괭이질의 수호신
>
> 수브룬키나토르(Subruncinator), 김매기의 수호신
>
> 메소르(Messor), 추수 신의 시종
>
> 컨벡토르(Convector), 곡식 단의 신
>
> 프로미토르(Promitor), 곡물 분배의 신

이 목록은 파비우스 픽토르의 저서 《종교법》에 기록되어 있다. 성직자와 평신도 모두 이것은 종교가 아니라는 것을 알았다. 제사장이 신을 모시는 것은 신령함 때문이 아니라 농부들이 반드시 해야 할 일을 잊지 않도록 그것에 단지 종교적인 옷을 입히기 위해서였다.

로마의 법에 의한 통치는 말 그대로 흙에 대한 미신을 깨뜨렸다. 그러나 압도할 수 없는 유대교 같은 현지 종교 외에도 어떤 위대한 영적인 힘이 광활한 로마제국 전역에 여전히 존재했다. 그중에서도 가장 영향력이 큰 것은 그리스 문화, 즉 아테네의 예술적 전통 그리고 에피쿠로스와 스토아학파의 교훈이었다. 이런 교훈은 모든 식자들에게 철학적 위안이 되었다. 그러나 오직 식자들에게만 그랬다. 그리스인에게 가장 고귀한 선물은 예술적 회의론이었다. 그러나 사람들은 신에 대한 회의보다는 긍정적인 믿음을 원했다.

그런 까닭에 이집트의 주술적 성직자들의 영향력이 훨씬 더 크고 강했다. 물이 포도주로 변화하는 화체설(化體說)을 증명해 보이며 로마제국 전역을 두루 돌아다니는 알렉산드리아 출신의 주술사가 헬레니즘이라는 창백한 지식 문화보다 더 큰 호응을 일반 대중으로부터 얻었다. 여기에는 직접적인 무언가가 있었다. 이집트 성직자는 마술적인 현상을 과학적으로 만들어 내는 방법을 가르쳐 주었던 것이다. 인간의 의지력을 키워준다는 마술 공식이 적혀 있는 파피루스가 불티나게 팔렸다. 그것만 있으면 운명을 마음대로 조절하거나 주문을 외어 적에게 마법을 걸 수 있을 것만 같았다. 이런 풍조는 심지어 지식층 사이에도 널리 퍼졌다. 한 예로 당대를 풍미했던 시인 오비디우스는 자신의 《변신 이야기》에서 '마술적 변신'의 해석자로서, 빼어난 미사여구를 이용하여 인간을 구름으로, 나무를 요정으로, 여자를 돌로 변화시켰던 것이다. 요컨대 대다수의 일반 대중이 찾으려 했던 '위안'은 물질에 대한 지배력이었다.

이런 이집트 주술사보다 훨씬 강력한 힘을 지닌 사람들이 있었는데 그들은 바로 아시리아 점성술사들이었다. 비록 아시리아, 바빌로니아, 페르시아 제국은 완전히 멸망했지만 그들의 민족 신앙인 점성술은 그대로 전래되었다. 마술로 강화된 인간 의지로 모든 것을 할 수 있다고 믿게 된 로마인은 이제 천체 운행의 힘을 믿게 되었다. 다시 말해서 한 개인의 운명이 특정 시간의 해와 별의 위치에 의해 결정된다고 믿었던 것이다. 위대한 영웅의 삶조차도 밤하늘의 조화에 따라 결정된다고 생각했다. 헤라클레스의 열두 가지 과업*은 황도십이궁(黃道十二宮)**을 지나는 태양의 이동을 상징한 것이었다. 예수 그리스도가 사망한 후, 점성술사이자 복음 전도사였던 마르코***는 태양년과 '태양의 이동'에 일치하도록 예수의 일대기를 정리했다. 예수의 삶을 별자리의 운행과 일치시키는 것은 더없이 정교한 작업이었다. 마르코 복음서 초반의 세례 요한 이야기는 동지에 수평선 위로 떠오르는 물병자리로 설명하고 있다. 물고기자리의 두 마리 물고기는 예수의 사도가 된 두 어부 시몬(베드로)과 안드레에 해당한다. 태양이 처녀자리, 즉 보리 이삭을 줍는 처녀의 별자리에 들어섰을 때, 예수의 제자들은 스승이 지나가는 밀밭에 길을 내기 위해 안식일에 이삭을 주웠다. 예수가 바다의 광풍에서 구원해 준 것은 은하수가 태양에서 물러날 때였다. 일곱 덩이의 빵과 두 마리 물고기로 5천 명을 먹인 기적은 태양이 물고기자리에 있을 때 일어났다. 만약 예

---

* 제우스의 아들로 태어났으나 헤라 여신의 온갖 미움을 겪다가 자유를 얻기 위해 치른 열두 가지 일.
** 태양 궤도 전체를 30°씩 12등분하여 각각의 이름을 붙인 12별자리.
*** Mark, Saint: 마가라고도 하며, 신약성서 마르코 복음서의 저자로 알려져 있다.

수의 일생을 천체 운행에 맞추어 형상화하지 않았다면, 사람들은 그를 구세주로 인정하지 않았을 것이다. 수면 위로 떠올라 점점 올라가서 하늘 가장 높은 곳에 이르렀다가 다시 내려와 수면 아래로 사라지는 태양의 운명과 예수의 운명은 같았다.

그러나 누군가 이것을 모두 무시하고 그리스, 이집트, 바빌로니아 신화에서 예수의 진짜 삶을 발견하려 한다면 동족인 유대인의 신앙에 반기를 든 위대한 예언자 예수의 삶을 발견할 것이다. 그의 삶에서 비현실적인 부분이 여전히 많긴 하지만 말이다. 예수의 삶을 기록한 복음주의자들은 예수를 농업의 상징으로 묘사하는 데 심혈을 기울인 듯하다. 그들은 예수의 삶을 태양 신화로 변화시키지 않은 대신 삶의 모든 여정을 식물의 한해살이와 관련짓고 있다. 한 예로 요셉과 마리아의 아들로 베들레헴에서 태어난 의미에 대해 생각해보자. '베들레헴(Bethlehem)'은 '빵의 집'이란 뜻이다. 게다가 아우구스투스 황제와 같은 빵의 분배자라는 사실을 확실히 인식시키기 위한 장치인 듯, 예수는 마구간에서 태어났다. 다시 말해 가난한 집에서 태어난 아이는 황소나 나귀 같은 짐승의 입김을 쐬며 따뜻함을 느꼈던 것이다(포도주의 신 바쿠스가 키 안에 누워 있던 것을 떠올리게 하는 대목이다). 심지어 겟세마네 동산은 '기름을 짜는 곳'이라는 뜻으로 농민이 고통받은 장소이다. 이 두 가지 사실보다 더욱 주목할 만한 것은 운명의 순간마다 예수가 농경 기술에서 차용해온 무수한 비유에 윤리적인 옷을 입혀 설교했다는 점이다. 이것은 예수가 농민이 아닌 목수의 아들이었다는 점에서 더더욱 관심을 끈다. 대들보와 서까래에 대한 비유처럼 몇 가지 예외가 있긴 하지만 예수의 설교는 건축 구조나 내부 공사와 관련이 있는 것이 아니라 쟁기질, 파종,

추수, 양돈과 양치기, 포도 따기, 빵 굽기와 같은 미묘한 과정과 관련이 깊다는 것이다. 분명한 사실은 수많은 사람들이 예수를 농업의 영역 안에 가두어놓는 것에 관심이 많았다는 점이다. 다시 말해 사람들은 오직 예수가 세속적으로 풍요로운 세계, 즉 빵의 왕국을 수립할 때에만 피안의 세계에 대한 그의 예언과 윤리를 받아들였다는 것이다.

예수는 이런 관심을 당연하게 여기면서도 그것을 거부했다. 그리고 그럼으로써 그는 영웅의 지위에 올랐다. 여기서 우리는 당대의 주요 관심사가 기아였다는 사실을 잘 알아야 한다. 사실 이것은 지배계급이 아직 인식하지 못했던 만큼 로마 작가들조차도 거의 깨닫지 못한 새로이 부각된 문제였다. 이를테면 오비디우스는 기아를 순전히 수사학적으로 취급하여 저승의 '추위'와 '공포' 옆에 존재하는 신화 세계의 공포쯤으로 묘사하고 있다. 일반 대중의 집단적인 굶주림은 도저히 있을 수 없는 문제로 여겼던 것 같다. 이처럼 문제의 심각성을 제대로 인식하지 못했던 것은, 로마제국이 세계를 정비하기 전까지 일부 지역에서 짧은 기간 동안에만, 즉 전쟁으로 도시가 함락되거나 역병이 돌아 무수한 농민이 목숨을 잃는 경우에만 기아가 발생했기 때문이다. 이처럼 작은 재난은 다음 추수 때가 되면 자연히 해결되었던 것이다. 예컨대 기원전 430년, 아테네의 웅변가 리시아스는 곡물을 사재기한 곡물상들을 비난하는 연설을 했다. 그러나 흑해에서 많으나 적으나 철마다 곡물을 받은 아테네인에게 기아는 아주 사소한 문제였다. 그 도시에서 고작 30마일 떨어진 지역의 식량 부족은 알려지지 않았다.

고대 시리아에서는 실제로 스미르나 시에 신전을 세우고 기근의 여신 부브로스티스를 섬겼다. 로마제국이 들어서기 전까지는 경작지를 둘러

싼 문제도 없었을뿐더러, 빵이 교활한 정치 수단으로 이용되어 다른 지방에 사는 사람들의 식량을 조달하느라 곡물 생산자들이 굶주리는 사태도 없었다. 대부분의 지역에서는 자급자족했기 때문에 곡물 수송에 따른 갖가지 폐해도 없었다. 그런데 하루아침에 이 모든 것이 변해버렸다. 자연재해에다 로마 행정제도가 빚은 인재까지 겹쳐 로마제국 전역에 기아가 덮쳤다. 이런 마당에 인류의 '구원'을 꿈꾸는 사람이 비통하게 "어찌하여 나를 이 땅에 보내셨나이까?"라고 외친 것은 지극히 당연했으리라.

*　　*　　*

고대의 엘레우시스교는 두 가지 문제를 아주 교묘하게 결합시켰다. 이 비교는 내세의 행복을 약속하는 한편, 현세에서도 농민계급의 영예를 보장해 주었던 것이다. 그러나 농민의 신분 상승도 그리스 시대에나 가능했던 옛말이 되고 말았다. 로마에서는 농민을 천대했다. 급기야 티베리우스 그라쿠스를 암살함으로써 농업의 여신을 '능멸'하는 일까지 벌어졌다. 로마 관료 두 명이 세계적인 엘레우시스 교단의 최고 사제가 되었다. 그러나 엘레우시스교의 의식은 오직 내세를 보장받기 위해서만 치러졌다. 쟁기와 추수를 기리는 행사도 유명무실해진 지 이미 오래였다. 5백 년 전의 엘레우시스교는 농업의 활력소였으나 로마 제정시대에 들어서는 정신적 갈망을 달래주는 정도였다.

1890년 데메트리오스 필리오스가 엘레우시스 유적지 관광객들을 안내할 때, 한 미국인이 이렇게 질문했다. "농업학교는 어디에 있었나요?"

지극히 당연한 물음이었다. 이 미국인은 미국 남북전쟁 이후 남부에서 농업 개혁을 주도한 시먼 내프의 제자였다. 그는 전설적인 트립톨레모스를 '농업의 시조'로 여겼던 것이다. 그 유적지 안내자는 엘레우시스에는 농업학교가 거의 없었으며, 또 있을 필요가 없었다고 대답했다. 엘레우시스교가 성행하던 당시에 농사와 관련된 문제가 발생했다고 해도 어렵지 않게 해결할 수 있었을 것이다. 의식을 거행하는 동안 자연스럽게 농경 기술을 일깨워주었기 때문이다.

그러나 로마의 지배를 받게 되면서부터 사정이 달라져서 상당한 농업 교육이 필요하게 되었다. 이탈리아 토지가 황폐해지고 엎친 데 덮친 격으로 약탈까지 당했을 때, 기술 개발이든 사회 개혁이든 엘레우시스교가 실제적인 도움을 주었을 법도 하다. 그러나 엘레우시스교는 전혀 개입하지 않았다.

일반 대중은 이 고대의 종교로부터 아무런 도움도 기대할 수 없었다. 무수히 많은 사람들이 여전히 이 비교에 호기심을 느끼긴 했다. 그러나 개인의 구원이 큰 위안이 되기는 하지만 '하늘의 빵'만으로는 충분하지 않았다. 지상의 빵도 필요했던 것이다. 그리하여 사람들은 새로운 예언자가 나타날 때마다 한결같은 질문을 던졌다. 당신은 빵 가격에 관심이 있습니까? 우리들을 먹일 빵이 있습니까?

유대 지방에서 생산하는 곡물의 4분의 1이 로마 국고로 운송되는 그날은 마침내 오고야 말았다.

*　　*　　*

예수 그리스도가 예언자의 소임을 시작하자마자 빵의 문제에 부닥친 것은 당연했다! 만약 그리스도가 정녕 하느님의 아들이라면, 지금 무수한 사람들을 괴롭히고 있는 최대의 재앙을 해결하게 해보라고 사람들을 유혹한 것은 바로 악마였다. 마태오와 요한이 기록한 것처럼, 악마는 심리적으로 자신의 계획을 실현하기 쉬운 순간을 선택했다. 예수가 인류의 구원자로서 자신의 임무를 준비하기 위해 사막으로 들어간 때를 노렸던 것이다. "그리하여 예수가 40일을 단식한 후에 몹시 허기가 돌았다. 이때 악마가 예수에게 다가와, 만약 그대가 정녕 하느님의 아들이라면, 이 돌을 빵으로 변하게 해보라고 했다. 그러나 예수는 사람은 빵만으로 살 것이 아니라, 하느님의 입에서 나오는 말씀으로 살아야 한다고 대답했다." 예수는 여기서 모세가 행한 만나의 기적을 말하고 있다.

《복낙원》*에서 밀턴은 이 장면을 더없이 훌륭하게 묘사하고 있다. 이 작품에서 악마는 정체불명의 방랑자 행색으로 예수에게 접근한다. 그러고는 이미 예수에 대해 많은 이야기를 들었다며 사막을 지나갈 일이 끔찍하다고 말한다.

> 그곳은 군인들이나 상인들이 지나다니는 길에서
>
> 너무 멀리 떨어져 있어
>
> 이곳으로 되돌아와 음식 찌꺼기 하나 던져줄 사람이 없는데
>
> 그 배고픔과 갈증을 어찌 견디려 하오?

차라리 예수의 가르침에 귀기울일 사람들이 있는 도시나 촌락(가장 가까운 곳이 제아무리 멀다 해도!)을 찾을 수 있겠느냐고 묻는 게 더 좋

지 않았을까?

이에 대해 예수는 차갑게 잘라 말한다.

> 나를 이곳으로 인도하신 분이
> 데려갈 터인즉, 나는 안내자를 구할 필요가 없도다.

그것은 오직 기적으로만 가능한 일이라고, 악마는 냉소적으로 말한다.

> 달리 방법을 찾을 길이 없으니,
> 여기서 거친 풀뿌리로 연명하더라도
> 낙타보다 더 목이 타는 고난을 겪을 것이며,
> 물을 찾아 멀리 가더라도 더없이 큰 고통이 따를 것이오,
> 그러나…….

간계가 뛰어난 밀턴의 악마는 자신이 원하는 방향으로 대화를 유도한다.

> 그러나 만약 그대가 하느님의 아들이라면,
> 이 딱딱한 돌로 빵을 만들어 보시오
> 그러면 그대 자신은 물론 우리 모두를 구원할 것인즉…….

이 말에 비로소 그리스도는 잠시 당황한다. 그러나 앞에 있는 자의 정체를 깨달은 예수는 그를 바라보며 일침을 놓는다.

정녕 빵에 그런 엄청난 힘이 있다고 믿느냐?

네가 겉과 속이 다른 사람이란 걸 알고 있거늘,

사람은 빵으로만 살지 못하고,

여기에서 우리 조상들을 만나로 먹이신

하느님의 입에서 나온 말씀으로 산다고 적혀 있지 않더냐?

모세는 산상에서 먹지도 마시지도 않고 40일을 지냈고,

엘리야도 40일 동안 아무 것도 먹지 않은 채

이 메마른 황무지에서 보냈으며, 이제 내가 그와 같다.

내가 너를 알듯이, 네가 나를 알진대

어찌하여 나의 믿음을 시험하려 드느냐?

　　예수는 그 위험성을 알고 있었다. 만약 그가 로마 속세의 중요한 문제를 해결했다면, 다시 말해 돌덩이로 영양 좋은 빵을 만들어 기아를 근절시켰다면, 그는 이 세상의 왕이 되었을 것이다. 굶주린 나머지 환각에 빠진 그들에게 유대인의 빵과 아주 비슷한 작고 둥근 사막의 돌을 빵으로 바꾸어 주는 일은 아주 쉬웠을 것이다. 그러나 만약 예수가 악마의 제안을 따랐다면, 하늘에 속한 영적인 자신의 소명을 다하지 못했을 것이다. 밀턴의 악마가 아주 간사하게 유혹하며 노린 것이 바로 이것이었다. 네가 빵에 그런 엄청난 힘이 있다고 믿느냐? 물론 결핍의 시대에 빵은 엄청난 힘을 발휘했다(이것은 도스토예프스키도 꿰뚫고 있었다). 만약 예수가 실제로 이 힘의 도구에 손을 올려놓고 지레로 삼았다면, 깊은 수렁에서 아우성치고 있는 속세를 들어올릴 수 있었을 것이다. 그리하여 그는 반대파의 황제가 되어 아우구스투스를 물리칠 수 있었을 것이다.

예수가 비록 세속적인 모습으로 백성을 사랑하고 그들을 기아에서 해방시키고 싶었지만 그가 바라는 것은 그것이 아니었다. 그는 인간의 양식으로서 빵이 갖는 진정한 가치를 현실적으로 정확하게 파악하고 있었다. 네 아들이 빵을 달라고 할 때 돌을 줄 수는 없지 않느냐는 예수의 대답은, 사막에서의 유혹의 말에 대한 반전이다. 빵에 대한 욕구는 이웃의 평안에 대한 욕구보다 훨씬 더 크다. 만약 여행 중에 찾아온 친구가 있어 빵 3개를 빌어서 그를 대접하고 싶다면, 곤히 잠든 한밤중에라도 이웃의 문을 두드린다(루가의 복음서 11:5~8). 그뿐 아니다. 배가 고픈 다윗은 신전의 성스러운 빵을 몰래 가져갔고 예수의 12사도는 안식일에 이삭을 땄다. 이처럼 빵은 율법보다 훨씬 더 중요한 것이다. 한 낯선 여인이 귀신 들린 딸을 치료해 달라고 간청하자 예수는 그 여인의 집을 들러본 후 놀라운 질문으로 대답을 대신한다. "어찌하여 자녀에게는 하나도 주지 않은 빵을 방 안에 있는 개에게는 주었는고?"

그 여인이 대답하기를, "주여, 그렇긴 합니다만 식탁 아래에 있는 개들은
아이들이 떨어뜨린 부스러기를 먹나이다."

예수는 여인의 대답을 칭찬하며 생각에 잠겼다. 하느님의 피조물 중에 그 어느 것도 빵을 먹을 자유를 박탈당해서는 안 되었다. 예수가 12사도에게 주기도문을 알려줄 때, 그는 무엇보다 '일용할 빵'을 청하라고 가르친다. 다시 말해 예수는 자신을 따르는 사람들에게 빵에 대해 지나치게 관심을 갖지 말라고 부탁하는 것이다. 빵에 대한 집착이 사람을 눈멀게 한다는 것을 잘 알기 때문이었다. '들판의 갈가마귀와 백합은 누가

보살필 것인가'라고 묻고 하느님의 은총이 그들에게도 미친다고 예수는 말한다. 제자들에게 이런 말을 들려준 것은 그들을 안심시키기 위함이었다. 그러나 하느님 아버지께 기도할 때의 예수는 빵에 대한 깊은 관심을 드러낸다. 빵이 오직 속세에 속한 것이거나, 그렇지 않으면 완전히 영적인 것이 되기를 그는 간구하는 것이다. 예수는 그냥 빵이 아니라 '일용할 양식'으로서의 빵을 청한다. 빵의 분배자인 로마 황제에게 하루의 빵을 간청하는 로마의 가난한 사람들처럼, 그는 두렵지 않다. 아니 예수는 로마 황제보다 훨씬 더 크고 높은 곳에 있는 절대자에게 애원하고 있는 것이다. 이 애원은 목석 같은 사람이 들어도 눈물을 흘릴 정도로 절절하다. 예수가 간구하고 우리가 주기도문을 통해 되뇌는 것은 바로 일용할 진짜 빵이다. 성 키프리아누스의 다음과 같은 주해는 터무니없다. "예수는 자신의 하느님 아버지께 진짜 빵을 간청할 필요가 없었다. 빵은 다만 은유적 표현으로서 하늘의 지혜를 의미한다. 예수는 의인(義人)이기 때문이다. 의인은 결핍의 고통을 겪지 않고 결코 굶주리지도 않는다. 그는 모든 것을 갖고 있다!" 이것은 왜곡된 주장으로, 모든 사람을 향한 예수의 공동체 정신을 간과하고 있다. 예수는 의인의 신뿐 아니라 죄인이 되기를 원했다.

*　　　*　　　*

예수 그리스도가 자신은 하느님의 아들이요, 집은 하늘에 있으며, 이 세상에는 오직 손님으로 왔을 뿐이라고 설교했을 때, 당시 사람들이 받았을 충격적 반응은 현대인으로서는 도저히 상상도 할 수 없는 것이었

빵의 기적(슈노르 폰 카롤스펠트의 목판화)

다. '사실의 진위'를 판가름하는 능력은 관찰과 추론을 통해 습득한 총체적인 교육에서 비롯된다. 오늘날의 교육으로는 자신의 눈으로 직접 본 사람을 하느님의 아들이라고 믿는 것이 사실상 불가능하다. 그러나 예수가 살았던 시대의 사람들은, 심지어 식자들조차도, 현대인들과는 전혀 다르게 판단했다. 이를테면 세네카* 조차도 귀인(貴人)의 양면적 특성에 대해 이렇게 적고 있다.

> 햇살이 땅에 닿아 있어도 진정 본래 생겨난 곳에 속하는 것과 같이, 인간의 형상으로 이 땅에 와서 우리와 아주 가까이 지낼지언정 그가 위대하고 거룩한 성령이라는 사실에는 변함이 없다. 따라서 성령은 우리와 함께 머물지라도 처음 난 곳에 속하는 것이다. 그런 까닭에 고귀한 손님으로 우리들과 함께 있으나 성령의 눈으로 보고 성령의 마음으로 힘쓰는 것이다.

세네카는 그리스도를 몰랐다. 그러나 당대의 수많은 사람들이 그랬듯이, 예수를 만났다면 그도 예수의 양면적 특성, 인성(人性)과 신성(神性)을 서슴없이 받아들였을 것이다.

만약 지식층이 인간의 형상을 한 신이 이 세상에 내려와 함께 산다는 것은 얼토당토않은 일이라고 부정했다면, 일반 대중 가운데 이들의 주장에 반대할 사람은 거의 없었을 것이다! 근동(近東) 사람들은 눈에 보이지 않는 유일신의 존재는 믿지 않았지만 (유대인이 끊임없이 예수를 시험했던 것도 이 때문이다) 여러 신들의 존재를 믿었으며 여러 신들은 서로 억압하지 않는다고 여겼다. 근동은 정치적으로 오랫동안 이집트

---

* 로마 제정기의 스토아 철학자.

치하에 있었다가 몇백 년간 페르시아와 그리스의 지배를 받은 후, 마침내 로마제국에 속하게 된 만큼 여러 나라의 신앙을 자연스럽게 수용했다. 이 지역의 일반 대중은 여러 신앙을 기꺼이 받아들였던 것이다. 소아시아 지역에 널리 퍼져 있던 10여 개의 종교는 아무런 마찰 없이 공존했다. 유대인과 예수가 살았던 팔레스타인의 지식층은 순수 유대인이 아니었다. 만약 예수가 교리를 설파한 대상이 성서와 율법을 잘 알고 있던 독실한 유대인이었다면, 일 년 동안 돌아다니며 전도 활동을 할 시간도 갖지 못하고 곧바로 사형당하고 말았을 것이다.

유대민족이 믿은 것이 무엇이었든 한 가지 공통 관심사는 새로운 신이 나타나면 반드시 자신들의 운명의 짐을 덜어주리라는 것이었다. 분명 예수는 그 일을 여러 방법으로 할 수 있었다. 혁명이나 민족 전쟁을 일으켜 모든 재물을 공평하게 재분배할 수도 있었다. '카이사르에게 속한 것은 카이사르에게 돌려주어야 한다'는 로마 주화의 비유를 예수는 거부했다. 그러나 그에게는 다른 길이 있었다. 정치 질서는 그대로 두되 기적을 일으켜 자연의 질서를 완전히 새로 짜는 것이었다. 사람들이 원한 것은 두 번째 방법이었다. 예수를 따르는 사람들은 현실적 고통으로부터 자신을 구해 달라고 간청했다. 어떤 사람은 병을 치료해 달라고 했고 어떤 이는 먹을 것을 더 많이 달라고 했다. 그들은 빵을 만드는 기적을 보여 달라고 애걸했다. 이것은 악마가 사막에서 시험하려 했을 때 예수가 거절했던 것과 한 치도 다름없는 요구였다.

그렇다면 예수는 왜 이 부탁을 들어주었을까? 그것은 복음 전도사들이 늘 강조한 것처럼, 지극히 고상한 이유, 바로 '동정' 때문이었다. 악마의 유혹보다 더 뿌리치기 힘든 것이 동정심이었다. 사람들은 끔찍한 병에 시달려 허약한 데다 굶주림에 지쳤으며 너무 젊은 나이에 죽기도 했다. 이들에 대한 사랑이 넘친 나머지 예수는 병자를 치료해주고 빵을 주면서 자신의 순수함을 훼손할 수도 있는 일을 하고 말았다. 단언하건대 예수는 이탈리아와 에스파냐를 돌아다니며 죽은 자를 살려낸 티아나의 아폴로니우스가 저지른 파렴치한 행위처럼 보일 일을 하지 말았어야 했다. 아폴로니우스가 한 일은 유가족을 동정해서 죽은 자를 살려낸 것이 아니라 권력을 얻기 위한 눈속임이었다. 그러나 그리스도는 다른 사람들의 고통을 진심으로 동정했기 때문에 돕지 않고서는 견딜 수 없었다. 그 결과 사람들은 예수의 능력을 믿었다. 바로 이 사람들의 믿음이 예수가 바라던 것이었지만 그는 방법을 잘못 선택했다. 하느님의 나라를 예비하여 더욱 완벽한 사회를 만들기 위해 세상에 온 예수가 기적을 일으키는 일에 휩쓸렸던 것이다. 그가 정녕 인간의 형상을 한 신이라면 사람들에게 그 자신을 증명할 수 있는 무엇인가를 했어야 했다. 그는 베푸는 자인 자신에게 돌아오는 결과가 받은 자보다 훨씬 더 크다는 사실을 망각했던 것이다. 사람들은 자신들을 위해 기적을 일으킬 때만 예수의 말에 귀를 기울였다. 그들은 예수가 세속적인 빵의 신이 되어주기를 바랐다. 그러니까 예수가 빵의 신이 되어줄 때만 숭배했던 것이다. 이런 위험을 예견하지 못한 예수는 그들과 타협할 수밖에 없었다.

복음주의자들은 심리적 통찰력을 최대한 발휘하여 시시각각 다가오는 위험을 깨닫는 과정에서 기적을 행한 예수의 결백을 묘사하고 있다. 요한의 복음서에 따르면, 예수가 물질을 변화시키는 기적을 처음 행한 것은 가나의 한 결혼식에서였는데, 하객들이 마실 포도주가 없다는 것을 알아챈 예수가 물을 포도주로 바꾼 것이었다. 여기서 예수는 마치 그리스 신화에 나오는 술의 신 바쿠스처럼 자신의 능력을 발휘하여 잔치를 치를 수 있게 해줌으로써 기쁨을 베푸는 자로서 처신했다.

그런 다음 예수는 다시 5천 명을 먹인다. 예수와 그의 제자들은 사막으로 향했다(세례 요한이 막 참수당한 터라 예수에게 위험이 닥쳤기 때문이다). 그러나 수많은 사람들이 설교를 듣기 위해 예수를 따라 갔다. 얼마 지나지 않아 그들은 굶주리기 시작했다.

예수께서 이르기를, 빵이 몇 덩이 있는지 보고 오라 하셨다. 확인하고 돌아온 그들은 빵 다섯 개와 물고기 두 마리가 있다고 대답했다.

그러자 예수께서 사람들에게 모두 풀밭에 모여 앉으라고 명하셨다.

그들은 백 명, 오십 명씩 모여 앉았다.

예수께서 빵 다섯 개와 물고기 두 마리를 들고 하늘을 우러러 감사의 기도를 드린 다음, 빵을 쪼개 사람들에게 나눠주라 하셨다. 물고기 두 마리도 모든 사람들에게 나눠주었다.

그리하여 사람들이 모두 배불리 먹었다.

남은 빵 부스러기와 물고기를 모으니 열두 광주리에 가득 찼다.

그렇게 빵을 먹은 사람이 5천 명은 되었다.

굶주린 사람들을 먹이는 것은 유대 예언자들이 오래전부터 행했던 일임을 기억해야 한다. 예수가 귀감으로 삼았을 듯한 예언자 엘리사*는 갑자기 기근이 들자 적은 식량으로 군중을 먹였다.

---

* 이스라엘 북왕국 초기의 예언자로 일리야와 함께 2대 예언자로 꼽힌다.

바알살리사에서 온 사람이 하느님의 사람에게 햇곡식으로 만든 보리 빵 스무 개와 이삭을 가득 가져다주었다. 그리고 엘리사가 말하기를, 사람들에게 나누어주라 했다.

그러자 그의 제자들이, 어찌 이것으로 백 명을 먹일 수 있겠느냐고 물었다. 엘리사가 다시 이르기를, 사람들이 먹을 수 있도록 나누어주라 했다. 야훼께서 말씀하시기를, 그들이 먹고도 남으리라 하셨다.

그리하여 사람들에게 나누어주었더니 과연 야훼의 말씀대로 그들이 먹고도 남았다.

성서 〈열왕기〉에 있는 이 구절을 세밀히 읽어보면, 반드시 물리적인 기적이 일어났다고 단정할 수는 없다. 빵의 양은 전혀 증가하지 않았을지도 모른다. 오히려 군중은 심리적으로 준비가 되어 있었기 때문에 포만감을 느꼈을지도 모른다. 빵과 하느님의 입에서 나온 말씀을 동시에 받았다면 충분히 그럴 가능성이 있다. 마찬가지로 예수도 빵을 증식시킨 것이 아니라, 어쩌면 정신의 충만함을 느낄 수 있는 분위기를 조성함으로써 포만감을 느끼게 했을지도 모른다.

그렇다면 그 기적은 '내부에서' 일어난 심리적인 기적이었을 것이다. 그러나 그것은 정확하게 군중이 원하는 것은 아니었다. 그들은 가장 원초적인 물리적 기적, 즉 물질의 변화를 원했다. 군중이 빵 다섯 개와 물고기 두 마리에다 하느님의 말씀까지 먹었다고 해서 배가 채워졌다고 생각하지는 않았을 것이다. 그들이 안 것은 자신들이 배부르게 먹었다는 사실뿐이었다. 그 효과는 즉각적이면서도 기대 이상의 것이었다. 일반 군중은 물론 제자들도 무슨 일이 일어났는지 전혀 이해할 수 없었다.

그들은 '예수의 기도를 들은 하느님의 뜻'에 따라 자신들의 굶주림이 해결되었다는 사실을 알지 못했다. 그들은 예수의 기적을 자연의 섭리를 깨뜨리는 행위로 보았으므로 예수를 몹시 두려워했다. 밤중에 물 위를 걸어 자신들의 배가 있는 곳까지 왔다는 사실을 알았을 때는 더욱 두려워졌다. 어떻게 그럴 수 있단 말인가? 마르코는 이에 대해 "그것은 그들이 빵의 기적에 대해 깊게 생각해보지 않았기 때문이다"라고 덧붙이고 있다. 예수가 맨 처음 일으킨 빵의 기적을 제자들은 부정적으로 받아들였다. 그것을 한낱 마술로 여겼던 것이다.

예수는 이러한 군중의 반응을 경종으로 삼았어야 했다. 그가 이 경고에 따라 행동하지 않은 것이 잘못이었을지도 모른다. 게다가 예수는 그 직후 다시 자신의 설교를 들으면서 3일 동안 아무 것도 먹지 못한 4천 명을 위해 똑같은 방법으로 기적을 일으켰던 것이다(예수의 사도, 루가와 요한이 이 이야기를 의도적으로 누락시켰다고 믿기는 너무 어렵다). 이 번에는 일곱 개의 빵을 4천 명이 먹을 수 있는 양으로 늘렸다. 그러나 마르코가 이 이야기를 하는 것은 그 기적에 깃들여 있는 교훈 때문일 것이다. 하느님이 세상을 진짜로 다스리는 순간 풍요의 왕국이 시작될 것이며, 보통 사람들에게 있어 지상에 건설된 이 하느님의 왕국은 곧 마음껏 먹고 마시는 나라일 터였다. 빵의 기적은 사실상 풍요로운 왕국의 구체적인 모습을 계획하는 예행연습이었던 셈이다. 실존 인물 예수는 성서에 기록된 것보다 사후 세상의 빵에 대해 훨씬 더 많은 이야기를 했을 것이다. 그리스정교의 사제였던 파피아스가 쓴 외경(畏敬)*에는 다음과 같은 구절이 있다.

---

* 전거가 확실하지 않다는 이유로 성경에서 삭제된 문서들.

포도나무들이 솟아나 덩굴마다 만 개의 줄기가 뻗고, 줄기마다 만 개의 가지를 내며, 가지마다 만 개의 싹이 트고, 싹마다 만 개의 포도송이가 열리며, 송이마다 만 개의 포도알이 매달리고, 한 송이를 짜면 다섯 잔에서 스무 잔의 포도주를 얻을 날이 오리라. 그리고 어떤 성자가 포도 한 송이를 들어올리면서 이렇게 외치리라. "더 좋은 포도는 바로 접니다. 저를 받으시어 사람들로 하여금 주를 축복하게 하소서!" 마찬가지로 밀 줄기에서도 만 개의 이삭이 나고, 이삭마다 만 개의 낟알이 달리고, 낟알 하나를 빻아 고운 밀가루 10파운드를 얻게 될 것이다. 다른 과실과 씨앗과 풀들도 모두 이와 같으리라. 또한 땅에서 난 식물을 먹으며 동물은 모두 평화롭게 어울려 살아갈 것이며, 모든 만물이 인간에게 복종하리라.

무아지경에 빠진 순간에 예수는 아마 이와 비슷한 말을 했을 것이고, 두 번째 빵의 기적을 일으킨 후 그에 대한 의혹은 가셨다. 보통 사람들은 공중에서 수천 개의 빵을 만들 수 있는 존재가 모든 사람이 그토록 열망했던 새로운 '빵의 신'임을 더 이상 의심하지 않았다. 땅이 소출을 내지 못해서가 아니었다. 그것은 전혀 아니었다. 팔레스타인에서 자란 밀과 보리는 넉넉했다. 그보다는 빵에 내려진 저주, '네 얼굴에 흐르는 땀으로' 노동을 해야 빵을 먹을 수 있다는 저주가 풀리기를 바랐기 때문이다. 중요한 것은 기적의 빵이 씨를 뿌려 수확할 필요가 없는 식량이라는데 있었다. 땀을 흘리지 않고도 먹을 수 있다는 희망을 충족시켜주는 사람이 있다면 그는 분명 새로운 신일 것이었다.

예수의 비극은 바로 이 기적 속에 도사리고 있었다. 심지어 예수의 적이었던 바리새파조차도 그의 거대한 영향력을 거부할 수 없게 되자 기적의 증거를 보여달라고 요구했다. 물론 예수는 거절했다. 이전까지 예수가 이루었던 것들은 모두 하느님에게 간절히 청함으로써 얻은 것이었다. 그런데 어떻게 저들이 보는 앞에서, 하느님과 자신이 하나됨을 보여달라는 기도를 올릴 수가 있겠는가? 우리는 예수와 함께 배에 오르던 제자들이 '깜박 잊고 빵을 가져오지 않았다'면서 다시 한 번 빵을 만들어달라고 했을 때, 고뇌하는 예수의 모습을 보게 된다. 그는 화를 내며 이렇게 꾸짖는다. "너희가 정녕 빵을 가져오지 않은 까닭이 무엇이냐? 너희가 아직도 느끼지도 깨닫지도 못하는 것이냐?" 5천 명에게 빵을 먹이기 위해 다섯 개의 빵을 쪼갰을 때, 나누어주고 남은 열두 바구니의 빵을 그들이 가져가지 않았던가? 또한 4천 명을 먹이기 위해 7개의 빵을 쪼갰을 때, 일곱 바구니의 빵이 남아 있지 않았던가? 그런데도 그들은 예수에게 또 다시 기적을 요구했다.

따라서 마르코는 더욱 고뇌하고 더 큰 위기 의식을 느끼는 예수의 모습을 묘사하고 있다. 이와 달리, 요한은 생략하기도 하고 덧붙이기도 하면서 하나의 완결 구조를 갖춘 압축된 이야기로 연출해낸다. 그에 따르면, 빵의 기적은 오직 한 번뿐이며, 이때 예수가 5천 명을 먹일 빵을 만들었다는 것이다. 그런데 이 일이 있은 직후 예수는 사람들의 눈을 피해야 할 필요성을 느꼈다. '사람들이 몰려와 자신을 강제로 왕으로 삼으려는' 것을 감지한 예수는 다시 산으로 피했다. 그렇지 않으면 저들이 예수를 빵의 왕으로 삼았을 테고, 그것은 곧 예수의 교리를 철저히 거스르는 것이었다. 당시의 로마 황제는 빵의 왕이었고, 무료 빵 배급표를 나누어주는 제빵사 길드의 수장이었다. 군중은 예수를 그와 같은 왕으로 삼으려 했던 것이 아닐까? 그의 뜻에 위배되는 빵의 왕, 빵의 신으로? 이미 사람들은 사방으로 예수를 찾아 나섰다. 심지어 배를 타고 바다까지 샅샅이 뒤졌다. 마침내 가버나움*에 있는 유대교 교회당에서 예수를 발견하고는 그를 에워쌌다. 그러자 예수는 마치 궁지에 몰린 짐승처럼 포악하게, 그들이 자신을 찾은 것은 성령 때문이 아니라고 진실을 꼬집었다. "너희는 빵을 배불리 먹기 위해 나를 찾았느니라. 썩어 없어질 양식을 찾지 말고 영생을 얻을 양식을 위해 수고하라." 그러자 그들은 "저희가 하느님을 위해 무슨 일을 해야 합니까?"라고 물었다. 예수가 이르기를, "하느님이 보내신 사람을 믿는 것이 곧 그분을 위해 일하는 것이니라." 그들은 만약 그 사람을 믿는다면, 그것은 사막에서 자신의 조상들에게 만나를 준 모세를 믿은 것처럼 오로지 빵의 기적을 위해서일 뿐이라고 소리 높여 대답했다. 예수는 그것은 하늘에서 내리는 빵이 아니라고 했다. 오직 하느님만이 진정한 빵을 주실 수 있으며, 그 빵은 '하늘에서 내려온 하느님의 빵이요, 세상 만물에게 생명을 주는 빵'이라는 것이었다.

사람들은 귀가 솔깃해졌다. 예수가 과연 자신들에게 다시 한 번 빵의 기적을 일으킬 것인가? 그들은 예수에게 바짝 다가서서 입에 발린 말을 외쳤다. "주여, 저희에게 빵을 주소서." 그러나 예수는 여전히 준엄하게 말했다. "나는 생명의 빵이다. 나에게 온 사람은 결코 굶주리지 않을 것이요, 나를 믿는 자는 절대 목마르지 않으리라." 군중은 이 말의 참뜻을 깨닫지 못했다. 만약 예수가 다시 기적을 일으켜 경외심을 갖게 했다면, 그들은 당장 무릎을 꿇었을 것이다. 그러나 예수는 기적을 행하지 않고 오히려 성령의 중요성과 성령의 은총을 역설하기 시작했다. 그들은 예수에게 더욱 가까이 다가가서 그의 지친 얼굴을 뚫어져라 쳐다보았다.

---

* 갈릴리 바다 북쪽에 있는 팔레스타인의 도시.

그러고는 예수가 한 말을 되뇌었다. "나는 하늘에서 내려온 빵이다." 군중은 웅성거렸다. "이자는 우리가 알고 있는 요셉의 아들 예수가 아닌가? 그런데 자기가 하늘에서 내려왔다고 하니 이것은 어찌된 일인가?"

＊　　＊　　＊

예수는 자신의 말이나 가르침을 이해시키기 위해 주로 비유를 사용했다. 이를테면 농촌 생활이나 가정 생활에 빗댄 설교를 많이 했던 것이다. 만약 이처럼 간단한 비유를 금방 이해하지 못할 때는 언제라도 구체적인 예를 들어 설명해주곤 했다. 예수의 목적은 이해시키는 데 있었기 때문이다.

비유(parable)란 정확히 무엇인가? 그 이름 자체가 은유적이다. 이 말은 원래 페르가의 아폴로니우스의 기하학 저술에서 처음 쓰인 말로, 원뿔곡선을 나타낸다. 이 곡선은 위로 쏘아올리는 동작의 의미를 내포하고 있다. 다시 말해 어떤 물체를 공중으로 던졌을 때 그 물체가 대기 중에서 아무런 저항을 받지 않고 그려내는 포물선이다. 수사학에서 보자면, 비유라는 단어(parable이라는 고대 불어가 영어에 도입된)는 멀리 빙 돌아서 처음 출발한 지점으로 돌아오는 것, 즉 듣는 사람을 이해시키려는 말을 의미한다. 오리엔트나 고대 그리스 사람들은 이러한 대화 방식의 달인들이었다. 예컨대 엘레우시스교의 의식이나 축제는 씨앗의 수난, 죽음, 부활을 비유적으로 기념했던 것이다. 구약성서의 기록자들도 비유를 사용했으며 예수는 그들의 후계자요 형제였다.

그러나 예수는 궁극적인 것은 말로 할 수 없다는 것을 알았으므로 은

유로써 설명해야 할 숙명적인 존재였다. "하느님의 나라 밖에 있는 사람들에게는 이 모든 것이 비유로 행해지리라"라는 비밀을 이해할 수 있는 자신의 제자들에게만 고백했던 예수는 대부분의 유대인 예언자들처럼 쉽게 격분했다. 예수는 설교를 듣는 사람들이 완강하게 저항하고 거부감을 나타낼 때마다 화가 치밀어 올랐다. 그 후로 예수는 비유적으로 말하지 않고 과장법을 사용했다.

여기서 우리는 다시 언어학자들이 말하는 소위 이중어(doublet—본래의 뜻과 비유적인 뜻을 표현할 수 있는 두 가지 형태를 취한 말)를 접하게 된다. 쌍곡선은 두 선이 영원히 만나지 않고 무한대로 뻗어나가는 두 개의 곡선이다. 수사학적으로 쌍곡선은 너무 멀리 뻗어나가 원래의 위치로 되돌아오지 못하는 말을 의미한다. 요한 복음서에 기록된 예수의 말, "나는 하늘에서 내려온 생명의 빵이다. 이 빵을 먹는 사람은 누구든지 영원히 살지어다"는 여전히 비유적이며, 모든 면에서 은유적 실재와 일치한다. 그러나 예수는 이내 유대인들이 비유를 이해하지 못한다는 것을 알았다. 그들은 "저 자는 어찌 자기 살을 우리에게 먹으라고 줄 수 있단 말인가?" 하며 웅성거렸던 것이다. 지금까지 예수는 살을 먹으라는 말을 한 번도 한 적이 없었다. 이쯤 되면 분노로 이글거리는 예수의 모습을 상상해 볼 수 있다. 몰이해의 암벽에 부딪혀 설교는 물거품이 되어 버린다. 그는 비유적 설법을 포기하고 과장법으로 분노를 거침없이 퍼붓는다. 그리하여 본래의 의도와는 다른 말을 군중에게 한다. 더구나 자신이 전달하고자 하는 은유의 참뜻과도 동떨어진 말이다. 그는 힘주어 이렇게 외친다. "진실로, 진실로, 너희에게 이르노니 사람의 아들의 살을 먹지 않고 피를 마시지 않는 사람은 생명을 얻을 수 없도다. 내 살을 먹고 내 피를 마시는 자는 누구든지 영생을 얻으리라. 그리하면 내가 최후의 날에 그를 구원하리라. 내 살이 진정한 고기요, 내 피가 진정한 음료이니라. 내 살을 먹고 내 피를 마시는 자는 내 안에 살며, 나는 그 안에 사노라."

이것은 지상의 빵이 지상의 생명이듯 하늘의 빵인 자신은 영생의 증표라는 단순한 비유를 이해하지 못하는 사람들에게 전하는 분노의 말이었다. 얼마나 단순하고 이해하기 쉬운 말인가. 그런데도 이 가엾은 사람들은 그것을 이해하지 못하는 것이다. 예수가 어떤 논리도 찾아볼 수 없는 과장된 말로 비난했다면 그들은 어떻게 행동했을까? 복음서에 그 해답이 적혀 있다. "그 말을 들은 많은 제자들이 이렇게 말했다. 그것은 어려운 말입니다. 누가 그것을 알아듣겠습니까?" 그러나 예수는 더 이상 분노를 억누르거나 이해하기 쉬운 비유를 사용하지 않았다. 오히려 더 통렬하게 꾸짖었다. "이 말이 귀에 거슬리느냐? 너희가 사람의 아들이 지상에서 하늘로 오르는 것을 보면 어찌 하려느냐?" 예수의 과장은 한층 심해졌다. 그럼으로써 자신을 무료한 도덕 교사 아니면 엉터리 마술사로 여기려는 사람들을 쫓아버렸다. 예수는 그런 사람들이 필요 없었던 것이다. 세례 요한은 이에 대해 이렇게 적고 있다. "그때부터 많은 제자들이 예수에게 등을 돌리고 더는 함께 다니지 않았다."

*　　*　　*

영생을 보장하는 '생명의 빵'에 대한 믿음은 오리엔트에서 깊이 뿌리내린 신앙이었다. 그리스인은 빵을 암브로시아라고 불렀는데, 이런 믿음은 바빌로니아에서 전래된 것이었다. 바빌로니아의 지배를 받는 동안(기원전 597~537년) 유대인은 설형문자로 쓰인 비문(碑文)을 보고 '생명의 빵'을 알게 되었으며, 영생을 얻으려 했던 영웅 길가메시의 전설에도 익숙해졌다. 신들의 뱃사공 우트나피시팀은 길가메시가 '영생을 얻기 위한 시험'을 받는 동안 정신을 잃지 않도록 성령의 빵 일곱 개를 굽는다.

> 첫 번째 빵은 밀가루를 섞었고,
>
> 두 번째 빵은 벌써 반죽을 했고,
>
> 세 번째 빵은 촉촉하게 부풀렸으며,
>
> 네 번째 빵은 밀가루를 털고 오븐에 넣었고,
>
> 다섯 번째 빵은 벌써 노릇노릇 익었으며,
>
> 여섯 번째 빵은……. 그런데 길가메시, 당신은 잠이 들었네!

잠이 들어버린(여기서 잠은 죽음의 예비 단계이다) 길가메시는 영생을 얻을 기회를 잃어버렸던 것이다.

따라서 예수가 군중에게 영원한 생명을 얻는 빵 이야기를 했을 때 유대인들에게 그것은 전혀 낯선 개념이 아니었다. 터무니없는 것은 자신이 빵이라고 한 예수의 주장이었다! 이 설교 때문에 예수는 수백 혹은 수천 명이 아니라, 자신을 따랐던 사람들 대부분을 잃었다. 결국 그가 한 말이 무엇이었는지 생각해 보라! 소름이 돋을 만큼 노골적으로 그는 군중에게 자신의 살을 먹고 자신의 피를 마시라고 명령했던 것이다. 소문은 맹렬한 불길처럼 삽시간에 유대인 마을에 퍼져나갔다. 그가 미친

게 아닐까? 어쨌거나 그는 불경스러운 사람이었다. 예수의 설교를 들은 사람들 대부분이 독실한 유대교인들이었다기보다는 서로 다른 이교도들의 영향을 받은 사람들이었지만 이들에게는 한 가지 공통점이 있었다. 인간의 피를 지극히 혐오했던 것이다. 유대인에게는 피를 먹는 것을 엄금하는 율법이 있었다. 모세 5경의 세 번째 책에는 이렇게 적혀 있다.

이스라엘의 집에 사는 사람이나 너희 집에 잠시 머무는 이방인 누구라도 어떤 식으로든 피를 마시는 자가 있다면, 나는 얼굴도 처다보지 않고 사람들에게서 격리시키리라.

또 다른 구절은 이러하다.

너희는 어떠한 육체의 피도 마시지 말지어다. 모든 육체의 생명은 피에 있느니라. 누구든지 피를 마시는 자는 격리될 것이니라.

영혼 자체가 피에 깃들여 있기 때문에 영혼과 피는 하느님의 것이었다. 하느님이 피를 속죄의 제물로 삼았으므로 피를 다른 목적으로 사용하는 것은 죄였다.

확실히 모세 5경의 계율은 동물의 피를 마시지 못하도록 금지하는 데만 관심이 있었다. 사람의 피를 마시는 것을 언급하지 않은 것은 그것이 상상조차 할 수 없는 일이었기 때문이다. 잘 알려진 바와 같이, 고대 로마에는 부친 살해 금지법이 없었다. 자신의 아버지를 죽일 사람이 있겠는가? 그런 끔찍한 일은 군이 법으로 금지할 필요가 없었다. 가장 심오한 감정을 지닌 인간으로서는 도저히 할 수 없는 일이었기 때문이다. 그런데 지금 이 목수의 아들은 너무나 끔찍한 구원의 대가를 요구했다. 사람의 살을 먹고, 사람의 피를 마시라 했던 것이다! 그가 진정으로 자신을 따르는 무리를 물리치고자 했다면, 그것은 더없이 효과적인 방법이었음에 틀림없다. 구름같이 몰려들었던 사람들이 한꺼번에 등을 돌렸으니 말이다.

유대인뿐만 아니라 가장 탁월한 지적 능력을 지닌 이교도들도 예수에게 등을 돌렸다. 그는 도시의 식자들, 이성적인 철학자와 자신 사이에 벽을 쌓았다. 앞서 언급했던 인간의 형상을 한 신의 존재를 믿었던 세네카 같은 사람조차도 '신의 살을 먹으라'는 명령을 직접 들었다면 몸서리쳤을 것이다. 당대의 가장 훌륭하고 가장 온건했던 지성 키케로는 엘레우시스의 논쟁을 설명하기 위해 다음과 같이 썼다. 이 글은 그리스도교의 피에 대한 신비주의에도 똑같이 적용된다. "곡물을 케레스라 하고, 포도주를 바쿠스라고 부르는 것은 우리가 흔히 사용하는 은유적 표현이다. 그러나 미친 사람이 아니고서야 어떻게 자신이 먹는 것을 신이라고 믿겠는가?"《신에 관하여》 키케로의 저술은 동시대인들에게 예수의 설교보다 훨씬 더 큰 영향을 미쳤다. 식자들은 모두 키케로를 우러러보았다. 신을 먹는다는 개념은 로마 지식인들에게는 터무니없는 생각이거나 미친 사람의 헛소리에 지나지 않았다. 만약 키케로가 밀알의 부활과 포도의 영원한 영향력이 신화라는 사실을 인식했다면 그의 냉철한 이성은 더 현명하게 작용했을 것이다. 현대 과학은 이런 사실을 알고 있다. 빵의 역사학자 아담 마우리치오는 "우리에게 생명을 주는 것은 그 자체가 생명체라는 사실을 잊지 말아야 한다"고 말한다. 대지의 자궁에서 방앗간에 이르기까지, 아니 그 이상까지, 빵을 만드는 씨앗은 살아 있는 생명체이다.

예수는 동시대인들에게 외면당했다. 또한 사도 바울이 지적한 것처럼 예수의 가르침은 "유대인에게는 걸리적거리는 장애물이었고 그리스인에게는 어리석은 소리"였다. 그렇지만 그의 강렬한 설교는 아직 태어나지 않은 수많은 사람들, 즉 더 이상 음식에 대한 계율이나 이성으로 억누르지 못하고 자신들의 이해력을 초월하는 그 무엇에서 신앙심을 느끼는 사람들을 사로잡았다.

*　　*　　*

때가 왔음을 알고 있던 예수는 제자들과 함께 부활절 양고기를 먹고 싶어 했다. 그는 자신의 운명은 물론, 그것이 제자들과의 마지막 식사라는 사실도 알고 있었다. 예수는 슬픔에 빠졌고, 식탁 위에 올려진 포도주를 본 순간 일갈을 터뜨리고 싶은 유혹을 느꼈다. 그가 지상에 남아 있었다면 "앞으로 포도주를 마시지 말라"고 했을 것이다. 그러나 그는 이보다 더한 말을 했다. 마태오가 기록한 것처럼, 그 전에 결정적으로 중요한 일이 벌어졌다.

제자들이 식사를 하고 있는데 예수가 빵을 들어 그것을 찬양한 다음, 빵을 쪼개 제자들에게 주시며, 받아먹어라, 이것은 내 몸이니라, 하셨다.

그리고 예수는 잔을 들어 감사의 기도를 올린 다음, 제자들에게 주면서, 이것을 모두 마시라. 이것은 새로운 약속을 위한 내 피니, 많은 사람들의 죄를 사하기 위해 내가 흘린 것이니라.

예수는 다시 한번 과장을 했던 것이다! 그것은 마치 길을 잃고 헤맨 끝에 닿았으나 다시는 내려오지 못할 벼랑과 같았다. 사실 가버나움 유대교 교회당에서 자신의 몸이 곧 빵이니 먹으라는 말을 한 뒤에는 벼랑에서 이따금 내려오는 경우가 있었지만 이번엔 그렇지 않았다. 그때는 가장 현실적으로 사람과 사물을 대하곤 했었다. 고뇌하고 있는 예수에게 빵과 포도주가 다른 사람들에게 보이는 것과는 다르게 보일 만큼 그를 소름끼치는 흥분 상태로 빠뜨린 것은 무엇이었을까? 사형선고를 받은 사람은 자신의 몸에 대한 특별한 감정을 느끼게 마련이다. 그들은 자신의 살과 몸이 이미 생명 없는 자연으로 흩어진 것처럼 그 경계를 넘나들고자 하는 자신의 욕망을 본다. 예수는 빵과 포도주를 보았고 그것들이 유난히 하얗고 붉게 보였다. 마치 인간의 살갗과 피처럼. 그러고는 자신은 사라져야 하지만 빵과 포도주는 계속 살아남을 것이라고 생각했다. 이런 고통스러운 생각 때문에 예수는 아마도 자신이 사람이 아닌 빵과 포도주가 되었으면 좋겠다고 생각했을 것이다. 아마 그랬으리라. 아니면 식탁 위에 차려진 빵과 열한 명의 제자를 자신으로 보았을까? 유다가 자리를 떠났으므로 제자 열한 명에 예수 자신까지 열두 명이었다. 열두 개의 빵은 유대교 신전의 수와 같았다. 식탁 위에 놓여있는 빵은 '신의 얼굴의 빵'으로 불리는 슈브레드(shewbread)*였다. 즉 '강림'의 빵인데, 이스라엘 부족의 수와 같은 열두 개의 빵을 제단에 올리는 순간 야훼가 강림했기 때문에 그렇게 불렸다. 강림! 예수는 어쩌면, 내 아버지

* 유대인들이 제물로 바치는 빵.

께서 유대인의 신전에 강림하듯이, 빵이 제단에 올려질 때 나도 내 사랑하는 제자들에게 항상 강림하게 될 것이라고 생각했는지도 모른다. 아마도 예수의 생각은 그랬으리라. 우리가 결코 알 길은 없지만.

우리는 인간 세상에서 일어난 이 최대의 미스테리에 대해서는 실제로 아는 것이 거의 없다. 참으로 이상한 것은, 세례 요한이 가버나움 회당에서 살과 피를 운운함으로써 사람들에게 배척당한 사건에 대해서는 그토록 생생하게 기록했으면서도, 논리적으로 가장 흥미로운 테마인 최후의 만찬의 전 광경은 기록하지 않았다는 점이다. 더욱 이상한 것은, 최후의 만찬에 대해 기록한 다른 세 사람의 복음서에도 예수가 한 말에 제자들이 어떤 반응을 보였는지에 대한 언급이 전혀 없다는 점이다. 예수의 제자들은 예수가 분노하여 가버나움에 모인 군중 앞에서 다시 한 번 자신의 살을 먹고 피를 마시라고 소리쳤을 때도 저항하지 않았다. 이들이 동요하지 않은 이유를 사도 루가가 밝히고 있다. 물리학자이자 자연과학자였던 루가는 예수가 이런 말을 덧붙였다고 전한다. "나를 기념할 때 이것을 행하라!" 바로 여기서 제자들이 침묵으로 일관했던 단서를 찾을 수 있을 듯하다. 예수는 그들에게 끔찍한 것이 아니라, 참으로 감동적이고 슬프도록 아름다운 추모 행위를 당부하고 있었던 것이다.

분명히 초기 그리스도교도들은 이것이 다른 의미로 왜곡되지 않도록 조심했다. 우리는 《디다케(Didache, 몇십 년 전 이스탄불에서 발견된 그리스정교의 교리서)》를 통해 사제들이 예배에 참석한 사람들에게 포도주 잔을 나누어주며 이렇게 말한 것을 알 수 있다.

하느님 아버지시여 감사드리나이다. 당신의 아들 예수를 보내시어 당신의 종 다윗의 성스러운 포도주를 알게 하셨나이다.

그리고 빵을 쪼개면서 이렇게 말했다.

이 쪼개진 빵이 산에 흩어졌다가 하나로 모이듯, 당신의 교회가 이 지상
에서 모든 사람을 하느님의 나라로 인도하게 하소서.

여기에 쓰인 말들은 뜻이 분명한 상징이며, 살과 피는 언급조차 하지
않고 있다. 이처럼 초기 그리스도교도들은 다르게 해석할 수 있는 빌미
를 제공하지 않으려고 무척 애썼다. 그들은 국교가 다른 종교인 한 조심
할 수밖에 없었다. 그리스도교 교인들을 혐오하지 않은 작가 미누시우
스 펠릭스의 글을 보면 그들은 사람, 특히 어린아이를 죽여서 그 살과 피
를 먹는 '티에스테스(Thyestes)의 요리*'를 먹는다는 비난을 받았다는 것
을 알 수 있다(이런 근거없는 비난은 모든 비교가 항상 치러야 하는 대가
이다. 우리는 엘레우시스교에서도 이와 비슷한 경우를 보았다).

이런 루가의 주장이 옳다면(이는 고린도전서에서 바울이 뒷받침해준
다), 예수는 제자들에게 빵과 포도주를 나눠주면서 해로울 것 하나 없
는 비유를 들려준 것에 불과하다. 빵과 포도주를 보면서 자신과 함께 한
그 마지막 식사를 기억해 달라고 당부한 것이다. 빵이 쪼개지듯 자신이
쪼개졌음을, 사람들이 붉은 포도주를 흘리듯 자신이 피를 흘렸음을 기
억해달라고 한 것이다. 그러나 마태오와 마르코가 실제 이야기를 기록
하면서 "나를 기념할 때 이것을 행하라"라는 말이라도 덧붙이지 않으면,

---

* 그리스 신화의 영웅으로 자신의 죽은 아들로 만들어진 요리를 먹게 된다.

예수가 말한 것은 "네가 먹는 빵은 내 몸이다"라는 의미가 되고, "네가 마시는 포도주는 나의 피다"라는 의미가 된다. 무릇 진실은 하나일 뿐이니 두 가지가 양립할 수는 없다.

사람들은 2천 년 동안 이 말을 해석하는 데 무한한 열정을 쏟아 부었다. 수백만 명이 최후의 만찬에 대해 논쟁했다. 예수가 어떻게 제자들 곁을 떠났고 그의 말이 진정으로 무엇을 의미하는지는 끝내 알아내지 못할 것이다. 바로 그 모호함 때문에 인류, 특히 그리스도교도들은 엄청난 비극을 겪었다. "이것이 내 몸이다!"라는 말에 사로잡힌 군인들이 전장에서 죽었다. 앞으로 살펴보겠지만, 현대로 접어드는 길목에서 그리스도교는 서너 개의 교파로 분리되었으며, 빵에 얽힌 비밀은 분쟁의 불씨가 되었다. 영국교회가 로마 가톨릭교회와 갈라섰고, 스위스교회가 독일교회와 분리되었다. 예수는 '빵은 내 몸이다'라는 아무도 이해할 수 없는 말을 함으로써 세상에 막대한 혼란을 안겨준 것이었다.

*　　*　　*

십자가에 못 박힌 이후 예수가 세계의 정복자 자리에 설 수 있었던 것은 교리의 투명성 때문이 아니었다는 사실은 이제 분명하다. 그에게 세상을 얻게 해 준 것은 오히려 신비한 교리, 불가해성, 비밀의 힘이었다. 예수가 지상을 정복한 것은 이해하기 쉬운 비유가 아니라 그의 존재에 대한 불가해한 과장이었던 것이다. 예수는 중세에 존재하지만 그의 가르침에는 고대 오리엔트와 선사시대의 모호한 개념들이 흡수된 듯하다. 중세는 예수의 특징이라는 영향력으로 날인된 이 개념을 물려받았다. 예수는 자신도 모르는 사이에 선대 사람들이 믿은 모든 것을 자신의 가르침 속에 통합했다. 바빌로니아인에게는 점성술의 언어를 사용하여 자신의 존재를 우주라고 했다. 이집트인에게는 살해당하고, 갈가리 찢기고, 다시 샘물처럼 세상에 솟구쳐오르는 오시리스가 된다. 유대인에게는 유월절에 제물로 바치는 희생양이요 예언자들이 약속한 메시아이다. 그는 모든 씨앗의 지배자요, 죽은 자의 구원자이며, 현세와 내세의 빵이다. 그는 포도나무요, 숲에 갇혀서 압착기로 고문당해 죽었다가 페르시아와 인도로 향하는 영광의 순례자가 마신 포도주에서 부활한 바쿠스이기도 하다. 또한 멧돼지에게 받혀 장미꽃밭에서 피 흘리며 죽었고, 그리하여 시칠리아의 여인들이 애도했던 미소년 아도니스의 재림이다. 그는 어머니 이슈타르가 애타게 찾아다녔던 수메르 샘물의 신 탐무즈이기도 하다.

> 그의 어머니는 울부짖으며 아들을 부르기 시작한다.
> 여신은 눈물범벅이 되어 찾아다니다,
> 주저앉아 가슴에 손을 얹고 목놓아 운다.
> 슬픔이 가슴에 사무치도록.

이슈타르가 탐무즈를 목놓아 부르고, 데메테르가 애통해하며 페르세포네를 찾아 다니듯, 비탄에 잠긴 성모도 예수 그리스도의 무덤으로 다가갔다. 그리고 알았다, 그가 부활했음을! 오시리스, 바쿠스, 탐무즈의 부활을 기뻐했던 모든 오리엔트 사람들이 이제는 예수의 부활을 보며 마리아와 함께 환희를 느꼈다.

그는 '곡물의 주님'이며 동시에 희생당한 씨앗이다. 먼 나라 페르시아와 인도에서도 이 개념을 수용했다. 페르시아의 호마, 인도의 소마는 담쟁이넝쿨과 비슷한 덩굴 식물이다. "호마는 아후라마즈다가 생명의 샘에 심어준 세 가지 식물 중 첫 번째 식물이다. 호마의 즙을 마시는 사람은 영원히 죽지 않는다. 호마는 건강과 생식 능력을 주며, 생명과 소생의 은총을 베푼다." 처음에는 음료수에 지나지 않았던 소마가 나중에는 그들이 좋아하는 것을 채워주는 신이 된다. 베다의 인도인들이 소마로 교감하는 것은 그리스도교 교인들이 빵과 포도주로 교감하는 것과 같다. 이 모든 개념이 예수가 실제로 살았던 세계의 변경 지대에서 중세로 전해졌으며, 북쪽에서 내려와 승리한 야만족*에게 전해졌다. 심지어 최후의 적이자 어쩌면 더 막강한 적인 페르시아 전사의 신 미트라조차 정복했다. 태양신 미트라는 다른 모든 신을 오랫동안 지배했다. 미트라는 모든 식물과 동물을 잠재울 수 있는 신비한 힘을 가지고 있는 황소도 쓰러뜨렸다. 전사들은 미트라를 '인간과 영원의 중개자'로 여기며, 여자들은 절대 들어갈 수 없는 동굴에서 기도했다. 사도 바울처럼 이들은 여자는 신 앞에서 침묵해야 하는 열등한 존재로 여겼다. 그러나 미트라는 결국 무엇이 되었는가? 중세 초기가 되자 아무도 미트라와 그의 전지전능함을 기억하지 못했다. 그는 그저 예수의 망토의 주름에 불과했다.

중세 사람들에게 예수는 모든 신의 신이요 모든 왕의 왕이었다. 예수를 본 적도 없는 사람들이 예수가 죽었다는 소식을 듣고는 자리에서 일어나 복수의 칼을 뽑았다. 830년 게르만족은 독일어로 된 고대 작센 지방의 복음서 〈구세주〉가 낭송되는 것을 들었다. 그때 그들은 베드로가

---

* 게르만계 고트족을 말한다.

칼을 들고 덤벼들어 제사장 부하의 귀를 잘랐다는 사실도 듣게 되었다.

몸에서 떨어져 나온 귀는 피범벅이 되고
귀가 떨어진 자리에서는 피가 철철 넘쳐흘렀나니,

예수의 종인 그들은 예수를 구하기 위해 칼을 빼들었다. 그렇다. 그들의 정체는 예수의 종이었다. 로마제국의 특징인 국가와 교회의 분리는 예수가 직접 권고한 것이었다. 하느님의 것은 하느님에게, 로마 황제의 것은 로마 황제에게 돌려주라고 했던 것이다. 그런데 중세에는 국가와 종교가 분리되지 않았다. 예수 그 자신이 세계의 지배자였다. 로마를 지배하는 교황, 독일의 황제들은 잘해야 예수의 오른팔 혹은 왼팔이었으며, 중세 사람들은 예수 발밑에 놓인 디딤돌에 지나지 않았다.

제3장

중세의 빵

빵에 그런 힘이 있다고 생각하는가?

— 밀턴

빵보다 더 적극적인 것은 없다.

— 도스토옙스키

옛 땅, 새로운 사람들

경이로운 지상 최고의 조직이었던 로마제국을 몰락시킨 것은 무엇이었을까?

독일의 저명한 생물학자인 헬름홀츠는 그 거대한 선사시대의 도마뱀, 공룡이 단일 중추신경조직으로 그 거대한 몸뚱이를 이끌기 어려웠기 때문에 멸종했다는 것을 밝혀냈다. 몸 끝까지 신경 자극을 전달하는 데 너무 많은 시간이 걸렸고, 따라서 몸이 생존에 필요한 조건에 적응하지 못했던 것이다.

로마제국도 같은 이유로 멸망했다. 예수가 탄생한 지 300년 후의 생활 여건은 아우구스투스 황제 때보다 훨씬 더 어려웠다. 그 거대한 몸체를 둘러싸고 있는 세계도 함께 변화했다. 영토는 예전과 같았지만 로마제국은 폭풍우가 더욱 거세게 몰아치는 다른 '국가적 풍토'와 질적으로 다른 공간에 서 있었다. 디오클레티아누스 황제 시대의 게르만과 사르마티아, 북부의 갈리아, 스코트, 아르메니아, 페르시아 종족은 300년 전의 아우구스투스 때와는 많이 달라졌다. 이처럼 주변 환경도 달라졌지만 로마제국 자체도 예전과는 판이하게 달라졌다.

제국은 지쳐 있었다. 이제까지는 느껴보지 못했던 감정이 당대 최고의 종족에게 엄습했다. "지금까지 우리는 동시다발적으로 여러 전선에서 야만족과 전쟁을 벌여야 했다. 지금까지 속주(屬州)의 행정 비용은 점점 더 증가했고 그러고도 어려움을 겪고 있다. 왜 각 속주가 스스로 빵과 병사를 충당해서는 안 되는가?" 사람들은 자문했다. "에스파냐의 방위는 아르메니아 용병에게 맡기고, 에스파냐 출신의 병사들을 나일 계곡으로 파견하는 것이 효율적이지 않을까? 드네프르강 하구에서 가뭄이 들어 반란이라도 일어나면 우리가 먹을 남부 러시아의 곡식을 크림반도에서 계속 들여올 수 있을까?" 로마의 최고 통치자가 이런 생각을 품기 시작했을 때, 로마제국은 연방통치를 꿈꾸었다. 디오클레티아누스 황제는 의도적으로 이런 생각을 공식화했다. 수도 로마의 위치에 대해 그가 광적으로 혐오한 것은 합리적인 근거 때문만은 아니었다. 아마도 그는 아우구스투스 시대 이후 원로원이 황제에게 가했던 굴욕을 잊지 못했던 모양이다. 그것은 "로마가 없다면, 원로원도 없을 것이다"라는 그의 말에서 충분히 짐작할 수 있다. 이런 개인적 확신 말고도 그는 로마를, 피를 빨리는 비실용적인 행정도시로 여겼다. 로마는 스스로 다른 세상 사람들을 먹여주고 보호해주는 엉터리 같은 특권을 떠맡았던 것이다.

디오클레티아누스는 티베르 강변의 도시 로마를 떠남으로써 오랜 중앙집권제를 연방제로 대체했다. 그리고 황제 대신 경찰총감이 로마를 다스렸다. 수도를 떠난 디오클레티아누스는 소아시아의 달마티아에 살면서 '이동 의회'를 통해 통치하는 방식을 택했다. 그 자신은 이미 잘 알려진 세계인 동쪽 절반을 관리하고 보호했다. 그리고 서쪽은 친구이자 제자였던 막시미아누스에게 맡겼다.

연방통치라는 '새로운 정치 질서'는 로마 속지인들의 자의식을 강화시켰다. 스스로 야만족을 물리쳤을 때, 그것은 더 이상 로마를 위해 싸운 것이 아니라 자신의 문화를 위해 싸운 것이었다. 그러나 이미 너무 늦었다. 로마제국의 동서 분할은 거기에서 끝나지 않았다. 콘스탄티누스 대제 치하에서 로마는 둘이 아니라 네 지역으로 분할되었다. 동방과 서방 이외에 북방과 아프리카에서도 자치가 이루어졌던 것이다. 이러한 로마 분할의 주요 원인은 흔히 상상하듯 왕위를 빼앗으려는 자의 야망 때문이 아니라 기아에 대한 공포 때문이었다. 속지는 독립하는 순간, 곡물을 내주어야 할 필요가 없어졌다. 곡물을 로마로 보내지 않으면 그들은 자급자족할 수 있었다. 빵의 나라를 차지하기 위한 로마의 투쟁은 빵의 나라에 자유를 주는 것으로 끝이 났다. 그러나 많은 지역에서 자유는 매우 더디게 왔다. 한때 번성했던 속지는 물밀듯이 쳐들어오는 야만족 때문에 제국에 보낼 곡물은커녕, 자신들이 먹을 곡물조차도 없었다.

로마제국의 몰락 과정에 대해 한 가지 덧붙이자면 그 속지들이 분리된 방식이었다. 그들은 야만족에 맞서 싸우기 위해서 혹은 야만족과 함께 독립국가를 건설하기 위해서 스스로 떨어져나간 것이 아니었다. 그들의 의지와는 반대로 분리당한 것이었다. 잉글랜드 섬은 로마와의 관계가 끊어지지 않기를 바랐으며, 색슨족을 물리칠 수 있도록 도와달라고 로마제국에 간청했다. 당시의 황제 호노리우스는 브리튼족에게 이런 답변을 보냈다. "스스로 해결하라. 나는 더 이상 그대를 도울 수 없다." 끝내 세계의 로마제국은 무너졌다.

*　　*　　*

여기서 로마제국을 침입한 민족들의 문화 수준에 대해 살펴보자. 카이사르는 게르만족을 이렇게 설명하고 있다. "그들은 농사에 전혀 관심이 없다." 아울러 그 이유를 덧붙였다. 농사는 그들 부족의 영향력을 약화시키고 조그만 땅덩이를 소유하는 데 익숙해지게 할 것이다. 그들은 영원한 보금자리를 마련하고 전쟁 같은 삶을 그만둘 것이다. 그러나 카이사르가 보기에 전쟁은 게르만족의 궁극적인 이상이었다.

아우구스투스 황제 시대의 그리스 지리학자 스트라본도 이와 비슷한 말을 하고 있다. 그는 당대의 게르만족에 대해 이렇게 말한다. "농사를 짓지 않고 재산을 모으지도 않으며 그저 초라한 움막에서 하루하루 사는 것이 이 사람들의 보편적인 생활이다. 또한 음식은 대부분 가축들로부터 얻기 때문에 그들은 가재도구 몇 개만 마차에 싣고서 가고 싶은 곳으로 쉽게 양떼를 몰고 다닌다."

300년 뒤 대이동 시기에 로마제국의 변방에 살게 된 게르만족은 농업의 장점을 어느 정도 알게 되었다. 새로운 곳으로 옮기면 그들은 항상 일 년 동안 머물렀다. 목장 근처에 몇 평 정도의 땅을 갈아 귀리를 재배하여 추수를 한 다음에야 이동했던 것이다. 플리니우스가 지적한 것처럼 그들은 귀리를 그냥 좋아하기만 한 것이 아니었다. 귀리는 민족적 상징이자 이정표가 되었다. 게르만족은 새로운 생활방식을 터득했다. 예전에 그들이 농사가 자신들의 전투력을 약화시킨다고 믿었다면, 이제는 반대로 농사가 전투력을 강화시킨다는 사실을 알게 되었다. 식구가 아주 적은 사람들만 목축으로 살아갈 수 있었다. 식구가 많기를 바라는 사람에게 목축은 비효율적이었다.

러시아 학자들의 연구에 따르면, 6인 가족의 중앙아시아 유목민이 보통의 환경에서 생활하기 위해서는 가축 300마리가 필요했다. 그들은 가죽으로 옷과 신발을 만들고 가죽과 뿔은 밀가루, 술, 모직물과 교환했다. 그러나 한 가족이 가축 100마리만으로 꾸리는 생활은 비참하기 짝이 없었다.

　로마제국을 습격한 야만족들은 그 수가 끊임없이 증가했으므로 그들이 전쟁에서 이기고 굶어죽지 않으려면 수십억 마리의 가축이 필요했는데, 그 가축을 기를 만한 충분한 초원이 없었다. 따라서 자신들의 경제 활동을 목축에서 농사로 바꾼 것은 필연적이었다.

　그러나 그들이 쉽게 받아들인 것은 아니었다. 무려 천 년 동안 게르만족, 켈트족, 슬라브족은 본능적으로 이러한 변화의 필요성에 거세게 반발했다. 영원한 유랑, 광활한 들판에서의 수면, 인고(忍苦)에 대한 자긍심, 이런 방식이 그들에게는 잃어버린 낙원의 삶처럼 여겨졌다. 게르만족의 왕 아리오비스투스는 언젠가 카이사르에게 이렇게 말했다고 한다. "당신은 1400년 동안 지붕 아래서 잔 적이 없는 전사들이 무엇을 이룩하는지 보게 될 것이오." 이 말은 전사의 본능과 농부의 본능 간의, 유목민과 도시 정착민 간의 끝없는 갈등을 내포하는 중세와 근대의 역사를 예고하는 것이었다.

*　　*　　*

　북방 민족이 자신들의 의도와는 정반대로, 어쩔 수 없이 전투적인 유목생활을 농경생활로 바꾸면서, 자신들이 차지한 로마제국 변방의 농지를 민족 전체가 공동 관리했다. 그런데 지휘관들이 일반 병사보다 더 많은 농지를 할당받음으로써 다소 왜곡된 농업공동체를 형성했다. 아마도 처음에는 개인 소유의 땅이 없었고, 가족 수에 따라 해마다 제비뽑기로 할당 농지의 면적을 결정했을 것이다. 땅을 경작한 뒤 수확한 모든 곡식은 가족 수에 따라 균등하게 분배했다. 물론 경작권에는 목초, 물, 나무의 사용권도 포함되었다. 독점할 수 있는 사유재산은 칼과 방패, 농기구가 고작이었다.

농사를 싫어하는 게르만족의 기질, 서로 다른 토질, 수확량의 차이 때문에 결국 노동 분배가 불공평하게 되고 말았다. 게르만족은 전사농민(戰士農民)의 기여도가 저마다 다르다는 것을 깨달았다. 이 문제를 해결하기 위한 첫 번째 조처로 각자 스스로 먹을 것을 해결하라는 법령을 선포했다. 즉 토지가 개간한 사람의 소유가 된 것이었다. 토지를 개간한 사람에게는 식량이 풍족했다. 그러나 술 마시고 놀기 좋아하여 기아 문제에 직면하게 된 사람은 농기구를 팔고, 유능하고 부지런한 사람에게 농지까지 팔아 넘겼다. 그리고 마침내는 자신의 노동력을 (자신뿐 아니라 그 후손의 노동력까지) 이웃에게 팔아넘기는 신세가 되었다. 그는 자유를 포기해야만 불안정한 경제 생활로부터 보호를 받고 끼니를 이을 수 있게 되었다.

그러나 그것은 땅에 얽매인 비자유민(非自由民)의 기원일 뿐 가장 중요한 것은 아니었다. 로마제국의 농지를 소유하기 전까지 게르만족은 노예제도를 몰랐다. 그들은 전쟁 포로에게 목축을 맡기기보다는 아예 죽이는 쪽을 택했다. 그러나 로마에서는 수백 년 전부터 노예 노동의 경제 형태가 일반적이었다. 이 노동자들은 땅에 얽매여 있었다. 북방민족은 허리를 구부리고 땀 흘리는 노동에 취미가 없었고, 이러한 기질은 기존의 로마 방식을 채택하여, 식민지 주민들의 손자와 증손자를 노예로 부려 땅을 일구게 했다.

그러나 그리스도교의 정신을 고려해야 했다. 그리스도교도는 노예

노동 문제에 대해 어떤 입장을 취했을까? '억압받는 자들의 종교'로서, 그리스도교는 노예제도를 금했어야 했다. 그러나 콘스탄티누스 대제 치하에서 그리스도교가 국교가 되었을 때, 그리스도교는 더 이상 로마 경제 형태를 비난하는 따위의 현실에 어긋나는 행동을 하지 않았다. 대신 노동을 할 수밖에 없는 아담의 운명적 저주를 받아들였다.

이와 동시에 그리스도교는 중세의 4세기 내내 서서히 작용하면서 노예제도를 위험에 빠뜨리기도 했다. 다시 말해 노예제도를 고상한 개념으로 탈바꿈시켰던 것이다. 성서에서는 모든 그리스도교도들을 '하느님의 종'으로 불렀으며, 더욱이 예수도 이집트에 예속된 이스라엘처럼 자신도 하느님에게 예속된 종이라고 자처했다. 이것은 노예에게 영광을 누릴 권리와 신분에 대한 자긍심이 있다는 것을 암시했다. 이것은 단순한 위안이 아니라 실제로 그러했다. 로마의 노예는 물건이었다. 하지만 중세의 농노는 비록 권리는 거의 갖지 못했었지만 그래도 '사람'이었다.

더욱이 중세 초기의 농노는 지주들에게 모진 학대를 당하지 않았다. 농노가 일을 잘하게 하려면 잘 먹여야 했기 때문이다. 토지를 소유한 사람은 앵글로색슨 말로는 라포드(hlaford), 즉 빵을 나눠주는 사람이었다. 나중에 이 말은 로드(lord)로 축약되었다. 그의 아내는 래프디지 (hlaefdigge), 즉 반죽하는 사람으로, 이 말 역시 나중에 레이디(lady)로 변했다. 언어의 역사에서도 볼 수 있듯이 지주는 노동자에게 급료만 지불하면 더 이상 아무런 관심을 갖지 않는 공장주와는 달랐다. 지주는 그 자신이 노동 현장의 십장이자 가장이었고 농노는 한 가족이었다. 그리고 모든 지주의 지주는 왕이었다.

이 시대의 경제 활동은 어느 곳에서나 호혜주의가 일반적이었다. 그

근거는 얼마든지 있다. '지주의 보살핌'은 빈 말이 아니었다. 많은 농민들이 자발적으로 '지주의 보살핌 속으로' 들어갔다. 웨스트색슨족의 알프레드 대왕은 빵과 바른 행실을 보장해줄 보호자가 없는 농민은 모두 무법자로 간주했다. 자유와 안전을 맞바꾸는 것은 아주 멋진 거래처럼 보였다. 자유민은 군복무를 해야 했으며, 게다가 말과 무기까지 제공해야 했다. 스스로 자유를 포기한 사람은 이 비용을 아낄 수 있었고, 생명의 위험 속에 자신을 노출시키지 않아도 되었다.

지주가 야만성을 발산하고 전쟁터에서 돌아오면, 농노들은 승리감에 도취한 지주의 영향을 받았다. 가혹한 폭력이 없진 않았지만 여전히 관습과 말이 사람과 사람의 관계를 통제했다. 가부장적 경제 형태가 지닌 꾸밈없는 따뜻함과 소박함 때문에 농노계급을 가혹하게 착취하는 일은 없었다. 1000년 무렵, 신흥 게르만제국이 계속적인 정복을 통해 로마제국 못지않은 거대한 조직이 되고 농노의 수가 굉장히 많아지면서부터 빵 재배자의 운명은 악화되었다.

수도사, 수호신 그리고 농민

조상의 생각을 평가하기에 앞서, 먼저 그 생각에 대해 알아야 한다. 그런 다음에야 조상이 얼마나 어리석었는지 혹은 얼마나 현명했는지를 판단할 수 있다.

— 디드로

북방민족을 빵을 먹고 토지를 개간하는 사람들로 변화시키는 것은 그리스도교 성직자들의 위업이었다. 몸소 모든 곳에서 나무를 없애고, 목초지를 경작지로 바꾸며, 여자들의 옷으로 붙들어 맨 황소를 끌고 가는 성직자들이 게르만족에게는 틀림없이 약간 미친 사람으로 보였을 것이다. 모든 사람이 곧 이동할 텐데 왜 그들은 사서 고생을 할까?

그러나 사람들은 떠나지 않았다. 정말 그랬다!

수도사도 실제로 저런 사람들에게 쟁기 사용법을 가르칠 만한 가치가 있을까 자문했을지도 모른다. 그들은 어쨌든 직접 경작지를 일구는 사람들이 아니었다. 그들은 수도원에 들어앉아 책을 읽으면서 이론적으로 농업을 연구하는 것을 훨씬 더 좋아했다. 한 예로 훌륭한 성직자 카토는 농지에서 풍성한 수확을 거두려면 어떻게 준비해야 하는지에 대한 모든 조건을 꼼꼼히 적었고, 바로는 18년 동안 농사에 관한 책을 무려 6백 권이나 썼다. 이 책들은 농업이 무엇이며, 토질, 물, 기후, 노동이 농업에 어떤 영향을 미치는지를 후세에 알려주고 있다. 그런데 이 수도사들은 의사소통조차 안 되는 사람들에게 이런 지식을 조금이라도 전해줄 수 있었을까?

이것은 유식한 자와 무식한 자 사이에 존재하는 당연한 격차와는 다른 문제였다. 중세 초기에 이 지역으로 이동해 온 새로운 민족들은 지중해 주변에 정착해 있던 그리스 로마인과는 신체 구조나 감각이 달랐다. 그리스 로마인은 이집트, 페르시아, 페니키아 종족과 기질이 아주 흡사했으며, 그리스도교 성직자들은 여러 면에서 바로 이들의 정신적 후계자였다. 그러나 북구 게르만족은 다른 행성에서 온 사람들 같았다. 그들을 전혀 이해할 수 없는 가장 큰 이유는 중요하고도 이질적인 것이었다.

이들 튜턴족은 '바람을 숭배하는 사람들'이었던 것이다. 이들이 숭배하는 최고신은 바람의 신 오딘으로, 다리가 여덟 개 달린 말을 타고 날아다니며 항상 까마귀들을 이끌고 다녔다. 집을 본 적도 없는 선조의 후손들이나 세계의 창조주가 바람의 신이라고 믿은 것이었다. 고대 그리스 로마에서도 바람을 숭배하긴 했지만 헤르메스와 메르쿠리우스*는 판테온 신전에서 중요한 신이 아니었다. 지중해 지역의 사람들은 북유럽에서 맹위를 떨치는 광풍에 친숙하지 않았다. 오직 게르만족만이 광풍이 세상을 창조하고 바꾸는 존재로 여겼다. 이들이 "바람은 공기의 흐름과 이동이다"라는 히포크라테스의 합리적이고 문명화된 설명을 들었다면 고개를 절레절레 흔들었을 것이다. 삼림을 파괴하고 바위를 깨뜨리는 힘, 북해의 파도를 솟구치게 하는 힘, 그것이 단지 '공기'일 리가 없었다!

지중해 사람들은 자신의 좁은 세계 속에서, 자신의 '문화' 속에서, 마치 자신들 외에는 아무 것도 존재하지 않는 것처럼 살았다. 집, 화덕, 농경지가 그들에게는 세계의 중심이었다. 이들은 바람의 신 오딘, 번개의 신 토르, 구름의 여신 프레이야가 있는 혼돈의 왕국에는 전혀 눈길을 주지 않았다.

그런데 이제 게르만족은 영원히 한곳에 정착하고 땅을 일구어 빵을 먹어야 할 필요성을 절실하게 느꼈던 것이다! 그들은 오랜 세월 동안 이에 저항해 왔다. 자유롭고 무한한 자연이 인간보다 훨씬 더 중요하다는 것이 그들의 가장 근본적인 믿음이었기 때문이다. 그들에게 대지를 마구 파헤치는 것은 죄악이었다. 가장 강력한 욕구가 아니라, 가장 무시무시한 지배인 대규모의 농사(쟁기질과 파종)라는 힘을 인간이 자연에 어

---

* 헤르메스는 아버지 제우스의 전령으로 날개 달린 모자와 가죽신을 신고 바람처럼 돌아다녔다. 메르쿠리우스는 로마신화에서 헤르메스에 해당하는 인물.

다리가 여덟 개 달린 자신의 말 슬레이프니르를 타고 있는 바람의 신 오딘

떻게 행사할 수 있단 말인가? 북유럽 신앙의 특징은 언제나 인간의 권리로부터 자연의 권리를 보호하는 데 있었다. 더욱이 이들은 농사를 '도둑질'로 간주해서, 겨울이 되면 대지의 수호신이 '인간의 곳간에 들어가 도난당한 곡물이나 밀가루를 되찾아 간다'고 철석같이 믿었다. 새로운 민족이 땅을 일굴 때, 그들은 항상 죄책감을 느꼈다. 농경 생활을 처음 시작할 때, 그들은 진정으로 그렇게 생각했다. 따라서 쟁기질, 파종, 추수, 제빵에 이르는 활동과 관련된 많은 관습은 성난 대지의 정령이 앙갚음하는 것을 막기 위해 치밀하게 계산된 주술이었다. 그러나 그들은 하늘도 두려워했다. 그러므로 농사를 짓기 위해서는 하늘에 있는 바람의 신

17세기 필사본 책자에 그려진 사랑과 풍요, 아름다움의 여신인 구름의 여신 프레이야

오딘, 구름의 여신 프레이야, 번개의 신 토르의 보호를 받아야 했다. 목요일은 토르 신의 날이었다. 당연히 게르만족은 모든 농사를 이 토르의 날에 시작했다.

그들은 경작지를 일구기 전에 주술을 이용하여 반드시 길들여야 할 살아 있는 생명체로 여겼다. 그래서 어떤 부족은 거센 폭풍을 일으키듯이 경작지에서 맹렬하게 말을 몰면 오딘의 은총이 경작지에 충만해진다고 믿었다. 말은 바람의 신을 섬기는 동물이기 때문에 경작지의 네 귀퉁이에 말의 두개골을 놓아두기도 했다. 또한 멧돼지의 이빨과 털을 땅에 묻었는데, 이는 땅을 범하려는 인간보다 땅에 뿌리박은 동물인 돼지의 권리가 더 오래되었기 때문이다.

켈트족, 게르만족, 슬라브족은 쟁기질을 하면서 점점 두려움이 커졌다. 그들은 대지의 진노를 막기 위해, 쟁기를 인간이 부리는 기계가 아니라 스스로 움직이는 동물인 것처럼 꾸몄다. 따라서 앵글로색슨족은 쟁기를 '돼지의 코', 레트족은 '곰', 라인란트 사람들은 '늑대'라고 부름으로써, 땅을 갈아엎는 것을 동물이 한 짓처럼 꾸몄다. 그렇게 해도 두려움이 가시지 않았다. 벼락에 맞아 동강난 쟁기의 나무로 새 쟁기를 만드는 데 사용하지 않은 것은 토르 신의 진노가 새 쟁기에도 내려질까 걱정했기 때문이다. 또한 벼락에 맞지 않도록 보호하기 위해 쟁기를 끄는 황소의 털을 조금 뽑아 태우기도 했다. 첫 쟁기질을 할 때는 쟁기 앞에 달걀 하나를 놓았다. 달걀이 깨지면 대지가 그것을 기꺼이 제물로 받아들인다고 믿었다. 쟁기질을 하다가 밭고랑 하나를 빠뜨리면 가족 중 한 사람이 곧 죽는다고 생각했다. 쟁기 꿈은 죽음을 의미했는데, 쟁기로 대지를 갈아엎는 것은 삽으로 묘지를 파헤치는 것과 같다고 여겼기 때문이다.

쟁기질을 다 한 다음에는 파종을 했다. 파종을 무사히 마치려면 반드시 씨앗 뿌리기의 오랜 숙적인 바람을 진정시켜야 했다. 성서에는 파종을 하는 동안 바람에게 경배를 금한다는 구절이 있는데, 이는 하느님의 은총을 받은 사람은 자연의 힘보다 더 강하다고 믿었기 때문이다. 게르만족은 이와 반대로, 바람이 훨씬 더 강하다고 믿었다.

씨앗이 움트기 시작하면 태양과 비가 그 어린 싹에게 은혜를 베풀도록 더 많은 주술을 사용했다. 터부를 지킨 것은 대지의 건강을 보호하기 위함이었다. 해산한 지 얼마 안 된 여인이나 폐 질환이 있는 사람은 경작지에 접근해서는 안 되었다. 시신을 장지로 옮기는 장례 행렬은 어떠한 농지도 절대 가로지를 수 없었다.

마침내 줄기에 이삭이 패면 여름철의 고생이 시작되었다. 밭에서 바람이 일어나는 모습을 주의 깊게 살펴볼 필요가 있었다. 자신의 죽음이 임박했음을 예견한 곡물의 수호신이 해를 입힐지도 몰랐기 때문이다.

당시에는, 현대인들이 한없이 평화롭게 바라보는 황금들판에 섬뜩한 공포가 감돌았다. 바람에 흔들리면서 쉬익 소리를 내는 이삭의 수염 안에 정령이 살고 있다고 생각했다. 곡식이 '자라서 살랑살랑 흔들리고 여물어 고개를 숙이는' 것은 '무지막지하게 털려서 물에 통통 불었다가 온몸이 부서져 불에 그을리고 뜨거운 김에 쏘이는' 운명을 암시하는 것으로 이해되었다. 북유럽 사람들은 벌판에서 '곡식을 헤집고 말을 모는 소리'나 '마녀가 밭을 누비고 다니는 소리'를 들었다. 그러나 무엇보다도 모든 동물들이 들판에 집이 있는 것 같이 보였다. 동물들은 보이지 않는 모자를 써서 볼 수는 없었으나 바람의 움직임으로 그것을 느낄 수 있었다. 제일 강한 바람은 '거대한 돼지'나 '여우'였으며, 쉴새없이 불어닥치는 돌풍은 '수사슴'이었다. 바람이 날카롭게 내리꽂힐 때면, 사람들은 "토끼가 이곳에서 뛰어다닌다"고 했다. 바람이 거세게 불어 곡식을 주렁주렁 매단 이삭이 땅에 엎드려 있으면 이렇게 말했다. "이번에는 늑대들이 뛰어다니는 모양이군."

그러나 곡식의 요동보다 훨씬 더 두려운 것은 미동도 없이 고요한 한밤중이었다. 이때는 '호밀 할머니'나 '귀신들'이 활동하는 시간으로 여겨졌다. 마치 오븐 속에서 피어오르는 김처럼 바람이 고요하게 이삭 주위를 감돌 때, 게르만족 농민은 알 수 없는 자연현상으로 여기고 섬뜩한 공포에 사로잡혔다. 고작 2, 3백 년 전만 해도 이곳에는 시원한 강물이 철철 흐르는 신성한 숲이 있었다. 나뭇가지의 속삭임은 아주 친숙한 것이어서 이상한 기운이 감도는 곡식의 침묵과는 달랐다. 게르만족이 토이토부르크 숲에서 로마인들을 대량 학살했을 때 로마인들의 고통을 냉정하게 외면한 것을 제외하곤 숲은 언제나 튜턴족의 친구였다. 이제는 한낮에 경작지를 뜨겁게 비추는 햇살이 '곡식의 어머니'가 되어 게르만족의 가슴을 졸이게 했다.

'사악한 곡식의 어머니'와 눈에 보이지 않는 동물에도 불구하고, 해마다 이맘때면 이들 이교도들은 낫을 갈기 시작했다. 그러고는 고함을 지르며 밭 가운데로 뛰어들어 마구잡이로 이삭을 베었다. 그들은 그것을 평화로운 일로 여기지 않았다. 그들은 줄기에 붙어 있는 호밀 이삭이 자신이 휘두른 낫에 떨어지는 것을 보면서 마치 전쟁을 벌이고 있는 듯한 느낌을 받았다. 적들의 병사가 점점 줄어들고 마침내 밭을 점령한 아군들은 '마지막 무더기'를 향해 달려들었다. 이 마지막 무더기는 공포감과 승리감이 한데 얽힌 여러 의식에 사용할 제물이었다. 어떤 부족은 베는 것에 그치지 않고, '생포한 포로'처럼 마차에 실어놓은 곡식 주위를 돌면서 여자들이 춤추고 조롱했다. 또 다른 부족은 조심스럽게 다루어, 다른 부족들처럼 탈곡을 하지 않고 곳간으로 옮겼다. 그러고는 낯선 여행자(어쩌면 이 여행자를 오딘이라고 생각했을지도 모른다)에게 가져가게 하거나, 이삭을 단으로 묶지 않고 경작지에 흩뿌려 대지를 위로하기도 했다. 어느 곳이든 추수한 곡물을 곳간으로 옮긴 다음에는 곧바로 위령제를 올렸다. 가을바람이 거셀수록 빵 재배자들은 오딘의 진노 앞에서 공포에 떨었다. 흙먼지가 기둥처럼 솟구치면 그것은 바람의 신이 자기 몫의 밀가루를 요구하는 것으로 받아들였다.

여기 있습니다, 바람 신이여!
자식들에게 음식을 만들어주소서!

사람들은 이렇게 말하며, 지붕 위에서 성난 바람을 향해 밀가루 포대를 쏟아 부었다. 12월 하순, 바람이 섬뜩한 소리를 내며 거세게 몰아칠 때에는 밀가루와 소금을 문지방 앞에 놓아두었다. 만약 바람이 이 제물을 거두어 가거나 제물로 바친 보리죽을 바싹 말려놓으면 바람의 신이 기도를 들어주었다고 믿었다.

이처럼 일용할 빵을 보호하기 위해서라면 무슨 일이든 해야 했다. 그리스도교 성직자들에게는 대지의 수호신에게 제물을 바쳐 눈을 속이려 하는 켈트족, 게르만족, 슬라브족의 의식구조는 치유하기 힘든 큰 골칫거리였다. 이들 그리스도교 성직자들은 모든 농업 활동의 최종 생산물이 곧 빵의 형상을 한 예수이기 때문에 절대 사악할 수가 없다고 설득했다. 북유럽 민족이 순순히 수긍하지 않자 성직자들은 유대인의 관점에서 그들을 가르칠 수 있는 우회적인 방법을 강구했다. 다시 말해서 대지는 사람의 노예이며 사람은 대지를 다스리는 하느님의 노예라고 납득시키려고 애썼다. 쟁기질을 하고 씨앗을 뿌린 다음, 추수하여 빵을 만드는 일은 전혀 죄 될 일이 아니라고 했다. 물론 대지에게 아무런 해도 끼치지 않는다는 사실도 덧붙였다.

사람들이 추수한 것을 빼앗아 감으로써 농민을 괴롭히는 경작지의 일부 수호신들을, 성직자들은 서슴없이 사탄으로 규정했다. 많은 잡신의 경우에는 세례를 주어 사람들을 돕는 농업의 성자로 바꾸어 놓았는데, 그 한 예가 바로 저 유명한 투르의 성 마르탱이다.

원래 성 마르탱은 군 장교였다. 어느 날 프랑스 아미앵의 성문 앞에서 온몸이 꽁꽁 얼어붙은 거지를 본 마르탱은 자신이 두르고 있던 승마용 외투를 찢어 한 쪽을 거지에게 주었다. 그리하여 그는 바람과 추위로부터 가난한 사람들을 돕는 성자의 자리에 오르게 되었다. 오딘과 맞서기 위해서는 성 마르탱도 바람 신의 특징을 어느 정도 지닐 수밖에 없었다. 따라서 성 마르탱의 축일은 사악한 바람을 견제하기 위해 모진 비바람이 부는 10월로 정했다. 그리스도교도들의 영웅인 이 성자의 날에는 모든 교도가 모여 성 마르탱의 빵을 몽땅 먹어버렸다. 이 소식을 듣고 깜짝 놀란 성직자들이 1년 동안 먹을 식량을 저장해두지 않느냐고 힐문하자 농민들은 이렇게 대답했다. "벼락 신이 집을 부서뜨리면 어떻게 해요!" 새로운 가르침은 오랜 믿음 위에 덧칠될 뿐이었다. 이교도와 그리스도교도가 융합하는 과정에서 사람들은 안정과 불안이 동시에 번영하는 중간 세계를 창조했던 것이다.

그리스도교 성직자들이 거둔 가장 큰 성공은 구름의 여신 프레이야를 그리스도적 인물로 대체시킨 것이었다. 다름 아닌 예수의 어머니, 성모 마리아를 프레이야의 자리에 들여앉혔다. 청색 바탕에 낟알을 수놓은 옷을 입고 '곡식들 사이를 걸어 다니는' 마리아는 대지의 온화함과 너그러움을 암시하는 그리스도교의 상징이 되었다. 추수철의 절정인 8월 15일은 진정한 '곡식의 어머니'인 그녀가 인류에게 모든 것을 베풀고 자손들에 대한 아무런 걱정 없이 이 땅을 떠나 하늘로 올랐다는 성모 승천 축일이기도 했다. 로마제국에서 성모 마리아를 대신한 여신은 데메테르(케레스)였다. 대개 이런 일들은 어느 날 갑자기 일어나기 때문에, 농촌 지역에는 마리아를 섬기던 예전 의식이 대부분 그대로 남아 있었다. 그러나 성직자들은 남유럽에서 그랬던 것처럼, 북유럽의 묵은 땅에서도 새로운 종교를 심는 데만 급급했다. 수태고지 축일인 3월 15일에 농민은 첫 쟁기질을 했는데, 이는 동정녀 마리아가 '예수 그리스도라는 하늘의 밀알'을 받아들였던 것처럼, 씨앗을 받아들일 수 있도록 대지의 자궁을 여는 것이었다. 씨앗을 신성한 존재로 여긴 다음부터는 성모 마리아의 생일인 9월 8일에 가을 파종이 시작되었다. 이 무렵에는 엘레우시스교에서도 의식을 거행하여, 페르세포네가 저승으로 되돌아간 것을 기념했다.

그리하여 쟁기질에서 추수하기까지의 전 과정을 지배하는 경작지의 지배자가 누구인지를 놓고 이교도와 그리스도교도 사이에 논쟁이 벌어졌다. 게르만족과 슬라브족은 혼돈스러운 자연의 삼라만상에 대지의 지배를 맡기고 싶어 했다. 그러나 그리스도교 성직자들은 이것을 결코 용납하지 않았다. 하느님의 모습으로 만들어진 사람이 자연의 힘을 다스려야 한다고 여겼다. 우리는 그리스도교 성직자들의 위대한 업적을 칭송하지 않을 수 없다. 이들이 기록해놓지 않았다면 로마제국의 문화적 유산이 역사에서 영원히 사라졌을 것이기 때문이다.

그럼에도 이 논쟁의 부정적인 측면을 묵과할 수 없다. 백여 년에 걸친 긴 전쟁을 치르는 과정에서 빵의 신 예수 그리스도가 바람의 신과 물의 신을 물리침으로써 서구인의 정신 속에서 로마제국의 모든 농업 기술이 사라져버렸다. 북유럽 사람들은 로마의 위대한 농업의 스승 콜루멜라가 쓴 책을 읽을 줄도 몰랐으며 연구할 생각도 없었던 것이다. 영국 역사학자 할람이 지적하듯 중세의 야만주의는 사람들이 라틴어를 사용하지 않으면서 시작되었다. 다시 말해 라틴어가 학자들의 전유물로 전락하면서 일반 대중은 더 이상 고대의 소중한 지식을 공유할 수 없게 되었다.

문화는 전통이고 관습의 기억이다. 고대의 관습은 기록되지 않은 채 지극히 일부만이 전해 내려온다. 그런데 이처럼 전적으로 기억에만 의존하는 관습은 큰 의미가 없다. 지식의 증발 속도는 대단히 빠르기 때문이다. 신앙과 미신 사이의 교리 논쟁을 벌이는 동안 사람들은 자신이 해야 할 일이 무엇인지 확신이 서지 않아 경작 기술을 점점 등한시하게 되었다. 수호신을 축출하고 쟁기를 이끌어주는 존재가 예수인지 고대의 신들인지에 대한 불가피한 논쟁은 야만족의 신 오딘과 그의 수행자들의 쟁기를 녹슬게 했다. 논쟁에 휩쓸린 사람들은 너 나 할 것 없이 합리적인 판단력을 상실했다. 그들은 농업 기술에 너무나 무지몽매했던 탓에 중세가 열리는 길목에서 발생한 엄청난 질병에 대처할 수 있는 방법을 전혀 몰랐던 것이다. 그러던 어느 날, 빵을 망쳐놓기 위해 정말로 사탄이 나타났다는 것을 알게 되었다. 그러나 그것은 성경 속의 사탄과는 전혀 다른 것이었다.

*　　*　　*

프랑크 왕국* 치하의 어느 날, 레모주 시에는 이상한 소문이 파다하게 퍼졌다. 머리를 풀어헤치고 두 팔은 앙상한 마녀가 대낮에 밭에 나타난다는 것이었다. 마녀의 가슴이 새까맣더라고 했다. 이 마녀는 아이들을 밭으로 유혹하여 타르가 잔뜩 묻은 빵을 주었다는 것이다. 안 먹겠다고 버티자 마녀가 아이들을 붙잡고 입에다 쑤셔 넣었다고 했다. 결국 그 아이들은 공포에 질려 죽거나 숨이 막혀 죽었다는 이야기가 무성했던 것이다.

레모주는 갈리아에 있는 시였다. '레모주(Limoges)'의 '렘(Lem)'은 켈트족 말로 수사슴이란 뜻이다. 이 수사슴처럼 레모주 사람들도 카이사르와 로마군에게 정복되기 전에는 숲에서 자유롭게 살며 도토리 빵을 먹었으나 로마군이 주둔한 다음에는 숲을 개간하여 도시, 시장, 원형극장, 빵의 여신 케레스의 신전, 화덕의 여신 베스타의 신전 등을 세웠다. 훗날 레모주에 온 성 마르티알은 사람들을 극장에 모아 설교를 하면서 그들을 그리스도교로 개종시켰다. 빵의 신으로 거듭난 예수 그리스도를 섬기는 성직자들은 십자가와 쟁기를 들고 돌투성이의 황무지로 들어갔다. 이들이 땅을 개간하자마자 훈족보다 먼저 튜턴족이 쳐들어와 그 땅의 주인들을 지배했다. 그 후 몇백 년 동안 평화는 오지 않았다. 대

---

* 481~843년 서게르만계에 속하는 프랑크족이 세운 왕국. 서유럽 최초의 그리스도교 국가.

화재와 폭동이 거듭되면서 씨앗을 제대로 뿌리지 못했고 따라서 빵이 부족했다. 어린아이 몇 명이 마녀에게 잡혀 주검이 되거나 질식사한 것쯤이야 재앙이랄 수도 없을 정도였다.

그러나 역경이 계속되던 943년 가을 초순, 너무나 끔찍한 비극이 시작되었다. 사람들은 날카로운 비명을 지르고 울부짖고 온몸을 비틀며 길바닥에 쓰러졌다. 식탁에서 일어서던 사람이 방안을 데굴데굴 구르는가 하면 입에 거품을 물고 고꾸라져 경기를 일으키기도 했고 실성한 것처럼 보이는 사람들도 있었다. 이들은 대부분, "불이야! 내가 불타고 있다!"라고 소리를 질렀다.

정말 그랬다. 빨리 회복하지 못한 사람들은 화재 속에서 살아남은 사람처럼 보였다. 이것은 "뼈에서 살을 발라내 태우는 보이지 않는 불이었다"고 연대기 작가 위고 파르지튀는 썼다. 이루 말할 수 없는 혹독한 고통 속에서 남녀노소 할 것 없이 숱한 사람들이 죽어갔다. 레모주 시는 온 동네가 마치 화장터가 된 것처럼 밤낮으로 시신을 불태웠다. 사방에서 울부짖는 소리가 울려 퍼지고 몸을 버둥거리며 불타는 사람들은 보였지만 어디에도 불 난 데는 없었다. 먼저 발가락이 까맣게 변했고, 그 다음에는 손가락이 갈라졌으며, 사지가 부들부들 떨리다가 급기야는 떨어져 나갔다. "그럼에도, 심지어는 어서 죽기를 바라는 사람도 삶의 마지막 끈이 불길에 끊어지기 전에는 희망을 버리지 않았다. 주목할 사실은 이 불이 몸을 덥힐 방법이 전혀 없이 혹독한 추위에 떨고 있던 가엾은 사람들 사이에 창궐했다는 것이다"라고 파르지튀는 기록했다. 소름끼치는 신음이 온 동네에 메아리쳤고 거리에 진동하는 역겨운 악취는 오래도록 가실 줄을 몰랐다.

자연의 질서가 완전히 뒤바뀌었다. 땅속 깊은 곳에 있던 저승이 지상으로 올라온 것처럼, 보이지 않는 불길이 냉혹하게 사람들을 집어삼켰다. 전염병이 돌았다고 했다. 그러나 그것은 전염병이 아니었다. 온몸이 뒤틀린 채 썩어가던 시신 수천 구를 웅덩이에 묻고 온 사람들은 건강하게 살아남았던 것이다. 또 한편, 사망자가 한 명도 없었던 마을에서는 하루만에 주민이 몰사했다. 동시에 식탁 위에 있던 레모주 주민들의 빵이 변했다. 잘라 보니 그 안에 고여 있던 끈적거리는 까만 액체가 쏟아졌다.

　　질병이 이 빵에서 나온 것일까? 절망한 주민은 제단 앞에 무릎을 꿇었다. 그들은 성모 마리아와 예수에게 도와달라고 애원했다. 뿐만 아니라 파리의 양곡 수호신인 성녀 주느비에브에게도 간청했다. 이 성녀가 사망한 지 고작 몇백 년밖에 되지 않아서, 병에 걸린 사람들의 증조부뻘 되는 조상들은 성녀를 직접 보았는데, 훤칠한 키에 금발을 가진 여인이라 했다. 이 여인은 오딘의 시녀 발퀴리처럼 곡물을 배에 싣고 센강을 거슬러 올라가 굶주리는 파리 사람들에게 나눠주었다. 그 후로 프랑크 왕국의 농민들은 주느비에브를 폭우와 기아를 막아주는 수호 정령으로 섬겼다.

　　안타깝게도 주느비에브에게는 보이지 않는 불을 진압할 능력이 없었다. 게다가 쥐에게 호밀의 밑둥을 갉지 말라고 간곡히 설득한 니벨레 지방의 유명한 성인 제르트뤼드도 아무런 도움이 되지 못했다. 이 질병은 주교들이 성 마르티알의 유골을 가지고 와서야 진정되었다. 그러나 한 해 동안 이미 4만 명이 목숨을 잃은 뒤였다.

　　현대의 우리는 그 질병이 무엇인지 알고 있다. 중세 사람들은 불행하게도 곡식이 까매지면서 단맛을 내는 맥각병을 모르고 있었다. 그들은 밭에서 무심코 맥각병에 걸린 곡물들을 씹었으며 그것을 갈아 밀가루로 만들었던 것이다. 맥각병은 독성이 강한 담자균이 옮기는 식물의 병이다. 사실 이 담자균에는 두 가지의 독이 들어 있는데, 하나는 사람과 동물의 사지를 떨리게 하는 독이며 다른 하나는 사지를 썩게 만드는 독이다. 이 질병이 처음 발생했을 때는 이 두 가지 증상이 동시에 나타났다.

맥각병에 걸리면 달콤한 액체가 나오기 때문에 곤충이 날아들었다. 곤충이 옮긴 담자균 포자는 급속히 퍼져나갔으며 그렇지 않은 포자는 비에 휩쓸려 사방으로 퍼졌다. 그러나 이 검고 물컹거리는 이삭은 맨눈으로도 쉽게 구분이 되었다. 로마제국의 농민들이라면 이런 이삭을 절대 탈곡하지 않았을 것이며 방앗간 주인도 빻지 않았을 것이다. 그러니 제빵사가 이것으로 빵을 만들 리도 없었다. 콜루멜라가 맥각병을 퇴치하는 방법을 로마인들에게 가르쳐주었기 때문이다. 염산이나 요오드포름 그리고 현미경도 없었지만 그들은 현대 농학자와 다를 바 없이 맥각병에 걸린 이삭을 찾아내어 제거하였을 뿐만 아니라, 빵을 만드는 데는 청결 유지가 필수적이라는 사실도 알고 있었다. 그래서 로마에서는 카이사르가 마르세유를 침공한 급박한 전시 상황에서 제대로 탈곡하지 않은 곡물을 먹어야 했던 병사들만 가끔 맥각병에 감염되었을 뿐이다. 중세에 이번 경우처럼 대규모로 발병한 적은 한 번도 없었다.

그런데 새로운 국가를 세운 사람들은 옛 경작자와 제빵사가 지녔던 지혜를 갖고 있지 못했다. 농업 기술과 제빵 기술도 점점 쇠퇴했다. 의학과 자연과학은 교회에서만 활용했으며 교회에서는 이를 엄격히 통제했다. 교회는 자선을 베풀어 이 질병에 걸린 사람들을 치료할 의료원을 세웠다(병자들은 성 안토니우스가 이 질병을 수호해준다고 믿어, 질병을 '성 안토니우스 열병'으로 불렀다). 그러나 교회는 의료원 건립과 동시에 의료 행위로서의 주술을 금지시켰다. 이 질병의 진짜 원인을 규명하고 퇴치법을 개발한 것은 르네상스 말기의 의사들(1582년의 로니케르와 1600년의 카즈파르 슈벤크펠트)이었다.

방앗간 주인은 모두 도둑이다

지금까지 살펴본 것처럼 북유럽 민족은 어느 날 갑자기 자신들의 삶 속에 들어온 문화적, 기술적 유산을 부정하고 불신했다. 이들 미개한 민족이 로마제국에서 발견한 것 중 가장 놀라웠던 것은 '물레방아'였다. 알프스 산맥이나 에스파냐, 그리스나 소아시아 등 시냇물이 있는 곳이라면 어디든지, 이 복잡한 기계가 바쁘게 돌아가고 있었다. 물레방아는 아우구스투스 시대의 유명한 건축 이론가 비트루비우스가 설계한 도면에 따라 만들어진 것이었다. 이 도면은 매우 탁월해서 오늘날까지도 그 기본 원리가 거의 변하지 않았다. 이 로마 건축가는 다음과 같이 적고 있다.

물레방아는 떨어지는 물로 바퀴를 돌린다. 이가 나 있는 원통을 굴대 (축)의 한쪽 끝에 끼워 고정시킨다. 이것을 굴대 가장자리에 수직이 되게 설치하고 바퀴와 수평을 이루며 돌아가게 한다. 이 큰 원통 옆에는 역시 이가 있는 작은 원통을 설치하되 이 작은 원통은 수평으로 세운 다음 그것을 확*에 연결시킨다. 그리하면 굴대에 고정된 원통의 이와 수평으로 설치한 작은 원통의 이가 서로 맞물리면서 방아가 돌아가는 것이다. 이 방아 위에 걸어놓은 깔때기 모양의 용기를 이용해 알곡을 넣으면 위와 같은 회전 운동을 통해 밀가루를 얻게 된다.

한 로마 건축가가 고안하고 무수히 많은 사람들이 제조한 이 기발한 장치는, 이들 미개인들에게는 도통 이해할 수 없는 물건이었다. 그들은 이 도구를 증오했다. 그것은 자유롭고 거침없이 흐르는 냇물의 정령을 방아의 노예로 부리는 불경스러운 일이기 때문이었다. 따라서 물레방아를 계속 사용하거나 물레바퀴가 덜덜거리며 돌아가는 곳에 사는 사람들은 강물에 밀가루나 빵을 던져 제물로 바치며 물의 정령을 위로하려고 애썼다. 어쨌거나 자신들이 직접 맷돌을 돌리지 않고 물을 동물처럼 방아에 매달아 돌리는 아주 편안한 기계였다.

예전 이집트인이 그랬던 것처럼, 로마의 방앗간 주인도 마술사로 간주되었으며 바퀴 위에서 물을 고문하는 방앗간은 섬뜩한 공포가 도사리는 공간이었다. 방앗간에 사는 사람들은 누구나 학대받은 정령의 분노를 유발시킬 수 있었다. 게다가 물의 정령이 불의 정령과 결탁하여 방앗간이 폭발하는 경우가 잦았다. 현대인들은 20그램 이상의 밀가루 입자가 1평방야드(약 0.9평방미터)의 공중에 퍼질 경우 제분기의 마찰열 때문에 폭발할 위험성이 있다는 것을 알고 있다. 밀가루 입자가 가득 찬 공기를 환기해야 한다는 것을 중세에는 몰랐던 것이다. 로마인은 알았

* 절구 아가리로부터 밑바닥까지의 부분.

을 가능성이 크지만, 게르만족의 대이동이 있던 시기에는 고대의 모든 농업 기술이 쇠퇴하여 제분할 때의 주의사항도 잊어버렸던 것이다. 아무튼 5세기경에는 상습적으로 발생한 방앗간 화재가 미신적인 공포심을 자아냈다. 그들은 물의 정령을 사람이 강제로 일꾼으로 삼은 당연한 죄의 대가라고 여겼다. 이로부터 약 1200년이 흐른 뒤(1671년)에도, 에스토니아의 농민들은 "물레방아 때문에 시냇물의 정령이 분노하여 그 벌로 몇 년 동안 가뭄이 들었다!"면서 물레방아를 불태웠다.

미개한 민족들은 방앗간에 거주하거나 물레방아를 사용하는 것을 극도로 꺼렸다. 그러나 로마인의 이 발명품은 문명의 이정표였다. 그것은 인류가 발달의 도정을 걷기 시작했음을 의미했다. 노예 노동이 기계 노동으로 대치되었으며 자연의 힘보다는 인간의 힘을 믿게 되었던 것이다. 이때 그리스도교 성직자들은 다시 한 번 공포에 사로잡힌 사람들에게 그것은 죄가 아니며 오히려 자연의 힘을 활용할 줄 아는 인간으로서 자부심을 가져야 할 일이라고 일깨워 주었다.

그리스도교 성직자들이 결실을 얻기까지는 오랜 세월이 걸렸다. '방앗간은 빵을 만드는 곳이며, 빵은 곧 예수'라고 이교도들에게 가르치는 것은 어려운 과제였다. 예컨대 러시아인은 오래도록 물레바퀴의 나뭇조각이 아이들의 병을 고치는 데 효력이 있다고 믿었다. 또 다른 슬라브족인 세르비아 사람들은 물레바퀴를 세차게 때리는 물이 '급속히 확산되는 질병들', 즉 궤양이나 홍역 같은 질병을 치료한다고 굳게 믿었다. 성직자들은 이러한 미신을 타파하려고 애썼지만 완전히 물리치지는 못했다. 어쨌든 밀가루를 만들어내는 물레방아는 예수와 밀접하게 연관되었으며 방아의 부속품도 신성시되었다.

그러나 확은 커다란 걸림돌이 되었다. 게르만족은 확에 신비한 능력이 없다는 말을 곧이듣지 않았다. 그 요란한 소리가 벼락의 신 토르를 연상시켰기 때문이다. 성직자들은 가장 무거운 돌을 가벼워지게 해서 거뜬히 들어올렸다는 방앗간 성녀에 대한 이야기를 해주면서 이런 믿음을 퇴치하려고 애썼다. 이 여인이 바로 성녀 베레나였다. 베레나는 원래 고대 스위스 사람인데, 그곳 사람들은 방앗간마다 작은 우상을 모셔두고 제물을 바쳤다. 그런데 베레나가 이 우상을 물레방아를 돌리는 물 속에 던져버렸다. 처음에는 물이 범람했지만 그 후로는 물레방아가 예전보다 훨씬 더 잘 돌아갔다. 그런 일이 있은 후 베레나가 자신을 푸대접하는 산골짜기를 떠나려고 하자 수호신이 그녀가 타고 갈 마차와 배를 박살내버렸다. 그러자 이 성녀는 확을 물위에 띄워 그것을 타고 골짜기를 빠져나왔다. 스위스 사람들은 오늘날에도 베레나를, 확을 옆구리에 끼고 있는 신으로 묘사하고 있다. 이 전설을 통해 그리스도교 성직자들이 고대의 이교도를 그리스도교도로 개종시키기 위해 얼마나 노심초사했는지 엿볼 수 있다.

　그러나 한 가지 미신만큼은 오래도록 뿌리 뽑지 못했다. 그것은 바로 물레바퀴가 말을 한다는 믿음이었다. 그럴 법도 했다. 물레바퀴 소리에 몇 시간 동안 귀를 기울이고 있으면 그것이 영혼 없는 기계음을 내는 것이 아니라, 자신이 원하는 대로 템포와 음의 고저를 바꾸는 것처럼 들린다. 청각이 예민한 게르만족은 여기서 다시 한 번 신의 계시(그것도 이교도의)를 듣는 위기에 빠진다!

　세찬 물소리라구요?

절대 그럴 리 없어요.

그건 아마도 물의 정령들이

저 깊은 곳에 모여 노래 부르는 소리일 거예요.

19세기에 슈베르트가 이런 가곡을 지었을 때 그것은 종교 문제가 아니라 정서적인 문제에 불과했다. 그러나 게르만족이 대이동을 할 당시에 그것은 너무나 심각한 종교 문제가 되었다. 물레방아는 '예수를 위한 빵'을 만들기 위한 것이었는가, 아니면 사탄을 위한 것이었는가? 산갈 수도원의 대승 노트케르 발불루스는 이렇게 말했다. "분명 물레바퀴는 말을 한다. 그러나 나는 오늘 이렇게 말하는 것을 똑똑히 들었다. '성령이여 우리 안에 임하소서.'" 그는 이것을 테마로 하여 수도사의 속창을 작곡했다.

*　　*　　*

18세기의 과학자 존 베크만은 자신의 저서 《발명과 발견의 역사》에서 "그토록 귀중한 방아를 거친 자연, 즉 물에 맡기는 데에는 대단한 용기가 필요했다. 더구나 물 못지않게 격렬할 뿐만 아니라 더 다루기 힘들고 끊임없이 변하는 바람을 이용하는 데에는 더 큰 용기가 필요했다. 바람의 강도와 방향을 원하는 대로 조절할 수는 없어도 어떤 방향에서 불어오든 더도 덜도 아닌 꼭 필요한 만큼만 바람을 이용하여 구조물을 움직이게 하는 방법을 고안해야 했다."고 쓰고 있다.

로마인이 풍차를 발명하지 않았다는 것은 이상한 일이다. 풍차라고 해봤자 수력 대신 풍력으로 회전시키는 것에 불과하기 때문이다. 더구나 로마인들은 유능한 선원이어서, '어떤 방향에서 불어오든' 바람을 잘 탈 수 있도록 돛을 다는 방법을 정확히 알고 있었다. 그런데도 로마인은 풍차라는 위대한 발명을 불모의 세기에 속하는 사람들에게 맡겼다. 그들은 새로운 발명품을 엄청나게 자랑스러워했다. 중세 시대의 한 학자는 그 감격에 대해 다음과 같이 쓰고 있다.

모두들 아무 의심 없이 받아들였지만 도저히 믿을 수도 없고 뭐라 표현하기도 어려울 만큼 훌륭한 그것을 내 눈으로 직접 확인한 이상 한 마디 하지 않을 수 없다. 과학에 대한 목마름이 내 침묵을 깨뜨렸도다. 이탈리아의 많은 지역에도, 여기 프랑스에도, 풍력으로 돌아가는 방아가 있노라!

학자들은 십자군이 오리엔트에서 풍차에 대한 지식을 얻었다고 주장해 왔다. 이는 정확한 사실이 아니다. 황소나 물로 돌리는 방아가 많았던 로마 시대의 시리아에도 그리고 팔레스타인에도 풍차는 없었다. 그러나 십자군이 풍차의 존재를 많은 국가에 처음으로 알렸을 가능성은 아주 크다. 원정에서 돌아온 십자군은 고을과 장원 안에서만 생활했던 서구인들에게 '경험을 넓혀주는' 역할을 했다. 프랑스 기사는 영국이나 독일 기사와 친분을 맺었다. 오랜 순례 여행을 하면서 그리스도교도들은 이웃 나라 사람들의 실제 생활을 보면서 많은 것을 배웠다. 이런 식으로 풍차에 대한 정보가 널리 퍼졌던 것이다.

물살이 약한 나라에서는 빵 생산이 혁신적으로 이루어지지 못했다. 특히 영국에서 그랬다. 영국은 물레방아를 설치하는 데 가장 큰 어려움을 겪었을 것이다. 물레방아에 물을 댈 수로를 따로 파거나 인공 폭포를 만들어야 했을 것이다. 어쩌면 물살의 세기를 조절하기 위해 수면보다 낮은 곳에 방아를 설치해야 했을지도 모른다. 그런데 이제 이런 것은 아무 문제가 되지 않았다. 풍차는 알맞은 고도를 선택하여 설치하기만 하면 되기 때문에 바람이 많은 북유럽에서는 언제나 풍차를 작동시킬 수 있었다.

그럼에도 불구하고 중세의 풍차 건설은 참으로 더디게 진행되었다. 1393년에 처음으로 풍차를 건립한 독일 슈파이어 시는 네덜란드에 사람을 파견하여 풍차 전문가를 물색했다. 이것은 주목할 만한 사실이다. 일찍이 풍차 건설이 국가의 중요 사업임을 간파한 네덜란드는 풍차 건설에 관한 한 누구도 능가할 수 없는 지식을 갖춘 기술자들을 배출했다. 네덜란드에서는 풍차의 상부구조가 움직일 수 있도록 하여 날개가 한 줄기의 바람조차도 놓치지 않도록 했다. 움직이지 않는 붙박이 풍차를 오랫동안 사용한 독일인은 움직이는 풍차에 대한 필요성을 상당히 늦게 깨달았다. 그리하여 네덜란드는 유럽 풍차의 중심지로서 급속히 발달했다. 지금도 네덜란드에서는 풍차가 빠진 풍경화를 찾아보기 어려울 정도로 풍차가 나라의 상징물이 되었다.

풍차 건설과 관련한 재미있는 법적 분쟁도 있다. 1391년, 오베뤼셀에 있는 성 오거스틴 수도원의 수도승이 풍차를 건설하려고 하자 이웃 마을의 한 백작이 바람이 자신의 영지를 지나간다는 이유로 풍차 건설을 금지시켰다. 그러자 위트레흐트의 주교가 그 지역의 모든 바람은 전적으로 자신의 것이라고 선포했고 그에 따라 수도승들은 풍차를 세울 수 있었다. 그럼에도 프리스란트의 백작은 방앗간 주인에게 일 년마다 바람 사용료를 물렸다. 그리고 1651년에 뉘른베르크의 재판관 카스파르

클록은 냉혹한 판정을 내렸다. "바람을 방앗간에 파는 것은 관헌의 특권이다."

풍차가 그리스도 문화권에서 시작되었다는 주장을 부정할 수 없는 것은, 고대의 갈리아족이나 게르만족이 감히 주신인 바람을 풍차를 돌리는 일꾼으로 부리지는 못했을 것이기 때문이다. 그럼에도 불구하고, 심지어 그리스도교도들 중에서도 풍차가 물레방아 못지않게 초자연적인 힘을 갖고 있다고 믿는 사람들이 많았다. 사람들의 무의식적인 사고를 형상화하는 시인들은 고대의 신앙이 사라지지 않았다는 점을 반증한다. 〈지옥편〉 34곡에서 단테가 가장 낮은 세상에 들어갔을 때 풍차의 날개가 어둠 속에서 돌아가고 있었다. 그 풍차는 마치 위협적인 새처럼 보였다.

> 밑에서 두 개의 거대한 날개가 솟구쳐올랐다. 거대한 새에게 꼭 맞을 날개. 바다를 항해하는 배의 돛도 이처럼 거대하지는 않았을 것이다. 깃털은 없었지만 그 모습이 꼭 박쥐 같았다.

그러나 죄인의 영혼을 갈고 있었던 것은 풍차가 아니라 풍차로 변한 사탄이었다. 단테가 이탈리아의 미술가 오르카냐가 그린 〈최후의 심판〉과 같은 무시무시한 상상을 한 것으로 보아, 마치 우리가 11월의 자욱한 안개 속에서 어렴풋하게 풍차를 볼 때처럼, 털 없는 거대한 박쥐가 신음을 토하며 돌아가는 것처럼 보여 공포에 떨었던 모양이다. 로망스어*에는 이와 같은 풍차 돌아가는 소리를 흉내 내는 말이 없지만, 스웨덴어나 노르웨이어에는 크베른(qvarn)이라는 풍차 소리를 본뜬 의성어가

---

* 프랑스어, 이탈리아어, 에스파냐어 등 라틴어에서 유래된 언어를 일컫는다.

있다. 세르반테스도 이와 비슷한 느낌을 받았던 것 같다. 중세와 르네상스 시대의 분기점에 살았던 이 차분한 회의주의자는 풍차가 불러일으키는 공포에 대해 언급하는 것을 꺼렸다. 그러나 그는 이러한 두려움을 망상에 사로잡힌 돈키호테의 느낌으로 형상화했다. 소설 속의 기사는 풍차의 날개를 십자군의 창으로 반드시 찔러야 할 거대한 괴물의 팔로 보고 있다. 풍차 안에 사탄이 살고 있다는 망상에 빠진 것은 돈키호테뿐만이 아니었다.

＊　　＊　　＊

중세 시대의 사람들은 누구나 방앗간 주인을 혐오했다. 영국인, 독일인, 에스파냐인, 프랑스인 등 모든 사람이 한결같이 방앗간 주인의 사악함에 대해 이야기한다. 방아를 초자연적인 것으로 생각했던 것이 그 한 가지 이유일 것이다. 방앗간 주인은 '도시인'이 아니었다. 아마도 그것은 농민이 도시인이 아니라는 이유로 멸시당하는 것과 같은 이유였을 것이다. 그러나 방앗간 주인은 멸시만 당한 것이 아니라 사탄처럼 두렵고 혐오스러운 존재로 여겨졌다. 그가 경제 드라마에 연루되어 있었던 탓이다.

그렇다면 실제로 방앗간 주인은 이 드라마에서 어떤 역할을 했을까?

게르만족이 고대 로마의 물레방아를 장악했을 때 방아는 한동안 사유재산에 속했다. 그러나 얼마 안 되어 사람들은 이 위대한 기계가 한 가족보다는 훨씬 더 많은 사람들을 위해 사용될 가치가 있다는 것을 깨달았다. 집집마다 자신들의 방아를 세우거나 가까운 일가끼리 공동으로 세웠다. 그리고 방아를 특별히 보호하는 법이 시행되었다. 방아를 손상시키는 사람에게는 중벌을 내렸는데, 방아를 돌리는 철 손잡이를 떼어간 사람은 일반 절도범에게 내리는 것보다 세 배 더 무거운 벌금형을 내렸다. 방아 하나를 건설하기 위해서는 막대한 비용을 감수해야만 했다. 마을 주민 전체가 댐과 수문을 건설하는 데 동원되었고, 철 구조물을 지키는 데에도 힘을 모아야 했다. 주인 혼자 물레방아를 지키기에는 너무나 벅찼다. 물레방아의 가치가 올라감에 따라 방앗간 주인의 재산권은 쇠퇴했다. 결국 방앗간 주인은 방아를 임대해준 사람에 지나지 않게 되었다.

특히 게르만족이 거주하던 지역에 로마법이 실시되면서부터 방앗간 주인은 물레방아에 대한 재산권을 완전히 상실했다. 로마법에 '농지를 소유한 사람이 물레방아를 소유한다'고 규정되어 있었기 때문이다. 농지가 귀족의 수중에 넘어가자 지금까지 자영민이었던 방앗간 주인은 지주의 고용인으로 전락하고 말았다. 지주는 자신과 소작인을 보호하기 위해 영지 관할 재판권에 두 가지 제한 조항을 도입했다. 이미 물레방아가 있는 마을에는 새로 물레방아를 세울 수 없다는 것과, 소작인은 해당 지주의 물레방아에서만 곡식을 빻을 수 있다는 것이었다. 다른 방앗간 주인들 모두를 배제시키는 이 두 번째 제한 조항을 마을 주민들은 너무나 억압적인 처사로 여겼다. 이 조항은 수백 년 동안 주민 봉기의 불씨가 되었는데, 특히 지주들이 마을 주민의 집에 쳐들어가 개인 소유의 방아 도구를 압수하면서 원성이 극에 달했다.

시냇물에서 마지막 밀가루 한 포대까지 물레방아에 관계된 모든 것은 이제 지주인 백작이나 공작의 소유물이 되었으며, 방앗간을 운영하는 방앗간 주인은 지주에게 봉급을 받는 관료가 되거나 대부분 임대료를 지불해야 하는 임차인이 되어야 했다. 임대료를 지불하기 위해서 방앗간 주인은 다른 수입원을 찾아야 했다. 그 수입원이 무엇이었을까? 바로 여기에 대다수의 사람들이 방앗간 주인을 증오했던 근원적인 이유가 있다.

방앗간 주인은 살기 위해서 곡식을 훔쳐야 했다. 중세인들은 방앗간 주인이 모두 도둑이라고 확신했다. 단 한 사람의 예외도 없이 모두 말이다. 방앗간 주인의 절도를 방지할 수 있는 법을 제정하는 것은 아무런 의미가 없었다. 뮌헨에서는 방앗간 주인에게 곡식을 빻기 전에 손님이 직접 무게를 달게 하고, 다 빻은 밀가루를 통에서 직접 가져갈 수 있도록 하라는 명령을 내렸다. 그러나 13세기의 방앗간 주인들은 법을 무시한 채, 농민과 제빵사를 방아 근처에 얼씬도 못하게 했다. "모든 방앗간은 모래언덕 옆에 있다"는 자조적인 독일 속담이 있다. 밀가루와 밀가루를 빻아 체로 쳐서 남은 밀기울의 무게를 속인다는 의혹은 말할 것도 없고, 닫힌 문 안에서 자신의 몫을 따로 챙기거나 밀가루에 고운 모래를 섞는다는 의혹까지 제기되었다. 노르망디 사람들은 "방앗간 주인은 절대 천국에 가지 못한다"고 장담할 정도였다. 만약 방앗간 주인이 천국 문 앞에 간다면, '그것은 바람에 날려간 모자를 찾기 위해서'일 것이며, 성 베드로는 그에게 이렇게 호통칠 것이라고들 했다. "지상에서 방앗간 주인을 한 자는 말마다 거짓이로구나."

그러나 방앗간 주인의 악행을 뿌리 뽑기란 쉽지 않았다. 방앗간 주인이 타락하지 않는 건 소금밭에서 곰팡이가 피는 일이라고 여겼다. 동화작가인 야콥 그림은 방앗간을 감시하는 일이 얼마나 어려운지 알려준

17세기 영국 휴튼 지방 오우스 강 근처의 물레방아

다. 오크나무 굴대로 만든 바깥 바퀴는 두 벌의 살이나 날개로 틀을 잡은
다음, 느슨한 쇠줄을 연결시켜 단단하게 고정시킴으로써 커다란 이중
바퀴의 모습을 갖춘다. 바깥 바퀴의 가장자리에는 여물통 같은 바가지

들이 달려 있어 물의 흐름을 조절한다. 만약 외부 구조가 고장나면 쉽게 수리할 수 있을 것이다. 그러나 내부의 동력 장치가 파손되거나 방아를 돌리는 생명력인 수직 굴대가 고장나면 수리하기가 여간 어렵지 않다. 위에 있던 돌의 무게가 연철로 된 이 굴대에 고스란히 실리는 데다가 마찰이 계속됨에 따라 밑에 있는 회전축이 심하게 마모되기 때문이다.

기술에 대해서는 문외한이었던 중세 사람에게 방앗간 주인은 손에 꼽을 만한 기술자에 속했다. 때문에 방앗간 주인의 책임(자신을 위해서뿐만 아니라 다른 사람을 위해서도)은 막중했다. 방앗간 주인의 이득과 손실, 더 나아가 성공과 실패의 여부는 기계의 온갖 부속품들을 얼마나 정확하게 조립하느냐에 달려 있었다. 그는 밤이고 낮이고 고정된 밑돌 위에서 회전하는 돌에 귀를 갖다대고 그 맷돌이 만들어내는 가락을 확인했고, 손은 곡물 가루가 나오는 통 밑에 넣고 가루의 품질을 확인하기에 바빴다. 그는 엄지를 독특하게 움직여 가루를 손가락 위에 굴렸다. 다시 말하면 그의 엄지는 제품의 가치를 결정하는 척도였다. 여기에서 'Worth a miller's thumb*'라는 표현이 생겼는지도 모르겠다.

방앗간 주인은 기술자로서 권력을 행사했을 뿐만 아니라 단속권도 지닌 사람이었다. 그러니까 영지 내의 모든 농민이 지주의 법을 어기지 않는지 감시하는 공인된 정보원이었던 셈이다. 그는 어떤 농민이 맷돌로 곡물을 갈지 않는지 살피기 위해 집집마다 몰래 엿보고 다녔다. 농민들이 지주의 관리인 자신에게 와서 방앗간을 이용해야만 그 곡물의 3분의 1(이것이 그의 공식적인 급료였다)을 자신이 받을 수 있을 뿐만 아니라, 일부를 착복할 수도 있었기 때문이다.

---

* 품질의 등급은 방앗간 주인의 손가락에 달려 있었던 만큼 마음대로 재산을 불릴 수 있다는 뜻에서 유래된 '돈을 찍어내듯 잘 버는'이라는 뜻.

*　　*　　*

유럽을 통틀어 방앗간 주인에 대한 증오가 가장 컸던 나라는 영국이었다. 《브리스틀 연대기》에는 방앗간 주인을 가혹하게 다룬 국왕 에드워드 1세를 찬양하는 기록이 있다. 그러나 방앗간 주인에 대한 더없이 통렬한 평가는 당대의 문화상을 잘 묘사한 제프리 초서의 《캔터베리 이야기》에서 찾아볼 수 있다.

케임브리지 인근의 트롬핑톤에 방앗간이 있었는데 그 방앗간 주인은 '떼돈을 버는 황금 같은 손가락으로 밀가루를 훔치는 데' 이골이 난 사람이었다. 사람들은 그를 철면피 사이먼이라고 불렀다. 그의 아내는 목사의 딸로서 남편 못지않게 오만한 여자였다.

> 이 둘의 꼬락서니는 휴일이면 어김없이
> 그대로 드러났거든요.
> 머리 꼭대기까지 두건을 둘둘 감아 올린 남편이 앞장서고
> 뒤이어 빨간 드레스를 입은 아내가 따랐지요.
> 게다가 심킨(Symkyn)은 스타킹도 빨간 스타킹을 신었어요.
> 하지만 감히 그 어느 누구도 '마님'이 아닌 다른 말로 부르지 못했지요.

이 꼴불견 부부에게는 어엿한 숙녀로 자란 딸과 갓난아이가 있었다. 방앗간의 혜택 가운데 하나는 영주 관할 지역이 케임브리지 대학까지 확대되었다는 것이었다. 이에 따라 대학은 곡물을 빻을 때는 반드시 트롬핑톤의 방앗간을 이용해야 했다. 어느 날 대학 총장이 병들어 예전처

럼 몸소 곡물과 가루의 양을 확인할 수 없게 되었다.

> 이 방앗간 주인으로 말하자면 곡물과 밀가루 도둑이거든요.
> 지금까지 백 번도 더 훔쳤을 거예요.
> 예전에는 그나마 눈치껏 빼냈는데
> 이제는 아예 내놓고 장사를 하지요.
> 그러니 대학 총장이 따지고 난리를 칠 밖에요.
> 그래도 방앗간 주인은 눈도 꿈쩍 안해요.
> 절대 그런 일이 없다고 되레 핏대를 세웠죠.
> 그때 그 자리에는 두 명의 가엾은 대학생이 있었어요.

두 명의 어린 학자는 앨런과 존이었다. 이 둘은 자신들이 직접 곡물 자루를 방앗간으로 가져가면 곡물이 한 줌도 축나지 않을 것이라며 내기를 걸었다. 총장은 내심 썩은 나무에서 꽃이 필 일이라고 생각했지만, 그들의 제안을 받아들이고 곡물을 싣고 갈 말 한 마리를 내어주었다. 이들이 방앗간에 도착하자 사이먼은 당장 곡물을 빻아주겠다고 다짐을 하며, 기다리는 동안 무엇을 할 것인지 물었다.

> 존이 말하길, "곡물 투입구 옆에 꼭 붙어 서서,
> 곡물이 얼마나 들어가나 볼 거예요.
> 맹세컨대 지금까지 단 한 번도
> 곡물 투입구가 이리저리 흔들리는 것을 본 적이 없거든요"라고 했지요.
> 그러자 앨런이 "존, 정말 그럴 거야?

그러면 나는 머리를 아래로 숙일게.

그래서 밀가루가 통 속에

어떻게 떨어지는지 볼게." 하고 맞장구쳤지요.

그러나 방앗간 주인은 이들보다 한 수 위였다. 방아가 돌아가기 시작하자 그는 몰래 말을 풀어 밖으로 세게 내몰았다. 말이 내달리자 남편과 미리 짠 방앗간 주인의 아내가 소리쳐 이 소식을 알렸다. 두 학생은 밀가루는 까맣게 잊은 채 그 소중한 말을 뒤쫓았다. 어둠이 내리고도 한참이 지난 밤중에야 땀을 뻘뻘 흘리며 방앗간으로 돌아와서 보니, 총장의 밀가루는 이미 엄청나게 축나 있었고 몰래 빼낸 밀가루로 빵을 구웠다. 그러나 물증이 없는지라 짐짓 공손한 태도로 하룻밤을 묵게 해달라고 방앗간 주인에게 청했다. 세상 물정 모르는 학생들의 어리석음을 은근히 즐기며 교활한 방앗간 주인은 이렇게 받아넘겼다.

"우리 집이 협소하긴 하나

두 분은 논리적인 학문을 배웠을 테니

서로 의논하면 그 공간을 마련할 수 있겠구려.

폭이 1마일에 길이가 20피트니

그만하면 충분할 것도 같소만

안 되겠거든 당신네 특기인 말솜씨로 늘려보시구랴."

뾰족한 수를 찾진 못했지만 어떻게든 앙갚음하리라 이를 악물고 있던 앨런과 존은 방앗간 주인에게 돈을 주면서 푸짐한 저녁을 준비해 달라고 했다. 맥주를 마시고 곤드레만드레 취한 방앗간 주인은 잠에 곯아떨어졌다. 그렇게 주인이고 손님이고 모두 한 방에서 잠을 잤다. 불이 꺼졌다. 코고는 소리가 물레방아 도는 소리와 섞여 집 안에 가득 퍼졌다. 앨런은 잠이 든 척 누워 있었다. 밀가루를 도난당하고 내기에도 진 마당에 어떻게든 분풀이를 하고야 말겠다고 벼르고 있었던 것이다. 그는 잽싸게 방앗간 주인의 딸 방으로 갔다.

덮치는 순간에 그를 보았으나
방앗간 주인의 딸은 미처 비명을 지를 새도 없었지요.

그 직후, 앨런의 행운에 대한 질투심 때문에 잠 못 이루던 존은 방앗간 주인의 갓난 아들이 누워 있는 요람을 자기 침대 곁으로 끌어왔다. 아들을 재우는 데만 신경을 쓰고 있던 안주인은 무슨 일인지 눈치 채지 못하고 잠결에 남편 침대가 아닌 존의 침대로 기어들어 갔다. 동이 트기 전에 눈을 뜬 방앗간 주인은 밤새 아내와 딸에게 무슨 일이 벌어졌는지 알게 되었다. 남편과 대학생들 사이에 소동이 벌어졌고 소스라치게 놀란 안주인은 남편을 도와준다는 것이 빗자루대로 남편의 대머리를 후려치고 말았다. 그는 의식을 잃고 바닥에 쓰러졌으며 두 대학생은 밀가루는 물론 훔친 밀가루로 구운 빵까지 말에 싣고 케임브리지로 돌아갔다. 결국 이 두 학생이 내기에 이겼다.

영국인은 모두 이 해학 넘치는 이야기에 통쾌해했고 그런 국민적 정서는 수백 년 동안 지속되었다. 도시에서도, 장원에서도, 저잣거리에서도, 수도원에서도, 영국 귀부인들의 안방에서도 사람들은 배를 움켜쥐

고 웃었다. 선술집에서 에일 맥주를 마시던 셰익스피어와 벤 존슨은 초
서를 기리며 건배했다. 방앗간 주인에 관한 이 이야기는 지금까지도 유
효한 것으로 남아 있다. 방앗간은 음란한 행동이 보장된 은밀한 장소였
던 것이다. 초서가 살았던 이전 시대는 물론 이후 시대에도 오랫동안 방
앗간은 금지된 행동에 대한 기억을 자극했다. 괴테는 16세에 쓴 자신의
처녀 시집 《안네트(Annette)》에서 이 사실을 잘 보여주고 있다. 방앗간
에 있는 모든 방을 진동시키는 방아 소리, 밀가루 쏟아지는 소리, 물안개
와 밀가루 입자가 뒤섞인 공기, 이런 것들이 어울려 방앗간을 성욕을 분
출시킬 수 있는 공간으로 자리 잡게 했다. 이런 점을 감안하여 6세기의
에설버트 왕은 법전에 이렇게 규정해 놓았는지도 모르겠다. "왕의 시녀
를 희롱하는 자에게 50실링의 벌금을 부과한다. 그러나 그 여자가 방앗
간에서 곡식을 빻는 시녀라면 25실링의 벌금에 처한다."

제빵사가 우리를 굶주리게 한다

> 이제 장인에게 말하라. 그러면 그는 일을 더 잘하라고 대답할 것이다!
>
> — 소크라테스

방앗간 주인을 가장 거세게 몰아세운 사람은 바로 동종업자인 제빵사
였다. 제빵사는 방앗간 주인보다 사회적 지위가 훨씬 높았다. 무엇보다
그들은 도시인이었다. "도시 공기는 자유로운 사람이 되게 한다"는 중세

의 옛말도 있다. 도시 사람들은 새장처럼 좁은 공간에 거주했지만 지주에게 예속되지 않았다. 도시에 있는 제빵소는 빵을 만드는 사람의 것인 반면, 방앗간 주인은 방앗간을 지주에게 임대한 것이어서 그 처지가 사뭇 달랐다.

중세 제빵사나 도시 사람들에게 그토록 자부심을 갖게 한 것이 무엇이었는지 얼른 이해하기란 무리일 것이다. 아마도 200년에 살았던 로마인이 1000년 무렵에 지상에 귀신으로 나타났다면 그 땅이 예전에 자신이 살았던 곳이라고는 믿지 못할 것이다. 고대의 전성기에는 땅을 거대한 시장, 개방된 도시, 잘 정비된 도로 등으로 아름답게 꾸몄다. 그런데 중세의 땅은 돌 천지였다. 1400년이 될 때까지 도시를 에워싸고 있던 성벽은 대표적인 흉물이었다. 이런 도시들 사이에 영세 농민들의 개간되지 않은 진흙땅이 있었다.

중세의 도시 건물보다 보기 흉한 건물도 찾아보기 힘들 것이다. 중세의 건물은 동물적인 인간 본성에 바탕을 둔 것이었다. 설계의 기본 개념은 공포, 이웃 사람이 달려들 것만 같은 까닭 모를 섬뜩한 느낌에서 비롯되었다. 도시면 도시, 집이면 집 그 무엇도 아늑함과 평화가 깃든 곳이 없었다. 건물이란 건물은 모조리 방어 도구일 뿐이었다. 집집마다 돌멩이와 쇠뭉치를 막아낼 방어벽을 세웠고, 불빛이라고 해 봐야 가느다란 틈새로 깜박거리는 정도였다. 창문은 고작 총이나 화살, 불화살을 쏠 수 있을 정도의 구멍이었다. 요새의 설계 원칙에 따라 건물의 정문은 낮고 좁았다. 정문을 지키는 데 한 사람이면 충분할 정도였다.

이것은 동굴의 구조였다. 중세인들은 지상에 거주하긴 했지만, 아주 먼 조상들처럼 동굴 속에서 생활하는 것이나 다름없었다. 끊임없는 공포의 시대를 살았던 중세인들로서는 어쩔 수 없는 선택이었다. 안정적인 로마의 평화는 사라진 지 오래여서 도시나 성의 높다란 벽 안에서 살지 못하는 사람들은 끊임없이 위협을 받았다. 상인은 거리에서, 농민은 자기의 밭에서 공격당했다. 몇백 년 동안 도시와 성만이 이승에서의 삶을 보장해 줄 수 있을 것만 같았다.

성에서 살았던 사람들에 대한 묘사로 말하면, 훗날의 월터 스코트를 비롯한 낭만주의 작가의 글보다는 차라리 근대의 여명기를 살았던 울리히 폰 후텐의 편지가 훨씬 더 사실적이다.

산 위에 있든 평지에 있든, 성의 건립 목적은 편리가 아닌 방어였다. 해자*와 벽으로 둘러싸인 성의 내부는 숨 막힐 정도로 비좁았다. 그 안에는 외양간과 어두운 무기 저장고가 가득했다. 송진과 유황 냄새가 어찌나 진동했던지 개똥 썩는 냄새가 훨씬 더 향기롭게 느껴질 정도였다. 게다가 소음으로 말할 것 같으면, 양, 소, 개가 저마다 울음을 토해내는 데다, 성이 숲 근처에 있는 경우에는 늑대의 울음까지 합세했다. 문제는 여기서 끝나지 않았다. 그해의 농사가 흉작이면, 거의 대부분 그랬지만, 처참한 기아와 가난에 허덕였다. 그 시절에는 시시각각 혼란스럽고, 절망스럽고, 분노가 치밀고, 괴로운 일들이 일어났다.

도시는 곧 시민들이 거주하는 성이었다. 이런 환경이 사람들에게 미치는 정신적, 위생적 폐해는 참으로 컸다. 우리는 유대인 게토**의 실상을 보고 얼마나 전율하는가. 사실 중세 시대의 모든 도시는 그리스도교도들의 게토인 셈이었다. 그들에게는 이주의 자유도 없었다. 성문에서

* 성 밖을 둘러 파서 못으로 만든 곳.
** 중세 이후 유럽 각 지역에서 유대인을 강제로 격리시키기 위해 설정한 유대인 거주지역.

는 성문지기가 들고나는 사람들을 일일이 기록했으며 이방인의 출입을 금했다. 바야흐로 성문 밖의 광활한 땅은 낯선 곳으로 변해갔다. 도시인 들의 돈은 화폐로서의 가치가 없었는데, 각 도시마다 주화를 따로 제조 했기 때문이다. 이는 모든 교역의 중단을 의미하는 것으로 참으로 몰지 각한 행동이었다. 그러나 외부 세계를 차단시키려는 도시의 욕구가 교 역을 통한 경제적 이익보다 더 강했다.

그리하여 몇백 년 동안 사람들은 자신의 거주지를 '감옥'처럼 여기면 서도, 누구도 떠나려는 사람이 없었다. 이들은 "도시는 노예제도의 철옹 성이요, 자유의 무덤이었다. 그들은 광활한 논밭 한가운데서 살기를 더 원했다!"라고 로마 제정시대의 역사가 타키투스가 묘사한 색슨족의 불 운한 후예였다. "지당하신 말씀이오나, 그럼 우린 어디서 햇빛을 쏘여야 합니까?" 이것은 쿠아디족*이 자신들을 도시 안에서 살도록 강제 명령을 내리고 감시했던 로마 황제 마르쿠스 아우렐리우스에게 던진 질문이었 다. 여기서 주목할 점은 로마 도시는 중세의 도시에 비해 훨씬 개방적이 었다는 사실이다!

성벽에 둘러싸여 인위적이고 폐쇄적인 '도시 경제'를 유지한 사람들 사이에는 자기 지역에 대한 야릇한 우월감(이상하면서도 경이로운 꽃 을 피우게 한 도시에 대한 충성심)이 생겼다. 로마 시대에는 카데스, 에 스파냐, 흑해 연안의 오데사 등 출신 지역은 전혀 문제가 되지 않았으며, 그저 모두가 로마 시민일 뿐이었다. 중세 시대에는 이웃한 두 도시의 시 민들이 갖는 권리에도 차이가 있었다. 분명한 것은 도시에 대한 이러한 병적인 충성심은 예술에 대한 야망으로 이어졌으며, 이는 결국 문화와

---

* 기원전 1세기경에 살았던 게르만족의 한 부족.

편협한 삶이라는 양립할 수 없는 결과를 초래했다. 폐쇄적인 중세 도시에 피어난 문화 중에서 가장 압도적인 것은 고딕 성당이었다. 그리고 수도원 안에서는 스콜라철학이 발전했다. 중세 시대의 자긍심과 폐해, 다시 말해 도시의 가련한 폐쇄성과 그것이 만들어낸 신에 대한 지고한 사랑을 정확히 꿰뚫어본 괴테는 파우스트에게 이런 말을 하게 한다.

아아! 나는 이 지하 감옥에서도
저주받은 황량한 건물이 보이는구려!

그러나 또 다른 글에서는 이렇게 고백했다.

아, 우리의 좁은 방안에도
따뜻하게 타오르는 신의 등불이 있으니,
비록 가슴의 불꽃이 저마다 사위어 가도,
마음 속 깊은 뜻만은 알 수 있노라.

*　　*　　*

공동체적 삶은 고립된 작은 도시들로 분열되었다. 따라서 국민적 정서도 사라졌다. 영국의 모든 도시는 경계심이 깃들인 배타심이 만연했으며, 성문 앞에 선 낯선 사람은 이웃 도시에 사는 영국인이건 바다 너머 먼 나라 사람이건 똑같은 이방인일 뿐이었다.

이들은 타지인을 가혹하게 대하는 것이 자신들의 행복을 보장받는 길이라고 생각했다. 그러나 실제로는 정반대였다. '그리스도교도의 게토'나 다름없는 이들 도시에서는 동종업계 사람들끼리 서로 헐뜯었다. 앙심을 품은 사람이나 염탐꾼들도 이웃을 괴롭혔다. 재능이 있어도 좋아하는 일에 종사하지 못하는 사람들이 태반이었는데 길드의 조합원 수가 엄격히 제한되어 있었기 때문이다. 생산자는 저마다 구매자를 확보하기 위해 무수한 금지법을 제정했다. 예컨대 '검은 광물 주물공'은 동시에 '노란 광물 주물공'을 겸할 수 없었다. 즉, 무쇠를 다루는 장인은 놋쇠를 취급해서는 안 되었다. 무두장이는 가죽신을 지을 수 없었고 갖바치 역시 무두질*을 해서는 안 되었다. 이와 같은 극단적인 노동 분화의 원칙 때문에 터무니없고 어이없는 법이 난무했다. 다음과 같은 독단적인 조항도 있었다. "양조장이 있는 곳에는 제빵소를 세우지 못한다." 엄밀히 말하면 오히려 그 반대가 되어야 했다. 제빵소와 양조장이 한 곳에 있으면 서로 이익을 도모할 수 있는데 그것은 둘 다 곡물과 효모를 취급하는 업종이기 때문이다. 이집트 고분 벽화에서 볼 수 있듯이 제빵소와 양조장은 언제나 이웃해 있었다.

이러한 강제적인 노동 분화는 빵을 제조하는 동종업자 간의 격렬한 충돌을 유발하는 계기가 되었다. 먼저 제빵사와 방앗간 주인이 서로 등을 돌렸다. 고대의 모든 제빵사는 자기 소유의 노예와 가축을 부리거나 물레방아를 돌려 밀가루를 빻았다. 심지어 고대 로마 말기에는 발렌티아누스와 발렌스 황제가, 관직에서 은퇴한 제빵사는 제빵소는 물론, 가축, 노예, 그리고 물레방아까지 후계자에게 물려주어야 한다는 것을 법으로 제정하기까지 했다. 로마의 경제학자

---

* 동물의 원피(原皮)로부터 가죽을 만드는 공정.

들은 제분업과 제빵업을 분화하는 것이 매우 비현실적이라고 생각했다. 금싸라기 같은 밀가루가 방앗간에서 제빵소로 옮기는 과정에서 유실될지도 모르는데 그런 위험을 자초할 까닭이 있겠는가? 로마인들은 곡물을 빻는 즉시 빵으로 만들어야 한다고 믿었다.

그러나 중세에 와서 방앗간은 도시에서 사라졌다. 모든 곡물을 수력이나 풍력을 이용하여 빻았기 때문에 다른 도리가 없었다. 성벽이 이들을 갈라놓아, 제빵사는 성 안에 있어야 했고, 냇물 근처에 자리 잡아야 하는 방앗간 주인은 어쩔 수 없이 성 밖에 남아야 했다. 바람도 성벽 안에서는 잦아들었기 때문이다.

그리하여 방앗간 주인은 문화 생활의 중심에서 배제되었다. 또한 손님에게서도 멀어질 수밖에 없었는데, 손님은 성 안에 거주하는 사람들이었기 때문이다. 제빵사와 방앗간 사이에 불신과 적대감이 싹텄다. 그리고 서로 상대방을 비난했다.

*　　*　　*

도시의 길드 중에서 제빵사 길드가 가장 오래된 만큼 제빵사 길드의 자부심은 높았다. 앞서 살펴보았듯이, 장인들이 길드를 형성한 것은 중세가 아니라 로마제국 후기였다. 게르만족이 대대적으로 침공하는 과정에서 길드는 자취를 감추었다가 중세 후기에 이르러 부활되고 확대되었다. 로마제국 당시, 제빵사의 사회적 신분(그들은 국가 관료였다)이 어떠했는지는 독일의 보통법전인 《작센슈피겔(Sachsenspiegel)》에서 확인할 수 있다. 이 법전은, 공동체 생활에 있어 절대적 존재인 제빵사를 죽인 자에게는 일반 살해범에게 부과하는 것보다 세 배 더 많은 벌금을 부과하도록 규정하고 있다. 또한 프랑스의 루이 11세는 제빵사가 파수 임무를 면제받을 수 있도록 해 주었는데, 만약 빵이 잘못 구워지면 파수 일 때문이라고 둘러대기 때문이었다. 그러나 다른 나라의 제빵사는 병역을 이행하고 싶어 했다. 그 결과 뮐베르크 전투에 참전하여 바이에른 공(公) 출신의 독일 황제 루트비히의 목숨과 왕위를 지킨 제빵사 부대가 탄생했다.

그렇다면 비좁은 작업실에서 '생명의 반죽'을 빚었던 이들 제빵사들의 생활은 어땠을까? 그들은 고대 이집트에서 사용한 것과 똑같은 도구를 썼다. 제빵 기술이 전혀 변하지 않았던 것이다. 빵을 굽는 틀도, 반죽하는 작업대도, 오븐(작업실 전체를 환히 밝혀 밀가루 포대와 밀가루를 푸는 삽까지 고스란히 보이게 한)도 모두 변한 게 없었다. 제빵사는 에이프런으로 손을 닦았고, 벌건 얼굴에는 줄곧 땀이 흘러내렸다. 또한 그들은 일반인보다는 신분이 높은 사람들이 사는 도시에 거주하는 자유민이었다. 시의원이 될 자격이 있었으며 동료 제빵사가 정치적 목적을 달성하도록 영향력을 행사할 수도 있었다.

그러나 제빵사가 되는 길은 험난했다. 제빵업에 입문하려는 도제는 우선 정실의 자식이어야 했다. 짧은 견습 과정을 마친 뒤에 도제 계약서를 작성했고, 도제 수업 기간은 2, 3년 정도였다. 이 과정을 마치고 도제 수료증을 받으면 한 직급 높은 장인이 되었다. 장인이 된 사람은 짧게는 3년, 길게는 5년 동안 여행을 하면서 다른 지역의 문물과 새로운 제빵 기술을 익혀야 했다. 그러나 그것은 표면상의 이유였을 뿐, 진짜 이유는 따로 있었다. 여행은 도장인(都匠人)이 자신의 후계자에게 제공하는 효과적인 조치였다. 말하자면 여행을 보내는 실제 목적은 최대한 경쟁을 막는 데 있었다. 단언컨대 도장인은 외국을 여기저기 떠돌던 장인이 배신하기를 은근히 기대했을 것이다. 실제로 그런 변절이 빈번하게 일어났지만 클로드 로랭의 경우 외에는 거의 알려지지 않았다. 로랭은 제빵사 장인이 되어 자신의 고향에서 로마까지 두루 여행했다가 결국 위대한 화가로 변신한 인물이다.

그러나 길을 떠난 장인 대부분은 돌아왔다. 이들은 도제 수료증과 장인으로서 여행한 곳을 적은 방문록을 제출한 뒤에도 '제빵 특권'이 있는 제빵소에 자리가 날 때까지 한참을 기다려야 했다. 그런 자리는 반드시 생겼다. 제빵사도 죽게 마련이니까 말이다. 신참 제빵사는 고인이 된 제빵사의 자리에 들어가야 했다. 그 고인이 하얀 빵을 만들었든 까만 빵을 만들었든 혹은 달콤한 빵을 만들었든 시큼한 빵을 만들었든 그것은 상관이 없었다. 길드의 전 조합원이 참석하는 성대한 잔치에 참석한 후 신참 제빵사는 공회당으로 가서 '도시 거주자에게 빵을 배급하겠다는 선서'를 했다. 이것은 엄숙하고 중대한 의식으로서 제빵사는 '항상 빵을 충분히 굽겠다'는 것(물론 이런 약속은 자유 경쟁이 배제된 환경에서 대단히 중요한 의미를 지녔다)과, 제품의 품질과 함량 기준을 양심적으로 준수하겠다는 맹세를 해야 했다. 어떤 도시의 제빵사는 담보물을 잡는 사람에게 빵을 지급할 의무도 있었다. 이것은 제빵사에게 커다란 골칫거리였는데 전당포 주인은 원체 사람들의 원성을 들을 수밖에 없었기 때문이다. 가난한 사람들은 저당 잡힌 물건이 영원히 자신들의 권리를 앗아갈 수도 있다는 것을 절대 이해하지 못했다.

도시는 불공정한 경쟁으로부터 생산자들을 보호했을 뿐만 아니라, 소비자들의 권익도 보호하기 위해 노력했다. 길드 조합원에서 선출한 계량원과 검사관은 빵의 함량과 품질을 검사했다. 1375년에 제정한 함부르크 제빵사법에 따르면, 계량원에게는 품질이 나쁘고 함량 미달인 빵을 즉시 몰수할 권한이 있었다. 그런 제빵사는 당장 시의회에 끌려가 당일 정오까지 벌금을 물어야 했다. 만약 똑같은 부정을 다시 저지를 경우, 도시는 그를 주민들에게 넘겼다. 성난 군중은 비난과 조롱을 한껏 퍼부은 다음, 제빵사를 '단죄의 통'(웅덩이 위에 매달아 놓은 대형 바구니)에 앉혔다. 군중들이 그를 웅덩이에 떨어뜨리는 것이 아니라, 스스로 뛰어내려 흙탕물을 뚝뚝 흘리며 집까지 뛰어가야 했다. 1280년, 취리히에서 이런 수모를 당한 베커볼트라는 제빵사는 홧김에 불을 질렀다가 도시의 반을 태우고 말았다. 새벽에 도망치다 동네 아낙과 맞닥뜨린 이 제빵사는 "사람들에게 말해주오. 내 옷을 말리려다 그랬다고 말이오. 지금도 내 옷은 흙탕물에 젖어 있으니."라고 하소연했다는 이야기도 있다.

제빵사의 삶은 불행했다. 제빵사는 직업의 성격상 건강을 잃기 십상이었다. 밀가루가 광부들이 다루는 석탄 가루에 비하면 훨씬 더 가벼운 질병을 불러일으키는 것은 틀림없는 사실이지만, 중세를 통틀어 잦은 병치레를 할 수밖에 없는 제빵사들의 불만은 끊임없이 이어졌다. 가장 큰 이유는 뜨거운 오븐 앞에서 장시간 서 있어야 하는 것이었다. 중세에는 밤샘 작업이 금지되어 있었지만, 제빵사만큼은 예외일 수밖에 없었던 것이 사람들이 새벽에 빵을 사려고 했기 때문이다. 도시 사람들이 해가 떠오를 무렵에 하품을 하며 잠에서 깨어날 때, 제빵사는 비로소 불을 껐던 것이다. 한 사람의 도장인이 거느리는 도제와 장인의 수가 많지 않았으므로 하루 14시간에서 많게는 18시간까지 노동을 하는 경우가 허다했다(1894년에 영국의 한 제빵사는 21시간을 일한 뒤 심장마비로 사망했다). 제빵사는 꾸벅꾸벅 졸면서 일하는 것이 예사였다. 그들은 늘 피곤했고, 대부분이 가난에 시달렸고, 잘 먹지도 못했을뿐더러 식사 시간마저 불규칙했다. 그들은 제빵소에서 잠을 잤기 때문에(중세 시대에는 방이 많이 부족했다) 잠을 잘 때에도 밀가루 분자를 들이마셨다. 이것은 제빵사가 천식이나 기관지염을 달고 사는 이유이기도 했다. 프랑스에서는 제빵사를 쟁드르(geindre) 즉, 기침하는 사람이라고 불렀다. '반죽을 하는 동안 그들이 기침을 하는 것은 밀가루가 폐로 들어가는 것을 막기 위한 의식적인 행동"이었다.

제빵사에게 더욱 심각한 문제는 습진이었다. 1817년이 되어서야 내과 의사 윌리엄이 그 원인을 밝혀냈다. 밀가루나 효모 가루(혹은 방앗간 주인이 몰래 섞은 밀가루 표백제가 원인일 수도 있다) 때문에 지방샘이 막혀서 생긴 병으로, 주로 맨살이 드러나는 팔이나 가슴 부위에 발병했다. 설령 제빵사가 환기 장치(중세에는 존재하지도 않은)를 이용해 완벽한 청결 상태를 유지하여 이런 질병을 막을 수 있었다 해도, 수십 년 동안 서서 일하는 동안 '제빵사의 무릎'이 뒤틀리고 경직되는 것을 피할 수는 없었을 것이다. 길드 행렬에 참석한 많은 제빵사들은 다리를 절뚝거렸고, 도시의 기아를 퇴치하기 위해 분투한 이들 노병은 오랜 세월동안 서서 일한 탓에 다리가 짧아졌다.

그러나 연대기에는 이들의 노고에 감사하는 기록이 전혀 없다. 아니 오히려 방앗간 주인이 받았던 극심한 증오까지는 아니지만, 제빵사를 증오하는 기록만 수두룩하다. "가난한 사람이 눈물지을 때 제빵사는 웃는다"는 에스파냐의 옛말이 이를 잘 입증해 준다. 영국 연

제빵사를 풍자한 판화

대기에는 오랫동안 시민의 봉사자로 고생한 많은 정직한 제빵사에 대한 구절을 찾아볼 수 없다. 반면 헨리 라일리가 쓴 《런던 연대기》에는 이렇게 씌어 있다. "제빵사는 제빵소에 있는 작업대에 교묘하고 솜씨 좋게 구멍을 뚫어놓았다. 동네 사람이나 이웃 동네 사람들이 밀가루를 들고 오면 빵을 굽기 위해 구멍이 뚫린 작업대 위에 그 밀가루를 쏟아 부었다. 그러면 제빵사 식구 한 사람이 구멍 밑에 몰래 누워 있다가 조심스럽게 밀가루를 꺼내가 이웃의 밀가루를 꽤나 축냈던 것이다. 그런 파렴치한 행태에 대해 모르는 사람이 없었다."

모든 방앗간 주인이 밀가루와 곡물을 훔치듯, 제빵사 또한 함량을 속이고 빵값을 너무 비싸게 매긴다고 중세 사람들은 확신했다. 어느 영국 역사가는 이렇게 주장했다. "이런 비난을 어느 정도까지 사실로 받아들여야 하는지, 또 이 식량 공급자가 어쩔 수 없는 기만과 사기라는 방법을 사용하도록 내몬 법의 가혹함이 어느 정도였는지 알기는 어렵다. 도시의 법령이, 끊임없이 변동하는 시장의 공급 상황을 미처 따라잡지 못하는 경우가 많았던 데다가 소비자 또한 물량 부족이 자연적인 것인지 아니면 인위적인 조작의 결과인지 식별할 능력이나 의욕을 가지지 못했던 것 같다."

사실 일반 대중은 빵의 시세가 불안정한 곡물 가격의 영향을 받는다는 사실을 전혀 이해하지 못했다. 곡물 가격에 따라 빵값을 안정시킨 존 왕의 칙령은 물가안정에 관한 한 영국 최고의 법령이었다. 그 후 1266년에 헨리 3세가 빵 물가안정법을 새로 제정하였고 이후 500년 넘게 그 법이 시행되었다. 그 법은 제빵사의 순이익을 13퍼센트로 확정했다. 이에 불만을 품은 제빵사들은 자신들의 법정 순이익 기준을 높이기 위해 격렬한 투쟁을 벌였다.

런던 사람들은 '불성실한 제빵사'에게 칼을 씌워 거리의 웃음거리로 만들곤 했다. 함량이 많이 부족한 빵을 적발할 경우에는 그 빵을 만든 제빵사에게 빵을 목에 걸고 거리를 걸어가게 했다. 최악의 경우에는 제빵사 자격을 상실하는 사람도 있었다. 그러나 런던의 제빵사들은 '관련 당국자에게 뇌물을 바쳐 3분의 1에서 4분의 1 정도 함량이 부족한 빵을 자유롭게 굽는' 편법을 동원했다. 물가안정법을 위반하는 행위는 중세 시대에 가장 빈번하게 발생한 범법 행위였다.

제빵사들이 시의 공직을 차지하기 시작하면서부터 그들에 대한 불신은 더욱 커졌다. 제빵사가 권력을 장악하기 시작하면서부터 물가안정법을 준수하는 것보다는 위반하는 것이 더 존중받는 분위기가 조성되었다. 치안 판사가 이런 위법 행위에 동조하는 것을 막기 위해 요크 조례를 제정함으로써, 빵의 물가 안정을 관장하는 공직자는 재임 기간 동안 제빵업에 종사하지 못하도록 했다. "제빵사가 시장으로 있는 곳에서는 언제나 빵이 작다"는 덴마크의 옛말이 있고 또 어느 독일인이 지은 다음과 같은 시도 있다.

시의회가 제빵사로 들끓는 곳에서는
언제 주민들에게 해가 닥칠지 모른다.

그러나 일반 주민들이 제빵사들을 증오한 것이 단지 그들이 시의회를 독차지했기 때문만은 아니었다. 기근이 들었을 때 사람들이 빵가게를 습격해서 제빵사를 죽인 것은, 중세의 일반 대중이 방앗간 주인과 제빵사의 악행에 기아의 원인이 있다고 생각했기 때문이다(이런 현상은 프랑스 혁명 때까지 계속 이어졌다).

기아의 세기

> 지금 울지 않으면 그대는 언제 무엇을 위하여 울 것인가?
>
> —단테

기아는 언제나 존재했다.

곡물이 병에 걸리거나 전쟁 때문에 농사를 짓지 못하면 굶어 죽는 사람들이 있기 마련이다. 하지만 기근이라는 것이 원래 특정 지역에서 그것도 일시적으로만 발생하는 것인데 중세 시대에는 그렇지 않았다. 기아가 하나의 영구적인 현상으로서 전 지역에 발생한 것은 중세 시대 때가 처음이었다. 영국, 독일, 프랑스, 어디를 가도 온통 야윈 얼굴들뿐이었다. 동유럽 사람들은 거의 굶다시피 했다. 한곳에서 기아가 사라졌다 싶으면 얼마 후에 인근의 다른 지역에서 다시 발생하고 그곳에서 한동안 지옥불처럼 활활 타올랐다가는 다시 처음 발생한 지역으로 되돌아가곤 했다.

12세기에 독일은 길고도 끔찍한 기근을 다섯 차례나 겪었고, 13세기에 영국은 눈 깜짝할 사이의 평화에 이어 백 년에 걸친 기아와의 전쟁을 치렀다. 유럽의 삶은 병든 육체처럼 연속적으로 심한 발작을 한 뒤 회복의 기미가 보이는가 싶으면 다시 병에 걸리곤 했다. 다시는 대지에서 과실이 나지 않도록 하겠다고 했던 데메테르가 마침내 자신의 저주를 퍼부은 것 같았다. 유럽이 이 기아의 세기를 이겨냈다는 것 자체가 놀라울 지경이다.

비록 술수를 부린 장인들에게 얼마간의 책임이 있다 하더라도, 방앗간 주인이나 제빵사 같은 몇몇 탐욕에 눈먼 사람들이 그토록 엄청난 재앙을 불러왔다고 믿는 사람은 많지 않았다. 중세의 방앗간 주인은 밀가루를 훔칠래야 훔칠 수도 없었다. 일 년에 한 사람이 대략 28킬로그램의 거친 밀가루를 소비하는 정도였기 때문이다. 제빵사들이 이 깔깔한 밀가루에 어찌나 많은 효모를 넣었던지 마치 '빵이 아니라 공기를 먹는' 듯한 느낌이 들 정도였다. 고대 로마의 정치인 카토는 잘 알고 있었지만, 중세인들은 기근의 문제가 쟁기질하는 방법에서 비롯되었다는 것을 알지 못했다(5센티미터 정도만 더 깊이 쟁기질을 했다면 인류의 역사가 바뀌었을지도 모른다). 게다가 땅은 스스로 화학적 변화를 일으키는 유기적 생명체라는 사실도 알지 못했다. 고대 로마의 콜루멜라가 이에 대한 경각심을 일깨웠지만 그의 놀라운 식견은 그대로 사장될 수밖에 없었다. 그러다가 1840년에 가서야 독일의 화학자 리비히가 이러한 사실을 발견하게 되었다.

중세인들에게 기근은 물리적 현상이 아닌 초자연적 현상이었다. 대개 기근이 들기에 앞서 회개를 촉구하는 경고를 받았던 것이다. 기근을 알리는 무시무시한 천체 현상은 일식으로, 특히 혜성의 출현으로 나타났다. 혜성과 극심한 기근의 관계는 당대의 연대기에 매번 등장한다. 혜성은 인간에게 보내는 경고로, 하느님이 하늘을 휘갈기는 채찍이었다.

이런 천체의 경고에 이어 홍수가 일어났고 우박이 내려 농작물이 모두 파괴되었으며 가축이 전염병에 걸려 죽어갔다. 그뿐 아니라 장기간의 전쟁(영국과 프랑스의 백년전쟁 등)이 일어나 서유럽 농민들은 땅을 일구지 못하게 되었다. 농사의 오랜 숙적인 바람도 기근을 불러온 원흉으로 지탄받았다. 비테르보 지방 출신의 고트프리트는 1224년에 대기근이 발생한 것은 이 세상에 격분한 바람이 '곡식의 이삭을 뒤흔들어 놓았기' 때문이라고 했다. 그리스도교인들은 아직도 저 오랜 바람의 신 오딘의 존재를 부정하지 않았던 것이다.

중세의 경제 활동은 온갖 자연 변화의 영향을 크게 받았다. 사람들은 사실상 밭에서 직접 재배한 곡물로 생활을 꾸려나갔다. 농민은 세금을 내고 남은 곡물로 근근이 생계를 유지했다. 이들에게는 잉여 농산물이 없었다. 만약 있었다고 해도 그것을 돈으로 바꿀 줄 몰랐다. 거대한 토지의 소유자들, 특히 수도원은 훨씬 유리한 편이었는데, 그러나 이들의 윤택함도 돈이 아니라 토지에 의존한 것이었다. 중세의 가난한 사람들이 부자들보다 훨씬 극심한 기아의 고통에 시달렸다는 사실은 굳이 말할 필요조차 없다. 그러나 하층민만이 고통을 받은 것은 아니었다. 《겜블룩스 연대기》에는 기아를 고대 로마인들의 포위 공격 도구에 비유하는 대목이 있다. "기아는 거대한 나무공이로 우레와 같은 소리를 내며 성문을 때려 부수고는 부잣집이건 가난한 집이건 가리지 않고 습격했다."

국가는 아무런 대책도 세우지 못했다. 선견지명을 지닌 현자도, 비상대책을 강구하여 사태를 수습하는 통치자도 중세에는 찾아보기 힘들었다. 그중 앞장선 사람이 샤를마뉴*였다. 그는 특별히 이목을 끌 것도 없

* 프랑크 왕국의 제2대 국왕.

는, 곡물 수출 금지령을 내렸다(그러나 중세 말기의 영국 국왕들이 곡물 수출로 공공연하게 치부했던 것을 생각할 때, 샤를마뉴의 금지령은 결코 단순한 것이 아니었다). 샤를마뉴는 곡물을 지나치게 높은 가격에 팔지 못하도록 최고 가격을 공시했다. 1부셸을 기준으로 귀리는 1데나르(denar), 보리는 2데나르, 호밀은 3데나르, 밀은 4데나르였다. 샤를마뉴 황제는 자기 소유의 귀리와 보리는 최고 가격의 2분의 1, 호밀은 3분의 2, 밀은 4분의 3에 팔도록 명령했다. 또한 관료들에게 "각자의 관할 지역에서 굶어죽는 사람이 없도록 각별히 신경쓸 것"을 명령했다. 다른 금지령에는 이런 규정이 있었다. "기아의 고통을 견디지 못해 고향을 등지고 이주해온 가난한 사람들을 따뜻이 감싸주어야 한다. 그들도 외국의 대사와 다름없이 왕국의 보호를 받아야 하며 악행을 저지르거나 노예로 삼아서는 안 된다. 그러므로 그들을 황제의 보호를 받을 수 있는 곳으로 보내야 한다." 금지령을 내림과 동시에 샤를마뉴 왕은 가난한 사람들을 보살필 수 있는 복지 기구를 설치했다. 가난한 사람들에게는 낮은 세금을 부과하는 대신, 모든 수도원장과 백작에게는 자선기금의 일환으로 영국의 1파운드에 해당하는 금액을 부과했다.

성직자들은 이런 법령이 시행될 때까지 손놓고 기다리지 않았다. 수도원에서는 구호품을 나눠주었으며, 굶주리는 사람들을 돕기 위해 재물을 해외에 팔았다. 프랑스의 몇몇 수도원에 대해 사람들은 예수가 일으킨 빵의 기적(다섯 개의 빵을 300개로 바꾼)이 다시 일어나고 있다며 감사했다. 개중에는 수도원에 방문객으로 찾아가 몇 년 동안 남의 눈을 피해가며 수도원 식당에서 하루 세 끼를 먹은 사람도 있었다. 한편 라인란트와 벨기에의 상황은 심각해서 많은 수도원 수사들이 자선 물자를 줄이지 않으면 자신들이 굶게 될 것이라며 수도원 부원장에게 항의했고, 부원장은 수사직을 박탈하겠다고 으름장을 놓기도 했다.

＊　＊　＊

프렌티스는 기아가 인간의 역사에 미친 영향에 관해 쓴 자신의 저술에서 가장 궁핍했던 시대에도 특정 개인의 사치가 완전히 사라진 적은 없었다고 지적하고 있다. 사치는 단순한 습관과는 차원이 달라서 궁극적으로 다른 사람의 희생이 따르게 마련이다. 분명 사치는 다른 사람을 희생시키는 행위이다. 중세에는 그 희생의 불길이 걷잡을 수 없이 활활 타올랐다. 거의 모든 사람이 궁핍으로 고통받는 반면, 일각에서는 터무니없이 호화로운 삶을 살았다.

예컨대 프랑스 왕궁의 신하들은 군주로 부름 받은 신성한 존재는 웅대하고 호화로운 생활을 하는 것이 지당하다고 주장했다. 당시의 채색 사본(彩色寫本)에는 값비싼 의상을 입은 귀족들의 물자 낭비가 얼마나 극심했는지 잘 드러나 있다(당시 95퍼센트에 달하는 사람들이 기껏해야 바지 한 벌과 린넨 블라우스 한 장을 가지고 있었을 뿐이다). 그들은 비단과 모피를 길게 늘어뜨려 입고 모로코산 가죽으로 만든 장식 구두에 귀금속 장신구와 금팔찌를 치렁치렁 달고 다녔다. 연회장에서는 공작 요리가 기본이었다. 이 연회는 눈을 즐겁게 하는 잔치여서 건물이나 정원의 형상으로 조각한 고기 요리도 있었다. 간혹 연회 음식을 준비하는 사람들 중에는 요리사는 물론 조각가도 있어서 조각품을 전시하기도 했다. 영국과 오랜 전쟁을 벌이는 동안에도 겨울에 도시를 포위 공격하는 기사들을 위로하기 위해 연회를 마련하고 케이크로 만든 참호와 설탕으로 만든 포위 공격용 무기, 젤리로 만든 연못으로 식탁을 장식했다. 기사들은 전우들과 함께 당당한 자세로 연회장에 앉아, 자신들을 대접하는 일반 도시인들에게 어떤 고마움도 표시하지 않았다.

일반 대중은 먹을 엄두도 내지 못한 빵들이 식탁마다 바구니에 수북하게 쌓여 있었다. 프랑스의 역사가 뒤 캉주는 자신의 저서 《중세 라틴어 사전》에서 12, 13세기의 빵 종류를 스무 가지나 소개하고 있다. 팽 드 쿠르(pain de cour), 팽 드 파프(pain de pape), 팽 드 슈발리에(pain de chevalier), 팽 데퀴에(pain d'ecuyer), 팽 드 패르(pain de pair).* 이것들 모두가 궁정 식탁에 올랐던 빵들이다. 그리고 팽 드 발레(pain de valet), 즉 '하인의 빵'이 있었는데, 이것은 오직 하인들이 먹는 빵이었는데도 평민들의 빵보다 훨씬 품질이 좋았다. 평민들은, 만약 그들에게 먹을 빵이 있었다면 팽 드 불랑제(pain de boulanger)를 먹었는데, 그것은 고대 로마의 빵처럼 둥그런 것이었다. 불(Boule)은 공(ball)을 뜻하는 불어인데, 현대 불어에서 제빵사를 뜻하는 불랑제(boulanger)는 이 말에서 비롯된 것이다.

궁정 문 앞에는 언제나 헐벗고 굶주린 사람들이 득실거렸다. 그들은 빵 반죽으로 만든 식탁보를 나눠주기를 기다렸다. 이것은 중세의 풍습들 중에서도 참으로 이해하기 힘든 것인데, 혹자는 그리스도교의 성스러운 음식을 고의적으로 천시하는 냉소주의의 발로라고 주장하기도 한다. 그러나 이는 사실과 전혀 다른 주장으로, 그릇된 이론이 과거를 올바로 이해하는 데 얼마나 큰 걸림돌이 되는지 보여주는 하나의 예일 따

* 각각 궁정 대신, 교황, 기사, 기사의 종자, 귀족을 뜻한다.

름이다. 식탁보를 밀가루 반죽으로 만든 것은 린넨 천이 부족했기 때문이다. 궁정에서는 이 식탁보 위에서 고기를 잘랐는데(프랑스 궁정 의정서를 '도마'라고 부른 것도 여기에서 비롯되었다) 이 반죽에 고기 기름과 와인이 배어들었기 때문에 만찬이 끝난 뒤에 후식으로 먹거나, 문 앞에서 기다리는 가난한 사람들에게 나눠주었다(이것이 오히려 그리스도교적인 행동처럼 보인다). 그것은 가난한 사람들에게는 더없이 소중한 선물이었다. 프르와싸르에 따르면, 이 1인용 식탁 받침의 크기는 너비가 15센티미터, 두께가 약 8센티미터 정도였다고 한다.

궁정의 사치는 끝없이 이어졌다. 뿐만 아니라 최고 부유층과는 거리가 먼 계층의 사치도 정도를 넘어섰다. 1493년 아우크스부르크 시에서 투기 등의 방법으로 벼락부자가 된 어떤 장인은 집 안에서 일주일 동안 성대한 결혼 잔치를 베푸는 데 어마어마한 돈을 썼다. 연대기에 따르면 파이트 그룬트링거는 딸의 결혼식에 720명의 하객을 초대했다. 일주일간 결혼 잔치에 쓰인 음식은 소 20마리, 염소 49마리, 암탉 500마리, 수사슴 30마리, 꿩 15마리, 살찐 송아지 46마리, 소시지 900개, 돼지 95마리, 거위 1,006마리, 생선 15,000마리였으며 그 외에도 다양한 샐러드가 있었다. 기록자는 이렇게 썼다. "이제 두 사람의 결혼식이 끝났다. 모든 것에 신의 가호가 있기를." 그는 이 호화스러운 잔치가 로마 작가 페트로니우스 아르비테르가 묘사한 트리말키오의 연회(거의 숨도 못 쉴 정도로 배가 차서 바닥에 누워 있다가 토해낸 다음에 다시 먹기 시작했다는)와 비슷한 장면이었다는 사실은 적지 않았다. 이런 사치스러운 이야기들은 수백 년 동안 사람들의 화젯거리가 되었다. 암흑의 시대에 활력소를 불어넣기 위한 것이라고 하기에는 참으로 기가 막힌 이야기였다.

*　　*　　*

극심한 고통의 시대에도 빵에 관한 너무나 감동적인 이야기가 있었다. 그림 형제는「독일인 이야기」에서 다음과 같은 이야기를 들려준다.

어느 도시에서 한 여인의 아이가 죽었습니다. 그토록 애지중지하던 자식이었건만, 엄마는 땅에 묻고 나면 다시는 볼 수 없을 아이에게 마지막으로 따뜻한 사랑을 어떻게 전해야 좋을지 몰랐답니다. 있는 힘을 다해 윤이 나도록 관을 닦고 최대한 예쁘게 꾸미고 있자니, 아이가 신고 있는 구두가 너무 작아 보였지요. 그래서 이 엄마는 개중에 제일 하얀 밀가루를 꺼내, 반죽하고 신발을 빚어 구웠습니다. 이 빵 신발을 신겨 아이를 묻었지만, 아이는 엄마를 편안하게 놔두질 않았어요. 아이는 엄마 앞에 나타나서 관을 다시 꺼내 빵 신발을 벗기고, 대신 진짜 신발을 신겨달라고 슬프게 말했지요. 자신의 소원대로 되자 아이는 평온하게 잠들었답니다.

그림 형제는 이 이야기를 전설이라고 믿었다. 그러나 14세기에는 얼마든지 일어날 수 있는 역사적 비화였다. 죽은 사람에게 빵을 주는 것보다 더 귀한 선물은 없었다. 그러나 영혼의 발에 빵을 신겨주면, 그 영혼은 '빵에 대한 죄'를 짓게 되는데, 저승에 간 사람이 계속 빵을 신고 다녀야 하기 때문이었다.

빵에 대한 죄악을 다룬 전설은 많다. 티롤 지방에 사는 히트라는 부인이 아이의 옷에 묻은 오물을 빵으로 문질렀다가 돌로 변했다는 이야기가 있다. 그런가 하면 발트 해 연안에 있는 비네타 시는, 신을 믿지 않는 그곳 주민들이 빵으로 쥐구멍을 막은 탓에 시 전체가 바다에 가라앉았다고 한다. 셰익스피어의《햄릿》4막에는 구세주에게 빵을 주지 않았던 제빵사의 딸이 올빼미로 변한 이야기도 나온다. 독일의 옛 제빵사들은 오븐을 등지고 서는 법이 없었다. 그것만으로도 불경한 일이라고 생각했기 때문이다. 루마니아에서는 오늘날에도, 빵을 땅에 떨어뜨리면 빵을 주워 키스를 한다.

무엇 때문에 빵을 이처럼 신성하게 여겼을까? 빵이 귀해서 이런 전설들을 만들어냈을까? 이런 경제적인 해석은 너무 단순하다. 빵을 신성하게 여겼던 것은 희소성 때문이 아니라, 예수가 주기도문을 통해 하느님께 빵을 달라고 간청했고, 최후의 만찬에서 예수가 "먹어라! 이것은 내 몸이니라"라고 말했기 때문이다. 물론 당시 성경은 라틴어로 쓰였으므로 많은 부분이 알려지지 않았다. 그러나 이 부분만큼은 널리 알려졌다. 어느 마을에서나 성직자들은 미사를 볼 때, 빵이 예수의 몸으로 변한 것을 증언했다.

빵을 만들기 위해 준비한 반죽에는 단 한 조각일지라도 예수의 몸이 깃들어 있었다. 빵 반죽은 모두 성체(聖體)가 될 수 있었다. 그렇기 때문에 보통 음식으로 먹는 빵이라도, 빵 밑에 세 개의 십자가를 그어서 구웠으며, 빵을 엎어놓는 것을 금했다. 식탁보를 씌우지 않은 식탁에 빵을 올려놓아서도 안 되었다. 형편이 안 되는 사람은 '인간의 친구인 빵이 딱딱한 바닥에 앉지 않도록' 개인용 받침이라도 올려놓아야 했다. 하여, 당시 스위스에서 불렀던 이런 찬송가도 있었다.

하늘에서 땅으로 내려온 세 가지가 있었네.

첫 번째는 태양이고 두 번째는 달이라네.

세 번째는 모든 고통을 말끔히 씻어주는

우리의 성스러운 빵이라네.

그러나 지금 그 〈인간의 친구〉는 어디로 갔단 말인가? 만물 중에 가장 사랑받는 그 빵은 어디로 갔을까?

그 빵은 다시 하늘로 되돌아간 것처럼 보인다.

*　　*　　*

불행이 인간을 성장시킨다는 것은 이제 자질이 극히 의심스러운 교육자만이 주장하는 이론일 뿐이다. 문명은 오직 풍요로움 속에서만 발달할 수 있다. 항구적인 결핍은 인간의 마음을 좀먹는다. 페르시우스의 풍자시에 나오는 저 유명한 "위장은 예술의 스승이요 독창성의 제공자이다"라는 구절을 허기진 배가 예술과 독창성을 이끌어낸다는 의미로 이해해서는 안 된다. 만약 기아가 새로운 생각을 창출해낸다면, 중세인들은 경작지를 증가시키는 방법이나 쟁기질 향상법을 고안해야 했을 것이다. 그러나 그들은 빵을 더욱 감소시키는 방법밖에 생각하지 못했다. 중세인들은 오로지 빵을 먹어야겠다는 일념에만 사로잡혀 최악의 모방을 하고 말았던 것이다.

이것은 누구라도 쉽게 납득할 만한 일이다. 기근에 시달리다 못한 사람들은 이런 의문이 들었을지도 모른다. "왜 꼭 밀이나 호밀로 빵을 만들어야 하지? 이 곡물에 내 위가 익숙해지긴 했지만, 그깟 습관쯤이야 마음만 먹으면 언제라도 버릴 수 있는데 말이야." 그리하여 자신이 지금껏 먹었던 곡물이 수천 년간의 실험 끝에 밀과 호밀의 글리아딘 함유량이 다른 곡물들보다 훨씬 더 많고 또 빵으로 가장 잘 구워질 수 있는 곡물 가루이기 때문에 선택되었다는 사실을 망각했는지도 모른다. 수천 년 동안 특정 음식에 익숙해졌다는 것은 그 자체를 하나의 생물학적 요소로 고려해야 마땅하다.

설령 중세인들이 지금까지 먹어온 곡물보다 더 완벽하게 영양분을 공급할 수 있는 곡물을 발견했다 해도 식량난은 해소되지 않았을 것이다. 그러나 그들은 그것을 발견하는 데 성공하지 못했다. 곡물을 완벽하게 대신할 수 있는 것과는 너무나 거리가 먼 감자는 아직 세상에 알려지지 않은, 다른 세상에서 재배되고 있었다. 기근이 들자 프랑스인들은 조상들이 도토리와 오랜 관계를 맺어왔다는 사실을 기억해냈다. 성경이 확인해주듯, 인간이 곡물을 알기 전에는 나무 열매를 따먹고 살았으며 오크나무 열매보다 더 좋은 것은 없었다. 더욱이 이 열매는 건강에도 좋았는데, 그렇지 않고서야 옛날 갈리아인이 도토리 빵을 계속 먹지는 않았을 것이다. 러셀 스미스는 어느 시대를 막론하고 인간은 밀보다는 도토리를 더 많이 먹었다고 주장한다. 정말 맞는 얘기다. 원시인은 기발한 방법으로 도토리의 쓴맛을 제거했다. 예컨대 북아메리카 인디언은 도토리 껍질을 완전히 벗겨내고 햇볕에 말렸다. 그런 다음 도토리 알곡을 돌로 빻고, 키로 까불리고, 체로 쳐서 껍질을 제거했다. 그러고는 미리 깊게 파놓은 모래 구덩이에 도토리 가루를 묻었다. 이 모래 구덩이를 삼나무 가지로 덮은 다음, 뜨거운 물을 며칠 동안 되풀이하여 부어서 쓴맛을 제거했던 것이다.

도토리 가루를 얻기 위해 이들 원시인이 발휘한 인내심(기술 개발에 필수 요소인 인내심)은 세월 속에 묻혀버렸다. 그러므로 굶주린 중세의 프랑스인이 도토리로 빵을 굽는다는 것은 그리 쉽지 않았다. 맛은 둘째 치고라도, 그들의 체질은 조상 갈리아인과 달랐다. 르망 지방의 주교 르네 뒤 벨레가 자신의 교구민들에게 도토리 빵을 먹게 한 프랑수와 1세에게 분개하며 항의했던 것도 무리는 아니었다. 수천 년 동안 밀을 식량으로 사용했던 조상들의 슬기는 그냥 생긴 것이 아니었다. 어쩌면 벨레 주교는 인간이 더 행복한 삶을 누릴 운명을 타고났음을 노래한 베르길리우스의 〈농경가〉 한 대목을 떠올렸을지도 모른다.

처음에 케레스 여신이 땅에 씨앗을 뿌리는 법을 깨우쳐주고,

구부러진 쟁기 끝에 쇠보습을 다는 법을 알려주었건만,

이제 도도나*의 오크나무는 더 이상 열매를 맺지 않았고

떡갈나무나 숲 속에 있는 나무들도 열매를 맺지 않았다.

여기서 베르길리우스는 오크나무 숲이 죽어가고 있음을 시사하고 있다. 더욱이 도토리는 오랫동안 돼지 사료로 쓰였기 때문에 사람들은 그것을 먹으면 돼지나 다름없다며 수치스럽게 여겼다.

그럼에도 도토리 빵은 곡물 비슷한 풀로 만든 독일인의 빵보다는 훨씬 나았다. 예를 들면 북유럽에는 습지 식물이나 야생 귀리가 많았다. 사람들은 그 열매와 뿌리를 갈아 섞으면 영양 좋은 빵이 될 것이라고 믿었다. 물론 갈대나 골풀**도 예외가 아니었다. 이로써 인간은 자신도 모

* Dodona: 고대 그리스의 도시로, 제우스 신전이 있는 일대. 도도나의 제우스 신탁으로 유명하다.
** 주로 돗자리나 바구니 재료로 쓰이는 다년생 풀.

르는 사이에 온갖 풀을 그러모으는 수천 년 전의 원시인 단계로 퇴보한 것이었다. 갈대나 골풀의 꽃줄기는 밀 이삭과 달라도 너무 달랐다. 그리스인들은 이 사실을 잘 알고 있었다. 그래서 그리스 신화에서는 야생 풀과 열매를 맺는 재배종과의 경쟁을 칼라무스와 카르푸스의 전쟁으로 의인화했다. 그러나 살기 위해서 무엇이든 먹어야 했던 중세인들은 이런 구분을 따질 처지가 아니었다.

이들이 할 수 있는 최선책은 갖가지 식물의 열매를 갈아 만든 반죽으로 빵을 굽는 것이었다. 성서의 말씀대로 행했던 것이다. 하느님은 에제키엘 *에게 갖가지 빵을 보여주며 이렇게 계시했다. "밀, 보리, 잠두콩, 제비콩, 기장, 야생 완두 이 여섯 가지를 섞어 빵을 만들어 먹으면 그날 잠자리에 들 때까지 든든할 것이니라." 물론 이렇게 만든 빵의 영양은 나쁘지 않았다. 유사 이래 최악의 빵은, 사람들이 자신들의 눈과 입을 속이기 위해서 위에 전혀 영양분을 공급해주지 못하는 재료들을 섞어 만든 것이었다. 그중에서도 가장 끔찍한 빵은 스위스에서 만든 것으로, 이것은 지금도 박물관에 보존되어 있다. 이 빵의 재료는 90%가 소나무 껍질과 짚이었다. 곡물이 귀한 북부 지방에서는 평화로운 시절에도 소나무 껍질을 적당히 섞어 만든 빵이 건강에 좋다고 믿었다. 소나무 껍질이 괴혈병 예방에 효과가 있다고는 하지만 결코 빵 재료로는 적당치 않았다!

아사지경에 이른 유럽의 대중은 상상하기 힘든 온갖 식물로 빵을 만들었다. 주린 배를 채울 수 있는 것이라면 무엇이든 좋았다. 헝가리, 튀링겐, 덴마크에서는 농민들이 지붕에서 짚을 뜯어 오븐에 넣고 익힐 정도였다. 풀을 익히는 시간조차도 기다리지 못한 사람들은, 급기야 들판

---

* Ezekiel: 구약 〈에제키엘서〉의 저자로, 일명 에스겔

으로 뛰쳐나가 소처럼 생풀을 뜯어먹고 이질에 걸려 죽기도 했다.

843년 프랑스 사람들은 밀가루 한 줌에 흙을 듬뿍 섞어 빵을 만들었다. 곡물의 위력이 흙에서 나왔고 흙이 만물의 어머니라는 것에 생각이 미쳤던 것일까? 하기야 역사학자 마르티누스 오파비엔시스는 헝가리 사람들이 특정 언덕의 흙(고운 점토)을 먹은 덕분에 장수할 수 있었다고 주장하기도 했다.

그러나 인간은 본능적으로 영양이 더 풍부한 빵을 찾았다. 그 결과 건조시킨 동물의 피와 밀가루를 섞어 빵을 굽는 원시시대의 풍습이 되살아났다. 스웨덴 북부에서는 순록의 피에 보리 한 줌을 넣고 물을 많이 섞어 반죽한 다음 넓적한 돌 위에 올려놓고 구웠다. 그리고 그것을 둥글게 자르고 한가운데에 구멍을 뚫은 다음 걸어서 말렸다. 에스토니아에서는 이와 비슷한 빵을 호밀과 돼지 피로 만들었다. 이렇게 동물의 피로 만든 빵(맛이 전혀 없는)은 몇십 년 동안 사람들의 주식이 되었다. 독일은 전국적으로 이런 '피로 만든 빵'을 먹었으니, 인간은 급기야 초기 유대인과 그리스인들이 경멸했던 삶의 수준으로 전락하고 말았다.

*　　*　　*

인간은 풀만 먹는 초식 동물이 아니다. 이빨의 구조를 보면 인간은 식물과 동물을 모두 먹을 수 있도록 되어 있다는 것을 알 수 있다. 중세의 오랜 기근으로 많은 가축들이 죽었다. 기근이 들자 중세 사람들은 가장 먼저 가축을 도살하여 몇 개월 동안 연명했다. 곳간이 비면 곧이어 외양간도 비는 것이 당연한 이치였다. 그 반대의 경우도 마찬가지인데, 소가 병들어 죽으면 쟁기가 무용지물이 되어 버리기 때문이다.

그러나 일찍이 호메로스가 '인간을 비천하게 만드는 것'이라고 일컬은 기아가 중세 사람들에게 속삭였다. "대체 소고기, 돼지고기, 염소고기, 닭고기에만 영양가가 있다고 어디에 씌어 있더냐?" 더군다나 8세기부터 14세기까지 계속된 기근을 겪은 인간은 늑대와 다를 바가 없어서 말에서 쥐까지 닥치는 대로 잡아먹었다. 행동뿐만 아니라 생각하는 것까지 늑대를 닮아갔다. 유사 이래(십자군, 기사도 정신, 고딕 양식, 미네장이 있었음에도 불구하고) 중세보다 인간의 정신이 저급했던 적은 없었다.

물론 식인 풍습을 죄악시했다는 증거는 무수히 많다. 원시 부족은 식인 풍습을 종교적으로 옹호했고 오늘날에도 그것은 마찬가지다. 그들은 적을 잡아먹으면 그만큼 더 강해진다고 믿었다. 《오디세이》에 등장하는 폴리페모스는 마냥 순진하고 기쁜 마음으로 그리스인을 잡아먹었다. 그러나 중세 사람들은 기독교도들이었다. 인육을 먹는다는 것은 씻을 수 없는 대죄로 여겨졌다. 그들은 이러한 죄의식에서 벗어나기 위해 늑대 인간과 식인종에 대한 숱한 설화를 지어냈다. 그런 설화들에는 입맛을 쩝쩝 다시면서 인간을 잡아먹는 소름끼치도록 잔인한 이야기들이 나온다. 그런데 설화나 동화는 그냥 지어낸 허구가 아니다. 오직 자신들이 직접 겪은 것만이 이야기(행복한 것이든 끔찍한 공포든)로 승화되는 것이다.

793년에 프랑스와 독일에서 최초의 식인 사건이 발생했다고 연대기 작가 글라베르는 적고 있다. 그 후로 서기 1000년 무렵까지 이 소름 끼치는 사건은 계속 증가했다. 살인 강도단은 숲 속에 잠복해 있다가 혼자 다니는 상인이나 장인들을 습격했다. 때때로 도시를 전전하는 음유 시

굶주림에 지쳐 인육을 먹는 사람

인 일가를 모조리 살해하고 인육을 떠서 가까운 시장에 팔기도 했다. 농민이 습격당하는 경우는 드물었다. 마을 사람들끼리 잘 알고 지내서, 만약 없어지면 큰 소동이 벌어지기 때문이었다. 그러나 워낙 곤궁한 시기였으므로 유랑하는 농민이 많았다. 이들은 허름한 오두막집을 버리고 먹을 것을 찾아 떠돌아다녔다. 죽을 각오로 있는 힘을 다해 여기저기 떠돌다가 급기야는 반죽음이 되어 길가에 쓰러졌다. 먹이를 노리는 콘도르처럼, 굶다 지친 '인간 사냥꾼'은 고향을 등진 농민의 뒤를 밟았다. 이들 살인마들은 목을 맨 사람이 질식해 죽으면 살을 도려내 가장 가까운 도시나 마을 사람들에게 팔았다.

서유럽에서는 1032년 무렵부터 식인 풍습이 서서히 자취를 감추었지만 동유럽에서는 전혀 수그러들지 않았다. 남독일 프라이징의 주교 오토는 식인 풍습이 노인이나 자식들을 잡아먹은 슬라브족의 야만성에서 비롯되었다고 여겼다. 보헤미아, 슐레지엔, 폴란드에서는 중세 말기까지 식인 풍습이 사라지지 않았다. 한편 1314년 영국에는 너무 배가 고픈 나머지 자식의 살을 뜯어먹은 사람들도 있었고, 신참 죄수들을 갈기갈기 찢어 김이 모락모락 피어오르는 살을 먹은 죄수들도 있었다. 현대인은 어떻게 이런 일이 있을 수 있었는지, 사람을 잡아먹은 뒤에 어떻게 그 끔찍한 삶을 아무렇지도 않게 영위할 수 있었는지 죽었다 깨어나도 이해하지 못할 것이다. 그러나 위대한 도덕주의자인 단테는 이해할 수 있었다. 〈지옥편〉 제33곡에서 그는 우골리노 백작의 고통을 묘사하고 있다.

우골리노는 정적에 의해 어린 자식들과 함께 탑에 갇혔다가 거기서 굶어죽고 말았다. 우골리노 백작의 영혼이 단테에게 털어놓은 이야기는 이러하다.

　그리고 그 무시무시한 탑 문을 걸어 잠그는 소리가 들렸다네. 그때 나는 말없이 아이들의 얼굴을 바라보았지. 나는 마음이 돌처럼 차가워져서 울음도 안 나오더군. 보기에도 안쓰러운 내 아들, 안셀름이 울면서 말했네. "아버지, 어디가 아프세요? 그렇게 보여요." 난 울기는커녕, 다음 날 아침 해가 떠오를 때까지 아무 말도 하지 않았지. 가느다란 햇살 한 줄기가 그 비참한 감옥에 스며들었을 때, 나는 네 아이의 얼굴을 보면서 내 얼굴도 그와 똑같을 것이라는 사실을 깨닫고는 두 손을 움켜쥐고 저주를 퍼부었다네. 아이들은 내가 음식을 갈구하는 것이라고 생각했는지, 벌떡 일어나서 말하더군. "아버지, 아버지께서 저희를 잡수시면 차라리 저희의 고통이 훨씬 덜하겠습니다. 아버지께서 이 초라한 살로 우리를 덮어주셨으니 이제 그것을 벗겨주세요." 그 말을 듣고 나는 침묵했지. 우리 아이들이 더 비참해지지 않도록 말일세. 그날도, 그 다음 날도 아무도 입을 열지 않았어. 아, 그대 야속한 문이여, 어찌 그리 열릴 줄 모르는고! 나흘째 날 가도(Gaddo)가 내 발 밑에 엎드려 애원하더군. "아버지, 어찌 저희를 도와주지 않으십니까?" 결국 그 아인 죽고 말았네. 그래, 그대가 나를 지켜보듯이, 나는 닷새째 날과 엿새째 날 사이에 세 아들이 차례로 쓰러지는 것을 보았지. 이미 시력을 잃은 나는 몸을 일으켜 아이들 몸을 더듬으면서 이틀 동안 아이들의 이름을 불렀네. 그런 다음에는 굶주림의 고통이 자식 잃은 비통함보다 더 큰 위력을 발휘했지.

　우골리노의 굶주림이 가져온 결과에 대해 이야기하면서 단테는 굶주림의 고통이 자식 잃은 비애를 압도했다는 것만 시사할 뿐 그 참혹한 마지막 장면을 묘사하지 않음으로써 인간의 존엄성을 지켜주었다. 그러나 이 위대한 시인이 던진 질문은 6백 년이 지난 후에도 여전히 사람들 주위를 맴돌고 있다. "지금 울지 않으면, 그대는 언제 무엇을 위하여 울 것인가?" 어쩌면 이 말 속에 중세를 살았던 사람들의 참혹함이 응축되어 있는지도 모르겠다.

*   *   *

일반 대중의 행복과 건강 상태가 몇 세기에 걸쳐 지속적으로 악화되더니, 13세기에 이르러서는 인간 스스로의 힘으로는 헤어날 수 없을 것 같은 위기에 직면했다. 땅을 일구던 농민은 이제 더 이상 생산적인 경작 방법을 알지 못했으며, 국가는 국가대로 분배할 것도 없는 극미한 소출에 속수무책이었다. 그러나 유럽을 죽음의 문턱으로 몰아세운 더 끔찍한 재앙이 있었으니, 그것은 무엇이었을까? 그것은 공포가 무엇인지조차 느낄 수 없이 참으로 괴기스러운 것이었다. 기아보다 더 비참한 재앙을 몰고 온 그것은 기아와 협력하여 세상을 뒤흔들어 놓았다.

페스트가 유럽 전역에 창궐했던 것이다.

처음에는 그것이 무엇인지 아무도 몰랐다. 물론 고대에 전염병이 있었다는 사실을 알고 있는 학자는 많았다. 예컨대 적에게 포위되어 고립된 도시에서, 혹은 흉년에 도시민이나 농민이 알 수 없는 병에 걸려 죽는 때가 있었다. 그러나 이런 전염병은 언제나 특정 지역에서 발생했다가 어느 틈엔가 사라지곤 했다.

병균을 전염시킨다는 이유로 많은 유대인들이 매장되었다(플란다스 지방의 기록화, 1350)

그런데 이번에는 달랐다. 머나먼 인도에서 판도라의 상자의 뚜껑이 열려 서유럽에 독가스를 뿜어대는 것 같았다. 이 전염병은 시칠리아에 상륙함과 동시에 이탈리아 북부, 프랑스 남부, 에스파냐, 영국을 덮쳤다. 그리고 곧장 독일과 러시아까지 내달렸다. 그러기를 4년. 잠시 주춤하는가 싶더니 다시 기세등등하게 온 대지를 뒤흔드는 지진처럼 서유럽 세계를 흔들어놓았다.

미국 세균학자 한스 진서는 《쥐, 이 그리고 역사》라는 흥미로운 책에서 만약 그때 적의 정체를 제대로 알았다면 인간의 역사는 다른 길을 걸었을 것이라고 주장한다. 그 적은 바로 쥐였다. 상상조차 할 수 없을 만큼 어마어마한 쥐떼가 서쪽으로 이동하고 있었다. 지금도 마찬가지지만, 이들은 눈에 띄지 않았다. 오늘날에도 인구 백만 명이 거주하는 대도시의 집집마다 지하에 쥐가 살고 있다.

쥐들이 중세의 기둥과 하수관을 갉아 구멍을 내고 기어다니며 페스트를 옮겼던 것이다. 중세 사람들은 페스트가 땅에서 생겨났다고 생각했다. 정확히 말하면 그들은 땅 자체에 독이 생겼다고 믿은 것이다. 위대한 농업신(이시스, 데메테르와 케레스 그리고 예수 그리스도)들을 숭배했던 이들은 땅이 건강해야 자신들도 건강할 수 있다고 여겼다. 중세 사람들은 전염병이, 동물이 인간에게, 인간이 다시 인간에게 퍼뜨린 병으로, 땅에서 뿜어나오는 '보이지 않는 독' 때문에 생겨난 것이라고 믿었다.

의사나 과학자들은 질병의 감염원으로서 (인간이 감염되기 전에) 땅이 먼저 감염된 다음, 물과 공기가 차례로 감염되었다는 데 의견을 모았다. 이들은 빠져나갈 구멍도 방어할 힘도 없었다. 지역적으로 몇 가지 조처를 취했고, 독을 지니고 있다가 자기 집 우물에 뿌린 것으로 여겨지는 사악한 사람들(예를 들면 유대인)을 화형에 처하기도 했다. 나중에는 유럽을 통틀어 최초의 대량 학살이 아비뇽에서 발생했다. 뿐만 아니라 하늘의 진노를 막기 위해 유럽 대륙을 순례하며 울부짖는 고행자와 참회자들이 줄을 이었다. 그러나 이 모든 것들은 아무 소용이 없었다. 유대인을 화형시킨 곳에서든, 아니면 고행자들이 피를 흘리며 쓰러진 곳에서든 전염병은 계속 확산될 뿐이었다.

전염병은 걷잡을 수 없이 퍼져나갔다. 중세 사람들이 앓은 병은 한두 가지가 아니었다. 성 안토니우스 열병, 유럽의 호밀밭에서 무수히 많은 사람들이 걸려 목숨을 잃은 맥각* 중독이 있었다. 나병도 지속적으로 발생했다. 북유럽에만 2만 개의 나환자 격리수용소(모든 사람이 접근을 꺼리는 저주받은 섬)가 있었으며, 이곳에 격리되어 있던 나환자들은 자

---

* 맥각균이 라이보리와 같은 화본과 식물의 이삭에 기생하여 균핵(菌核)이 된 것.

신의 접근을 알리는 종을 달고 다녔다. 당시의 유럽 인구를 감안할 때 이것은 엄청나게 많은 수였다. 이밖에도 장티푸스, 이질, 디프테리아, 말라리아, 구루병도 오늘날에 비해 발병률이 대단히 높았다. 이런 질병 때문에 인구가 감소했다. 그러나 이런 질병은 몇 시간 만에 도시의 전체 주민을 전멸시키는 페스트의 위력과 공포에 비하면 새 발의 피였다. 페스트의 외면적 현상(감염자 교살, 까맣게 변해버린 주검, 속수무책으로 보고만 있어야 하는 환자들의 고통)은 인간의 도덕성만 타락시킨 것이 아니었다. 더 끔찍한 일은 모든 인간애를 말살시켰다는 것이다.

프랑스인 드 뮈시스는 이렇게 적었다. "병든 사람은 혼자 자기 방에 누워 있었다. 일가친척 누구도 문병할 엄두를 내지 못했으며 찾아오는 의사도 없었다. 성직자조차도 공포에 떨며 멀찍이 서서 예배만 드렸다. 아이는 부모를, 부모는 아들딸을, 아내는 남편을 애타게 불렀지만 아무 소용이 없었다! 용기를 낸 가족들만 사랑했던 사람을 마지막으로 만져보았을 뿐 장례 예배에 참석하는 사람은 아무도 없었다." 인간의 도리 마저 사라졌고 모든 인간관계가 해체되었다. 19세기의 한 러시아 작가는 노브고르드 지방에 기근이 들었을 때의 상황을 이렇게 묘사했다. "우리는 누구랄 것 없이 모두 적개심에 불타올랐다. 형제와 형제가 서로 다투었고, 아버지는 아들의 고통에 연민을 느끼지 않았으며, 어머니는 딸을 애처롭게 여기지도 않았다. 이웃에게 빵 한 조각 나눠주는 사람이 없었다. 타인에 대한 동정심은 온데간데없이 오직 슬픔, 음울함, 탄식만이 우리를 에워쌌다. 울부짖는 아이들, 빵 한 조각 구걸했다가 거절당한 사람들, 파리 떼처럼 죽어가는 사람들을 보면 가슴이 미어진다." 이것은 페스트가 아닌 기근을 묘사한 말이다. 그러나 둘은 한 형제인 것처럼 그 결과가 똑같았다.

페스트로 인한 사망자 수는 지역마다 달랐다. 북유럽의 여러 도시, 예컨대 뤼벡에서는 인구의 90%가 사망한 것으로 추산되었다. 19세기의 역사학자 헤커는 중세에 페스트로 사망한 사람을 1억 명 중 2,500만 명으로 추산했다. 이것은 전체 인구의 4분의 1에 해당했다. 영국에서는 800만 명 중 400만 명, 그러니까 전체 인구의 절반이 사망했다. 이처럼 엄청난 인명 피해는 영국 경제사에 지대한 영향을 미쳤다. 당대의 기록에는 "목동은 가축을 돌보지 않았고 추수철에도 곡식을 거둘 사람이 없었다"고 적혀 있다.

페스트의 폐해는 상류층에서보다 하류층에서 훨씬 더 컸다. 모든 힘이 오직 지주 계급에게 집중된 봉건사회에서 인간의 노동에 대한 가치가 어느 날 갑자기 천양지차로 달라졌다. 한때 남아돌 만큼 많았던 노동력이 급격히 감소했기 때문이다. 물론 영주의 토지를 경작하던 농민들도 모두 죽고 없었다. 그러므로 지주 계급이 일꾼을 구하기 위해서는 직접 농민들을 구해야 했고 또 그들을 존중해 주어야 했다. 노동력이 귀한 만큼 임금도 올랐다.

괭이를 든 사람들

1350년에 발생한 페스트로 인해 경제 관계는 변할 수밖에 없는 상황이었지만, 봉건 국가는 아직도 이런 당연한 결과를 받아들이려 하지 않았다. 노동력의 격감은 먼저 임금 상승을 초래했지만, 노동력의 가치 증가는 정작 농민들보다는 농사와 거리가 먼 도시민들에게 유리하게 작용했다. 도시에 사는 남자들과 여자들의 임금은 각각 50%와 100% 상승했다. 그러나 농촌의 남자들과 여자들에게는 돈이 아닌 물품으로 임금이 지급되었다. 경제 환경은 급변했지만 농민은 최소한의 생계를 유지하는 수준에 계속 머물렀다. 페스트 발생 이후 농민의 노동력에 대한 수요가 전례 없이 증가했음에도 불구하고 농민의 노동은 여전히 홀대를 받았다.

서양에서 농민을 적대시하고 천대하는 풍조는 몇백 년 동안 이어졌다. 영국, 프랑스, 이탈리아, 독일, 폴란드 등 각 나라의 삶은 서로 달랐지만, 빵을 생산하는 계급을 경멸하는 풍조는 어디나 마찬가지였다. 이따금 작은 변화가 있긴 했다. 한때 '지주 중의 지주', 그러니까 왕이 귀족들의 토지를 몰수하여 분배해 준 적도 있었다(프랑스). 이와 반대로 귀족 지주들이 국왕의 권한을 좌지우지함으로써 왕이 꼭두각시 노릇을 한 적도 있었다(영국). 국왕의 힘이 약한 나라에서는 귀족들이 미력하나마 소농과 결탁하는 일도 있었으며, 슬라브족이 예전과 같은 농업공동체를 새롭게 형성하는 경우도 있었다. 그러나 농업공동체는 인간의 탐욕이나 경제적 필요성이나 법적 강제성이 없는 한 혐오스러운 농업에 종사하지 않으려 했고 이 때문에 금방 자취를 감추고 말았다.

문제는 강제성이었다. 리하르트 힐데브란트의 비관적 견해에 따르면, 농업은 결코 자발적으로 이루어지지 않으며 경제적 필요성이나 힘으로 강제할 때만 농민이 존재했다는 것이다. 힐데브란트는 어느 민족도, 어느 개인도 스스로 농민의 삶을 선택하지는 않았다고 주장했다. 칼

뷔허는 인간이 노래를 만든 것은 농사의 고단함을 견디기 위해서라고 믿었다. 그리스의 테라코타에서 우리는, 여자들이 반죽을 하는 동안 플루트를 연주하는 악사들의 모습을 확인할 수 있다. 모든 노동이 리듬에 맞춰 이루어진 것은 노래가 없으면 안 되었기 때문이다. 목축을 힘겨운 노동으로 여기지 않았던 반면에, 땅을 경작하는 일은 노동, 무슨 수를 써서라도 벗어나고 싶은 노동으로 간주했던 것이다. 반만년 동안 중세 문화를 지배했던 기사도 정신의 본질은 농업으로부터의 탈피였다.

오늘날 미국이나 러시아의 농민들은 인간이 농업을 극도로 혐오했다는 주장을 이해하기 어려울 것이다. 그러나 주목해야 할 사실은 현대의 농사꾼들이 매코믹 덕분에 산업 혁명의 가장 큰 혜택을 누리고 있다는 점이다. 농업이 기계화된 것이다. 성서의 저주가 풀렸고 더 이상 얼굴에 땀을 흘리지 않아도 되었다. 농사는 이제 더 이상 '에덴동산에서 축출당한 인간'을 벌하는 저주가 아니다. 그러나 중세의 농업은 오늘날의 농업과는 달랐다. 고단하고 불안정한 삶을 살아야 했던 농민들은 다른 사람들에게 식량을 생산하게 하고 자신은 농사와는 상관없는 '더 나은 삶'을 살고 싶은 욕망에 사로잡혔다.

*   *   *

다른 모든 계급이 농민에 대한 이유 없는 경멸감을 갖게 된 것은 어디에서 비롯되었을까?

예수 그리스도는 땅을 일구는 사람들에 관한 자신의 입장을 밝혔다. 씨앗 뿌리는 사람에 대한 비유(〈마태오복음〉 13장)에서 농부는 씨앗이 가장 잘 자랄 수 있는 곳에 씨앗을 뿌리는 하느님과 같은 지혜를 발휘하는 사람이다. 〈요한복음〉 15장 1절에서 예수는 '내 아버지는 농부이시다'라고 하면서 예언자의 말을 따르라고 했다. "힘든 노동을 피하지 말고 지극히 높으신 분께서 마련하신 농사일을 피하지 마라."(〈집회서〉, 7장 16절) 바울은 〈디모테오에게 보낸 두 번째 편지〉 2장 6절에서 농민을 위한 사회 정의를 이렇게 전하고 있다. "힘들여 일한 농부가 소출을 먼저 받아야 하는 것은 당연한 일입니다." 기독교의 복음을 전한 사람들은 농민의 '천부적 권리'를 분명히 알고 있었다. 레겐스부르크 지방의 수도사 베르트홀트는, 섬기는 자가 섬김을 받는 자 못지않게 고귀하다고 했다. 독일의 신비주의 작가 요하네스 타울러는 더 나아가 이렇게 주장했다. "얼굴에 땀을 흘리며 빵을 마련하는 사람은 예배에 참석하는 사람이나 다를 바 없이 장한 일을 하는 사람이다."

중세 초기에는 수도사들만이 문헌을 기록했지만, 시간이 지나면서 기사와 서민들이 기록하는 문헌이 훨씬 더 많아졌다. 성직자들은 은총의 후광이 여전히 가난한 사람들을 감싸고 있다고 믿었지만, 농민에 대해 그릇된 생각을 품고 있던 기사들의 감정은 전혀 달랐다. 심지어 불경한 짓을 서슴지 않는 귀족조차도 하느님이 농민에게 저주를 내려 얼굴에 땀을 흘려야만 빵을 얻을 수 있도록 했다는 교리만큼은 철석같이 믿었다. 농민들은 에덴동산에서 아담이 지은 죄를 대속(代贖)하는 사람들이지, 다른 계급의 죄까지 짊어지는 사람들이 아니었다.

다른 계급의 사람들보다 훨씬 저급한 생활을 하는 사람들은 천한 사람들(villa-nus), 즉 '촌사람들'이었으며, 오늘날 이 말은 '악한(villain)'이라는 의미를 지니게 되었다. '천한 사람들'은 대개 성문 안에 발을 들여놓지 못했기 때문에 거래를 하기 위해서는 유대인들처럼 중개인을 고용해야만 했다. 아서왕을 찾아가는 파르치발*을 그 먼 낭트 시까지 안내해 준 농부는 성 앞에서 되돌아가야만 했다. 독일의 위대한 시인 볼프람 폰 에셴바흐는 이에 대해 이렇게 묘사하고 있다.

> 이 성벽 너머에는
> 예의 바르고 기쁨이 충만한 사람이 통치하므로
> 만약 사악한 사람이 그 안으로 들어가면
> 이 모든 은혜로움이 금방 사라질 것이다.

이것은 바로 기사의 주장이었다. 그렇다면 도시인들은 어떻게 생각했을까? 오만한 도시인은 농민을 한없이 경멸했다. 성문 밖을 나서는 일이 거의 없었고 따라서 농민에 대해 전혀 몰랐던 도시 사람들은 농민들이 초가집에 살면서 사람의 말은 거의 할 줄 모르고 머리를 길게 늘어뜨린 채 방망이로 무장하고 있을 것이라고 상상했다(중세의 걸개그림에서 농부는 야만인으로 묘사되어 있었다). 역시 농민에 대해 아무 것도 모르기는 마찬가지였지만 도시인들은, 많은 농민이 재물을 숨겨두고 흥청망청 살면서 도시 사람들이 비싼 값을 지불할 때까지 곡물을 숨겨둔다고 생각했다. 문헌에 묘사된 농민은 입에 풀칠하기도 힘들 만큼 가난한 사람들이거나 도시인의 적이요 거드름 피우는 불한당이었다. 사실 농민과 도시인은 서로에 대해 전혀 몰랐다. 도시에 사는 장인들이 현명하여 고생하는 농민들에게 농기구를 만들어 주었다면, 도시인들이 굶어죽는 일은 없었을 것이다. 고대 로마에는 '낫쟁이 거리'가 있었다. 여기에서 수백 명의 대장장이가 낫을 만들어 농민들에게 팔았다. 중세에는 이런 일이 불가능했다. 도시에 사는 대장장이들은 농촌에 발을 들여놓지 않았고, 그래서 농민은 맨손으로 땅을 파야 했다.

농민은 글을 읽을 줄 몰랐다. 그들에게는 모멸감을 느낄 게 뻔한 글 따위는 필요하지 않았다. 기사들은 농민을 경멸해서 그들의 숨결로 더럽혀진 땅을 밟지 않으려고 큰길로만 다녔다. 도시의 서민들은 사육제 연극에서 농민을 사탄과 얼간이의 중간쯤 되는 존재로 묘사하곤 했다. 농민은 이런 사실을 잘 알고 있었다. 쿨턴이 자신의 저서《중세의 촌락》에서 적고 있듯이 농사일은 "명예와 자존심을 중시하는 사람이 해서는 안 될 하찮은 일"로 여겨졌다.

그렇다면 정작 농민은 자신에 대해 어떻게 생각했을까? 자신을 업신여기는 사람들과 같은 생각을 했을까?

*　　*　　*

농민은 이에 동의할 수 없었다. 아니 당치도 않은 소리였다!

농민은 일을 할 때 누구나 땅을 내려다본다. 그가 보는 것은 글레바(gleba), 즉 흙덩어리이다. 갈아엎은 흙, 쟁기질로 밭이랑을 파놓은 한 뙈기의 밭, 비를 맞고 햇빛에 쏘여 여유롭게 숨쉬는 땅을 본다. 땅은 강렬한 냄새를 풍기며 무수히 많은 작은 생명체를 품고 있다. 대지는 지아비인 농민이 좋은 씨앗을 골라 심는 진짜 자궁이다. 농민은 굳이 그리스도교도가 되어 예수의 비유를 따로 익힐 필요도 없었다. 곡물은 저절로 자라지 않는다는 사실만 알면 되었다. 인간이 도와주지 않으면 모든 곡물이 죽고 머지않아 인간도 죽을 것이었다.

라틴어 글레바는 가장 오래된 인간의 언어 가운데 하나이다. 이 단어는 원래 촉감을 나타내는 말로 흙의 감촉을 뜻한다. 경작지의 촉촉하고 기름진 흙이 자음의 조합인 glb로 묘사된다. 글레바는 globe라는 단어로 발전하였는데 이는 모든 구체(球體)를 뜻하는 것이 아니라 경작지의 흙 덩이만을 의미했다. 유대인의 창조 신화에 따르면, 하느님은 손으로 빚은 흙의 형상에 숨을 불어넣어 인간을 창조했다. 그리고 그리스인의 창조 신화에서는 카드모스가 인간의 씨앗을 땅에 심었다고 전해진다.

글레바라는 말에 포함된 부드럽고 기름진 자음은 농사 과정에서 처음과 끝에 다시 등장한다. 앵글로색슨어로 빵을 뜻하는 단어 hlaf(loaf: 덩어리 빵)는 어원을 밝히기 힘들지만, 좀 더 상세히 조사해 보면 그 어원에 대한 궁금증을 쉽게 해결할 수 있다. 자음 추이의 법칙에 의하면 glb는 hlf와 같다. '빵(bread)'이라는 말은 매우 늦게 생겨났는데, 11세기 이후에 등장한 이 말은 본래 '끓인 것'을 뜻했다. 바로 여기에서 우리는 제빵술과 양조법이 전통적으로 밀접한 관계에 있음을 알 수 있다. 십중팔구 'bread'는 'break(깨뜨리다, 부수다)'와 관련이 있을 것이다. 요컨대 빵은 무언가 바스러진 것이다.

그러나 hlaf는 빵보다 훨씬 더 오래된 말이다. 기름진 검은 흙과 빵의 밀접한 관계는 지금도 러시아 사람에게서 발견할 수 있다. 빵을 의미하는 러시아어는 오직 chleb(흘렙)뿐이다. 이 말에는 '끓이거나 굽는'의 의미가 전혀 없으며 오직 흙을 의미할 뿐이다. 모든 슬라브족은 이 chleb을 빵을 뜻하는 말로 사용하는데, 이 말의 어원은 gleba의 어원과 같다. 폴란드와 체코에서도 빵을 chleb라고 부른다. 발트 해 연안의 레트족은

chleb의 파생어 kleipa(클라이페)를 사용한다.

독일인 역시 빵을 뜻하는 말 Brot(브로트)를 사용하기 전에는 Laib(라이프)를 썼다. 야콥 그림은 위대하고 뛰어난 어원학자이지만 이 Laib가 신체, 즉 빵의 외형을 의미하는 Leib(라이프)에서 비롯되었다고 생각하는 큰 오류를 범했다. 그는 이 말이 촉각에서 비롯되었다는 사실을 몰랐던 것 같다. Laib는 원래 '끈적거리는 덩어리'를 뜻하는 말이다(알프스 지방에서도 우유를 응고시켜 만든 제품을 Laab(라프)라고 부른다). 그림은 최종 산물인 '빵 덩어리(bread loaf)'가 갈아엎은 흙 gleba에서 유래했다는 사실을 깨닫지 못했던 것이다.

어원으로 볼 때 빵은 흙의 자손이다. 그렇다면 흙을 기름지게 만드는 사람들이 다른 계급에 속하는 사람들보다 더 많은 권리를 누리는 것이 마땅하지 않을까? 도시의 평민들이나 귀족들(농민의 적이라고 부를 수밖에 없는 두 계급)보다 농민들이 빵에 대한 권리를 훨씬 더 많이 가져야 하지 않는가 말이다.

*　　*　　*

두 계급은 자유로운 농민이든 예속된 농민이든 상관없이 적대시했다. 유럽 전역에서 자유농과 예농(隸農)의 수는 오랜 세월 동안 변하지 않았다. '농민에 대한 박해'는, 속된 지주들(최대 지주인 교회는 이들의 행태를 모방했다)이 자신의 가장 큰 수입원이 바로 자신들이 혐오하는 농업이라는 사실을 깨달으면서 시작되었다. 여기에 생각이 미친 지주들은 자작농의 토지를 수탈하기 위해 수단과 방법을 가리지 않았다. 결국 대토지 경영이 소농 제도보다 효율적이라고 판단한 로마공화정의 농지 수탈 과정과 똑같은 일이 벌어졌다.

중세의 농민은 이른바 '삼포제도'를 활용했다. 이것은 경작지를 세 구역으로 나누어, 첫 번째 구역에는 가을에 파종하는 가을밀을 심고, 두 번째 구역에는 봄에 파종하는 봄밀을 심었으며, 마지막 세 번째 구역은 휴경지였다. 해마다 세 구역을 순환하는 윤작은 토질의 저하를 예방하는 데는 효과가 있었지만 수확량은 적었다. 따라서 소규모의 자유농은 겨우 자급자족하는 수준에 머물렀다. 반면 대지주는 필요보다 훨씬 많은 수확을 거두었으므로 잉여 농산물을 조직적으로 시장에 내다 팔 수 있었다(나중에는 대토지가 감당할 수 없을 만큼 커져 오히려 생산성이 저하되었다). 소농들이 나누어 부치는 것보다 영주 자신이 거대한 토지를 소유하는 것이 훨씬 더 많은 소출을 낸다는 것을 알게 되면서부터 소농들은 살아갈 길이 막막해졌다. 유능하고 책임감이 강한 농부가 가신이 되어 다른 농민들 위에 군림했다. 가신은 일종의 농민 귀족이 되어 아무런 소출이 없는 농민들을 착취했다.

자유농은 법의 오용과 폭력, 위조문서, 군사의 힘을 이겨낼 도리가 없었다. 농민과 땅을 소유한 귀족과의 전쟁은 몇백 년 동안 이어졌지만 결국 귀족이 승리하고 말았다. 귀족과 귀족이 총애하던 가신의 관계가 끊어진 것은, 이제 그들이 가신과 어울려 살지 않고 자신들만의 성, 제후들의 궁정에 살았기 때문이다.

마을 사람들 모두가 숲, 물, 목초지(농민이 살아가는 데 없어서는 안 될 공유지)를 사용할 권리를 갖는다는 것은 예로부터 성문법으로 규정되어 있었지만 이제는 영주가 그 권리를 독차지했다. 숲에 대한 권리를 상실한 마을 사람들은 사냥할 권리와 땔감을 마련할 권리(이것은 참으로 비인간적인 처사였다. 왜냐하면 추운 겨울, 즉 10월부터 4월까지 농민들이 집을 따뜻하게 할 수 있는 유일한 방법이 땔감뿐이었기 때문이다.)마저 박탈당한 셈이었다. 이제 농민은 그때까지 마음대로 사용해 왔던 땔감을 영주에게서 살 수밖에 없었다.

문제는 여기에서 그치지 않았다. 영주들은 경작된 토지보다는 앞으로 경작해야 할 토지를 더 많이 사유하고 있었다. 물론 충분히 환영할 만한 일이었지만 다른 한편으로 그것은 자유농이 떠맡아야 할 짐이었다. 그들은 자기 농사를 지으면서 동시에 영주의 새 농지를 개간해야 했다. 아무런 대가도 받지 못하면서 다른 사람의 땅을 일구는 데 시간과 노력을 들여야 했던 것이다. 영주는 농노가 이탈하는 것을 막기 위해 결혼에 관한 제한 규정을 마련했다. 모든 농민이 영주의 영지 안에서 결혼하도록 규정했던 것이다. 농민은 다른 영지로 이주할 수 없었기 때문에 결국 영주에게 봉사할 의무는 대물림되었다.

이처럼 영주가 농민을 노예처럼 부리며 착취하는 것은 비인도적 행위일 뿐 아니라, 아무런 경제적 근거도 없었다. 농민은 수확량의 10분의 1, 즉 십일조(十一租)를 영주에게 바쳐야 했다. 그러나 이 십일조를 어디에서 마련할 것인가? 강제 노동에 시달린 농민은 정작 자신의 농사는 짓지 못했으니 말이다. 게다가 사냥터로 사용된 농지는 마구 짓밟혀서 황무지가 되어버렸다. 중세 시대의 사냥은 여가 활동이자 운동이며 공식적인 행사였다. 예전에 농민들은 들짐승이 파헤치는 것을 막기 위해 경작지에 울타리를 치거나 도랑을 파서 들짐승의 접근을 막았었다. 그런데 이제는 그것마저도 금지되었다. 막시밀리안 1세*와 같이 분별력 있는 사람들조차 이런 금지령을 내릴 정도였으니 농지는 영락없는 사냥터가 되고 말았다. 수사슴, 멧돼지, 말, 사냥개들이 정성껏 갈아놓은 밭에서 마구 날뛰었다.

> 피에 굶주린 늑대가 우리의 창 앞에 모습을 드러내고
> 멧돼지는 하릴없이 살랑거리는 곡물을 파헤치고 있구나.
> 대장부다운 기개와 당당함을 드높이는
> 제왕처럼 즐거운 웃음이 울려 퍼진다.

독일 작곡가 베버의 오페라 〈마탄의 사수〉에서 이와 같은 사냥꾼의 합창이 나올 만도 했다. 특권 계급은 사냥을 하는 데 방해가 되는 울타리를 치는 것을 절대 용납하지 않았다. 만약 농민이 농지를 보호하려고 했다가는 엄벌을 받기 십상이었다. 뷔템베르크 백작과 같이 극악무도한 사람들은 그런 농민들의 눈알을 뽑아 물에 삶았다.

그러나 귀족은 이처럼 잔혹한 폭력을 행사하지 않고도 자유농을 제거할 수 있었다. 스스로 부여한 권리를 남용하여 농민을 말살했던 것이다. 예를 들면 '복귀권'이라는 희한한 법을 정하여 자식 없는 농민이 죽으면 모든 동산(動産)을 영주에게 귀속시킨다는 것이었다. 요컨대 모든 것이 세습을 원칙으로 하는 세상에서 농노는 원래 재산이 없었고 사는 동안 '봉토를 하사 받아야만' 하는 존재일 뿐이었다. 양식 있는 사람들은 애초부터 이런 사망세(死亡稅)에 대해 분개했다. 링컨 지방에 사는 휴라는

---

* Maximilian: 신성로마제국의 황제 겸 독일의 왕. 재위 1493~1519년에 인물을 숭상하고 기사도 정신이 투철하여 독립 최후의 기사라고 불렸다.

기사는 자신의 하인이 구슬피 울고 있는 과부에게서 '사망세'로 황소를 끌고 오는 것을 보고는 제지하며 이렇게 말했다. "이 여인은 일꾼이 오직 둘밖에 없었다. 죽음이 더 훌륭한 일꾼을 앗아갔는데 이것은 우리가 나머지 한 일꾼마저 빼앗는 격이 아니냐? 하느님께서는 그것을 금하셨다!" 이 말이 떨어지기가 무섭게 요리를 담당하는 하인이 서슴없이 대꾸했다. "나리, 그리 하시면 나리의 권리도 재산도 지키지 못할 것입니다!"

농노로 구차하게 사느니 차라리 죽는 것이 더 낫지 않았을까? 앞으로 살펴볼 테지만, 얼마 안 되는 자신의 소출마저 마음대로 사용하지 못하는 삶이라면 말이다. 영주는 방앗간과 제빵소까지 장악했다. 이에 대해 베넷은 자신의 저서 《영국 장원에서의 삶》에서 이렇게 적고 있다. "농부가 방앗간에 도착해서 보면 방앗간 주인이 일에 쫓겨 정신이 없거나, 방아가 고장 났거나, 물레방아라면 수력이 약하거나 풍차라면 풍력이 약하거나 하는 이런저런 문제가 많았다. 아무리 선량한 사람일지라도(게다가 방앗간 주인은 선량과는 담을 쌓은 사람으로 악명이 높았으니) 곡물을 빻으려면 최소한 며칠은 기다려야 했다. 집에서는 식솔이 목이 빠지게 기다리고 있건만." 농노가 일단 곡물을 빻았다고 해도, 빵을 굽는 것 또한 녹록치 않았다. 흙담에 초가지붕을 얹은 허름한 집에 오븐을 두는 것은 화마에 휩싸이기 십상이었다. 그러나 영주가 장원에 오븐을 설치하지 못하도록 한 것은 화재 예방을 위해서가 아니었다. 농민은 추가 세금을 내고 영주의 오븐으로 빵을 구워야 했다(농민이 방앗간 주인에게 제분세를 냈다). 그런 까닭에 영주의 제빵사는 방앗간 주인 못지않게 농민들의 원성을 샀다. 봉건제도하에 있던 프랑스의 상황을 묘사하면서 샹피옹은 이렇게 격분했다. "토지의 독점자들을 그처럼 악랄하게 여긴 것은 고정 세금을 징수하거나 맷돌 사용을 금지하고 집에서 빵을 굽지 못하게 했기 때문이라기보다는, 어쩔 수 없이 험한 길을 걸어 멀리까지 곡물을 가져가서 저수지의 물이 바닥난 방앗간 앞에서 2, 3일을 기다려야 하거나, 거칠게 대충 빻은 밀가루나 꺼멓게 탄 빵이나 덜 익은 빵을 마지못해 받아야 한다거나, 방앗간 주인이나 제빵사의 온갖 속임수와 횡포를 견뎌야 했기 때문이다."

이런 횡포 때문에 자유농이 무너진 것은 아니었다. 자유농을 파멸시킨 치명타는 농기구 파동이었다. 농기구 부족은 모든 계급에게 악영향을 미쳤지만 그중에서도 극빈층에게 가장 큰 타격을 입혔다. 중세는 가히 장인의 시대라 할 만했으나 이것은 도시에나 해당되는 말이었다. 게다가 도시에서도 무기나 교회 예배용 제구(祭具) 제작에 도움이 되지 않는 다른 기술은 천대받았다. 농촌 지역에 몰려든 것은 가장 저급한 기술자들이었다. 방아를 수리하는 일이 점점 힘들어졌고, 이러한 퇴보 과정은 곧 쟁기의 철기 부품에도 영향을 미쳤다. 농민의 생활을 엿볼 수 있는 중세의 세밀화나 채색사본을 살펴보면, 쟁기는 찾아보기 힘들고 거의 원시적인 농기구들만 보인다. 쟁기가 잊혀지기 시작한 것일까? 아니면 대장장이에게서 철기 제품을 구입할 수 있는 부유한 영주들만이 쟁기를 사용하고 농민은 석기시대 사람들처럼 괭이로 밭을 일군 것일까?

1862년, 위대한 화가 밀레는 당시 파리에서 극찬을 받은 그림을 그렸다. 제목은 〈괭이를 든 남자〉였다. 농업 역사상 가장 오래된 이름인 '시조 기장(Father Millet)'과 동명인 밀레는 무언의 비난을 화폭에 담았다. 무슨 옷을 입었는지, 나이는 어느 정도인지 가늠하기 힘든 남자가 처절한 절망에 휩싸여 괭이질을 하고 있는 모습이다. 농부의 아들 밀레는 그림 속의 남자를 모든 시대의 농부의 표상으로 삼으려 했던 것일까?

피 흘리는 빵

맙소사! 내 까막눈을 뜨게 해주오!

— 괴테

절망의 나락이었다! 만약 인간이 농지와 일용할 빵 문제를 사회적으로, 아니 적어도 기술적으로 해결하려 했다면, 중세 시대의 문화는 새롭게 태어날 수 있었을 것이다. 그러나 너무나 비싼 대가를 치르고 나서야 빵의 신성성(神聖性)에 대한 논쟁이 다시 불붙기 시작했다.

빵이 사회적 혼란의 시대에 야기한 세속적 관심사에, 종교적 시련까지 겹친 것이다. 빵 때문에 야기된 종교적 재난은 기아만큼이나 견디기 힘든 시련이었다. 그 고통과 혼란은 성직자와 신자들만의 문제가 아니었다. 사회 구성원 전체가 치유하기 힘든 정신 질환의 고통 속에서 허우적거렸다.

"나는 빵이다"라는 예수의 참뜻을 후손에게 일깨워주는 것은 교회의 직분이었다. 설명함으로써 사람들에게 안도감을 주어야만 했다. 그러나 설명하는 것도, 안도감을 주는 것도 간단한 문제가 아니었다. 빵을 쪼개 제자들에게 준 예수의 행위는 상징적인 행위였을까, 아니면 정말로 제자들이 먹은 빵 속에 자신의 몸이 존재한다고 가르친 것일까? 이것은 단순히 흥미로운 수수께끼가 아니라 무시무시한 문제였다. 물질만 능의 시대에 살고 있는 현대인으로서는 도저히 상상조차 하기 힘든 영적, 육체적 실재였기 때문이다. 마침내 그리스도교단에서는 천 년 동안 이어져온 이 문제에 대해 단안을 내렸다. 그것이 바로 1204년(인류의 역사에서 운명적이었던 해)에 내려진 라테란 칙령이었다.

개인적인 판단의 자유를 봉쇄한 이 칙령이 나온 배경은 무엇이었을까? 최고 교부에 속하는 테르툴리아누스, 아우구스티누스, 오리게네스는 빵이 예수 그리스도의 몸을 '상징하는' 것이지, 빵이 곧 예수의 몸은 아니라고 역설했다. 다시 말해 빵은 예수의 수난에 대한 '기억을 되살리게 하려는' 정신 행위의 표상이라는 것이었다. 이 위대한 교부들의 주장에 따르면, 최후의 만찬에서 예수는 자신의 몸과 피의 형태를 취한 빵과 포도주를 제자들에게 주었을 뿐이며, 이는 곧 비유와 과장법을 섞어 은유적으로 말한 것에 불과하다는 것이었다.

예수가 '빵이 자신의 몸으로 변한다는 것'을 의미했을 가능성이 희박하다는 증거는 예수의 다른 말에서도 찾을 수 있다. "육체적인 것은 아무 쓸모가 없다." 이런 말을 하는 예수가 어떻게 제자들에게 빵으로 변한 자신의 몸을 먹도록 했겠는가?

당대의 신학과 철학을 통합한 그리스도교 교부 대부분이 성찬식에서 성체 변화는 일어나지 않으며, 예수는 성찬식을 통해 자신을 기억해 주기를 세상 사람들에게 당부한 것이라고 주장했다. 이들은 그리스도의 최후의 만찬이 구약성서를 믿는 환경 속에서 이루어졌음을 환기시켰다. "내가 고난을 당하기 전에 너희와 함께 이 어린 양을 먹고 싶었느니라." 이 말은 예수 자신이 어린 양이란 뜻이 아닌가? 만약 그렇다면 예수가 자신을 먹는 것이 되니 앞뒤가 맞지 않는다. 그러나 예수는 아주 당연하게 자신이 어린 양에 비유될 수밖에 없는 자극적이고 숙명적인 분위기를 연출했다. 이 세상에 종말이 오는 날까지 누구든 이 죄 없는 짐승을 볼 때마다 그를 생각할 것이기 때문이다. 이렇듯 예수는 최후의 만찬에서 상징에서 상징으로 이야기를 이어갔다. 자신이 지금 빵을 쪼개 제자들에게 나누어주듯, 이제 곧 자신의 몸은 꺾이고 자신의 가르침은 온 세상 사람들에게 퍼져나갈 것이다(자신의 운명을 알고 있었으므로). 예수 사후 몇 세기 동안 교부들 대부분이 이것을 믿었으며, 그런 교부들에게 빵이 신성했던 것은, 예수가 자기 운명의 상징물로 빵을 선택했기 때문이었다.

그러나 몇몇 교부들은 다른 견해를 주장했고 설득력 있는 근거를 제시했다. 첫째, 예수가 빵과 포도주를 주면서 덧붙인 "이것은 나를 기억할 때 행하라"라는 말은 루가의 복음서에만 기록되어 있다는 사실이었다. 실제로 다른 사람들이 쓴 복음서에는 이러한 예수의 당부가 언급되어 있지 않다. 둘째, 이들 교부들은 직감적으로, 인생의 종말이 다가오는 순간에 예수가 자신을 랍비라고 여겼을 가능성이 희박한 데다 유월절이나 제물로 바쳐진 양고기를 믿는 유대교의 교리에 집착했을 리도 없다고 판단했던 것이다. 그리고 셋째("이것은 나를 기억할 때 행하라"라는 말이 의사인 루가가 자의적으로 덧붙인 것이라고 가정할 때), 예수가 먹은 빵을 먹는 순간 그 빵이 예수의 몸으로 변화되었다는 점이다. 성 그레고리우스는 이렇게 단언했다. "빵 속에서 우리 몸을 볼 수도 있는데, 그 까닭은 빵이 우리 몸에 들어가면 그 자체가 우리 몸이 되기 때문이다. 예수가 먹은 빵이 훗날 주님과 하나된 것은 바로 이 같은 이치이다." 성스러운 것은 식탁 위에 놓인 먹지 않은 빵과 마시지 않은 포도주가 아니었다. 이 두 가지 물질은 예수가 먹고 마신 다음에야 비로소 예수의 살이 되고 피가 되었던 것이다. 이것이 바로 그레고리우스의 논지인데, 성찬론을 주제로 한 중세 초기의 수천 쪽에 달하는 문헌을 요약해 보면 예수의 말을 글자 그대로 받아들인 사람들이 실재론자로 자처했다는 사실을 알 수 있다. 어떻게 이것을 부정할 수 있겠는가? 반면에 상징적으로 해석하는 사람들이 내세운 이론적 근거는 얼마나 박약하고 추상적인가? 오리엔트에서는 특히 예수의 말을 곧이곧대로 받아들였다. 성 크리소스토모스는 빵과 예수가 완벽한 하나임을 설명하기 위해 다음과 같은 노골적인 표현을 서슴지 않았다. "주께서 손으로 자신의 몸을 뜯어 우리에게 주신 것은 주께서 우리를 사랑하는 증거로서, 그것을 우리 손으로 받아먹게 하신 것이다. 이는 마치 우리가 정말 사랑스러운 사람을 깨물고 싶은 것과 같다." 크리소스토모스는 인간의 살을 먹고 인간의 피를 마신다는 사실 때문에 전율할 필요가 전혀 없다고 역설하고 있다. 또한 "제자들이 두려워하지 않도록 예수께서 먼저 자신의 피를 마심으로써 아무런 두려움 없이 주의 신비를 영접하게 했다"면서 그 이유를 밝히고 있다. 여기서 가장 중요한 말은 '신비'이다. 다른 많은 교부들이 그랬듯이, 크리소스토모스도 예수를 다른 오리엔트 비교(秘敎)의 창시자인 미트라와 크게 다르지 않은 존재로 여겼다. '신과 인간은 서로의 생명력을 유지하기 위해 서로 상대방의 살과 피를 나눠 먹는다'는 아시아적 개념이 보편적인 오리엔트 지역에서는 제자에게 자신의 살과 피를 먹도록 한 예수의 명령을 전혀 이상하게 받아들이지 않았다.

그러나 만약 그리스도교 성찬식이 예수를 기념하게 하는 의식이 아니었다면, 더구나 실재론자가 이에 동의했다면 그것은 실로 엄청난 문제를 야기했을 것이다. 예수는 이미 옛날에 희생되었다. 그 희생으로 인류가 구원받은 것이다. 설령 하느님의 계시를 따르는 성직자라 한들 예수의 뒤를 이어 이런 희생을 감내할 사람이 누가 있겠는가? 또한 신도들은 빵과 포도주의 형체를 띤 새로운 예수의 살과 피를 기꺼이 희생시키는 성찬 예배에 끊임없이 참석할 수 있었겠는가? 이것은 있을 수 없는 일이었다. 그러므로 예수가 "이것은 나를 기억할 때 행하라"라고 덧붙였다고 루가가 기록한 것은 지극히 마땅한 일이었다. 대다수의 그리스도교도들은 성찬식의 빵에 깃들어 있는 것이 진짜 예수의 몸이 아니라 빵을 먹은 사람들의 신앙 속에 나타난 성령이라고 여겼다.

이러한 신앙과 사상의 두 가지 조류는 한동안 아무 갈등 없이 병존했다. 상징적 해석론자들이나 실재론자들에게는 자신들의 믿음을 공고하게 할 가장 타당한 근거가 있었다. 이 논쟁을 해결할 수가 없었으므로 이에 대한 격론을 벌이지도 않았던 것이다. 여기서 잠시 고대의 엘레우시스교를 되돌아보면, 최초의 교도들은 밀알과 페르세포네가 완벽한 하나임을 절대적으로 믿었다. 그러다가 회의하는 로마인 키케로가 교도들이 먹은 빵과 포도주에 신이 들어 있을 리 만무하다고 강변했을 때, 권위자들 중 누구도 그를 공박하거나 처단하지 않았다. 이러한 포용이야말로 가장 현명한 처사였다. 그렇다면 왜 가톨릭교회는 상징주의자와 실재론자의 믿음 중에서 하나는 취하고 다른 하나는 버림으로써 포용의 조화를 깨뜨린 것일까? 라테란 공의회*에서는 가장 극단적인 성찬론

---

* 라테란 대성당에서 5차에 걸쳐 열린 세계교회회의.

을 선언했다. 즉 예수가 최후의 만찬에서 제자들에게 자신의 살과 피를 먹도록 명령했으며, 따라서 가톨릭 사제는 이와 똑같은 성체 의식을 수행할 권한을 갖는다는 것이었다. 성찬식에서는 (의식을 거행할 때마다 어김없이) 예수가 실제로 있다는 실재론이 공식적으로 선포되었다. 그 밖의 모든 신앙은 이단이요 용서받지 못할 대죄가 되므로 영원한 저주를 받게 되었다.

* * *

라테란 칙령은 허울뿐인 평화를 정착시켰다. 반대파는 지하로 숨어들었지만 성찬론은 3백 년 뒤에 터지도록 교회 밑에 장착해 놓은 시한폭탄처럼 로마 교황청, 북유럽, 영국과 미국에 이르기까지 광범위한 지역을 도탄에 빠뜨렸다.

그러나 3백 년 동안은 아무 이상이 없었다. 13세기에는 성찬론과 관련된 다른 문제에 관심이 쏠려 있었기 때문이다. 빵의 신성이 새롭게 부각되고 종교적 재평가가 이루어지면서 성직자들은 기술적인 난관에 부딪혔다. 참혹한 기아의 시대에 어떤 곡물로 성찬을 만들어야 할까? 1250년 무렵, 토마스 아퀴나스가 어떤 상황에서도 성찬용 빵은 반드시 밀로 만들어야 한다고 주장하기 전까지는 이에 대해 아무도 관심을 기울이지 않았다. 아퀴나스는 "밀 한 알이 땅에 떨어져 죽지 않으면 한 알로만 남아 있고 죽으면 많은 열매를 맺느니라"라는 성서 구절에서 예수가 자신을 밀에 비유한 것을 지켜야 한다고 역설했다.

그러나 이것은 사실과 동떨어진 얘기였다. 팔레스타인에서는 부자만 밀을 먹었고 가난한 사람들의 식량은 보리였기 때문에 예수가 밀을 먹고 싶어 했을 가능성은 아주 희박하다. 5천 개의 빵을 만든 기적도 분명 보리빵으로 행한 기적이었다. 그러나 밀빵을 최고급으로 여긴 나폴리 인근에서 태어난 아퀴나스는, 예수가 최고급 빵이 아닌 다른 빵을 먹었다고 상상하는 것만으로도 불경스럽게 여겼다. 그렇지만 아퀴나스는 궁핍한 당대인을 배려하여 마지못해 이런 조건을 달았다. "소량을 섞으면 곧바로 밀에 흡수되기 때문에 다른 곡물 가루를 조금 섞어도 성찬의 특성은 변하지 않는다. 그러나 반반씩 섞어서는 절대 안 된다." 이것은 이론 상의 얘기일 뿐이었다. 호밀만 생산하는 나라에서 어떻게 성찬을 만들었겠는가? 이에 대해 에스파냐의 예수회 수도사 수아레스는, 만약 그렇다면 북유럽 국가에서는 몇백 년 동안 성찬을 전혀 나누어주지 못했을 것이라고 항변했다.

예수 사후 1세기 동안 성찬용 빵은 아주 크고 가운데 구멍이 뚫린 것이 꼭 화환 같았다. 빵 하나로 예배에 참석한 사람들 대부분이 나누어 먹을 수 있을 정도였다. 그런데 11세기부터 성직자들은 커다란 주화 만한 빵을 굽기 시작했다. 유대인의 빵이 현재의 롤빵보다 크지 않았다는 역사적 사실이 이를 뒷받침해준다. 그러나 무엇보다 결정적인 변화는 10세기 이후에 일어나기 시작했다. 오직 발효시키지 않은 무교병만 사용했던 것이다. 이 문제는 로마 가톨릭과 그리스 정교 사이에서 영원히 해결되지 않는 분쟁의 씨앗이 되었다. 그리스 정교는 빵은 반드시 발효시켜야 (즉 일반 대중이 일용하는 빵과 다르지 않게) 한다는 주장을 절대 굽히지 않았으며, 로마 교황은 유월절 주간에 예수가 분명 무교병을 먹었다며 이에 맞섰다. 유대인 사회에서 유월절 주간에 발효된 빵을 먹은 사람은 죽음을 면치 못했다. 그렇다면 예수는 어떻게 발효된 빵을 구했던 것일까? 이 문제를 밝히기 위해 수없이 많은 연구가 이루어졌다. 몇 세기 동안 로마와 모스크바 사이에 평화가 유지되었던 적은 단 한 번도 없었다. 가장 큰 이유는 최후의 만찬에서 예수가 제자들에게 쪼개준 빵의 종류에 대한 논쟁 때문이었다.

로마 가톨릭교회에서는 성찬용 빵을 일반 오븐(발효 과정과 아주 밀접한 관계가 있으므로)으로 굽는 것을 금했다. 반드시 와플을 구울 때 쓰는 철틀로 굽도록 규정했다. 성직자라면 누구나 빵을 구울 줄 알았지만 대개는 수녀들이 구웠다. 작고 둥근 제병(祭餠)에는 세 개의 십자가나 무릎 꿇고 있는 어린 양을 새겼고 또 예수가 인간의 모든 지식의 처음이자 마지막임을 의미하는 알파와 오메가를 새겼다. 그런 다음 이 제병을 성궤에 보관했다. 부유한 교회의 성궤는 금과 은으로 장식되어 있었다.

이 제병은 아직 신성한 빵이 아니었다. 성찬용 빵이 되려면 사제의 축성식을 거쳐야 했다. 그러나 제병은 예수의 몸이 될 빵이므로 '밀가루와 성찬의 중간에 해당한다'고 믿었다. 그러니 이 하찮은 제병을 지키느라 성직자들이 고생했던 것도 무리는 아니었다. 그럼에도 불구하고 제병을 도난당하는 사건이 끊임없이 발생했다. 특히 농촌 지역에서 더 심했다.

제병을 훔친 죄인들을 다스린 무수히 많은 중세의 재판 결과들에 따르면, 그것들은 대부분 가축을 먹이기 위해 농민들이 제병을 훔친 사건들이었다. 그들은 가축에게도 성찬의 사랑을 받을 자격이 충분히 있다는 지극히 단순한 생각을 했던 것이다. 여기서 주목해야 할 사실은 인간이 모든 짐승을 지배하도록 창조되었다는 성서 속의 선언이 비교적 늦게 나타났다는 점이다. 현대의 원시 부족들을 통해서도 알 수 있듯이,

원시 사회는 인간과 짐승이 한데 어울려 구성된 사회였고, 인간은 자기 자신을 기껏해야 가장 현명한 짐승들의 형제쯤으로 여겼다. 나아가 동굴에서 함께 기거하면서 자신보다 훨씬 더 많은 능력을 지닌 짐승들을 찬양하곤 했다. 날아다니고 기어오르며 알을 낳는 것은 정말이지 놀랍고 경탄할 만한 일이었다. 농촌 어디에서도 이런 원시적 관습은 완전히 소멸되지 않았다. 예수가 태어났을 때, 황소와 나귀를 구유 가까이 매어두었던 것도 새로 태어난 왕이 짐승들이 뿜어내는 따뜻한 콧김을 쐴 수 있도록 한 것이었다. 그러니 순박하기 그지없는 농민은 성찬을 훔쳐서 송아지 먹이에 섞거나 대개는 벌통 밑에 넣어두었는데, 그렇게 하면 꿀의 당도가 한결 높아진다고 믿었기 때문이다.

아무것도 몰랐던 농민들이야 용서할 만했다. 그러나 몇 세기 동안 성스러운 빵을 이보다 몇 배나 더 욕되게 한 일들이 벌어졌다. 주술사와 마녀들은 점점 성찬용 빵에 호기심이 생겨 이 둥그런 제병에 농축되어 있는 위대한 힘을 잇속을 차리는 데 이용하려 했다. 마술 행위는 모든 그리스도교도에게 금지되어 있었다. 유대인 사회처럼 마술을 사형에 처할 만큼 대죄로 다스렸던 것은 마술이 자연의 섭리를 방해한다고 믿었기 때문이다. 그러나 엄밀히 말해 마술이야말로 수없이 많은 사람들이 간절하게 바랐던 것이며, 마술에 대한 기대가 높아진 데는 그리스도교의 책임이 컸다. 중세의 가톨릭교회는 예수의 종교에 '일상적인 기적'을 도입했다. 날마다 산 자와 죽은 자를 위한 미사를 거행했으며 그때마다 교황의 승인을 받은 사제는 어김없이 세속적 물질인 빵과 포도주를 예수의 몸으로 변화시켰다. 그런데 오직 사제들만 물질을 변화시키는 능력을 가지란 법이 있는가? 이처럼 하루도 빠짐없이 반복되는 기적의 종교는 신도들에게 마술을 하고 싶은 욕구를 불러일으키는 결과를 초래했다. 마술을 부림으로써 온갖 금은보화를 얻고, 하늘을 날아다니고, 영생을 누리는 것, 대다수의 신도들은 이것이 가능하다고 믿었다. 극단적인 교리를 취함으로써 공공연하게 기적의 종교임을 천명한 이 종교는 마술과 주술사에 대한 믿음을 강화시키는 자가당착에 빠지고 말았다. 이집트인들의 신앙도 기적을 믿긴 했지만 주술사를 박해한 것이 아니라 저마다 최대의 마술 능력을 발휘할 수 있도록 허용했다. 그러나 그리스도교도나 유대인들의 생각은 달랐다.

실러가 쓴 《합스부르크가의 백작》에서 백작은 전날 죽어 가는 사람을 성찬식에 태우고 가도록 사제에게 빌려주었던 가장 좋은 말을 되돌려 받지 않았다. 깜짝 놀란 사제가 그 까닭을 묻자 백작이 이렇게 대답했다.

"하느님께서 사냥터에서든 전쟁터에서든 그리하지 말라 하셨기 때문이
네." 이렇게 대답한 뒤 백작은 나직이 신의 은총에 감사드렸다.

"내 어찌 나를 지으신 하느님의 축복을 받은 저 말을 탈 수 있겠는가!

설령 저 말이 하느님에게 속한 것이 아니라 내게 베푸신 상이라 할지라도

이제 저 말은 하느님의 종이 되어

하느님의 영광과 세상의 모든 선함이

전지전능하신 하느님의 자비임을 전파할 것이네.

대신 나는 내 몸과 피, 숨, 생명, 성령을 받았다네."

이것은 지극히 당연한 결론이었다. 독실한 신자가 성찬을 이처럼 거룩하게 여겼다면 사탄 역시 제병의 가치를 충분히 느꼈을 것이다. 마녀와 주술사가 제병을 훔친 것도 이 때문이었다. 이들은 훔쳐낸 성찬을 악

마의 미사에서 지옥의 제왕에게 바치면서, 자신들의 소원이 이루어지게 해달라고 청했다. 부자는 자신의 재물을 지켜 달라고 했고, 도둑은 도둑질이 성공하게 해달라고 했으며, 사냥꾼은 백발백중이 되게 해달라고 빌었다.

그러나 때때로 성찬은 도둑으로부터 자신을 지키기도 했다. 성궤에서 성찬을 훔치려는 도둑의 손가락이 잘리는가 하면 성찬이 도둑의 자루에서 빠져 나와 교회로 돌아가기도 했다. 모욕을 당한 성찬(혹은 누군가가 불경을 저지르려는 성찬)은 그러한 음모를 만천하에 알릴 수 있는 능력이 있었으니, 그것은 바로 피를 흘리는 것이었다. 유럽 전역에서 수천 명의 사람들이 성찬에서 새어나오는 불그스름한 피를 목격했다. 그때마다 사람들은 두려움에 사로잡혔다. 독일, 프랑스, 에스파냐, 이탈리아를 비롯한 유럽 전역에서 성찬이 피를 흘렸다. 그리하여 세속 당국과 교단에서는 죄인 사냥에 나섰다.

*   *   *

중세의 모든 민족 가운데 마술의 혐의를 가장 적게 받은 것은 분명 유대인들이었다. 이스라엘 종교만큼 '하느님을 모방하는 것'을 가차 없이 비난한 종교는 없었다. 그럼에도 유대인들을 의심할 만한 근거가 있었다. 그들은 예수를 증오했던 것이다. 유대인들이 예수를 십자가에 못 박지 않았다면 그렇게 말할 수 있을까? 그리고 그 냉혹한 증오로 예수를 다시 못 박아서는 안 되지 않을까? 그러나 사람들은 그렇게 하지 않았다. 예수의 화신, 곧 성찬은 유대인들에게 공박할 빌미를 제공했다. 어느 누구나 잔혹하다고 생각할 수 있는 성찬론을 비난했다는 이유로 유대인은 성찬이 피를 흘리는 것에 대한 책임을 뒤집어썼다. 유대인은 스스로 그리스도 교회를 인정하지 않았으므로 그들 중에는 분명 성찬을 훔친 자들이 있었을 것이다. 실제로 고문을 받은 유대인들 가운데 도둑질을 했다고 실토한 사람들이 있었다. 그러나 형틀에 묶여 고문당하면서 심문 내용을 인정하지 않을 사람이 과연 몇이나 될까?

참으로 이해하기 힘든 것은 학식이 높은 그리스도 사제들이 고문에 못 이겨 한 자백을 믿었다는 사실이다. 그리스도교와 유대교의 근본적인 차이점은, 유대인들의 경우 신이 빵으로 변할 수 있다는 사실을 인정하지 않았다는 데 있다. 그렇다면 과연 그것이 성찬을 욕보인 행위인가? 지극히 단순하게 생각해 보더라도, 유대인이 성찬 모독죄로 내몰린 것은, 그리스도교도들처럼 유대인들 또한 성찬과 예수의 진짜 육신을 동일시해야 한다는 잘못된 가정에서 비롯되었음을 알 수 있다. 성찬론 자체를 인정하지 않은 유대인들이 무엇 때문에 성찬을 모독했겠는가? 심지어 사변적 성격이 강해 극단적인 범신론에 빠졌던 중세의 유대신비주의자들조차도 '빵의 신성성'에 대해 말한 적이 없었다. 성찬론에 대해 상상도 못 해본 사람들이 성찬을 '난도질할' 리가 없었다. 그러나 너무 당연한 이 결론조차도 격분한 그리스도교도들에게는 아무런 의미가 없었다. 그들의 죄목은 유대인이라는 사실에 있었다. 이러한 사실은 "까짓 상관없어! 유대인이니까, 그는 화형시켜 마땅해!"라는 레싱의 신랄한 풍자에서도 엿볼 수 있다.

그래도 여전히 한 가지 의문점이 남는다. 왜 유대인들은 범죄의 증거를 완전히 없애지 않았을까? 왜 차라리 피조차 흘리지 못하도록 철저히 파괴하지 않았을까? 성찬은 상처를 입을지언정 말살되지는 않는다는 것이 그 답이었다. 이를테면 유대인이 외진 밭으로 성찬을 몰래 가져가서 부수어버렸다고 할지라도, 그 파편이 나비의 형상으로 하늘을 날아다니다가 맹인의 눈에 내려앉아 눈을 뜨게 해준다고 믿었다. 불경한 자들이 성찬을 불태우려고 했던 오븐에서 천사나 비둘기가 나왔다는 이야기도 있지 않은가? 성찬이 어린아이처럼 우는 것을 들었다는 사람들도 있었다.

무시무시한 정신적 전염병이 온 세상에 창궐했다. 1253년 베를린 근처의 벨리츠 시에서는 유대인 마을 전체가 불타버렸다. 이와 똑같은 일이 1290년 파리에서, 그로부터 80년 후 오스트리아 빈의 외곽 도시 코르노이부르크에서 재발했다. 라스티본, 크라코브, 귀스트로브, 데겐도르프, 포젠, 프라하, 브로츠와프, 세고비야에서도 유대인 마을이 불길에 휩싸였다. 이러한 공포가 폴란드를 엄습했을 때, 카지미에즈 폴란드 국왕은 '피 흘리는 빵' 따위는 믿지 않는다며 일소를 터뜨렸다. 이와 같은 국왕의 묵살도 아무런 소용이 없었다. 유대인을 화형에 처해야 한다는 성직자와 백성들의 요청이 들끓었기 때문이다. 이들의 잔혹성은 그저 공포심의 발로였을 뿐이었다. 처벌의 목소리를 높인 사람들은 성찬이 피를 흘리는 것을 두 눈으로 똑똑히 보았던 것이다. 그들을 더 큰 공포의 도가니로 몰아넣은 것은 피가 흐르는 부위가 고정되어 있지 않고 날마다 커진다는 데 있었다. 이처럼 해괴한 재앙은 온 세상이 떠들썩할 정도로 분명하고 통렬한 처단으로 해결해야 했다. 세상의 종말을 막으려면 그 선동자들을 처단해야만 했다.

1370년에는 부유한 유대인 은행업자 엥히엔이 강도단에게 살해되는 사건이 벌어졌다. 이 은행업자의 아내와 아들은 이웃 도시 브뤼셀로 떠났다. 이에 불안감을 느낀 살인강도들은 브뤼셀에 있는 성 구둘라 교회에서 성찬이 피를 흘렸다고 소문을 퍼뜨렸다. 브뤼셀 주민들은 유대인 마을을 습격하고 야간비밀집회를 열어 성찬을 단검으로 찌른 뒤 다시 교회에 가져다 놓았다는 사실을 자백하라고 고문했다. 그러나 그들은 고문을 당하면서도 끝내 시인하지 않았다! 그리하여 5월 22일, 22명의 유대인을 화형에 처하고 나머지는 모두 도시에서 축출했다. 성 구둘라 교회는 단검으로 성체를 찌르는 광경과 그 죄인들을 단죄하는 끔찍한 광경을 그린 18점의 그림을 전시했다.

이로부터 정확히 5백 년 뒤, 벨기에의 사제들이 구둘라 교회에서 일어난 그 기적적인 일을 기념했다. 1870년 3월, 브뤼셀에서는 금은보화로 장식된 12개의 성찬을 사람들에게 보여주는 '사제들의 거리 행렬'이 진행됐다. 행렬이 11시간째 접어들 때 벨기에 주교는 로마 교황 피우스 9세로부터 성찬을 전시하는 행렬을 중지하라는 전보를 받았다. 교황의 이러한 느닷없는 조치에 모두가 경악했다. 고문서를 검토한 결과 기록이 위조되었다는 사실이 드러났다는 소문이 파다했다. 연대기 작가가 '성찬을 훔친 죄 때문에'를 '성찬에 구멍을 낸 죄 때문에'라고 적었는데, 이러한 잘못된 기록이 설화로 탄생했다는 것이다. 결국 성찬이 칼에 찔린 것이 아니었기 때문에 성찬이 피를 흘리는 기적 같은 사건은 전혀 없었다고 한다. 그러나 기념식을 취소하는 대신, 성찬은 결코 피를 흘린 적이 없다는 사실을 밝혀낸 동시대의 두 과학자 에렌베르크와 콘의 업적을 찬양하는 것으로 대치되었다.

＊　　＊　　＊

　박물학 교수 에덴베르크는 운명적으로 인류사에서 가장 해괴한 수수께끼를 푸는 역할을 떠맡았다. 에덴베르크는 현미경을 들여다보며 자신이 태어난 베를린의 토질과 수질을 검사하는 것으로 평생을 조용하게 지낸 과학자로서 종벌레와 원생생물을 연구하는 데 여생을 바친 사람이었다. 많은 세균을 다루었지만 그때까지도 간균이 무엇인지는 몰랐다. 에덴베르크의 남다른 업적은 괴테와 훔볼트의 제자로서 만물은 서로 연결될 수밖에 없으며, 따라서 저마다 고유한 목적을 지닌 개개의 연구가 문화적 통합체를 설명할 수 있는 도구가 된다는 사실을 깨달았다는 데 있었다.

　1848년 10월 26일, 에렌베르크는 베를린 과학아카데미에 참석하여 동료들에게 이런 이야기를 들려주었다.

　6주일쯤 전에 한 친구가 붉은 빛을 띤 곰팡이로 덮인 감자 껍질을 자신에게 가져왔다. 이 친구는 에덴베르크가 30년 전, 그러니까 23살 때 곰팡이균을 주제로 한 박사학위 논문을 썼으니 관심이 많을 것이라고 판단했던 것이다. 감자 껍질을 관찰한 에덴베르크는 과연 그 껍질이 여러 겹의 곰팡이로 덮여 있다는 사실을 알게 되었다. 그런데 붉은 색이라니, 참으로 알 수 없는 노릇이었다. 붉은 색을 띤 곰팡이는 본 적이 없었기 때문이다. 생각에 잠겨 있던 에덴베르크는 젊었을 때 읽은, 파도바 지방 출신의 의사 빈첸조 세떼가 쓴 글을 떠올렸다.

　1819년 파도바 근처 레냐고 지방에 살고 있던 한 농부는 사발에 담긴 노란 폴렌타* 죽이 붉게 변한 것을 발견했다. 속이 메스꺼워진 농부는 상한 음식을 쏟아버렸다. 그런데 그 다음 날 다른 죽에도 붉은 점이 생겼다. 뿐만 아니라 설익은 채 찬장에 넣어두었던 닭고기도 젤리처럼 생긴 붉은 막으로 덮여 있었다. 농부가 이 이야기를 이웃에게 해주었고, 마침내 마을 전체가 술렁거렸다. 이에 교목(校牧)은 고약한 구두쇠로 유명한 그 농부가 1817년의 기근에도 곡식을 쟁여놓았다면서 그의 죄를 사람들에게 상기시켰고, 그 죄 때문에 그런 일이 벌어졌다고 했다. 그러자 억울한 농부는 파도바 대학교에 도움을 청했고, 대학 당국은 빈첸조 세떼를 파견하여 그 물질을 조사하도록 했다. 경찰관과 함께 소동이 벌어진 마을에 도착한 빈첸조 세떼는 일단 문제의 음식물을 담아 밀봉했다. 그런 다음 이런 현상이 나타나는 것은 원래 식물에 함유되어 있는 색소 때문이라고 했고 또 아주 유용한 물질일 수도 있기에 더 연구할 필요성이 있다고 밝혔다. 그가 이처럼 아무 일 아니라는 듯이 결론을 내린 것에 대해 교목이 격분하고 말았다. 오직 하느님을 섬기지 않는 사람의 집에서만 음식이 피를 흘릴 수 있다면서 펄펄 뛰었던 것이다! 그러자 빈첸조 세떼는 함께 온 경찰관을 시켜 노란 폴렌타 죽을 아무도 모르게 교목의 집에 갖다놓게 했다. 다음 날, 멀쩡했던 그 죽마저도 붉게 변하고 말았다. 이로써 마녀 사냥은 끝이 났다.

학창 시절에 에덴베르크는 이 일화를 읽고 매우 감명을 받았다. 붉은 물질로 뒤덮인 감자 껍질을 세밀히 검사하면서 문득 이 이야기가 떠오른 것이다. 그날 저녁 그는 어린 아들에게 고전 작가 네포스가 쓴 책을 읽어주다가 뜻밖에도 지금까지 안중에도 없던 한 문장을 발견했다. 알

---

* Polenta: 우유와 옥수수 가루를 섞어 만든 수프의 일종.

렉산드로스 대제가 고대 페니키아의 주요 항구 도시인 티루스를 포위하고 있을 때 병사들의 빵에서 핏자국을 발견하고는 몹시 두려워하는 장면이었다. 황제가 퇴각 명령을 내리려는 찰나, 엘레우시스교 사제 아리스탄드로스는 피가 빵 속에 있다는 것은, 곧 도시 안에 갇혀 있는 티루스인들에게 저주가 내릴 계시라고 설명하면서 병사들을 독려했다. 이 말에 천군만마라도 얻은 듯, 병사들이 순식간에 도시를 함락했다는 내용이었다.

에렌베르크는 "지금 내가 들고 있는 감자 껍질과, 파도바의 일화 그리고 네포스가 쓴 문장이 서로 관련이 있는 것은 아닐까? 어쩌면 이것은 중세의 피 흘리는 빵의 신비를 푸는 열쇠가 될지도 모르겠다"는 생각에 골몰했다. 흥분한 에렌베르크는 연구를 시작했다. 마침내 붉은 물질을 배양하여 이 군체를 감염되지 않은 감자에 이식하는 데 성공했다. 그 결과 이 물질은 곰팡이류가 아니라 3백 배로 확대시켜야만 개체를 볼 수 있는 미세한 세균이라는 사실을 알아냈다. 천 배로 확대하자 세균들이 활발하게 움직이는 것이 보였다. 이윽고 자신의 실험이 성공했다는 확신이 생겼다. 에렌베르크는 학자들을 은근히 비웃으며 이 새로운 세균의 이름을 '기적을 일으키는 단세포생물'이라고 지었다.

"바로 티루스를 포위한 알렉산드로스가 공포에 떨고 있을 때 병사들이 공격에 나설 수 있었던 것은 한 사제의 설득력 있는 연설 때문이었소. 1510년 우리의 고향 베를린에서 38명의 유대인이 화형에 처해진 것 역시 설득력 있는 웅변 때문이었지요. 그리고 그 말들이 설득력이 있었던 것은 바로 이 단세포생물 때문이었소. 성스러운 빵을 피 흘리게 했다는 죄목으로 이들은 한줌의 재로 사라졌고 대대로 그 죄를 뒤집어썼던 것이오." 하고 그는 학술원 회원을 향해 목소리를 높였다. 에렌베르크는 연단에 덮어둔 천을 걷어내고 세 개의 흰 빵을 보여주었다. 그 빵에는 미리 주입해둔, 기적을 일으키는 단세포생물이라는 핏자국이 나 있었다.

그 결론은 순식간에 엄청난 반향을 불러일으켰다. 거기에 모인 회원들은 하나같이 저명한 사람들이었다. 야콥 그림과 같은 언어학자, 수학자, 천문학자, 철학자 그리고 화학자까지 모두 에렌베르크와 악수를 나누었다. 얼마 전에 시민과 국왕 친위대 사이에 내전이 벌어져 학술원 따위는 안중에도 없던 베를린 시에서, 세균을 발견한 이야기는 들불처럼 삽시간에 퍼졌다.

빵이 피를 흘린다며 몇백 년 동안 사람들을 전율시킨 것이 바로 그것이었다. 어처구니없게도 미세한 생물이 온 인류를 천치바보로 만들었던 것이다!

과학자들은 이제 이 무해한 미세균(피를 흘리는 빵마저도 다른 보통 빵처럼 소화시킨)이 인간을 공포의 도가니로 몰아넣을 수 있었던 조건을 밝히기 위해 실험에 착수했다. 브로츠와프 태생의 콘은 이 간균—그의 이름을 따서 '기적의 콘'으로 불린—이 일정한 습도와 따뜻한 온도가 유지되는 곳에서 붉은 색을 띤 물질을 분비한다는 사실을 밝혀냈다. 어째서 중세인들은 유독 겨울에만 빵이 피를 흘리지 않았다는 것을 깨닫지 못했을까?

콘은 계속 피를 흘려 빵을 핏빛으로 물들임으로써 중세인들을 떨게 한 것이 바로 이 간균의 강한 번식력 때문이라는 사실도 알아냈다. 물 1밀리리터에 들어 있는 470억 마리의 간균이 순식간에 8,840억 마리로 증식했던 것이다. 그리고 세뗴가 짐작했던 대로, 간균은 밀가루에서는 거의 발견되지 않았다. 반면 응고된 달걀 흰자위나 우유 표면, 송아지 고기에는 자주 나타났다. 만약 중세인에게 이런 관찰력만 있었다면……. 그러나 그들은 위대한 과학자 플리니우스 시대의 사람들과 같은 탁월한 관찰자가 아니었다. 그들은 그저 추상적 개념에 사로잡힌 사람들일 뿐이었다. 18, 19세기에 이르러서야 비로소 까막눈의 시대가 막을 내렸다.

부풀어 오르는 빵

중세의 특징은, 오늘날 아무리 미개한 사람들조차 두려워하지 않는 것에 대한 엄청난 공포가 있었다는 것이다. 게다가 중세는 이 공포를 근절시키려 했던 계급의 오만이 극에 달한 시대이기도 했다.

공포가 만연한 시대에 처단당하는 유대인이나 마녀를 돕기 위해 선뜻 나서는 사람이 없었다는 것은 얼마든지 이해할 만하다. 그러나 정치가든 사상가든 어느 누구도 백성들의 고통을 해결하기 위해 나서지 않았다는 사실은 참으로 납득하기 어렵다. 더욱이 그들은 오만함 때문에 완전히 이성을 상실하고 말았다. 중세의 사회·윤리적 기준은 갤릭 기사문학과 아서왕의 전설이었다. 중세의 이상적인 인간상은 말을 타고 적군이나 괴물을 물리치는, 모험을 주저하지 않는 혈기 넘치는 젊은 기사들이었다. 이들에 비하면 땅을 일구는 농부는 한참 뒷전이었다. "우는 농부는 가장 좋은 농부이고 웃는 농부는 가장 나쁜 농부이다"라는 이야기가 나돌 정도였다.

중세인들 대부분이 이 악의에 찬 속담을 진정으로 받아들였다. 이렇게 볼 때 영국의 걸출한 시인 윌리엄 랭글랜드가 〈농부 피어스〉에서 농부를 적극적이고 생각이 깊은 인간형으로 묘사한 것은 대단히 놀라운 사실이다. 랭글랜드의 제자인 보헤미아 출신의 독일계 시인 요하네스 폰 테플 역시 랭글랜드의 작풍을 그대로 따랐다. 이 두 시인은 아마 평생 동안 농부와 실제로 이야기를 나눈 적이 없었을 것이다. 농부에 대한 이들의 사랑은 그저 은유적인 사랑일 뿐이었다. 그러나 셰익스피어가 보여준 농부에 대한 증오는 사실적이었다. 셰익스피어가 당대의 가장 중대한 투쟁에서 불의의 편에 섰다는 사실이 참으로 안타깝기 그지없다.

그랬다. 농민은 유쾌한 사람들이 아니었다. 그 시절의 농민은 짓밟히고 억눌린 자들의 공통적인 특성을 고스란히 지니고 있었다. 어떻게든 농민처럼 보이지 않으려고 기를 썼던 것이다. 중세의 농민은 짙은 회색이나 진청색의 옷만 입어야 했다. 작은 농장을 가진 농민이 고리대금업자에게 돈을 빌려 플랑드르 산(産) 빨간 옷과 벨벳 모자를 장만하는 심정이 오죽했겠는가. 그렇게 장만한 옷과 모자를 차려입고 마치 영주라도 되는 양 마을 술집에 앉아 술과 음식을 양껏 먹었다. 배가 터지도록 먹은 농민이 토해내면 개들이 몰려와 그 기름진 토사물을 먹었다. 베하임, 브로이펠, 숀가우어와 같은 서민 화가들의 그림에서 이런 장면을 볼 수 있다. 스스로 정한 게토 지역에서 자주 배를 곯은 도시 장인들은 이런 탐욕스러운 장면을 보면서 질투심과 증오심을 불태웠다.

봉건국가는 사람들 저마다에게 고유한 신분이 있으며 하느님으로부터 부여받은 봉토가 있다고 규정했다. 황제가 제국을 통치할 자격을 부여받듯이, 기사, 서민, 농민들에게도 부여받은 봉토가 있다는 것이었다. 성 아우구스투스는 계급에 따른 직업이 자발적으로 선택한 것이라고 주장했다. 하느님의 섭리에 따라 사람은 저마다 한 가지의 직업을 선택함으로써 농사 혹은 여타의 직업을 갖는다는 것이었다. 때문에 자신의 계급에서 벗어나려고 하는 것은 죄악으로 여겨졌다. 특히 그리스도교 시인들은 이런 행위를 하는 농민을 비난했다. 농민을 우호적으로 묘사한 것으로 잘못 평가된 유명한 독일 서사시(베르너 데어 게르트너가 쓴 〈소작인 헬름브레히트〉)에서 백해무익한 농부로 등장하는 주인공은 결국 강도가 되어 비참한 말로를 맞이한다. 이런 망나니 같은 젊은이라면 어떤 계급에 속하든(심지어 기사, 학자, 상인, 수도사일지라도) 마찬가지였을 것이다. 수도원의 정원사였을 공산이 큰 지극히 도덕주의적인 이 시인이 헬름브레히트에게 온갖 죄를 뒤집어씌운 것은 농민이라는 계급에서 벗어나려는 그의 야망 때문이었다. 삶이 아무리 고단해도, 농민은 흙에 묻혀 살아야 했던 것이다. 15세기에 새로운 학설이 제기되기 전까지는 심지어 농민 자신들조차도 '땅의 일부'로서 대지에 속한 사람들이라고 여겼다. 이는 법적으로 그랬을 뿐만 아니라 도덕적으로도 그랬다. 그리스도교적 작가나 세속적 사상가들 모두가 이런 입장을 철저히 고수했다.

셰익스피어는 후자에 속한 사람이었다. 그는 자신의 작중 인물 잭 케이드에게 반항적인 농민상을 고스란히 부여했다(1923년판 〈챔버스 백과사전〉에는 "케이드는 셰익스피어에게 어이없는 모략을 당한 것처럼 보인다"라고 기록되어 있다). 케이드는 장인의 아들로서, 1450년에 농민 봉기를 주도한 실존인물이다. 탁월한 전투 능력을 지닌 케이드는 런던을 습격하는 데 성공하고 며칠 동안 도시를 점령했다. 셰익스피어는 《헨리 6세》에서 케이드와 그의 식량 계획에 대해 다음과 같이 관객들에게 소개한다.

1페니에 일곱 개 하던 빵을 곧 1하프페니(페니의 반액)에 팔게 될 것이다. 그러면 세 개의 빵을 샀던 돈으로 열 개의 빵을 사게 될 것이다. 맥주를 조금 마시는 사람은 중죄로 다스릴 것이다. 왕국 전체가 모두 똑같을 것이니, 치프사이드 거리에서는 푼돈조차도 쓸모없게 되리라. 돈이 없어질 것이니, 모두 내 이름을 대고 먹고 마시게 될 것이다. 또한 모두 내 옷가게에서 지은 옷을 입을 것이니, 그로써 모두 한 형제처럼 의기투합하여 나를 군주로 섬길 것이다.

셰익스피어가 조금이나마 따뜻한 시선을 보낸 것은 잭 케이드가 죽을 때뿐이었다. 농민군은 왕이 대사면한다는 거짓말에 속아 해산했다. 잭 케이드는 닷새 동안 숲 속에 숨어 있다가 어느 정원에서 '투구'를 찾으며 허기를 달래고 있었다. 그는 집주인이 다가오는 것을 보고, 그와 맞서 싸우다가 쓰러지고 말았다. 마지막 숨을 거두면서 케이드는 오직 기근만이 자신을 쓰러뜨렸노라고 당당하게 말한다. "그동안 내가 거른 열 끼 식사만 준다면, 나는 절대 쓰러지지 않을 것이다."

이 장면에서 셰익스피어는 비극적인 진실을 밝혔다. 농민전쟁에서 승리하려면 무기 못지않게 식량도 중요하다는 사실을 말이다. 극작가는 이런 사실을 잘 알고 있었다. 물론 25년 전에 활활 타올랐던 독일의 거대한 농민전쟁에 대해서도 알고 있었던 듯하다. 이 희곡의 몇몇 대목은 영어가 아닌 독일어 자료에서 인용한 것처럼 보이기 때문이다. 농민군의 지도자가 부하들에게 남자들의 신발을 조사하라며 이렇게 명령한다.

우리는 한 사람의 영주도, 한 사람의 귀족도 그냥 두지 않을 것이다.

구두를 기워 신은 사람만은 살려 두라.

그들은 검소하고 성실한 사람들이니.

이는 셰익스피어가 '가엾은 쿤츠'와 분트슈*에 대해 알고 있었다는 명백한 증거이다.

* * *

몇백 년 동안 두려워했던 일이 마침내 터지고 말았다. 괭이를 든 남자가 일어선 것이다. 이것은 이미 13세기 후반, '유럽에서 가장 평화로운 민족'이 사는 나라 네덜란드에서 시작되었다. 이곳은 봉건제가 실시되지 않았지만 네덜란드 농민은 프랑스의 봉건정책에 영향을 받은 귀족계급이 모든 공유지를 몰수하려 한다고 결론지었다. 이를 저지하기 위해 그들은 일어섰고, 이것은 결국 몇십 년간의 내란으로 이어졌다.

영국에게 거의 모든 것을 빼앗긴 프랑스의 영주와 귀족은, 이를 벌충하기 위해 농촌에 불을 놓고 약탈하는 행위를 일삼았다. 1358년 봄, 프랑스 농민은 이러한 탄압에 맞서 봉기를 일으켰으니, 이것이 그 유명한 자크리의 난의 시발점이 되었다. 자크는 프랑스 농민의 별명이었다. 농민과 마찬가지로 봉건영주에게 착취당하는 파리의 도시상인들이 농민군을 지원했지만 변절자 때문에 지도자가 감옥에 수감되어 끝내 패배하고 말았다. 프랑스의 난세를 느긋하게 즐기고 있던 영국은 프랑스에서 시작된 봉기가 자신들의 섬으로 파급되자 당황했다.

---

* Bundschuh: 1492~1517년에 독일 남부에서 발생한 농민 봉기. 이 말은 원래 중세 유럽의 농민이 사용한 가죽구두를 뜻한다.

"부풀어 오르는 빵." 이것은 프랑스 농민군의 구호였다. 영주, 주교, 국왕, 도시인에게 4중으로 착취당해 가슴이 갈가리 찢긴 영국 농민들은 이 구호를 "빵이 곧 부풀어오르리라!"로 바꾸었으며, '스스로 밀가루를 반죽할' 권리를 획득하기 위해 일어섰다. 이들의 지도자는 벽돌공 월터였는데, 당시 농민군은 그를 와트 타일러라 불렀다. 작가 프루아싸르의 기록에 따르면, 와트 타일러는 본래 프랑스 군인이었다고 한다. 그런 만큼 와트 타일러는 전술에 능했다. 1381년 6월 10일, 영국 농민군은 캔터베리를 장악하고 주교를 생포했다. 13일에는 런던까지 진출했다. 이들은 감옥 문을 열고 그곳에 수감되어 있던 죄수들을 풀어주었으며 인두세를 농민들에게 새로 부과하여 원성을 산 재무대신 헤일의 집을 습격하여, 그를 끌어내 캔터베리 주교와 함께 런던탑에 감금했다. 14일, 당시 열네 살 소년이었던 왕 리처드 2세는 농민군과 협상하기 위해 런던 교외까지 말을 몰고 가서 와트 타일러에게 요구사항을 물었다. 타일러는 농노제를 즉시 폐지할 것, 모든 농민이 밀가루를 빻고, 빵을 만들 수 있는 권리를 부여할 것 그리고 체포된 농민군의 대사면을 요구했다. 왕은 여기까지는 동의했다. 그러나 백성들을 억압한 사람들, 특히 재무대신 헤일을 재판하고 처벌할 것을 요구하자 왕은 협상을 거부했다. 협상이 결렬되자 배신감에 사로잡힌 농민군은 다시 런던을 약탈하기 시작했다. 일부는 왕궁에 쳐들어가, "변절자를 찾는다"면서 국왕의 침소를 쑥대밭으로 만들었다. 거름 냄새를 풍기는 건장한 서너 명의 농민군에게 희롱을 당하고 기절한 대비를 시종들이 다른 곳으로 피신시켰다. 이것은 약과였다. 런던탑에 있던 농민군은 사이먼 주교에게 곧 사형을 집행할 것이라고 엄숙하게 통보했다. 주교는 마지막 미사를 올리게 해 달라고 부탁했다. "전능하신 성부여

우리 기도를 들으소서!"라는 말이 끝나자마자 농민군은 주교를 덮쳐 재무대신과 함께 끌어냈다. 헤일은 단칼에 죽었지만 주교는 서툰 망나니에게 여덟 차례나 칼질을 당한 끝에 목이 잘려나갔다.

　이날 밤이 되어서야 런던은 문제의 심각성을 깨달았다. 그리하여 민병대를 결성했다. 다음날 농민군은 다시 국왕에게 재협상을 요구했다. 많은 수행원을 이끌고 리처드 국왕은 농민군을 만나기 위해 평원으로 나갔다. 타일러는 부대에게 대기하라는 명령을 내리고 필마단기(匹馬單騎)로 왕에게 다가갔다. 그가 왕의 손을 잡고 악수를 나누는 것을 본 사람들은 모두 감격했다. 타일러는 교회와 왕실의 농지 소유제를 폐지하여 사회 전체의 평등을 실현할 것을 요구했다. 어느 누구도 다른 사람보다 많은 농지를 소유해서는 안 된다는 것이었다. 나이 어린 왕은, 생각해 보겠으나 왕실의 농지는 분배하지 않을 것이라고 말했다. 타일러는 매우 못마땅했다. 그는 목이 타니 맥주 한 잔을 마시고 싶다고 큰 소리로 말했다. 맥주를 갖다 주자 타일러는 목을 젖히고 벌컥벌컥 마셨다. 순간 국왕과 함께 온 한 남작이 소리쳤다. "나는 저자를 압니다. 내 이웃을 죽인 바로 그 강도요!" 타일러는 맥주잔을 내동댕이치고 칼을 뽑아 자신을 비방한 남작에게 달려들었다. 이것을 본 런던 시장 윌리엄 월워스 경이 "폐하를 구하라!"고 소리치면서 잽싸게 국왕 앞으로 말을 몰았다. 타일러는 방향을 바꾸어 갑옷을 입고 있는 런던 시장의 가슴을 내리쳤다. 그러자 월워스 경과 다른 기사들이 칼을 들고 타일러를 공격했다. 치명적인 상처를 입은 그는 가까스로 말을 몰아 진지로 돌아왔다. 농민군은 맹렬히 화살을 쏘며 반격했지만 국왕을 호위하던 기사들은 무사히 도망쳤다. 그로부터 며칠 뒤 지도자를 잃고 뿔뿔이 흩어졌던 농민군은 결집하라는 명령을 받았다.

또 한 명의 참다운 지도자가 있었으니 설교에 능한 성직자 존 볼이었다. 그는 호화로운 재물에 눈이 멀고 비그리스도적인 생활을 일삼는 영국 주교들을 통렬히 비판해온 사람이었다. 그는 농민이야말로 의로운 지배자요 올바른 전도사라고 단언하고 농민만큼 예수를 섬기는 계급은 없다며 이렇게 설파했다. "농민 역시 예수의 형상으로 지어진 사람이거늘, 어찌 짐승 취급하는가!" 캔터베리 주교는 볼을 메이드스톤에 있는 감옥에 투옥시켰다. 그러나 그를 농민군이 구해주었으며, 그는 드넓은 벌판에서 6만에 달하는 사람들에게 설교했다. 이 설교에서 그는 자신의 이름보다 더 유명해진 다음과 같은 말을 토해냈다.

아담이 땅을 일구고 이브가 길쌈을 할 때
왕후장상이 따로 있었더냐?

그러나 존 볼은 그 뒤로 한 달밖에 살지 못했다. 7월 15일, 교수형으로 이미 숨이 끊어진 그는 끌어내려진 뒤 다시 능지처참되었다.

영국 본토와 잉글랜드 섬의 농민은 교류가 없었지만 종교와 정치에 대해 열띤 논쟁을 벌인 대학들은 서로 친밀한 관계를 유지했다. 잉글랜드의 한 벽돌공은 영국 국왕과 악수를 나누기도 했고, 도전적인 성직자는 주교에게 다음과 같이 호통치기도 했다. "마태오 복음서에는 '금붙이도 은붙이도 소유하지 말라'고 씌어 있소!" 이러한 일들은 미증유의 사건이어서 가히 이 시대를 개혁할 수 있는 혁명적인 일이었다. 이 소식은 유럽의 심장부 프라하에 가장 뜨거운 불을 지폈다. 모스크바와 런던의 중간에 있는 이 도시, 불안정하면서도 신비로움에 싸여 있는 프라하는 한 번도 농민을 중시하는 슬라브족의 전통에서 벗어난 적이 없었다. 러시아 농업경제의 기반은 공산주의였기 때문에 농지며 빵은 모두 미르(mir), 즉 농촌공동체의 소유였다(1597년 황제 보리스 고두노프에 의해 처음으로 농노제가 실시되었다). 독일인이나 이탈리아인의 지배 및 재산에 대한 개념은 체코 사람들과는 달랐다. 프라하 대학은 혁명 이론을 전파하는 본거지로 자리 잡았다. 존 위클리프는 교황을 비판한 죄로 옥스퍼드에서 추방당한 사람으로, '성직자의 청빈'을 엄중하게 요구했다. 위클리프의 교리는 체코 사람들에게 큰 영향을 주었다. 심지어 체코의 고위 성직자들까지도 농민 편에 가담하기 시작했다. 프라하의 주교 옌첸슈타인은 "그리스도교 교리에 의하면 교회의 재산은 가난한 사람들의 것이며 주교는 단지 재산관리인일 뿐이다"라고 밝혔다. 체코의 성직자 쿠네스 폰 트레보벨은 '탐욕에 사로잡힌 교회'를 맹렬히 비난하며 이렇게 말했다. "농민은 노예가 아니며, 임차인도 아니다. 농민이야말로 농지의 진정한 주인이다! 우리 모두가 살아가는 것은 땀 흘려 빵을 생산하는, 이들 영광스러운 농민들 덕분이다!" 교황은 이런 사실에 전혀 관심이 없었으므로 위클리프의 유명하지만 불운한 제자요, 농민의 아들이었던 얀 후스가 획기적인 돌파구를 마련할 때까지 계속 농지를 축적했다. 후스는 농지를 소유한 교황을 비판한 뒤 어쩔 수 없이 프라하를 떠나야 했다. 후스에게 적대감을 품은 독일인과 이탈리아인이 그를 콘스탄츠 공의회에 출석시키라고 요구하자 황제는 후스에게 안전 통행증을 발급해 주었다. 공의회는 위클리프와 후스의 교리를 철회하라고 요구했으나 거절당했다. 그러자 후스의 안전 통행증을 무효화하고 그를 사형대에 묶었다. 체코 말 '후스(Hus)'는 '거위'라는 뜻으로, 거위는 유럽 농민의 수호신 성 마르탱을 상징하는 새였다. 후스를 눈엣가시로 여겼던 사람들은 그가 불타는 것을 보고 이렇게 조롱했다. "거위가 로스구이가 됐군!" 그러나 이들의 예상은 틀렸다.

후스를 휘감고 타오른 화염은 기나긴 전쟁에 불을 붙였다. 체코 사람들은 보헤미아의 정방형으로 이루어진 산성에서 용암이 흘러넘치는 것처럼 쏟아져 나왔다. 그들은 사방으로 돌진했다. 누구도 저항할 수 없는 농민군은 토지에 대한 자유와 종교의 자유를 요구했다. 피비린내 나는 16년간의 긴 싸움 끝에 농민군이 패배했다. 그러나 하늘에서는 여전히 싸움터의 아우성과 설교하는 소리가 메아리치고 있었다. 이내 그 불안한 기운은 헝가리를 뒤덮었고 마침내 독일 국경지대까지 밀려갔다.

*　　*　　*

여태까지의 모든 싸움은 서막에 불과했다. 본격적인 연극이 펼쳐진 곳은 독일이었다. 몇백 년 전 지아비를 잃고 통곡하는 영국 농부의 아내가 강탈당한 황소, 체코 백성들이 흘린 피, 농민을 기만했던 에스파냐 귀족의 방앗간 주인, 농노로 전락할 수밖에 없었던 이탈리아 소작인, 이 모든 봉건사회의 불의가 독일의 수술대에 올랐다.

왜 하필 독일이었을까?

독일 농민은 현실적으로는 다른 나라의 여느 농민 못지않게 권리가 별로 없었다. 그러나 이론적으로는 토지에 대한 농민의 우선권을 규정하는 법률조항이 폐기된 적이 없었다. 그런 만큼 그간의 온갖 억압과 착취가 얼마나 부당한 것인지 만천하가 알아주리라는 희망이 있었다.

15세기 말경 황제와 관료들이 로마법을 도입한다는 비극적인 발상을 하면서, 농민들의 이런 희망은 산산조각이 났다. 무려 1200년 전에 성문화된 이 법제는 고대 로마의 노예제도를 토대로 제정한 것이어서 중세 그리스도교 사회에서는 공식적으로는 이를 폐기했지만 실생활에서는 여전히 남아 있었다. 그런데 이제 농민은 합법적으로도 노예로 전락할 운명을 맞았다. 농지에 속박된 피조물이 될 것이었다. 이젠 백성이 아니라 경제체제의 도구, 즉 물건 취급을 당할 처지에 놓였던 것이다. 재산, 명예, 정당한 임금, 부를 차지하느냐 아니냐가 아니라 인간이 되느냐 마느냐 하는 절대절명의 위기를 맞은 것이다. 마침내 독일의 빵 생산자 계급이 이에 항거하면서 독일농민전쟁이 발발했다.

만약 종교개혁이라는 뜨거운 바람을 등으로 느끼지 않았던들 독일 농민은 결코 일어서지 않았을 것이다. 에른스트 블로흐는 마르틴 루터를 이렇게 소개했다. "처음부터 그는 약자와 가까웠다." 성서를 독일어로 번역한 일은 문학의 테두리에 한정시키기에는 그 반향이 너무 엄청났다. 로마법에 대한 농민의 생각은 이미 루터가 비텐베르크 지방에 있던 로마 가톨릭교회에 대하여 행동으로 옮긴 것이었다. 그는 이 교회를 파괴하고 독일교회(루터파 교회)를 창설했던 것이다. 본디 농민의 옹호자였던 루터가 그들을 종교개혁의 전위대로 여긴 것은 당연한 일이었다. 루터는 종교적 지도자들보다 세속적인 영주의 죄와 권력남용을 훨씬 가혹하게 비판함으로써 농민들을 전쟁에 가담하도록 자극했다.

평민은 이제 더는 참고 견딜 수 없다. 칼이 목을 겨누고 있는데도 그대는 여전히 안장에 꼭 붙어 앉아서 내려올 수 없다고 생각하고 있다. 이제 곧 알게 되겠지만 그러한 방심, 즉 잔혹한 만행 때문에 그대의 목이 부러지고 말리라. 그대는 분명 달라져야 하고 하느님의 말씀을 두려워하며 살아야 한다. 만약 그대들이 자발적으로 처신하지 않아도 강압과 고통에 못 이겨 그리할 수밖에 없을 것이다. 농민들이 나서지 않으면 다른 사람들이 그리하리라. 설령 저들이 그대들을 모두 죽인다고 할지라도 하느님이 다른 사람들을 일으켜 세우리라.

농민의 입장에서 보면 자신들이 내건 강령의 정당성이 성서에 기반하고 있다는 것은 매우 기쁜 일이었다. 그들은 모세의 농지법과 농부들을 사랑한 예수의 정신을 되살린 새로운 법이 제정되기를 원했다. 농민 중에도 무뢰한들이 많았다. 이를테면 어떤 농민군 지도자는 휘하의 병사들을 네카어강까지 이끌고 가서 무거운 돌을 강에 던지면서 이렇게 말했다. "만약 저것이 물 위로 떠오르면 왕과 영주가 옳은 것이고 가라앉으면 평민이 옳은 것이다." 그러나 대부분의 농민군 지도자는 진솔했다. 토마스 뮌처는 자기 소매로 적들의 탄알을 막을 수 있으니 두려워하지 말고 싸움터로 돌진하라고 농민들에게 소리칠 정도로 자신을 맹신한 지도자였다. 그는 하느님의 가호를 믿었다.

루터가 독일어로 번역한 성서에서 뮌처는 다음과 같은 문구를 읽었다. "어린아이들이 빵을 달라고 애걸했지만 누구도 빵을 나눠주는 사람이 없었다." 그는 어린아이에게 빵을 주겠노라고 결심했다. 〈농민강령 12조〉는 영적, 물질적 의미에서의 빵에 대한 요구가 아니라 '자신들을 고통 속에서 허덕이게 하는 근본적이고 주요한 사안'에 대한 요구였다.

1. 마을 주민들은 교구 목사를 선출할 자유를 누려야 한다.

2. 곡물 십일조는 영주가 아니라 교구 목사에게 바쳐야 한다.

3. 농노제는 폐지되어야 한다. 이는 권력자를 폐하라는 의미가 아니라 권력자가 하느님의 계율에 복종해야 한다는 의미이다.

4. 사냥과 어로의 권리를 농민에게 돌려주어야 한다.

5. 영주와 농민에게 배당된 산림 이용권을 보장해야 한다.

6. 원하는 사람에 한하여 영주에게 봉사할 수 있다. 단,

7. (영주는) 정당한 보상을 지불해야 한다.

8. 생산량에 따라 농지세를 부과해야 한다.

9. 재판을 할 때는 로마법이 아니라 전통적인 보통법에 따라야 한다.

10. 고대부터 마을 공동 소유였던 목초지를 복원해야 한다.

11. '사망세'는 폐지되어야 한다. 차후 어떤 농민에게도 죽음에 대한 세금을 징수해서는 안 된다.

마지막 열두 번째 조항에서는 성서에 의거하여 전혀 논박할 여지가 없는 정당성이 인정될 때에만 위의 11개 항목이 유효하다고 규정했다. 이는 곧 그리스도교적 선언이었다. 여태까지 빵을 생산하는 계급은 입은 있으되 자신들을 착취하는 사람들 앞에서 불평 한 마디 하지 못했다. 그런데 이제 발타자르와 로처가 초안한 이 강령을 가지고 제국의 권력자들에게 평화적으로 요구사항을 제시했다. 왕족, 도시인, 주교, 영주, 그 누구도 이에 응하지 않자 전쟁이 시작되었다.

농민은 수적으로 단연 우세했다. 게다가 지배계급이 고용한 용병들에 비해 훨씬 강인하고 사기도 높았다. 그러나 이들은 무기를 다룰 줄

몰랐다. 몇백 년 전 이미 스스로 무기 소지를 포기하고 병역을 면제받음으로써 영주에게 낯선 싸움터로 끌려 다니지 않는 쪽을 택했었다. 그런데 이제 그것이 화근이 되었다.

더욱 불리한 것은, 농민들이 대규모의 전쟁에 대비한 전략을 세울 능력이 없었다는 사실이었다. 통일된 전략이 필요했을 뿐만 아니라 한 달여에 걸쳐 요새를 공격할 전술도 세워야 했다. 농민군은 이러한 훈련이 전혀 되어 있지 않았다. 그래서 철천지원수였던 하급 귀족과 동맹을 맺기에 이르렀다. 이들 직위 낮은 기사들은 황제에 대한 충성심도 없었을 뿐더러, 터무니없이 높은 이자를 뜯어 가는 도시 은행가에게 치를 떨었다. 따라서 농민군과 운명을 같이 하는 쪽을 택한 것이었다. 몇백 년 동안 노상강도를 일삼던 계급이 농민군 지휘관이 되었다. 같은 계급인 귀족을 등진 이 기사들 가운데는 농민의 강령을 충실히 수행한 플로리안 가이어 같은 사람도 있었고 기만과 배반으로 새로운 동지들을 파멸시킨 괴츠 폰 베를리힝엔 같은 이도 있었다.

농민군의 패전과 다른 계급이었다면 충분히 피할 수 있었던 함정에 빠진 이야기는 두고두고 이야깃거리가 되었다. 예컨대 괴테나 하우프트만 같은 독일의 대문호는 이를 작품 소재로 삼기도 했다. 전쟁 초기에 농민군은 수도원과 성을 닥치는 대로 불살랐다. 그러나 이들은 계속 진군한 것이 아니라 불에 탄 폐허 속에서 여기저기 흩어져 취하도록 술을 마셨다. 처음에는 포로들을 사육제의 어릿광대처럼 대했지만 죽이진 않았다. 그러나 농민군이 막시밀리안 황제의 사위 헬펜슈타인 백작이(독실하고 온건한) 다스리던 바인스베르크 시로 진군할 때부터 상황은 달라졌다. 도시의 성벽에서 사격을(백작의 명령도 없이) 받은 농민군은 도시를 공격하고 닥치는 대로 죽였다. 헬펜슈타인 백작은 황제의 딸인 아내가 지켜보는 가운데 태형을 당했다. 그 아내는 농민군 지휘관 발밑에 꿇어앉아 자신의 갓난아기를 보여주며 제발 아이의 아버지를 살려달라고 애원했다. 그러자 농민군에 속한 한 여인이 아이의 목을 찔렀다. 황제의 딸은 반나체로 거름 수레에 실려 사람들의 야유를 받으며 하일브론(슈바벤 지역의 다른 도시들처럼 농민군이 점령한 도시)까지 끌려갔다.

귀족 계급이 승리한 뒤 가해진 '백색 테러'는 '적색 테러'에 비할 수 없을 만큼 잔혹했다. 바인스베르크의 살육에 가담한 농민들을 모두 색출했다. 그중에 식탁에서 살해된 백작을 위해 연주를 했던 노넨마허라는 악사가 있었는데 광포한 승리자들은 긴 밧줄로 묶은 다음 그 끝을 나무에 매고는 불을 붙였다. 이 불행한 남자는 30여 분간 불길을 피해 나무를 빙빙 돌며 미친 듯이 울부짖다가, '아주 느릿느릿 불에 익어갔다.' 승리군의 지휘관 게오르크 트루흐제스는 눈에 띄는 농가란 농가는 모조리 불살랐으며 아내와 자식, 손자들이 흘린 핏속에 농부를 처박았다. 슈바벤과 프랑코니아 계곡에서는 사람을 화형시키는 연기가 피어올랐고 바이에른 주와 오스트리아 영지에서는 수천 명의 농민이 형장으로 끌려갔다. 알자스와 슈바르츠발트 지방에서는 〈농민강령 12개조〉에 서명한 사람들을 색출해 손목을 자르거나 불에 달군 인두로 눈을 지진 뒤 주민에게 잠자리를 제공하는 등 어떤 도움도 주어서는 안 된다는 명령을 내렸다. 마인강과 네카어강, 도나우강과 라인강에는 몇 주일 동안 핏물이 흘러내렸다. 기원전에는 이처럼 동족을 잔혹하게 살육한 적이 없었다. 이 참상이 있기 15년 전 헝가리에서는 생포한 농민군 지도자 게오르그 도츠저를 활활 타오르는 불의자에 앉혔다. 부하들은 아직 숨이 붙어 있는 대장의 살점을 먹어야 했다. 그러나 이런 참극은 '대부분 투르크족이 살고 있던' 그리스도 문화권 변방에서 있었던 일이다. 그런데 이제 (1525년에) 이처럼 극악무도한 테러가 유럽의 한복판 독일에서 자행되었다. 훗날 로마 교황이 되어 피우스 2세로 불린 인문학자 피콜로미니는 이렇게 적었다. "독일인 사이에서는 모든 것이 평화롭고 유쾌하다. 자신의 땅을 강탈당하는 사람도 없으며 모두가 물려받은 땅에서 안전하게 살아간다. 당국은 오직 짐승들만 처벌하고 있다. 독일은 이탈리아 도시들과 마찬가지로 파벌 싸움이 전혀 없다."

농민군이 패배한 것은 무기 부족 때문이기도 하지만 그보다는 루터의 태도 변화가 더 크게 작용했다. 루터의 지원을 확신하면서 농민군은 전쟁에 돌입했다. 아무런 사심도 없이 순수한 하느님의 말씀을 들려주었던 이 사람은 단연코 그들을 도와주어야 했다. 그러나 농민군이 사유재산을 몰수하기 시작하면서 루터는 옛날에 수탈해서 확보한 교회의 토지가 세속적인 제후들에게 환속될 것을 염려했다. 루터는 측근들조차도 치를 떨 정도로 비열하게 농민군을 배신했다. 어쩌면 그는 피로 범벅된 전쟁의 책임이 자신에게 전가될지도 모른다는 공포 때문에 전전긍긍했는지도 모른다. 또한 그는 토마스 뮌처, 안드레아스 카를슈타트처럼 농민전쟁에 직접 뛰어든 숱한 '루터 추종자들'을 극도로 혐오했는데 루터에게는 이들이 자신의 말을 흉내 내 농민을 선동하고 있는 것처럼 보였다. 그는 자신의 필생의 과업이 위태로워지는 것을 보면서 종교개혁이 두려워졌다. 그리하여 루터는 〈강도와 살인의 무리 농민군을 규탄한다〉는 글을 발표했다. 그리고 제후들에게 농민 도당을 전멸시킬 것을 요청했다.

지금은 연민이 아니라 칼과 분노가 필요한 시대이다. 그러므로 제후들은 양심을 걸고 분연히 나아가 저들이 마지막 숨까지 모두 토해낼 때까지 쓰러뜨리고 죽여야 한다. 제후들 편에서 목숨을 잃는 사람이 있다면, 그가 누구이든 의로움으로 나타나시는 하느님의 참된 순교자가 될 것이다. 그는 하느님의 말씀에 따라 행동했고 복종했기 때문이다. 그러나 농민군으로서 죽은 자는 누구든지 영원한 악마의 형제이다. 하느님의 말씀을 거역하고 칼을 들었으니 사탄과 한 가지이다. 오늘의 상황이 이러할진대 기도하는 사람들보다 피를 흘리는 제후가 하느님의 왕국을 훨씬 쉽게 얻을 것이다. 칼로 찔러 죽이고 목을 졸라 죽이는 자는 누구든지 하느님의 왕국을 얻을 수 있다! 만약 그러다 죽으면 더욱 큰 영광이니 그대는 영원히 죽지 않는 축복 받은 죽음을 얻은 것이요, 하느님의 말씀을 행하다 죽은 것이요, 지옥과 악마의 무리에게서 그대의 이웃을 구하는 사랑을 실천하다 죽은 것이기 때문이다.

이것이 바로 가난한 사람들의 삶을 익히 알았던 광부의 아들, 루터가 토해낸 분노였다. 이것은 변절자의 격분이었으니 당대 최고의 지성들조차 피바다를 이룬 제후들의 복수극에 몸서리를 치며 등을 돌렸을 때에도 루터는 광기 어린 규탄을 멈추지 않았다. 본래 농민군은 그의 복음과 예수 그리스도가 인간에게 약속했던 빵 말고는 아무 것도 바라지 않았음에도 불구하고 말이다. 이런 처참한 비극 속에서 울부짖은 젊은 농부들의 절규는 몇백 년이라는 시간 속을 떠돌았다. 슈트트가르트 저잣거리에서 사형 집행관의 칼날 앞에 선 젊은 농부는 이렇게 외쳤다. "통탄스럽다! 나는 이제 죽어야 하는데

괭이를 든 남자(밀레, 1862)

내 평생 배불리 빵을 먹은 것이 두 번도 안 되다니!"

*　　　*　　　*

  승리자들은 패배한 농민들의 궁핍한 삶을 더욱 옥죄는 데 혈안이 되
었다. 농민전쟁이 끝난 직후, 처벌의 성격을 띤 새로운 세금을 전쟁에서
살아남은 농민들에게 부과했을 때 승리자들은 '슈바벤에 있는 농가는
이미 마구간이나 다름없다'는 사실을 알고 있었다. 이곳 주민들은 가구
는커녕 덮고 잘 천 조각 하나 없었다. 그들은 맨땅에서 잠을 잤다. 그로

곡식 실어 나르기(<러트렐 화집>, 1340)

부터 프랑스 혁명이 발발하기까지 250년이라는 세월 동안 전쟁에 패한 유럽 농민들은 온갖 핍박에 시달렸다. 그로 인한 정신적 타격은 엄청나게 컸다. 1525년은 전 유럽에서 이른바 '농민상(음침하고, 교활하며, 무뚝뚝하고, 염세적인)'이 처음으로 부각된 해였다. 탐욕, 음울, 자기방어 본능에서 비롯된 옹고집이 바로 농민을 규정짓는 성격이 되었다. 심지어 발자크, 모파상, 졸라와 같이 편견이 없는 대작가들조차도 농민들을 두려워했으며 그들의 영혼이 치유될 수 있을지 회의했다.

그림은 기묘한 운명을 지녔다. 밀레는 평생 동안 젊은 시절 보아온 음울하고 짓밟힌 농민의 모습을 그렸다. 그는 과연 자신의 그림이 뭇사람에게 사랑받으리라고 짐작이나 했을까? 노르망디의 전원을 배경으로 한 가난에 찌든 황폐함을 표현한 '괭이를 든 사람'과 같은 그림을 좋아해

줄 줄 누가 상상이나 했겠는가? 게다가 이 농민의 아들이 그린 다음과 같은 그림들도 활기가 없기는 마찬가지였다. 〈거름치는 남자〉, 〈씨앗 뿌리는 사람〉, 〈추수하는 사람들의 휴식〉. 그러나 이 그림들은 미술시장에서 각광받았다. 조상들과 다름없이 빈곤과 빚더미 속에서 살았던 화가는 미술상들에게 떼돈을 벌게 해주었다(밀레는 자신의 유명한 그림 〈만종〉을 1,000프랑에 팔았는데 이는 삼십여 년 뒤에 80만 프랑까지 값이 뛰었다). 뒤이어 미국에서도 밀레의 그림이 팔리기 시작했다. 밀레의 그림에 함축되어 있는 지난날의 궁핍에 대해서는 알 턱이 없는 도시, 미술관 그리고 갑부들이 대리석과 조명으로 치장된 값비싼 벽걸이 액자에 넣어 걸어두었다.

미국의 최장수 시인 마크햄은 샌프란시스코에 있는 미술관에서 〈괭이를 든 남자〉를 본 순간 그림을 보는 관점이 달라졌다. 1899년은 헨리 조지, 톨스토이를 비롯한 농업사회주의자들의 사상이 널리 파급된 해였다. 훨씬 부유한 대륙에서 태어난 마크햄은 밀레의 그림 속에 함축되어 있는 궁핍에 대해서는 아는 게 거의 없었다. 그런데도 그림 속의 괭이가 시인의 심금을 울렸다. 그는 곧이곧대로 〈그림 설명〉이라는 제목으로 시를 썼다. 이 시는 출간된 지 서너 해 만에 수십만 권이 팔릴 정도로 미국에서 가장 유명한 시가 되었다. 여기서 다시 한 번 음미해도 좋을 값진 시이다.

수백 년 세월의 무게로 등이 휜 그가
괭이를 들고 땅을 바라보고 있다.
얼굴에는 오랜 공허함이 배어 있고,
등에는 세상의 짐을 짊어진 채.

누가 저 남자에게 저토록 처참한 절망을 주었을까?

슬픔도 아니고 희망은 더더욱 아닌

돌처럼 굳은 것이 황소의 형제 같다.

누가 이 사람의 굳게 다문 턱을 끌어내렸을까?

누구의 손이 이 사람의 눈썹을 밑으로 잡아당겼을까?

누구의 숨이 이 사람의 머릿속에 켜져 있던 등불을 껐을까?

하느님이 빚어 허락하신 것이 이것일까?

바다와 육지를 지배하는 것,

권세를 얻기 위해 별을 좇고 천체를 탐색하는 것,

불멸의 열정을 느끼는 것?

천체를 빚으시고 고래의 심연에 이르는 길을

표시해둔 그분이 꿈꾼 것이 이것일까?

지옥의 온갖 동굴을 거쳐 마지막 계곡까지 가보아도

이 사람보다 더 끔찍한 형상이 없다.

탐욕에 눈먼 세상을 향해 내뱉는 그 절규,

이 사람에게 보내지는 수없이 많은 불길한 징조,

우주에 가득 도사리고 있는 위험.

이 남자와 천사 사이에는 어떤 심연이 놓여 있을까?

노동의 수레바퀴의 노예인 이 사람에게

플라톤은 누구이고 플레이아데스의 그네*는 무엇이란 말인가?

* 그리스 신화에서 제우스에게 저항하다가 하늘의 축을 짊어지는 형벌을 받은 아틀라스의 일곱 딸 플레이아데스는

얼마나 오래 있어야 노래의 절정에 이르고,

동트는 새벽과 붉게 물든 장미를 볼 수 있을까?

이 사람의 불안한 표정 속에 저 곤궁한 시대가 있고,

끊어질 듯 휜 저 등에 시대의 비극이 있고,

이 사람의 불안한 표정 속에

배반당하고, 짓밟히고, 빼앗기고, 멸시받은 사람이

세상의 심판자에게 항거하는 절규가 있다.

예언과도 같은 항거가.

 오, 온 세상의 주인이자 군주이며 지배자인 하느님,

이것이 정녕 당신께서 빚으신 작품입니까?

등이 휘고 영혼이 메마른 흉물스러운 이것입니까?

어찌 이 휜 등을 곧게 펴시렵니까,

어찌 이 메마른 영혼에 불멸의 희망을 다시 지피시렵니까,

어찌 하늘을 보고 빛을 보게 하시렵니까,

어찌 노래와 꿈을 다시 찾게 하시렵니까,

어찌 다시 아득한 옛날의 치욕과

배반과, 애끓는 간구를 바로잡으시렵니까?

오, 온 세상의 주인이자 군주이며 지배자인 하느님,

미래가 이 사람에게 반갑게 손짓하겠나이까?

저 참혹한 시대에 짐승처럼 울부짖던 절규가

격렬한 저항의 몸짓으로 일어나 온 바다를 뒤흔들겠나이까?

별로 변신했다. 이 일곱 개의 별, 즉 플레이아데스 성단이 겨울에는 그네를 타고 있는 형상으로 보인다고 한다.

저 왕국과 저 왕들,

이 남자에게 저런 모습을 심어준 사람들이

몇백 년의 침묵이 흐른 뒤

저 무언의 공포가 세상을 심판하기 위해 일어서겠나이까?

최후의 만찬에 대한 논쟁

> 인간을 혼란스럽게 하는 것은 사물이 아니라 사물에 대한 견해이다.
>
> — 에픽테토스

자신들의 동족, 농민을 무참히 학살한 지배 계급이 승리했다고 해서 이득이 생기지는 않았다. 이들 지배 계급은 누구도 빵을 만든 사람에게 빚지지 않은 사람이 없으면서도 마치 농민이 자신들에게 빚을 진 사람들인 것처럼 여겼다. 〈탈무드〉의 다음과 같은 율법에도 아랑곳하지 않았다. "네가 채무자에게 빚 대신 쟁기나 베개를 뺏어왔다 하더라도 아침이 되면 쟁기를 돌려주고 밤이 오면 베개를 돌려주어라." 그들은 도리어 착취해온 농민들을 죽였다. 그 결과 그들은 어느 때보다 혹독한 기아에 시달렸다.

제후, 도시민, 귀족들은 몇백 년 동안 '농사꾼 아담의 후예'를 철저히 짓밟은 승리의 여파로 사상 최대의 기근에서 벗어나지 못했다. 특히 교회는 더 심했다. 교회는 이미 오래 전에 농민들을 배반했을뿐더러 예수가 농민에게 위임한 빵을 착취했다. 그리하여 빵은 경작자의 손에서 권력자의 손으로 넘어갔던 것이다. 성스러운 빵은 스스로 일어나 복수의 칼날을 갈았다. 농민이 교회에 등을 돌린 것은 교회가 더 이상 예수를 섬기는 교회가 아닌 것 같았기 때문이다. 그렇지만 아무 효과가 없었다. 그러나 마침내 교회의 종복들이 '성찬식의 의미와 목적'에 대해 논쟁을 벌이기 시작했다. 조화를 꾀해야 마땅한 교회가 부조화의 상징이 된 것이다. 빵의 교리에 대한 논쟁 때문에 교회가 둘로 분열되더니 다시 네 개로 갈라졌다.

교황봉과 반지로 무장한 교황 인노켄티우스 3세는 절대적인 교리로 자리 잡은 라테란 칙령을 선포했다. 이로써 화체설(실체변화)을 부정하는 모든 교리는 이단으로 규정되었다. 이를테면 사제가 축성을 하는 순간 성찬 속에 예수가 존재한다는 것이었다. 이를 믿는 사람은 구원받을 것이요, 믿지 않는 사람은 지옥에서 불살라진다고 했다.

이처럼 강압적으로 선포된 단일 교리는 처음에는 교회에게 아주 유리했다. 이 교리가 일반 대중들에게 큰 호응을 얻었던 것은 기적에 대한 믿음을 강하게 심어주었기 때문이었다. 예수가 살아 있을 당시에도 기적을 요구했고, 그 기적이 이루어지지 않으면 화를 내곤 했던 대중에게 미사라는 신비로운 과정은 만족감을 제공했다. 천 년 전에 죽은 신은 대중의 미사에서 무용한 존재였다. 그러나 날마다 빵과 포도주의 형상으로 재현되는 신은 위대한 존재였다. 그는 무수히 많은 개체로 숭배받아야 할 기적의 신이 된 것이다. 마치 교황의 권위가 온갖 예술을 활짝 꽃 피게 하는 것 같았다. 음악은 장엄해졌고 선홍색과 금색은 화가들의 붓 끝에서 찬란한 생명력을 얻었다. 모든 것이 가톨릭 미사, 곧 예수가 빵으로 거듭나는 성체의 기적에 이바지하는 예술로 통합됨으로써 전례 없는 아름다움과 위엄을 갖추게 되었다.

그러나 이러한 아름다운 그림, 최고의 음악가들이 심혈을 기울여 만든 천상의 합창, 빛을 발하는 성체안치기(聖體安置器)에는 어떤 불안감이 도사리고 있었다. 수도원과 대학에서는 진실을 밝히려는 목소리가 터져 나왔다. 교황이 화체설의 상징적 해석을 대죄로 규정했기 때문에 정통 교리로 선포된 성찬론을 부정하는 수많은 식자들은 비밀리에 금지된 교리를 고수했다. 예컨대 베렝제는, 미사는 사람들이 성찬을 먹으며 예수와 교감할 수 있는 순수한 기념 의식이라고 역설했다. 그는 예수가 하루에 백여 곳을 다니면서 (마치 마차를 이끄는 말처럼) 기적을 행하는 몰상식을 거세게 비판했다. 베렝거는 교황을 폰티펙스*로 부르지 않고 펄피펙스(pulpifex), 즉 인육제조자(flesh-maker)라고 불렀다. 그는 이제 로마가 사탄의 본거지가 되었다고 선언했다. 빵과 포도주라는 물질은 사제가 축성한 다음에도 여전히 빵과 포도주일 뿐이라고 역설했다. 그러나 인간의 어떤 말도도 밀빵을 진짜 예수의 몸으로 바꿀 수는 없지만 축성을 받은 빵이 성스럽고 고귀한 존재라는 것은 인정했다.

최후의 순간에 절망적으로 뒤바꾼 이 말 덕분에 베렝거는 목숨을 구했다. 그러나 얼마 뒤 그는 이 주장을 번복하는 논문을 썼다. 만약 그가 이 논문을 발표하고 나서 얼마 뒤 세상을 떠나지 않았다면 자신이 쓴 책과 함께 불살라졌을 것이다. 베렝거의 몸은 죽었지만 정신은 죽지 않고 중세까지 면면히 이어져 수도원에서 싹튼 스콜라 철학과 더불어 더욱 숭고한 인본주의의 모태가 되었다. 중세 말기, 그러니까 14세기 말과 15

---

* Pontifex: 고대 로마의 제의를 거행하는 제사장.

세기 초, 성체의 상징주의자들은 실재론자들에게 공공연하게 저항하기 시작했다. 당대 최고의 학자 에라스무스는 빵이 결코 예수의 진짜 몸이 될 수 없다고 믿었다. 에라스무스는 베렝거처럼 과격하지는 않았지만 (그의 무기는 위트였다) 근본적인 정신은 같았다.

*   *   *

에라스무스를 존경하고 따르는 사람들 중에 취리히 출신의 레오 유다 라는 성직자가 있었다. 그는 유대인의 손자로 소년 시절에 이름 때문에 커다란 고통을 겪었다. 그는 교황에게 유다 대신 켈러라는 이름으로 바꾸게 해달라고 요청하고 개명 허락을 받았다. 그러나 훗날 로마와 사이가 틀어진 결과 어떠한 사제직도 서품받지 못할 것이라는 이야기를 들은 뒤 다시 본래 이름을 사용했다.

유다는 스위스의 종교개혁가 츠빙글리의 친구로서 그의 개혁론에 동조했을 뿐만 아니라 개혁론을 확립하는 데 이바지했다.

1523년, 이방인 두 사람이 편지 한 통을 들고 유다를 찾아왔다. 이 편지의 서명자는 에라스무스의 동포 호엔이었지만 에라스무스의 문체로 씌어진 인쇄본이었다. 이 작은 인쇄물에는 인쇄한 사람의 이름도 없었으며, 이것을 배포한 사람들도 이름을 밝히기를 꺼려했다. 그도 그럴 것이, 이 편지에는 소지하는 것만으로도 이단으로 몰려 화형을 당할 만큼 위험한 내용이 담겨 있었기 때문이다.

이 편지는 당대의 식자들이 아주 민감하게 여긴 주제, 즉 최후의 만찬이 지닌 진정한 의미를 다룬 것이었다. 에라스무스 풍의 수려한 문체로

최후의 만찬(디르크 보우츠, 1464~1468)

씌어진 이 편지에서 호엔은 다음과 같이 주장했다.

성찬의 참뜻은 견진성사*의 일종일 뿐이다. 이것은 굳건한 믿음을 지

---

* 주교가 신자의 머리 위에 손을 얹고 십자가의 표지를 그으며, 성유를 이마에 바르는 의식.

키도록 예수가 제자들에게 직접 거행한 서약 의식이다. 신랑이 신부에게 반지를 주며, "받으시오, 나는 당신에게 내 자신을 바치겠소!"라고 말하는 것처럼, 예수가 제자들에게 빵을 주었을 때도 이와 같은 심정이었던 것이다. 따라서 예수가 실제로 "이 빵은 내 몸이다"라고 말했다고 해서 전혀 혼란스러워할 까닭이 없다. 만약 예수가 'est(이다, 존재한다)' 대신 'significat(상징한다, 의미한다)'라고 했다면, 비유는 불충분한 것이 되었을 것이다. '이다'는 '상징한다'보다 훨씬 더 강력한 의미를 담고 있기 때문이다. 예수가 비유를 사용할 때는 (평소 그랬던 것처럼) 직접 어법을 사용하지 '만약에'라는 가정형을 사용한 적은 한 번도 없었다. 예수는 설교할 때마다 자신을 바위, 문, 길, 돌, 포도에 비유하곤 했다. 그렇지만 어느 누구도 문이나 돌 속에 진짜 예수의 몸이 있다고 주장하지는 않는다. 그렇다면 도대체 왜 로마 가톨릭 교회는 빵 덩어리 속에 구세주 예수를 가둬두고 싶어 했을까? 만약 예수가 날마다 사제의 손에 들려 있는 빵으로 거듭나기를 바랐다면 그는 분명 그렇게 말했을 것이다. 그러나 예수는 그렇게 말하지 않았다. "이것은 내 몸이다"라는 말은 예수가 빵을 자신의 몸으로 바꾸기를 원해서 한 말이 아니었다. 토지 주인이 구매자에게 곡식이나 지푸라기를 건네주면서 '자, 이제 당신 토지입니다'라고 말한 뒤에 토지 소유권을 넘겨주는 것과 마찬가지로, 그저 자신을 빵에 비유했을 따름이다. 요컨대 예수는 오직 "이 빵을 받아먹는 것을 소홀히 여기지 말아라. 지금 내가 너희에게 주는 이 빵은 내 몸을 의미하기 때문이다. 내 몸은 곧 이 빵처럼 부서지겠지만 너희를 위해 존재할 것이다."라는 뜻을 전하고 싶었던 것이다.

이처럼 유려하고 호소력 짙은 글로써 호엔은 어렵고도 위험천만한 문제를 제기했던 것이다.

레오 유다는 이 네덜란드 인문학자의 편지를 읽으면서 가슴이 뛰었다. 그가 부리나케 친구의 집을 찾았을 때 친구는 침대에 누워 있었다. 츠빙글리는 아이들의 마음속에 하느님의 전지전능함을 심어주기 위해 만든 지 얼마 안 된 동화책을 아이들에게 읽어주고 있었다. "저런 하찮은 동물까지도 하느님에게 지혜를 얻는답니다. 고슴도치는 자기 몸을 동그랗게 말고 땅에 떨어진 열매더미 속에서 뒹굴어 가시에 꽂힌 열매를 자기 동굴로 가져가거든요. 참 영리하죠? 또 모르모트는 마른 풀 중에서 가장 부드러운 풀을 모은 다음에 등을 바닥에 대고 누워서 수레 모양을 만든답니다. 그러고는 친구가 마차처럼 자신의 꼬리를 끌고 가기 쉽게 가슴에다 풀을 올려놓고 발로 꼭 누르고 있지요. 도대체 누가 이런 것을 가르쳐 주었을까요? 그리고 다람쥐는 언제나 나뭇조각을 올라타고 위로 똑바로 서 있는 꼬리를 돛처럼 이용해서 냇물을 건너요." 여기까지 읽던 그 종교개혁가는 친구를 발견하고는 말했다. "유다, 자네가 어쩐 일인가?"

편지를 읽고 두 사람은 서로 부둥켜안았다. 이 두 사람은 편지에 씌어진 내용을 오래 전에 알고 있었지만 아직까지 교단에서는 감히 이런 주장을 내세운 사람이 없었던 것이다. 그러나 반드시 해야 할 일이었다! 화체설은 잘못된 것이기 때문이다. 결단코 예수는 빵 속에 존재한 적이 없었다. 츠빙글리는 자신의 신앙 고백을 하듯 이렇게 환호성을 질렀다. "예수가 빵 속에 있다면 우리는 두려움에 떨면서 빵을 먹어야 할 것이다." 그러자 유다는 이렇게 응대했다. "우리에게는 루터가 있다." 이 사실, 츠빙글리의 말처럼 '천년 만에 처음으로' 로마에 맞선 위대한 독일인 루터가 바로 자기들 편이라는 사실은 그들에게 커다란 위안이 되었다.

그러나 이 점에 대해 그들은 완전히 잘못 판단했다. 몇 년 전, 그러니까 〈교회의 바빌론 유수〉를 썼을 때만 해도, 루터는 가톨릭의 성찬식은 인간이 만들어낸 비열한 작품이라고 공박했었다. 그러나 이제 루터는 '성직자의 부도덕함'에 대해서만 초점을 맞추었다. 그리고 그는 평생 빵이 변화하는 기적의 힘을 부정하지 않았다. 루터는 매정한 수도사와 다름없는 인물로서(진정 이것이 숨겨진 그의 참모습이다!) 오직 교황이 자신에게 이교도처럼 보일 때만(교황이 베드로의 후계자임을 자처하면서 사치품, 조각상, 태피스트리 등으로 장식한 호화로운 생활을 즐길 때만) 반기를 들었다. 그러나 마르틴 루터(츠빙글리와 유다가 모를 수밖에 없었던 것은 루터 자신도 이런 사실을 깨닫지 못했기 때문이다)는 성찬론 문제에 대해 상징주의자가 아닌 실재론자였다. 훗날 입장을 표명하라는 요구를 받았을 때 그는 이성과 너무 동떨어진 문제를 이성적으로 풀려고 하지는 않겠다고 답했다.

루터가 처음으로 자기 입장을 자각한 것은 카를슈타트가 그의 교구에 나타나 사제복을 벗어던지고 농민처럼 시골을 배회하면서 농민만이 '공명정대한 사람들'이라며 루터를 신랄하게 비웃고 다닐 때였다. 카를슈타트는 '성찬의 사기행각'에 대해 거침없이 독설을 퍼부었다. 농민군이 루터를 정치적 후원자로 여겼던 것처럼, 카를슈타트는 루터가 종교적 봉기를 계속하고 있다고 생각했다. 독일에서 교황의 권위에 처음으로 항거한 사람이 누구였던가? 그 장본인인 루터가 공공연하게 농민을 선동하고 다니는 달갑지 않은 동지 카를슈타트를 증오한 것은 수긍할 만

마르틴 루터

한 일이었다. 루터의 이런 증오심은 고스란히 츠빙글리와 유다에게로 옮겨졌다. 이 두 사람은 카를슈타트와는 달라서 '성찬의 악용'에 대해 반어적으로 비판할 줄 아는 치밀한 인문학자였던 것이다. 그러나 정작 루터를 격분시킨 것은 바로 에라스무스 풍의 점잖은 태도였다. 그로서는 이 문제를 거론한다는 것이 쉽지 않았다. 자신의 인품이 결부된 중요한 문제였기 때문이다. 더욱이 자신이 심혈을 기울여 번역한 성서를 독일인에게 보여준 지가 얼마 안 되는 때였다. 그런데 이들이 나타나 '상징한다'는 말을 '왜곡하고, 해석하고, 설명하고' 성서를 쉽게 푼다며 '이다!'를 거듭 강조했던 것이다. 너무나 격분한 나머지 스스로 자신을 신의 계시를 받은 예언자로 여겼던 루터는 애당초 자신의 교리와는 거리가 먼 결정적인 문제를 제기하기 시작했다. 그것은 바로 성찬 속에 예수의 몸이 실재한다는 주장이었다. 그는 사제의 말이 아니라 '믿는 자의 믿음'이 이것을 이룬다는 것을 분명히 밝혔다. 이 말에 맥이 풀린 츠빙글리의 추종자들은 루터에게 두 가지를 당부했다. 교리의 차이가 일반 대중에게 영향을 미치지 않도록 라틴어로만 기록하라는 것 그리고 교황에게 유리한 일을 절대 하지 말라는 것이었다. 루터는 조롱하듯, 지금 자신은 라틴 학자가 아닌 독일인을 위해 글을 쓰고 있노라고 대답했다. 아울러 악마, 투르크족, 교황에게 유리할지라도 진실은 진실이라고 덧붙였다.

3년 동안 빵의 신성성에 대한 논쟁은 일파만파로 퍼졌다. 로마 가톨릭교회는 자신들을 반대하는 사람들끼리 서로 싸우는 것을 내심 기뻐하며 관망했다. 마침내 독일 헤센 지방의 젊은 제후 필리프가 양측을 화해시키기 위해 나섰다. 독일 작센 출신인 루터와 스위스 취리히 출신인 츠빙글리가 중간 지점인 마르부르크에서 만나 토론을 거쳐 의견차를 해소한 책자를 출간하도록 주선했던 것이다. 이 일은 회합이 있기 전까지 비밀에 부쳐졌지만, 소리 없는 말이 천리를 간다고, 루터와 츠빙글리의 귀에까지 들어가고 말았다.

루터는 우울해졌다. 이것은 이따금 까닭 없이 밀려드는 단순한 우울증이 아니라 헤어날 길이 없는 극심한 불안감이었다. 그건 루터의 명쾌한 판단력에서 비롯되는 거부감이었다. 루터는 결코 츠빙글리의 입지를 약화시키지 못하리라는 것을 깨달았다. 이미 츠빙글리의 시대가 열리고 있었다. 가톨릭교회의 테두리 밖에 (루터와 츠빙글리가 지금 서 있는) 서 있는 사람들은 오직 상징주의적 해석을 취할 수밖에 없었다. 사람이 중도에서 그만둔다는 게 쉬운 일이겠는가? 루터는 어렵다는 것을 깨달았지만 자신의 내면을 들여다보는 순간 자신이 너무나 순수한 마음으로 빵의 기적을 믿었다는 것을 알았다. 하느님과 예수에게는 불가능한 일이란 없으니 자연의 법칙에서 일시적으로 벗어나는 것도 가능할 것이라고 생각했다. 그럼에도 평신도의 시대가 도래했다는 사실은 부정하지 못했다. 그 시대가 열리도록 앞장섰던 장본인이 바로 루터 자신이었다. 평신도의 종교에서는 성찬의 기적이 들어설 자리가 없었다.

얼마 전 루터는 생애 최대의 실수를 저질렀다. 성서를 기치로 내세우며 분연히 일어선 농민들에게 등을 돌린 것이었다. 무려 13만 명이나 되는 농민을 학살함으로써 유럽의 역사를 몇백 년 퇴보시키는 결과를 낳았다. 이제 생애의 두 번째 실수를 저지를 시간이었다. 필리프는 덴마크, 프랑스, 서독에서부터 멀리 스위스까지 유럽 전역을 포함한 거대한 정치동맹을 결성하려는 큰 야망을 품은 사람이었다. 거대한 동맹이 결성된다면 황제와 교황에게 맞설 수 있을 것이었다. 이들의 종교적 기반은 신교가 될 터였다. 그러나 동맹을 결성하려면 우선 루터파와 츠빙글리파의 성찬에 대한 의견차를 해소해야 했다. 루터는 이를 명백하게 인식하고 있었지만 참으로 안타깝게도 합의할 수는 없었다. 그는 정녕 최후의 만찬에서 예수가 행한 기적을 믿었으니, 이제 루터가 전력투구할 일은 화체설을 옹호하는 것뿐이었다.

그런 루터였기에 회합에 초대받은 것에 화가 치밀고 우울해졌던 것이다. 이러한 루터의 감정은 그의 수행원에게 고스란히 투영되었다. 농민의 이름 '블랙 어스(Black Earth)'라는 이름으로 태어난 이 사람은 훗날 자신의 이름을 훨씬 더 기품 있는 멜란히톤으로 개명했는데, 그는 작센 선거후*에게 편지를 보내 자신들의 마르부르크 행을 막아달라며 이렇게 간청했다. "이 종교 회합에서 얻을 것은 아무 것도 없습니다. 상대편의 교리는 설득력이 아주 강해서 그들의 주장을 이길 수 없을 것입니다."

헤센 주의 변방에 도착한 다음, 루터는 필리프가 안전 통행증을 보내 줄 때까지 기다렸다. "아니, 루터가 우리를 믿지 못한단 말인가? 츠빙글리는 우리를 믿어 주어 통행증 없이도 스위스에서 여기까지 왔건만!" 하면서 못마땅해했다.

루터와 츠빙글리가 모두 마르부르크에 도착하자 필리프는 두 사람을 연회에 초대했다. 그러나 이 연회의 목적은 성사되지 못했다. 두 사람은 묵묵히 앉아서 식사에만 열중했다.

1529년 10월 1일 금요일, 바야흐로 회의가 시작되었다. 필리프가 가운데 자리를 잡았고 그 왼쪽에는 츠빙글리와 외콜람파디우스가, 오른쪽에는 루터와 멜란히톤이 앉았다. 회의를 시작하려는 순간, 루터는 입고 있던 외투에서 백묵을 꺼내 탁자 위에 '이것은 내 몸이다'라고 커다랗게 썼다. 그리고는 "나는 이대로 하겠소. 내가 이성적 능력이 부족한 사람일지라도 이 말씀은 지킬 수 있소. 그 말씀 역시 하느님에게서 온 것이기 때문이오!"

맞은편에 앉은 츠빙글리 일행은 이것을 보고 얼굴이 굳어졌다. 루터는 상대편이 미학과 그리스도교 정신을 한데 결합시킨 '치밀한 사람들'이라는 것을 잘 알고 있었다. 또한 그런 사람들이 타락한 것, 강력하면서도 추악한 것들을 좋아한다는 사실도 잘 알고 있었다. 외콜람파디우스가 "빵 속에 예수가 들어 있다는 주장은 지극히 피상적이고 사물을 외

---

* 중세 독일에서 황제 선거의 자격을 가진 제후로, 나중에 성직 서임권 투쟁을 거친 이후로는 선거적 특성이 부각되었다.

형적으로만 대하는 그릇된 태도"라고 반박하자 루터는 거만하게 대답했다. "이것은 내 몸이다라고 씌어 있다면 그 빵은 예수의 몸인 것이오, 예수께서 당신의 몸이 말편자라고 했다 해도 우리는 믿을 수밖에 없소. 만약 예수께서 우리에게 썩은 사과나 거름을 먹으라고 하셨다면 우리는 그리 해야 하오. 칼이 칼집에 들어 있고 맥주가 깡통 속에 들어 있는 것과 마찬가지로, 예수의 몸은 빵 속에 들어 있는 것입니다." 루터는 성난 황소처럼 치밀하고 하느님의 섭리에 가까운 적수를 맹렬히 공격했다. 썩은 사과나 거름을 들먹거려서 츠빙글리를 성나게 했지만 노골적이고 천박한 말로 루터는 '저속한 대중'의 대변인 노릇을 했던 것이다.

이번에는 츠빙글리가 교황과 루터의 교리가 잘못되었다고 판단하는 근거를 제시했다. "그리스도교도라면 누구든 예수가 부활한 뒤 하늘로 올라가 하느님의 오른편에 앉는다는 사실을 알고 있다. 따라서 누구든지 이것을 부정하는 사람은 그리스도교도라고 할 수 없다. 그런데 어떻게 예수가 같은 시간에 수많은 장소에 나타나 빵 속으로 들어갈 수가 있겠느냐?"고 설파했다.

이 말을 들은 루터는 비웃었다. 하나의 몸이 같은 시간에 두 장소에 있을 수 없다는 것은 물리학의 원리임에는 틀림없으나 지금은 수학이나 자연과학, 철학이 아닌 종교를 논하고 있다는 것이었다. 설령 예수의 몸이 하늘과 성찬 속에 동시에 있을 것이라는 주장이 논리적으로 터무니없다고 할지라도 그것은 진실이라고 했다. 나아가 하느님은 동시에 모든 곳에 임할 수 있는 존재이기 때문에 하늘에만 거하는 분이 아니라는 사실을 되새겨야 한다고 했다. 하느님이 모든 곳에 임한다면 이는 곧 하느님의 오른손도 모든 곳에 존재하는 것이니 하느님의 오른편에 앉아 있는 예수 또한 어디에나 존재하는 것은 당연한 일이므로 성찬 속에도 존재할 수 있다는 것이었다. 츠빙글리파는 논리를 무시할 때만 합일점을 찾을 수 있다는 악의적인 루터의 의도를 간파했다. 그러나 대중을 미혹하는 논리라면 차라리 없느니만 못한 것이었다.

이들은 며칠 동안 논쟁을 벌였지만 의견차를 좁히지는 못했다. 루터가 군주와 같은 완고함으로 입장을 고수했으므로 츠빙글리파는 아무런 소득도 얻지 못했다. 사흘째 되던 날, 토론을 계속한다는 것이 부질없을뿐 아니라 상황만 악화시킨다는 사실을 깨달은 필리프는 토론을 그만두자고 제안했다. 그리고는 루터에게 츠빙글리 교리 중에서 그의 교리와 일치하는 부분을 글로 작성해줄 것을 요청했다. 성찬식에서 빵과 포도주의 역할 문제 외에는 두 사람의 교리가 거의 일치한다는 사실을 모두가 알고 있었다. 루터(모르긴 해도 무사히 회합 장소에서 벗어날 수 있다는 것에 안도감을 느꼈을)는 외견상 아주 협조적인 태도로 필리프의 요청에 응했다. 그러나 루터가 작성한 글을 다 읽고난 뒤 눈물이 글썽한 눈으로 츠빙글리가 루터에게 다가가 악수를 청하며 "존경하는 형제여! 나는 당신과 뜻을 같이하는 것 말고는 이 세상에서 더 바랄 것이 없소!"라고 말하자 루터가 거만한 태도로 말했다. "나를 형제라 부르다니 참으로 놀랍군요. 당신네 생각은 우리 생각과는 정반대입니다. 당신이 우리와 뜻을 함께 하기를 원한다면 그것은 당신의 교리에 전혀 확신이 없다는 증거요." 그리하여 이들은 서로 골만 깊어진 채 헤어졌다.

*　　　*　　　*

"후손들은 우리 시대의 논쟁을 비웃을 것이요, 화합에 이르기까지 끊임없는 불안 속에서 산 우리를 조롱할 것이다." 이것은 루터와 동시대를 살았던 인문주의자 카피토가 쓴 말이다. 그러나 후손들은 비웃은 것이 아니라 울었다. 성찬 논쟁 때문에 신교 교회들 사이에 존재하던 한 가닥 유대감마저 상실되고 말았다. 독일의 루터교회와 스위스의 개혁교회가 갈라섰는데, 칼뱅이 "예수의 실제 몸이 하늘과 지상 도처에 동시에 존재한다는 것은 불가능하다"고 선언하고 츠빙글리의 교리를 지지하면서부터 신교의 분열은 더욱 가속화되었다. 칼뱅은 "빵과 포도주는 예수의 몸과 피의 상징이다. 제자들에게 힘을 불어넣기 위해 예수는 자신을 먹인 것이다. 그러나 예수의 진짜 몸과 피가 우리 몸속으로 들어오는 것은 아니다"라고 설교했다. 영국 국교회와 미국 교회는 칼뱅의 교리를 수용했다. "진정한 인간성에 위배되는 어떠한 특성도 예수의 몸에 부과해서는 안 된다"는 그의 주장이 영국인의 사고방식과 부합했기 때문이다. 엘리자베스 여왕은 "화체설은 성서에 어긋나는 교리이며 숱한 미신과 다를 바 없다"고 선언하고 〈39개 신조〉를 작성하도록 명령했다.

뿌리 깊은 맹목성에 사로잡힌 루터는 화해하지 않은 것을 기뻐했던 반면("나는 고집불통, 거만한 사람, 피도 눈물도 없는 사람 등등 저들이 부르고 싶은 대로 불러도 상관없다"며), 츠빙글리는 그토록 존경했던 사람에 대한 증오심을 떨쳐내지 못하면서도 루터와 골이 깊어진 것을 탄식했다.

1531년 스위스 어느 마을에서 신교와 가톨릭교 간의 전쟁이 벌어졌다. 츠빙글리는 신교 부대를 이끌고 참전했다. 그가 말에 올라타고 떠나려고 하자 말이 뒷걸음질 쳤다. 그것을 본 츠빙글리의 아내와 친구들이

"그는 돌아오지 못할 거야" 하며 탄식했다. 카펠에 도착한 츠빙글리 부대는 병력이 무려 8배 이상 되는 적군을 만났다. 치명적인 총상을 입은 츠빙글리는 배나무 밑으로 나동그라졌다. 가톨릭 병사들은 밤에 그를 끌고 가 죽어 가는 사람에게 참회하고 싶은지 물었다. 원한다면 사제를 데려오겠다면서 말이다. 그는 조용히 웃으며 거부했다. 오직 예수만이 자신의 중재자가 될 수 있다고 덧붙였다. 그러자 가톨릭 군은 그의 머리를 동강내고, 능지처참한 뒤 불에 태워, '신교도들이 그를 추앙하지 못하도록' 그 재를 돼지의 재와 섞었다. 교황의 지지자들이 신교도와 똑같이 대할 것이라는 사실을 까마득히 잊고 있던 루터는 파렴치하게도 자신의 추종자에게 이런 편지를 보냈다. "우리는 하느님의 두 번째 심판을 볼 것이다. 첫 번째 심판은 토마스 뮌처에게 내려졌고 이제 두 번째 심판은 츠빙글리가 받을 것이다. '하느님께서 머지않아 빵을 지으신 우리의 하느님을 조롱하는 무도한 불경을 저지른 자들에게 벌을 내리실 것이다'라고 한 내 예언대로 된 것이다."

현대에 이르러 하르나크는 성찬 논쟁에 대해 이렇게 일갈했다. "종교 역사상 성찬식처럼 단순하고 성스러운 하나의 의식이 과장되고, 왜곡되고, 협소해지고, 난폭해진 전례는 아마도 없을 것이다." 혹자는 최후의 만찬이 어떻게 단순한 것이냐고 의문을 제기할지도 모르겠다. 최후의 만찬은 언제나 미스테리로 남아 있었기 때문이다. 위대한 시인 노발리스는 '화해를 이루지 못한 것에 대해 멧돼지처럼 날뛰며 환호성을 올린 사람들'과는 다르게 표현했다.

충족시킬 수 없는

영원한 목마름,

그 사랑의 비밀을

아는 사람은 거의 없다.

최후의 만찬에 깃들인

하느님의 참뜻은

속된 인간은 감지하기 힘든 수수께끼.

누가 그 세속적 몸의

숭고함을 짐작했겠는가?

어느 누가

그 피를 이해한다고 말할 수 있는가?

오, 우주의 태양이

붉어지고

저 단단한 절벽이 솟아

향긋한 살이 되는 것을!

　시대를 초월하여 우주가 성찬을 받아들일 것이라는 신비로운 사상은 얼마나 아름다운가! 그러나 현대로 들어서는 입구에서 교회의 종복들과 속세의 지도자들은 서로의 가슴을 짓이기기 위해 신앙이라는 숫돌에 칼날을 날카롭게 갈아야만 했을까? 우리는 그 시대에 실재한 구체적인 고통을 절대 잊어서는 안 된다. 어떻게 16세기 사람들은 추상적인 개념과 실재할 가능성이 너무 희박한 문제에 사로잡혀 자신들을 풍비박산낼 수 있었을까? 농지는 모두 황무지로 내버려두었으니, 곡물이 갈수록 줄어드는 것은 당연한 이치였다. 쟁기는 헛간에서 녹슬었고, 물레방아의 바퀴는 냇물에 처박혀 썩어갔다. 빵에 예수의 몸이 실재하건, 은유적으로 존재하건, 자신의 존립을 위해서는 서로 저주하기 전에 먼저 빵을 마련했어야 하지 않을까?

질곡으로만 치닫던 운명은 마침내 자신이 얼마나 중대한 일을 했는지조차 깨닫지 못한 한 남자를 빵을 가져다주는 새로운 사람이라는 지위에 올려놓았다. 이 사람은 깊은 수렁에서 허우적거리는 그리스도교도에게, 무변광대한 농지를 개간하고 지금까지 한 번도 들어본 적 없는 곡물을 재배하여 새 삶을 영위하는 방법을 알려주었다. 유사 이래 최대의 곡물혁명을 선도한 이 사람은 다름 아닌 콜럼버스였다.

1492년 콜럼버스가 유럽에 알리지 않고 비밀리에 망망대해로 향했을 때만 해도 그의 목적은 오로지 서인도 제도의 금은보화를 에스파냐 왕에게 바치는 것뿐이었다. 그는 정녕 자신이 에스파냐로 가져온 금은보화 중에서 가장 값진 황금이 옥수수라는 사실을 몰랐다. 뿐만 아니라 콜럼버스 이후 바다를 항해한 탐험가들 중에서 어느 누구도 페루의 감자가 잉카 땅에서 발견한 보물들보다 훨씬 중요하다는 것을 알지 못했다. 유럽 농민들이 전쟁에 패배한 뒤 쟁기와 황소가 어떻게 생겼는지조차 잊어버리는 찰나, 역사라는 신은 이들에게 동정심을 베풀었다. 무거운 농기구가 없어도 심을 수 있는 곡물 씨앗을 가져다주었던 것이다.

제4장
초기 아메리카의 빵

캘리포니아의 금 한 덩어리를 땅에 묻는다 해도 이 세상이 끝날 때까지 그대로 있을 테니, 그 땅은 죽은 땅과 다를 바 없다.

그러나 축복받은 금싸라기 같은 옥수수를 땅에 심어 보라! 참으로 신비롭구나. 며칠만 지나면 그 씨앗이 부드러워지고, 부풀어 오르고, 위로 솟구치니, 그것은 살아 있는 생명체이다.

—에드워드 에베레트

바람과 옥수수가 의논을 하고 나면

다시 비와 옥수수, 해와 옥수수가

서로 의견을 나눈다.

길 너머에 있는 농장에는

하얀 벽에 초록 차일이 축 처져 있다.

옥수수 껍질을 벗기고 나면 고쳐야겠다고

농부와 그 아내가 이야기를 나눈다.

—칼 샌드버그

위대한 방랑자―옥수수

그들이 벼를 발견하리라고 기대했던 것은, 세상의 동쪽에서 벼를 재배한다는 사실이 옛날부터 알려져 있었기 때문이다. 콜럼버스와 그 부하들은 동양에 닿았다고 생각했다. 그런데 벼는 보이지 않았다. 눈에 띈 것은 난생 처음 보는 것이었다. 여태까지 본 어떤 곡물보다 훨씬 컸다. 게다가 꽃대에서 자라는 것이 아니라 기다란 잎으로 햇빛을 가린 거대한 이삭에서 자랐다.

콜럼버스가 처음으로 옥수수를 언급한 것은 1492년 11월 5일이었다. 그는 일지에 "이것은 맛이 좋은데 이곳 사람들은 주로 이것을 먹고 산다"고 적었다. 에스파냐 사람들은 이 식물이 90일 후면 완전히 여문다는 인디언들의 말을 듣고 깜짝 놀랐다. 그렇다면 자신들의 눈으로 그 식물이 자라는 모습을 지켜볼 수 있을 것이기 때문이었다. 크고 무거운 줄기는 꼭 기둥 같았는데, 밀이나 호밀처럼 속이 빈 것이 아니라 걸쭉한 액체로 채워져 있었다. 이삭에 빼곡하게 들어찬 초록빛과 하얀빛이 감도는 반질반질한 우윳빛 알갱이는 태양의 돌기를 본떠 만든 것 같았다. 모양도 냄새도 이상해서 원주민들이 그토록 맛있게 먹는 모습을 보지 않았다면 에스파냐인들은 결코 먹지 않았을 것이다. 게다가 유럽인들이 밀을 대하는 것처럼, 원주민들은 그 곡물을 감사해하며 소중하게 받들었다.

옥수수 밭은 경작방식도 달랐다. 인디언 여자들은 유럽 여자들보다 많은 일을 했다. 이곳 사람들은 쟁기를 몰랐을뿐더러 옥수수 경작에는 쟁기가 필요하지도 않았다. 남자들이 오크나무 작대기 끝에 쇠가 달린 도구로 땅을 갈았다. 그러면 여자들이 괭이로 일정한 간격의 홈을 판 뒤 낟알 두 개씩 정성스럽게 넣은 다음 흙으로 덮었다. 쟁기를 사용하지 않으니 쟁기를 끌 동물도 당연히 필요 없었다. 참으로 간단하고 쉬운 농사였다. 그러나 그들에게도 거름은 필요했는데, 어디서나 쉽게 구할 수 있는 박쥐의 배설물을 긁어모았다. 인디언들은 커다란 바위 동굴의 벽에서 막대기로 긁어내는 것으로 얼마든지 이 배설물을 얻을 수 있었다. 인분도 거름으로 사용했다. 그러나 이들이 주로 사용하는 거름은 나무를 태운 재였다. 그들은 이 재를 옥수수 밭에 그득 뿌렸다. 1517년 에스파냐인들이 멕시코에 도착했을 때, 한 뙈기의 땅도 놀리지 않고 들판 가득 옥수수가 심어져 있는 모습을 보고 입이 딱 벌어졌다. 이들 원정군의 지휘관 코르테스는 이런 사실을 본국에 보고했다. 그가 놀랄 만도 했던 것이, 이곳에는 굶는 사람들이 없었기 때문이다. 반면 에스파냐 본국의 땅은 더 이상 주민들을 먹여 살리지 못했다.

유럽처럼 멕시코도 귀족, 왕족, 사제, 평민들에게 토지를 배분했다. 이들은 지주들이 소유한 땅을 표시하기 위해 지도를 사용했다. 이를테면 왕실 토지는 자주, 귀족의 토지는 주홍, 사제의 토지는 파랑, 평민의 토지는 노랑으로 표시했다. 모세의 율법처럼 이들도 경계석을 제멋대로 옮기는 일을 중죄로 다스렸다. 귀족은 자신이 소유한 농지에 대해 세금을 면제받았지만 대신 병역의 의무를 져야 했다. 평민의 농지는 공동소유였지만 집마다 경작해야 할 땅을 배분해 주었다. 3년간 묵힌 농지는 국가에 귀속되어 다른 사람들에게 분배되었다. 이러한 농지행정은 매우 실용적이어서 멕시코 사람들은 기근이 무엇인지조차 모를 정도였다.

농부라기보다는 원예사처럼 보이는 (이들에게는 황소나 쟁기의 노동이 알려져 있지 않았으므로) 눈이 동그랗고 상냥한 사람들이었지만, 그럼에도 이들에게는 에스파냐 사람들의 피를 얼어붙게 만드는 풍습이 있었다.

그리스도교 문화권과 달리 멕시코의 일년은 각각 20일로 이루어진 18 개월이었다. 이 기간은 풍요의 신, 특히 젊은 옥수수의 여신에게 인간 제물을 바치는 시기였다.

1577년, 재능 많은 가톨릭 신학자이자 프란체스코 수도사인 사하군은 에스파냐 왕이 금지명령을 내렸음에도 불구하고 이 인신공양 의식을 아즈텍 언어와 에스파냐어로 기록했다. 이 왕은 잔혹한 행위가 후손들에게 전해져서는 안 된다고 판단했으리라. 에스파냐인들이 혼란스러웠던 것은, 아즈텍의 의식이 기본적인 인간의 감정은 같다는 통설에 위배되었기 때문이다. 다시 말해 그들은 백정처럼 피냄새를 풍기면서도 만개한 꽃의 순수한 향기를 들이마셨던 것이다.

전쟁포로 가운데서 용모가 수려한 청년을 간택했다. 신이 될 인물의 결격사유가 여러 장에 빽빽이 적혀 있을 정도로 간택 기준은 까다로웠다. "머리 모양은 바랑이나 호박처럼 생겨서는 안 되고 말뚝처럼 뾰족해서도 안 된다. 이마에는 주름이 없어야 하며 콧등이 주저앉아서도 안 된다." 등등 순종 준마를 고르듯 신중하게 선택했다. 그런 다음 일반 백성들에게 위칠로포치틀리 신, 즉 '신 중의 신'을 찾았다고 알렸다. 그들은 일 년 내내 신으로 뽑힌 남자를 지성으로 섬겼다. 사제들은 신전에서 점잖은 말씨, 플루트 연주, 시가 태우기, 꽃향기를 들이마시는 법 등을 가르쳤다. 귀족 청년들은 그에게 음식과 술을 바쳤다. 신이 된 남자는 머리를 어깨까지 길러 하얀 수탉의 깃털을 군데군데 꽂았다. 관자놀이 주위에 옥수수 이삭을 구워 만든 화환을 걸고, 허리에도 둘렀다. 그가 걸을 때마다 귀에 걸린 터키석 귀고리와 다리에 매단 작은 금구슬이 찰랑거렸다.

이렇게 보석으로 치장하고 플루트를 연주하거나 시가를 태우거나 혹은 유리병에서 꽃향기를 들이마시며 거리를 지나갈 때면 사람들이 땅바닥에 엎드렸다. 사람들은 먼지로 뒤덮인 그의 구두에 입을 맞추며 낮은 소리로 복종을 맹세했다. 여자들은 아기를 안고 집에서 뛰쳐나와 신에게 아이를 축복해 달라고 애원했다.

공양을 바치기 20일 전, 네 명의 처녀를 이 신에게 바쳤다. 이들은 각각 '꽃의 여신', '젊은 옥수수 여신', '물 속에 사는 어머니 여신', 그리고 '살아 있는 소금의 여신'이었다. 그는 이 네 명의 처녀와 결혼했다. 왕이 참석한 가운데 며칠동안 연회를 벌이고 춤을 추면서 대중은 광란과도 같은 축제를 만끽했다. 축제 마지막 날, 신이 된 청년은 아내와 시종들과 함께 아름답게 꾸민 작은 배를 타고 호수를 지나 언덕에 도착했다. 이곳이 '작별의 언덕'으로 알려진 것은 바로 이곳에서 신이 네 아내와 헤어졌기 때문이다. 이제 그의 곁에는 시종들만 남았다. 이들이 산꼭대기로 그를 인도했는데 거기에는 피라미드처럼 생긴 작은 신전 한 채가 있었다. 신이 된 청년은 계단을 올라가면서, 한 계단씩 오를 때마다 자신이 호사를 누리던 시절에 연주한 플루트를 하나씩 깨뜨렸다. 마지막 계단에 올라서기가 무섭게 한 무리의 사제가 그를 붙잡아 돌 탁자 위에 똑바로 눕혔다. 그러면 한 사제가 잽싸게 돌칼을 휘둘러 그의 가슴을 절개한 뒤 손을 집어넣어 심장을 꺼냈다. 신이 된 청년은 태양신에게 제물로 바쳐진 것이다. 신의 주검은 일반 제물의 시체처럼 계단 밑으로 던져버리지 않고 정성껏 왕궁으로 옮겼다. 그런 다음 왕궁 뜰에서 머리를 잘라 창에 꽂아 걸어두었다. 이것이 일반적인 멕시코 최고신의 종말이었다.

이 의식을 거행하면 한 해 동안 '늙어 죽지 않고 아름다움과 젊음이 절정에 달해 다산'을 보장해 준다고 믿었다. 이것은 죽음을 기리는 것이 아니라 이듬해에 대지에 열매가 많이 열리기를 축원하는 의식이었다. 1,200만 갈색 사람들(하나같이 친절하고 꽃을 좋아하며 남을 잘 도와주는)은 우주와 부족이 영원히 존속하려면 오직 인간신을 제물로 바쳐야 한다고 여겼던 것이다. 이들은 인신공양을 금지하는 에스파냐 수도사들에게 몹시 분노했을 뿐만 아니라 그들의 설명을 이해하지 못했다. 아즈텍족은 만약 인간의 피로 '옥수수가 꼿꼿이 서 있도록' 북돋워주지 않으면 일년 동안 생장하지 않을지도 모른다고 생각했다. 그 기운을 북돋워주려면 일년에 한 번씩 인간신을 바치고 한 달에 한 번씩 제물을 바쳐야 한다고 여겼다. 그리하여 첫 달에는 꽃으로 치장한 어린아이를 옥수수 여신 치로틀에게 바쳤다. 그리고 한 해가 저물어가는 후반기에는 젊은 처녀를 바쳤으며 마지막 달에는 어머니가 될 수 있는 성숙한 여인을 바쳤다. 모든 인신공양은 성대하고 화려한 축제 중에 행해졌기 때문에 모든 사람은 화려한 새 옷을 차려입고 야자 술을 마시며 꽃을 던지고 춤을 추었다. 이 축제는 인신 제물로 바쳐질 사람들이 기꺼이 복종할 분위기를 연출하는 암시적 효과를 낳았을 것이다.

이런 의식이 알려지자 유럽은 공포에 휩싸였다. 기원 후 15세기가 지났는데 어떻게 그런 야만적인 행위가 있을 수 있단 말인가? 고대의 교부들은 엘레우시스의 데메테르 신비극에 대해 얼마나 격분했던가? 페르세포네가 하데스가 있는 저승으로 내려갈 때 행하던 의식은 어쨌거나 피 한 방울 흘리지 않은 것이었는데도 말이다. 문화인인 그리스인들이 엘레우시스에서 행했던 모든 것, 즉 '씨알의 수난극'은 누구에게도 해를 끼치지 않는 기적극이었다. 그러나 이곳 멕시코 만에서는 인간을 제물로 바치고 그 피로 옥수수 밭을 비옥하게 했던 것이다.

가톨릭 사제들은 떨리는 소리로 낮게 속삭일 수밖에 없었는데 그것이 너무 충격적이어서라기보다는 아즈텍족이 그리스도 교회의 가장 성스러운 의식, 즉 예수가 빵과 포도주로 변하는 성찬식을 모방하고 있다는 사실 때문이었다. 실제로 이 부족은 부활절 축제 기간에 옥수수 가루와 인간의 피로 만든 빵을 먹었다. 그러면서 이 의식에 참여한 광기 어린 사람들은 지극히 공손하고 슬픈 표정으로 자신들이 신의 몸을 먹고 있다고 서슴없이 말했다. 유럽인들은 이 무렵에야 1489년에 출간된, 지옥의 권력자들과 마녀가 성적 관계를 맺는 금지된 이야기를 다룬 《마녀의 망치》라는 끔찍한 책에 대해 처음 알게 되었다. 이로부터 30년 뒤, 코르테스가 보낸 몬테수마 신전의 보물을 받은 에스파냐의 황제 카를로스는 이렇게 물었다. "대체 이 멕시코 괴물들은 이 많은 금과 은을 어디에서 얻었는가?" 그는 그 금은보화는 인신공양을 받은 악마가 아즈텍족에게 내린 보상일 게 틀림없다는 결론을 내렸다. 그라나다에 살고 있던 유대인과 무어인들을 화형시킨 그 검댕이가 아직 손에 묻어 있는 에스파냐 사람들은 위칠로포치틀리를 악마와 동의어로 사용하기 시작했다.

* * *

이렇게 하여 에스파냐 사람들은 인디언 부족이 신으로 여긴 옥수수를 알게 되었다. 그렇다면 인디언 부족은 옥수수를 어디에서 얻었을까? 누가 이들에게 이 곡물 재배법을 소개했을까? 분명 누군가 그들에게 옥수수를 가져다주었을 것이다. 어느 누구도 야생 옥수수를 본 사람이 없기 때문이다. 아시아에서 밀이 처음부터 재배종이었다면 아메리카에서는 옥수수가 그랬다. 그러나 우리는 그 기원을 알 길이 없다. 만약 옥수수의 기원에 얽힌 이야기를 알 수 있다면 아메리카에 대해 지금보다 많은 것을 알 수 있을 것이다. 1868년 브린톤은 이렇게 썼다.

> 하나의 재배식물이 그 야생종과 식별할 수 없는 형태로 변하기까지는 아주 오랜 시간이 필요하다는 것은 식물학자라면 누구나 아는 사실이다. 더욱이 야생식물이 독자적인 생명력을 잃고 인간에게 전적으로 의존하여 번식하는 데는 훨씬 오랜 세월이 필요하다. 이처럼 긴 세월이 의미하는 것은 무엇일까? 인간이 옥수수를 재배하려는 생각을 하기까지 얼마나 많은 세월이 필요했을 것인가? 그 고원 지대 전역으로 종자가 퍼지는 동안 애초의 모습은 얼마나 많이 바뀌었을까? 누가 이 질문에 답할 수 있겠는가?

이 궁금증에 대한 답은 아직도 얻지 못했다. 에스파냐 정복자들이 중앙아메리카에서 발견한 문명은 당시 아메리카에 널리 퍼져 있었던 이 황금빛 재배식물을 토대로 하여 이룩되었다.

적어도 2천 년 동안은 아메리카 원주민과 옥수수가 정치적으로 통합되지 못하고 저마다 부족을 이루어 살고 있었다. 에스파냐 사람들이 처음 도착했을 때 멕시코에만도 150개의 방언이 있었다. 에스파냐인들이 이곳에 오기 9백 년 전에는 마야족이 통치했었고(서기 6백 년 무렵), 1천 년 전에는 아즈텍족이 다스렸다. 그러나 그 사이 문명이 변하고 발전해서 그들의 문자와 문헌은 해독할 수 없다. 종교는 인간의 피를 들이마셨고 철학은 죽어갔다. 천문학과 수학에 대한 지식은 상실되었으며 오직 남은 것은 태양과 비 그리고 옥수수뿐이었다. 옥수수는 계속 자라고 모든 과거는 잠재적으로만 드러난다.

어디를 가도 무변광대한 옥수수 밭이었다. 그러나 에스파냐 원정군이 남쪽 깊숙이 탐험해 가자, 훨씬 유순한 풍습을 발견했다. 아브라함이 등장하여 피를 제물로 바치는 것을 금기시하던 시대에 살았던 인디언 부족들은 동물의 피를 섞은 채소만 제물로 바쳐도 대지의 은총을 받을 수 있다고 믿었다. 초창기 인디언 부족에게는 동물이 거의 없었으며 몸집이 큰 동물은 더욱 없었다(말은, 이들 갈색 인종이 에스파냐 사람들이 말을 타고 오는 모습을 보고 공포에 질려 자살할 정도로 너무나 해괴한 것이었다). 그러나 새는 아주 많아서, 파종을 하기에 앞서 언제나 새를 제물로 바쳤다. 당시에는 새를 곡물 도둑으로 취급했던 것이다. 에스파냐 사람들은 옥수수 신이 새들과 투쟁하는 모습을 형상화한 조각상들을 발견했다. 다른 조각상은 옥수수 신이 잠자는 사이에 많은 벌레 떼가 그의 몸에 기어오르고 있는 모습이었다. 이것은 일종의 부적으로서 이들 원주민의 자연관을 고스란히 반영한 것이었다. 사실 옥수수의 적은 오로지 새와 벌레뿐이었다. 과학이 고도로 발달한 오늘날 해로운 새와 벌레를 퇴치하기 위해 독을 바른 미끼를 사방에 놓아두는 것은 이들의 부적을 화학 약품으로 대체한 것이다.

페루에 도착한 에스파냐인들은 옥수수에 기반을 둔 또 하나의 문명을 알게 되었다. 그곳은 너무나 척박한 고지대로, 해안까지 가파른 경사를 이루고 있었다. 그러므로 오직 좋은 관개수로를 이용해야만 농사를 지을 수 있었다. 정복자들은 원주민이 원시적인 도구를 이용하여 이룩해 놓은 문명을 보고 눈이 휘둥그레졌다. 문자 그대로 그들은 아직도 석기시대를 사는 사람들이었기 때문이다. 그런데도 이들이 건설한 130억 갤런(약 5백억 리터)의 물을 저장할 수 있는 저수지는 계곡을 아치형으로 연결한 거대한 수족관으로서 로마인들이 세운 것에 결코 뒤지지 않았다. 이들은 금과 은을 화폐로 사용하지 않고 장신구로만 썼다. 돌끌로 흙 속에서 파낸 이것 때문에 저편 세상에 살고 있는 사람들이 자신들을 죽일 것이라고는 상상조차 하지 못했다.

옥수수를 재배하는 땅은 모두 세 구역으로 나뉘었다. 하나는 태양신 잉티의 것이요, 두 번째는 잉카(왕)의 것이요, 나머지 세 번째는 일반 백성들의 것이었다. 이들은 축복받은 백성이었다. 한 부락의 인구가 증가하면 새로운 정착민들에게 태양신과 잉카의 토지를 분배해 주었다. 부부 한 쌍과 아들에게 각각 1투푸(약 2에이커), 딸 한 명에게 2분의 1투푸가 분배되었다. 밭은 유럽인들이 쟁기를 발명하기 전에 널리 행해진, 원시적인 방법으로 파헤쳐 경작했다. 밑둥이 십자형으로 된 날카로운 막대기가 농기구였다. 남자들이 먼저 대지를 대충 파놓으면 여자와 아이들이 흙덩이를 부수고 씨앗을 심고 거름도 주었다. 산악지대에서는 라마의 배설물을 사용했고 해안지대에서는 새들이 서식하는 곳에 거대한 무덤처럼 쌓인 새의 배설물이 굳어서 된 구아노를 채취해서 사용했다. 이 배설물이 경제적으로 큰 도움이 되었던 만큼 새들이 보금자리를 찾아드는 시간에 덫을 놓는 것을 중죄로 다스렸다.

25세에서 60세까지의 모든 백성은 밭농사를 지을 의무가 있었다. 그리고 50세 이후부터는 세금이 면제되었다. 의무노동 기간은 기껏해야 일 년 중 두세 달이었다. 페루에 거주하는 농민들은 척박한 땅에 살면서도 흡족한 생활을 했다. 부락 입구에는 흉년에 대비하여 곡물을 저장해 두는 공동 곳간이 있었고 부락 맨 뒤에는 잉카와 왕실을 위한 곳간이 있었다. 이집트의 땅은 풍요로움을 낳았지만 페루의 땅은 절대 권력을 낳았다.

페루인들은 옥수수가 어떻게 그들에게 왔는지 정확하게 알고 있다. 노아의 대홍수 이후 대지의 신은 불로 인간을 창조했다. 신은 반질반질한 진흙으로 인간을 빚어 생명을 불어넣은 다음, 오른손에 옥수수 이삭을 쥐어주었다. 그리고는 티티카카 호수 근처 분화구에서 그들을 내려보냈다. 그것이 네 명의 형제와 네 명의 자매였다. 이들은 곧바로 옥수수 씨앗을 심기 시작했다.

다른 신화에 따르면, 네 명의 형제자매가 서로 결혼하여 자식을 낳고 페루에 살았는데, 이들은 땅 속이 아니라 바다에서 왔으며 이들의 후손들과는 피부색이 달랐다. 신화에 의하면 페루인의 시조는 몽골리안과 피부색이 같다고 한다. 이들은 옥수수 이삭 외에 황금 그릇과 아름답게 수놓은 옷도 많이 가져왔다. 이들은 사람들에게 태양에게 기도하도록 가르치면서 인류가 영원히 번성하려면 태양을 왕으로 모셔야 한다고 깨우쳤다고 한다.

그리하여 잉카는 '태양의 아들'이 되었다. 한 해가 시작되는 초기에 하늘에 큰곰자리가 나타나는 순간, 잉카는 몸소 옥수수 씨앗을 심기 시작했다. 자신이 태양이라는 사실을 잉카가 못마땅하게 여겼다는 것은 여러 곳에 드러나 있었다. 그는 어디든지 걸어서 갈 수 없었다. 태양은 걸어 다니지 않기 때문이다. 그래서 항상 가마를 타고 다녀야 했다. 만약 이때 가마꾼 중에 한 사람이라도 넘어지면 태양을 위태롭게 했다 하여, 즉각 사형에 처했다. 태양이 넘어지면 일 년은 움직이지 않고 정지되니 옥수수가 자라지 못한다고 믿었던 것이다. 더욱이 페루의 통치자는 컵, 천, 옷, 여자 등등 무엇이든 두 번 이상 만져서는 안 되었다. 태양은 '하나의 피조물에 머물지 않고 스쳐가기' 때문이었다.

설령 '대지 내부에 있는 유동체'의 신이 인간과 옥수수를 창조했다고 해도 태양신 잉티를 더 중요하게 섬긴 것은 태양신이 지상의 모든 것을 다스렸기 때문이다. 이윽고 태양신은 삼위일체, 즉 태양, 옥수수, 황금의 신이 되었다. 지상에 있는 태양신 잉카에게는 전국에서 가장 아름다운 '태양의 처녀들'을 간택하여 바쳤다. 이들 처녀들은 첩이 되어 태양신을 섬길 때까지 칩거해야 했다. 태양신의 정실부인은 수백 년 동안 마마킬라(Mamaquilla), 즉 '달의 어머니'였는데, 이 여신에게는 은을 바쳤다. 마마킬라를 섬기는 사제들은 채소와 옥수수에 대한 지배권을 얻기 위해 분투했는데, 이들의 주장에 따르면 옥수수는 낮보다 밤에 더 잘 자란다는 것이었다. 천체의 두 신을 섬기는 사제들 간에 오랜 권력투쟁이 벌어졌지만 결국 힘이 약한 달을 섬기는 사제들이 패배했다.

온 백성이 '천정 태양제'에 참가하기 위해 모였다. 축제 마당과 태양신의 신전을 싱싱한 나뭇가지로 장식했고 희귀조 수천 마리가 새장 안에서 지저귀기도 하고 날카로운 소리를 내지르기도 했다. 주신 태양신에게 축성을 받기 위해, 금으로 치장한 어린 왕자들은 여러 신들의 상을 들고 갔다. 엘레우시스에서처럼, 무대에서는 신비극이 펼쳐졌다. 이때 불을 밝히는 것은 금지되었으며, 이를 어길 경우 사형당했다. 대지 내부에 있는 불의 신은 이제 세력을 잃었으며 태양신이 최고의 신이 되었다. '하늘에서 산을 지나 자신들에게 떠내려 올 옥수수 음식을 기다리면서' 사람들은 모두 단식해야 했다. 여자를 가까이 해서도 안 되었다. 사람들은 금과 보석 그리고 최고의 라마를 태양신 신전의 뜰에 갖다 놓았다. '천정 태양제' 전날 밤에는 성스러운 옥수수빵을 구웠다. 이 일은 '태양 처녀들'이 담당했다. 산쿠(sanku)라고 부르는 이 빵은 사과처럼 둥그렇게 생겼는데, 이는 태양의 거대한 구(球)를 상징했다. 사람들은 아주 경건한 마음으로 가장 밝은 태양을 먹었다.

축제 첫날, 동이 트면 동물처럼 분장한 비밀 단체의 회원들이 무대에 올랐다. 재규어와 사자, 호랑이 따위의 몸집이 큰 동물이나 콘도르 같은 거대한 새들이 '태양을 향해 날아오르고 싶은' 열망을 표출했다. 햇살이 산의 정상을 처음 비추면 수백만 명이 거대한 함성을 내질렀다. 그러고는 둥근 해가 계곡에 내려앉을 때까지 소라와 구리 나팔을 불었다. 그런 다음 조용히 무릎을 꿇고 두 손으로 머리를 감쌌다. 이때는 오직 잉카만이 태양을 바라볼 수 있었다. 그는 일어서서 전날 밤에 빚어놓은 옥수수 술, 즉 치카(chica) 두 잔을 들어올렸다. 태양신이 마실 수 있도록 태양을 향해 쭉 내밀었다. 그러고는 한 잔을 신전의 앞뜰로 흘러드는 도랑에 부었다. 다른 한 잔은 잉카 자신이 마신 뒤 신하들의 금제 그릇에 술을 몇 방울씩 나누어주었다. 이미 빵으로 먹힌 태양은 이제 술이 되어 사람들에게 분배되었다.

*　　*　　*

인디언들의 농경생활을 보여주는 판화

《콜럼버스가 늦게 왔다》는 '서구의 열등의식'에 대해 신랄하게 비판하면서 그레고리 메이슨이 쓴 책의 제목이다. 콜럼버스가 아메리카 대륙에 도착한 때는 이미 칠레의 남단에서 북위 50도에 이르는 광대한 지역에 옥수수가 파종된 뒤였다. 원주민들이 모든 곳에 손으로 직접 뿌렸다.

그것은 남아메리카의 길을 닦고, 석벽을 세운 노동자들과, 석회석으로 아름다운 궁전과 신전을 지은 중앙아메리카 석조공들의 음식이었다. 옥수수만 있으면 예술가들은 페루의 화려한 태피스트리나 도자기를 맘껏 만들 수 있었고, 고대 로마인들이 서유럽과 영국의 미개인들을 개화시키기 위해 애쓰던 그 시절에 과테말라나 유카탄 반도의 과학자들은 엄청난 수학적 지식을 이용해 건물을 세웠다. 백인이 오기 전에는 거대한

인디언들이 요리를 만드는 모습

아메리카 인구 대부분이 어떤 음식보다도 옥수수를 먹고 살았다.

밀과 호밀, 귀리와 보리의 대륙 유럽에서는 새로운 종자가 농업혁명을 일으키리라고는 미처 생각하지 못했다. 콜럼버스가 본국으로 옥수수를 가져간 것은 순전히 식물에 대한 호기심 때문이었다. 첫 항해에서 돌아왔을 때 그는 에스파냐의 왕과 왕비에게 옥수수 알갱이를 보여주었다. 그로부터 30년 뒤 에스파냐 남쪽 끝에 있는 지방 안달루시아에서 옥수수를 재배하기는 했지만 그것은 가축사료용이었다. 에스파냐 토박이들은 자존심 때문에라도 그 음식을 먹지 않았다.

그러나 자존심 때문만은 아니었다. 이들의 후각은 (대개 인간의 영양을 지켜주는 상비군 역할을 하는) 밀을 주식으로 먹어온 사람들에게 옥수수에 함유되어 있는 이상한 기름을 경계하라는 메시지를 보냈다. 많은 사람들이 생우유 냄새를 못 견뎌하지만 누구도 그 이유를 설명하지 못하는 것과 같은 이치리라. 일상적으로 밀을 먹던 사람들은 옥수수를 볶을 때 나오는 기름에 거부 반응을 보였다. 사람들은 콜럼버스와 그의 부하들이 항해를 하면서 몇 달 동안 굶주려서 빵 맛을 잃어버린 것이며, 그렇지 않다면 옥수수가 유용하기는 할지언정 맛없는 곡물이라는 사실을 몰랐을 리가 없다고 했다.

에스파냐 본국인 사이에서 이내 아메리카에 있는 '새로운 에스파냐에 관한 해괴한 소문이 돌았다. 그곳에 파견된 원정군들은 밀을 까마득히 잊어버리고 마치 인디언처럼 옥수수를 먹는다는 것이었다. 카를로스 황제는 이런 소문에 아랑곳하지 않았지만 그럼에도 어렴풋이 그런 비유럽화 현상은 정복자들에게는 어쩔 수 없는 일이라고 생각했다. 그러나 어쨌거나 '예수의 성찬인 역사적인 밀빵'을 먹는 그리스도인들이 훨씬 많았을 것이다. 그리하여 에스파냐 황제는 재무대신에게 밀을 심은 아메리카 정착민에게 장려금을 지급하라고 명했다. 이에 금화 3백 냥이라는 엄청난 액수의 장려금이 지급되었다. 그러나 막대한 장려금도 별 소용이 없었고 그 사실은 참으로 납득하기 힘들었다. 가르실라소 데 라 베가는 1547년 페루에도 밀은 있었지만 빵을 굽기에는 부족했다고 적고 있다. 현대인은 그 이유를 충분히 알고 있다. 경제적 압박이 미각적 거부감보다 더 컸을 것이다. 3개월만 재배하면 되는 데다, 쟁기나 소도 필요 없는 곡물에 에스파냐인들의 마음이 기우는 것은 어쩔 수 없었다. 훗날 북아메리카에서 영국 식민주의자들이 옥수수를 먹을 수밖에 없었던 것처럼 말이다.

아메리카에 아직 밀이 알려지지 않던 당시에 옥수수는 지중해 연안으로 훌쩍 뛰어 넘어왔다. 처음에는 에스파냐 배에 실려 왔지만 나중에 베네치아 상선이 옥수수를 실으면서 옥수수는 가축사료로만 쓰이는 곡물이 아니었다. 베네치아 공화국은 몇 세기 동안 전쟁과 기근으로 무수한 사람이 죽어간, 지중해 동부 연안의 민족들에게 전통적으로 먹었던 곡물에 섞어먹을 새로운 식량이 필요하다는 것을 알고 있었다. 그래서 베네치아는 크레타 섬에 옥수수 농장을 개간했으며 지중해 연안 전역에 옥수수를 팔았다. 심지어 자신들의 철천지원수인 투르크족에게도 팔았다. 투르크족은 옥수수를 몹시 좋아했다. 그들은, 알갱이가 꼭 의지 굳은 무슬림처럼 보이는 옥수수(겹겹이 싸인 옥수수 잎은 제대로 여민 터번 같았다)를 보기만 해도 흡족해했다. 그리하여 옥수수는 투르크족의 민족적 곡물이 되었다.

*　　*　　*

투르크족은 서유럽 민족들만큼이나 농사에 재주가 없었다. 마호메트가 유대교와 그리스도교의 성전(聖典)을 토대로 제3의 종교를 창시하려고 할 때, 이 성전에서 농사를 찬양하고 있다는 사실에 곤혹스러움을 느꼈다. 농사가 얼마나 힘든 일이던가! 어떻게 말과 낙타를 타고 다니며 살아온 아랍인들에게 그 고된 농사를 권할 수 있단 말인가? 그는 농사에 관한 구절은 일체 언급하지 않기로 했다. 이슬람교도는 다른 민족들처럼 발효시키지 않은 납작한 빵을 먹었지만 코란에는 넘실거리는 황금빛 곡식에 대한 언급이 전혀 없다. 오로지 갈색 사막과 푸른 오아시스, 폭풍, 모래, 우물, 목마름과 음료에 대한 것만 있다. 이런 것들이 이슬람교라는 종교적 풍경의 전경(前景)에 배치되어 있다. 코란의 각 장에는 '바람이 휘도는 모래언덕'이나 '흩날리는 바람' 등과 같은 표제가 붙어 있다. 이슬람 경전 어디에도 밀 줄기를 언급한 대목은 없다.

마호메트가 사랑한 것들은 이런 것들이었다.

> 콧김을 내뿜는 군마를 타고
> 부싯돌을 쳐서 불꽃을 피우며
> 동트는 새벽에 공격 대상을 물색한다.
> 그런 다음, 흙먼지를 일으키며
> 하나가 되어 적진을 향해 내달린다.

말, 보석, 철 따위는 천국에서 흔히 있는 것으로 '인류에게 강력한 힘을 제공하고 쓰임새가 많은' 것들이었다. 그러나 농사짓는 데는 별 소용 없는 것들이었다. 코란 주석가 아부 후라이라는 이런 일화를 들려주었다. 어느 날 마호메트 옆에 앉게 된 한 아랍인이 그에게 천국이 무엇이냐고 물었다. 마호메트는 독실한 신자들을 기다리고 있는 기쁨이 충만한 곳이요, 천막에서 만찬을 벌이며 사는 곳이며, 절세미인들이 있는 곳이라고 설명해 주었다. 무엇보다도 지상에서 가장 좋아했던 일을 계속할 수 있는 곳이라고 했다.

그러자 호기심 많은 이 무슬림이 "제가 곡물 심는 일을 간절히 바란다면 신께서 허락하실까요?" 하고 물었다.

마호메트는 깜짝 놀라며 이렇게 대답했다. "그러나 신은 이렇게 말씀하실 것이다. '네 소원이 모두 이루어지지 않았더냐? 무엇을 재배하고 싶은가?'"

"예, 모든 것이 이루어진다고 해도 제가 정말 하고 싶은 것은 농사입니다."

무슬림의 이 말에, 마호메트는 주저하지 않고 대답했다. "그렇다면 네가 땅을 일구어 씨앗을 뿌린 후에 눈 한번 깜박하면 자라고, 여문 뒤에 수확을 하면 태산처럼 쌓이는 곡물을 얻게 될 것이다."

이 일화는 참으로 허무맹랑하게 들리지만 그것은 진실이었다. 천국에서는 고단한 노동을 하지 않아도 되었다. 맹렬한 기세로 세상을 정복하기 위해 천막을 거두어야 하는 유목민에게, 농업은 경멸해야 할 대상이었다. 코란에는 농업에 대해 단 한 마디도 없지만, 칼리프 오마르(이슬람의 교주)는 농사를 금지하는 데 여념이 없었다. 아랍 전사들의 덕목은 피정복자들에게 경작을 위임하는 것이었다. 보습을 본 순간, 무함마

드 이븐 지야드*는 마호메트가 생전에 다음과 같은 예언을 했다고 밝혔다. "농기구는 미천한 자와 마찬가지로 무슬림의 집에 들어갈 수 없다." 아랍인들은 농사에 관심이 없음에도, '추수를 할 때만' 밭에 나타나는 낫을 매우 숭배했다. 자신들의 칼을 추수용 낫을 본떠 만들 정도였다.

아랍인이 농업을 알기 전부터 낫 모양에 친숙했던 것은, 낫이 밤에 빛을 발하지 않기 때문일까? 열대지방에 사는 부족은 밤에 이동했다. 낮에는 움직이기조차 힘들었기 때문이다. 게다가 전투를 하기에도, 기습 공격을 하기에도 낮보다 밤이 훨씬 유리했다. 그리하여 아랍인들은 '달의 아들'이 되었다. '별들의 목동에게 명하여 밤새 별들을 다스린' 달은 지상에서 활동하는 모든 사람들의 친구였다. 이들은 해보다 달을 많이 보면서 생활하므로, 깃발에 달을 수놓았는데, 그 중에서도 가장 상서로운 형상은 낫과 모양이 같은 초승달이었다.

투르크족이 콘스탄티노플을 점령했을 때 이들은 동로마제국에도 초승달이 있는 것을 보고 깜짝 놀랐다. 예로부터 그리스인들이 반달을 성스러운 농업의 상징으로 삼았던 것도 곡물이 낮보다는 밤에 훨씬 더 잘 자란다는 사실을 알고 있었기 때문이다. 데메테르 여신에게 추수할 때 쓰는 농기구를 선물하고 싶었던 대장장이 신 헤파이스토스는 궁리 끝에 대지와 달 사이의 깊은 우정을 상징하는 모양을 선택했는데 그것이 바로 낫이었다.

이슬람교도들은 이제 밭에서 낫을 휘둘렀다. 그들은 오랫동안 무슬림의 칼 모양으로 낫을 사용해왔다. 그런데 동로마제국 황제의 주화를 보고 그것이 추수의 상징이라는 것을 알게 되었다. 투르크족은 콘스탄

---

* Muhammad ibn ziyad: 마호메트가 죽은 후, 819년에 예멘의 자비드를 수도로 삼아 이슬람 국가를 창건한 인물.

티노플의 국고에서 얻은 주화로 적 베네치아 상인들에게 옥수수 씨앗을 샀다. 이 옥수수가 바로 마호메트가 순박한 아랍인 농부에게 설명해주었던 그 천국의 식물과 거의 같지 않았을까? '눈 깜빡할 사이에' 자라고, 재배하는 데 쟁기나 황소도 필요 없는 곡물인데다, '산더미처럼 낟가리가 쌓이지'는 않더라도 밀이나 보리에 비하면 훨씬 키가 컸으니 말이다. 더욱이 이모작을 할 수 있으니 금상첨화였다. 무슬림에게 옥수수는 구원자와 같았다. 독립국 시절에 위대한 농업 국가였던 페르시아처럼, 투르크족이 정복한 나라는 서유럽 못지않은 농기구 파동에 시달렸다. 이들의 쟁기는 땅을 일구기는커녕 살짝 표면만 긁을 수 있을 정도로 부실했다. 경작과 관개에 대한 오리엔트의 옛날 지식은 흔적도 없이 사라졌으니, 예언자 마호메트의 예언처럼 신의 영광은 오직 목동들 사이에서만 찾을 수 있었다. 그러니 이들 피정복자 농민들에게 옥수수는 굉장히 중요한 곡물이 되었다. 1574년 여행을 하던 독일인 레온하르트 라우볼프는 한때 지상 낙원이었던 유프라테스강 유역이 옥수수로 덮여 있는 것을 보았다.

*　　*　　*

옥수수는 얼마나 기가 막힌 나그네인가! 아즈텍족과 잉카족이 살던 자신의 고향에서 에스파냐 사람들과 함께 대서양을 건너 베네치아 상인들 손에 이리저리 팔리더니 급기야는 근동의 농지를 뒤덮었다. 그 다음부터 옥수수의 운명은 희극적으로 꼬이기 시작했다. 신문이 없었던 시절, 책이 오직 '학문적인' 문제만 다룰 뿐 실용적인 사실을 거의 기록하지 않았던 그 시절에, 옥수수의 기원은 역사 속에 묻히고 말았다. 요컨 대 옥수수가 아메리카에서 건너왔다는 사실이 까마득히 잊힌 것이다. 얼마 전까지만 해도 투르크족에게 팔았던 옥수수를 되사면서 이탈리아 사람들은 그것을 '투르크족의 옥수수'라고 불렀다. 훗날 거대한 옥수수 농장을 경영하게 된 세르비아나 헝가리 사람들도 옥수수의 원산지가 터키라고 생각했다. 1540년 무렵, 인문학자 루엘리우스는 옥수수의 기 원에 대해 이렇게 적었다. "이 식물은 우리 조상들이 페르시아에서 프랑 스로 들여왔다." 그는 옥수수를 메밀과 혼동했음에 틀림없다.

포르투갈 상인들은 1496년경에는 자바에서, 1516년에는 중국에서 옥 수수를 들여왔다. 이들은 '식민지 주민들의 곡물'로 사용하기 위해 구입 했으니, 벼농사와 승산 없는 싸움을 하게 될 운명에 처하게 되었다. 어 느 땅이든 여러 곡물을 동시에 재배하거나 윤작을 할 수 있다는 사실 은 인류가 누리는 최대 행운 중 하나이건만, 우둔하게도 모든 곡물은 단 일 재배라는 지위를 확보하기 위해 전력투구한다. 옥수수는 극동에서 는 대업을 이루지 못한 반면, 남동부 유럽에서는 가장 애용하는 식량으 로 당당하게 자리 잡았다. 그러나 이탈리아 본토에서 옥수수를 재배하 기 시작한 것은 그로부터 한참 뒤였다. 1630년경 이탈리아의 도시 벨누 노에 살았던 베네디또 미아리는 아주 우수한 품종을 재배하는 데 성공 했다. 이것을 토대로 루마니아 제후 칸타쿠제네는 도나우 강 저지대에 서 또다른 우수한 품종을 개발했고, 마침내 이 우량종은 이탈리아와 발 칸 반도에서 재배하는 모든 옥수수의 종자가 되었다.

17세기에 이르면서 옥수수는 남동부 유럽에서 일반 대중들의 식량으 로 확고하게 자리 잡았다. 이 새로운 곡물은 재배하기 쉽고 밀처럼 까탈스럽거나 인색하지도 않아 가난한 사람들의 배를 든든하게 채워주었다. 옥수수에 흠뻑 빠져든 사람들은 그리스도교도의 전통인 밀빵을 기꺼이 포기했다. 옥수수 가루는 다소 거칠어서, 일반적인 방법으로는 빵을 굽기가 힘들었다. 그리하여 폴렌타(polenta)라는 죽으로 끓여먹었다. 게다가 이 옥수수 죽은 다른 것들을 얼마든지 첨가할 수 있어서, 밀가루, 채소, 다른 재료들을 섞어 넣으면 아주 근사한 음식이 되었다.

그런데 이것이 치명적인 실수였다. 이들이 인디언들만큼 옥수수에 대해 잘 알았더라면, 옥수수 음식을 만드는 데 훨씬 조심했을 것이다. 멕시코인, 페루인, 아파치족, 이로쿼이족은 이탈리아 사람들처럼 옥수수 죽을 절대 그대로 먹지 않았다. 인디언들은 옥수수 죽을 끓인 다음 아주 조심스럽게 구워서, 팬케이크처럼 만들어 먹었다. 더욱이 이들은 옥수수만 먹는 법이 없었다. 해안에 사는 인디언은 물고기를 갈았다. 그리고 그것을 옥수수 가루와 섞어 팬케이크를 구웠다. 물고기가 없을 때에는 호박가루나 콩가루 또는 강낭콩 줄기를 태운 재를 섞었다. 그리고 거의 예외 없이 단 것이나 고춧가루를 넣었는데, 단풍 당밀이나 구운 열매를 첨가했다. 이런 요리 비결을 전혀 몰랐던 탓에 남부와 동부에 사는 유럽인들은 엄청난 불행을 겪었다.

*   *   *

1730년 카잘이라는 의사가 에스파냐 서북 지역에서 새로운 질병을 발견했다. 염증이 생기고 거칠어지면서 피부가 변하는 것이 첫 번째 증상이었다. 때문에 이 질병을 펠라그라(pella agra, 거친 피부) 혹은 말델라

로사(maldella rosa, 불그스름한 피부)라고 부르게 되었다. 두 번째 증상은 위와 장의 통증이었다. 병세가 악화되면 척수에 영향을 미쳐 심각한 신경질환을 유발하며 심지어는 환각을 일으키기도 했다. 카잘은 아스투리아스 지방 주민들로부터, 그 병이 수백 년 전부터 발병했지만 특별히 신경 쓰는 사람이 아무도 없다는 이야기를 들었다.

1755년 이 질병을 연구한 프랑스 의사 티에리는 피부 색깔의 변화에만 초점을 맞춘 결과 괴혈병과 나병의 합병증이라는 그릇된 결론을 내렸다. 1814년 이탈리아 의사 구에레스키는 귀가 번쩍할 만한 이론을 내놓았다. 그는 문득 중세의 맥각 중독이 이 질병의 증상과 흡사하다는 사실을 떠올렸던 것이다. 호밀의 맥각균이 맥각병을 유발시킨 것처럼, 맥각균과 관련이 깊은 균이 옥수수에서 자라 감염된 옥수수를 먹은 사람들에게서 펠라그라가 발병했을 가능성을 염두에 두고 연구를 진척시켰

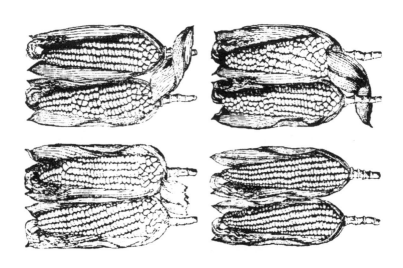

인디언들이 재배하던 4종의 옥수수(존 지에라드, 1597)

다. 말하자면 이 질병은 몇십 년 동안 떠돌다가 이탈리아에서 환자가 급증하면서 이탈리아 의사들의 관심을 끌었던 것이다. 브레시아의 의사 발라르디니는 구에레스키의 이론을 발전시켰다. 그는 옥수수는 덥고 건조한 지역에서 온 식물이라고 단정짓고 포강, 남부 티롤 지방, 도나우 강 연안, 발칸 반도와 같은 다습한 지역에서는 화학적 특성이 변하여 독성을 띤다고 주장했다. 요컨대 펠라그라는 만성 옥수수 중독증이라는 것이었다. 멕시코와 미국 남부처럼 건조한 지역은 옥수수를 재배하기에 적합한 반면, 습기가 많은 남부 유럽은 적합하지 않다고 결론지었다.

이탈리아에서 발생한 이 질병을 조사한 롬브로소는 이러한 주장을 뒷받침했다. 습지에서 자라는 옥수수는 프토마인(ptomaine), 즉 인체에 유해한 독성물질을 생성한다고 판단했다. 그는 이것을 펠라그로자인 (pellagrozein)이라고 명명했다. 다른 과학자들은 옥수수에 함유된 또다른 독성물질을 발견했다. 늪지대에 사는 소농들은 썩은 물을 마시고 모기에 물려 말라리아에 걸리고, 폴렌타를 먹고 펠라그라에 걸리기 일쑤였다. 그래서 이런 유명한 시가 나올 정도였다.

썩어 가는 옥수수 죽과
웅덩이 물로 사는 우리.
나리께서 몸소 농사 지으셔야겠소,
우린 더 이상 할 수 없으니.

옥수수가 썩는 것은 열악한 저장시설이 주된 원인이었음에도 옥수수는 이탈리아에서 재배하기에 위험한 곡물이라고 여기기 시작했다. 그러면서 '독성이 있는 곡물'에 모두가 등을 돌리기 시작했다. 프랑스 남부에서도 옥수수는 인간이 먹을 수 없는 것으로 간주되었다. 이런 현상은 급속히 파급되어, 밀은 옥수수에게 빼앗긴 지위를 탈환했다. 그로부터 몇 해 뒤, 미국 의사에게 문의한 워싱턴 주재 프랑스 대사 쥘르 쥐세랑이 다음과 같은 답신을 받음과 동시에 옥수수는 결정타를 맞았다.

옥수수의 한 해 평균 생산량이 6백만 퀸탈(6억 킬로그램)이지만 그중 인간의 식량으로 사용할 수 있는 양은 극히 적다는 것을 분명히 알려드립니다. 옥수수는 대부분 사료로 사용해야 합니다.

고대 아메리카문명의 생명줄이었던 이 음식은 끝내 프랭클린, 워싱턴, 링컨과 같은 미국 대통령의 식탁에는 오르지 못했다. 정녕 옥수수는 사료일 때만 환상적인 음식이었을까? 참으로 비극적인 퇴보가 아닐 수 없다!

오랫동안 옥수수에 대한 인식이 잘못되었다는 사실을 밝힌 사람은 비타민 발견으로 유명한 생화학자 풍크였다. 1882년 다카키가 오로지 밥만 먹던 일본 해군 병사들에게 과일과 채소를 혼합한 식사를 하게 하면서부터 각기병이 종적을 감추었다는 점에 착안한 풍크는 펠라그라 역시 일종의 결핍증인지도 모른다고 생각했다.

19세기말 동인도에 거주하던 두 명의 네덜란드 과학자는 원시적인 맷돌 대신 현대식 기계방아를 사용하는 지역에서 어김없이 각기병이 발생한다는 사실을 알아냈다. 쌀은 크게 외피와 내피, 즉 쌀겨층과 배젖층으로 이루어져 있다. 맷돌로 쌀을 갈 때는 쌀겨층이 부분적으로 남지만 기계 방아를 사용하면 쌀겨층이 완전히 제거되었다. 그 결과 반질반질 윤이 나는 백미를 얻었지만 중요한 영양소를 상실한 쌀을 먹은 사람들은 원인을 알 수 없는 질병에 시달렸다. 마침내 쌀의 중요한 영양가는 깎여져 나간 바로 그 부분에 함유되어 있다는 사실이 밝혀졌다. 풍크는 이들 니코틴산 결정체에 비타민이라는 이름을 붙였다. 이에 미국인들은 환호성을 올리며 필리핀에서 쌀을 도정하는 것을 금했다. 그로부터 몇 년 뒤 각기병은 말끔히 사라졌다.

펠라그라도 언젠가는 사라질 것이다. 이 질병의 원인이 천연의 옥수수에 있는 것이 아니라 진짜 영양가 있는 부분은 기계 방아로 깎아내고 영양소가 거의 없는 부분만 가루로 만든 데서 생긴 결핍증이기 때문이다. 옥수수 알갱이를 살펴보면 단단한 껍질 속에 배젖과 배가 있다. 옥수수 한 알에 함유된 지방이 43%인데 그중 29.6%의 지방이 배에 함유되어 있다. 다시 말해 옥수수에서 가장 영양가가 뛰어난 부분이 바로 이 배다. 따라서 이것이 깎여 나가면 비타민이 없어진다.

우연이라 하기엔 참으로 이상한 일들이 인간의 역사에서 꼬리를 물고 일어났다. 중세에는 기술 발달의 부진으로 인간이 돌가루 섞인 밀가루를 먹어야 했고, 산업혁명의 시대에는 반대로 눈부신 기술 발달로 인해 밀가루의 생명력을 깎아내 버렸으니 말이다. 옥수수는 결백했다. 에베레트가 쓴 글처럼, 옥수수는 여전히 인간의 친구였다.

캘리포니아의 금 한 덩어리를 땅에 묻는다 해도 이 세상이 끝날 때까지 그대로 있을 테니 그 땅은 죽은 땅과 다를 바 없다. 그러나 축복받은 금싸라기 같은 옥수수를 땅에 심어 보라! 참으로 신비롭구나. 며칠만 지나면 그 씨앗이 부드러워지고, 부풀어 오르고, 위로 솟구치니, 그것은 살아 있는 생명체이다. 본래 노랗지만 세상을 엿보는 에메랄드빛의 섬세하고 뾰족한 잎을 틔운다. 튼튼한 줄기를 밀어 올려 바람과 햇살을 만끽한다. 푸른 수염을 휘날리며 솔로몬보다 더 영광스러운 자태를 뽐내다가 거름으로 사기를 충전한 뒤 마침내 두세 개의 근사한 옥수수가 여물면 저마다 황금 같은 알갱이가 빽빽하게 박혀 있다. 알갱이마다 저를 낳아준 부모와 놀랄 만큼 똑같은 특성을 갖고 있다.

감자의 시대

1531년 페루에 도착한 에스파냐인들은 고원지대에서 광대한 채소밭을 발견했다. 그 밭에는 페루 원주민들이 온 정성을 쏟는 식물이 있었는데, 그것은 다섯 개의 꽃받침 위에 하양, 분홍, 연보라의 꽃을 피우는 식물이었다. 약간 모가 난 듯한 초록 줄기가 솟은 이 식물은 이상하게도 아주 듬성듬성 심어져 있었다. 더욱 이상한 것은 인디언들이 각 식물 주위에 흙을 수북하게 쌓아올린 것이었다. 그러면서 "최대한 많은 줄기가 흙과 결혼해야 하기 때문"이라고 에스파냐인에게 설명해 주었다. 이들 에스파냐인들에게 참으로 알 수 없는 것은, 흙이 줄기가 아닌 뿌리에 양분을 제공하는 데다가 뿌리가 땅 속에 묻혀 있었기 때문이다.

이 식물의 열매는 초록빛을 띤 과육 덩어리였다. 한 에스파냐인이 그 열매 하나를 입에 넣자 인디언이 부리나케 달려가 그의 손을 부여잡고 괴로워했다. 그러더니 땅바닥에 누워 사지를 쭉 뻗고 죽은 시늉을 했다. 열매를 씹은 사람에게 입에 있는 것을 뱉어내야 한다는 것을 알려주는 몸짓이었다. 열매에 독이 있기 때문이다! 에스파냐인들은 인디언들이 사냥할 때 화살촉에 독을 묻히며 물고기를 잡을 때도 독을 사용해서 기절시킨 다음 손으로 건져낸다고 믿고 있었다. 그러니 이들이 독성 식물을 재배한다고 지레짐작했을 법도 했다. 그러나 독성식물을 재배하기 위해 그토록 광대한 밭을 일군다는 것은 백 번 양보해도 터무니없어 보였다. 그것이 모두 독이었다면 인디언들은 아메리카에 온 에스파냐 원정군을 전멸시킬 수 있을 것이었다. 그것은 이 밭의 목적이 아님이 분명했다.

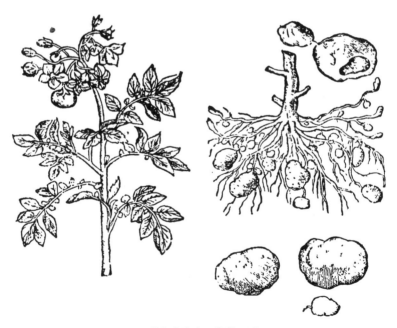

최초의 감자 스케치(1580)

그 다음 날이 되자 여자와 아이들이 몰려와 밭에 있던 식물을 모두 뽑아냈다. 백인 원정군들은 자기 눈으로 본 것을 믿을 수가 없었다. 순식간에 그 많던 식물들을 죽인 셈이니 그럴 만도 했다. 그런데 줄기 밑에는 동글동글한 것들이 달려 있었다. 마치 줄기에 거대한 종양이 자란 것 같았다. 이것이 바로 추수하는 사람들이 원하는 것이었다. 이처럼 푸르스름하게 부풀어 오른 줄기가 그들에게는 대단히 소중한 것처럼 보였다. 그것만 남겨두고 지상에서 자란 것들은 모두 불에 태워버렸으니 말이다.

"이것의 이름이 뭐지?" 그 볼품없는 둥근 것을 가리키며 에스파냐인이 물었다.

"파빠"라고 인디언이 대답했다.

"무엇에 쓰는 건데?"

그러자 인디언이 손으로 입을 가리켰다. 분명 독이 있을 것 같은 화려한 윗부분은 태워버리고 가장 볼썽사나운 부분을 식량으로 보관한다는 사실이 에스파냐 사람들에게는 참으로 황당하게 여겨졌다. 그런데 나중에 보니 그 이상하게 생긴 것을 얇게 썰거나 통째로 물에 삶아서 먹는 것이었다. 맛은 별로 없었지만 요기가 되기에는 충분했다. 요기가 되는 정도가 아니라 아주 배불렀을 것이다. 에스파냐 귀족들처럼 한 상 걸게 차린 음식을 즐겨 먹은 사람이라면 이 따위 덩이줄기쯤은 쳐다보지도 않았을 것이다. 더 이상 들어갈 곳이 없을 테니까.

이 '파빠(pappa)'가 바로 감자(potato)였다. 이 이름은 오해에서 비롯되었는데, 감자라는 단어는 바타타(batata), 즉 고구마에서 따온 말이다. 그러나 고구마는 메꽃과에 속하는 식물로서 인디언들이 '파빠'라고 부른

덩이줄기와는 근본적으로 다르다. 감자의 영어명은 에스파냐어 바타타(batata)에서 잘못 파생된 것이다. 이렇게 잘못된 명칭은 이탈리아어의 타르투폴리(Tartuffoli), 독일어의 카르토펠(Kartoffel)로 이어졌다. 프랑스인들은 한술 더 떠 이 덩이줄기를 폼므 드 테르(pomme de terre), 즉 땅에서 나는 사과라고 불렀다. 세르비아인들은 놀랍게도 자신들이 혐오하는 이 사람들의 말을 본떴다. '천벌 받을 독일인'이 감자를 그룬트비르네(Grundbirne), 즉 땅에서 나는 배라고 부른다는 것을 알게 된 그들은 별 다른 생각 없이 크룸피르(krumpir)라고 불렀다.

그러나 1540년에 프랑스와 유고슬라비아가 손에 넣기에는 덩이줄기가 너무 멀리 있었다. 오로지 안데스산맥의 고원지대에서만 알려진 식물이었다. 그런데 안데스산맥의 경작자들은 이 덩이줄기를 재배하는 데 있어서 달인이었다. 털이 덥수룩하게 자란 라마가 수확물(바구니에 가득 담긴 감자)을 농장까지 옮겨주면 경작자들은 희미한 달빛 아래 앉아 나직이 이야기를 나누며 다음번에 심을 표본을 골랐다. 이 이상한 식물은 씨앗이 아니라 덩이줄기로 존속하기 때문에 같은 종을 번식시키려면 신중하게 선택해야 했다. 이런 선별 작업의 목적은 어느 한 부분도 버릴 데 없이 전부 사용할 수 있는 감자를 얻는 데 있었다. 완벽한 감자 하나를 재배하기 위해서는 수백 년간의 경작 경험과 적지 않은 지식을 필요로 했다.

*   *   *

페루인들의 감자 재배술은 다른 나라에서 장미를 재배하는 것보다 훨썬 예술적이었다. 베릴은 페루의 감자 시장에 대해 흥미로운 기술을 하고 있다.

> 하양, 노랑, 분홍, 회색, 라벤더 색깔의 '살'을 가진 덩이줄기도 있고, 하양, 분홍, 빨강, 노랑, 갈색, 초록, 자주, 주황, 검정, 얼룩덜룩한 것, 여러 색깔의 줄무늬가 있는 껍질을 가진 덩이줄기도 있다. 모양과 크기가 갖가지인 감자는 토마토처럼 반들거리는 것도 있고 두꺼비처럼 울퉁불퉁한 것도 있다. 얼려야만 먹을 수 있는 감자가 있는가 하면 1미터 남짓한 식물에 나는 감자, 땅에 깔린 덩굴에 열리는 감자도 있다. 이것은 그 나라의 모든 기후 조건, 폭우가 쏟아지는 열대 지역, 관개 용수를 대는 모래사막 지대, 세찬 바람이 부는 돌투성이 고원, 그리고 황량한 안데스산맥의 고지대를 그대로 반영한다.

1540년, 에스파냐인들은 페루의 경작자들이 감자를 땅에 묻기 전에 예리한 돌칼로 '작업하는' 것을 보면서 어린아이의 머리를 수술하는 의사를 떠올렸을 법도 했다. 실제로 페루인들은 인간의 머리와 감자가 깊은 관련이 있다고 믿었다. 이들에게는 두개골 수술에 관한 탁월한 지식이 있었다. 이것은 곤봉이나 기타 타격용 무기를 사용하던 그들에게는 굉장히 중요한 지식이었다. 전쟁에서 가장 자주 당하는 부상은 뇌진탕이나 두개골이 깨지는 것이었다. 두개골이 깨지면 뇌가 굉장한 압력을 받기 십상인데 이런 압력을 줄이기 위해 페루 의사는 부상당한 두개골에 구멍을 내서 뇌 척수액이 빠져나오게 함으로써 뇌압이 정상으로 돌아오게 했다(유럽 의사들이 이러한 '두개골 천공술'을 알게 된 것은 이보다 한참 뒤의 일이었다). 두개골에 난 구멍은 뼈가 새로 형성되면서 잘 아물었다. 잉카족 무덤에서는 제대로 아문 구멍이 있는 두개골을 많이 볼 수 있다. 페루인이 두개골 수술 능력에 자부심을 가졌다는 것은 전혀 놀랄 일이 아니다. 인디언들에게는 인간 뇌의 특성을 변화시키는 이러한 행위가 식물 세계에도 영향을 미친다는 순박하고도 신비로운 믿음이 있었다. 감자는 인간의 머리와 닮았으므로 감자 절개에 성공할 때마다 새롭고 근사한 감자가 생긴다고 확신했다.

말할 것 없이, 에스파냐 정복자들은 이런 미신을 경멸했다. 이들이 페루에서 아무리 열심히 선교활동을 해도 마술적인 원시종교를 뿌리 뽑지는 못했다. 감자는 살아있는 생명체였고 인디언들은 돌을 숭배했으므로 좋은 작물이 나올 것을 믿으며 감자처럼 생긴 돌을 땅에 묻었다. 1621년에 아리아가라는 예수회 수도사는 '감자 어머니'라는 미신에 주목했다. 이들 '악소마마스(axo-mamas)', 즉 감자 두 개가 붙어있는 '쌍둥이 감자'는 다산에 대한 약속처럼 보였다. 함께 붙어서 자라는 감자가 발견되면 다른 식물들이 본받도록 밭 앞에 기둥을 세우고 그 감자를 걸어두었다.

당연히 에스파냐 성직자들은 이런 터무니없는 믿음을 비판했지만 헛수고였다. 오늘날에도 종종 볼리비아와 페루에서는 쌍둥이감자를 밭에 걸어둔다(대개는 십자가에 걸어두지만 말이다). 옛 신앙과 새로운 신앙을 합치면 훨씬 강한 효력을 발휘하기 때문이다!

에스파냐인들은 끝내 '우상 숭배의 근절'을 이루지 못했다. 유럽에서는 무어인과 유대인의 신앙을 근절시키는 데 성공했지만 광대한 아메리카 지역에서 할 수 있는 최선책은 원주민의 종교와 그리스도교를 통합하는 것이었다. 그리스도교가 예전보다 훨씬 더 이교도화된 셈이었다. 주목할 점은, 에스파냐인들이 유럽에 감자를 처음 가져갔을 때 '보이지 않는 땅 속 뿌리'인 인디언들의 미신이 소개되었다는 것이다. 인디언들이 한 번도 들어보지 못한 유럽에서 인디언의 신앙이 생겨났다. 예컨대 스웨덴 북유럽의 농민은 다산의 부적으로서 감자처럼 생긴 돌들을 감자밭에 놓아두었다. 그뿐 아니라 발칸 반도에 사는 사람들은 오늘날까지도 감자와 사람의 머리가 서로 관련이 있다고 믿는다. 이곳에는 한 가족이 처음 수확한 감자를 먹을 때 식탁에 앉아 있는 사람들끼리 서로 머리카락을 격렬하게 잡아당기는 풍습이 있다. 머리카락은 덩이줄기에 연결된 긴 뿌리를 상징하는 것으로 감자를 씹기 전에 얼마간 감자의 고통을 겪어야 한다는 의미를 지닌 행위였다. 이와 비슷한 예로, 그리스인은 씨알이 수난을 당하거나 땅에 묻히는 것을 애도해야 한다고 배웠다. 자연의 신들을 죽이기 전에는 반드시 위로해야만 했다. 언제나 부활하는 그들이 만약 위로를 받지 못하면 인간에게 저주를 내리기 때문이다.

*　　*　　*

감자는 언제 어떻게 유럽으로 왔을까? 인류 정치사의 숱한 날짜들(전쟁이나 평화조약의 날짜들)은 알면서 이것을 모른다는 사실은 이상한 일이다. 아일랜드, 프랑스, 프로이센의 장래를 결정한 중대한 사건이 일어난 날짜를 모르고 있는 것이다. 수천 년 동안 오직 정치사만이 기억해야 할 장엄한 일로 여겨졌다. 지난 150년 동안 교역의 역사 또한 중요하게 인식되어 왔다. 그러나 오늘에 이르기까지 인류의 역사가 곧 농업의 역사라는 사실을 알고 있는 사람은 거의 없다.

　그래서 감자를 실은 배가 에스파냐 항구에 처음 도착했을 때 야기되었을 엄청난 감격에 대한 기록이 하나도 없다. 당시에는 전 세계의 가난한 사람들, 특히 에스파냐의 가난한 사람들이 극심한 기아에 시달렸다. 80여 년 전, 무어인의 마지막 한 사람까지 이베리아 반도에서 쫓겨나자 이제 에스파냐의 경작지가 그 후유증에 시달렸다. 에스파냐에 있던 사라센인(서아시아 이슬람교도)은 지중해 동부 연안에 거주하던 아랍인이나 투르크족과는 달리 탁월한 농민이었다. 타고났다기보다는 기사와 학자들이 사라센제국을 다스린 덕분이었을 것이다(알하켐 같은 통치자는 소장 도서만도 60만 권이 넘었다). 고대 그리스나 로마의 훌륭한 고전들은 이미 아랍어로 번역되어 있었다. 그래서 고대의 학문을 현실적으로 응용할 수 있었다. 아랍의 여러 대학교에서는 콜루멜라, 크세노폰, 카토, 바로의 저술에 따라 농장은 어떠해야 하며, 현명하고 수익성 높은 농사를 지으려면 어떻게 해야 하는지를 가르쳤다. 이들은 고대의 학문에 자신들의 화학적 지식을 접목시켰다. 아랍인들은 사막 지역 출신이었다. 그런 만큼 문명과 경작에서 가장 먼저 갖추어야 할 전제조건이 물이라는 사실을 너무나 잘 알고 있었다. 윌리엄 프레스콧은 그라나다에 대해 이렇게 쓰고 있다. "이 천재들의 조직 밑에 경작지가 있었다. 아랍인들은 녹초가 될 정도로 심혈을 기울여 정성껏 경작했다. 이들은 관개가 더 잘 되도록 경작지에 흐르는 세닐 강물을 천 개의 수로에 고루 분배했다. 일년 내내 과실과 작물을 수확했으며 전혀 다른 풍토에서 자라는 농산물을 이곳에 이식하는 데도 성공했다."

　에스파냐의 그리스도교도들이 이슬람교도들인 무어인들의 농지를 차지했을 때, 무지했던 에스파냐인들은 관개수로가 붕괴되는 것을 방치했다. 그 결과 극심한 가뭄이 들었고, 얼마 후 '서쪽의 경작지'는 에스파냐 본국의 나머지 경작지처럼 되어 버렸다. 이를테면 돈키호테에 묘사된 풍경처럼, '어리석음과 가난 말고는 아무 것도 없는' 땅이 되었던 것이다. 귀족들은 오직 염소 목장으로 사용하기 위해 농지를 소유했고, 도시인들은 너무나 적대적이어서 농민들이 서서히 옥죄어 오는 농기구 부족 문제를 해결하는 데 전혀 도움을 주지 않았다.

그랬으니 아무것도 가진 것 없는 에스파냐 농민들이 쟁기도, 쟁기를 끌 가축도 필요 없는 곡물을 얼마나 열렬히 환영했겠는가!

최초로 감자에 대해 기록한 에스파냐 문헌은 1553년의 《페루 연대기》이다. 이 연대기를 쓴 시에카 데 레온은 일곱 차례나 감자를 언급하고 있다. 레온은 대서양 저편에서 감자가 어떤 역할을 했는지 잘 알고 있었다. 인디언들이 옥수수를 재배하긴 했지만 굶주림을 막아줄 수 있는 더 좋은 식량은 저장 감자라는 것을 알았다. "인디언들은 감자를 햇볕에 말려서 다음 수확기까지 보관해 둔다. 그들에게는 인공 관개시설이 없기 때문에 비가 오지 않을 경우 저장 감자가 없어 기근이 들게 될 것이다."

이런 환경에서 언급된 식량이 고상하게 취급될 리 만무했다. 이 식량은 수많은 사람들을 위한 것이었고 에스파냐인들은 그 사실을 단박에 알아챘다. 1573년에도 세비야 지방 시립병원에서는 정상적인 음식 재료의 일부로 감자를 대량 구입했다. 이런 감자는 수입한 것이 아니라 세비야 시 인근 지역에서 재배한 것이었다. 이런 사실을 볼 때 감자는 당시 병원에서는 감히 엄두도 내지 못할 '서양송로* 같은 귀한 음식이 결코 아니었다.

감자 재배는 에스파냐에서 서서히 이탈리아, 오스트리아, 네덜란드로 전파되었다. 스위스를 통해 프랑스에도 전해지긴 했지만 그뿐이었다. 감자에 대한 프랑스인들의 심리적 거부감이 아주 컸기 때문에 프랑스인들은 감자를 재배하지 않았다.

역사가들은 오랫동안 영국인이 이 덩이줄기를 미국에서 처음 도입했다고 믿어 왔다. 지금은 이보다 20년 먼저 에스파냐에 감자가 도입된 것으로 알고 있다. 그러나 1586년에 드레이크는 에스파냐 사람들은 전혀 몰랐던 대륙, 북아메리카에서 감자를 들여왔다.

영국과 에스파냐의 경쟁 관계에서 감자도 한몫을 했다. 엘리자베스 여왕과 측근들은 서쪽 나라에서 금과 은을 가득 싣고 오는 에스파냐 선적들을 시샘했다. 영국은 멕시코와 그 이남 지역을 공격하지 않았지만 (그럴 만한 국력이 없었다) 드넓은 신세계에서 이득을 취했다. 북아메리카가 그들을 유혹했던 것이다. 그곳에도 금은보석들이 있지 않을까, 아메리카 대륙은 전체가 약속의 땅, 전설적인 풍요의 땅이 아닐까 싶었다.

만약 영국인이 북아메리카 인디언들의 문화를 고려했다면 이런 미혹에 빠지지는 않았을 것이다. 그곳은 인구 밀도가 아주 낮은 아즈텍 문명과는 달랐을 뿐만 아니라 페루와 같이 은광이 있는 것도 아니었기 때문이다. 북아메리카에는 사냥꾼과 어부들이 사는 광대한 삼림과 드넓은 바다뿐이었다. 그럼에도 길버트, 롤리 그리고 드레이크는 북아메리카로 향했다. 에스파냐 함대를 약탈할 해적 주둔지를 마련하기 위해, 다른 한편으로는 그곳에 있는 풍부한 자원을 채취하여 영국으로 가져가

---

* 땅속에서 나는 식용 버섯으로 예로부터 서유럽에서는 진귀한 음식으로 알려져 있다.

기 위해서였다. 롤리는 바로 이런 꿈 때문에 죽었다. 인문학자요, 시인이요, 물불을 안 가릴 정도로 저돌적이고 정치적 수완이 뛰어난 모사꾼이기도 했던 그는 엘리자베스 사후의 혼란스러운 정국에 휩쓸렸고 끝내는 스튜어트 왕가에게 사형을 당했다(영국이 자국의 가장 탁월한 제국주의자를 참수했다는 사실에 에스파냐인들은 마냥 기뻐했다).

1584년, 해안 지대를 점령한 롤리는 처녀여왕(엘리자베스 1세)을 기리기 위해 그곳을 버지니아(Virginia)라고 명명했다. 그러나 롤리가 그곳에 정착시킨 108명은 생계를 꾸리지 못했다. 10개월 뒤, 드레이크가 그들을 영국으로 데려갔다. 그들은 영국으로 돌아가면서 감자를 가져갔다. 그들은 직접 미국 땅에 감자를 심었거나, 버지니아 인근을 순항하는 에스파냐 배에서 감자를 얻었던 것이다. 어느 경우든 감자를 처음 보고 처음 먹은 영국인은 롤리의 부하들이었을 것이다. 달리 줄 선물이 없었던 그들은 자신들이 가져온 식물을 런던식물원에 주었다. 식물학자 존 제라드는 1596년에 이를 언급하고 있다. 그러나 그로부터 서너 해도 지나지 않아 런던 사람들은 더 이상 감자를 희귀한 식물로 여기지 않았다. 그냥 먹어도 좋은 식물이었다. 번식력이 강하고 재배가 쉬웠을 뿐만 아니라 배불리 먹을 수 있고 가정에서 재배할 수 있는 식물이었던 것이다.

*　　*　　*

어느 날 런던 글로브 극장의 관객들은 이런 외침을 들었다. "하늘이시여 감자 비나 내려주소서." 때는 1596년이었다. 셰익스피어의 희곡《윈저의 즐거운 아낙네들》에서 폴스타프가 외치는 소리였다. 우리는 상사병을 앓는 배불뚝이 존 경이 약속을 지키기 위해 무대에서 돌진하는 모습을 보게 된다. 그는 극도의 성적 호기심으로 가득 차 있다. 요정들이 한 자리에 모인 봄날 밤이면 그는 수사슴으로 변장하여 이렇게 외친다. "성난 폭풍우여 오라. 나는 여기 피신할 것이니," 하늘에서 감자 비가 내린다고 해도.

당시 런던의 서민들이나 예술가들은 감자에 대해 익히 잘 알고 있었음이 틀림없다. 셰익스피어는 온실에서나 재배되는 진귀한 식물을 소재로 삼는 극작가가 아니었다. 희곡에서의 익살이란 화자와 관객 사이에 일어나는 즉흥적인 의사소통이 중요한 만큼 무언가를 새롭게 조명하거나 전혀 다른 방식으로 표현하려 할 때 대중적인 소재를 선택해야 했다.

그러나 위대한 작가의 익살은 단순히 웃는 것만을 목표로 하지 않는다. 관객이 웃었다는 것은 곧 성서와 유사한 내용을 담고 있는 그 연극을 비웃은 것이다. 그렇다면 '하늘에서 내리는 비'는 무슨 의미인가? 구약성서 〈출애굽기〉 16장에서 하느님은 굶주리고 있는 이스라엘 백성을 위해 하늘에서 만나를 비처럼 내리게 했다. "맺혀 있던 이슬이 사라지거든 땅 위에 내린 하얀 서릿발처럼 황야에 있는 작고 둥근 것들을 보아라." 이것은 유대인이 광야에서 발견한 돌처럼 커다란 감자를 작고 맛있는 만나에 비유한 셰익스피어의 해학이었다. 성서에 따르면, 만나는 광야에서 40일을 지낸 유대인들의 빵이었다. 마찬가지로 감자는 일반 서민들에게 빵의 대용품이었으며, 셰익스피어가 익살스럽게 묘사하기 전부터 감자는 일부 식민지에서만 자라는 진귀한 식량이라고 여겨지지 않았을 것이다.

그로부터 엘리자베스 여왕 치하의 런던 사람들은 밀가루에 감자가루를 섞어 빵을 만들었던 것 같다. 꼭 그럴 필요가 있었을까? 윌리엄 해리슨이 쓴 《영국에 대하여》를 보면 밀이 부족할 때는 콩, 완두, 귀리, 도토리를 섞었음을 알 수 있다. 이 책에는 감자가루가 언급되어 있지 않는데, 그것은 아마도 이 책이 감자가 아직 알려지지 않은 1577년도에 출판되었기 때문일 것이다. 1590년대에는 이미 감자가루가 빵 재료로 쓰였을 가능성이 높다. 몇 년간 대풍년(밀을 프랑스에 수출할 정도로)이 계속되다가 1596년 늦여름에 느닷없이 영국에 기근이 들었다. 해외에서 곡물을 수입했으며, '전(全) 러시아의 왕이자 대공'인 데오도르 이바노비치는 영국에 곡물을 보내라는 명령을 내렸다. 당시의 고통은 셰익스피어가 극중 인물 폴스타프에게 감자를 '만나'라고 말하게 할 만큼 너무나 끔찍했음에 틀림없다. 로버트 세실 경은 1597년 7월 11일에 다음과 같은 내용의 편지를 받았다.

목요일, 뉴캐슬에서는 호밀 한 사발이 32실링에 팔렸는데 그나마도 만약 하느님의 섭리로 네덜란드인들이 그 다음 금요일까지 곡물을 가지고 오지 않을 때는 20일 동안 많은 사람들이 빵을 먹지 못해서, 믿을 만한 소식통에 의하면, 거리며 밭에서 숱한 사람들이 굶어 죽어간다고 합니다.

이처럼 궁핍한 상황에서 감자가루는 분명 열렬히 환영받았을 것이다. 그로부터 50년 뒤, 영국인 의사 토마스 베너는 〈장수에 이르는 올바른 생활〉이라는 논문에서 다소 살이 찌기는 하지만 식사로 적합하고 큰 포만감을 주기 때문에 감자는 사람들에게 훌륭한 음식이었다고 밝혔다.

또한 1664년에 존 포스터는 〈감자의 대량 재배로 증가한 영국의 행복〉에서 감자 재배는 서인도 제도에서 시작되었지만 모든 아일랜드 사람들이 이미 감자로 생계를 유지하고 있다고 썼다. 그는 영국 농민에게 아일랜드 사람들을 본받을 것을 권했다.

*　　*　　*

아일랜드에서 감자를 재배했고 그것이 실제로 아일랜드 경제에 큰 도움이 되었다는 사실이 영국인들에게는 그다지 탐탁치 않았다. 영국인은 종교적으로나 정치적으로 자국과 달라서 끊임없이 전쟁을 일으키는 아일랜드인들을 영원한 골칫거리라며 증오했기 때문이다. 또한 가난한 민족이라는 사실 때문에 영국인은 아일랜드인을 더더욱 눈엣가시처럼 여겼다. 곡물 경쟁에서, 가장 좋아하는 곡물을 권장하는 나라의 빈부는 대단히 중요한 요소로 작용한다. 만약 한 나라의 생활수준이 낮으면 그 나라가 제안하는 곡물도 그만큼 천대받게 된다. 음식에 대한 기호 역시 패션과 마찬가지로 언제나 귀족들을 본받는다.

17세기의 영국에서 감자는 '가난한 사람들을 위한' 것이며, 특히 가축 사료라는 편견이 강했다. 그러나 편견 이외의 다른 이유가 있었을지도 모른다. 에스파냐, 포르투갈, 네덜란드가 새로운 대륙을 발견하기 위해 항해에 나섰던 것은 금뿐만 아니라 향신료를 얻기 위해서였다. 예를 들어 네덜란드는 동인도를 점령함으로써 세계 최대의 향신료 부국이 되었다.

"감자 농사는 망했어." 필라델피아의 기근

말레이군도에 처음 온 유럽인들은 정향(丁香)만 약탈해 간 것이 아니었다. 정향 냄새를 맡은 그들의 코는 탐욕으로 부풀어올랐다. 에스파냐인들이 '황금의 섬'을 찾아 서쪽으로 항해했듯이, 포르투갈인들 또한 '향신료의 섬'을 향해 동쪽으로 항해했던 것이다. 황금과 향신료의 가치는 거의 같았다. 후추를 금으로 바꿀 수 있었으며 말루쿠 제도에서 파는 육두구*는 다른 곳에서 스무 배 더 높은 가격으로 팔 수 있었다.

향신료의 대거 수입으로 서유럽 부국의 국민들은 자극성이 약한 음식에는 입맛을 거의 느끼지 못했다. 프렌티스는 자신의 저술 《기아와 역사》에서 토마스 무페트라는 17세기의 의사가 "멜론, 배, 사과는 밍밍해서 아무런 맛이 없다"고 쓴 글을 인용하고 있다. 가난해서 값비싼 후추를 살 여유가 없었던 아일랜드 국민이 왜 밍밍한 감자를 좋아했는지 이해할 만하다. 향신료에 맛을 들인 영국인들은 감자에 대한 구미를 상실한 반면, 궁핍한 아일랜드에서는 국가의 운명이 감자에 달려 있었다. 실제로 몇백 년에 걸쳐 에메랄드 섬(아일랜드)의 인구와 땅 속에 있는 덩이줄기의 수 사이에는 밀접한 상관관계가 있었다. 농부는 밭에서, 그 아내는 채마밭에서 일하고 감자의 수확이 그에 따라주는 한, 아일랜드 국민들은 생계를 꾸리면서 영국과의 '합법적 내전'을 전개할 수 있었다. 롤리의 시대부터 19세기에 이르기까지 2백여 년 동안 아일랜드인은 대대로 감자를 경작했다. 그러나 19세기에 들어서면서 감자가 처음으로 아일랜드인들을 배신했고, 그 결과는 지금도 생생하게 기억되는 재앙이 되었다.

* 살구씨와 비슷하게 생긴 열매로 건위제, 강장제, 향미료 등에 쓰인다.

1822년, 아일랜드에 흉년이 들어 사람들이 기아에 시달렸다. 새로운 적, 감자역병이 갑자기 아일랜드를 덮쳤던 것이다. 그것은 흰가루병*처럼 원인을 알 수 없는 병이었다. 굿리치 같은 식물학자는 씨앗을 통한 종자 번식이 아니라 덩이줄기를 이용한 무성생식(無性生殖)을 하는 감자가 수백 년 동안 학대받은 나머지, 생명력이 약화돼 질병에 대한 저항력을 상실했기 때문이라고 주장했다. 이에 대한 과학적인 논박이 있었지만 당시의 농민들에게는 아무런 도움이 되지 않았다. 감자역병은 급기야 아일랜드의 국경선을 너머, 벨기에, 네덜란드, 독일, 도나우강을 거쳐 헝가리까지 퍼져나갔다. 그러나 며칠 만에 풍성한 작물이 썩은 식물 더미로 변한 곳은 오직 아일랜드뿐이었다. 아일랜드의 어느 한 지역도 무사하지 못했다. 1846년 7월 27일, 매슈 신부가 코크 지방에서 말을 타고 더블린 지방까지 갔다. 8월 3일, 되돌아오는 길에 신부는 얼마 전에 보았던 바로 그곳이 썩어 가는 식물로 뒤덮인 것을 보았다. 그곳 주민들은 썩어 가는 밭의 울타리에 앉아 탄식하며 울부짖고 있었다. 그들은 이제 죽을 수밖에 없다는 사실에 두려워했으니, 아무 것도 심을 것이 없었기 때문이다.

영국은 즉각 조처를 취했다. 런던에 있는 식민지 총독부에서는 10만 파운드에 상당하는 옥수수를 아일랜드에 보냈다. 그러나 아일랜드 주민들은 이러한 로버트 필의 선심에 대해 회의적인 반응을 보였다. "우리가 총독이 보낸 유황을 먹어야 할까?" 많은 아일랜드 사람들은 영국인들이 자신들을 독살하려 한다고 생각했던 것이다. 이미 세간에서는 옥수수를 먹으면 까맣게 변한다는 풍문이 돌았다. 그러나 배고픔을 견디지

---

* mildew: 식물의 잎이나 줄기에 흰가루 같은 반점이 생기는 병, 백분병이라고도 한다.

못한 사람들은 옥수수를 먹을 수밖에 없었다.

아일랜드의 거대한 토지에 신속하게 귀리나 호밀을 심는 대신, 영국의 식민지 총독부에서는 당장 필요한 것만 채워주려 했고, 그에 따라 막대한 양의 옥수수를 해외에서 수입했다. 배급 담당관들만 해도 무려 70만 명이나 되었다. 아일랜드에는 옥수수를 빻을 제분소만 부족했던 것이 아니라, 조리용 그릇도 별로 없었기 때문에, 엄청난 양의 놋그릇을 증기선이나 돛단배로 영국에서 수송해 왔다.

그래도 아무 소용이 없었다. 기근은 계속되었으며 설상가상으로 유행성 감기까지 덮쳤다. 그로부터 5년 동안 아일랜드 전체 인구의 5분의 1인 약 50만 명이 목숨을 잃었다.

그때 아일랜드 사상 최초로 농지보다 생명이 더 중요하다는 의식, 즉 도망치려는 집단충동이 일어났다. 기근이 든 첫 해에 3만 명이 작은 농장을 포기했으며 이민자 수가 급증했다. 1847년, 10개월 동안 궁지에 몰려 있던 아일랜드인 25만 명이 리버풀에 상륙했다. 이들 가운데 절반은 곧바로 다시 배를 타고, 몇 세기 전에 감자가 실려 왔던 그 뱃길을 거슬러 올라갔다. 북아메리카로 떠난 것이다. 그들은 병들고, 가진 것 하나 없는 가난뱅이들이었다. 한때 농민이었던 수백 명의 사람들이 대서양을 횡단하는 선박의 3등 선실에서 북적거렸다. 그들 대부분은 뱃삯조차 내기 힘들었다. 처음에는 항해 도중 일가족이 굶어죽기도 했다. 이때는 선박회사에서 승객들에게 음식을 제공할 의무가 없었다.

이윽고 배에서 내린 그들은 주위를 둘러보았다. 이들 아일랜드 사람들은 조국의 땅만이 아니라 땅이란 땅은 모두 믿지 않았다. 그들은 주인 없는 땅을 찾아 서부로 간 독일인들과는 달랐다. 뉴욕, 뉴저지, 일리노이, 펜실베이니아에 정착한 아일랜드 사람들은 도시인이 되었다. 이들에게는 농기구를 마련할 돈도 없었을뿐더러 기다리고 싶은 생각도 없었다. 그들은 주어진 일은 무엇이든 닥치는 대로 해야 했다. 그 결과 엄청난 변화가 일어났다. 불과 서너 해 만에 미국에 온 아일랜드 사람들은 유럽에서 살던 아일랜드인의 모습에서 완전히 탈피했던 것이다. 도로나 철로에서 일하는 사람이 있는가 하면, 상인이 된 사람도 있었다. 1850년 무렵 미국 거주자 2,500만 명 중에서 4백만 명이 아일랜드인들의 후손이었다. 그리고 이민은 더욱 증가했다. 몹시 아끼던 식물에게 배신당하고 기근과 절망에 고통받던 아일랜드 사람들이 조국을 등지고 미국으로 건너왔다. 그들의 얼굴에는 불행이 고스란히 드러나 있었다. 이미 정착해 있던 영국계 미국인들이 보이는 적대감 때문에 기근에 찌들어 핏기 하나 없는 아일랜드 이주민들은 동포에 대한 유대감이 깊어졌다. 그들은 서로 뭉쳤다. 아일랜드인들이 거주하는 곳이면 모두 정치세력의 중심지가 되었다.

고향에 대한 향수, 파란 하늘과 푸른 초원으로 뒤덮인 섬, 초가집, 저녁 식사가 담긴 사발, 이 모든 기억은 결코 사라지지 않았다. 빵은 없었지만 푸짐하게 삶은 감자에서 피어오르는 향긋한 김이 얼굴에 서렸다. 그러나 이젠 가버린 시절이었다. 아일랜드인들은 오랫동안 미국인들의 옥수수 빵을 먹었다(물론 까맣게 변하지 않았다). 그러나 옥수수 빵에는 감자밭에 서려 있던 씁쓸하면서도 촉촉하고 상큼한 향이 없었다.

그래서 아일랜드인들은 옛날에 마음을 달래주던 독한 감자 술을 떠올렸을지도 모른다. 그 결과 아일랜드인들은 미국에서 가장 유력한 주류업자가 되었으며, 살롱을 운영하는 사람들 대부분이 아일랜드인들이었다. 살롱은 정치활동의 중심지였다. 예컨대 세계 최대의 이민 도시였던 뉴욕의 경우 1934년에 이탈리아계 미국인 라 구아르디아가 아일랜드인들이 장악하고 있던 태머니 홀*의 영향력을 차단할 때까지 30년 동안 대부분의 시정을 좌지우지했다.

이렇듯 먼 나라에서 일어난 감자 기근은 수많은 미국 도시들의 인구 수와 정치적 면모를 바꾸어 놓음으로써 현대 미국 역사에 결정적인 영향을 미쳤다. 이와 비슷한 사건은 지금도 언제든지 일어날 가능성이 있다. 그렇기 때문에 국가의 역사는 크게 농업의 역사이며 사람은 진정 '식량의 영역' 안에서 살아간다는 사실을 잊지 말아야 한다.

스쿼토**와 올리버 에반스***

콜럼버스는 여행가, 외교관, 학자로서 아메리카 해안에 첫발을 디뎠다. 교활한 페르디난도 코르테스와 함께 위대한 제국을 정복한 피사로 형제는 너무나 잔혹하게 목표를 달성했다. 버지니아에 있는 월터 롤리 경 휘하의 영국 원정군 대장들은 오로지 에스파냐인들만 흉내 내면 되었다. 또한 이들은 마드리드보다 런던이 세계의 중심이라고 굳게 믿고, 전통적인 방식으로 새로운 제국을 창설하는 데만 몰두했다. 그러나 진

---

* Tammany Hall: 1800년경부터 1930년대까지 뉴욕 시정을 지배한 정치 기구로, 이후 태머니 홀은 부패정치의 특징인 보스 정치와 독직의 대명사가 되었다.
** Squanto: 1622년에 사망. 메사추세츠 주의 영국 식민주의자들이 농업 기술을 개발하는 데도 도움을 주고, 북미 인디언 왕파노아그족(Wampanoag)과 식민주의자들 간의 통역자로 활동한 인물.
*** Oliver Evans: 1755-1819년. 미국 델라웨어 주 뉴포트에서 태어난 발명가. 에반스가 발명한 고압 증기 기관은 19세기 초 미국의 산업화에 커다란 영향을 미쳤다.

정한 의미에서의 미국의 창건자들, 즉 필그림 파더스가 1620년 12월 21일 플리머스에 상륙했을 때 이들이 믿은 것은 무엇이었던가?

하느님이었다.

그들이 조국 땅 영국을(수많은 나라 중에서 가장 좋은 나라로 보였던) 떠나온 것은 자기 방식대로 하느님을 섬기고 싶었기 때문이다. 그들은 영국이 로마 가톨릭교회에서 이탈한 것은 타협일 뿐이라고 믿었다. 사실 영국에서 교황은 축출되었지만 가톨릭교회의 제단과 의식은 그대로 남아 있었다. 제임스 1세가 즉위하면서 영국 국교회를 믿지 않는 사람들은 나라를 떠나야 한다고 선언했을 때, 수백 명의 사람들은 그 진의를 헤아리기보다는 국왕의 선언을 액면 그대로 받아들였다. 1608년 이들 분리파들은 유럽에서 신앙의 자유를 인정한 유일한 나라 네덜란드로 이민했다.

그러나 그들은 계속 네덜란드에 거주하지 않았다. 종교에는 관용을 베풀었지만 극단적인 국수주의가 판을 쳤기 때문이다. 네덜란드인들은 모든 활동에서 길드의 통제를 받는 상인들이었기 때문에 네덜란드에서는 자국민들만 일을 할 수 있었다. 이민자들에게 개방된 곳은 오직 섬유산업계뿐이었는데, 평생 농사만 짓고 살아온 그들은 이내 영국에서는 직물 짜기나 재단보다 훨씬 많은 것이 요구된다는 사실을 깨달았다. 네덜란드에서는 양조장에 취업하는 데도 전문적인 능력이 필요했다. 네덜란드의 장인들은 여러 세대에 걸쳐 농사를 짓지 않았으며 사실 그럴 필요도 없었다. 그들은 러시아인들에게 피륙을 팔고, 대신 배에 곡물을 싣고 왔던 것이다. 영국 농민들은 네덜란드 토박이들과의 경쟁에서 이기기 힘들었다. 그들은 새로운 직업을 익히지 못했으며, 네덜란드어를 배우는 것도 몹시 어려웠다. 12년 뒤 너무나 낙담한 이들은 산업도시보다는 차라리 미개척지에서 살겠다는 결심을 하기에 이르렀다.

게다가 그들의 마음속에서는 성 베드로의 말이 울려 퍼졌다. "주께서 이르시길, 그들에게서 나와, 따로 있어야 하며, 더러운 것을 만져서는 안 된다고 하셨다." 두려움에 사로잡힌 그들은 런던과, 버지니아의 무역회사에 편지를 보냈다. 그리고 미국은 광대한 땅이고 또 제임스 국왕이 그토록 멀리 있는 백성의 종교까지 통제하려고 하지 않는다는 사실을 알게 되었다. 더 많은 정착민을 모으는 데 혈안이 되어 있던 버지니아 컴퍼니사(社)는 그들을 돕기로 합의했다. 신분을 보장해주고 메이플라워호를 출항시키기로 했던 것이다.

오늘날 여름 캠프를 준비하는 소년들도 당시의 청교도인들보다는 훨씬 나았을 것이다. 그들이 처음에 발견한 미국은 절대 버지니아가 아니었다. 메이플라워호의 항로 안내인은 그들을 남부가 아니라 북부로 안내했다. 그들은 땅에 대한 소유권이나 정부를 수립할 힘도 없는, 다시 말해 '특허권도 헌장도 없는' 단순한 합법적 모험가들에 불과했다. 한없이 순수하기만 했던 그들은 버지니아 식민지와는 아무런 관계도 없는 자신들만의 정부를 세웠다. 애덤스는 이런 해결 방식이 지극히 영국적이었으며, 에스파냐인이었다면 그런 모험은 하지 않았을 것이라고 적고 있다. 이런 태도는 미국인의 특징이 되었다. 앵글로색슨계 사람들은 모두 주머니에 독립헌장을 넣고 다닐 정도였다.

독실하고 순진무구했던 그들이 북아메리카에 상륙한 때는 한겨울이었다. 맨 처음 그들은 사냥과 어로로 생계를 유지해야 한다는 사실을 깨달았다. 그러나 막상 육지에 오른 그들은 서로 얼굴만 쳐다볼 뿐, 누구도 물고기나 야생동물 한 마리 잡아본 적이 없었다. 어떤 사람이 칠면조로 보이는 커다란 새를 총으로 잡았지만 그것이 독수리여서 먹지 못할 것이라고 생각했다. 밤마다 짐승들이 울부짖는 소리가 들렸는데, 그들은 사자가 포효하는 소리로 착각했다. 네덜란드나 영국에는 사자가 없지만 미국에는 당연히 사자가 있을 것이라고 믿었던 것이다. 그들은 찾아간 곳의 환경에 대해서는 전혀 준비가 없었고, 오직 훌륭한 헌법, 서로에 대한 충성심, 사리, 인내, 절제, 숭고한 종교적 이상에 대한 헌신만 갖추고 있었다. 말하자면 그들은 도덕적 가치관 말고는 아무 것도 가진 게 없었다.

그들이 배에 싣고 온 것은 대부분 육중한 무기와 대포였다. 그러나 대포를 다룰 줄 아는 사람은 오직 스탠디쉬뿐이었다. 그들은 가시덤불을 헤쳤으나 갑옷을 입어, 몸을 가누지 못하고 넘어지기 일쑤였다. 그런 상황에서 적개심을 품은 인디언을 만나지 않은 것은 그야말로 천우신조였다. 이들 청교도들에게는 황소, 젖소, 염소, 돼지는커녕 쟁기조차도 없었다. 가진 것이라곤 텃밭을 일굴 간단한 농기구와 양파, 콩, 완두 종자가 담긴 궤짝 몇 개가 전부였다. 이들 모두 영국의 농부였다는 사실을 감안하면, 이런 사실은 이해하기 힘들어 보인다. 그러나 분명한 것은 그들이 운명의 장난에 걸려들었다는 사실이다. 네덜란드를 떠난 것은 그곳의 산업계에서 도망친 것이나 다름없었다. 그러나 그들은 자신도 모르는 사이에 네덜란드인의 습성에 익숙해져 교역을 생계수단으로 여기게 되었다. 그들은 인디언들과 함께 모피 장사를 하여 영국에 모피를 보내고 양식을 구할 작정을 했다. 그러나 당시에 영국은 그들이 있는 곳이 어딘지조차 몰랐다! 이윽고 그들은 굶주리기 시작했다. 필그림 파더스에 대한 일화를 적은 수많은 작가 중 한 사람인 어셔는 《청교도와 그들의 역사》에서 이렇게 쓰고 있다.

사냥감이 많은 육지, 물고기가 그득한 바다, 가재와 게, 뱀장어와 굴로 수놓아진 해안, 먹을 수 있는 야생 열매가 수없이 많은 숲과 들에서 청교도들이 굶다니, 어떻게 그럴 수 있을까? 어쩌면 혹자는 그들이 조개나 사냥한 짐승을 먹으면서도 스스로 굶고 있다고 생각하며 그 놀라움을 그렇게 표현했는지도 모른다고 할 것이다. 어떤 사람들은 그들이 물고기도 제대로 낚지 못하고 짐승 한 마리 잡지 못했던 것이 사실이며, 바다에 그득한 대구나 큰 물고기를 잡을 만큼 튼튼한 그물도, 뉴잉글랜드의 바다에 넘쳐나는 물고기를 잡을 만한 작은 낚시 바늘도 없었기 때문이라고 주장한다. 어부의 나라에서 사냥과 낚시의 나라로 온 그들은 짐승 한 마리 잡을 능력도, 물고기 한 마리 낚을 능력도 갖추지 못했던 것 같다.

이 식량의 낙원에서 청교도들은 갑자기 빵에 대한 간절함을 억누를 수 없었다. 그들이 원한 것은 빵, 오직 빵이었다. 어느 누구도 주지 않는 빵! 필그림 파더스는 영국인이었고, 영국인은 수천 년 동안 빵을 주식으로 삼았던 지중해 문화의 상속자이자 이집트인과 로마인의 상속자였다. 유럽 음식의 3분의 2는 빵이었다. 수십 년 전에 버지니아에 정착한 청교도들은 빵을 얻을 수 있었다. 그러나 그곳은 아니었다. 그리하여 그들은 죽음을 면치 못할 것이라고 생각했다. 그때 청교도들의 지도자 브래드포드는 주일 설교에서 〈출애굽기〉의 다음과 같은 구절을 인용함으로써 엄중하게 타일렀다. "인간은 빵으로 사는 것이 아니라 하느님의 입에서 나온 말씀으로 사느니라." 그러나 그들은 광야에 있는 유대인들처럼 절실하게 빵을 원했다. 그러던 어느 날 그것이 갑자기 나타났다. 하느님의 섭리로 저장해 두었던 빵이 이들 굶주린 그리스도교도들에게 구원의 손길을 내밀었던 것이다.

청교도의 언어를 얼마간 배운 (아마도 영국인 어부에게서) 아주 똑똑한 인디언 스퀀토가 옥수수 심는 법을 가르쳐주었다. 청교도들은 그 전에 땅에 묻혀 있던 거대한 양의 옥수수를 우연히 발견했었다. 그곳에 살고 있던 어느 인디언 부족이 이주하면서 깜박 잊고 미처 챙기지 못한 것일까? 아니면 전염병에 걸려 그 부족이 전멸한 것일까? 이 사건 뒤에 숨어 있는 음울한 이야기는 미국의 광활한 삼림지대만큼이나 알지 못할 수수께끼로 남아 있다. 청교도들은 하느님이 주신 그 선물을 받아들였으며, 당시 이미 노인이었던 스퀀토는 그로부터 2년을(옥수수 경작법을 알려주고도 남을 만큼 충분한 시간인) 더 살았다. 우리는 훗날 롱펠로우가 노래한 아래의 시를 보면서 옥수수신 몬다민의 말을 전하는 스퀀토를 상상해 볼 수 있다.

네가 나를 꼼짝 못하게 정복하려면,
비가 내리고
햇볕이 나를 따뜻하게 하는 곳에
내가 누울 자리를 마련하라.
푸른 옷과 노란 옷을 벗기고
나풀거리는 수염을 떼어낸 뒤,
나를 땅 속에 눕혀

부드럽고 따뜻한 볕을 쪼일 수 있게 하라.

"어떤 손도 내 잠을 방해하지 못하고,

어떤 잡초나 해충도 나를 학대하지 못하며,

갈가마귀 카가기(Kahgahgee)도

나를 괴롭히지 못하게 하라.

내가 잠에서 깨어 활동을 시작할 때까지,

햇살을 향해 발돋움할 때까지,

오직 너 혼자만 내게 와서 나를 지켜보라.

청교도들을 굶주림에서 구한 것은 넓적한 얼굴에 사냥꾼처럼 눈매가 날카로운 인디언 노인, 스퀀토였다. 그해 겨울 질병에 걸려 사망한 사람들이 많아 식민지 인구는 급격히 감소했다. 생존한 21쌍의 부부와 6명의 소년에게 스퀀토는 옥수수를 심으라고 21에이커의 땅을 주었다. 열병으로 쇠약해진 사람들이 많았지만 그들은 쉬엄쉬엄 땅을 일구었다. 굿윈은 삽과 모종삽으로 약 10만 개의 홈을 팠을 것으로 추산하고 있다. 스퀀토의 말에 따라 그들은 모든 홈에 작은 청어 두 마리씩 넣었다. 그들은 40여 톤의 물고기를 잡아야 했으며 들짐승들이 묻어둔 고기를 파내지 못하도록 밤새 횃불을 들고 옥수수 밭을 지켜야 했다. 그런 고생 끝에 정착민들은 아주 근사하고 비옥한 토지를 얻었다. 굶주림에 대한 공포는 완전히 사라졌다. 그 후로 딱 한 번 그들은 공포에 사로잡혔다. 2년 뒤 혹독한 가뭄이 들어 옥수수 밭이 쩍쩍 갈라졌다. 6월과 7월, 두 달 동안 비가 한 방울도 내리지 않았던 것이다. 사람들은 포트 힐의 소회의실에 모여 끊임없이 기도했다. 일곱 시간, 여덟 시간, 아홉 시간 동안 끊임없이. 이윽고 다음날 아침 비가 내리기 시작했다. 그 순간부터 그들은 하느님이 자신들의 모험을 축복해 주었다고 확신했다.

그들은 살아남았다. 아무 장비도 없었던 사람들이 강인해져서 질병, 기아, 인디언과의 전쟁에서 살아남았다는 것은 기적이었다. 이민한 지 7년이 지난 뒤, 마침내 식민지에 원조물자가 쏟아져 들어왔다. 농기구, 가축, 그리고 새로운 일손이 그것이었다. 이를테면 7년이란 세월은 시험기간이었으며 그들은 시험기간을 훌륭하게 이겨냈다. 가슴에 새겨둔 성서 구절처럼. "당신께서 손수 건지신 이 백성을 당신은 사랑으로 이끌어주시고 힘있는 손으로 성소로 이끌어주셨나이다."

*　　*　　*

찬송가, 소총, 옥수수를 들고 엔디코트와 윈스롭은 청교도인들을 이끌었다. 미국에 있는 영국 식민지는 점차 커져서 새로운 식민지 대표단이 끊임없이 대서양을 건너왔다. 1640년 무렵 거주자는, 매사추세츠 약 1만4천명, 코네티컷 2천명, 뉴햄프셔와 메인 1,800명, 메릴랜드 1,500명, 버지니아 8천명이었다. 메인에서 캐롤라이나에 이르는 해안지역은 네덜란드인이 정착한 뉴욕, 스웨덴 식민지인 델라웨어 강 주변을 제외하고는 모두 영국인이 차지했다. 그러나 이 두 지역도 얼마 안 가 대거 유입된 앵글로색슨족 후손들이 차지했다.

아무리 호밀과 밀을 주식으로 삼았던 사람들일지라도 미국에 온 사람들은 모두 주식을 옥수수로 바꾸었다. 옥수수 파종은 쟁기질을 할 필요가 없었기 때문에 여자들이 하기에는 더없이 좋았다. 식민지 초창기 시절 뉴잉글랜드의 여성들은 어머니, 채소 재배자, 의사, 은행가, 양조업자, 요리사, 세탁부, 재단사의 역할을 동시에 수행해야 했다. 그런 만큼 별로 일손이 가지 않는 옥수수를 좋아했다. "홈을 4인치 깊이로 파고 4개의 옥수수 알갱이를 넣는다"고 도로시 가일스는 저서 《계곡 예찬》에서 적고 있다.

> 그리고 조개껍데기 괭이로 마른 흙을 그 위에 덮어주었다. 한 달 뒤, 까맣게 변한 밑동 사이에 있는 땅에서 파릇한 새싹이 나풀거리며 다시 한 번 괭이질을 해달라고 한다. 다시 두 달이 더 지나 수염이 너풀거리고 달콤한 유액(乳液)이 가득한 새 알갱이가 나오면 커다란 솥에 삶거나 잉걸불에 굽는다. 혹은 커다랗고 둥근 금빛 달이 바다 위로 솟아오를 때처럼 샛노란 옥수수를 바구니에 가득 담아 집으로 가져와 서까래에 걸어 말린다.

미국 정착민들의 급속한 성장은 옥수수의 빠른 성장과 직접적인 관계가 있었다. 1900년 테네시 주의 어느 목사가 한 말에 이런 사실이 잘 반영되어 있다. "우리 조상들이 밀로 빵을 만들어야 했다고 생각해 봅시다. 그랬다면 우리 조상들은 그 로키 산맥까지 가는 데 백 년은 더 걸렸을 겁니다. 산림을 개척한 선구자들이 밀로 빵을 만들었던 것을 생각해 보면 알 수 있어요! 옥수수는 1에이커당 수확량이 밀의 4배이고, 10분의 1의 씨앗만 뿌려도 되며 파종에서 식량이 되기까지 걸리는 시간은 3분의 1밖에 안 걸렸습니다. 밀은 반드시 땅을 잘 일구고 가을에 파종을 한 다음, 추수를 하려면 무려 9개월 동안 지켜보고 보호해 주어야 합니다. 이와는 반대로 한 여자가 4월에 '조개 괭이'를 들고 집 주위에 있는 텃밭에 종자의 4분의 1만 심으면 6주 뒤에 그녀와 아이들은 구운 옥수수를 먹을 수 있었습니다. 게다가 옥수수가 단단히 여물면 튀길 수도 있었지요. 그녀는 그날 사용할 분량만큼만 거둬들이면 되었는데, 옥수수는 껍데기가 수분의 증발을 막아주기 때문에 겨울 내내 그대로 있습니다. 밀은 절대 그렇지 않아요. 밀이 여물면 반드시 한꺼번에 수확해서 탈곡하고 깨끗이 정돈하여 창고에 보관해 두어야 합니다. 더욱이 방앗간이 없으면 밀로는 빵을 만들기도 힘들죠. 그러나 소금을 살짝 쳐서 튀긴 옥수수를 작은 자루에 하나만 넣고 다니면 10일 동안 사냥을 나가도 충분한 요기가 되었습니다."

옥수수는 경작도 쉬웠을뿐더러 다 여문 알갱이는 절구나 절굿공이, 혹은 간단한 옥수수용 제분기로 빻을 수 있었다. 이 같은 간단한 과정은 땅을 경작하기 위해 고생하는 일보다 더욱 중요한 집 안일을 해야 하는 사람들에게 안성맞춤이었다. 그들은 비바람과 추위를 피할 집을 짓고 인디언들의 공격에 대비한 울타리를 쳐야 했던 것이다. 인디언은 대개 술을 얻어 마실 요량으로 찾아왔지만 때로는 아주 난폭하게 들이닥치기도 했다.

낯선 백인과 의심 많은 인디언 사이를 이어주는 유일한 끈은 바로 옥수수라는 공통 식량이었다. 북아메리카 인디언들은 멕시코나 페루에 있는 민족들과는 달리 고도의 문화가 전혀 없었다. 지적 생산물에 필수 전제조건인 잉여 생산물이 없는 가난한 부족이었다. 그런데 그들이 옥수수를 적게 가지고 있었던 것은 옥수수에 대한 감사의 마음 때문이었다. 옥수수를 어디서 얻었느냐고 물으면 그들은 신께서 주셨다고 경건하게 대답했다. 옥수수를 심는 방법도 신의 가르침이었기 때문에 누구도 옥수수의 야생종을 볼 수 없었다.

아메리카의 북부와 동부에 있는 부족들의 설화에 따르면, 어떤 여자 신령이 돌아다니면서 발자국에 옥수수와 호박을 넣어두었다고 한다. 나바호족이 거주하는 지역에서는 거대한 칠면조가 날아왔는데, 그 날개에서 푸른 옥수수 알갱이가 떨어졌다는 것이다. 멕시코만에서는 어떤 형제가 해안 벼랑에 앉아 있다가 무섭게 들이치는 파도에 둘러싸였다. 그들은 고립되어 굶어죽을지도 모른다는 두려움에 떨고 있었다. 그런데 앵무새 두 마리가 날마다 옥수수 알을 물어다 주었다. 그러던 어느 날 형제가 앵무새를 붙잡았는데, 그 새가 아름다운 처녀로 변신하여 옥수수를 심는 방법을 가르쳐주었다고 한다. 이로쿼이족의 설화에서는 대지의 여신 아타엔트시크가 쌍둥이를 낳았는데, 한 명은 착한 이오스케하였고 다른 한 명은 사악한 타위스카라였다. 타위스카라는 다른 사람들처럼 태어나기 싫어 어머니의 가슴을 뚫고 세상에 나왔으니, 결국 비정상적인 출생으로 어머니를 죽인 셈이었다. 찢긴 어머니의 가슴에서 옥수수가 자라났는데, 이오스케하는 그 옥수수를 성스럽게 받들어야 한다고 선포했다. 그런 다음 이오스케하는 어머니의 시신에서 다른 식물들도 자라나게 했다. 배꼽에서는 호박, 발에서는 크랜베리, 어깨에서는 블루베리, 머리에서는 담배가 자라났다. 담배 연기가 머리를 맑게 해준다는 믿음도 여기에서 비롯되었다. 타위스카라는 독실한 쌍둥이 형제가 이런 기적을 행하는 것에 격분했다. 물을 고갈시켜 모든 식물을 죽일 작정으로 지상에 있는 모든 물을 빨아들일 수 있는 괴물 개구리를 창조했다. 그렇지만 이오스케하가 그 개구리의 옆구리를 칼로 찌르자 물이 다시 쏟아져 나왔다. 이오스케하는 자신의 쌍둥이 형제를 축출했다.

콜럼비아의 옥수수 신

그리고 마침내 그는 인간을 창조했다고 한다.

이렇듯 옥수수의 기원에 대한 신화는 부족마다 서로 다르다. 이러한 신화(이것을 듣고 백인들은 경악했을)보다 중요한 것은 옥수수 조리법이었다. 옥수수는 일 년 내내 먹어도 병에 걸리거나 쇠약해지지 않았다. 옥수수로 만들 수 있는 음식은 20가지였다. 먼저 허클베리 옥수수 빵, 덜 여문 옥수수를 으깨서 만든 젤리, 덜 여문 옥수수를 통째로 요리하는 것도 있었다. 필그림 파더스의 초대 주지사들 중 한 사람인 카버는 그토록 맛있는 음식은 생전 처음 먹어보았다고 단언할 정도였다. 많은 인디언 부족은 옥수수는 항상 콩과 함께 심어야 한다고 주장했는데, 옥수수와 콩이 고대에 부부의 연을 맺었기 때문이며, 그래서 콩이 옥수수 줄기를 휘감으며 올라간다는 것이었다. 백인들에게는 그럴듯했는지, 강낭콩과 옥수수를 함께 끓인 요리인 서커태쉬가 미국인들이 애호하는 음식이 되었다.

그렇다면 새로 정착한 사람들 중에 새로운 땅에 옛날 곡물을 심으려고 했던 사람은 전혀 없었을까? 그럴 리 없었다. 유럽에서 가축과 쟁기를 보내왔을 때 몇몇 사람들이 그런 시도를 했다. 그러나 결국 허사였다. 하느님의 심판 결과는 밀에게 불리한 것이었다. 그 땅은 밀을 받아들이려 하지 않았고, 밀은 세균의 희생자가 되었으며, 게다가 엽삽병(녹병)까지 걸렸다. 이 엽삽병은 고대 로마인들을 공포에 떨게 했던 바로 그 병이었다. 뉴잉글랜드의 엽삽병은 매자나무에서 밀로 전염된 것이었다. 이런 사실을 몰랐던 식민지 정착민들은 밀이 원인이라고 결론짓고 밀알을 심는 것을 포기했다. 그리하여 지금은 세계 최대의 밀생산지가 된 바로 이 대륙에서 19세기에는 한 포기의 밀도 자라지 못했다.

그러나 호밀은 계속 재배했다. 가정주부들은 호밀가루가 흐물흐물한 옥수수가루를 되게 해주기 때문에 빵을 굽기가 훨씬 쉽다는 사실을 알았다. 이 두 가지 가루를 섞어 만든 뉴잉글랜드의 빵은 '라이 앤드 인전(rye and Injun)'이라는 빵으로 알려졌다.

옥수수는 새로운 국가의 교역 품목, 특히 모피 무역의 교역 품목으로도 아주 유용했다. 1633년 당시, 인디언들과 교역하던 정착민들은 캐나다산 비버 가죽 1천 파운드(약 450킬로그램)와 옥수수를 교환했다. 옥수수 1부셀은 6실링으로 계산되었으며, 모피 1파운드는 옥수수 2부셀에 해당했다. 정착민들이 급속하게 부를 쌓을 수 있었던 것은 영국과의 모피거래에서 엄청난 이득을 얻었기 때문이다. 모피를 모국으로 운송하자면 배가 필요했다. 따라서 조선업은 보스턴을 비롯한 동부 해안 신생 도시들의 주요 산업 중 하나가 되었다. 이들의 배는 모피로 증식시킨 옥수수로 건조한 셈이었다.

*   *   *

신세계 사람들은 바다 건너 그들의 사촌과는 외양이 다른 새로운 사람들이었다. 1700년에는 사진기가 발명되지 않았지만 이것은 널리 알려져 있는 사실이다.

그 이유는 두 가지였다. 첫째, 모든 사람이 노동을 했다는 사실을 들 수 있다. 1670년대의 메릴랜드를 묘사한 다음과 같은 글이 이를 뒷받침해준다. "집주인의 아들도 하인 못지않게 많은 일을 한다. 빵을 먹으려면 자신이 먹을 빵을 벌어야 하기 때문이다." 둘째, 아메리카라는 광대한 땅은 기근에 시달리는 지역이 없었다는 데 있다.

유럽 농민들에게는 농사를 망치는 것이 사형선고나 다름없었다. 그러나 아메리카 대륙의 농민은 땅이 척박하다고 판단되면 인디언들처럼 다른 곳으로 옮겨 삼림을 개간하고 나무를 태운 재로 거름을 주어 비옥하게 한 다음, 옥수수를 심으면 되었다. 그 땅은 아무나 차지해도 좋은 임자 없는 땅이 아니었다. 국왕이나 영국 상사(商社)의 소유였으므로 땅을 사용하는 사람은 누구든지 100에이커 당 2실링을 지불해야 했다. 그러나 돈이 없는 사람이 개간하더라도 당국이 모른 척 외면하고 있었던 것은, 소총과 도끼를 소유하고 있는 그 사람이 새로 정착한 나라에서 인디언을 축출하는 데 도움이 되었기 때문이다. 아메리카 농민은 인류 역사상 새로운 종인 '이동 농민'이었다. 이들은 소를 치는 유목민들처럼 척박한 땅에서 더 기름진 땅을 찾아 끊임없이 옮겨 다녔다. 언제나 가장 좋은 땅은 강 유역이었다. 모든 강은 새로운 정착민들에게 유프라테스 강과 같아서, 강 자체가 연락노선이었으며, 농산물의 교역로였다. 도로 건설은 막대한 비용이 들 뿐만 아니라 마차 비용도 배삯보다 훨씬 비쌌기 때문이다.

이처럼 황무지에 농민이 진출한 것은 미대륙의 급속한 정착에 중요한 요소가 되었다. 따라서 앨러게니 산맥 서부지역의 정착에 대한 영국 국왕의 금지령(1763년)은 미국독립혁명의 한 원인이 되었다. 더 비옥한 토지와 풍성한 수확을 찾아 이주하려는 욕구가 강했던 농민들은 앨러게니 산악지대에 묶어두려는 명령에 저항했다. 이러한 농민의 욕구는 동시에 서부로 진출하려는 미국의 욕구였으며, 맨 처음 사람들을 미국에 정착하게 했던 그 욕구이기도 했다. 그들은 충분히 납득할 수 있는 온화함에 대한 갈망으로 구세계에서 태양을 따라온 사람들이었다(그것은 우리 문화 전체에 많은 영향을 미친 이주이면서, 영토 확장을 위한 남진 정책(Drang nach Suden)과는 전혀 관계가 없었다).

17세기와 18세기의 미국 경제에서 화폐는 지극히 제한적인 역할만 했다. 동부 해안의 도시에서는 사용되었지만, 미국 대부분의 지역에서 화폐는 곡식, 물, 도끼, 무기보다 덜 중요하게 여겨졌다. 헤아릴 수 없을 만큼 값진 상품은 인간의 손과 팔이었으며, 이는 돈과 바꿀 수 없는 것이었다.

미국에서의 삶은 영국에서의 삶보다 고달프고 힘들어 보였지만 한편으론 한결 편안했다. 농업자본주의와 산업의 지배라는 눈에 보이지 않는 거대한 그물이 이곳에는 없었던 반면, 영국에서는 농민을 파멸시키기 위한 위험 요소가 영원히 존재했다.

실제로 영국 요먼(독립자영농민)의 삶은 끔찍했다. 중세에 기반을 둔 영국 귀족의 삶은 근대적 특징으로 덧칠되었지만 소농의 상황은 개선되지 않았다. 도리어 그들 앞에는 새로운 위험이 도사리고 있었다. 영국이 네덜란드의 섬유산업과 경쟁을 시작한 후, 농민은 사자보다 무서운 짐승과 맞서야 했다. 그 짐승은 다름 아닌 전혀 유해하지 않은 양이었다. 양의 숫자는 급증했다. 그 때문에 비옥한 토지가 목장으로 변해갔다. 1700년까지 탐욕스러운 지주들이 잉글랜드와 웨일스 지방의 농경지 절반을 목장이나 염료공장으로 바꾼 것으로 추산된다. 따라서 영국의 수확량은 점점 감소했고 곡물 값은 계속 상승했다. 이런 현상이 지주들에게는 전혀 상관없었는데, 양 한 마리에서 깎아낸 양털이 다섯 군데의 토지에서 수확한 곡물보다 수익성이 높았기 때문이다. 절망한 사람들이 곳곳에서 증오스러운 울타리를 덮쳐 부수고 불태웠다. 그러자 군인들이 출동했다. 폭동을 일으킨 농민들은 해산되었고, 풀을 뜯는 양들의 무리는 평화로운 전원의 상징이나 되는 듯, 예전보다 더 많이 풀밭에 나타났다. 이것은 예수 그리스도가 원했던 양의 시대가 아니었다.

나라 전역이 황폐해졌다. 그곳에 거주했던 농민들은 도시로, 섬유공장으로 내몰렸다. 그리고 베틀의 노예가 되었다. 도시의 인구는 해마다 급증했으며 도시의 곡물 수요도 그만큼 높아졌다. 국왕이 중재하거나 의회에서 '인클로저*'의 확산을 금지했다면 소농 계급의 몰락이 예방되었을지도 모른다. 그러나 도리어 소농들이 붙잡고 있는 마지막 지푸라기까지 빼앗아버렸다. 이것은 일종의 '위로부터의 혁명'으로서, 과학적 사고와 '새로운 농업'의 탄생은 같은 것이었다.

농지를 목장, 사프란** 밭이나 공장으로 바꾼 사람들은 다시 농지로 변경하지 않았다. 반면 농산물에 대한 수요는 끊임없이 증가했다. 부자나 현명한 사람들은 이러한 수요를 충족시키기 위해서는 토지를 더욱 합리적으로 운용해야 한다고 판단했다. 법률가라는 직업을 버리고 지주가 된 제스로 툴은 파종기를 겸한 최초의 기계식 쟁기를 발명했다. 말한 마리가 여러 줄의 갈고랑이를 끌고 흙을 파헤치면 갈고랑이 끝에 있는 구멍에서 씨앗이 이랑에 떨어지는 쟁기였다. 신을 두려워하는 농민들은 눈치를 살폈지만 영리한 사람들은 그것이 유용하다는 것을 알았다. 마구잡이로 씨앗을 뿌리는 것이 아니라 이랑에만 깊숙이 심게 되면 발아의 효용성이 훨씬 높아지고 새들의 도둑질도 막을 수 있었다. 이것

---

* 15-19세기 영주나 지주들이 농지에 울타리를 쳐서 목양지로 바꾼 일. 이 결과 이 농민들이 실업자나 노동자로 전락했다.
** 염료나 식용 색소로 쓰이는 식물.

이 현대 농업의 시작이었다. 제스로 툴의 동시대인이었던 타운센드는 모판을 준비하는 방법과 침수된 농지의 배수 방법을 발견했다. 또한 그는 농지에 이회토(석회, 점토, 모래가 섞인 흙의 퇴적물)를 뿌릴 것을 주장하는가 하면, 순무가 푸석푸석해진 토질을 개선할 뿐만 아니라 겨울에 저장하기에도 아주 좋은 채소임을 입증해 보였고, 클로버는 경작지에 질소를 공급해주며 엄청난 양의 건초 재료가 된다고 역설했다. 그러나 가장 탁월한 타운센드의 업적은 일 년 단위로 토지를 최대한 이용하는, 4년 주기의 윤작을 제기한 것이었다. 이렇게 윤작(밀, 순무, 보리(또는 귀리), 클로버(또는 콩)를 번갈아 심는)을 하면 비옥한 토질을 유지할 수 있어 토질을 회복하려는 인공적인 노력을 최소화할 수 있으며, 종래의 3포식이나 2포식 경작방식의 단점을 완전히 해결할 수 있었다. 게다가 값싸고 실속 있는 건초를 제공함으로써 농경과 목축을 원활하게 할 수 있다는 주장이었다.

타운센드가 제기한 이론은 농화학에 심혈을 기울이는 현대 농업의 서곡이었다. 19세기에 데이비와 리비히는 이 이론을 더욱 발전시켰다. 타운센드와 그의 제자 베이크웰이 없었다면 영국은 프랑스 혁명보다 더 끔찍한 혁명을 겪었을지도 모른다. 그러나 농업개혁은 오로지 영국 도시민들을 위한 빵만을 만들었다. 얄궂게도 이 개혁은 지금까지 부실한 농기구로 고생하며 빵을 생산해온 사람들을 억압하는 결과를 초래했다. 만인의 이익을 도모하기 위해 착수한 일의 최초의 결과가 그 자신의 파멸이라는 것은 농민의 불행이었다. 농업에 과학이 도입되면서 소농이 설 자리가 없어진 것이다. 종래의 쟁기질, 파종 방식, 피폐한 영국의 농지는 더 이상 영국인을 먹여 살리기 힘들었다. 더 깊이 땅을 파고, 더욱 철저하게 씨를 뿌려야 했지만 부자나 진보적인 사람들만 이 일을 할 수 있었다. 새로운 방식을 고안한 과학자들은 '인간애는 생각했을지언정, 정작 인간은 배려하지 않았다.' 순박한 농민들은 농지를 팔고 고향을 등졌다. 만약 그들이 자기 땅에 그대로 남아 있었다면 그토록 철저히 쇠락하지는 않았을 것이다.

문헌사학자들은 때때로 18세기 중엽의 위대하고 설득력 강한 두 문학, 즉 영문학과 독문학에 영향을 미친 '정서', 근원적인 염세주의에 천착하곤 한다. 그 염세주의의 이유는 단연코 두 나라가 겪은 경제적 비극이다. 시인들은 비록 직접 목격하지는 않았어도, 농촌에서 행복과 희망이 사라지고 있다는 사실을 알았다. 크래브가 바로 그랬다. 슬픔과 경멸감에 휩싸인 그에게는 농촌의 모든 것이 혐오스럽고 인간의 존엄성을 찾아보기 힘든 곳이었다. 농부는 '흙덩이처럼 생기라곤 없는 피조물'이었으며, 시골 풍경은 '불결한 전경'이었다. 또한 골드스미스는 〈버려진 마을〉에서 다음과 같은, 익히 알려진 음울한 경고를 했다.

불운이 덮쳐, 불운의 먹이가 된 땅에
부는 축적되나 인간은 파멸하는구나!
제후나 영주는 번성할 것이나 혹시 망할지라도
휴식은 다시 그들을 만들 수 있다.
그러나 용감한 농민, 곧 나라의 긍지는
한 번 파괴되면 다시는 메우지 못한다.

미국은 이런 상황에 대해서 얼마나 안정감을 느꼈던 것일까? 프랭클린과 같은 사람에게는 그들을 농민의 땅에서 도시로 몰아넣는 것이 사회악의 극치처럼 보였다. 양모가 영국 농민을 대신하던 상황에 대해 그는 1760년에 이렇게 썼다.

땅이 조금이라도 있으면 노동으로 가족을 충분히 부양할 수 있으므로 노동자가 되어 주인을 위해 일해야 할 필요가 없다. 그러므로 땅이 충분한 미국의 국민들은 어떤 경우라도 절대 노동자가 될 리 없다.

그로부터 9년 뒤, 프랭클린은 국민의 농경지를 빼앗으려는 사람들에 대한 혐오감을 더욱 신랄하게 토로했다.

한 국가가 부를 축적하는 방법은 오직 세 가지뿐인 것 같다. 첫 번째는 고대 로마인들이 그랬듯이, 전쟁으로 정복한 이웃을 약탈하는 것이다. 곧 강도짓이다. 두 번째는 통상으로, 이것은 일반적으로 사기나 다름없다. 세 번째는 농업으로, 유일하게 정직한 방법인데, 이는 사람이 씨앗을 땅에 뿌려 증식한 것이며 넉넉하신 하느님이 직접 일으키는 연속적인 기적이다.

예리한 프랭클린도 훗날 미국이 걷게 될 도정을 예언하지는 못했다. 그러나 거리낌없이 표출한 프랭클린의 경멸을 통해 당시 미국인의 눈에 비친 유럽의 모습이 어떠했는지 충분히 엿볼 수 있다. 유럽은 계속 쇠퇴하고 있었다. 영국인, 스코틀랜드인, 아일랜드인을 태운 이주민 선박이 뉴욕과 보스턴에 도착하면 안도와 기쁨의 탄성이 하늘로 울려 퍼졌다. 경제적 축복을 누리는 미국은 유럽을 지독하게 경멸해서, 구세계의 나쁜 점은 말할 것도 없고 좋은 점까지도 거부했다. 미국인들은 새로운 과학적 농업에 관심이 없었다. 땅은 광대했고 토지는 아직 개간되지 않았으며 그들 자신은 탐험가였지 발명가가 아니었다. 그런 그들이 대체 무엇 때문에 기술개발에 관심이 있었겠는가? 그들은 땅의 깊이가 아니라 광대함에만 온통 마음이 쏠려 있었다. 그들 앞에는 아직 발견되지 않은 거대하고 희망찬 삶이 펼쳐져 있었으니, 굳이 옛것을 개선하기 위해 험난한 길을 갈 필요가 없었다. 대통령을 지냈고 농업에 관심이 많았던 토마스 제퍼슨이 1777년에 쟁기 개선을 제안했을 때 농민들은 의아해했다. 쟁기가 무슨 문제가 있느냐는 반응이었다. 디킨스 시절, 앵글로 프랑스계 여성 마티노는 땅의 광활함, 먼 지역으로의 팽창, 새로운 토지에 대한 욕망이 "모든 행동의 목적이자 모든 사회악의 치유법이 된 것 같다"고 썼다.

*　　*　　*

신세계 문명에서도 유럽과 마찬가지로 부자와 빈자가 존재했다. 그러나 한 가지 없는 것이 있었는데, 그것은 기아였다. 기아를 창출하려면, 악명 높은 유럽의 기근, 즉 천 년간의 학정(虐政)과 토지의 고갈이 필요했다. 신세계에는 이런 역사가 없었다. 모든 임금 노동자들이 작으나마 자신의 집과 채마밭을 소유하고 있는 나라에서는, 가난이 굶주림을 의미하는 것은 아니었다.

그러나 이는 평화로운 시절에만 적용되었다. 전쟁이라는 거대한 시련에 처했을 때 이 신세계 사람들은 어떻게 되었을까? 1733년 미국의 공화당원들처럼 별다른 준비 없이 대영제국이라는 무적의 강국에게 도전장을 던지는 모험을 감행한 사회는 없었다. 대영제국은 고대 로마제국보다 훨씬 더 막강했다. 영국의 국왕 조지 3세는 인도 무굴제국의 제왕이나 다름없는 존재였다. 그는 다이아몬드, 은화, 금화, 철강, 석탄, 양모, 린넨, 향신료까지 현재의 부는 물론 아직 형성되지 않은 미래의 막대한 부도 소유하고 있었다. 반면 미국은 농작물과 삼림 말고는 아무 것도 가진 게 없었다.

150년 동안 미국에 빵이 없는 해는 없었다. 밀은 전혀 없었지만, 옥수수로, 그 이후에는 호밀로 빵을 만들었다. 미국에는 농민의 가족과 도시인들이 충분히 먹을 수 있는 빵이 있었다. 아니 있는 정도가 아니라 풍족했다. 그러나 길고 참혹한 전쟁을 하는 동안에도 그랬을까? 전쟁 초기 몇 달 동안 법률가와 저술가들은 튼튼한 이론적 명분은 구축했지만, 안타깝게도 전쟁 무기 준비에는 소홀했다. 소총은 부실했으며, 대포는 신기한 기계일 뿐이었다. 전투에서 매우 중요한 사병들은 서로 다투었고, 사람들이 저주를 퍼부었던 7년 동안의 소모전에 미숙했다. 어쩌면 영국 국왕의 차(茶)를 보스턴 항의 바다에 처박지 않았더라면, 그리고 차라리 그가 요구하는 세금을 지불했더라면 더 좋았을지도 모른다!*

그러나 놀랍게도 이 전쟁, 그러니까 상인들이 선동했다가 얼마 안 가벗어나려고 안간힘을 쓰던 혁명전쟁은 패배하지 않았다. 전쟁에서 패배하지 않은 것은 지속적으로 빵을 생산해낸 땅의 단순한 논리 덕분이었으며, 전쟁의 주력군인 농민들의 논리 덕분이었다. 세계 모든 지역의 농민들은 평화를 원하는 만큼 전쟁 치르는 일은 무역업자나 상인들에

---

* 1773년 12월 영국의 차조례(茶條例)에 반대하여, 보스턴의 급진파가 인디언으로 가장하여 보스턴 항구에 정박 중이던 동인도 회사의 기선 두 척을 습격하여 차상자를 바다에 처넣은 사건으로, 미국독립혁명의 직접적인 발단이 되었다.

게 맡겼다. 승리는 결국 그들의 상업 활동에 도움이 되기 때문이다. 그러나 미국의 경우는 달랐다. 미국의 농민은 얻어야 할 것은 별로 없었던 반면, 전쟁에서 질 경우에는 모든 걸 잃어야 했다. 그렇게 되면 그들은 다시 유럽의 농민이 되어, 도망쳐 나왔던 그 대토지소유 제도를 어깨에 짊어지고, 영국이나 프랑스에서 겪었던 유럽의 기근에 익숙해져야 했다. 이것만은 두 번 다시 겪고 싶지 않았다. 따라서 이를 막기 위해 미국의 농민은 싸웠다.

동부 해안의 도시들은 주로 어업으로 생계를 유지했다. 그런데 영국이 어선의 출항을 금지하면서부터 어업은 중단되었다. 그럼에도, 기근은 없었다. 식량 공급이 아주 안정적이었기 때문에, 워싱턴은 1779년에 인디언의 큰 부락 40곳을 파괴하면서, 과감하게 옥수수 16만 부셸을 불태울 수 있었던 것이다. 만약 작물이 충분하지 않았다면, 그것은 위험천만한 일이었다. 워싱턴은 휘하 병사들의 식량이 충분하다는 것을 확인하는 것보다 적군의 식량보급을 차단하는 것이 더욱 중요하다고 판단했다.

미국 전투원들이 큰 고통을 당한 것은 마차가 부족했고 변변한 마차 통행로가 없었기 때문이었다. 이런 이유로 식량은 풍족했지만, 겨울에 군대에 식량을 공급하는 것이 기술적으로 불가능했다. 당시 군의관이었던 새처는 1780년 1월에 이렇게 적었다. "눈이 1미터에서 1.5미터 정도 쌓여 길이 막혔으며, 그들은 식량공급을 받지 못했다." 병사들은 기아와 추위로 너무 쇠약해져 의무를 수행하기 힘들었다. 워싱턴이 직접 나서서 부대원을 격려했다.

우리는 가장 격렬한 시련을 이겨낼 군인의 긍지와 인내심이 있습니다. 5, 6일 동안 빵이 없이도 지냈고, 또 어떤 때는 5, 6일 동안 고기를 먹지 못했으며, 아무 것도 먹지 못한 채 하루, 이틀, 사흘 혹은 나흘까지 견뎌내기도 했습니다. 여물을 제외한 여러 말 사료를 먹은 적도 있습니다. 메밀, 밀, 호밀, 옥수수는 빵을 만들 수 있는 밀이 되어 줍니다. 군인으로서, 가장 영웅적인 인내심을 발휘하여 견딥시다.

이것은 기근 때문이 아니었다. 그랬다면 전쟁을 포기했겠지만, 이것은 단순히 수송의 문제였던 것이다. 그들은 마차 통행로와 보급기지가 없었으며, 전쟁기술에 너무 미숙했다. 필라델피아의 은행가 루드워크만큼 혁명군에게 빵을 공급하려고 노력한 사람은 드물다. 군량 공급에 대한 유럽의 지침이 있었던 것은 확실하다. 프리드리히 대왕은 도보로 5일쯤 걸리는 요새에 밀가루를 비축해 두라고 명령했다. 또한 그 요새에서 3일이면 닿을 수 있는 곳에 야전 제빵소를 설치하고, 기병대의 엄호를 받으며 밀가루를 수송하도록 했다. 따라서 전방부대는 야전 제빵소에서 이틀 걸리는 곳까지 행군하곤 했다(절대 더 멀리 가지 않았다!). 빵은 9일 동안만 신선도를 유지했기 때문에, 그렇게 하지 않으면 대원들이 굶주릴 수밖에 없었다. 이것은 전성기를 맞은 18세기 방식으로는 아주 그만이었지만, 불행하게도 이것은 마치 체스게임 하듯 전쟁했던 유럽과 바로크 시대에만 적합한 것이었다. 워싱턴이 이끄는 식민지의 반란은 이처럼 질서정연하지 않았다.

두말할 필요도 없이 '훨씬 더 탄탄한 경제적 토대 위에서' 전쟁을 수행하는 쪽은 적군이었다. 따라서 뉴욕의 삶은 워싱턴 부대원의 생활보다 훨씬 편안했다. 영국 행정부가 수립된 곳은 어디든지 까다로운 명령이 내려졌다.

군인과 민간인이 적정한 가격으로 좋은 빵을 확보하기 위해서는 제빵사를 철저히 감시해야 했다. 이런 생각을 염두에 둔 영국의 사령관은 제빵사들이 상당히 높은 이윤을 얻는 것을 허용했던 전쟁 전의 관례를 개정하고 빵의 가격을 법으로 정했다. 최초의 빵 법정가격을 실시한 1777년 1월, 3.25파운드 빵 한 덩어리의 가격은 14펜스였다. 함량이 미달되거나 질 나쁜 빵을 만든 제빵사는 무사하지 못했는데, 빵에는 만든 사람의 이름 첫 글자를 써넣어야 했기 때문이다.

미국 혁명군들의 창고는 비어 있었다. 식량 부족보다 놀라운 사실은 소가 엄청나게 많아 무두질할 가죽이 충분한 나라에서 구두가 부족했다는 것이었다. 그러나 당시 미국에는 제혁(製革)산업이 정착되지 않았다.
식량이 부족하지 않았다는 것은 1779년 의회에서 밀가루와 옥수수를 혁명군에 보내줄 것을 요청한 사실에서 증명된다. 이 방안 대신 식량 자금을 보냈는데, 이는 멀리 떨어져 있는 주에서 전선까지 수송하는 데 드는 밀가루와 옥수수 가격보다, 최전방 근처에서 식량을 구입하는 것이 훨씬 쌌기 때문이다. 일반적으로 인구 100만 명 중 90%가 농민인 나라에서 그토록 소규모의 부대를 유지한다는 것은 아무런 문제가 없었을 것이다. 그러나 상황이 복잡했다. 수송 문제의 악화와 그에 따른 군수품 부족은 적군의 책략 때문이었다. 런던에서 인플레이션을 조장했던 것이다. 1780년경 미국 금화의 가치는 4천 퍼센트 하락했으며, 곡물 수확량이 엄청난데도 곡물 가격은 상승했다. 애덤스의 부인은 남편에게 보낸 편지에서 옥수수 1부셸은 25달러, 호밀 1부셸은 30달러라고 전하고 있다. 이런 물가 등귀 때문에 도시와 농촌 간의 우호적인 관계가 끝나버렸다. 다른 상인들처럼 농민들도 지나치게 비싸게 판다는 비난을 받았다. 심지어 워싱턴조차도 농민들을 힐난했다. 워렌과 커스티스에게 보낸 편지에서, 워싱턴은 강력한 대책을 알리고 있다.

> 만약 사람들이 합당한 세율에 따르지 않고, 그것에 필요한 조항을 마련하지 않는다면, 우리는 자기 방어라는 위대한 법의 힘을 빌어 그들을 강제로 복종시킬 수밖에 없습니다.

그러나 인플레이션으로 농민의 지출도 증가했기 때문에, 빵 생산자들이 그런 상황에서 정말로 이윤을 얻었는지는 의문이다. 아니 도리어 전쟁이 종식될 무렵 소농은 반항을 (모든 것이 맘에 들지 않음을 암시하는) 하기 시작했다.

1783년이 되면서 사람들은 절실하게 평화를 원했다. 미국의 무기, 민주적인 농민들의 저항, 프랑스의 원조, 영국의 옛 적이 식민지가 자유를 쟁취할 수 있도록 도왔던 것이다. 이제는 새롭고 골치 아픈 평화의 문제가 나타났다. 영국 황실의 농지, 즉 토리당이 소유했던 미국의 거대한 토지가 참전 노병들에게 분배되었다. 언제나 그렇듯이, 제외된 사람들은 부당한 대우를 받았다고 느꼈다. 전쟁이 끝나면서 경제 침체가 시작되었다. 농민들은 그들의 농산물을 팔지도 못했을뿐더러 전쟁 중에 누적된 세금과 이자도 갚지 못했다. 퇴역 장교 존 샤이는 불만이 많은 농민들을 규합하여 반역을 꾀했다. 1787년 반란은 진압되었지만, 사건에 연루된 사람들은 전원 사면되었다. 그것은 회복기에 접어든 한 나라가 겪는 열병에 지나지 않았기 때문이었다. 종전 이후 얼마간 혼란을 겪었지만, 빵을 풍족하게 소유한 나라여서인지 심각한 격변은 없었다.

*   *   *

풍족함은 거의 절대적으로 땅에서 비롯되었다. 이것은 프랭클린이 바라던 것이었다. 그러나 사람들은 생각하기 시작했다. 재무장관 해밀턴과 국무 장관 제퍼슨 사이에 벌어진 논쟁에서 비롯된 사상적 갈등은 미국인의 삶에 깊숙이 파고들었다. 독립전쟁에서 고전을 면치 못했던 것은 미국이 산업화되지 않았기 때문이라고 생각한 해밀턴은, '신속하게 부를 쌓기'를 원했다. 말하자면 미국이 유럽을 능가하는 은행과 선박의 강국이 되기를 바랐던 것이다. 이에 반해 제퍼슨은 돈만으로 먹고 살 수는 없다고 주장하고, 농민을 바탕으로 국가복지를 도모하고자 했다. 둘 다 평화롭게 공존한다는 것은 거의 불가능했다. 신생국가(더욱이 미국은 이제 갓 형성된 국가였다)의 자본과 농지 사이에는 적대감과 의심이 존재하기 마련이다. 저마다 자신이 사회의 유일한 기둥이라고 믿기 때문이다.

미국의 초기 역사에서 국력과 미국 전체의 미래를 위해 산업과 농지가 결속한 때가 있었다. 에반스가 필라델피아에 제분소를 세운 때가 그것이다. 그것은 7층짜리 증기 제분소였다! 기술자와 발명가의 대륙 유

식민지 시대의 옥수수 빻기

럽에는 이런 건물이 전혀 없었다.

　그것은 영국인의 발명이었다(미국은 아직 발명 천재를 찾지 못한 때였다). 150년 동안 세상 사람들이 이용한 동력은 발명가 와트가 고안한 것이었다. 바로 증기였다! 압축된 증기의 맹렬한 힘을 피스톤에 주입하고, 가스의 팽창을 이용해 물과 바람의 노동을 능가한다는 생각은 터무니없어 보였다. 1641년 증기의 힘을 이용할 수 있다고 주장한 프랑스인 살로몽 드 꼬는 정신병원에 갇혔다. 영국인들은 와트를 감금하지는 않았지만, 그가 템스강변에 증기 방앗간을 세웠을 때 런던의 방앗간 주인들의 원성이 자자했으며, 그 방앗간은 불에 타 일시에 무너졌다가 다시 재건되었다. 와트의 두 개의 증기 기관은 40마력의 동력을 발생시켜, 20쌍의 확을 가동시켰다. 한 쌍의 확은 시간당 밀 10부셀을 빻을 수 있었다. 인근의 경쟁자들은 자신들의 파멸이 눈앞에 닥친 것을 깨닫고, 다시 '알비온 방앗간(Albion Mills)'을 불살라버렸다(1791년). 그 화재의 원인이 사고였는지, 방화였는지는 밝혀지지 않았다. 어쨌든 불길에 휩싸인 방앗간 주변은 은근히 기뻐하는 사람들로 북적거렸기 때문에, 소방 기구를 동원하지 못했다. 재래식 방앗간 주인들의 소득은 정상을 회복했으며, 증기를 이용한 제분기의 원리는 잊힌 듯했다. 그러나 그것은 한때뿐이었다. 미국의 올리버 에반스가 부활시킨 것이다. 에반스는 창의성과 기술적 사고가 뛰어난 사람으로서, 에디슨 시대보다 3세대를 앞선 선구자였다.

미국에서는 창의성이 뛰어난 기술자가 드물었다. 그러나 넓은 공간이 있었고, 모험정신이 있었다. 미국이 유럽이 가진 많은 값진 것들을 거들떠보지도 않았던 것은, 그것 없이도 해낼 수 있다고 생각했기 때문이었다. 다른 곳에서는 1500년 걸린 일이 미국에서는 150년 걸렸다. 때로는 다양한 시대가 동시에 전개되는 것처럼 보이기도 했다. 예를 들면, 1620년 그들은 원시적이고 볼품없는 인디언 절구로 옥수수를 빻았는데, 이것은 속이 빈 나무토막이나 지상 1미터 정도 높이로 잘린 그루터기로 만든 것이었다. 절굿공이는 절구 안쪽의 패인 부분과 비슷한 모양을 띤 묵직한 나무토막을 한쪽에 손잡이를 달아 사용했다. 이 나무토막은 어리고 가는 나무 끝에 고정시켰는데, 어린 나무 줄기는 잘 휘어지는 용수철 같아서, 옥수수를 찧은 다음에는 절굿공이를 위로 끌어당기는 역할을 했다. 그리하여 이것을 '장대 절구 방아'라고 불렀다.

이 방아소리는 멀리서도 들을 수 있었다. 안개 짙은 롱아일랜드 외곽에서 외국 선박이 부두를 찾지 못하면, '옥수수 빻는 절구 소리'가 들리는 쪽으로 방향을 잡으면 되었다. 그럼에도 버지니아의 주지사 조지 여들리 경은 처음에 네덜란드식 풍차를 세웠다. 이것을 본 인디언들은 경악했다. '옥수수를 산산조각 내는' 긴 날개와 거대한 톱니바퀴를 악령이 돌리고 있는 것 같았기 때문이다. 이런 점에서 인디언의 반응은 영락없이 중세의 유럽인과 같은 것이었다. 그러나 결정적인 차이가 있었다. 미국 방앗간의 사용료는 빻으려고 가져온 곡물의 6분의 1에 불과했던 것이다. 때문에 방앗간 주인을 증오하는 현상은 나타나지 않았다.

최초의 로마식 물레방아는 그로부터 몇 년 뒤인 1631년 도체스터에 세워졌다. 원시적인 절구, 로마식 물레방아, 그리고 중세의 풍차, 이 모든 것이 에반스에 의해 미래를 향한 도약이 이루어질 때까지 동시에 사용되었다. 와트가 방아를 새로운 동력으로 대체하는 데 그쳤던 반면, 미국인 에반스는 그 동력을 방아뿐 아니라 다른 모든 부품에 적용함으로써 내부 구조를 혁신했다. 예전에는 제분사의 많은 품이 들었던 모든 과정을 이제는 기계가 대신했다. 에반스는 양곡기, 즉 바깥쪽에 컵이 달려 끝없이 돌아가는 밴드를 발명했으며, 회전축에 두 개의 나선체가 달린 곡물용 컨베이어와, 나무로 깎은 작은 날들이 나선형으로 비스듬히 달린 굴대로 구성된 가루용 컨베이어를 고안했다. 또한 기계 하인인 '호퍼 보이(hopper boy)'를 발명했다. 이것은 먼저 확에서 금방 쏟아져 나온 따뜻한 가루를 넓게 펼치기 위해 회전하는 가로대인데, 곡물 가루는 중앙으로 한데 모아져 도관을 통해 아래 바닥에 있는 체로 떨어졌다. 이 연동장치는 곡물 가루를 수평으로 이동시키는 갈퀴나 날이 달린 밴드와 곡물 가루가 밑으로 떨어지게 하는 하강기로 이루어져 있었다. 이제 제분사는 가만히 앉아서 방아가 가루를 빻고, 가루를 줄줄이 기다리고 있는 배에 토해내는 것만 지켜보면 되었다.

1791년 리버풀의 〈애드버타이저(Advertiser)〉지에 미국인을 소개하는 다음과 같은 기사가 실렸다.

독창성이 뛰어난 미국인 올리버 에반스 씨는 인간이 수작업을 하지 않아도 되는 신기한 구조를 갖춘 제분기를 발명했다. 먼저 빻기 위해 쏟아 부은 곡물은 위층으로 옮겨져 깨끗이 씻겨진다. 그런 다음 호퍼로 내려 보내져, 보통 빻아진 후, 곡물 가루는 위층으로 옮겨져 그곳에 설치된 단순하면서도 기발한 기계로 넓게 펴지고 식혀져서 조금씩 체질하는 호퍼로 보내진다. 이 총체적인 기계는 발명자에게 최고의 영예와 경제적인 이익까지 안겨줄 것으로 보인다. 그는 14년 동안 발명에 따른 이익을 독점할 권리를 가지고 있기 때문이다. 무수한 제분소가 이미 이 방식으로 건설되었는데, 실용성도 완벽하다는 사실이 입증되었다. 기계가 없다면 수작업으로 할 수밖에 없는 비효율적인 작업을 인간의 기발한 창의력으로 해결할 수 있게 되었다는 사실은, 일손이 많이 필요한 신생국가로서 매우 큰 이득이 아닐 수 없다.

평화 조약이 체결된 지 겨우 8년 뒤의 일이지만, 리버풀의 〈애드버타이저〉지는 미국을 정확하게 꿰뚫어보고 있다. 이 발명은 그저 제분사들만 구원한 것이 아니었다. 올리버 에반스가 신기원을 이룩한 중요한 인물로 꼽히는 것은 다른 미국인들보다 50년 앞서 인력이 부족한 아메리카 대륙의 근본적인 문제를 꿰뚫어보고, 노동 절약형 기계를 발명했기 때문이다.

스퀀토가 청교도 친구들에게 절구와 절굿공이를 사용하는 방법을 가르쳐 준 것이 불과 150년 전이었는데, 7층의 증기 제분소가 등장하여 놀라운 기계 속으로 곡물이 끊임없이 흘러들어간 것이다. 거대한 건물 속에 눈에 보이지 않는 거인이, 필리스틴 사람들이 곡물을 빻도록 시킨 삼손의 모든 일을 수행하는 것 같았다. 그것은 고대 로마의 개울보다, 폼페이의 소가 돌리는 방아보다, 네덜란드의 풍차보다 훨씬 강력했다.

유럽에는 이와 견줄 만한 기계가 없었다. 그러나 구대륙에 7층짜리 방앗간이 없었던 것은 아마 빻아야 할 곡물이 그만큼 많지 않기 때문일 것이다. 뒤늦게 어쩔 수 없이 미국을 원조할 수밖에 없었던 프랑스에서는 그때 무슨 일이 일어났을까? 프랑스인은 어떤 식으로 빵을 먹었을까? 프랑스 사람들이 먹는 빵은 누가 가지고 있었을까?

제5장

19세기의 빵

버려진 대지는

따뜻한 온기 속에 풍성히 자라난 밀들로

노랗게 물들지 못하는구나.

북극에서 열대 회귀선에 이르기까지

젖을 내는 땅의 가슴을 쥐어짜보자.

사랑으로 뭉친 이 투쟁을 위해

우리의 무기,

노동의 모든 도구를 바꾸어보자.

'나는 배고프다'는

민중의 호소는 멈추지 않는구나.

'나에게 빵을 달라'는

그의 외침은 인간 본성의 외침이어라

— 〈민중의 뮤즈〉, 피에르 뒤퐁

과학은 혁명을 막을 수 있는가

볼테르는 다음과 같이 적고 있다. "1750년이 되어서야 소설과 연극에 질린 프랑스인들이 비로소 곡식에 관심을 갖기 시작했다."

때는 이미 늦은 듯 보였다. 그러나 과연 너무 늦어 버린 것이었을까?

1750년대는 르네상스와 바로크가 자취를 감추기 시작한 시기였다. 이즈음 프랑스인들은 국민들이 끼니때마다 닭고기를 배불리 먹기 원했던 덕망 높은 왕 앙리 4세에 대한 기억도 잊혀 갔다. 그를 계승한 것은 파라오* 루이 14세였다. 프랑스 혁명 한 세기 전인 1689년, 라 브뤼예르는 화려함과 사치가 절정에 이른 루이 왕조시대에 무거운 세금과 잦은 전쟁으로 인해 프랑스 국민들의 생활상이 얼마나 참혹했는지를 잘 묘사하고 있다.

> 난폭한 수컷과 암컷의 무리를 나라 곳곳에서 볼 수 있었다. 햇빛에 검게 그을려 구리빛 피부를 가진 동물은 뭔가를 캐내려고 땅에 엎드려 집요하게 흙을 파헤치고 있었다. 그 동물은 발성을 하는 것 같고 일어서면 인간의 윤곽처럼 보였다. 그것은 진짜 사람이었다. 밤이면 소굴로 돌아가는 그들은 검은 빵, 물, 풀뿌리 등을 먹고 살았다. 다른 사람들은 하지 않는, 씨 뿌리고 밭 갈고 수확하는 노동을 하는 그들이 먹을 빵이 부족한 일은 없어야 할 것이다.

---

* 절대 왕권을 내세운 루이 14세를 풍자한 표현.

다윈의 연구에 나오는 '개미 사회'가 차라리 이보다 나은 사회구조라고 할 수 있다. 적어도 개미들은 자신이 수확한 곡식을 먹을 수 있지 않은가? 루이 까또즈(루이 14세의 별칭)가 권좌에 있던 이 시기에 블루아 지방의 소작농들은 풀과 썩은 고기로 연명했다. 길가에는 여자들과 아이들의 시신이 널려 있었으며 그들의 입에는 먹을 수 없는 잡초들이 가득했다. 미친 사람들이 묘지를 떠돌며 무덤가에 쭈그리고 앉아서 시체의 뼈를 갉아먹기도 했다. 1683년 앙제 지방 변두리의 소작농들 가운데에는 고사리로 빵을 만들어 먹는 사람들이 많았는데 그들도 결국 목숨을 잃었다. 1698년 많은 지방관들의 보고에 따르면 프랑스 전역에서 사람들이 굶어 죽어간다고 해도 과언이 아니었다. 기근이 엄청난 속도로 온 나라를 덮쳤다. 텐의 저술에 따르면 1715년 무렵 프랑스 국민의 3분의 1인 약 6백만 명이 죽었다. 이것이 프랑스 역사, 나아가 역사상 가장 위대한 세기인 18세기가 시작될 무렵의 모습이었다.

생 시몽은 루이 15세를 풍자하여 이렇게 적고 있다. "이 유럽 제일의 왕은 온갖 거지들의 왕이었다는 점 그리고 왕국 전체를 거대한 병원으로 바꾸어놓았다는 점에서 위대하다. 꼼짝도 못하고 모든 것을 빼앗긴 사람들이 이 거대한 병원에서 죽어가고 있었다." 그들은 모든 것을 빼앗겨 버렸기 때문에 거지가 될 수밖에 없었다. 샤르트르 지방의 한 주교에 따르면 사람들은 '양처럼 풀을 뜯어먹거나 파리 목숨처럼 죽어나가면서도' 남은 곡식들을 숨겨놓으려 애썼다. 또한 주일 예복으로 입는 옷이든 베개든 무엇이든 저당 잡혀 돈으로 바꾸려고 했다. 그러나 소용이 없었다. 세리(稅吏)들은 열쇠 수리공을 앞세워 잠긴 문을 열고 농민들의 세간을 압류했다. 식탁과 의자, 이불과 농기구에 이르기까지 모든 것을 빼앗긴 소작농들은 거지의 대열에 합류했다. 집 없는 부랑자들의 패거리가 남쪽에서 북쪽까지 전국에 출몰했다. 르트론은 당시의 상황을 다음과 같이 적고 있다.

> 온 나라를 떠도는 부랑자들은 심각한 골칫거리였다. 이들은 적군의 군대처럼 국토를 유린하고 닥치는 대로 약탈을 일삼으며 생계를 이어갔다. 여기저기 떠돌아다니며 강도질하는 방법을 연구하고 새로운 지역 사람들의 습관들에 대해 정보를 교환했다. 부자들은 화를 입으리라! 노상에서 일어난 강도 사건이 도대체 몇 건이었던가? 살해된 여행자의 수가 몇이며 강탈당한 집이 몇이던가? 돈을 숨긴 장소를 말할 때까지 고문을 당하다가 마침내 살해당한 성직자, 농부, 여인의 수는 도대체 얼마이던가?

이러한 범죄자들과 대항하기 위하여 엄청난 비용을 들여 막대한 경찰력을 투입했다. 하루에 5만 명이 체포된 적도 있었다. 감옥이 모자라 병원에도 범죄자들을 수용했다. 이는 이치에 맞는 조치였다. 범죄자들 중 많은 사람들이 굶주린 나머지 실성하거나 착란 상태에서 범죄를 저질렀기 때문이다. 왕은 더욱 많은 비용을 들여 수많은 교도소를 설립했다. 부양을 받거나 자립할 수 있다는 사실이 입증된 자들은 교도소에서 풀려났다. 그러나 붙잡혀온 자들의 대부분은 그렇지 못했다. 이 불운한 사람들 중 힘이 센 자들은 노역에 동원되었다. 나머지 대다수의 사람들, 수년 동안 짚더미에서 뒹굴던 폐인들은 정부의 특별보호를 받았다. 이 불쌍한 생명 하나를 부양하는 데 소요된 비용은, 빵과 물, 가염 라드(정

제한 돼지기름에 소금을 첨가한 것) 2온스(약 55g)로 하루에 5수(sous)
에 지나지 않았다. 왕이 해마다 백만 프랑에 이르는 돈을 극빈자들을 '보
살피는 데' 썼다는 기록으로 보아, 교도소마다 수감자들이 마치 통조림
속에 든 정어리처럼 미어 터졌다는 것을 상상할 수 있다.

그런데 수감자들 대부분이 비록 부자는 아니었지만 생산성 있는 농민
들이었다. 농민들의 처지를 목격한 작가, 경제학자, 법률가들은 이 지경
에 이르기 전에 그들을 돕는 것이 현명하지 않았을까 하는 질문을 던지
기 시작했다. 농민들이 '찍소리도 못하고' 부당함을 견디어왔다고 한 생
시몽의 말은 옳지 않다. 미 대륙이 발견된 지 4반세기가 지난 그 때, 중
세의 조건이 그대로 유지되는 것은 불가능했다. 민중은 예전과 달랐다.
사람들은 사고하기 시작했다. 특히 당시 가장 민감한 정신을 가진 사람
들이 모여 있던 파리는 그러한 움직임이 더욱 두드러졌다. 볼테르는 "전
사회가 사랑과 연극을 위해 살던 것을 갑자기 그만두고 곡식에 대해서
심각하게 생각하기 시작했다"고 말했다.

*   *   *

볼테르가 말한 곡식에 대한 생각은 사상가 케네에 의해서 주창된 것
이었다. 케네의 추종자들은 그들 자신을 '중농주의자'라고 불렀다. 스승
인 케네와 더불어 그들은 '자연이 모든 것을 지배한다'고 믿었다. 자연
그리고 자연과 인간의 관계가 사회를 결정하는 유일한 요소라고 생각
했다. "공업은 부를 증가시키지 못한다. 오직 농부들만이 생산적인 계층
이다. 농부 외의 다른 직업을 가진 시민들은 모두 무익한 계층이다." 이

것은 고전적인 생각이었다. 데메테르와 트립톨레모스가 이 프랑스의 중농주의자들로 부활한 것 같았다. 이들은 솔론이 아테네 시민들 앞에서 개진했던 주장과 거의 같은 맥락의 생각을 가지고 있었다. 케네의 열성적 제자였던 벤자민 프랭클린은 미국에 이 주장을 전했다.

케네는 극빈층 농민들의(실제로 극빈층의 대부분을 차지했던) 고통을 덜어주기 위해 그들이 농부로 남아있는 한 계속 연장 상환할 수 있는 신용대출제도를 마련할 것을 요청했다. 이들 가난한 농민들에게 가축도 쟁기도 없었기 때문에 기근이 일어난 것이라고 생각했던 것이다. 가축들은 이미 오래 전에 다 잡아먹었고 쟁기는 산산이 부서져버렸다. 이들 노동 계층은 문자 그대로 맨손으로 일했다. 생산량의 감소는 당연한 결과였다. 그러나 케네의 농경사상은 다른 사상가들을 불쾌하게 만들었다. 공업이 사치품만을 만들어내며 국가에 이익이 되지 않는다는 주장은 많은 사람들을 격분시켰다. 볼테르나 그림은 케네의 주장을 반박했다. 볼테르가 반대를 했다고? 프랑스 사람들이 곡식에 대해서 진지하게 생각하기 시작한 것을 축하했던 사람이 바로 볼테르 아닌가? 그러나 볼테르는 매우 프랑스적이었다. 비록 농업의 필요성을 인식하기는 했지만 농업을 지루한 것으로 여겼다. 제조업이나 공업은 변화무쌍하고 생기 넘쳐 보였다. 국가 정신의 활기는 여기에서 발견되었다. 대부분의 문필가처럼 볼테르도 무의식적으로 시골 '무지렁이'보다 (잠재 독자인) 도시 근로자들을 선호했다. 후에 나폴레옹이 이러한 기호를 드러내며 수천 가지 이유를 대서 공업의 지지자를 자청한 것은 프랑스 역사에 있어서 숙명적인 것이 되었다.

결과적으로 케네는 많은 사람들의 비웃음을 샀다. 한편 그가 로맨틱

한 열정을 가지고 이야기해 왔던 시골생활은 프랑스 사회에 새로운 기호를 불러일으켰다. 루소의 《뉴 엘로이즈(New Heloise)》에 들어있는 전원생활에 대한 서정시들은 이러한 취향을 유행시키는 데 기여했다. 자연에 대한 관심이 고조되었다. 토지를 소유하고 있으나 질퍽거리는 물웅덩이와 농민들의 비참한 광경을 마주하는 것이 두려워 자신의 영지를 방문하는 것을 꺼리던 부자들이 점점 목가적인 삶에 매력을 느끼게 되었다. 베르텡 장관이 설립하고 정부가 후원했던 단체 '농업사회'에 가입하는 것은 일종의 유행이 되었다. 주말농장이 만들어지고 물구덩이가 없어졌으며 길도 닦였다. 모든 것이 단순한 연극만은 아니었다. 그럼에도 불구하고 1705년 이래로 계속된 곡물가격의 상승은 멈추지 않았다. 그 기간 동안 밀과 귀리의 가격은 25%, 보리의 가격은 50% 상승했다. 생산물의 75%에서 80%를 거두어 가는 세금체계(인두세를 포함하여 강제적으로 부과되는 세금체계) 하에서는 진정으로 상황이 개선되기가 어려웠다. 지주들의 착취 때문에 생산적으로 일할 수 없는 구조에서는 사상가나 경제학자가 아무리 떠들어봤자 전혀 효과가 없었다.

그러나 그들은 전단지를 뿌리기 시작했고 온 국민이 이것을 읽기 시작했다.

*　　*　　*

중농주의자들과 함께 프랑스 국민들에게 보다 값싼 빵을 제공하고자 노력한 무리가 있었다. 자연과학자들과 화학자들이었다. 그러나 그들의 노력 역시 성공을 거두지 못했다.

1787년 위대한 라부와지에는 프랑스가 안고 있는 문제에 대하여 곰곰이 생각했다. 토지가 더 이상 사람들을 먹여 살리지 못하게 된 것은 무엇 때문일까? 그는 각종 세금과 내부 관세(internal tariff), 그리고 낙후된 제분소를 원인으로 지목했다. 정치가라기보다는 과학자였던 라부와지에는 낡은 프랑스 제분시설에 더욱 관심을 가졌던 것이다.

중세의 방앗간 주인들이 '빵의 품질을 저하시키는 주범으로' 미움을 샀다는 것은 누구나 아는 사실이다. 그들이 밀가루에 모래나 톱밥을 섞는다는 것은 사람들 사이에 널리 퍼진 유명한 편견이었다. 그래서 방앗간 주인들은 사회로부터 따돌림을 받았다. 나중에 경제적인 압박을 받아 밀가루에 불순물을 섞었을지도 모르지만, 초기의 이러한 비난은 사실 부당한 것이었다. 밀가루에 모래와 톱밥이 가득한 것처럼 보인 것은 그들 탓이 아니었다. 그것은 제분기의 탓이었다.

고대의 물레방아나 중세의 풍차는 발명되었을 당시의 상태에서 조금도 개선되지 않은 채 사용되고 있었다. 최초의 근대적 인간인 레오나르도 다빈치가 제분기의 성능을 향상시킬 방법을 생각한 적이 있었다. 그러나 그는 속도를 증가시키고 기계의 동작을 용이하게 하는 측면만을 고심했을 뿐이다. 그 역시 위생적 측면, 즉 제분의 정제과정에 대해서는 관심을 갖지 않았다.

고대 이래로 제분과정의 본질은 밀가루에서 밀기울을 분리해내는 데 있었다. 그렇게 하기 위해 밀을 되도록 잘게 빻는 방법이 개발되었다. 그러나 실제 결과는 의도한 바와는 반대로 나타났다. 빠르고 거친 제분과정은 밀기울까지 잘게 부수어 밀가루와 섞이게 만들었다. 제분이 완전히 끝난 뒤 체질을 해도 걸러지지 않았다.

1760년 파리에 사는 말리쎄라는 사람이 새로운 제분 방법을 개발한 적이 있었다. 밀을 단계적으로 제분하면서 각 단계마다 나오는 다양한 산물을 모양과 크기에 따라 분리해 나가는 방법이었다. 기존의 제분기와 다르게 밀을 가는 제분기의 돌이 일정한 간격을 두고 떨어져 있었다. 그 간격은 각각 3mm, 2mm, 1mm였다. 첫 번째 회전으로 밀의 가장 거친 부분이 제거되고(밀과 함께 갈리지 않는다) 두 번째 회전에서 중간 크기의 입자가 제거되고 마지막의 미세한 빻기 과정에서 밀가루가 나왔다. 이는 매우 중대한 혁신이었음에도 불구하고 채택되지 못했다. 프랑스 제분소의 95%는 여전히 비효율적인 방법으로 밀을 빻았다. 4반세기 후에 라부와지에는 이것을 매우 심각한 위험신호로 보았다.

그런데 국가 복지에 있어서 제분소의 상태가 근본적인 중요성을 지니고 있다고 결론내린 것은 라부와지에가 아니라 다른 과학자였다. 군대 약제사였던 파르망티에는 저서 《밀과 밀가루에 관한 경험과 고찰》에서 다음과 같이 적고 있다.

수년에 걸친 경험과 전시에 보고들은 사실들을 통해 나는 다음과 같은 확신을 갖게 되었다. 식물의 껍질이나 깍지, 목질 부분은 인간이 식용으로 삼기에 적합하지 않으며 특히 우리가 먹는 빵에 포함되어서는 안 된다. 밀기울은 알맹이는 다 빠져버린 목질의 유조직(柔組織)이자 곡물의 껍데기로 전혀 영양가가 없다. 이러한 껍데기를 밀알로부터 떼어내되, 이 껍데기가 체에 걸릴 수 있도록 너무 잘게 부수지 않는 것이 제분 기술이다. 밀을 너무 곱게 가는 것은 좋지 않다. 나는 이에 관한 실험을 여러 번 실시했기 때문에 그것을 입증할 수 있다. 드 뮈 원수께서 여기에 관심을 가질 것이라고 믿으며 애국적인 의도에서 나의 실험결과를 바친다.

드 뮈 원수는 프랑스의 전쟁대신이었다. 파르망티에가 왜 농무대신이 아닌 군무대신에게 이러한 의견을 제시했을까? 파르망티에는 일단 군인이었다. 그는 '전쟁을 통해 보고 들었으며' 평화와 전쟁은 약간의 차이가 있을 뿐 근본적인 차이가 없다는 것을 알고 있었다. 평화는 전쟁의 연장일 뿐이다. 전시에는 병사들이 굶주림 때문에 나무껍질을 먹는 것을 목격했다. 평화시에는 국민들이 비효율적이고 비과학적인 제분 방법 때문에 밀가루 대신 밀기울을 먹는 것을 보았다. 사람들은 무게가 많이 나가게 하는 밀기울이 영양을 보다 풍부하게 만들어 줄 것이라고 생각했다. 그러나 사실 밀기울은 소화되지 않은 채로 배출될 뿐이다. 밀기울이 섞인 빵은 사람들의 위를 속일 따름이었다. 아무리 먹어도 사람들은 계속 배가 고팠다.

*　　*　　*

파르망티에는 밀가루의 품질이 국가적 차원에서 국민건강에 나쁜 영향을 미친다는 것을 입증한 최초의 근대적 영양학자였다. 그는 다른 방면으로도 국가에 공헌했다. 식량문제를 즉각적이고 실용적으로 해결하기 위해 감자를 보조식량으로 삼을 것을 권장했다.

그러한 제안은 상당한 용기를 필요로 하는 일이었다. 프랑스에서 감자는 거의 알려져 있지 않은 식품이었다. 뿐만 아니라 (그 당시의 지식을 반영하는 디드로의 백과사전에는 감자에 대해 "이집트에서 나는 농산물로 식민지에서라면 어느 정도 재배할 가치가 있을지도 모른다."고 기술하고 있다) 대중들에게 감자는 언급할 가치도 없는 하찮은 것이었다. 1700년 스위스 동부지방으로부터 감자가 수입되었을 때, 프랑스인들은 감자에 독이 있다고 생각했다.

그런 생각은 감자가 다른 곡물과 오랜 경쟁을 하는 동안 여러 번 되풀이해서 나타났다. 보리, 밀, 귀리, 호밀 등을 심었던 토지는 경쟁 작물의 존재를 뿌리째 몰아냈다. 처음으로 어떤 곡물이 재배되기 시작하면, 곡물은 그 토지에서는 단일 경작만 가능하도록 투쟁해왔다. 감자를 즐겨 먹는 아일랜드 사람들은 옥수수를 먹으면 피부가 검게 변한다고 믿었다. 밀을 주식으로 삼았던 17세기 프랑스나, 호밀을 먹었던 독일에서는 사람들이 감자를 먹으면 나병에 걸린다고 믿었던 것이다! 어디 사람들이든 감자를 먹을 때마다 이런 중세적 공포가 되살아났다.

사람들이 감자에 독이 있다고 생각하는 것에는 이유가 있다. 위대한 빈의 클루시우스와 같은 식물학자들이 감자를 가지과로 분류함에 따라 이러한 미신은 더 힘을 얻었다. 실제로 가지과의 식물들 중 잎에 독성이나 마취성을 가진 식물들이 많았다 (까마종이, 토마토, 고추류, 노박덩굴류, 담배, 페튜니아 등이 이 과(科)에 속하는 식물들이었다). 그러나 솔라닌은 식물의 초록색 부위에만 존재하며 감자, 즉 덩굴줄기 부분에는 독성이 없다.

파르망티에가 감자를 처음 접한 곳은 프랑스가 아니라 독일 동부지방이었다. 프랑스가 오스트리아 편이 되어 프리드리히 대왕과 싸웠던 7년 전쟁에서 파르망티에가 포로로 붙잡힌 적이 있었다. 프로이센의 포로수용소에서 수년 간 복역하면서 그는 비상식량으로서 감자의 진가를 깨닫게 되었다. 실제로 몇 달 동안 감자만 먹으며 지낸 적도 있었다. 그곳에서 프리드리히 대왕이 감자를 경작하도록 강력한 정책을 시행해 왔다는 사실을 간수로부터 듣게 되었다. 프로이센 국민들은 처음에 이 정책에 크게 반발했다. 프리드리히 대왕의 조부 시절 프로이센에 들어온 감자 때문에 나병이 발생했다고 믿었기 때문이다. 의심 많은 농민들은 감자를 돼지 우리에 던져주거나 불에 태워버렸다. 한동안 왕은 감자밭에 보초병을 빽빽하게 세워 농민들을 감시해야 했다. 이런 일은 몇 년간 계속되었다. 그러던 어느 날 브로츠와프 지방에서 왕이 직접 발코니에 나와 시민들이 보는 앞에서 감자 요리를 먹었다. 완고하던 프로이센 사람들은 이 장면을 보고 어리둥절해졌다. 얼마 후 그들은 감자에 대한 인식을 완전히 바꿨다. 감자가 그들에게 7년 전쟁의 승리를 안겨주었기 때문이다. 전쟁 중 오스트리아와 러시아가 곡물의 수입을 봉쇄했지만 감자를 심어놓았던 프로이센 국민들은 굶주림을 면할 수 있었다.

파르망티에는 프로이센에서 감자를 먹고 죽은 사람이 아무도 없었다는 점을 강조했다. 그가 프랑스 국민들에게 감자를 권장한 이유는 감자가 포만감을 주는 식품일 뿐 아니라 감자를 경작하는 데 쟁기와 가축 등이 필요하지 않다는 점 때문이었다. 일찍이 케네가 농기구를 갖추기 위한 자금을 요청했지만 자금이 나올 기미는 전혀 보이지 않았다. 방앗간을 개량하는 것도 비용이 많이 들고 엄청난 수의 기계 기술자들이 필요했다. 그러나 감자의 경우에는 이런 것들이 전혀 필요하지 않았다. 감자를 경작하는 데는 종자로 쓸 감자 한 포대만 있으면 그만이었다.

파르망티에의 선전은 마침내 어느 정도 주의를 끌었다. 국민들의 삶이 계속해서 어려워지자 브장송 아카데미는 기근 시기에 곡물을 대치할 만한 식품 제안에 대해 상을 내걸었는데 파르망티에가 이 상을 탔다. 루이 16세는 그에게 50에이커의 땅을 시험 경작지로 하사했다. 그러나 시험 경작은 일종의 게임으로 전락하고 말았다. 이 조그만 땅이 생산해 낸 주요 산물은 왕과 궁정의 인사들이 단추 구멍에 꽂고 돌아다니는 감자꽃이었다. 나중에 감자는 궁정의 식탁에 오르게 되었다. 그것은 파르망티에가 애초에 의도했던 바가 아니었다. 루이 왕은 이 과학자가 뜻하는 바가 무엇인지 잘 알지 못했다. 파르망티에가 두 번째로 왕을 알현했을 때 왕은 그에게 "프랑스 국민은 그대가 가난한 사람들을 위한 식품을 발견한 공로를 잊지 않을 것이오"라고 말했다. 파르망티에는 감자가 야채가 아니라 빵을 만드는 밀가루의 대용품으로 사용되기를 바랐던 것이다.

몇 번의 협상 끝에 그는 정부로부터 라 그랑드 트뤼앙드리 거리에 '제빵학교'를 설립해도 좋다는 허가를 받았다. "말을 먹이는 것에 대해 공부하는 수의사 학교가 존재하는데, 온 국민의 건강을 책임지는 제빵사를 위한 학교가 하나쯤 있어야 하지 않겠는가?"라고 그는 회고록에 적고 있다. 이 학교는 "새로운 곡물 성분으로 기근 시에 식량으로 사용될 빵을 만드는 것"을 설립 목적으로 했다. 마침내 식량 문제를 과학적으로 해결하고자 하는 시도가 나타난 것이다. 부족한 밀을 늘리기 위한 중세의 위험한 전략들은 사라지고 있었다. "현미경을 손에 든 과학자들만이 이러한 폐해의 원인을 밝혀낼 수 있을 것이다."

1780년 6월, 제빵기술자들을 위한 학교가 문을 열었다. 화학자인 까데 드 보와 파르망티에가 교장을 맡았다. 수많은 프랑스 과학자들과 미국 대사 벤자민 프랭클린 앞에서 다양한 제빵 실험이 실시되었고 감자

분말이 곡물을 대체할 이상적인 빵의 재료로 소개되었다. "감자 분말은 귀리 같이 자극적인 맛이 없고 옥수수와 같이 건조하지도 않습니다"라고 파르망티에가 말했다. 머리분을 바르는 대신 민주주의의 표상인 비버 모자를 쓴 프랭클린이 프랑스인들 사이에서 설명을 주의 깊게 들었다. 그는 이 나라가 당면한 어려움을 이해했지만 스스로는 감자를 그리 좋아하지 않았다. 그의 고향인 보스턴에서는 장인들이 도제(徒弟)를 들일 때 식사로 감자를 주지 않을 것이라는 조항을 계약서에 포함시키는 것이 관행이었다. 프랭클린은 옥수수를 즐겨 먹었다. 다정다감한 성격의 그는 프랑스 사람들에게 옥수수를 먹도록 설득했다. 그가 유럽에서 마지막으로 쓴 논문의 제목은 〈인디언 옥수수에 대한 고찰〉이었다. 그는 이 논문을 직접 까데 드 보에게 보냈다. 그는 어린 시절부터 보고 들은 옥수수에 관한 모든 지식을 이 논문에 쏟아 부었다. 푸른 옥수수, 구운 옥수수, 삶은 옥수수, 말린 옥수수, 즉석 푸딩, 옥수수 빵, 콘 시럽, 옥수수 술, 옥수수 사료 등. 그러나 프랭클린의 온갖 노력은 물거품이 되고 말았다. 그는 곧 미국으로 돌아가 그토록 좋아하던 옥수수를 맘껏 즐겼다.

민중의 분노가 온 나라에서 마치 빵 반죽처럼 천천히 부풀어오르는 동안, 제빵학교에서는 제빵 실험을 계속했다. 파르망티에는 8년이나 지난 비스킷이 아직도 먹을 만하다는 것을 입증했다. 수석 제빵사 꼴르는 감자를 냉동 보관했던 고대 페루 인디언의 비법을 재발견한 공로로 은메달을 받기도 했다. 아, 순진하고 처량한 제빵학교여! 프랑스 모든 지방에서 2년 정도 일찍 감자 경작을 강제로 실시했더라면, 프랑스는 혁명을 피해갈 수 있었을지도 모른다. 그러나 적군은 이미 움직이고 있었다. 감자가 상류층의 식단에 오르기에 부적합한 식품이라고 작가 르 그랑드 도시Le Grand d'Aussy는 단정했다. "덜 익은 듯한 맛하며 볼품없는 모양새, 거기다 해로운 효과까지 가지고 있는(다른 발효시키지 않은 곡물가루와 마찬가지로 감자전분은 속을 더부룩하게 만들고 소화가 잘 되지 않는다) 감자는 중류층들이 먹기에는 부적절한 음식이다. 세련되지 못한 입맛과 가죽 같은 위장을 가진 사람들이나 먹을 수 있다." 이러한 발언은 하류층에 대한 직접적인 모욕이었다. 감자 먹기 운동은 하층민들을 대상으로 이루어진 것이었으니 말이다. 그러나 이들의 반응은 실로 뜻밖이었다. 그들은 르 그랑드 도시의 견해가 옳다고 보았으며 파르망티에에게 화를 냈다. 오늘날 파리 시민들은 페르-라셰스에 있는 파르망티에의 무덤 주위에 한 해도 거르지 않고 감자를 심어 그의 업적을 기린다. 그러나 파르망티에의 생전에는 아무도 그와 같은 경의를 표하지 않았다. 획기적인 그의 저서 《경작과 감자 경작자에 대한 조약》이 1789년에 출간되었으나 이미 모든 것이 늦어 버렸다. 폭풍우가 몰아닥치기 시작했다. 그 와중에서 누가 감자 따위에 신경 쓰겠는가?

프랑스 혁명의 주역, 빵

바스티유의 폭풍이 몰아치기 몇 달 전부터 파리 민중들은 자크리의 금지된 인사말 "빵이 부풀어 오르고 있네"를 주고받으며 서로 인사하기 시작했다. 빵이라니? 빵은 어디에도 없었다. 단지 사람들의 희망 속에 존재할 뿐. 운명의 손은 부지런히 움직이기 시작했다. 빵 반죽을 주무르고 커다란 오븐 뚜껑을 열었다.

당시 군중들은 마치 모양이 정해지지 않은 빵 반죽 같았다. 선동가들은 반죽이 부푸는 데는 '효모'가 필요하다는 사실을 알고 있었다. 이 효모는 허구를 만들어내는 것이다. 단 하나의 허구를. 사실 또는 소문이 군중의 귀에 들어가면 가장 굼뜨고 둔한 사람의 마음에도 반항심이 생기기 마련이다.

사실과 소문이 있었다. 언제 어떻게 생겨난 이야기인지는 모르지만 모든 프랑스 민중은 심각한 곡물 부족 현상의 뒤편에 음모가 도사리고 있다고 생각했다. 배고픔은 유사 이래 언제나 존재했지만 사람들에게 당시의 심각한 기근은 어딘가 부자연스럽게 느껴졌다. 몇몇 사람들이 프랑스 국민의 씨를 말리려고 작정을 한 것이 분명했다! 먹을 것을 달라는 굶주린 사람들의 호소가 끊임없이 들려오는 동안 왕, 부자, 귀족들은 무엇을 했던가?

곡물 투기꾼들이 떼돈을 벌었다는 것은 확실했다(투기로 돈을 버는 일은 파라오 시절에도 있었고 아우구스투스 시절에도 있었다.) 그런데 특이한 것은 투기의 배경에 '프랑스를 말살시키려는' 음모가 있다고 민중이 믿었다는 점이다. 선동가들과 저술가들이 동요하기 쉬운 민중에게 은밀히 속삭인 내용은 70년 이상 존재해 온 상인들의 비밀조직이 정부와 결탁하고 '기근 협정'을 맺어 일부러 온 나라에 기근을 일으켰다는 것이었다. 그것이 바로 곡물이 자취를 감춘 이유였다! 루이 15세가 이 흉악한 음모에 가담한 대가로 천만 파운드를 받았다고 사람들이 수군댔다. 이 비밀조직은 프랑스 각지에서 싼값에 곡물을 사들여 외국으로 몰래 수출하고 그곳에서 다시 그 곡물을 사서 프랑스에 들여와 원래 가격의 10배에 판매한다는 것이었다. 이 조직망은 프랑스 전 지역에 침투했으며 관계자들은 모두 이 카르텔로부터 뇌물을 받았다고 했다.

지난 백 년간 프랑스에서는 곡물을 수출하는 것이 금지되어 있었고 따라서 상당한 양의 곡물을 비밀리에 외국으로 수출하는 것은 쉬운 일이 아니었다. 생산된 모든 곡물을 수출했다는 주장은 사실이 아니었다. 그러나 소문을 퍼뜨린 자들은 이 명백한 모순에 대한 해결책을 마련해 놓았다. "왕이 이 음모에 가담하고 있다. 정부에서 직접 곡물을 거두어 군대의 호위하에 국경으로 보낸다." 어떻게 이런 일이 가능한지에 대해서는 아무도 대답할 수 없었다. 현재의 루이 왕이 이런 음모에 개입할 만한 위인이 못된다는 사실은 사람들도 시인하는 것이었다. 그럼에도 불구하고 '높은 마진의 해외 판매'는 왕이 허락했을 것이라는 추측이 난무했다. 이 놀라운 음모의 주동자로 추측되는 인물들은 반세기에 걸쳐 계속 변했지만 대신들과 영주들 그리고 왕이 연루되었다는 추측에는 언제나 변함이 없었다.

이 이야기가 어떻게 시작된 것인지는 아무도 모른다. 그러나 일단 구체적인 이름과 숫자가 언급되자 모든 사람들이 믿기 시작했다. 예를 들어 1765년 8월 28일, 다시 국민들을 굶겨 죽일 계획을 논의하기 위해 4명의 주동자들이 파리에서 회합을 가졌다는 소문이 돌았다. 프랑스 삼림감독관 세몽, 왕실 영토감독관 루소, 국군병원장 페뤼쇼, 발명가이자 제분업자인 말리쎄가 그 주동자로 지목되었다. 네 사람은 국왕의 인가를 받아 모든 곡식을 해외로 빼돌리고 있으며, 곡식은 영국령 저지 섬과 건지 섬의 곡물창고에 저장되었다가 엄청난 세금을 물고 다시 프랑스로 들어온다는 것이었다. 이 이야기가 어느 정도는 사실인지도 모른다. 1765년 9월에 빵 가격이 세 배로 뛰어올랐으니 말이다. 그러나 과연 그것이 모두 사실이었을까? 그 곡물을 채널 제도(Channel Island)로 실어 나를 배들은 어디서 구했을까? 3년 뒤 경찰은 소문의 진원지를 찾아냈다. 그러한 거래의 이익을 기록한 장부를 보았다고 주장한 하급공무원 보몽이 소문을 퍼뜨린 주인공이었다. 그는 즉각 바스티유에 끌려가 20년 동안 수감되었다. 재판이라도 열렸다면 그가 증거를 제시하거나 혹은 소문 중 어떤 부분이 사실이었는지 밝혀질 수도 있었으리라. 그러나 재판은 필요치 않았다. 왕의 교지 한 장은 한 사람을 파리에서 20년간 추방하기에 충분했다. 사람들은 길거리나 광장에서 '기근 협정'을 말할 때 이러한 조치를 감안해야 했다. 그러나 소문을 막는 데는 역부족이었다. 제분 기술을 향상시켜 세계에 공헌했던 말리쎄는 악질적인 불한당에다 민중의 적으로 낙인찍혀 나병환자처럼 따돌림을 받았다. 그가 해마다 그런 식으로 프랑스에 판매한 곡물은 3만 파운드에 달한다고 사람들은 말했다. 그는 임종 시에 거의 실성한 상태였다. 죽기 전 몇 시간 동안 그는 좋은 밀가루를 만들기 위해서는 제분기의 맷돌 간격을 처음에는 3mm, 다음에는 2mm, 그 다음에는 그보다 더 좁게 놓아야 한다고 계속 중얼거렸다. 그는 자신이 교살당하고 있다는 망상 속에서 죽어갔으며 세상을 떠날 당시 전혀 부자가 아니었다. 오히려 정부에 은화 115,000 파운드의 빚을 지고 죽었다. 사람들이 주장했던 그의 '이익'은 다 어디로 갔던 것일까?

1789년 7월 14일 '곡물음모'설에 격분한 시민들이 들고일어났다. 그들은 명예로운 시민들과 드 보몽과 같은 폭로 정신이 투철한 자들이 감금

되어 있는 바스티유 감옥을 향해 돌진했다. 일부 역사학자들의 주장에 의하면 당시 감옥으로 몰려오던 민중의 손에는 도끼와 소총 대신 곡식의 이삭이 들려있었으며 무도회 복장을 하고 있었다고 한다. 이것은 그리 설득력 있는 이야기가 아니다. 파리 민중이 곡물의 이삭을 어디서 구할 수 있었겠는가? 그러나 이 이야기에서 의미심장한 부분은 바스티유 감옥을 향한 돌격, 오랫동안 증오의 대상이었던 성벽을 부수어 버린 이 사건이 동시대인들에게 추수를 축하하는 축제, 케레스를 기념하는 농민들의 행렬처럼 보였다는 점이다. 온 세상에 고전적인 정신이 넘쳐흘렀다. 아마도 파리의 시민들은 헬라스(그리스)에 대해 들어본 일조차 없었겠지만 그들의 삶은 그리스-로마식 복장을 입고 나타났다.

＊　　　＊　　　＊

세계는 다시 한 번 숭고한 정신에 휩싸였다. 진정한 기사도를 가로막는 유일한 장애물, 바스티유가 무너짐으로써 모든 것이 순조로울 것처럼 보였다. 조화의 바람이 파리의 대기에 떠돌았다. 서로 다른 신분들이 손을 내밀어 화해를 청했다. 1789년 8월 4일, 노와이유 자작과 드 샤틀레 공작의 제안으로 귀족들은 자신들의 특권을 공식적으로 포기했다.

천 년 동안 간절하게 두드렸지만 끄떡도 하지 않고 굳게 닫혀있던 문이 한 순간에 민중의 눈앞에 활짝 열렸다. 그날 밤, 즉 1789년 8월 4일 밤 국민의회에는 꿈처럼 비현실적인 분위기가 감돌았다. 촛불을 밝힌 홀의 창문을 통해 후덥지근하고 향기로운 한여름의 공기가 들어왔다. 각 지방마다 폭도들이 날뛰었지만 이곳은 잠잠했다. 싸움도, 휘두르는 창

1789년 7월 14일 바스티유 함락

도 이곳에는 없었다. 하류층이 50세대에 걸쳐 투쟁해온 것을 귀족들이 자진해서 내어주었다. 자유를 금쟁반 위에 놓아 그들 앞에 내밀었다. 영주의 재판권과 혼인세*가 사라졌다. 소작농들은 더 이상 특정한 땅에 구속되지 않았고 영주에 대한 상속상납제도도 폐지되었다. 귀족은 사냥에 대한 특권을 포기했고 성직자들은 십일조를 포기했다. "우리의 소망

---

* 장원의 농노가 딸이 결혼할 때 내는 굴욕적인 세금.

은 단 하나뿐이다. 그대들은 빨리, 가능한 한 빨리 주어진 자유를 확립하도록 하라." 모르트마르 공작이 놀란 표정의 시민들에게 이렇게 말했다. 마치 동화와 같은 장면이 연출되었다. 악수와 환호성, 모자를 벗어 들고 흔드는 손의 물결…… 시민들은 인권의 실현에 열광했다. 참혹하게 짓밟힌 자크리의 난, 산처럼 쌓였던 농민들의 뼈, 1525년 라인강 저편에서 벌어진 피비린내 나는 학살*……그날 밤 사람들은 이 모든 것을 잠시 잊었다. 마담 드 스타엘이 묘사한 것처럼 '관대한 분위기, 프랑스인 특유의 기질, 갈채를 받고자 하는 욕망에서' 모든 것들이 이루어졌다. 실제로 모든 군중이 그날 밤 내내 갈채를 보냈다.

그러나 과연 사람들이 모든 갈등을 정말로 잊어버렸을까? 귀족들이 화해의 몸짓을 보이는 동안 농민들은 성을 불태우고 있었다. 각 지역을 휩쓸고 있는 농민들의 무리는 그들의 대표들이 국민의회에서 영주들과 평화의 키스를 나누고 있다는 사실에 별로 관심이 없었다. 여전히 빵은 없었던 것이다.

"문제는 그게 아니다. 이 불한당 같은 놈아!" 강당에서 이루어진 끊임없는 논쟁 끝에 화가 치민 한 여인이 소리쳤다. 그러자 온 군중이 입을 모아 소리쳤다. "우리에게 빵을 달라!"

바스티유 감옥을 습격했으나 파리 시민들에게는 여전히 빵이 없었다. 그들은 바스티유에서 드 보몽과 같은 불쌍한 악당 몇 명만 발견했을 뿐, 곡식은 한 톨도 구경할 수 없었다. 실제로 바스티유 습격이 있은 뒤 밀가루 부족 현상은 특히 심했다. 사람들은 혁명의 영광을 먹여 살릴 여력이 없었다. 어째서 4파운드짜리 보통 빵과 흰 빵의 가격이 12.5수와

---

* 1524년 독일 슈바르츠발트 지역에서 발발한 농민전쟁.

14.5수에서 조금도 떨어지지 않는 걸까? 빵장수들이 가격을 내리도록 정부에서 보조금을 지급했는데도 말이다. 그러나 정부의 보조금도 빵의 공급을 늘릴 수 없었다. 빵집 앞에서 귀중한 시간을 다 허비한 민중들의 분노는 나날이 더해갔다. 물론 파르망티에의 감자 빵은 훨씬 값이 쌌다. 그러나 파르망티에나 제빵학교에는 더 이상 아무도 관심을 갖지 않았다. 그것은 이미 구시대의 헛소리일 뿐이었다. 파르망티에의 실험 목적은 부자들이 가난한 사람들의 입을 틀어막을 만한 물건을 찾기 위한 것이라고 사람들은 수군댔다. "감자빵? 그따위 물건은 너희들이나 먹어라. 우리가 원하는 것은 진짜 빵이다!" 제빵학교의 문 앞에서 사람들이 소리쳤다. 1790년 1월 14일, 공포에 질린 파르망티에는 마침내 '오븐을 보호하기 위해' 무장 군인들의 출동을 요청했다. 민중들은 제빵학교를 앙시앵 레짐 즉, 구제도와 동일시했다.

* * *

1789년 8월의 재앙은 모든 면에서 너무도 처절해서 마치 신이 곡물 투기꾼이나 모리배들과 결탁을 한 것만 같았다. 유사 이래 최악의 가뭄이 프랑스를 덮쳤다. 강들은 모조리 말라붙었다. 강물이 마르면 방앗간에서 밀가루를 만들 수 없었다. 풍차가 있었지만 프랑스 북부 지방에만 국한되어 있었고 중부 및 남부 프랑스의 제분소들은 모두 물레방아에 의존하는 형편이었다. 그나마 얼마 안 되는 밀조차도 빻을 수 없게 된 것이다! 농무대신은 즉각 마력(馬力)을 이용한 제분시설을 짓도록 지시했지만 이는 시간이 걸리는 일이었다. 9월이 되자 빵의 공급은 더욱 줄어들고 가격은 무섭게 치솟았다. 소요하는 군중들은 궁정에 아직 빵이 남아 있을 것이라고 확신했다. 베르사이유에는 왕과 왕비, 성직자들, 은장식이 달린 구두를 신은 귀족들, 심지어는 민중의 대표자인 국민의회의 구성원들(민중은 점점 자신들의 대표들을 배신자라고 생각하기 시작했다)조차도 빵을 먹고 있을 것이다. 자, 베르사이유로 가자!

10월 5일 이른 새벽, 파리는 엄청난 사람들의 무리를 안개가 자욱한 길로 토해냈다. 넝마 같은 옷을 걸치고 맨발로 길을 나선 그들의 손에는 낫과 창이 들려 있었다. 행렬의 중심에는 남자들이 가고 여자와 아이들이 그 주위를 둘러싸고 따랐다. 치마를 입은 혁명 투사! 이것은 새로운 사건이었다. 스스로의 절실한 요구에 의해 길에 나선 여인들의 수는 5만 명 아니, 10만 명에 달했다. 파리 시내에는 사람들이 자취를 감추었다. 왕정시대는 그날 완전히 끝장이 날 듯 보였다.

군중들은 환각에 시달렸다.

"빵 수레 봤지?"

"그래, 저기 지평선 위에 빵 수레가 있다!"

베르사이유에 도착했을 때 그들은 지쳐 있었고, 온몸이 먼지투성이였으며, 눈빛만이 번득이고 있었다. 그들은 그곳에서 그 유명한 정원을 발견했다. 그러나 그 정원은 아버지와 할아버지로부터 들어왔던 모습과는 달랐다. 무지개처럼 영롱하게 빛나고 이국적인 새의 지저귐처럼 아름다운 소리를 내며 물을 뿜는 분수는 정원에서 찾아볼 수 없었다. 이미 몇 주 전 국왕인 루이 16세는 정원의 분수들을 모두 끄도록 지시했다. 방아를 돌리는 데 물이 필요했기 때문이다. 분수에서 물이 뿜어져 나오지 않는 덕택에 베르사이유 주변 마을 사람들은 빵을 먹을 수 있었다.

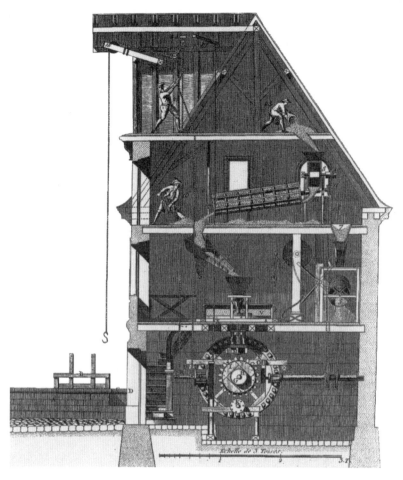

물방앗간의 단면도(1780년경)

파리 전체를 먹여 살리기에는 역부족이었지만 군중들은 갑자기 어쩌면 궁정에도 빵이 부족할지 모른다는 생각을 하게 되었다. 물론 보석과 금은 가득하지만 말이다. 빵을 내놓으라는 여인들의 외침은 다소 가라앉았다. 그들은 왕과 왕비를 파리로 데려갔다. 그러나 아무도 왕과 왕비에게 해를 가하지는 않았다.

베르사이유에 갔던 사람들이 돌아오면 빵의 비라도 내릴 것이라고 기대했던 파리 사람들은 실상을 마주하자 실망감을 감출 수 없었다. 여자들로 둘러싸인 마차 한 대가 저녁 무렵 교외에 도착했다. 사람들은 햇불에 비친 살찐 왕의 모습을 알아볼 수 있었다. "저기 빵장수가 온다!" 사람들은 외쳤다. "빵장수 마누라도 함께 오고 있다!" 빵장수와 그 마누라는 기근 협정에 대한 소문이 퍼지고 난 이후 왕과 왕비에게 붙여진 별명이었다.

빵장수 루이 16세도 없는 빵을 만들어낼 재주는 없었다. 그가 당시에 얼마나 무능력한 상황이었는지는 마담 드 스타엘의 책《고찰》에 잘 나타나 있다. 10월 5일 당시 왕은 베르사이유 경호부대의 호위를 받으며 지방으로 도망갈 수도 있었다고 그녀는 회고한다. '일개 연대를 먹일 만큼의 밀가루만 있었어도' 말이다. 그러나 왕에게는 밀가루가 전혀 없었다. 파리에 남아있던 혁명 동지들의 눈에는 왕의 마차를 프랑스로 데려오는 혁명군의 총검 끝에 빵 덩어리가 매달려 있는 것처럼 보였다. 그러나 그것은 굶주림에 지친 시민들의 상상 속에 나타난 환영일 뿐이었다. 혁명군이나 여인들은 빵을 가져오지 못했다.

14일 동안 굶주림은 계속되었다. 교외에서는 강도질이 기승을 부렸다. 부유한 집들 가운데 상당수가 습격을 받았다. "빵장수를 주시하라"는 말은 일종의 암호가 되었다. "빵장수들이 밀가루를 감추었다. 그놈들은 값이 더 오르기를 기다리고 있다."

1789년 10월 20일, 빵장수 드니 프랑스와는 가게에서 소란을 피우는 한 여인을 제지하느라 애를 먹고 있었다. 그 빵 가게는 노틀담 근처 대

주교궁 옆에 있었다. 파리 시민들이 좀 더 가까이서 감독할 수 있도록 국민의회가 베르사이유를 떠나 파리로 온 이래로 대주교궁에서 회의가 열리고 있었다. 빵 가게의 여인은 계속해서 소리를 질러댔다. 진정될 기미가 보이지 않았다. 드니 프랑스와는 방금 빵 여섯 세트를 구워냈고 다음 세트를 구우려는 참이었다. 그 여자는 그 전날에도 빵을 받지 못했고 그 전전날에도 빵을 받지 못했다고 외쳐 댔다. 빵집 주인은 여자를 가게 안쪽으로 들어오도록 했다. 숨겨놓은 빵이 없다는 것을 직접 보여주기 위해서였다. 안쪽으로 들어간 여자는 늙은 빵집 주인이 살고 있는 방 안까지 쳐들어갔다. 거기에서 그녀는 탁자 위에 놓인 4파운드짜리 빵 세 조각을 보았다. 이 빵들은 빵집에서 일하는 견습생들이 먹기 위해 만든 것이었다. 여자는 빵 한 개를 집어들고 소리를 지르며 거리로 뛰쳐나갔다. "여기 밀가루를 숨겨놓았어요!" 군중은 안으로 물밀듯 들어와 집을 부수고 늙은 빵집 주인을 두들겨 팼다. 그들은 옷장 속에서 72개의 갓 구워 낸 작은 롤빵을 발견했다. 그 불행한 빵집 주인은 의회의 대표자들을 위해 그 빵을 만들었던 것이다. 뭐? 민중의 대표자들을 위한 빵 72개? 정작 민중은 배를 곯고 있는데? 빵집 주인은 끌려나왔으며 사람들은 외쳐댔다. "반역자를 처단하라!" 경찰과 국회 경비부대가 빵집 주인을 체포하기 위해 급파되었다. 사실은 그의 목숨을 구하기 위한 조치였다. 그러나 폭도들은 빵집 주인을 경찰로부터 빼앗아 플라스 드 그레브(Place de Greve)로 데려가 목을 매달았다.

국민의회든 정부 관료든, 공화정이든 왕정이든, 빵 부족을 해결하지 못하는 당국자들이 민중에 의해 목이 매달릴 것이라는 사실은 자명했다. 그러나 빵 문제는 좀처럼 해결의 기미가 보이지 않았다. 국민의회는 농민들에 대한 보조식량 약 40만 파운드를 확보했으나 식량난을 해결할 수 없었다. 당시 프랑스에서는 모든 것이 쇠락하고 있었기 때문이다. 도로, 운송수단, 쟁기, 가축, 사람들의 정신까지도. 국경지대에서는 곡물 투기꾼들이 슬쩍 슬쩍 곡물 가격을 올리고 있었다.

도대체 빵은 다 어디로 갔을까? 전제정치하에서 곡물의 강줄기는 서서히 말라붙어 갔고 빵집의 오븐은 텅 비게 되었다. 유럽과의 전쟁이 시작되기 전에도 프랑스인들은 이미 포위되어 있다는 느낌에 휩싸여 있었다. 곡물을 구해야 했다. 그러나 대체 어떻게 구한단 말인가? 당시 무역에 대한 사람들의 인식은 매우 좋지 않았다. 무역은 민중에 대한 배신행위이자 새로운 국가정신에 맞서는 범죄행위로 간주되었다. 새로운 국가의 기틀은 오로지 농업이었다. (그러나 농부들은 다 어디로 갔는가?) 무역업자들은 모두 투기꾼이나 사기꾼으로 여겨졌다. 혁명은 무역업자들의 목숨을 위협했으나 한편으로 그들의 도움을 절실히 필요로 했다. 민중은 무역에 대해 아는 바가 전혀 없었다. 파리시는 많은 비용을 들여 곡물을 수입했다. 한때는 놀랍게도! 군사학교에 3만2천 포대의 밀이 쌓여 있었다. 그러나 프랑스는 호시절에 연간 65만 포대의 밀가루를 소비하곤 했다. 몇 세기 동안 프랑스인들은 밀로 만든 빵만 먹는 식습관을 고집해왔다. 값싸고 포만감을 주는 마카로니가 이탈리아에서 발명되었지만 프랑스인들은 거들떠보지도 않았다. 옥수수가루의 냄새도 싫어했고 귀리는 말에게나 먹였다. 프랑스 사람들은 오직 빵, 밀로 만든 빵만을 원했다. 그런데 바로 그 빵이 부족했던 것이다.

혁명당국은 국민들에게 빵 부족 현상이 더 심해질 것이라고 통보했다. 1792년 전 유럽을 상대로 한 전쟁이 발발했기 때문이다. 모든 빵의 공급선은 프랑스 군대에서 장악했다. 병사들은 잘 먹어야 했다. 귀족주의자들의 무서운 음모로부터 혁명을 보호할 사람은 바로 용맹한 병사들이니 말이다. 그러나 병사들조차 늘 빵 부족에 시달렸다. 나중에 알려진 사실이지만, 프랑스 군대의 장군들, 뒤무리에 주변의 반역자들이 북부지방에 주둔한 군대의 곡물을 접경지대의 적들에게 빼돌리고 있었던 것이다. 이것은 공화국의 종말을 의미할 정도로 심각한 위기였다. 왕과 여왕, 귀족의 목을 베어버리는 것은 가능하지만 마음속의 탐욕과 이기심을 베어버리는 것은 불가능한 일이란 말인가? 1793년 8월 7일 기아에 허덕이는 파리에서 7,500파운드의 빵이 순식간에 사라졌다. 당시 지방에서는 빵 가격이 고정되어 있지 않았는데, 사람들이 이러한 곳으로 빵을 빼돌려 폭리를 취했던 것이다. 또 다시 추악한 기근협정설이 고개를 들기 시작했다. 고작 이런 결과를 얻기 위해 사람들이 4년 동안 혁명을 위해 투쟁했단 말인가?

죄인들은 처벌을 받았다. 그러나 그들의 뒤를 이어 나타난 것은 바로 군대였다. 시민들이 몇 주 동안 굶든 말든 군대는 먹어야 했다. 국민공회는 군대 곡물수송차량을 정지시키거나 진로를 바꾸는 자는 사형에 처한다는 칙령을 내렸다. 가장 먼 지역에서 곡물을 수레에 담아 서둘러 전선으로 수송했다. 강도와 약탈자들은 발견 즉시 총으로 사살했다. 강력한 곡물경찰부대가 곡물수송단을 호위했다.

1793년 10월, 파리에 밀가루가 지급되었다. 그 직후에 당통은 "온 나라에 걸쳐 단일하게 적용되는 빵 가격체계를 수립해야 한다"고 외쳤다. 파리 코뮌은 그때 이후로 도시 안에서 오직 한 종류의 빵, 평등의 빵만을 생산하도록 하는 법령을 발표했다. 제분소와 빵 가게의 밀가루 체를 모조리 압수했다. 밀가루 체는 고급 빵의 상징물이었기 때문이다. 가난한 자들이나 부자나 모두 똑같이 소화가 되지 않는 밀기울이 섞여 있는 질 나쁜 빵을 먹게 되었다. 자만심에 넘친 인민의 대표들은 이러한 사실에 개의치 않았다. 아니 애써 외면했다.

1793년 12월 2일, 빵 카드제가 도입되었다. 18개월 후에 코뮌은 빵의 무료 배급을 결정했다. 노동자 및 한 가정의 가장들에게는 1.5 파운드 씩, 다른 가족 구성원들에게는 1파운드씩 지급하기로 했다. 그러나 머지않아 빵은 없고 빵 카드만 있는 상황이 벌어지게 된다. 1794년에는 농사가 흉작이었고 이듬해에는 극심한 인플레이션이 프랑스 전역을 덮쳤다. 말렛 듀팡이 1795년에 보고한 내용에 따르면 '3퀸탈(약 135kg)짜리 밀 한 부대에 9,000프랑'이었다고 한다. 여름이 되자 일부 지방에서는 빵 한 조각이 80~100수에 거래되었다. 빵 때문에 살인이 벌어지곤 했다.

빵은 신기루가 되었다. 빵이 부족하면 부족할수록 국민공회의 법률에서는 빵이 자주 언급되었다. 혁명가 생 쥐스트는 다음과 같이 말했다. "25세부터 50세까지의 모든 프랑스인은 의무적으로 농사일을 해야 한다." 공포정치를 이끌어가던 정치인들은 추수감사절에 수확을 기념하는 축제를 열었다. 딱딱한 표정의 로베스피에르가 푸른 외투를 입고 '농업의 여신에게 바칠' 수소 떼의 뒤를 따라 파리의 거리를 천천히 걸었다. 그는 밀 이삭과 양귀비꽃으로 만든 부케를 손에 들고 있었는데 부케는 모조품이었던 것이 분명하다.

왜냐하면 당시에 진짜 밀 이삭이 남아 있었을 리가 없기 때문이다. 빵은 이미 사람들의 간절한 욕망 속에서나 존재하는 것이 되어버렸다. 현실 속에서는 빵을 도저히 찾아볼 수 없었다. 그러나 사람들은 빵 없이 지낼 수 없었다. 곳곳에서 폭동과 소란이 일어났다. 이러한 폭동 가운데 인간 본질의 경이로운 측면을 드러내는 사건이 있었는데, 이 사건이 빚어낸 드라마는 가장 무시무시한 혁명의 일화가 되었다.

난폭하게 날뛰는 여인들이 빵을 내놓으라고 외치며 국민공회가 열리는 건물을 포위했다. 수천 명에 달하는 '기아의 여사제들' 중 몇백 명 정도가 회의장에 들어갔다. 그들은 현관에서 회의의 의장을 맡은 브와시 당글라와 마주쳤다. 그는 귀족 출신이었지만 평민들의 이익을 위해 일생을 바쳐온 유명인사였다. 그러나 그는 농무성에서 높은 관직을 맡고 있었기 때문에 증오의 대상이기도 했다. 여자들은 그에게 거세게 달려들어 발로 차고 손으로 때렸다. 그는 가까스로 도망쳐 회의장으로 들어간 뒤 문을 걸어 잠갔다. 그의 연설에서 알 수 있듯 그는 과연 스토아학파의 제자라 할만했다. 그 사건은 그의 침착성을 뒤흔들지 못했다.

그가 도망치자마자 무슨 소동이 일어났는지 보려고 의원 중 한 명인 페로가 또 다른 문을 열고 현관 쪽으로 나왔다. "여러분, 도대체 원하는 게 뭡니까?" 그가 외쳤다. "법을 지키시오!" 법을 따지기에는 너무나 배고픈 수백 명의 여인들이 순식간에 그에게 달려들었다. 여인들의 공격으로 그는 질식할 지경이었다. 여인들은 죽어 가는 남자에게 발길질을 가했다. 그런 다음 지하실로 질질 끌고 가서 부엌칼로 목을 베었다. 그런 일이 벌어지는 동안에도 회의장 안에 있던 국민공회 의원들은 무슨 일이 일어나고 있는지 전혀 알지 못했다.

브와시 당글라는 의장석에 올랐다. 개회를 선언하고 메모를 들추어 보고 있는 순간, 그는 놀라운 광경을 보았다. 안마당을 향한 창문에서 눈을 홉뜬 페로 의원의 창백한 얼굴이 안을 들여다보고 있었다. 가까이다가가서 보니 페로 의원의 머리가 창끝에 꽂혀 있었고 머리에서는 피가 흘러내리고 있었다. 믿을 수 없을 정도의 침착성을 가지고 의장 브와시 당글라는 희생자의 목에 경례를 했다. 그리고 조용히 회의를 진행시켰다. 그렇게 함으로써 그는 의원들이 공황상태에 빠져 우왕좌왕하며 도망치는 사태를 방지했다. 만일 누군가가 도망가려고 문을 연다면 무서운 여성 폭도들이 회의장 안으로 쏟아져 들어왔을 것이다. 그렇게 해서 귀중한 몇 분을 벌 수 있었고 그동안 군대가 도착해 여인들을 내쫓았다. 여인들은 단지 주부이거나 요리사이고, 전쟁이라면 지긋지긋해하는 사람들일 뿐이었다. 그러나 그들은 아내이자 어머니로서 무서운 힘을 지니고 있었다.

브와시 당글라는 파리를 '빵 폭동'으로부터 구해냈다. 만일 전쟁 와중에 폭동이 일어났다면 혁명은 끝장나고 말았을지도 모른다. 이것은 소요의 정점에서 일어난 사건이었다. 온 국가의 엄청난 노력으로 국경의 적군을 격퇴시켰다. 오스트리아를 물리쳤고 네덜란드와 스위스의 국민들은 혁명군을 돕겠다는 신호를 보내왔다. 평화가 찾아올 때까지 프랑스에는 빵이 없었다. 이것은 사실이다. 혁명 때문에 빵을 생산하지 못했고 전쟁 때문에 빵의 분배가 이루어지지 않았다. 총재정부*가 들어설 때까지, 프랑스 군인들은 휴가를 가지 못했다. 마침내 그들은 고향으로 돌아와 더 이상 영주 소유가 아니라 바로 자신과 가족의 소유인 땅을 경작하기 시작했다.

이것이 바로 프랑스 혁명에서 빵의 역할이었다. 빵은 중요한 배우였다. 급진적인 정당들은 삼색기의 옷을 입은 빵을 정중히 무대 위로 인도

---

* 프랑스 혁명력 제3년 헌법으로 설립된 프랑스 혁명기의 정부로 1795년 11월부터 1799년 11월까지 4년 동안 집권했다.

했다. 빵은 파토스가 넘치는 장면, 피로 얼룩진 장면, 비극 등을 차례로 연기하고 다소 우스꽝스러운 대단원을 선보였다. 혁명이 끝날 무렵, 밀은 다른 모든 곡식을 국경 밖으로 내쫓았던 것이다. 이것은 '평등'의 이름으로 행해졌다. 야스니의 책에는 곡식들의 경쟁에 대해 이렇게 나와 있다.

> 예전에 흰빵은 부자들의 전유물이었다. 그런데 혁명에 의해 모든 사람이 흰빵을 먹기 시작했다. 밀로 만든 빵은 동쪽으로 뻗어나가 벨기에서 호밀 빵을 몰아냈다. 네덜란드에서 재배되는 호밀은 대부분 가축사료로 쓰이게 되었다. 밀은 연이어 독일 서부지방까지 침략했다. 남쪽에서 시작된 밀의 침공은 스위스 전체를 정복하고 독일의 남부에 거점을 마련했다.

인간의 전쟁에서 죽어나간 이들의 시신이 땅을 비옥하게 만들자 그 위에서 곡물간의 전쟁이 벌어졌다. 정복당한 국가들 혹은 중립을 취한 국가들은 존경심을 가지고 승리자의 곡물을 받아들였다. 1792년 프로이센 군대에 참여해 프랑스에서 벌어진 전투에 출전했던 괴테는 독일과 프랑스의 국경이 바로 호밀과 밀의 경계라는 사실을 발견했다. 그는 이것에 흥미를 느꼈다. 어제 "검은 빵과 흰 피부의 여자들이 있는 마을"을 지나 오늘 (오래 전 로마의 영토였던) 프랑스로 들어오니 "여자들은 검은데 빵은 희구나!"

10년 뒤 괴테는 독일 서부지방의 농지가 달라졌음을 깨달을 수 있었을 것이다. 부활한 로마황제, 나폴레옹의 시대에는 오직 밀만 경작되었으니 말이다.

빵에 패배한 나폴레옹

빵은 가장 무서운 적이다. 배고픈 병사들은 한 치도 앞으로 나아가지
못한다.

— 러시아 속담

1800년과 1805년 사이의 평화로운 시절에 프랑스인들은 마침내 고향
으로 돌아갈 수 있게 되었다. 그들은 이 평화가 영원히 지속되리라 믿
었다. 프랑스가 전쟁에서 이겼으니, 이제 농사를 지어 평화를 이룩할 수
있으리라 믿었다. 뿐만 아니라 황제는 무엇이든 살 수 있는 풍부한 자금
을 지니고 있었다. 만일 프랑스에서 곡물이 부족하다면 마르지 않는 곡
물의 젖줄인 러시아가 있었다. 우크라이나의 곡물이 다뉴브강을 따라
오스트리아를 통과해서 스트라스부르 지방을 통해 프랑스로 들어왔고
러시아 북부지방에서 생산된 곡물은 단치히 지방에서 선적되어 르 하
브르 지방으로 들어왔다.

프랑스가 곡물을 사들이는 돈은 어디에서 난 것일까? 공화국의 군대
에게는 네덜란드, 라인강 주변, 오스트리아, 베니스 등지에서 획득한 전
리품 외에도 국가의 재산을 불리는 또 다른 원천이 있었으니, 그것이 바
로 공업이었다.

나폴레옹은 일생을 통해서 공업의 힘을 열렬하게 신봉했다. 그는 똑
같은 열성을 가지고 농업을 무시했다. 틀림없이 그 역시 중농주의자들
의 토지와 부에 관한 이론을 들어보았겠지만 이를 전혀 중시하지 않았

권좌의 나폴레옹 1세 (장 오귀스트 도미니크 앵그르, 1806)

다. 사람들은 빵 없이는 살 수 없다. 그러나 황제는 갈수록 농업을 지루하게 여겼다. 그가 신봉한 신의 이름은 활력과 속도였다. 물론 농업도 활력이 있었으나 너무 굼뜨게 움직였고 정신(esprit)이 결여되어 있었다. 기계에는 정신이 있었다. 황제는 거리낌 없이 기계를 택했다. 공업의 기본 공정을 향상시키는 기술을 개발해 내는 발명가들에게는 지원을 아끼지 않았다. 나폴레옹의 집권 초기였던 1801년, 파리에서 사업 박람회가 열렸는데 황제가 직접 박람회의 모든 세부사항을 감독했다. 새로운 세기에는 전쟁과 평화가 전적으로 공업에 의존하게 될 것이다. 로베스피에르나 국민공회의 불쌍한 멍청이들! 쓸모없는 농업에 대한 사랑으로(쓸모없었다는 말은 사실이었다. 빵을 만들어내지도 못했으니!) 소를 실은 수레 뒤를 따라 행진이나 벌이고…… 얼마나 우스꽝스러운 일인가! 농사는 그저 조용히 짓는 것이다. 농사가 제대로 안되면 수입을 하면 될 것이 아닌가? 무역협정이 맺어지면서 밀은 싼 가격으로 제때 시장에 도착하도록 되어 있었다.

농업은 나폴레옹의 관심을 끌지 못했다. 전쟁이 다시 발발했을 때 군사문제 외에 황제가 관심을 기울인 유일한 것은 어떻게 영국의 공산품을 프랑스산으로 대체하느냐는 문제였다. 그는 군수산업과 식품분야의 국산화에 열중했다. 영국 상선들이 인도에서 들여오는 옷감, 향료, 염료들을 대체할 방법이 분명 있을 텐데……. 1806년 그는 파리 상공회의소에서 다음과 같이 연설했다.

우리가 사는 세계는 끊임없이 변화하고 있소. 과거에는 부를 쌓기
위해 식민지를 만들어야 했소. 인도나 앤틸리스 제도, 중앙아메리카,

산 도밍고 등에 식민정부를 세우는 것 말이오. 이제 그러한 시대는 지나갔소. 오늘날에는 부자가 되려면 제조업을 살려야 하오. 이전에 다른 곳에서 수입하던 상품들을 우리 스스로 만들어내야 한다는 말이오. 염료와 쌀, 설탕 등을 국산화해야 하오. 제조업은 최소한 과거의 상업이 가졌던 것 이상의 가치를 가지고 있소. 짐이 제해권(制海權)을 장악하기 위해 노력하는 동안 여러분은 국내에서 프랑스의 공업을 창조하고 발전시켜 나가야 할 것이오.

이때 나폴레옹은 공업을 상업과 비교했을 뿐, 농업은 비교조차 하지 않았다. 농업은 아예 그의 머릿속에 떠오르지조차 않았던 것이다. 단순한 개념은 그의 흥미를 끌 수 없었다. 황제는 수백만 프랑을 화학산업, 금속가공산업, 섬유산업 등에 쏟아 부었다. 그런 분야에서는 이익을 눈으로 볼 수 있었다. 수학적이고 기술지향적이었던 그는 투자한 돈이 화학자의 증류기와 빠른 방적기의 속도에서 불어나는 것을 마음속에 그려볼 수 있었다. 그렇게 불어난 돈은 그의 영원한 적인 영국에 대항할 경제적 무기였다.

농업 역시 나폴레옹의 산업 내에서 일정한 역할을 수행했다. 어느 날 황제가 영국에 대항할 새로운 전략을 생각해냈기 때문이다. 프랑스에서도 면화를 생산하라! 아, 슬프도다! 이것은 농업의 도움 없이는 불가능하니까 말이다. 게다가 면화가 생산되면 염료가 필요한데 염료를 생산하는 식물을 기르는 것도 농업의 몫이었다. 황제는 갑자기 농업에 관심을 가지게 되었다. 왜 프랑스의 약제사들은 인도의 약초에 의존하고 있는가? 프랑스에서도 약초를 재배하란 말이다! 작물재배에 대한 증폭

되는 관심은 황제로 하여금 파르망티에를 떠올리도록 했다. 당시 파르 망티에는 여전히 잃어버린 감자 농장을 생각하며 비탄에 잠겨있었다고 한다. 나폴레옹은 귀를 쫑긋 세웠다. 진짜 발명가가 바로 여기 있었구 나! 황제는 파르망티에에게 호감을 보였다. 모든 발명가에게 호감을 보 였듯이. 황제는 파르망티에에게 높은 관직을 주고 프랑스 전역에 감자 를 심을 수 있는 권한을 부여했다. 이제 아무도 감히 파르망티에를 비웃 을 수 없었다. 과연 이 편집적인 성격의 늙은 군대 약제사가 수백만 명 의 목숨을 구했다.

황제의 관심 대상은 광범위했으며 복잡한 것을 특히 좋아했다. 다목 적 혹은 다용도 계획이 즉시 그의 관심을 끌었다. 누군가가 프랑스의 모 든 도로 주변에 견과류 나무를 심으면 좋을 것이라고 제안하자 황제는 실행에 옮겼다. 이렇게 함으로써 세 가지를 얻을 수 있었다. 길가의 나 무들은 여행자들에게 그늘을 제공했고, 열매를 수확할 수 있었으며, 가 장 중요한 소득으로, 프랑스 보병대가 사용할 소총을 만드는 데 사용될 가장 단단하고 우수한 재목을 제공했다.

단순한 것들은 황제의 사랑을 받지 못했다. 그러나 황제의 마차가 유 실수 그늘이 드리워진 프랑스의 도로를 빠르게 지나칠 때 인접한 들판 을 바라보았다면 상황이 그렇게 원활하게만 돌아가지 않고 있다는 사 실을 깨달을 수 있었을 것이다. 수년 동안 농민들은 전쟁에 동원되어 스 페인, 프로이센, 오스트리아 등지에 싸우러 나갔다. 황제는 곡물이 공기 와도 같이 저절로 생기는 것이라고 생각했을까? 다시 식량부족 사태가 서서히 닥쳐왔다. 러시아 황제 알렉산더 1세가 프랑스의 적들과 손을 잡고 대항하자, 프랑스인들의 값싼 밀에 대한 꿈은 점점 무너져갔다. 나폴레옹의 별도 함께 기울어갔다. 러시아로 군대가 출발하기 얼마 전, 나폴레옹이 총리대신에게 보낸 편지에는 그의 무거운 마음과 긴박한 어조가 잘 나타나 있다.

"짐은 국민이 빵을 제대로 먹을 수 있기를 희망하오. 값싸고 질 좋은 빵을 충분히 말이오. 그대는 이 점을 명심해야 할 것이오. 내가 프랑스를 떠나 있는 동안 정부가 가장 신경을 써야 할 것은 사회 안정이오. 그리고 빵은 사회를 안정시키는 가장 중요한 수단이라는 점을 잊지 마시오."

그러나 불쌍한 총리대신이 할 수 있는 일이 뭐가 있었겠는가? 농부들은 모조리 징집되어 전쟁터로 나갔고 농사는 흉작이었다. 동유럽으로 통하는 길은 봉쇄되었다. 황제가 남긴 글의 내용은 암울했고 어조는 마치 유언 같이 들렸다. 황제가 그 글을 쓸 때 프랑스의 곡물창고가 얼마나 비어 있는지 알고 있었던 것일까? 나폴레옹의 거대한 군대가 폴란드를 지나 러시아로 향하고 있을 때 프랑스에서는 기근이 문을 두드리고 있었다.

* * *

1812년 프랑스 국정 예산안을 살펴보면 섬유산업이 국가 전체 수입의 거의 절반인 45.7%를 차지하고 있었다는 것을 알 수 있다. 농산물은 고작 13.7%로 전체의 7분의 1에 머무르고 있었다. 생산된 농산물의 총 가치는 돈으로 환산하면 약 14억 프랑이었는데 광산에서 나오는 수입만도 그 두 배가량 되었다. 여기에서 말하는 농산물은 토지에서 생산되는 것과 그 모든 부산물, 즉 곡물뿐만 아니라 와인, 야채, 담배, 가축, 피혁과 같은 것들을 모두 포함한 것이다.

나폴레옹 치하의 프랑스는 확실히 농업국가가 아니었다. 식량의 자급자족과는 거리가 멀었다. 아니, 온 유럽이 프랑스를 먹여 살린다고 해도 과언이 아니었다. 농업 생산량이 적은 독일이나 이탈리아 같은 나라들조차도 프랑스에 식량을 공급했다.

동쪽으로 전진하는 부대를 따라서 프랑스는 모든 곡식을 끌어 모았다. 수송마차들은 러시아를 향해 꼬리를 물고 줄을 섰다. 밀과 호밀은 병사들이 먹었고 산처럼 쌓인 귀리는 말들의 몫이었다. 병사들의 빵은 매우 중요한 것이었다. 불을 내뿜는 포문 앞에서 빵을 굽는 오븐에는 밤새 불이 지펴졌다. 나폴레옹이 전쟁에 나설 때 가지고 간 군수품은 충분한 정도가 아니라 남아돌 정도였다. 야전 제빵소의 백색 공병(밀가루 기술자)들은 탄환이나 포탄 제작자들과 마찬가지로 나폴레옹군의 승리에 막중한 책임을 지고 있었다.

나폴레옹은 병참장교라면 아무도 믿지 않았다. 젊은 시절, 병참장교들이 빵을 빼돌리는 것을 자주 목격했기 때문이다. 그는 중위 시절에 배운 것을 황제가 되어 적용했다. 앙리 베일(스탕달의 본명)의 회고에 의하면 황제는 곡물이나 밀가루를 운송하거나 관리하는 자들을 광적으로 의심했다고 한다. 황제는 할 수만 있다면 손수 모든 저장소와 오븐 앞에 지켜 서서 감시하고 싶어 했다고 전해진다.

병사들의 빵은 훌륭했다. 프랑스 병사들의 빵은 다른 어느 나라 병사들의 빵보다도 품질이 좋았다. 프로이센군의 빵처럼 시큼한 냄새가 나지도 않았고 오스트리아군의 빵처럼 오래된 밀가루 특유의 퀴퀴한 냄새를 감추기 위해 수상쩍은 조미료를 잔뜩 섞은 것도 아니었다. 프랑스 병사들의 빵은 빛깔이 현저하게 희고 단단했으며 탄력 있고 얇은 껍질 속에 작은 구멍이 촘촘히 나 있었다. 밀을 세 번에 걸쳐 갈라고 했던 말리쎄의 당부는 헛되지 않았다. 프랑스 군인들은 빵보다 밀 껍질을 더 많이 먹고 있다고 적던 시절은 지나갔다. 당시에 군인들은 누구보다도 좋은 빵을 먹고 있었다. 밀과 호밀을 2:1로 섞고 밀기울의 20%가 제거된 빵이었다. 병사들의 빵은 급히 굽느라 수분함량이 조금 높다는 점을 제외하고는 식도락가들을 위한 빵으로도 손색이 없었다. 수분함량으로 말하자면 러시아군의 빵은 그보다 더 높았다. 모든 러시아 군인들에게는 하루에 3.5파운드의 빵이 할당되었다. 보통 사람들이 이 정도의 양을 먹는다면 병이 나고 말았을 것이다. 러시아 병사들의 빵은 쇳빛을 띠었고 또한 쇳덩어리 같은 냄새가 났다.

프랑스인들은 전장에서도 최고의 제빵사임을 입증했다. 프랑스 군대는 질 좋은 빵뿐 아니라 비스킷, 즉 두 번 구운 건빵을 먹었다. 중세에 발명된 비스킷은 수많은 선원들의 목숨을 구한 식량이었다.

뮈라는 나폴리의 외인 기병대에 마카로니까지 지급하도록 했다. 기병대가 전투에 나가기 전에 말 위에서 대롱거리는 밀가루 덩어리를 입에 집어넣는 모습은 참으로 볼만했다고 한다.

프랑스가 패하기 5년 전인 1807년, 황제는 탄식했다. "빵만 충분하다면, 러시아를 쳐부수는 것은 아이들 장난인데⋯⋯." 그는 문제를 분명히 직시하고 있었다. 그러나 막상 때가 오자 그는 뜻밖의 실수를 저지르고 말았다. 너무 빨리 진격한 나머지 빵을 실은 마차들이 미처 기병대를 따라오지 못한 것이었다. "부대 중 일부는 해당 부대 소속의 빵 마차를 다시는 보지 못했다"라고 폰 리히트호펜 남작은 적고 있다. 그러나 이것은 작은 실수였다. 나폴레옹은 상당한 군 식량을 비축하고 있었다. 이것으로 늦가을까지는 버틸 수 있었다. 황제는 러시아의 곡창지대에 도달하면 빈 곡물 마차를 채울 수 있으리라는 것을 계산에 넣었는지 모른다. 그러나 그것은 비통하게도 착오였다. 9월과 10월 러시아 군대는 퇴각하면서 여문 곡식이라면 마지막 한 톨까지도 모조리 가져가 버렸다. 프랑스 군대가 전진하는 들판은 마치 사막과도 같았다. 모스크바가 불타고 황제가 폴란드로 전략적 후퇴를 지시했을 때, 전쟁사상 최악의 식량난이 시작되었다.

나폴레옹의 군대를 무너뜨리는 데는 강추위보다도 빵의 부족이 더 큰 역할을 했다. 빵이 떨어지자 병사들은 처음에는 말고기를 먹고 말의 따뜻한 피를 마셨다. 그것은 현명한 조치였다. 귀리도 다 떨어졌기 때문에 말도 어차피 오래 살 수 없었다. 그러나 프랑스 군대가 눈과 얼음, 극야(極夜)* 속을 헤치며 사람이 사는 지역에 도달하는 데는 2주가 아니라 3개월이 걸렸던 것이다. 황제는 썰매를 타고 빠르고 안전하게 돌아왔다. 그러나 수십만 명의 병사들은 말도, 마차도, 담요도, 모피도 없이(그들 중 상당수는 평생 눈이라고는 본 적도 없는 남부 이탈리아 출신이었다) 길에서 얼어 죽어갔다. 병사들의 행렬 앞뒤로 카자흐 인들이 나타나서 긴 창으로 그들을 공격하고는 총격을 가하기 전에 도망쳐버리곤 했다.

브르고뉴 하사관의 회고록에 묘사된 대퇴각의 핵심은 바로 격심한 식량난이었다. 빵 없이 50일이 지나자 미쳐버릴 것 같았다고 그는 회상했다. 누군가 위스키를 주웠지만 목구멍이 얼어붙어서 도저히 마실 수가

---

* 추분 때부터 춘분에 이르기까지 계속해서 해가 뜨지 않고 밤이 계속되는 동안을 말한다.

없었다. 며칠 후 오두막에서 드디어 빵을 발견했다. 병사들은 총을 눈 위에 던져버리고 광폭한 야생동물처럼 빵을 향해 달려들었다. 몇몇 동료들은 빵을 너무 크게 베어 물어 목이 막혀 죽었다. 불행인지 다행인지 브르고뉴는 입이 얼어서 벌릴 수조차 없는 상태였다고 한다. 폴란드에 도착했을 때 갓 구워낸 따끈따끈한 빵의 냄새는 병사들을 광란의 상태로 몰아넣었다. 병사들은 칼로 밀가루를, 아니 방바닥의 가루까지도 밀가루라고 착각하고는 미친 듯이 그러모았다. 그들은 놀란 주민에게 빵 한 조각의 대가로 5프랑을 주었다. 빵 한입을 서로 차지하기 위해 살인까지 벌였다. 호두 만한 크기의 구운 감자 세 개를 놓고 전 중대가 싸움을 벌였다.

프로이센 주민들은 공포에 질려 눈이 움푹 꺼진 병사들을 바라보았다. 병사들은 말도 못하고 손으로 입을 가리켰다. 누더기 같은 옷을 입은 프랑스 병사들에게 폴란드 농촌의 여인들은 치마와 여자 모자를 주었다. 유령 같은 몰골의 비참한 프랑스 패잔병들은 끔찍하면서도 우스꽝스러운 모습으로 다시 무거운 발걸음을 옮겼다. 구스타프 프라이타크가 쓴《독일의 과거》에 의하면 당시 프로이센 사람들은 프랑스 병사들의 고통이 빵에 대해 저지른 무서운 죄악에 대한 벌이라고 생각했다고 한다. "병사들의 배고픔은 아무리 해도 달랠 수 없었고 추위도 누그러지지 않았다"라고 목격자들은 말했다.

따뜻한 방에 들어가자 병사들은 벽난로에 기어 들어갈 듯한 기세로 덤벼들었다. 화상을 입을까 두려워 그들을 난로에서 떼어놓으려 했지만 소용이 없었다. 병사들은 마른 빵을 게걸스럽게 먹어댔다. 어떤 이들은 아무리

말려도 멈추지 않고 계속 먹어서 마침내 죽음에 이르기도 했다. 라이프치히 전투 이후 프랑스 병사들은 신의 저주를 받아 끝없이 배가 고픈 고통을 겪고 있다고 사람들은 믿었다. 전쟁터에서조차 포로들에게 말을 굽도록 했다. 당시에는 빵 배급이 정상적으로 이루어지고 있었는데도 말이다. 사람들은 이런 뻔뻔스러운 식탐을 신의 벌이라고 생각했다. 한때 프랑스 병사들은 멀쩡한 밀다발을 야영장의 모닥불에 던져 넣고 좋은 빵의 속만 파먹고 나머지는 땅바닥에 굴리곤 했다. 이런 행위들 때문에 그들은 어떤 음식으로도 허기를 채울 수 없는 형벌을 받은 것이다.

이로써 땅이 주는 선물보다 명성과 정복에 의존했던 제국의 시대는 막을 내렸다. 나폴레옹이 돌아왔을 때 그를 기다린 것은 기근에 시달리는 조국이었다. 나폴레옹은 곧 식품의 열량에 관한 이론을 발전시킨 벤자민 톰슨의 '가난한 자들을 위한 수프'를 떠올렸다. 수프는 빵 부스러기와 야채와 뼈를 가지고 만든 것이었다. 황제는 매일 이 수프 2백만 접시를 극빈자들에게 나누어주라고 명령했다. 이러한 조치는 5개월간 계속되었다. 1813년의 추수 때까지 여기에 2천만 프랑을 지출했다. 영국인들은 이 소식을 듣자 조만간 프랑스가 끝장날 것이란 걸 알아챘다. "프랑스인들은 이제 먼지쪼가리와 뼈를 먹는다는군." 영국에는 빵이 있었다. 빵을 가진 자가 승리를 거두게 된다는 사실은 자명했다.

*   *   *

빵을 위해 나폴레옹이 실제로 이룩한 업적은 무엇일까? 약 2백만 프

1805년 나폴레옹이 프랑스군 대군단에서 오스트리아군 병사들이 항복하고 있다(라슨르지네트 트레네도 박물관 소장. 우디네).

랑스인의 목숨을 앗아가고, 동맹국 및 적국의 국민 약 6백만 명을 죽임으로써 빵 먹는 인구를 크게 줄였다. 그리고 엄청나게 죽어간 이들의 시신은 유럽의 들판을 비옥하게 만들었다. 그 정도가 빵의 역사가 나폴레옹에게 감사할 만한 사항이라고 볼 수 있다. 그가 죽은 지 9년 뒤, 몇몇 무명의 발명가들은 그와 비교도 안되는 중요한 업적을 이루어냈다. 그 것은 바로 롤러 제분기의 발명이다.

1830년 어느 날 밤, 스위스 취리히에서 제분기를 만드는 데 관심이 있었던 한 사람이 거울 앞에 서 있었다. 그는 손에 촛불을 들고 아픈 이를 거울에 비추어보고 있었다. 그때 학교에서 배웠던, 그리스의 포지도니우스의 말이 문득 떠올랐다. "사람들은 맨 처음 밀 껍데기를 벗길 때 자신의 치아를 맷돌로 사용했다. 사람들은 치아로 음식을 씹는 동작에서 곡식을 잘게 부수는 방법을 고안했던 것이다."

그 다음 날 치과에 갔을 때 그는 치과의사에게 사람의 입은 참으로 정교한 기계라는 말을 꺼냈다. 그러자 의사는 "내 생각에 그리 정교한 기계는 아닌 것 같습니다. 특히 치아는 거의 쓸모가 없습니다. 몇천 년 후에 인간의 치아는 아예 없어질지도 모릅니다. 재질이 너무 약합니다. 오늘날에도 이는 금속으로 보강하거나 틀니를 해야 하지 않습니까?"

"왜 그렇지요?" 기술자는 단순한 과학적 호기심 이상의 열의를 가지고 물었다.

"빵이 주범이지요." 치과의사가 말했다. "사람들이 곡물의 열매를 먹기 시작한 이래로 치아는 점점 더 나빠졌습니다. 이것은 이집트인까지 거슬러 올라갈 수 있지요."

기술자는 깊은 생각에 잠겨 치과병원을 나섰다. 수천 년 동안 제분의 문제점은 개선되지 않고 지속되어 왔다는 점이 그의 머릿속에 떠올랐다. 모든 제분소 주인들은 제분기의 밀을 가는 돌에 대해 불만을 가지고 있다. 너무 연하고 약해서 자주 갈아주어야 하기 때문이다. 제분업자들은 오랜 세월 동안 다른 어떤 돌보다 강한 기적의 돌을 찾아왔다. 한때 프랑스인들은 라 페르테 수 주와르 지방의 부싯돌 채석장에서 그 답을 찾아냈다고 생각했다. 그러나 단단한 밀은 이 돌조차 몇 년 못 가서 망가뜨렸다. 치과의사가 말한 것과 같은 보강물은 없을까? 제분기와 인간의 입의 문제점은 음식을 부수도록 만들어졌다는 점이다. 하지만 이 방법은 곡물의 경우에는 실패하고 말았는데, 곡물은 안 부서지고 나중에는 치아와 제분기의 돌만 부서지는 결과를 가져왔기 때문이다. 아무래도 제분기의 치아(돌)를 빼버려야겠다고 기술자는 생각했다. 만일 곡물을 갈아서 부수는 대신 으깨면 어떨까? 곡물이 터질 때까지 누르는 것이다. 아마 쇠로 만든 롤러라면 그렇게 하는 것이 가능하지 않을까? 기술자는 곰곰이 생각했다. 분당 수백 회씩 반대방향으로 맞물려 회전하는 쌍롤러라면! 물론 증기의 동력을 이용해야 할 것이다. 와트의 제분소처럼 말이다. 기술자는 얼마간에 걸쳐서 이 롤러를 설계했다.

그러나 실제로 기계를 만들려면 많은 돈이 필요했다. 당시에 스위스는 부유했다. 스위스는 나폴레옹 전쟁을 매우 잘 극복했다. 1800년 이래로 어떤 적들도 스위스 국경을 침범하지 못했다. 스위스의 도시들은 영국만큼이나 기술 혁신에 관심을 가지고 있었다. 따라서 기술자가 롤러 제분기를 만드는 데 필요한 수십 만 프랑을 미리 대주겠다고 나서는 사업가들이 나타났다. 만일 기술자가 과거에 바르샤바에서 실제로 롤러 제분기 세 대를 운영한 적이 있다는 말을 덧붙이지 않았더라면, 후원자들은 그토록 쉽게 돈을 내주지 않았을지도 모른다. 기술자는 바르샤바에 대해 여러 가지 얘기들을 꾸며냈다. 폴란드인이 잘사는 꼴을 보기 싫어한 러시아인들이 그의 제분소를 불태워버렸다는 얘기를 자세하게 들려주었다. 그는 마지막으로 롤러제분기 제작에 대한 구체적인 계획서와 롤러제분기를 사용했을 경우 종래의 돌을 이용한 제분기에 비해 얼마나 노동력이 절감되고 생산량이 많아지는지에 대한 숫자들을 제시했다. 바르샤바는 취리히로부터 상당히 멀리 떨어져 있었고 러시아의 검열 때문에 서신왕래도 여의치 않았다. 아무도 기술자의 말을 의심하지 않았고 제분소의 건설은 진행되었다. 이것은 놀랄 만한 구조물이었다. 스위스의 밀을 전부 갈 수 있을 만큼 규모가 컸다. 5층으로 이루어졌는데 각 층마다 롤러가 설치되어 있었고 밀의 제분은 5층에서 시작되어 아래로 내려오며 단계적으로 갈아져서 1층의 마무리 롤러에서 끝나도록 설계되어 있었다.

그러나 황당한 일은 이 새로운 제분소가 종래의 제분소보다 생산 속도가 떨어졌다는 점이다. 운영 비용은 어마어마하게 들어갔지만 밀가루 생산량은 오히려 감소했다. 후원자들은 기술자에게 격렬하게 항의했다. 기술자가 롤러제분소를 운영한 일이 없었다는 이유로 그를 비난했던 것이다. 할 말이 없었던 기술자는 물러설 수밖에 없었다. 그 롤러제분기의 발명가는 완전히 잊혀서, 세상에 알려진 것이라고는 그의 성이 밀러(Miller)라는 것뿐이었다. 이름조차 알려지지 않았다.

불운한 사업가들은 기술자 야콥 슐츠베르거를 불러들였다. 그는 제분기에 대해서는 별로 아는 바가 없는 사람이었다. 그러나 결국 제분기가 돌아가도록 만드는 데 성공했다. 그는 제분기를 완전히 개조했다. 기계의 프레임 위에 강철 롤러 두 쌍을 배치했다. 아래위로 겹쳐져 놓인 롤러들은 각각 따로 움직이도록 되어 있었다. 롤러는 모두 1층에 배치되고 기계의 가벼운 부분들은 위층으로 올라갔다. 제분기를 가동시키자 놀랄 만큼 잘 돌아갔다. 투자자들은 돈을 벌었고 제분기 모델을 해외에도 판매했다.

슐츠베르거의 제분기는 유명해졌다. 이 제분기는 밀 생산량이 많은 평야지방에서 더욱 진가를 발휘했다. 산악지대인 스위스는 이 기계를 제대로 활용하기에는 너무나 협소했다. 헝가리(오랜 세월동안 밀은 이 나라의 가장 중요한 산물이었다)는 즉시 이 기회를 포착했다. 스위스의 발명 덕분에 헝가리의 제분산업은 유럽에서 가장 중요한 위치를 차지하게 되었고, 헝가리산 밀가루는 가장 인기 있는 수출품이 되었다.

수천 년 동안 사람들은 흰 밀가루에 열광해왔다. 기원전 4년경 아르케스트라투스는 요리에 관한 책을 남겼는데 이 책에는 레스보스 섬의 밀가루가 너무나 희어서 그리스의 신들이 헤르메스를 보내서 사오도록 시켰다는 기록이 나온다. 이토록 흰 밀가루는 매우 잘게 갈고 세심하게 체질을 한 것인데, 이것은 오늘날 별로 영양가가 없는 밀가루로 간주된다. 그러나 이러한 밀가루는 보기가 좋아 귀족적인 취향을 만족시켜 주었다. 그 때문에 헝가리 최대의 제분업자인 세체니는 세계시장을 정복했다. 흰 밀가루 덕분에 헝가리는 이웃 오스트리아를 오랜 기간 통치할 수 있었다. 합스부르크 이중 제국(오스트리아-헝가리 제국)을 구성하는 두 국가 중 작은 나라이자 농업국가인 헝가리가 더 큰 오스트리아를 지배한 것이다. 영국이나 프랑스의 밀가루에 비해 더 곱게 갈고 세심하게 체질을 한 헝가리 밀가루의 최대 고객은 빈이었다. 빈은 유럽 제빵산업의 선두주자가 되었다. 빈의 '특제 롤빵'은 요한 스트라우스의 음악만큼 유명한 도시의 상징이었다.

1873년의 빈 세계 박람회에서 미국인들은 빈 제빵사의 작품을 처음으로 맛보았다. 그들은 무슨 밀가루를 사용했는지 제빵사에게 물었다. 이것이 바로 헝가리 제분산업 번영의 시발점이 되었다. 미네소타의 평야는 헝가리의 들판보다 훨씬 광대했다. 1879년 미네소타 주지사인 와시번은 헝가리의 기술자들을 불러들여 주 곳곳에 롤러를 이용한 제분소를 세웠다. 불굴의 기질을 이어받은 스칸디나비아 출신의 미국인들은 제분산업에 착수해서 '밀가루와 경제력'이라는 제목으로 역사의 새로운 장을 쓰기 시작했다.

빵은 면화보다 강하다―링컨

'빵은 승리를 불러온다'라는 말이 있다. 나폴레옹의 패배보다 이 말이 명백하게 적용될 수 있는 것이 바로 미국의 남북전쟁이다. 남북전쟁의 결과로 미합중국이 탄생할 수 있었던 것은 북부가 빵을 먹을 수 있었고 남부가 면화를 먹을 수 없었기 때문이다.

전쟁의 원인에 대해서 많은 연구가 이루어져 왔다. 가장 중요한 이유는 노예제도가 시대에 뒤떨어진 제도였다는 점이다. 당시 유럽의 경우 농노제도는 완전히 사라졌다. 프랑스에서는 1789년 8월 이후, 프로이센은 1807년의 10월 칙령 이후에 소작농들이 자유의 몸이 되었으며 봉건적 의무가 사라졌다. 오스트리아와 이탈리아, 그 밖에 유럽의 작은 나라들 역시 그 뒤를 따랐다. 러시아조차 농민들이 자유를 누리고 있었다. 1861년 2월 19일 황제 알렉산더 2세의 서명에 의해 2천3백 명의 소작인들이 자유를 얻었다.

그러나 스스로 '진보의 나라'라고 자칭하는 미국에서는 로마시대의 라티푼디움과 농도제도가 존속하고 있었다. 노예들은 백인이나 인디언보다 일을 잘한다는 이유로 아프리카에서 잡혀온 흑인들이었다. 노예제도 폐지론자들의 투쟁은 아프리카 흑인 민족의 해방을 위한 것이라기보다는 시대에 뒤떨어진 경제제도로서 노예제를 폐지하자는 데 초점이 맞추어져 있었다. 노예제도 폐지운동이 흑인으로부터 일어난 것이 아니라는 점은 중대한 의미를 지닌다. 물론 흑인들의 폭동은 있었다. 프랑스 혁명이 일어났던 1789년, 산 도밍고 섬의 노예농장 흑인들이 폭동을 일으켰다. 프랑스 왕의 노예였던 그들은 자유시민이 되길 바랐다. 눈에 보이는 백인은 모조리 쏘아 죽였다. 백인에 대한 증오는 백인이 그들과 다른 종족이기 때문이 아니라 그들이 바로 농장주이기 때문이었다. 프랑스 정부가 이 폭동을 진압하는 데는 오랜 시일이 걸렸다. 그러나 이 흑인의 봉기와 그 속에 담긴 인권에 대한 새로운 개념은 더 이상 널리 퍼지지 않았다. 미국 본토에 있는 흑인들이(이를테면 루이지애나주의 흑인 노예들이) 이 폭동을 알기나 했을지 의문이다.

노예제 폐지 운동은 백인들 사이에서 일어났다. 흑인의 노동력을 필요로 하지 않는 북부의 주들은 전 세계에서 50여 년 전에 사라진 경제제도가 여전히 남부에 존속하는 것이 부당하다고 주장했다. 노예제도의 실용적인 측면까지 부인하지는 않았다. 남부에서는 전쟁이 끝난 뒤에도 몇 년 동안 값싼 노예 노동력을 잃어버린 것을 아쉬워했다.

어떤 역사학자들은 남북전쟁이 성격이 다른 두 경제체제 간의 싸움이었다고 말한다. 자유산업노동제도와 노예농업노동제도의 대립이라는 것이다. 또 다른 학자들은 여러 위도 상에 걸쳐있는, 즉 남북으로 길게 뻗어있는 영토를 지닌 나라는 통치권을 북쪽이 쥐느냐 남쪽이 쥐느냐 하는 문제로 언젠가는 싸움을 벌이게 되어 있으므로 전쟁은 불가피하다고 말한다. 프랑스는 이러한 경쟁 끝에 마르세이유나 보르도 대신 파리를 수도로 삼았고, 독일은 베를린을 수도로 삼음으로써 이 문제를 해결했다. 러시아는 모스크바와 레닌그라드를 제국의 중추로 삼았다. 이 역사학자들은 '위도의 법칙'을 내세우는데 이 법칙에 따르면 국가의 가장 중요한 도시를 너무 남쪽에 세워서는 안 된다는 것이다. 이러한 인류학적이고 지리학적인 원인에 의해 북부와 남부 중 어느 쪽이 통치권을 갖느냐 하는 질문에 대해 미국은 결국 세계 다른 나라들과 동일한 답을 내놓는다.

미시시피, 플로리다, 앨라배마, 텍사스, 남북 캐롤라이나, 버지니아는 연방에서 탈퇴하여 '참을 수 없는 북부의 생색'을 거부함으로써 이 질문에 대한 해답을 찾고자 했다. 그러나 북부는 그들의 분리를 받아들이지 않았고 모든 것은 운명의 손에 맡겨졌다. 오늘날 우리는 모든 것이 이미 결정되어 있었다는 것을 알고 있다. 승리는 빵을 가지고 있는 편의 것이었다.

*　　*　　*

남부는 풍요롭고 매혹적이고 아름다운 땅이었다. 남부는 세계 곳곳

미국 남부의 면화농장

에 친구를 가지고 있었다. 남부와 북부는 단일 민족으로 얽혀 있는 것도 아니다. 왜 남부의 분리를 인정해서는 안 되는 것일까? 뉴욕 〈트리뷴〉의 편집자 호레이스 그릴리는 전쟁이 발발하기 직전에 이런 글을 남겼다.

남부의 주들이 연방에서 분리되는 것을 원한다면 평화롭게 그들의 분리를 인정할 것을 주장한다. 우리는 우리 공화국의 어느 한 부분이 총검으로 파괴되는 것을 원치 않는다.

남부인의 눈에는 '자유와 신념과 안녕을 위한 싸움, 성스러운 목적을 위해 전쟁에 나선 8백만 명의 남부군인들'이 무적의 군대로 보였다. 어떻게 그들이 패할 수 있단 말인가? 경기에 임하는 두 레슬링 선수를 비교해 볼 때, 모든 면에서 남부가 유리해 보였다. 남부의 면화는 미국의 전체 면화 수출량의 3분의 2를 차지하고 있었다. 미국의 총 수출액, 1억 9천7백만 달러 가운데 면화의 수출액이 1억2천5백만 달러에 달했다. 남부에서 생산되는 면화 중 남부에서 가공되는 것이 약 3%에 불과하다는 것은 사실이었다. 남부는 공업화가 거의 이루어지지 않았기 때문이다. 그러나 그러한 사실 때문에 남부는 더욱 해외 여러 나라의 호감을 살 수 있었다. 영국이나 프랑스는 옷을 만들기 위해 남부에서 면화를 사들였는데, 면화는 바로 유럽의 공장들을 가동시키는 원동력이었던 것이다. 남부의 농장주들은 이 사실을 잘 알고 있었다. 그들은 자신들이 세계에서 차지하는 중요한 위치에 대해 자각하고 있었다. 그러나 전시에 면화를 수출하는 것이 얼마나 어려운 일이 될 것인지에 대해서는 미처 생각하지 못했다. 전쟁도 그들이 면화를 선적해서 수출하는 것을 방해하지는 못할 것이라고 생각했다. 그러나 북부의 포함(砲艦)들은 남부의 긴 해안선을 봉쇄하고 면화를 실은 배들을 쏘아 침몰시키거나 면화를 빼앗았다.

애틀랜타, 찰스턴, 뉴올리언스 등에서 선견지명을 가진 일부 사람들은 면화가(팔 수 있든 없든 간에) 식량이 될 수 없다는 사실을 예견했다. 현명한 이들은 전쟁 초반에 이 사실을 깨닫고 사람들에게 경고했다. 〈모빌 애드버타이저(Mobile Advertiser)〉지는 1862년 1월, "면화의 경작을 제한하라. 대신 양모, 밀, 야채 그리고 그 밖의 다른 식량을 생산하라"고 종용했다. 한 달 뒤, 〈사바나 리퍼블릭(Savannah Republican)〉지는 이렇게 적고 있다. "조지아의 농장주들은 계속해서 면화를 심고 있다. 이 얼마나 어리석은 짓인가? 우리 군인들을 굶겨 죽일 작정인가? 옥수수를 심어야 한다. 옥수수를!"

군사적 상황이 전혀 나쁘지 않았음에도 불구하고, 1862년 말 남부의 주들은 벌써 전쟁에 질지도 모른다는 염려를 하기 시작했다. 리치몬드 지방에서 밀가루는 이미 배럴당 25달러까지 치솟았다. 벼를 심었지만 수확하기 어려웠다. 적군의 포함들이 습한 저지대 농지들을 빽빽하게 둘러싸고 있었기 때문이다. 내륙지방에서 조금이나마 경작된 농작물이나 해외에서 밀수된 곡물들은 투기꾼들에 의해 엄청난 가격에 매매되었다. 어느 곳이든 담배나 면화 이외의 것을 심은 토지에는 그것을 노리는 탐욕스러운 시선이 있었다. 그나마 수확한 작물도 농부들이 값이 오르기를 기다려 숨겨두었다. 1863년 초, 전쟁장관은 제퍼슨 데이비스 대통령에게 밀을 모조리 압수하라고 권유했다. 제대로 경작했다면 남부의 땅은 온 세계를 먹여 살릴 수도 있었을 것이다. 그런데 상상도 할 수 없었던 일이 남부에서 벌어지기 시작했다. 백인 농장주들에게조차 기근이 닥쳐왔던 것이다. 귀족적인 농장주들은 노예들이 먹던 것보다 더 못한 음식을 먹게 되었다. 곡물저장소는 텅 비었고 생활수준은 갈수록 떨어졌다. 마침내 남부 전체가 포위된 도시 같았고, 시민들은 공포를 느끼게 되었다. 여기저기서 강도들이 가게를 약탈하고, 대로에서 여자들과 아이들이 배고픔을 못 이겨 쓰러졌다. 밀, 옥수수, 건초 등은 모조리 군대를 위해 몰수되었다. 질병이 만연하고, 교통망은 붕괴되었으며, 저항의 열기는 식어갔다. 덥수룩한 수염의 창백한 남부 군인들, 끔찍한 굶주림에 시달리지만 아무 것도 두려워하지 않는 병사들은 자신들이 세계에서 가장 비옥한 땅을 위해 싸운다는 사실을 잘 알고 있었다. 그러나 그 땅은 텅 비어 있었다. 9월에는 밀가루 값이 배럴 당 35달러가 되었고 10월에는 45달러, 11월에는 70달러, 12월에는 110달러로 껑충 뛰었다. 그 후에 밀은 얼마를 주고도 살 수 없었다. "우리가 과연 전쟁이 끝날 때까지 살아남을 수 있을까? 밀가루 값이 배럴 당 120달러이고 옥수수나 귀리 한 되도 살 수 없으니……."

북부는 유능한 지휘자의 통솔하에 이상을 위해 싸우는 남부군을 이겼다. 승리는 링컨의 편이었다. 이유는 도시에도 시골에도 그리고 무엇보다도 군대에도 굶주리는 사람이 하나도 없었기 때문이다. 독립전쟁의 교훈을 제대로 살려 군인들에게 최상의 빵을 먹도록 배려했다. 알렉산드리아 지방의 병참본부에 있는 제빵사들은 나폴레옹 시절 프랑스 화학자들의 연구결과에 정통해 있었다. 특히 파르망티에의 가르침에 말이다! 더욱 정성스레 빵을 반죽하고, 신중하게 재료를 선정하고, 시간을 들여 천천히 빵을 구웠다.

"저기 있는 건 바로 무기란다." 수십 대의 짐마차가 줄을 지어 지나가는 행렬을 바라보며 그 안에 무엇을 싣고 가는지 궁금해하는 손자에게 한 여인이 대답했다. 짐마차를 운전하던 사람이 휘장을 걷으니 그 안에는 족히 몇 파운드는 나갈 듯한 갈색의 빵 덩어리들이 은은한 빛을 내고

있었다. "대포에 대포알 대신 저걸 넣는다는 말인가요?" 아이는 어리둥
절해서 물었다. "아니, 사람의 입에 넣지." 군대 제빵사가 야릇한 웃음을
지으며 대답했다. 적군에게는 이런 무기가 없다고 그가 말해주었다. "이
것이 바로 링컨의 대포알이란다. 우리 아버지와 우리 형제들이 밭에서
길러내고, 내가 오븐에서 구워낸 것이지."

북부의 농업은 전쟁 중에 마비 상태에 빠지지 않았을 뿐 아니라 오히
려 성장했다. 오하이오, 일리노이, 인디애나, 아이오와, 위스콘신 등의
주에서는 생산량이 거의 두 배로 늘어났다. 북부의 지도자들은 이것이
무엇을 의미하는지 알았으며 신에게 대풍작을 감사드렸다. 최종 승리
에 이르기 얼마 전, 뉴욕의 〈인디펜던트(Independent)〉지는 1864년 9월
8일자 신문에 논평을 실었다.

> 우리에게 닥칠 수 있었던 최악의 불행은 바로 흉작이다. 만일 흉작이었
> 다면 우리는 완전히 회복되기 어려운 상황에 처하게 되었을 것이다. 미합
> 중국 군대의 비축식량 뿐 아니라 국가의 존재 자체가 붕괴되었을지도 모른
> 다. 전쟁이 어떤 결과를 가져오든 간에 우리의 곡물창고는 가득 차 있다!

*　　*　　*

어떻게 그게 가능했을까? 북부는 도대체 어떻게 절반 이상의 농부들
이 전쟁에 징발되어 나간 상황에서 곡물의 생산량을 늘릴 수 있었을까?

첫째, 여인들이 큰 몫을 했다. 여자들은 남자들의 빈자리를 메우고자
밭에서 팔을 걷어붙이고 일했다. 그것은 그리 어려운 일이 아니었다. 식

민지 시대에는 그러한 삶이 당연한 것으로 여겨졌다. 단지 그때로 되돌아갈 뿐이었다. 그 다음에 유럽으로부터의 이주자들이 있었다. 전쟁에도 불구하고 이민의 행렬은 계속되었다. 미국은 유럽에서 들어오는 이주자들을 필요로 했다. 원하지 않는 이주자들은 얼마든지 남부와 북부 간의 전쟁으로부터 떨어져 있을 수 있었다. 그냥 북부, 이를테면 일리노이와 같은 주에 남아서 농사를 지으면 되었다. 값싼 토지는 이주자들을 끌어당기는 원동력이었다. 워싱턴의 정부는 사실상 땅을 무상으로 나눠주고 있었다. 홈스테드법에 따라 이주자들은 토지 구입 비용 없이도 농장을 세울 수 있었다. 남부에서는 주민들이 굶어 죽어 갔지만 북부에서는 링컨이 250만 에이커의 땅을 이주자들에게 나누어주었다. 이는 160에이커 면적의 농장 2만여 개가 새로 생겼다는 것을 의미한다. 또한 약 10만명의 인구증가 효과를 가져왔다.

북부가 승리를 거두는 데에는 무엇보다 철도가 결정적인 역할을 했다. 미시시피는 전쟁 전까지는 서부와 남부를 연결하는 거대한 통로였다. 그런데 이 통로가 봉쇄되었다. 그러자 철도가 서부의 생산물을 동부로 실어 나르게 되었다. 남부로는 아무것도 가지 못하게 되었다. 뉴올리언스의 경우 해마다 천만 부셸가량의 곡물과 밀가루를 북서부 지역에서 들여왔지만 전시에는 북서부의 모든 곡물이 북동부로 수송되었고, 따라서 뉴올리언스는 굶주리게 되었다. 시카고는 중요한 수송로이자 종착지로서 교통의 요지로 떠오르게 되었다. 전쟁은 시카고를 부유하고 위대한 도시로 만들었다. 전쟁이 벌어지는 동안 시카고에서는 해마다 2천만 부셸의 밀과 2천5백만 부셸의 옥수수가 선적되었다. 그리고 이러한 곡물은 극빈층도 살 수 있는 가격에 거래되었다. 북부에서는 아

남북전쟁 종결 포스터 (1865)

무도 굶주리지 않았다.

군인들은 풍족한 나머지 식사의 단조로움에 대해 불평할 지경이었다. 존슨 박사는 1917년, 남북전쟁에 대한 회고록에서 "식사는 종종 단조로웠다. 아침에는 베이컨, 빵, 커피, 점심에는 커피, 베이컨, 빵, 저녁에는 빵, 커피, 베이컨, 그런 식이었다."고 적고 있다. 한편 남부의 병사들은 식사시간마다 자신의 셔츠를 물어뜯을 수밖에 없었다.

남부의 농장주들은 또 한 번 실망하게 되었다. 전쟁이 후반부에 접어들자 영국이나 프랑스는 남부에 보여주었던 호감과 연민을 거두어들였다. 정말 이해하기 어려운 일이었다. 남부가 싸우는 이유가 무엇인가? 바로 온 세계에 면화를 공급하기 위한 것이 아닌가? 그렇다. 그것은 전적으로 옳았다. 그러나 남부 사람들은 정치적으로 결정적인 요소를 생각하지 못했다. 옷과 음식을 선택하는 문제에서, 어느 쪽이 유리한지를 결정짓는 요소는 무엇이 보다 절실한 요구사항이냐 하는 것이다. 남부가 팔 것이라고는 면화뿐이었다. 북부는 빵을 가지고 있었고 유럽은 미국의 빵을 필요로 했다. 따라서 유럽은 태도를 바꾸어 처음에는 망설이면서 조심스럽게, 그 다음에는 열성적으로 북부에 지지를 보냈다.

그라스는 이렇게 요약해서 설명하고 있다. "한편에는 남부의 노예제도와 유럽의 면화가공산업의 이익이 걸려 있었고, 다른 한편에는 밀과 북부의 자유노동제도 그리고 빵을 희생하면서까지 노예제도에 반대하는 유럽의 인본주의적 면화가공업자 개인들이 있었다. 영국은 미국의 면화 이상으로 미국의 밀을 필요로 했다. 면화는 공장을 유지하는 데 필요한 것이지만 밀은 사람의 목숨을 유지하는 데 필요한 것이다. 따라서 영국 정부는 남부에 대한 우호적인 태도를 집어던질 수밖에 없었던 것이다. 남부의 면화보다는 북부의 밀이 더 중요했기 때문에 영국은 태도를 바꾸어 남부연합을 인정하지 않게 되었다. 북부의 엄청난 밀 수확량은 영국으로 하여금 노예해방이라는 대의를 위해 영향력을 행사하도록 움직인 중요한 뇌물이었다."

그러나 여성의 노동력도, 유럽으로부터의 이민도, 철도의 역할도 북부의 수확량 증가에 결정적인 요소는 아니었다. 그러기 위해서는 다른 요소가 필요했다. 북부나 남부나 종종 간과해 온 그 요소는 바로 '농업의 기계화'였다. 면화가 아니라 밀을 심은 쪽이 이기게 되어 있었다는 점은 사실이었다. 그러나 밀을 심어놓은 사람들이 전쟁터에 나가지 않고 밭에 남아 있었더라면 전쟁에서 이길 수 없었을 것이다. 궁극적으로 전쟁의 승리를 가져다주고 그 후 19세기 후반 동안 미국의 운명을 결정지은 것은 다름 아닌 노동력을 절감하는 기계들이었다. 그 기계들 덕분에 농부들은 전선에 나가 싸울 수 있었던 것이다.

앞에서 살펴본 바에 의하면 농업은 도시에서 일어난 기술진보의 혜택을 거의 받지 못했다. 새로운 발명들은 대개 공업 분야에 치중되었다. 발명가들은 도시인이었다. 기업경영자 및 공업노동자들의 요구가 발명을 이끌어냈다. 공장 업무를 보다 단순하고 빠르게 만들고 합리적으로 만드는 것, 기술자들은 그것이 자신들의 임무라고 생각했다. 기술자들이 속한 곳은 공장이지 밭이 아니었다. 대부분의 기술자들은 농업에 대해 전혀 아는 바가 없었다. 쟁기를 끄는 가축도, 낫질을 하는 농부도 거의 본 일이 없었던 것이다.

나폴레옹은 농업의 기계화가 국가적 과업이 될 날이 올 것이라는 것을 생각해본 적이 없었다. 링컨이나 스탠튼 그리고 그의 부하들은 우연히 이 생각을 하게 되었고, 그것은 그들의 개인적 성취뿐만 아니라 미국의 유산이 되었다. 그들은 미국이 세계에서 가장 행복하고 가장 우수하고 현대적인 농부의 나라가 될 것이라고(그렇지 않다면 결코 독립적인 나라가 될 수 없었을 것이다) 말한 토마스 제퍼슨의 지적인 후계자들이었다.

그럼에도 불구하고 미국의 건국자들조차도 농업에 기계를 도입하는 데는 어려움을 겪었다. 농부들이 기계를 원하지 않았다. 수천 년 동안 비가 오나 눈이 오나 조용히 할 일을 해왔던, 미국에서 그저 자신의 땅에 농사짓는 사실에 행복해했던 농부들은 처음에는 기계를 보고 어깨를 으쓱했을 뿐이었다. 도시에서 온 이 물건이 그들에게 무슨 소용이 있으랴? 그러나 결국 농부들에게 애써 부탁할 필요는 없었다. 5년의 전쟁 기간 동안 징발된 농부들의 노동력을 대신해서 식량의 공급과 비축이 절실해지자 기계는 스스로 자신의 존재를 드러냈던 것이다.

토지를 정복한 기계—매코믹

> 무적의 보습을 든 요나단이 돼지 뒤를 따라 걸어오고 있습니다. 그에게 영광이 있기를! 만일 우리가 헛소리로 가득한 멍청이들이 아니었다면 이에 필적한 아테네나 헤라클레스 같은 신화는 존재하지 않았을 것입니다. 그리스인들과 유대인들(의 신) 그리고 다른 여러 가지 거미줄들이 모두 거두어지게 되면 언젠가는 이에 대한 진짜 '시'가 나타날 것입니다.
>
> —칼라일이 에머슨에게

1836년 4월, 에드거 알렌 포는 에세이 《멜첼의 체스 플레이어 (Maelzel's Chess Player)》를 출간했다. 헤르 멜첼은, 18세기에 헝가리의 한 남작이 발명한 체스 플레이어를 가지고 있었다. 포는 미국에서 이 기계를 보게 되었다.

그것은 주석으로 만든 터키인의 모습을 한 인형이 단풍나무로 만든 상자에 앉아있는 모양의 장치였다. 기계가 혼자 움직일 때마다 삐걱거리는 기계음과 윙윙대는 기어소리가 들렸다. 멜첼은 기계 내부를 보여주곤 했는데 그 안에는 무수히 많은 기어들과 바퀴 모양의 장치들이 들어있었다. 작은 어린아이가 장치 속에 숨어서 기계를 움직인다는 것은 불가능해 보였다. "이 자동인형이 순전히 기계의 힘으로 움직이는 것입니까?"라고 사람들이 물으면 맬첼은 "이야기할 수 없습니다"라는 애매한 대답을 하곤 했다. 이 애매한 대답으로 70년에 걸쳐서 그의 명성은 유지될 수 있었다. 많은 사람들은 기계의 발전이 어디까지 왔는지 확인하기 위해 맬첼의 자동인형을 보러갔다. 또 어떤 사람들은 장치 어딘가에 사람이 숨어 있을 것이라고 확신하고 탐정처럼 그 비밀을 파헤치기 위해 찾아왔다. 포는 후자에 속했다.

18세기에는 자동기계에 대한 관심이 고조되었다. 프랑스의 백과전서파는 영혼의 존재를 부정했다. 백과전서파의 일원인 라메트리는 그의 저서 《인간기계론》에서 인간의 생명은 일종의 기계 활동이라고 주장했다. 문제는 당시 동시대인들이 모두 이 사실을 믿었지만 인정하고 싶지 않았다는 점이다. 유물론과 감상주의 사이에서의 동요는 맬첼의 체스 플레이어와 같은 장난감과 자동인형의 삶을 다룬 공상 문학작품을 탄생시켰다. 인간이 자동기계에 지나지 않는다면 반대로 자동기계도 일종의 인간이 된다. 위대한 독일의 이야기꾼 호프만은 인조인간이 초자연적인 힘을 지닐 수 있을 것이라고 믿었다. 한 독일의 비평가는 호프만이 기계에 대한 공포를 체험한 최초의 근대인이라고 평가했다.

그러한 장난감들은 19세기의 양식에 적합한 것이 아니었다. 버지니아주의 농부인 로버트 매코믹은 긴 겨울밤 천문학과 자동인형 제조 같은 취미생활에 몰두하곤 했는데 주위 사람들은 그를 시대에 뒤떨어진 사람이라고 생각했다. 그가 만들려고 했던 자동인형은 맬첼의 체스 플레이어와 같은 장난감이 아니라 실용적인 일을 수행하는 인조인간이었다. 즉 나무와 쇳덩어리로 만든 사람으로 똑바로 일어서고 구부릴 수 있으며 팔을 앞뒤로 움직여서 낫으로 곡식을 베고 긁어모을 수 있는 그런 기계 말이다. 이웃사람들은 모두 '머리가 살짝 돈' 매코믹을 비웃었다. 도대체 뭘 하자는 짓인가? 사지 멀쩡한 농부에게 일을 대신해줄 인조인간이 왜 필요하단 말인가? 인조인간을 돌보는 데 시간이 더 들겠다.

이 불경스러운 인조인간 계획은 결국 실패했다. 로버트 매코믹은 15년간 자신을 괴롭혀 오던 '곡물 수확 로봇' 프로젝트를 1831년에 집어치웠다. 그러나 당시 22세였던 매코믹의 아들은 아버지와는 전혀 달랐다. 그는 아버지와 같이 취미에 몰두하는 사람이 아니라 실용적인 기술자였다. 그는 18세기 사람이 아니라 19세기 사람이었다. 그는 기계가 사람의 흉내를 낼 이유가 없다고 생각했다. 나무와 쇳덩어리로 인간의 모습을 본떠서 만든 기계, 보는 사람들을 즐겁게 해주거나 무섭게 만드는 그런 기계가 무슨 소용이란 말인가? 그는 경제적인 문제를 해결해 줄 기계에만 관심이 있었다. 보다 적은 수의 사람들이 근육의 힘을 빌리지 않고 보다 빠르게 농작물을 거두어들이는 일은 바로 경제와 결부된 문제였다. 이웃 농부들이 그러한 점들을 고려하지 못했던 것은 실수였다. 만일 애초에 기계가 인조인간이 아닌 마차의 형태에 가까웠다면 그들은 이해했을지도 모른다. 젊은 사이러스 매코믹은 이런 식으로 추론했고 그 추론을 입증했다.

사이러스 매코믹은 스코틀랜드의 성직자인 패트릭 벨이 1825년에 비슷한 생각을 한 일이 있다는 사실을 알지 못했다. 벨은 '풀 베는 마차'를 만들었다. 이 장치는 말이 끌도록 되어 있었고 베어낸 곡식의 다발이 한쪽에 쌓이게 되어 있었다. 이것은 정말 놀랄 만큼 단순한 장치였고 사람 12명 몫의 일을 해냈다. 어떻게 수천 년 동안 아무도 이런 걸 생각해내

미국의 현대화된 쟁기

지 못했을까?

　물론 이전에도 이런 생각을 한 사람들이 있었다. 페르시아에는 비슷한 기계가 존재했던 것이 틀림없다. 다리우스가 알렉산드로스대왕의 군대를 공격할 때 쓴 '낫질하는 마차'가 그 증거이다. 군대 기술자들이 이것을 전차로 개조하지 않았다면, 마차는 단순히 수확을 돕는 역할을 수행했을 것이다. 플리니우스의 기록에 따르면 갈리아에도 수확을 돕는 기계가 있었다고 한다. 그것은 소들이 끄는 바퀴 달린 수레로 한쪽에는 날이 잘 드는 칼이 달려 있었다. 한 사람이 수레 옆을 걸어가며 곡식의 줄기를 막대기로 쳐서 칼 쪽으로 구부러뜨리면 이삭들이 잘려져서 수레 안에 담겼다. 밭에 남아있는 곡물의 줄기는 가축들이 먹었다. 그런데 이 기계는 곧 잊혀 버렸다. 이유는 알 수 없다. 어쩌면 사람들이 너무 단순한 기계를 좋아하지 않았는지도 모른다. 아니면 수레가 너무 비싸서였는지도 모른다. 그것도 아니면 (아마도 가장 신빙성 있는 이유가 될 테지만) 이 장치가 추수에 따르는 종교적 규정에 맞지 않았기 때문일 수도 있다. 어떤 이유이든 간에 그 기계는 채택되지 않았다.

벨의 '풀 베는 마차'도 채택되지 않았다. 영국의 추수일꾼들은 이 기계를 보자마자 이것이 일자리를 다 빼앗아갈 것이라는 사실을 깨달았다. 말 몇 마리만 있으면, 어린 소년이라 해도 모두가 피땀 흘려 일해야 할 수 있는 분량을 단 며칠 만에 해치울 수 있다는 걸 알았기 때문이다. 일꾼들은 기계를 부수어버리고 발명가를 위협했다.

사이러스 매코믹은 운이 좋았다. 네 마리의 말과 함께 자신이 만든 기계를 시운전했지만 첫 번째 시도는 실패로 끝나고 말았다. 밭이 고르지 않았기 때문이다. 베다 만 밀이 밭에 남아있었다. 편평한 밭을 가진 이웃이 밭에서 시험가동을 할 수 있도록 허락해 주었다. 여기서 매코믹의 수확기는 하루에 6에이커의 밭을 수확했다. 그것은 사람의 손으로 수확한 양의 여섯 배에 해당하는 것이었다. 이것을 목격한 사람들은 수확기의 가치에 확신을 갖게 되었다. 이 성공적인 수확기는 19세기의 미국 농업 번영의 원천이 되었다.

＊　　＊　　＊

"그것은 역사상 가장 이해할 수 없는 불가사의이다"라고 허버트 카슨은 말했다. "인간이 최초로 알게 된 산업인 농업이 가장 더디게 발전하게 되었다는 점 말이다. 영리한 사람들은 수천 년에 걸쳐서 농업을 전적으로 무시해왔다. 농사일은 농노나 소작인들의 몫이었다. 그들은 아둔

했으며 황소와 다름없이 힘들고 단조로운 일들을 계속해왔다."

이집트인과 유대인, 그리스인과 로마인 모두 빵을 매우 중요시했다는 점은 틀림없는 사실이다. 그러나 빵을 얻는 수단은 다분히 종교적이고 정치적이었다. 그들이 공업의 중요성을 잊었던 것은 공업기술을 얕봐서가 아니었다. 기술적 진보가 일어나지 못했던 데에는 전혀 다른 이유가 있었다.

중세로부터 19세기에 이르는 시기는 고대문명의 연장선 위에 있다. 이 시기는 '기술적 정체기'였다. 이러한 정체의 원인은 선사시대의 천재들이 인간에게 필요한 모든 발명을 이루었다는 믿음 때문이었다. 기원전 8천 년에 마차를 발명한 사람은 현재는 물론 미래의 어떤 과학자들과도 비교할 수 없는 천재이다. 회전하는 바퀴를 가지고 공간을 정복한 일은 그 무엇과도 비교될 수 없는 업적이다. 금속의 단조(鍛造) 방법, 직조기술, 도공(陶工)의 회전판 등을 발명한 사람들은 가장 위대한 기술자들이었다. 그들은 이미 알려진 지식의 기반 위에서 발명한 에디슨보다 훨씬 더 위대한 사람들이라고 할 수 있다.

원시시대와 비교하면 고대문명은 아무 것도 발명하지 않았다고 해도 과언이 아니다. 그저 유산을 계승했을 뿐이었다. 변화의 필요성에 영향을 준 것은 종교였다. 종교는 종교적인 법률의 보호하에 사람들로 하여금 고대의 유산을 받아들이도록 했다. 종교는 고대에 천재적인 발명가들과 일반 대중 사이의 격차를 좁혀주었다. 비록 종교가 쟁기를 발명한 것은 아니지만 종교는 쟁기에 축복을 내려 인간의 부주의한 망각과 파괴적인 경향으로부터 보호했다.

민첩하게 기술을 보전한, 고대 세계의 매우 문명화된 종교의 보호 아래 있었을 때 왜 인류는 '기술적 정체기'에 빠져든 것일까? 종교가 기술에 적대적이었던 것은 전혀 아니다. 그러나 고대사회는 발명의 시대가 이미 지났다고 믿었다. 고대는 '진보'를 믿지 않았던 것이다. 고전 세계는 그 자체로 충분했다. 농사를 지어 빵을 얻었다. 농작물의 분배는 정부의 일이었다. 사람들이 먹고사는 일은 신의 섭리와 속세의 정부가 돌볼 일이었다. 여기에 기술자들이 설 자리는 없었다. 있다 해도 매우 제한적이었다. 가축의 힘을 이용한 물레방아 정도가 여기에 포함될 것이다.

고대에는 빵 문제가 자신을 불행하게 만든다고 생각하는 사람들이 거의 없었다. 배가 고플 때조차도 말이다. 예수는 특히 빵에 대한 비관주의와 맞서 싸운 사람이었다. 그가 살았던 시대에는 기술의 발전이 정체된 시대였지만 인류가 식량부족으로 멸망하는 일은 결코 없을 것이라고 확신했다. 씨를 뿌리고 수확물을 거두어들이는 일이 없어도 천국의 새들과 들판의 백합은 신의 축복으로 살아갈 수 있었다. 그런데 이교도들이 고대문명을 어지럽히고 쟁기와 물레방아를 파괴함으로써 빵과 관련된 진짜 위기가 닥쳐왔다. 이것은 진짜 재앙이었다. 종교가 수천 년에 걸쳐서 인간의 기술적 유산을 보호할 수 있었지만 성직자들이 부서진 도구들을 수리할 수는 없었던 것이다. 성직자들이 할 수 있는 일이라고는 부서진 쟁기와 물레방아를 축복하는 것뿐이었고 그들의 체면은 크게 떨어졌다.

기술적이고 창의적인 정신은 여전히 정체되었다. 그러나 점점 살기 힘들어지고 그 무력함 때문에 종교조차 대중으로부터 미움을 받게 되자 인류는 다시 기술의 발전을 꾀하게 되었다. 이러한 자각은 한 사람만의 것이 아니라 모든 사람들의 것이었다. 수천 년간의 정체기 이후에 정열적인 활동들이 개시되었다. 똑같은 도구에 대한 발명이 지구 곳곳에서 한 번이 아니라 아홉 번 아니 열 번에 걸쳐 일어났다. 그것도 수년에 걸쳐서 일어난 것도 아니고 단지 일 년 동안 말이다. 기술의 정체기는 사라졌다. 그러자 오랜 옛날, 인류가 그동안 미처 깨닫지 못한 종교적인 사실에 의문을 품었듯, 이제는 어떻게 그토록 오랜 기간 동안 기술의 진보가 멈출 수 있었는지 의아해했다.

*   *   *

수확기 역시 사이러스 매코믹의 독창적인 발명품은 아니었다. 미국인 오베드 허시는 매코믹과 거의 동시에 수확기를 발명했다. 그는 나중에 "이런 것이 이전에 발명된 일이 없다는 것이 오히려 놀랄 만한 일이다"라고 우호적으로 말했다. 다양한 성향을 지닌 허시는 선원이었으나, 동시에 비범한 손재주를 가진 아마추어 기계공이었다. 그는 농사에는 거의 경험이 없었다. 친구와 대화 중에 수확기를 만들어보자는 생각이 문득 떠올랐는데 마침 그는 초에 기름을 붓는 기계의 도안을 그리던 참이었다. 그가 만든 수확기는 패트릭 벨의 '풀 베는 마차'의 직계 후손이었다. 허시의 절단 장치는 앞뒤로 움직이는 작은 날들로 이루어져 있었다(이발기계와 마찬가지로). 이러한 구조는 큰 장점을 가지고 있어서 차후에 발명된 모든 풀 베는 기계나 수확기들이 이 구조를 기본으로 삼고 있다.

허시의 수확기가 덜그럭거리며 밭 위를 지나가자마자 매코믹은 특허

소송을 제기했다. 매코믹은 그 후에도 누구든 감히 수확기를 만들려고 시도하는 자가 있다면 도둑으로 몰아 부치는 것을 관행으로 삼았다.

누가 먼저 수확기를 발명했으며 누구의 수확기가 더 성능이 우수할까? 답이 가려지기도 전에 벌써 세 번째와 네 번째 수확기가 등장했다. 일리노이주 록포드 지방의 존 매니 역시 수확기를 만들었다. 매코믹은 수년 동안 경쟁자들을 대상으로 특허소송을 벌였다. 그 소송을 담당한 변호사들 가운데 굉장한 사람들이 있지 않았더라면 소송에 관련된 전문가들의 증언 따위는 오래된 기록 보존소 구석에서 썩어 갔을 것이고, 그 소송들은 대중의 뇌리에서 잊혀지고 말았을 것이다. 그런데 어느 날, 변호사 에이브라함 링컨이 '매니'라는 회사로부터 500달러짜리 수표를 받았다. 이것은 그가 받아온 수임료와는 비교도 안 될 만큼 높은 금액이었다. 이 회사는 링컨에게 수확기를 제조할 권리에 대한 소송에서 변론을 맡아달라고 부탁했다. 링컨은 이 사건에 열정적인 관심을 보였는데, 그 이유는 자신이 바로 농부의 아들이었기 때문이다. "그 사건은 링컨으로 하여금 낫과 덧살*을 가지고 밭에 나가 일하던 시절을 회상할 기회를 주었다. 그 시절 링컨은 낫질을 하느라 손바닥에 굳은살이 박혔었다. 그런데 이제 수확기가 나오다니……."라고 칼 샌드버그는 적고 있다. 링컨은 변론을 준비해서 소송이 열리는 신시내티로 갔다. 그는 평소와 같이 멍청해 보이는 표정에 신경 쓰지 않은 소탈한 옷차림으로 법정 안으로 들어섰다. 그의 호주머니에는 기계와 문화, 농업 등에 대한 자신의 생각을 자세히 담은 두꺼운 원고가 들어 있었다. 그곳에서 그는 매니 회사를 대표하는 또 다른 변호사를 만나게 되었다. 그 변호사는 링컨을 보고 기

---

* 농작물을 가지런히 추려서 벨 수 있게 하는 나무틀.

자신의 수확기에 앉은 오베드 허시

분이 상했다. "이 긴 팔을 가진 원숭이는 대체 어디서 나타난 거지?" 그
의 말은 누구나 알아들을 만큼 뚜렷하게 들렸다(후에 그는 자신이 범한
무례함을 덜기 위해 링컨을 원숭이가 아닌 다른 동물에 비유했다고 말
했다. "나는 저 기린과 함께라면 소송을 맡지 않겠다고 했다"라며……).
그는 링컨에게도 "당신과 나, 둘 중 한 사람만이 이 소송을 맡을 것이오"
라고 말했다. 결국 링컨은 소송을 맡지 못했고 소송을 맡은 그 변호사는
패소하고 말았다. 그가 바로 후에 링컨 행정부에서 육군장관을 맡은 에
드윈 스탠턴이었다.

처음에는 허시의 수확기가 매코믹의 수확기보다 훨씬 인기를 누렸
다. 이 기계는 앞에서 끌도록 되어 있었고 날은 한쪽을 향하고 있었다.
기계장치에 의해 곡물의 줄기가 날에 닿도록 구부러지고 가능한 한 바
닥 가까운 부근에서 절단되었다. 절단된 곡물은 단 위에 떨어지고 운전
사가 그것을 주워담는다. 허시의 수확기는 매코믹의 수확기와의 경쟁
에서 이길 수 있는 모든 요소들을 갖추고 있었다. 발명자의 성격상의 결

함만 빼고 말이다. 허시는 고대의 모든 발명가들과 마찬가지로 일단 어떤 물건이 발명되면 더 이상 개선의 여지가 없다고 생각하는 사람이었다. 허시는 그 후 20년 동안 자신이 배우고 체험한 모든 사실을 무시하고 고집스럽게 최초의 모델에만 매달렸다. 반면 융통성 있는 매코믹은 실수를 통해 배웠다. 그는 형제들과 함께 기계를 개선할 수 있는 방법을 끊임없이 연구했다. 마침내 그가 경쟁에서 승리를 거두었는데 그에게 성공을 안겨준 것은 기술자로서의 재능보다는 사업가로서의 인내심이었다. 1847년에 그는 시카고에 공장을 세웠다. 4년 동안 천 대의 수확기를 제작, 판매하였고, 10년 동안 2만3천대를 팔았다. 10년 동안 그는 25만 달러 이상을 벌어들였다. 그 후에도 이익은 계속 증가했다.

"남부에 노예가 있다면 북부에는 수확기가 있습니다." 전쟁이 시작될 무렵 스탠턴은 이렇게 말했다. "수확기 덕분에 우리 북부의 젊은이들이 미합중국을 위한 전쟁에 달려나갈 수 있게 되었습니다. 또한 수확기는 국가의 식량공급에서 지대한 역할을 하고 있습니다." 스탠턴의 이 연설은 혹시 링컨이 준비하고도 사용하지 못한 변론원고에서 빌려온 것은 아닐까? 그러나 그런 일은 있을 수 없었다. 스탠턴은 링컨의 서류들을 읽어보지 못했다. 그 서류들은 신시내티 법정의 소동 직후, 어떻게 된 일인지 쓰레기통 속에 들어가 다시는 빛을 보지 못했다. 스탠턴은 그 소송에 관여하면서 수확기의 가치를 깨닫게 되었던 것이다. 팔이 긴 원숭이, 미합중국의 대통령은 미국 남자 세 명 중 한 명을 징집해서 전쟁에 내보냈으나, 수확량은 오히려 늘어났다. 유럽은 이 사실을 믿을 수 없었다. 미국에서 전년도 대비 세 배 많은 곡물을 유럽으로 수출한다는 이야기를 들은 유럽인들은 고개를 저으며 허위선전일 것이라고 일축했다.

북부가 거대한 규모의 두 군대*를 먹이면서 동시에 3천5백만 명을 먹일 밀을 유럽에 수출한다는 사실은 도저히 불가능한 것처럼 보였다. 그러나 가능했다.

그보다 더한 일도 가능했다. 밀워키, 미네아폴리스, 캔자스시티, 신시내티, 데모인, 오마하, 세인트폴 등과 같은 중소 규모의 도시들은 자고 일어나 보니 대도시로 탈바꿈해 있었다. 이 도시들을 비롯한 수백 개의 도시들이 그야말로 밀의 바다에 둘러싸여 있었다. 기차는 수확기로 수확한 농작물을 1만4천 개나 되는 제분소로 실어 날랐다. 역사상 가장 피비린내 나는 전쟁이었던 남북전쟁이 끝난 지 12년이 되던 해인 1876년에 미국은 세계 최대의 곡물 생산국이 되었다.

1868년, 나폴레옹 3세는 마차에서 내려와서 매코믹의 코트에 레종도뇌르 훈장을 달아주었다. 수여식은 파리 근교의 들판에서 치러졌다. 위대한 황제의 조카인 나폴레옹 3세는 삼촌보다 뛰어난 통찰력을 가지고 있었다. 도시에서 명성을 누리며 유용하게 사용되는 기계들을 농업에 응용하면 국가의 부를 증가시킬 수 있을 것이라는 사실을 알았던 것이다. 매코믹이 죽었을 때 곡식 다발이 그의 시신 위에 놓였다. 그러나 죽기 직전, 그의 머릿속은 사업과 관련된 통계와 숫자들로 가득 차 있었다. 그의 가슴 위에 놓인 곡식 다발은 다소 어색해 보였다. 그는 마치 데메테르의 숭배자처럼 보였다.

오베드 허시의 죽음은 한층 암울했다. 매코믹의 적수였던 그는 오래전에 모든 특허를 팔아버리고 수확기와는 관계없는 삶을 살았다. 어느 무더운 여름날, 발티모어 역에 정차한 기차 속에 앉아 있던 그는 물을 달

---

* 실제로 전선에서 싸운 군대와 후방에서 식량을 생산하여 전쟁을 승리로 이끄는 데 공헌을 한 민간인 부대를 일컬음.

라고 칭얼대는 어린아이의 목소리를 들었다. 금발의 예쁜 여자아이였다. 천성적으로 인정 많은 허시는 기차에서 내려 물 한 컵을 떠와서는 갈색의 거친 기계공의 손을 소녀에게 내밀었다. 컵을 가져다 놓으려고 나가다가 그는 균형을 잃고 넘어져 출발하는 기차 바퀴에 치이고 말았다. 기계시대의 건설에 한몫을 담당했던 그가 기계시대의 희생물이 되고 말았던 것이다. 그의 죽음은 시인 베르하렌의 죽음과 끔찍할 정도로 닮아 있다. 베르하렌 역시 기차역 플랫폼에서 죽었다. 종종 자신에게 시의 영감을 주곤 했던 기계에 의해 오르페우스처럼 조각조각 찢겨 죽음을 맞았다.

*   *   *

1848년 제임스 페니모어 쿠퍼는 자신의 저서 《오크 창문(The Oak Openings)》에서 한 해 전에 미시건 남부지역에서 목격한 기계에 대해 적었다. 말 십여 마리가 끌고 가는 이 기계는 곡식 이삭을 줄기로부터 베어내 탈곡을 한 후 낱알을 분리해서 자루에 담는 전 과정을 혼자서 수행하고 있었다. 즉 제분소로 바로 가져갈 수 있는 상태까지의 모든 과정이 사람 손이 전혀 닿지 않은 채 이루어지는 것이었다. 소설가 쿠퍼는 대경실색하여 한동안 멍하니 기계를 바라보았다. 그럴 수밖에 없었던 것이 그는 미국을 인디언과 사냥꾼, 빽빽한 산림과 정적의 땅으로 묘사했기 때문이었다. 그것은 이미 미국의 과거 모습일 뿐이었다. 엄청난 양의 기계가 생산되어 미국의 모습을 바꾸었다. 그해 유럽에서는 정치혁명의 불길이 타오르고 있었다. 프랑스, 프로이센, 오스트리아에서 공화주의자들이 귀족주의자들에 대항해 싸움을 벌였다. 이러한 혁명의 결과는 사실 그리 대단한 것이 아니었다. 그러나 콤바인이라고 불리게 된 일체형 수확-탈곡기는 엄청난 경제혁명을 가져왔다.

쿠퍼가 목격한 콤바인은 히람 무어가 발명한 것이었다. 이 기계는 30에이커의 밭에 있는 밀을 수확해 자루에 넣는 일을 단 하루 만에 해치웠다. 당시만 해도 미시건의 농장들은 그 기계를 활용하기에는 너무 협소했다. 이 기계가 정작 빛을 본 것은 새로운 광활한 토지, 캘리포니아에서였다. 캘리포니아는 거대한 밀 생산지였다. 만일 제임스 페니모어 쿠퍼가 그로부터 50년 뒤에 나타난 가솔린 모터에 의해 구동되는 콤바인이 바다와도 같은 광활한 밀밭에서 파도를 일으키며 지나가는 모습을 본다면 뭐라고 말했을까? 말이 사라졌을 때 5천 년간 지속되어온 농사법의 희미한 기억마저도 완전히 사라져버렸다.

농업의 모든 부문에 커다란 변화가 일어났다. "네가 뿌린 대로 거두리라." 농사의 최종 단계인 수확이 기계화되었으니 시작단계도 기계화되는 것은 당연한 것이었다. 그러나 밭 갈기와 파종이 수확보다 훨씬 나중에 기계화되었다는 사실은 큰 의미를 갖는다. 예로부터 사람들은 토지를 비옥하게 하거나 씨앗을 뿌리기 위해 토지를 파헤치는 일을 매우 신성한 것으로 여겼다. 사람들은 여가와 인간 존엄, 삶의 자유를 선사해주는 기계의 등장을 두 팔 벌려 환영했지만 한편으로 성경에 나오는, 오래된 쟁기질과 씨뿌리기의 전통을 저버리는 것에는 슬픔을 느꼈다.

1731년 제스로 툴은 자신의 저서 《말을 이용한 새로운 농업》에서 정원이나 들판에서 씨를 뿌릴 때 아무렇게나 흩뿌리는 것보다는 고랑을 만들어 일렬로 뿌리는 것이 좋다고 주장했다. 그리고 그는 밭 갈기와 파종을 동시에 할 수 있는 기계를 발명해냈다. 일렬로 놓인 쟁기날을 말이 끌고 가도록 하고 각 날 뒤에 달린 관을 통해 씨앗을 고랑에 떨어뜨리는 장치였다. 이것을 보고 놀라는 사람도 있었지만 대부분은 비웃었다. 도대체 이런 기계가 무슨 소용이 있단 말인가?

19세기에 이르러서야 그 해답이 주어졌다. 1842년 펜실베이니아주의 농부인 페녹 형제는 툴의 아이디어를 살려 파종기계를 만들었다. 이 현대적인 기계는 한꺼번에 18개의 고랑을 만들고 씨앗과 비료를 고랑 속에 뿌리고 다시 흙으로 덮는 일을 수행할 수 있었다. 회전식 쟁기날은 13인치 깊이로 뒤집은 표토를 잘게 부수어 고랑을 만들고 종자를 심고 비료를 뿌리고 고랑을 다시 덮었다. 이제 필요한 것이라고는 해와 바람뿐이었다. 쟁기질하는 일꾼도 씨뿌리는 일꾼도 이제는 필요 없었다. 밭에 방울방울 떨어진 기름의 흔적만이 인간의 불굴의 의지를 보여줄 뿐이었다.

경작기가 기름으로 가동되기 전에는 증기가 사용되었다. 증기기관의 발상지인 영국에서는 19세기 중반에 증기엔진을 경작기에 달려는 시도가 있었다. 그러나 이 증기 경작기는 너무 무거웠다. 가동 중에 밭에 주저앉기 일쑤였다. 그러자 존 파울러는 무거운 증기엔진을 밭 옆길에서 가동하고, 쇠로 된 케이블을 이용해서 쟁기를 밭에 놓고 끄는 방법을 착안했다. 그는 이 발명품을 미국에 팔려고 시도했으나 이런 '원격조정'식 장비가 사용되기에는 미국의 농지가 너무도 넓다는 사실을 깨달았다. 얼마 지나지 않아 미국에서 누군가가 바퀴 네 개 달린 트랙터 경작기를 발명했다. 이것은 증기엔진보다 훨씬 가벼웠다.

위대한 미국이여! 스코틀랜드인 칼라일이 (옥수수 한 포대를 보내준 것에 대해 감사를 표하며 랄프 왈도 에머슨에게 보낸 글에서) 다소 침울한 어조로 무적의 쟁기날을 든 요나단 앞에서 그리스와 유대인의 모든 신화들은 사라져버려야 한다고 한 것은 이해할 만하다. 트립톨레모스나 그 밖에 쟁기의 전도사들이 한 일은 1800년과 1900년 사이에 살았던 미국인들의 업적에 비하면 초라하기 그지없었다.

쟁기의 전도사들은 수십 년에 걸쳐 투쟁해야 했다. 마치 카인이 동생 아벨에 대항해서 싸웠듯이. 그러나 이걸 보라. 미국에서는 동생 아벨이 바로 침략자였다. 성경은 이 최초의 형제살상에 대해 뚜렷한 이유를 제시한 적이 없었다. 그러나 탈무드는 이 일화를 보다 자세하게 설명하고 있다. 목동이었던 아벨이 카인의 들판에 자신의 가축을 풀어놓고 일하는 형에게 "내가 생산한 가죽옷을 걸치고 있는 자는 내 가축들이 밭을 짓밟고 다녀도 아무 소리도 할 수 없지"라고 놀려댔다고 한다. 즉 카인이 동생을 죽인 것은 일종의 정당방위였다는 것이다. 미국에서도 같은 일이 벌어졌다. 고대 세계와 마찬가지로 농부들은 목동들과 싸움을 벌였다. 1870년 〈뉴욕 헤럴드〉 편집자 네이단 미커는 "쏟아지는 탄환 속에서 농업은 한 걸음씩 앞으로 내딛었다"라고 적었다(몇 주 후 분노한 수(Sioux) 인디언은 그를 총으로 쏴 죽였다. 그 인디언은 숲과 목초지를 농지로 바꾸는 것을 납득할 수 없었던 것이다).

앞뒤에서 탄환이 날아왔다. 그리고 멀지 않은 곳에 병참기지가 있어서 그곳에서 계속해서 향상된 쟁기들이 공급되었다. 일례로 벌링턴에 살았던 찰스 뉴볼드는 주철로 만든 쟁기를 발명했다. 그는 뉴저지주의 농민들에게 자신이 발명한 주철 쟁기는 아무리 깊게 땅을 파도 무디어지지 않는다고 설명했다. 대륙의 운명은 바로 얼마나 깊게 땅을 파느냐에 달려 있었던 것이다(한동안 농부들은 주철 쟁기가 땅을 오염시키고 잡초를 무성하게 할 것이라고 말하며 무시했다). 주철 다음에 나타난 것은 강철이었다. 시카고의 대장장이 존 레인은 강철로 된 잘 휘어지는 톱날을 나무쟁기에 부착시켜 보았다. 이 강철 보습은 일리노이의 흑토를 마치 버터 자르듯 했다. 곧 미국의 모든 마을에 있는 대장장이들은 그와 비슷한 쟁기를 만들기 시작했다. 그중 대장장이 한사람이 (하룻밤 새에 미국은 기술자들의 나라가 되었다!) 보습과 볏이 하나로 합쳐진 일체형 쟁기를 만들어냈다. 그의 이름은 존 디어였다. 쟁기는 매우 가벼웠기 때문에 그는 쟁기를 어깨에 짊어지고 만면에 희색이 가득하여 밭으로 나갔다. 쟁기는 뛰어난 성능을 보여주었다. 고집스럽게 단단한 땅도 강철 앞에서는 굴복하고 말았다. 온 국가가 소리 높여 강철을 찾기 시작했다. 피츠버그의 용광로들은 밤낮으로 활활 타오르며 강철을 생산해냈지만 쟁기의 수요를 맞추기 어려웠다.

1850년에 옥수수 한 부셸을 생산하는 데 4.5시간의 노동력이 필요했다면 1940년에는 16분의 노동력이면 충분했다. 사람들이 남는 시간을 어떻게 사용했느냐 하는 것은 또 다른 문제다. 그 질문에 답하는 것은 사회학자와 윤리학자들의 몫이다. 사람들은 아마도 절약된 시간을 잘 활용해서 보다 행복해졌을 것이다. 월트 휘트먼은 자신을 겸손하게 낮추며 이렇게 말했다.

> 노동력을 절감하는 기계도 만든 적이 없고
> 어떤 발명도 한 것이 없다.

그러나 그는 포효하는 기계와 그것을 발명한 사람들을 사랑했다.

이제 쟁기의 개선이 끝난 것일까? 그럴 리 없다. 인류가 두 번째 '기술적 정체기'에 접어들지 않는 한, 쟁기는 계속해서 개선될 것이다. 제철공장 실험실에서, 발명가의 제도 책상 위에서, 농업학교에서 그리고 지금이 순간에도 다양한 민족의 많은 사람들이 연구를 거듭하고 있다.

대지에게는 의사가 필요하다―리비히

> 그리고 그는 다음과 같이 자신의 의견을 밝혔다. 누구든 이전에 오직 하나의 옥수수 이삭과 하나의 잎만을 얻을 수 있던 자리에서 두 개의 이삭과 두 개의 풀잎을 얻을 수 있도록 한다면 그는 보통 사람보다 나은 대접을 받아야 마땅할 것이다. 정치가들 전부를 합친 것보다 국가에 많은 공헌을 한 셈이니 말이다.
>
> ―《걸리버 여행기》, 조나단 스위프트

알렉산드리아 도서관 관장이었던 로디우스의 아폴로니우스는 신화를 통해서 농업 기계의 발전을 예언했다. 신화에서 대장장이와 기계공들의 신 헤파이스토스는 데메테르에게 쇠로 만든 낫을 가져다준다. 신화는 무의미한 말장난이 아니다. 신화는 과거와 관련이 있을 뿐만 아니라 종종 미래에도 영향을 미친다. 19세기에 미국에서 일어난 일은 바로 이 신화의 연속선 위에 있었다. 보습과 낫이 해방되었고 기술은 온 들판을 정복했다.

고대 세계에서도 나름대로 기술적 영감이 나타나곤 했다. 그러나 그것은 유희의 결과였지 필요에 의해 나타난 것은 아니었다. 대중과 대중의 기근조차도 그러한 아이디어가 실행되도록 하지 못했다. 호레이스 그릴리는 자신의 저서 《농사에 대한 고찰》의 헌사에서 "에이커당 2달러 이하의 비용으로 하루에 10에이커 이상의 면적을 2피트 깊이로 파헤쳐 고를 수 있고, 증기나 다른 기계적 동력에 의해 가동되는 쟁기를 만들어낼 우리시대의 발명가에게 이 책을 바친다"고 씀으로써 수백만 미국인들의 신념을 표현했다. 그릴리와 미국인들은 농업이 기술 문제이자 경제 문제라는 믿음을 가지고 있었다. 그리고 그런 생각은 상당히 새로운 것이었다.

유럽은 그와는 다른 길을 걸었다. 매코믹이 수확기를 만들 무렵인 1830년대에 유럽에서 농업의 새로운 길을 제시한 사람은 리비히였다. 리비히는 사람들의 관심을 토양의 표면 아래로 유도했다. 그는 씨앗이 자라는 토양의 조건을 조사했다. 미국이 기계로 들판을 정복할 때 유럽에서는 화학과 토양학으로 토지를 달랬다. 유럽인들은 헤파이스토스 대신 약초와 의학의 신 아스클레피우스에게 의지하기로 했다.

*　　*　　*

나폴레옹이 죽을 무렵, 파리는 자연과학의 중심지가 되었다. 게이 뤼삭은 파리에서 기체에 관한 이론을 가르쳤다. 1821년 그의 제자 가운데 소용한 얼굴에 빛나는 눈동사를 지닌 19세의 독일 청년이 있었다. 청년은 독일 낭만주의 철학자, 특히 셸링의 문하생으로 제격일 듯싶었다. 그러나 젊은 리비히는 추상적인 사색에 일생을 바치고 싶지 않았다. 그는 이성적이고 실용적인 프랑스의 석학들, 무엇이든 측정하는 그들의 실증주의적 태도를 동경했다. 화학이 숫자에 기초하고 있다는 주장은 오래전부터 종종 제기되어 왔지만 과학자들이 실제로 이 명제를 진지하게 받아들인 곳은 파리뿐이었다. 젊은 리비히는 "숫자 없이는 모든 것이 그저 무질서할 따름이다. 화학에서 숫자를 배제한다면 화학은 그저 입증되지 않은, 무질서한 사실들의 집합에 지나지 않을 것이다"라고 적었다. "식물과 광물 사이에 존재하는 화학적 현상들의 인과관계가 조금씩 이해되기 시작했다." 필요한 것은 이 관계를 어떻게 측정하느냐 하는 것이었다.

리비히는 독일로 돌아와 기센과 뮌헨에서 교수로 활동했다. 동시에 그는 작은 화학실험실을 운영하면서 실험방법을 고안해냈다. 그는 35세에 표면상으로는 화학을 버리고 시골로 내려갔다. 그러나 실제로는 화학을 자신의 호주머니에 넣어 시골로 가져간 것이었다. 마치 의사가 진료도구를 챙겨들고 현장으로 가서 그것을 풀어놓듯이.

리비히는 세상의 모든 농부들에게 수천 년 동안 경작한 방법이 잘못된 것이라고 소리 높여 외쳤다. 농부들이 실제로는 땅을 경작한 것이 아니라 일방적으로 땅을 약탈해온 것이라고 비난했다. 도대체 무슨 소리인가? 리비히는 땅의 보물을 가져간 뒤 어떻게 다시 이것을 되돌려줄 수 있는지를 농부들에게 가르쳐줄 수 있다고 말했다. 아무 보상 없이 계속 가져다 쓰기만 하면 그 관계는 깨져버리고 인류는 기아에 빠지게 될 것이라고 말했다.

유럽의 농부들은 그 말을 고분고분 들을 만큼 온순하지 않았다. 도대체 화학자가 뭘 안다고 참견인가? 이건 농사일이다. 화학자는 실험실로 가서 증류기나 붙들고 계시지.

리비히는 사실 최초의 토양화학자는 아니었다. 그로부터 30년 전에 영국의 험프리 데이비 경은 화학과 식물의 생리학적 관계에 대해 강의한 적이 있었다. 그러나 그의 생각은 이론에 머무를 뿐이었다. 그 다음으로 프로이센의 농업장관인 알브레히트 폰 타에르는 처음으로 농지의 토양을 분류했다. 로마시대 이래로 토양은 단지 두 가지로 분류되었다. '무거운 토양'과 '가벼운 토양'. 그런데 타에르는 토양을 열한 가지로 나누고 각각의 토양이 거기서 자라는 각각의 식물들에게 다른 조건을 부여한다고 말했다. 타에르는 각각의 작물들에 특히 유리한 토양이 있는가 하면 피해야 할 토양이 있다고 주장했다.

농부들은 처음에는 리비히의 주장을 모욕적으로 받아들였다. 아니, 우리가 땅의 보물을 약탈해 왔다고? 그래, 좋다. 그렇다면 광산의 광부들이 금과 은을 캐내는 것은 약탈이 아니고 무엇이란 말인가? 광부들도 자신이 캐낸 보물의 대가를 땅에 돌려주는가? 절대 아니지. 금과 은은 음식이 아니어서 비교가 적절치 못하다는 것인가? 그래, 좋다. 리비히는 지금 식물에 대해 말하고 있고 식물은 확실히 금이나 은과는 다르다. 그러면 우리보고 뭘 하라는 건가? 농작물이 빼앗아간 땅의 기력을 다시 돌려주라는 얘기가 아닌가? 수세기에 걸쳐서 우리는 그렇게 해오지 않았던가? 식물이 단지 물과 공기만 먹고사는 게 아니라는 것은 어린애가 아니라면 누구나 알고 있는 사실이다. 식물을 먹이기 위해 농부들은 가축의 배설물로 토지에 거름을 주어 오지 않았는가? 그러나 리비히는 고집

J. F. 리비히

스럽게 응수했다. 모든 사람들이 잘못 알고 있었노라고. 리비히의 말에 따르면, 토양에서 자라는 식물은 썩는 유기물을 먹고 크는 것이 아니라 썩지 않는 무기물을 섭취한다는 것이었다. 동물의 똥이든 혹은 다른 것이든 그 안의 기초적인 물질들만이 중요성을 갖는다는 것이었다.

그렇다면 이 기초적인 물질들이란 무엇인가? 토양 분석을 무수히 반복한 리비히는 1840년에 네 가지 기초 물질, 즉 질소, 칼륨, 석회, 인산이 토양에 들어 있다는 것을 입증했다. 어디든 농작물이 자라려면 네 가지 물질이 토양 속에 존재해야 한다. 그것도 일정한 비율로 존재해야 한다. 네 가지 물질은 모두 똑같이 중요하다. 만일 어느 하나가 부족하다면 다른 것이 아무리 많이 들어 있어도 식물은 자랄 수 없다. 리비히는 '따라서 네 가지 기초 물질 중 가장 적게 들어있는 물질에 의해 밭의 생산량이 결정된다'고 가르쳤다. 이것이 바로 리비히의 '최소의 법칙'이었다. 그리고 이 양분들을 똑같은 양으로 만들어주는 것이 바로 농화학의 임무였다.

사람들은 이 법칙을 이해하기 시작했다. 네 가지 물질(질소, 칼륨, 석회, 인산)이 필수적인 것이라면, 예전과 같이 밭에 거름을 주는 것으로는 충분하지 않을 것이라는 사실을 받아들였다. 거름은 네 가지 물질의 비율에 상관하지 않는다. 그동안 농부들은 자신이 어떤 물질을 토양에 공급하는지도 모른 채 계획성 없이 식물에게 양분을 공급해 왔다. 그저 거름을 퍼부었을 뿐이다. 이제 농부들은 거름을 충분히 준 밭에서도 수확이 보잘것없었던 이유를 깨닫게 되었다.

그런데 토양에 어떤 양분이 부족한지 어떻게 알아낸단 말인가?

"그건 간단합니다"라고 리비히는 천재 특유의 겸손함을 가지고 말했다. "토양에 어떤 물질이 부족한지 알아내려면 그 토양에서 자라는 식물을 태워서 재를 분석하면 됩니다. 즉 재에 남아있는 무기질을 분석해서 어떤 물질이 부족한지 보는 겁니다. 그런 다음 그 부족한 물질을 인공비료로 보충해주면 됩니다."

이러한 생각을 바탕으로 리비히는 여러 번에 걸쳐 분석을 했고 그 결과 각 식물에게 필요한 물질들이 적정한 비율로 들어있는 화학적 혼합물들을 만들어냈다. 예를 들어 칼륨을 많이 필요로 하는 식물의 경우 칼륨이 많이 들어있는 비료를 주었고 석회나 인산 혹은 질소가 많이 필요한 경우에는 각각의 물질이 더 많이 들어있는 비료를 사용했다.

몇몇 농부들은 너무 큰 비용이 들것이라고 생각하고 이 방법을 적용하기를 망설였다. 그러나 과학자들은 이 방법이 더 경제적이라는 사실을 입증했다. 수천 년 동안 거름을 만들기 위해서 농부들은 경작지의 상당한 부분을 가축들을 먹이기 위한 땅으로 떼어놓아야 했다. 하지만 화학비료를 사용하면 그럴 필요가 없었다. 화학비료가 식물이 소모한 땅의 성분들을 완전히 보충할 수 있다면, 가장 좋은 점은 그동안 밭을 쉬게 하기 위해 땅을 묵히거나 작물을 돌아가며 재배했던 윤작의 필요성이 사라진다는 것이었다. 이제 해마다 같은 작물을 같은 밭에서 재배할 수 있게 되었다. 땅이 더 이상 피로의 기색을 보이지 않게 된 것이다!

이것은 순전히 유럽적인 사고방식이었다. 그들은 땅이 아이를 출산하는 여인과 같다고 생각했다. 6천 년 동안 계속되어온 수확이 가장 비옥한 땅 마저도 점점 더 야위고 쇠약한 땅으로 만들었다는 사실은 실로 비극이었다. 이제 의사가 찾아와 진찰하고 처방전을 써주었다. 의사는 곡물의 줄기를 태워 재를 검사한 뒤 그 곡물이 어떤 종류의 화학물질들을 토지로부터 앗아갔는지를 말해주었다. 검사 결과는 대부분의 물질이 결핍되어 있다는 것이었다. 저스투스 폰 리비히의 발견은 그 간결성만큼이나 위대한 것이었다. 리비히 덕분에 토양에서 빠져나간 물질들을 그 종류와 양에 맞게 다시 공급해줄 수 있게 되었다. 이것은 근본적인 농업혁명이었다. 이제 종잡을 수 없는 토지의 기분에 농사의 운명을 맡기던 시대는 지나갔다. 이제 우리는 데메테르의 변덕을 제어할 수 있게 된 것이다.

*　　　*　　　*

이러한 발견은 진보적인 농부들 사이에서 커다란 반향을 불러일으켰다. 독일의 농부들은 봉건적 족쇄에서 풀려난 후 도시의 문화 및 사상과 강한 유대를 형성했다. 오래 전부터 농부의 아들들은 대학에서 농업을 가르쳤다. 리비히의 학설은 모든 농가에 논쟁거리를 제공했다. 유머 있는 프리츠 로이터는 당시 리비히가 불러일으킨 영향의 단면을 남부 독일 방언으로 다음과 같이 재미있게 묘사하고 있다.

리비히 교수가 시골 사람들을 위해 쓴 악명 높은 책 때문에 농업에 거대한 변화가 오고 있다. 이 책은 탄산칼륨, 황, 석고, 석회, 암모니아, 수화물(水化物), 과인산석회 등으로 가득 차 있어서 보는 것만으로도 정신이 돌 지경이다. 그러나 세상 돌아가는 일에 끼어들고 과학에 대해 아는 척하고 싶어 안달이 난 농부들은 그 책을 붙잡고 앉아 머리에서 김이 날 때까지 들여다보고 있다. 농부들이 둘 이상 모이면, 거름에서 냄새가 나는 이유가 농축 암모니아 때문인지 아니면 원래 그런 것인지 토론하느라 정신이 없다.

리비히와 그의 제자들은 매우 빠르게 화학비료 공장을 운영하는 일에 착수했다. 1843년 영국 도우스 지방에서 뼈와 황산을 가지고 인산의 주재료인 과인산석회를 생산하기 시작했다. 리비히가 필요하다고 지적한 석회는 어디에서든 얻을 수 있었다. 칼륨은 해초를 태워서 얻거나 나무의 재에서 추출하고 질소는 고대 페루인이 옥수수 밭의 비료로 사용했던 거대한 새똥무더기로부터 공급되었다. 그러나 이 조분석(鳥糞石)이 무제한으로 존재하는 것은 아니었다. 1873년 해군사령관 모레스비는 페루의 조분석의 양이 9백만 톤가량 될 것으로 추정했다. 그런데 리비히가 유럽 토양의 질소 부족을 너무 효과적으로 강조해서, 다른 공급원을 발견하지 않는 한 페루의 새똥 무더기는 20년 안에 고갈될 것이라는 예측이 나왔다. 다른 공급원을 찾아야만 하는 것이다.

리비히가 죽은 1870년대에도 그 문제에 대한 해답은 나오지 않았다. 그러나 이 무렵 애트워터는 학생들에게 가장 풍요로운 질소의 저장소는 대기이며 대기로부터 질소를 추출하여 토양에 집어넣는 방법이 분명히 있을 것이라고 가르쳤다. 토끼풀과 같은 몇몇 식물은 그러한 역할, 즉 질소를 '응고'시킬 수 있었다. 토끼풀을 심은 곳에서는 토양이 척박해지지 않고 오히려 토질이 강화된다. 애트워터는 단지 이러한 현상으로 짐작했을 뿐이다. 그런데 10년 후 독일의 과학자 헬리겔이 이 사실을 입증했고, 1901년에 하버는 촉매를 이용해서 공기 중의 암모니아를 추출하는 실험을 시작했다. 그는 마침내 공기 속의 질소를 물 속의 수소와 결합하여 암모니아를 만드는 데 성공했다. 그후 모든 나라들이 이 하버-보쉬(Harber-Bosh) 방법을 이용하여 공기에서 질소를 추출해 비료로 사용하게 되었다.

기아를 상대로 세찬 공격을 가한 저스투스 폰 리비히를 따르는 농화학자들은 같은 시기에 발전한 농기계학의 지원사격을 받을 수도 있었을 것이다. 당시 파종과 수확에 시간과 노동을 절약하는 기계가 도입된 덕분에 수많은 땅이 경작지로 탈바꿈했다. 그러나 농기계 기술자와 농화학자간에는 거의 접촉이 없었다. 농기계학자들은 대부분 미국인이었고 농화학자들은 거의 유럽인이었다. 매코믹이 미국인일 수밖에 없었던 이유는 미국이 '너무 넓은 토지'를 가졌기 때문이고, 리비히가 유럽인일 수밖에 없었던 이유는 유럽의 토양이 수세기에 걸친 경작으로 그 생명력을 잃었기 때문이다. 그들이 동시대인이었다는 점은 세계적으로 볼 때 커다란 행운일 수도 있었다. 세계에서 가장 큰 경작지는 어쩌면 세계에서 가장 경작하기 좋은 토질을 갖출 수도 있었던 것이다. 매코믹은 농부였고 리비히는 의사였으며 그들은 서로 상호보완적인 역할을 맡도록 결정되었다. 그러나 그들은 서로에 대해 들어보지도 못했다. 시간이 흘러 농기계 기술자들과 농화학자들이 서로 인사를 건넬 만한 사이가 된 뒤에도 그것이 우정으로 발전하지는 못했다. 유럽과 미국 사이에 존재하던 서로에 대한 오만한 태도가 경험과 지식의 교환을 방해했던 것이다. 그 오만한 태도는 미국 쪽이 훨씬 심했다. 미국의 농부 에드먼드 러핀이 석회비료에 관한 책을 쓰기는 했지만, 전체적으로 미국의 농부들은 리비히의 업적에 거의 관심을 나타내지 않았다. 그들은 그저 무적의 쟁기가 부여하는 영예 속에 머물고자 했다. 토지를 비옥하게 하는 데는 게으르고 쟁기질에만 부지런했다. 1935년 농부의 손자 대에 이르러서야 너무 부지런한 쟁기질이 가져온 결과와 대면하게 되었다.

*   *   *

유럽은 리비히의 가르침을 너무나 열성적으로 실천해서 1873년 그 학자가 죽을 무렵에는 원점으로 다시 돌아가 리비히의 주장에서 지나치게 강조된 점들을 재고해야만 했다. 모든 진보는 한쪽으로 치우칠 수밖에 없다는 것이 진보의 법칙이다. 6천 년간 아무도 발을 들여놓지 못한 영역을 순식간에 정복한 리비히의 민첩함이 한편으로 오류가 되었던 것이다.

독일 지센의 리비히 연구소(1840)

6천 년 동안 토지의 생명력을 회복시키는 일을 태만히 해왔던 사람들이 갑자기 리비히 교리의 신봉자가 되어 너무 많은 화학물질을 토지에 쏟아 부어 토양을 오염시키기 시작했다. 유럽의 농토 가운데 많은 곳에서 갑자기 더 이상 리비히가 예상했던 결과를 얻을 수 없게 되었다. 화학물질들은 용해되지 않았다. 물질들은 토양의 입자에 흡수되지 않고 겉돌거나 토지를 산성화시켰다. 아니, 리비히가 뭔가를 빠뜨렸단 말인가? 그게 도대체 있을 수 있는 일인가? 리비히의 주장 가운데 중요한 측면은 그가 토지를 (각 부분들이 서로 다른 비율로 섞여 있는) 증류기로 보았다는 점이다. 태양열을 받아 증류기 안에서 화학적 변화가 일어난다는 것이었다. 이러한 변화가 일어나는 방식과 정도는 조절 가능하며 관련된 화학 방정식은 실험실의 실험처럼 분명하고 명확할 것이다. 그러나 토양은 화학 실험실과는 다른 것으로 드러났다. 마치 농작물의 싹처럼 토지는 살아있는 것이며, 서로 공생하는 수없이 많은 미세한 생명들의 집합체였다. 수많은 미생물들이 토지의 생명을 구성하고 있었다. 토지는 리비히가 생각한 것처럼 단순히 무기물질들을 담는 거대한 용기가 아니었던 것이다.

　　리비히의 이론을 개선하고 조절한 것 역시 프랑스의 과학이었다. 그것은 루이 파스퇴르가 개척한 세균학이었다. 리비히는 부식질(腐植質)의 존재를 알지 못했다. 부식질이란 무엇인가? 그것은 발효되는 흙이다. 그렇다면 발효란 무엇인가? 여기서 우리는 또다시 이집트의 빵에서 우리의 관심을 끌었던 질문으로 되돌아간다. 발효는 생명현상인가 아니면 단지 분해, 파괴, 퇴행, 화학적 죽음에 지나지 않는 것인가?

　　파스퇴르의 시대 이후 발효는 생명현상으로 인식되었다. 우리가 경작된 들판을 지나갈 때 맡는 놀라운 땅의 향기는 결코 죽음의 냄새가 아니다. 비옥한 땅의 흙을 가져다가 현미경으로 살펴보면 참으로 인상적인 경관을 볼 수 있다. 리비히가 말한 모든 것들이 그 안에 있다. 수많은 광물질들…… 그것만으로도 관심을 끌기에 충분하다. 석영 알갱이, 얇은 운모 조각, 작은 점토 덩어리, 올리브동석, 석회 등. 그러나 숙련된 관찰자라면 단번에 광물질만이 아니라는 것을 알아차릴 수 있다. 부서진 나무 조각, 죽은 식물의 잔뿌리, 때로는 딱정벌레의 키틴질 껍질 조각이 보이기도 한다. 그리고 그 외에 이름 붙이기 어려운 수많은 종류의 물질들이 존재한다. 붉은 갈색을 띠고 있는 순수한 토양의 알갱이들은 세상에서 가장 미세한 맷돌로 갈아낸 듯 잘게 부수어져 있다. 도대체 이것은 어디에서 생성되었으며 어떻게 이렇게 잘게 부수어져 있을까? 현대의 토양생물학은 이 의문에 대한 답을 발견해냈다. 부식질은 벌레의 내장을 통과한 흙이다. 또한 미생물이 섭취하고서 배설한 흙도 포함된다. 살아있는 생물에 의해 만들어진 흙만이 비옥하고, 그것이 식물의 생장에 도움을 주는 것이다. 지렁이가 토양을 어떻게 비옥하게 하는지 처음 밝혀낸 사람은 다윈이었다.

지렁이는 유기물질을 주된 양분으로 섭취한다. 유기물은 신선한 것일 수도 있고 썩은 것일 수도 있다. 유기물질이 분해되면 흙과 함께 지렁이의 내장 속으로 들어간다. 지렁이는 영양분을 흡수한 뒤, 유기물질을 화학적으로 물리적으로 보다 더 잘게 분해한다…… 생산적인 토지의 표토에서는 이러한 과정을 통해서 엄청난 양의 흙과 기타 물질들이 지렁이의 소화기관을 통과하게 된다. 이렇게 해서 비옥한 토지가 만들어진다. 우리는 비옥하고 습한 땅에서 비가 온 다음날 아침 '벌레 자국'을 발견할 수 있다.

　다윈의 말대로 지렁이가 해마다 5분의 1인치 깊이로 땅을 갈아엎는다면 지렁이는 35년에 한 번씩 7인치 속의 땅을 표면으로 끌어올리는 셈이된다(이것은 러셀이 지적한 것이다).

　그러나 지렁이가 아무리 드릴과 탱크처럼 전진한다고 해도 지렁이 혼자서 이런 엄청난 일을 해내기는 어렵다. 이것은 수많은 보다 작은 생명체들에 의해 이루어진다. 기니벌레, 종벌레, 아메바 등과 같은 선충류 그리고 너무 작아서 현미경으로도 보이지 않아 그 존재를 미루어 짐작하던 거대한 세균집단이 바로 그것이다. 토양의 아주 작은 덩어리 속에도 무수히 많은 생명체들이 살고 있다. 그 생명체들의 분비물은 토양을 화학적으로 비옥하게 할 뿐만 아니라 끊임없이 움직여 물리적으로 토양에 공기를 공급한다. 그들의 효용성은 미국의 경작기보다 대단하다. 작은 생물들의 지칠 줄 모르는 움직임이 없다면 토양은 썩게 될 것이다. 실제로 미생물들이 존재하지 않는 토양은 죽었다. 이런 측면에서 볼 때, 리비히의 토지에 대한 '과잉약물치료'는 위험한 것이었다. 화학물질의 과다 사용은 작은 생명체들을 죽게 만들었다. 화학물질 대신 살아있는 미생물 군을 조성할 필요성이 대두되었다. 토양은 유기적 생명활동의 소산인 만큼 토양이 피로에 지치기 시작하면 새로운 생명을 공급해 줄 필요가 있었다. 그렇다면 거름을 주는 종래의 방법으로 성급하게 되돌아가야 한다는 것인가? 그렇지는 않다. 리비히의 선례대로 과학자들은 토양에 따라 어떤 종류의 미생물이 얼마나 부족한지를 계산해냈다. 비록 약의 종류와 투입량은 바뀌었지만 여전히 리비히의 발견은 유효했다. 병든 토지는 과학으로 치유될 수 있다는 믿음 말이다.

어떤 면에서 리비히는 지그문트 프로이트와 비슷하다. 그들이 발견한 과학은 제자와 그 제자의 제자가 결코 뛰어넘을 수 없는 것이었다. 리비히는 의사로서 흙 속의 세계를 파고들었다. 그칠 새 없는 출산의 고통으로 토지가 병들었음을 인식한 그는 대지의 여신을 의사의 진료실로 불러들였던 것이다.

맬서스의 도전

빵 생산에 큰 공헌을 한 모든 사람들처럼, 저스투스 폰 리비히의 업적은 지적 사회에 큰 영향을 미쳤다. 그가 제안한 실질적인 대책이 지금은 다소 시대에 뒤떨어지지만 역사에 대한 그의 철학은 아직도 심오한 의미를 지니고 있다. 역사에 대한 견해는 그의 저서《화학에 관한 수상록 (Familiar Letters on Chemistry)》에 실려있다. 이 책은 여전히 외경심을 불러일으키는 사고의 깊이와 통찰력을 보여준다.

리비히의 견해에 따르면, 모든 국가의 재앙은 순전히 농업과 결부되어 있다는 것이다. 토지의 생명력을 빼앗고 생산성을 수탈한 것이 위대한 제국의 멸망을 초래한 주원인이라는 것이 그의 주장이다. "땅을 황폐하게 만드는 수탈적 경작은 언제나 같은 절차를 밟는다. 이것은 역사의 법칙이다. 맨 처음 농부들은 처녀지에 똑같은 작물을 해를 거듭해서 경작한다. 그러면 언젠가 수확량이 줄어들게 되는데 그것이 바로 제2기이다. 그러면 농부들은 새로운 경작지로 이동한다. 제3기는 새로운 경작지를 찾아낼 수 없어서 이전의 농지를 다시 경작하되 일 년 동안 농사짓고 다음 해에는 농지를 묵히는 휴경제를 도입한다. 수확은 계속해서 감소한다. 생산량을 조금이라도 늘리기 위해서 농부들은 엄청난 양의 거름을 사용한다. 가축의 배설물을 거름으로 이용하기 위해 자연적인 목초지에 가축을 방목하여 기른다. 제4기에는 결국 자연적 목초지만으로는 가축을 먹이기 부족하게 되어 농부들이 경작하는 땅의 일부를 가축을 먹이기 위한 사료작물 재배에 할애한다. 처음에는 목초지를 이용하듯 심토층을 이용해서 계속해서 경작한다. 그러나 결국은 사료작물 재배도 휴경제를 도입해야 할 때가 온다. 제5기, 심토층이 모두 고갈되고 밭에서는 더 이상 채소를 기를 수 없게 된다. 처음에는 완두가 고사(枯死)하고 그런 다음 토끼풀, 순무, 감자도 자라지 못하게 된다. 제6기, 모든 종류의 경작이 완전히 끝난다. 더 이상 인간을 먹여 살릴 수 없는 땅이 된다."

그렇다면 제7기는 무엇일까? 그것은 살인이다. 토지의 살해 다음에는 인간의 살해가 시작된다. 수요와 공급의 불균형은 필연적으로 지구 상의 인구를 감소시켜 균형을 이루려는 움직임을 만들어낸다. "사회에서 설 자리를 잃어버린 사람들은 도둑 또는 살인자가 되거나, 무리를 지어 이주하거나, 아니면 정복자가 된다. 이 세 가지 외에는 다른 대안이 없다. 사람들이 토지를 계속해서 생산적인 상태로 유지할 수 없다면 결국 그 토지를 피로 적시게 될 것이다. 이것이 바로 역사의 법칙이다"라고 리비히는 말했다. 리비히는 농부들이 군대에 나가지 않거나 농지에서 떠나는 것을 금하는 것이 중요하지 않다고 말했다. 평화가 사람들을 먹

T. R. 맬서스

여 살릴 수 없듯이, 전쟁도 온 국민을 다 죽일 수는 없다. 평화와 전쟁은
모두 일시적으로 영향력을 행사할 뿐이다. 어느 시대든 인간 사회의 분
열과 화합은 토지를 비옥하게 유지하기 위한 것이다.

　토지를 수탈하는 경작 방식(토지가 빼앗긴 화학물질을 되돌려주지
않는)은 로마제국에서 스페인에 이르기까지 모든 위대한 제국을 멸망
시킨 주된 원인이었다. "이와 동일한 자연법칙이 국가의 흥망성쇠에도
작용한다. 토지가 비옥함을 잃는 것은 바로 국가의 쇠락을 의미한다. 문
화도 따라서 내리막길을 걷는다. 농부가 사람을 먹여 살리지 못하는 토

지를 떠나듯 국가의 문화와 도덕도 토지의 조건에 따라 움직이고 변화한다. 국가는 국토의 비옥함에 비례하여 성장하고 번영한다. 토지의 생명력이 소진되면 문화와 도덕도 사라진다. 그러나 국가의 지적 자산은 사라지지 않는다. 지적 자산은 단지 어디론가 자리를 옮겨 계속 살아남을 것이다. 그것이 우리의 유일한 위안이다."

그것이 바로 리비히의 역사에 대한 철학, 농업에 대한 경험의 결정체였다. 리비히는 겸손한 사람이었다. 그는 지난 6천 년 동안 수많은 사람들이 중요한 농업의 발견을 했지만 그것을 적절하게 해석할 방법을 몰랐을 뿐이라고 말했다. 그는 케네를 비롯한 18세기 프랑스의 선각자적 농업철학자들에 대해 깊은 이해를 가지고 있었다. 그러나 실질적인 연결점을 발견한 것은 리비히가 처음이었고 따라서 리비히가 발견한 것은 전적으로 새로운 것이었다.

리비히는 겸손하게, 그러나 자신의 말의 가치를 완전히 인식하면서 이렇게 말했다. "농화학 연구를 통해서 나는 어두운 방에 불을 밝히고자 노력했다. 방안에는 온갖 가구들이 있었다. 여러 가지 기구들과 생활을 즐겁게 해주는 물건들도 있었다. 그러나 방안에 사는 사람들은 모든 것을 뚜렷이 볼 수 없었다. 누군가가 손으로 더듬어 나가다가 우연히 의자를 발견했다. 다른 이는 식탁을 또 다른 누군가는 침대를 발견했다. 그런 식으로 사람들은 방안에서 가능한 한 편안하게 지낼 수 있도록 적응해 나갔다. 그러나 대부분의 사람들은 조화로운 방 전체의 모습을 볼 수 없었다. 내가 방안에 몇 줄기의 빛을 비추었을 때, 많은 사람들이 빛으로 인하여 근본적으로 달라진 것은 아무것도 없다고 외쳤다. 누군가가 이미 이것을 발견했고 또 누군가는 저것을 발견했으며 사람들은 각 물체를 만지고 느낌으로써 그 존재를 추측할 수 있었다. 나는 상관하지 않았다. 이제부터는 농화학의 빛이 이 방에서 사라지지 않을 것이다. 그것이 나의 목적이었고 나는 그것을 달성했다.”

리비히의 역사관은 많은 역사가들에게 영향을 미쳤다. 1907년에 유명한 논문《로마의 멸망에 대한 새로운 고찰》을 출간한 러시아 출신 미국인이자 콜롬비아 대학 교수 블라디미르 심코비치와《로마의 경제사》를 쓴 프랭크는 (리비히의 글을 읽어보지 못했겠지만) 농업국가로서의 이탈리아가 쇠망한 이유를 플리니우스처럼 라티푼디움으로 보지 않고 리비히처럼 지나치게 집중적인 경작에 의한 토양의 고갈로 분석했다. 전문적인 역사학자가 아니었던 리비히에게 과거는 경고의 의미를 가졌을 뿐이었다. 그의 주된 관심은 미래에 있었다. 결과적으로 그의 낙관적인 신념은 맬서스의 견해와 상충하지 않을 수 없었다. 리비히의 주장처럼 땅으로부터 빼앗은 것을 돌려줌으로써 토양을 원상복귀시키는 것이 가능하다면 맬서스는 해답을 얻게 될 것이다.

*　　*　　*

맬서스주의는 경제학적 교리로서 자신만만하게 등장했다. 역사상 가장 낙관주의적인 혁명이 일어난 지 9년 뒤인 1798년에 토마스 로버트 맬서스라는 영국 목사가 인류의 미래에 관한 가장 비관적인 예언을 담은 저서를 세상에 내놓았다. 그의 글은 지난 수십 년의 역사를 통해 입증된, 논쟁의 여지가 없는 결론을 나타내고 있는데, 그것은 전 세계가 엄청난 인구과잉에 직면하고 있다는 사실이었다.

18세기 전반에 유럽 국가들은 인구증가를 중요한 부의 원천으로 여겼다. 그러나 맬서스는 자신의 저서 《인구론》에서 각 가정이 계속해서 셋 이상의 자녀를 낳을 경우 미래에는 온 인류가 굶주리게 될 것이라는 사실을 냉혹하게 서술하고 있다. 토지의 증가에는 한계가 있고, 따라서 식량공급도 산술적으로 증가할 수밖에 없는데 인구는 기하급수적으로 늘어난다. 맬서스는 (여기서는 리비히와 의견을 같이하는데) 해를 거듭할수록 토양의 질이 저하된다는 점을 지적했다. 그의 주장에 따르면, 머지않아 인류의 일부는 더 이상 지구 상에서 살 수 없게 될 것이고 그것을 해결할 수 있는 방법은 오직 하나, 출생률을 사망률 수준으로 낮추는 것이었다.

이것은 무섭지만 매우 설득력 있는 주장이었다. 이에 대해 누가 반론을 제기할 수 있을까? 숫자의 마력은 맬서스의 편인 것을.

영국의 인구가 1천1백만 명이라고 하자. 그리고 현재 생산량이 그 정도의 인구를 유지하는 데 적합한 수준이라고 가정하자. 25년이 지나면 인구는 2천2백만 명이 된다. 그러면 식량 생산량도 2배로 늘어나 부양수단이 인구증가를 따라잡게 된다. 다시 25년이 지나면 인구는 4천4백만 명이 되지만 부양식량은 고작 3천3백만 명을 먹여 살릴 수 있을 정도밖에 되지 않는다. 그 다음에는 인구가 8천8백만 명으로 늘어나는데 부양수단은 인구의 절반밖에 지원할 수 없다. 한 세기가 지날 무렵에는 인구가 1억7천6백만 명이 되지만 부양수단은 단지 5천5백만 명에게 적합한 수준이 될 것이고, 따라서 나머지 1억2천1백만 명은 부양을 받지 못하는 상태에 이르게 될 것이다.

맬서스의 제자로 자유주의 사상가였던 존 스튜어트 밀은 보다 냉혹하게 상황을 묘사했다.

> 문명화의 어느 단계에서든 선택받은 소수를 제외한 대다수의 사람들은 가난할 수밖에 없다. 이것은 불공평한 사회제도 때문이 아니라 인구과잉의 대가로 치러야 하는 형벌이다. 부의 불공평한 분배가 불행을 심화시키는 것은 아니다. 사람들이 그 형벌을 보다 일찍 느끼게 할 수는 있지만.

밀의 주장에는 헨리 조지 같은 농경사회주의자들에 대한 반감이 내포되어 있다. '미국의 그라쿠스'로 불렸던 헨리 조지는 1871년의 저서《국토와 토지정책》에서 기아와 싸울 가장 효과적인 방법으로서 균등한 토지 분배를 실시해야 한다고 주장했던 것이다.

맬서스, 밀, 조지, 그 누구도 리비히와 파스퇴르, 즉 농화학과 토양미생물학이 기근이라는 문제점을 전혀 다른 시각에서 조명했다는 사실을 알지 못했다. 만일 토질이 개선되어 토지의 황폐화를 막고, 따라서 작물의 수확량이 감소하지 않고 유지될 수 있다면 인구증가는 큰 문제가 되지 않을 수도 있다. 게다가 미국은 인간의 노동력 없이 기계만으로도 수많은 새로운 토지를 경작할 수 있다는 사실을 보여주었다. 그러므로 엄청나게 많은 수의 사람을 먹여 살릴 수 있는 엄청나게 많은 양의 빵이 생산될 수 있는 것이다. 두려워할 이유가 없다.

합리적이고 믿을 만한 자료에 의하면 예수가 살았던 시대에는 지구에 약 2억5천만 명의 사람들이 살았다. 중세에 지상 인구의 약 4분의 1의 생명을 앗아간 페스트에도 불구하고 현대에 접어들기 직전에는 인구가 약 5억으로 늘어났다. 1944년 현재 세계 인구는 20억이 넘는다. 식량부족이 심각하게 인구 증가를 압박했고 맬서스의 두 자녀 정책에 대해 들어본 일이 없는 나라들, 예를 들어 인구과잉 상태인 일본 같은 나라들은 맬서스의 이론에 너무 충실한 나라들, 인구가 적은 호주 같은 나라들로 과잉인구를 분산시켜 왔다. 그러나 오늘날 어떤 나라도 인구가 아주 적어야 할 필요는 없다. 기계 및 화학 분야의 발전에 의해 농업은 20억, 아니 그 이상의 인류를 먹여 살릴 수 있게 되었다. 인구가 적은 나라들은 한동안 행복한 삶을 영위할 수 있다. 그러나 그와 같은 국가들의 문제는 방위이다. 캐나다는 1970년의 문제에 어떻게 대처할 것인가? 그러나 1943년 현재만 해도 불어 신문들은 이민법 완화에 대해 거센 공격을 퍼붓고 있다.

맬서스의 인구론이 가장 큰 적의를 불러일으킨 곳은 프랑스였다. 분명 리비히에 대해 들어본 적 없는 졸라는 그의 소설《풍요》를 통해 적과 싸우고자 했다. 이 위대한 저서에서 그는 인간의 종족보존을 끊임없이 생명을 이어나가는 식물의 씨앗에 비유했다. 전 세계가 이 책을 읽었다. 그러나 대부분의 사람들은 여전히 낙담하여 충분한 빵의 공급을 위해서는 적은 인구가 전제조건이 되어야 한다는 비관적인 견해에 매달렸다. 그러나 충분한 빵이 보다 훌륭한 해결책이라는 것은 말할 나위도 없다.

사이러스 매코믹의 후예가 리비히의 후예와 손을 잡기만 했다면 많은 사람들을 먹이기에 충분한 빵을 얻을 수 있었을 것이다. 그러나 19세기 중반까지 그들은 서로에게 여전히 낯선 존재였다. 농화학과 농기계학, 유럽과 미국은 상대의 진보에 대해 아는 바가 없었다. 결국 기계기술이 승리해서 미국이 밀의 제국을 건설하게 되었는데 이것은 인류 역사상 가장 특이한 형태의 권력 구조였다.

밀의 제국—미국

왜 밀의 제국인가? 미국은 세계 옥수수의 지배자가 되기에 더 적합하지 않았던가?

그러나 유럽이 원한 것은 밀이었다. 승리자였던 프랑스 군대는 밀이야말로 '지배자의 음식'이라는 인상을 모든 국가들에게 심어주었다. 2천년 전에 로마가 그랬듯이, 이제는 파리가 취향의 지배자가 되었고 밀을 제외한 모든 곡물에는 불명예가 따라붙게 되었다. 일찍이 로마제국의 위대한 의사였던 갈레우스가 "끔찍한 냄새가 난다"고 말했던 호밀은 다시 공격의 대상이 되었다.

중세 유럽인은 호밀 특유의 맛을 매우 좋아했다. 독일 동부지방에 사는 사람들 중 일부는 스스로를 '루기(Rugii: 호밀 먹는 사람)'라고 불렀는데 이것은 귀리를 먹는 천한 사람들과 자신들을 구분하기 위함이었다. 앵글로색슨 시대에 영국에서는 8월을 '루게른(Rugem)'이라고 불렀는데 이는 호밀을 수확하는 달이라는 의미이다. 1700년까지만 해도 영국 빵의 40%는 호밀빵이었다. 1800년대에 들어와서 호밀빵의 비율은 5%로 감소했고, 재스니에 의하면 1930년에는 "상당수의 영국인이 호밀을 들어본 일도 없었다"고 한다.

호밀빵을 먹는 관습이 매우 깊게 뿌리박힌 독일과 러시아 대부분의 지역에서는 호밀의 명맥이 유지되었다. 의사들과 농부들은, 조상 대대로 수 세기 동안 흙냄새처럼 톡 쏘는 향기를 지닌 흑빵을 먹어온 사람들에게는 부드러운 흰빵이 포만감을 줄 수 없다고 말했다. 그들은 호밀을 먹는 독일인과 러시아인의 건장한 체격을 강조했다. 그러자 흰빵을 먹는 사람들이 호밀을 먹는 사람들은 둔하고 멍청하다고 반격했다. 서로 다른 곡물 간의 오래된 증오는 자본주의 사회의 단순한 시장 점유를 위한 싸움이 아니라, 집단의식에 기초한 심오하고 뿌리 깊은 것이었다. 이것은 때때로 격렬한 변증법으로 분출되곤 했다. 그리고 그동안 자주 제기되었던 유해성 논란이 다시 양쪽에서 불거져 나왔다. 호밀빵을 먹는 사람들은 흰빵이 공기처럼 전혀 영양가가 없다고 주장했다.

1800년 이후에 밀을 먹게 된 국가들은 밀에 영양가가 전혀 없다는 말에 동의하지 않았다. 전통적으로 호밀을 먹었던 스웨덴이나 덴마크 같은 나라들도 밀 쪽으로 전향했다. 스코틀랜드의 경우 밀로 만든 빵은 아주 귀한 것이어서 부자들의 일요 만찬 식탁에나 올랐다. 그리고 1850년 무렵에는 중산층뿐만 아니라 노동 계층도 일상적으로 흰빵을 먹게 되었다. 1700년에 폴란드의 호밀 수출량은 밀 수출량의 3배였다. 그로부터 100년 뒤, 그 비율은 정반대가 되었다. 밀 수출량이 호밀 수출량의 3배가 된 것이다.

유럽인의 입맛 변화는 미국인에게 결정적인 신호가 되었다. 18세기에 밀은 이 신생국가에서 전혀 중요한 작물이 아니었다. 밀은 1777년 처음으로 테네시와 켄터키에서 재배되었고 조지 워싱턴이 자신의 농장에서 밀을 재배했지만 취미 수준의 경작이었다. 존 애덤스의 부인은 전쟁으로 인한 물자 부족과 그로 인한 물가 상승을 기록했는데, 그 기록에 밀은 포함조차 되지 않았다. 밀은 미국인이 먹는 음식이 아니었던 것이다. 그러나 프랑스 혁명의 승리는 직관적으로 미국의 미래에서 밀의 승리를 예감하게 했다. 당시만 해도 미국은 수출을 꿈도 꾸지 않았다. 미국의 농부들은 그저 자신이 먹고, 가까운 도시에 내다 팔기 위해 농사를 지었다.

*　　*　　*

　유럽이 증가하는 인구를 먹이기 위해 미국에서 곡식을 조달하기로 한 것은 자발적인 결정이 아니었다. 그렇다고 해서 어쩔 수 없는 결정도 아니었다. 그와 같은 결정은 자율성과 필요성의 적절한 조화를 나타내는 것처럼 보인다.

　나폴레옹 전쟁 이후 엄청난 인구증가는 유럽의 농부들에게 전례 없는 부담을 안겨주었다. 이것은 매우 어려운 일이었다. 새롭게 증가한 인구는 농업인구가 아니었다. 대부분 도시에 사는 산업 노동자들이었다. 이 엄청난 노동자 군을 먹여 살리려면 새로운 농경지가 있어야 했다. 리비히의 가르침대로 토양을 개선하는 것만으로 해결될 문제가 아니었다. 새로운 땅은 찾을 수 있었다. 황야와 습지, 저지대가 경작지로 이용될 수 있었다. 그러나 아직 엄청난 위력의 미국 경작기계는 모습을 드러내지 않았다. 따라서 밀을 외국에서 수입하는 것이 가장 간단하고 경제적인 방법으로 여겨졌다. 유럽의 공산품을 수출해서 번 돈으로 밀을 사들일 수 있었다. 공산품은 경제적인 요소임과 동시에 지적 요소이기도 했다.

　나폴레옹이 패배한 뒤, 모든 정치적 지표는 수백 년간의 평화를 약속하는 듯했다. 민족주의는 유럽주의에 자리를 내주었다. 이 유럽주의는 공중누각 같은 '세계주의'에 기초한 철학적 개념인 18세기의 유럽주의와는 전혀 다른 것이었다. 이 새로운 유럽주의는 세계무역이라는 단단한 기반을 가지고 있었다. 머큐리(상업·도둑·웅변·과학의 신)를 숭배하는 분위기는 전례 없을 정도로 널리 퍼졌다. 마르스(전쟁의 신)는 완전히 죽어서, 영원히 무덤 속에 묻혀 버린 듯한 분위기였다. 유럽 최고의 지성인들이 이렇게 말했다. "토지의 생산력은 어느 곳에서나 똑같지 않다. 그러나 지구는 하나의 단위이다. 우리 모두가 속해 있는 지구의 어느 한 부분에서는 곡물을 재배하고 다른 한쪽에서는 공장을 돌린다. 그런 다음 서로 생산물을 교환하면 된다!"

이러한 주장이 관대하고 도덕적인 세계주의가 아니라 단지 이익에 대한 욕심에서 탄생한 것이라고 생각한다면 그것은 1850년대의 사람들을 잘 모르고 하는 소리이다. 그런 방식으로는 왜 영국에서 곡물법*이 철폐되었는지 이해할 수 없다.

영국의 자유무역 신봉자들은 국가의 부가 무역에 달려 있다고 역설했다. 그들은 관세장벽이 무역을 가로막고 있으며, 보호관세가 존재하는 한 소비자들은 너무나 높은 가격에 물건을 살 수밖에 없다고 강조했다. 그들은 무엇보다도 모든 사람이 값싸게 빵을 살 수 있어야 하고 그러기 위해서는 곡물에 부과되는 관세가 철폐되어야 한다고 주장했다. 누군가가 해군과 육군을 유지하기 위해서는 관세가 필요하다고 주장하면 자유무역주의자들은 군대가 더 이상 필요치 않게 될 것이라고 응수했다. 영국에서 자유무역을 도입하면 결국 모든 나라가 개항하고 궁극

---

* Corn Law: 지주계급이 다수파를 이룬 영국의회에서 제정된 이 법은 그들의 이익을 보호하기 위해 소맥 1쿼터(약 12.7kg)당 가격이 80실링이 될 때까지는 외국산 소맥의 수입을 금지하는 법이었다.

적으로는 무장해제가 이루어질 것이라는 말이었다.

당시 영국의 집권당이었던 토리당은 당연히 보호관세를 지지했다. 코브던이 이끌던 반대파, 즉 자유무역을 옹호하던 무리들은 영국의 대지주들이 이미 오래 전에, 그들이 누리는 지위에 합당한 자격을 상실했다는 점을 시민들에게 주지시켰다. 대지주들은 수세기 전에 전쟁에서 세운 공헌에 대한 보상으로 토지를 받았다. 자유주의자들은 "그들이 세우는 공이라고는 죄 없는 농민을 학살하고 도요새 사냥이나 하는 것이 전부가 아닌가?"라고 빈정댔다. 코브던과 그의 동지들은 곡물법이 영국의 영주에게 이익을 줄 뿐만 아니라 소작농을 보호하는 효과를 가진다는 점을 미처 깨닫지 못했다. 영국 농업을 보호하는 관세가 사라지면 농업 자체는 더 이상 존재할 수 없었다. 그나마 남아있는 농업인구는 도시로 떼 지어 몰려가 일거리를 얻으려고 할 것이고 앞 다투어 임금을 끌어내릴 것이었다.

보수정당이 이러한 위험성을 깨닫지 못한 것은 아니었다. 그럼에도 불구하고 결국 곡물법은 철폐되었다. 노동계층의 불안을 농부들의 재앙보다 더 위험하게 여겼던 것이다. 점점 영역을 넓혀 대도시로 성장해 가던 도시들은 모두 빵을 원했다. 싼 가격의 빵을 즉시 살 수 있기를 원했다. 비관론자들은 영국에서 경작지를 더 이상 줄일 경우 전쟁이 일어나 봉쇄되면 18일 만에 영국은 완전한 기아에 빠질 것이라고 경고했다 (18일은 다소 과장된 것이었지만 1914년과 1939년 독일의 잠수함이 영국을 봉쇄했을 때 토리파의 의견이 원칙적으로 틀린 것은 아니었음이 드러났다). 그러나 아무도 그 경고에 귀를 기울이지 않았다. 디즈레일리를 포함한 하층 지주계급에 속한 자들은 보수 진영을 떠나 자유무역주의자의 편에 가담했다. 곡물 관세를 유지하느냐 철폐하느냐 하는 문제는 하원에서 더 이상 미룰 수 없는 쟁점이 되었다. 노동자들은 거리로 뛰쳐나와 시위를 벌였다. 차티스트주의자*들은 폭동을 선동했다. 공장에서는 빈번하게 소란이 벌어졌다. 시골에서는 곡물창고에 불을 질렀다. 이 무렵(1845년), 스코틀랜드와 잉글랜드 지방에 엄청난 흉년이 들었고 이웃 아일랜드에서는 감자 마름병이 돌았다. 영국의 공업도시에는 긴장감이 돌았다. 첫 번째로 취해진 조치는 수입량 제한을 없애서 곡물을 무제한으로 외국에서 들여오도록 하는 것이었다. 그러나 이것으로는 충분하지 않았다. 반(反)곡물법협회는 전국의 격렬한 불길에 기름을 부었다. 싼 빵을 먹게 해달라는 요구는 페스트가 돌았던 시절 이후 가장 거셌다. 정부는 어쩔 수 없이 태도를 바꾸어 곡물에 부과하던 관세를 철폐했다.

미국의 밀이 소나기처럼 영국에 쏟아져 들어오게 되었다. 그러나 그것이 단숨에 이루어진 것은 아니었다. 미국이 영국에서 일어난 일을 이해하는 데는 20년이 걸렸다. 광대한 제국의 심장이었던 이 섬나라, 수백 년 동안 미국을 다스렸던 영국이 이제는 미국의 생산성과 자비에 전적으로 의존하고 있는 것이다! 1846년에 미국은 영국 및 이웃 유럽 국가들의 허기를 채워줄 만한 도구를 갖추지 못하고 있었다. 기계화된 쟁기는 서부지역 일부에서만 사용하고 있었으며 태평양 연안에서는 밀을 거의 재배하지 않았다. 그러나 상황이 돌변했다.

미국 농작물을 수입함에 있어 프랑스는 영국의 전철을 밟았을 뿐 아니라 오히려 한술 더 떴다. 프랑스의 명민한 지식인들은 영국 동지들보

---

* 1838~1848년 영국 노동자의 정치 개혁 운동인 차티스트(인민 헌장)운동에 가담한 사람들.

다 한층 더 적극적으로 '무역의 세계주의'를 신봉했다. 그들은 대륙간 상품교환을 자연스럽게 여겼고 수입된 농작물로 살아가는 것이 언제까지나 가능하리라고 믿었다. 나폴레옹 패망 이후 농화학의 발전으로 프랑스 농토는 이전보다 5배나 많은 작물을 생산할 수 있었다. 과학자들이 팔을 걷어붙이고 밭으로 나간 덕에 1842년부터 프랑스에서는 모든 종류의 빵 제조 곡물의 수확이 증가했다. 그러나 1846년에 원인을 알 수 없는 감자역병이 전국을 강타했고, 게다가 기상조건까지 나빠서 흉작을 맞았다. 그것은 1847년의 심각한 곡물부족으로 이어졌다. 혁명이 일어난 1848년에는 농부들이 가만히 밭을 갈고 있을 수 없게 되었다. 1853년부터 1855년까지 장마로 수확량이 줄었고, 그 후 나폴레옹 3세는 이 유럽 최고의 농부들을 크림전쟁으로 끌고 나갔다. 그러자 콜레라가 창궐했고 농부들은 오스트리아와 이탈리아 전투에 징병되었다. 게다가 위대한 건축 기술자 하우스만이 나폴레옹 황제의 명령을 받아 파리를 재건하기 시작했는데, 이 공사에 상당수의 농부들이 동원되었다. 모든 신문 사설 및 저술가들의 격려로도 인력 부족을 메꿀 수는 없었다. 보헤미아 시인이자 베랑제의 제자인 피에르 뒤퐁은 당시 분위기를 상송 속에 담아냈다.

'나는 배고프다' 하는

민중의 술렁임은 멈추지 않는구나

그것은 인간 본성의 외침이어라

'나에게 빵을 달라', '나에게 빵을 달라'

일련의 불운한 사태로 1860년대의 농업생산이 너무 저조한 탓에 공업 국가 프랑스는 마침내 미국의 농작물에 의존하기로 결정했다.

그렇다면 독일은? 독일은 호밀만 재배하는 호밀 국가였다. 뿐만 아니라 러시아가 가까이 있어서 부족하면 언제든지 그곳에서 살 수 있었다. 미국의 밀은 소용이 없었다. 그러나 그것은 어디까지나 독일인의 입맛이 바뀌기 전의 얘기다. 도시인의 자의식이 성장하면서 함부르크나 베를린 같은 도시의 주민들은 농부들처럼 검은 빵을 먹기에는 스스로가 너무 고상하다고 여기게 되었다. 독일의 공업 노동자들은 프랑스나 벨기에 노동자들의 모습을 보고 자신도 그들이 먹는 것을 먹기로 마음먹었다. 즉 밀로 만든 빵, 아니면 적어도 밀과 호밀이 반씩 섞인 빵을 말이다. 독일의 도시들 또한 엄청난 속도로 팽창해서 거대한 소비층을 형성하게 되었다. 상업과 공업은 독일에서도 다른 유럽 국가들에서와 같은 변화를 일으켰다. 농업상의 이익과 군대, 보수주의자들의 반대에도 불구하고 독일도 마침내 빗장을 열어 젖혔고, 밀이 물밀듯이 쏟아져 들어왔다.

1865년에는 독일의 보호관세가 철폐되었다. 이것은 미국에게, 거대한 밀의 강물이 유럽 대륙으로 흘러들어갈 수 있도록 물길을 내라는 신호탄으로 여겨졌다.

*   *   *

1865년부터 영양 가득한 황금 알갱이를 실은 배들이 꼬리를 물고 미국에서 유럽으로 향했다. 알갱이들은 물론 모두 밀이었다. 유럽대륙에서는 밀 이외의 곡물은 처다보지도 않았다. 그러나 해외에서 맹활약을 펼치는 밀도 미국 내에서는 국가적 곡물인 옥수수와 평화협정을 맺어야 했다. 미국인에게 옥수수는 유럽에서 호밀이 차지하는 위치와는 또 다른 의미를 가지고 있었다. 옥수수는 조상 대대로, 혀의 수백 개의 미뢰에 그 맛이 각인된 '아버지의 곡식'이며, 인디언들에게서 땅과 함께 물려받은 '어머니의 곡식'일 뿐 아니라 경제적으로도 매우 중요한 위치를 차지하는 곡물이었다. 옥수수는 소와 돼지, 닭, 칠면조, 오리, 거위 등을 먹였던 미국의 대표적인 사료작물이었던 것이다. 옥수수 밭을 중심으로 거대한 육류 시장이 생겨났다. 신시내티와 시카고의 연기를 뿜어대는 도축장은 조금 거슬러 올라가면 있는 옥수수 밭에서 생겨난 것임을 알 수 있었다. 도살된 동물로부터 얻어지는 수많은 종류의 부산물들, 지방과 기름, 풀과 아교, 비누와 양초 등은 모두 옥수수의 선물이었다. 그러나 밀은 '오로지 빵'만을 줄 뿐이었다. 이런 점들을 모두 고려한다면 1861년에 시카고의 곡물시장에서 2천4백만 부셸의 밀이 유통될 때 옥수수는 그보다 50만 부셸 더 많은 양이 유통되었다는 사실을 이해하기가 쉬울 것이다.

만약 미국이 밀만 경작했었다면 결과는 비참했을 것이다. 새로운 영광이 시작될 무렵, 나중에 등장한 이 제왕은 그 여세를 몰아 옥수수의 영토를 밀어붙이려 했다. 두 제국의 경계에서 옥수수의 영토가 하나 둘 밀의 영토로 바뀌어 나갔다. 그러나 이러한 현상은 곧 중단되었다. 옥수수가 국내에만 머무르고 수출을 목표로 하지 않는다면, 밀은 옥수수를 경쟁자로 여길 필요가 없었다. 우리는 나중에 이 관계가 바뀌게 된 시점을 날짜까지 분명하게 밝힐 수 있다. 1900년, 파리 세계박람회에서 찰스 닷지가 옥수수 요리관을 열었다. 그는 놀란 표정의 프랑스 사람들 앞에서 옥수수로 만들 수 있는 온갖 종류의 요리들을 시연했다. 그러나 이 시도는 실패로 돌아갔다. 120년 전, 벤자민 프랭클린이 까데 드 보에게 그토록 열심히 옥수수를 권했으나 실패했던 것처럼. 그러나 이 사건으로 밀은 감정이 상했다. 다시 한 번 밀과 옥수수는 서유럽시장을 놓고 싸움을 벌였다. 옥수수는 이 싸움에서 참패했다. 이 싸움은 미국 본토에서가 아니라 프랑스와 이탈리아 실험실에서 벌어졌다. 밀가루와 옥수수가루의 싸움은 10년 이상 된 마카로니와 폴렌타의 격돌이라는 형태로 나타났다. 이 싸움에는 유명한 롬브로소 같은 많은 의사들이 참여했으며 유독성 여부, 세균, 펠라그라*, 핵심적 통계, 비타민 등이 검토되었다. 그러나 그것은 한참 뒤의 일이었다. 1865년에는 밀의 제국과 옥수수 제국이 평화롭게 공존했다. 옥수수가 미국 본토 사람들을 먹여 살리는 동안 밀은 보다 쉽고 안전하게 세계시장을 정복할 수 있었던 것이다.

그러나 이 밀의 강물을 보다 많이 잘 흐르게 하기 위해서는 철로 된 도구가 필요했다. 미국 전역으로 뻗어나간 거대한 철도망이 그것이다.

1840년에 미국의 철도는 2,500마일에 지나지 않았다. 기관차와 철도 선로가 발명된 지 10년이 조금 지났을 뿐이었고 철도는 기껏해야 인간의 편리함이나 여행 시간을 단축시키는 목적에 이용될 뿐이었다. 그러나 곧 철도는 경제활동의 필수 도구이자 독재자가 되었다. 마치 옛이야기 속에 나오는 짐을 끄는 동물처럼, 검댕에 그을리고 불을 뿜어대는 기차는 짐을 더 실으라고 포효하면서 대륙을 가로질러 달렸다. 기차 한 량이 한 떼의 소나 말이 끄는 마차보다 더 많은 상품을 실어 날랐다.

"철도를 놓자!"는 말이 미국 회사 회계부서의 표어가 되었다. 그리고 철도 건설을 장려하기 위해 가능한 모든 방법이 동원되었다. 1848년에

---

* 니아신 결핍에 의해 일어나는 병으로 피부, 신경 장애 등을 일으킨다. 옥수수를 주식으로 하는 경우에 일어나기 쉽다.

는 25명이 철도 1마일당 1천 달러만 출자하면 철도회사를 차릴 수 있는 법안이 의회에서 통과되었다. 현금으로는 1백 달러만 불입하면 되었다. 철도 건설 비용은 마일당 3만5천 달러였지만 많은 경우에 2천5백 달러의 자본금만 투입되었으니 이 법은 자본금의 수백 배에 해당하는 액수의 차입을 허용한 셈이었다. 은행은 필요한 자금을 제공해주었다. 그것이 가능했던 이유는 상당 규모의 자본이 유럽에서 미국으로 흘러 들어왔기 때문이다. 1848년 이래로 유럽인은 끊임없는 혁명의 공포 속에서 살아왔다. 그들은 자신이 가진 돈을 런던의 은행에 맡겼고, 그 다음에 돈을 맡길 곳으로 미국이 급부상했다. 유럽은, 미국 전역의 밀을 대서양 너머로 실어 갈 배까지 수송할 수 있는 철도망의 건설에 동참했다. 더블린, 런던, 파리, 베를린의 노동자들은 자신의 요구대로 값싼 빵을 얻게 되었다. 그런데 그들이 예측하지 못한 일이 발생했다. 빵 값이 떨어지자 유럽 공업노동자들의 임금도 떨어졌다. 사람들 사이에 불만이 가득했다. 빵 값은 쌌지만 빵을 살 돈이 없었다.

그동안 미국은 곡괭이 소리와 함께 대평원과 숲의 모습을 바꾸어 갔다. 일꾼들은 선로를 놓아 동서를 하나로 묶었다. 1840년에 2천5백 마일이었던 선로는 1860년대에 3만7천5백 마일로 늘어났고 1880년대 말에는 15만6천 마일에 이르렀다. 수백 년에 걸쳐 농부들은 자신이 먹고 남은 경작물을 이웃 도시에 내다 팔았다. 그런데 철도는 하루아침에 이것을 국제무역으로 탈바꿈시켰다. 정부는 광활한 땅을 철도에 할애했다. 유럽의 왕국에 해당할 만한 면적이었다. 이 광활한 땅에서 무제한적 권력을 가진 영주로 등장한 철도는, 작은 규모로 농사를 짓는 농부들이 제아무리 노력해도 경쟁할 수 없는 양의 작물을 생산해냈다. 이제 철도회사들은 거만한 하인이 되어 자신을 키워준 정부의 소원을 못 들은 체했다. 그들은 개인이나 사회복지를 위해서는 이익을 내놓지 않았다. 보다 높은 이익의 추구가 그들의 유일한 목적이었다. 미국에 세워진 라티푼디움의 소유주는 노예나 농노를 갖지는 않았지만 로마나 영국의 대지주보다 훨씬 더 강력했다. 수많은 기계들이 작은 농가들을 몰아냈다. 소규모 농사로는 이익을 남길 수 없었기 때문이다. 밀은 산처럼 쌓였다. 밀의 산은 허물어져서 화물열차에 나누어 실렸다. 그리고 화물열차는 거대한 대서양 횡단 화물선의 선창가에 밀을 실어다 놓았다. 밀의 강물로 씻긴 도시들은 황금의 길로 뒤덮였다. 중산층의 마을이었던 시카고는 갑부들의 도시가 되었다.

시카고는 하나의 전설이었다. 1815년 나폴레옹이 패배할 무렵에 이곳은 인디언들이 '양파가 자라는 들'이라고 부르던 작은 마을이었다. 1833년 이후에 도시라고 자칭하였지만, 1840년에도 주민의 수가 5천 명을 넘지 못했다. 돼지의 수가 사람 수보다 많아서 집 앞에서는 돼지들이 벽에 몸을 치대고 있거나, 누가 와서 쫓아낼 때까지 길을 막고 서 있는 장면을 자주 볼 수 있었다. 매코믹이 이 작은 마을을 찾은 것은 1847년의 일이었다. 그는 북서부 지방의 밭에서 농작물이 썩어 가는 것을 목격했다. 낫으로 밭의 작물을 거두어들이는 속도가 너무 느렸고 또 일손도 턱없이 부족했기 때문이었다. 북서부 지역의 끝에 있는 시카고에서 매코믹은 공장을 세우고 기계수확기를 생산하기 시작했다. 이 기계는 곧 시카고가 지닌 힘의 상징이 되었다. 매코믹이 온 지 5년 뒤에 철도가 들어왔다. 이것은 중서부 지방의 곡물들을 실어다가 시카고 곡물창고에 채우는 또 하나의 거대한 수확기였다. 열차가 밀과 옥수수를 양곡기 발치까지 싣고 오면 밀을 내려서 무게를 달았다. 세계 시장의 가격은 시카고 곡물의 수급 상황에 의해 결정되었다. 시카고의 한 마디는 런던, 파리, 베를린, 상트페테르부르크, 상하이에서 법이 되었다. '양파가 자라는 들'은 사람들의 기억 속에서 멀어져 갔다. 1870년에 시카고의 인구는 30만 명으로 늘어났고, 도시는 시시각각으로 발전했다. 더 이상 길에서 어슬렁거리다가 쫓겨나는 돼지들의 모습을 볼 수 없었다. 돼지들은 한데 모아 옥수수를 먹여 살찌운 다음 도살해서 수출했다.

전 세계에 고기를 파는 도축업자,

연장 제작자, 밀 도매업자,

철도 운영자, 전국 규모의 화물 수송업자,

난폭하고 요란하고 떠들썩한

떡 벌어진 어깨를 가진 자들의 도시

시카고의 넓은 어깨 위에 백만장자들의 재산이 쌓여 갔다. 그리고 재산이 쌓여 감에 따라 명실상부한 철도왕, 고기왕, 기계왕, 밀가루왕 같은 억만장자들이 탄생했다.

이 모든 것들은, 혹시 제분소를 찾을 수 있을까 하는 희망으로 처음 이 고장에 들어온 밀 이삭 하나로부터 시작되었다. 처음에는 소농들이 밀을 직접 자루에 담아 들고 왔다. 이제 밀은 부자들의 화물칸에 담겨서 수백만 부셀 씩 쏟아져 들어왔다. 부자들은 점점 더 부자가 되었고, 가난한 사람들은 점점 더 가난해졌다. 세상의 법칙은 변함없이 적용되었다. 불과 몇 년 전까지만 해도 조그만 밭에서 나는 소출만으로도 생계를 꾸려나가는 데 어려움이 없었던 농부들은 천둥 같은 소리를 내며 지나가는 화물열차를 멍하니 바라보았다. 화물열차의 운임이 너무 비싸서 엄두도 낼 수 없는 소농들은 농사 지은 곡식을 시장으로 보낼 방법이 없었다. 도대체 어디에 내다 팔아야 한단 말인가? 국제무역이니 주식시장이니 하는 말들은 도통 알아들을 수 없었다. 그들은 돌 위에 힘없이 앉아 자신이 패배하고 있다는 것을 깨달았다. 그들에게는 이제 힘 있는 자들에게 땅을 팔아버리는 것 외에는 달리 도리가 없었다. 수많은 나라들을 먹여 살리고, 수많은 미국인들을 백만장자로 만들었던 밀이 더 이상 소농들을 먹여 살릴 수 없게 된 것이었다.

*　　*　　*

《문어》라는 작품에서 프랭크 노리스는 철도라는 크라켄*에 맞서 싸우는, 밀농사를 짓는 농부들의 투쟁을 묘사하고 있다. 목숨을 건 필사적인 전투에 나선 이 두 거인은 바로 밀과 철도였다. 종국에는 이 두 세력이 하나로 합쳐졌고, 그 사이에서 농부들이 터져 버렸다.

시카고 출신의 프랭크 노리스는 소년 시절에 파리에서 그림 공부를 했다. 그러나 화가 대신 기자가 되었고 나중에는 두 재능을 결합하여 새로운 일을 하게 되었다. 화가의 관찰력과 '뉴스의 냄새를 맡는' 기자의 후각으로 미국의 대표적 전기 작가가 된 것이었다. 그는 자신이 29세 되던 해에 다음과 같은 편지를 친구에게 보냈다.

---

* 노르웨이 앞바다에서 큰 소용돌이를 일으키는 전설상의 바다 괴물.

요즘 내 머릿속은 연작 소설에 대한 구상으로 가득 차 있다네. 밀이라는 주제를 가지고 세 편의 소설을 쓰는 것이지. 제1부는 캘리포니아(밀 생산자) 이야기, 제2부는 시카고(밀 유통업자) 이야기 그리고 제3부는 유럽(밀의 소비자) 이야기로 구성될 거야. 서부에서 미국으로 쏟아지는 나이아가라 폭포와도 같은 밀의 흐름이 각각의 이야기들을 관통하는 공통된 주제가 될 걸세. 내 생각에 거대한 삼부작의 서사시가 그 주제로 탄생할 수 있을 것 같아. 이것은 매우 현대적이고 동시에 매우 미국적인 소설이 될 걸세. 가끔 너무나 방대한 아이디어라서 엄두가 안 나기도 하지만 한번 시도해보려고 마음을 먹었다네.

노리스의 전기를 쓴 작가가 말했듯 이 작품은 '이전의 모든 미국 소설을 뛰어넘는 작품'이었다. 그때까지 미국 문학에서 경제적인 요소는 매우 모호하고 피상적으로 그려졌을 뿐이었다. 노리스는 인류의 운명을 좌지우지해온 인류 외적 요인(곡식이라는 자연의 힘)을 문학의 형태로 포착하고자 했다. 이 무심하고 무자비하면서도 거대한 힘은 정해진 궤도 안에서 끊임없이 움직이고 있었다. 한편 작고 약한 하루살이와도 같은 인간은 태어나고, 자라고, 보잘것없는 전쟁들을 무모하게 벌이고, 죽고, 영원히 잊혔다. 영원한 것은 밀뿐이었다. 밀의 생산과 유통, 소비의 각 단계에서 인간은 줄기를 오르내리는 개미와 같이 분주하게 움직일 뿐이었다. 그러나 작가는 이 개미들을 공감 어린 시선으로 바라보고 있었다. 그는 개미들의 투쟁을 이해하고 그것을 다시 인간으로 형상화해 냈다.

노리스의 《문어》의 배경에는 실화가 존재했다. 노리스의 전기작가인 프랭클린 워커는 그 실화를 이렇게 묘사하고 있다.

　　1870년대 초반, 이주자들은 당시 튤레어 군(郡) 동부에 있는 무셀 슬로 우 지방의 황무지에 정착했다. 그리고 10년 동안 물을 끌어다 대고 땅을 일 구는 고된 노동으로 황무지를 풍요로운 농지로 개간했다. 그런데 이 농부 들이 땅의 일부에 대한 소유권 분쟁에 휘말리게 되었다. 정부 특권으로 이 지역을 가로지르는 철도를 건설한 남태평양 철도회사가 1868년 국회 법령 에 의거해 철도가 지나가는 노선 부근의 땅에 대한 권리를 주장했다. 농부 들은 처음부터 철도회사의 권리를 인정했다. 철도회사가 그 지역에 철도를 개통하면서 정착민들을 초대했고, 결국에는 철도 부근의 땅들을 개발되기 이전의 시세인 에이커당 2.5달러에 그들에게 팔 것이라고 말했기 때문이 다. 그러나 철도를 놓은 철도회사는 해당 토지의 시세를 재평가한 후 누구 에게든 에이커당 25달러에서 30달러에 판매하겠다고 공지했다. 땅을 개간 하여 땅 값을 올려 놓은 정착민들의 노고를 전혀 인정하지 않겠다는 것이 었다. 농부들은 철도회사에 대항하여 거센 투쟁을 벌였다. 6백 명이 모여 정착민협의회를 구성하고, 의회에 탄원하는 한편 많은 돈을 들여 소송을 제기했다. 그러나 오랜 정치 로비 경험을 가진 철도회사는 정착민들과의 분쟁에서 번번이 승리를 거두었다. 주민들은 분노했다. 농장주들은 철도 회사가 거만한 대리인들을 주민 사이에 심어놓고, 은행과 신문을 독점했으 며, 독단적인 화물운임으로 자신의 이익을 가로챘다고 주장했다. 1880년 5 월 11일, 핸포드 지방에서 열린 정착민들의 집회에서, 연방 집행관과 세 명 의 부관이 말을 몰고 군중 속으로 들어와서 농장주 대표들과의 회담을 제 의했다. 그런데 회담 중에 누구의 소행인지 모를 한 발의 총성이 울려 퍼졌다. 일대 소동이 벌어졌고 부관들은 무차별적으로 총을 쏘아댔다. 이 소동에서 결국 6명의 농부들이 즉사했고 한 명이 치명상을 입었다.

이것은 실화였다. 이 실화를 중심으로 노리스는 1880년대의 캘리포니아 사회를 소설 속에 그려냈다. 농민 지도자 매그너스 데릭과 스웨덴계, 영국계, 독일계 농민들이 "젊은이들이여, 서부로 가라. 농촌과 함께 성장하라!"라는 호레이스 그릴리의 부름을 따랐다. 그들은 도끼와 가래를 들고 야생 속으로 들어갔다. 그런데 30년이 지난 후에 모리배들이 그 땅으로 몰려왔으니 그것이 바로 철도업자들이었다. 그 트러스트의 한 사장은 회사의 성공에 자신이 기여한 것은 별로 없다고 작가에게 말했다. 철도는 밀처럼 저절로 자라나는 특성이 있다는 것이었다. 철도 편인 신문발행인 겐슬린저는 이렇게 말했다. "철도에 맞서서 싸워봐야 소용없다는 것을 언제 깨달을까? 그것은 종이배를 타고 나가 군함에 새총을 쏘는 것과 마찬가지다." 그리고 많은 사람들이 양 진영의 싸움에 휘말렸다. 무정부주의자, 도망자, 뇌물을 받은 자, 멍청한 자, 해고된 뒤 농부들 편에 서서 급기야 강도, 살인자가 되어버린 철도 기술자, 샌프란시스코의 미술 애호가, 부자들, 사회 위원회와 자애로운 부인들, 곡물을 싣고 인도로 출항하려는 배. 그리고 철도회사 대리인이자 당시 싸움에서 지도자의 보좌관이었던 무적의 베르만이 있었다. 여기에 진짜 승리자가 있었으니, 적의 총도 스칠 수 없었고, 심지어 고향에 쏟아진 폭탄조차도 그를 피해갔다.

그는 빳빳한 밀짚모자에 린넨 조끼를 입고 다니는 평온하고 풍채 좋은 남자였다. 그는 결코 화를 내지 않았다. 자신과 맞서는 적들에게 온화한 미소로 조언을 해주었고, 잇단 패배에 대해 동정을 표시했으며, 결코 동요하거나 흥분하는 일이 없었다. 자신의 힘에 대해 확신을 가지고 있었으며, 거대한 기계의 힘과 강력한 조직의 마르지 않는 돈줄이 뒤에 버티고 있다는 것을 잘 인식하고 있었다. 정착민협의회가 수천 달러를 쓸 때 트러스트는 수백만 달러를 쏟아 부었다. 정착민협의회는 요란하고, 곳곳에서 눈에 띄고, 누구나 그들의 목적을 알았던 반면에, 트러스트는 조용하고도 주도면밀하게 움직임으로써 사람들은 결국 그 행동의 결과만을 눈으로 볼 수 있었다. 그들은 어둠 속에서 조용히, 침착하게, 그러면서도 아무도 저항할 수 없게 움직였다.

그러나 이 침착하고 계산적인 괴물에게도 비참한 운명이 준비되어 있었다. 무적의 베르만의 최후를 묘사하는 장면은 미국 문학사에서 가장 훌륭한 장면 중 하나이다. 베르만은 항구에서 밀을 싣고 아시아로 떠날 배를 검사하고 있었다. 그런데 그만 발을 헛디뎌 배의 화물칸으로 떨어지고 말았다. 곡물 엘리베이터는 화물칸으로 밀을 쏟아 붓고 있었다.

"맙소사." 그는 말했다. "이거 큰일났군!" 그는 큰소리로 외쳤다. "여보시오, 거기 갑판에 누구 없소? 오, 제발!"

그의 목소리는 끊임없이 밀을 쏟아내는 기계음 속에 묻혀버렸다. 거대한 폭포 같은 소음 속에서, 그의 목소리는 자신에게조차 들리지 않았다. 뿐만 아니라, 그는 더 이상 입구 근처에 서 있을 수 없다는 사실을 깨달았다. 흩어져 날아오는 밀알들이 얼굴에 부딪혀, 마치 바람에 몰려온 얼음 조각

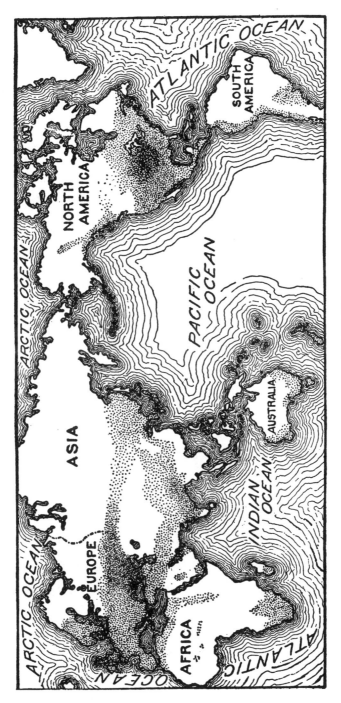

밀의 세계 전파

처럼 살을 찔렀다. 정말 참기 어려운 고통이었다. 그의 손은 통증으로 얼얼해졌다. 갑자기 눈앞이 캄캄해졌다. 뿐만 아니라 입구에 산처럼 쌓인 밀은 물결을 이루며 점점 아래로 밀려 내려왔다. 엄청난 밀의 파도는 그의 다리와 무릎을 덮고 밀어젖히며 점점 위로 쌓였다.

그는 가까스로 화물칸의 한쪽 구석으로 가서 선체에 등을 기대고 앉아서 침착성을 되찾고자 했다. 반드시 빠져나갈 방법이 있을 거야. 내가 이렇게 죽을 수는 없지. 아, 밀에 묻혀 죽다니. 고체도 아니고 액체도 아닌 이 물건 속에서. 어떻게 해야 할까? 어떻게 해야 도움을 청할 수 있을까?

그러나 그가 이런 생각을 하는 동안에도 입구에 쌓인 밀의 산꼭대기로부터 엄청난 양의 밀의 물결이 출렁거리며 밀려왔다. 그리고 그가 앉아있는 곳까지 밀려와 한쪽 손과 발을 덮었다.

그는 펄쩍 일어나 부르르 떨며 다른 쪽 구석으로 가까스로 움직였다. "맙소사" 그는 외쳤다. "오, 하느님, 제발 뭔가 빨리 생각이 나야 할텐데……."

밀의 산은 한층 높아졌고 그의 발은 밀 속으로 더 깊이 파묻히게 되었다. 그는 다시 뒤로 물러났다. 이번에는 밀 폭포의 발치 쪽으로 비틀거리며 기어갔다. 그는 고막이 찢어지고 눈알이 튀어나올 만큼 힘껏 소리쳤다. 그러나 이번에도 무자비한 밀의 물결이 그를 뒤로 밀쳐낼 뿐이었다.

그러자 끔찍한 죽음의 춤이 시작되었다. 그가 구석을 찾아 이리 뛰고 저리 뛰고 몸부림치는 동안, 밀은 천천히, 그리고 가차없이 흘러내려 모든 구석을 빈틈없이 메워나갔다. 밀은 그의 허리까지 차올랐다. 손에서는 피가 흘러나오고 손톱은 모두 으깨졌지만 그는 미친 듯이 앞을 헤치다가 다시 뒤로 밀려났다. 기진맥진해져서 희뿌연 가루가 가득한 공기를 헐떡거리며 들이마셨다. 밀의 물결의 속도가 늦추어진 틈을 타 다시 정신을 차리고 뛰어오르려 했지만 알갱이 때문에 눈도 뜨지 못하고 더듬거리다가 결국 다시 배의 금속 선체에 가서 부딪힐 뿐이었다.

이성은 이미 사라졌다. 곡물이 쏟아지는 소리에 귀가 먹고 흩어져 날아오는 밀 알갱이의 공격에 눈이 멀고 입도 벌릴 수 없는 상태가 되자 그는 주먹을 꽉 쥐고 몸을 앞쪽으로 던졌다. 밀 위에 등을 깔고 누워 뒹굴었다. 힘없이 고개를 양옆으로 저었다. 입구에서 계속 쏟아지는 밀은 그의 주변에 쌓여 갔다. 외투의 주머니를 채우고 소매와 바짓가랑이 속을 채웠다. 그의 엄청나게 튀어나온 배를 덮고 나중에는 헐떡거리는 입 속으로 흘러 들어갔다. 결국 밀은 그의 얼굴마저도 덮어버렸다.

금속관으로부터 끊임없이 떨어지는 밀 소리 외에는 아무 소리도 들리지 않았다. 밀은 끊임없이, 지속적으로, 여느 때와 다름없이 흘러내렸다.

이 장면은 신화와 같은 맥락을 지녔다. 그의 죽음은 로마의 장군 크라수스의 죽음과 흡사하다. 파르티아인들은 크라수스의 끝없는 탐욕을 만족시키기 위해 그의 목구멍에 끓인 금을 들이부었다.

소설 속의 화자는 작가로 등장하는 프레슬리이다. 노리스는 이 인물 속에 자신을 담아냈다. 이 인물 속에는 노리스가 샌프란시스코에서 만난 에드윈 마컴의 모습도 녹아 들어가 있다. 1899년에 마컴은 〈샌프란시스코 이그재미너(San Francisco Examiner)〉지에 '곡괭이를 든 사람들'이라는 시를 발표했다. 어쩌면 이 시가 작품 《문어》에 영감을 주었는지도 모른다. 《문어》는 출간 즉시 노리스를 '미국의 에밀 졸라'로 만들어 주었다. 노리스는 졸라를 찬양했고 그에게서 많은 것을 배웠다. 그의 반복적이고 힘있는 문체는 본질적으로 프랑스적인 것이었으며, 앵글로색슨

특유의 간결한 문체와는 강한 대조를 이루고 있었다. 프랭크 노리스가, 하도 읽어서 너덜너덜해지고 누렇게 색이 바랜 《제르미날》이나 《대지》를 늘 몸에 지니고 다녔듯이, 미국의 총명한 젊은이들은 약속이나 한 듯 《문어》를 들고 다녔다. 새로운 문학작품이 탄생한 것이다. 제2부 《밀 판매장》이 출판되자 노리스의 명성은 더욱 높아졌다.

《밀 판매장》의 주인공은 더 이상 캘리포니아 들판에서 자라는, 눈에 보이는 밀이 아니다. 눈에 보이지 않는 밀, 주식시장에서 펼쳐지는 게임의 대상으로서의 밀이 이 작품의 주인공이다. 밀의 존재 자체와 주어진 시한 내에 인도 가능한 밀이 이 게임에서의 내기 대상이다. 밀 거래소는 황소와 곰이 우열을 다투는 싸움터이며 위험한 '지뢰밭'이다. 소설에 등장하는 뛰어난 도박사, 커티스 재드윈은 마치 졸라의 소설 《돈》에 나오는 사까르의 아들이라 해도 좋을 만한 인물이다. 그러나 그는 한편으로 미국인의 삶에서 나온 인물이기도 하다. 이 소설은 실존 인물 조셉 라이터의 이야기를 쓴 것이다. 노리스는 기자로서의 재능을 가지고 마치 최신 뉴스 같이 이야기를 이끌어나갔다. 주식의 황제 라이터는 흉년이었던 1896년, 그해에 수확된 밀을 거의 전부 사들였다. 그는 자기가 원하는 대로 시장가격을 정할 수 있었으며, 부셸 당 1.5달러의 이익을 냈다. 그러고도 그는 계속해서 밀을 사들였다. 엄청난 수의 구매자를 북서부 지방에 보내고, 수 마일에 이르는 열차와 일개 선단을 전세 냈다. 밀 가격을 자신이 마음먹은 선에서 결정할 수 있다면, 그는 세계 최고의 부자가 되었을 것이다. 그런데 갑자기 마술 같은 일이 벌어졌다. 세계 곳곳의 밀들이 시장에 나타나기 시작한 것이다. 미국 바깥에서 재배된 밀, 조셉 라이터가 미처 사들이지 못했던 밀이었다.

캐나다가 곡물창고의 문을 활짝 열었다. 아르헨티나가 밀을 선적하기 시작했다. 조셉 라이터가 독점을 통해 인공적으로 조작한 밀의 시세 위에 갑자기 '야생' 밀의 물결이 덮쳐 왔다. '놀라운 대담성과 한없는 자신감을 가진' 조셉 라이터는 위험신호를 보지 못했다. 아니 보려고 하지도 않았다. 거래에 참여한 다른 사람들은 다가올 폭락을 걱정했지만 그는 자신의 계획을 고수하며 계속해서 가격을 올렸다. 라이터의 가장 큰 적수는 필립 아머였다. 곡물 엘리베이터 제조업자인 그는 밀이 값싸고 풍부하기를 원했다. 그해 겨울 중반 아머는 6백만 부셀의 밀을 시카고에 들여왔다. 캐나다 국경으로부터 들어온 밀이었다. 아머는 미시간호의 두꺼운 얼음을 강철 연장으로 깨고 운반해온 밀을 시카고 주식시장에서 벌어지는 싸움판에 던져 넣었다. 그러자 라이터는 미친 짓을 감행했다. 싸움을 포기하기는커녕 아머의 밀을 모조리 사들였다. 따라서 밀 가격은 자연히 또다시 등귀했다. 라이터는 미국의 모든 밀을 사들인 뒤 엄청난 이문을 붙여 유럽에 가져다 팔 작정이었던 것이다.

미국은 예전처럼 인디언의 옥수수를 먹을 수 있었다. 미국인은 무엇을 먹든 상관하지 않았다. 그러나 밀로 만든 빵에 미친, 바보 같은 유럽인들은 그를 세상에서 가장 큰 부자로 만들어 줄 것이었다. 그런데 갑자기 예측하지 못한 일이 발생했다. 스페인과 미국 사이에 전쟁이 벌어졌던 것이다. 명성이 자자한 스페인 함대에 겁을 먹은 유럽은 해상 분규와 몰수를 두려워한 나머지 미국 밀의 주문을 모두 취소해버렸다. 그가 사들인 5천만 부셀의 밀은 그의 목을 조르기 시작했다.

그는 망했다. 어머니인 자연의 다산성에 도전했던 도박사는 결국 도박판에서 참패하고 말았다. 그가 어디에서 누구에게 밀을 팔든 그것은

야생벼를 수확하는 아시아인

자연의 관심 밖에 있는 일이었다. 시장이니 가격이니 하는 것들이 자연
에게 무슨 의미가 있겠는가? 노리스는 라이터의 소설 속 화신인 커티스
재드윈을 이렇게 비난했다.

그는 인간으로서 감히 창조에 도전했다. 그러나 위대한 어머니인 대지
는 인간이라는 벌레가 짜놓은 거미줄을 잠결에 쳐내버렸다. 온 세상에 존
재하는 자신의 궤도를 따라 움직이는 그녀는, 그 정해진 코스를 방해하는
것들은 무엇이든 짓밟아 버렸다.

노리스는 아직까지도 세상에 갚아야 할 빚이 있었다. 쓰고자 했으나
쓰지 못한 밀의 서사시의 제3부 《늑대》가 그것이다. 이 소설은 사실 전

체 중 가장 중요한 부분이었다. 늑대는 유럽과 아시아를 덮친 기근을 상징한다. 세계 곳곳에서 많은 사람들이 밀에 관한 이야기를 썼다. 그러나 밀에 관한 전 세계의 경험을 하나로 연결하고자 하는 시도는 노리스가 처음으로 했다. 그는 장편 서사의 일부로서 풍요로운 생산자인 미국과 고통받는 소비자의 모습을 그리고자 했다. 그렇다면 어느 곳의 소비자를 그릴 생각이었을까? 세계 어느 곳을 기근이 닥쳐오는 무대로 삼을 작정이었을까? 노리스와 그의 젊은 아내는 사람들이 극적으로 굶주리고 있는 땅을 찾기 위해 세계여행을 계획한 후 작고 느린 증기선에 몸을 실었다. 그의 소설 속에서 그 땅은 수평선 너머로부터 나타나는 미국의 거대한 스쿠너호 세 척에 의해 기근으로부터 구원받을 예정이었다. 그 배들은 미어터질 정도로 밀을 가득 싣고 있었다. 농민과 철도회사의 싸움, 주식시장의 조작에도 불구하고 밀은 결국 온 세상을 먹여 살리는 사명을 수행한다는 이야기이다.

그런데 항구를 떠나자마자 노리스는 병에 걸렸다. 맹장에 화농성 염증이 생긴 것이다. 노리스는 도저히 이 병을 심각한 것으로 생각할 수 없었다. 몸 속의 잠자리 만한 조직이 썩어들어 가는 병 따위가 그에게 어떻게 치명적인 해를 입힐 수 있단 말인가? 이제 막 자신이 낸 책으로 돈을 벌기 시작한 32살의 젊은이를, 그토록 커다란 계획을 품은 사람을 말이다. 자신이 이 병으로 죽어간다는 사실을 알았을 때, 썩어 가는 신체의 아주 작은 일부가 그토록 사랑하고 그 생명력을 찬양해 마지않았던 이 땅으로부터 그를 억지로 끌어내려고 한다는 사실을 알았을 때, 노리스는 짐짓 놀랐던 것이다.

*   *   *

밀의 제국은 대서양을 통해 유럽으로 뻗어나갔고 태평양을 통해 아시아를 공략했다. 무제한의 물량과 거침없는 수송 방법으로 미국의 밀수출은 세계를 정복할 것처럼 보였다. 그러나 이러한 확장은 아시아에 이르자 어려움에 직면하게 되었다.

극동지역은 수천 년에 걸쳐 쌀의 지배를 받았다. 중국은 쌀을 가리키는 단어와 음식을 가리키는 단어가 동일했다. 전 세계 연간 쌀 수확량은 4천4백억 파운드인데 이 중 절반 이상이 극동지역에서 재배되었다. 습지와 열대의 온도 속에서 생활하는 몬순기후 지방에서는 빵 대신 밥을 먹었다. 밀 같이 빵의 재료가 되는 곡물들이 자랄 수 없는 기후에서도 쌀은 잘 자랐다. 기후와 토양이 사람을 만든다. 사람의 외양, 관습, 생각 그리고 도덕과 같은 형이상학적 측면까지도. 인간 존재를 나무에 비유할 때 미각은 가장 외적인 꽃에 해당하는 요소일지도 모른다. 그러나 이것 역시 쉽게 변하지 않는다. 빵을 먹어본 일이 없는 중산층 일본인에게 가장 질 좋은 밀로 만든 빵을 먹어보라고 한다면, 그는 아마 옛날 로마인이 호밀에 대해 보였던 것과 비슷한 반응을 보일 것이다. 그는 빵이 불쾌하고 시큼한 맛이 난다고 느낄 것이다. 백인들은 이 시큼한 맛을 빵의 빼놓을 수 없는 필수 요소라고 생각한다. 빵을 한입 깨물었을 때 입 안 가득 침이 고이도록 만드는 바로 그 맛, 그러나 자극 없고 부드러운 쌀의 맛이야말로 동양인들이 가장 선호하는 특성인 것이다.

좋은 품질의 쌀은 밀 못지않게 단백질이 풍부하다. 그러나 쌀을 단일 경작하는 국가와 빵을 먹는 국가 사이에는 교류가 없었다. 빵을 먹던 사람이 갑자기 쌀을 주로 한 식단으로 옮길 경우 무기력증 같은 증세가 나타날 수 있다. 1942년 마닐라에서 포로로 잡힌 한 중립국 장교는 일본군이 미국인 포로들을 좀 더 잘 먹여야 한다고 지적했다. 그러자 일본은 성난 반응을 보였다. 모든 포로들에게 일본 군인들과 동일한 식사를 제공했다는 것이었다. 왜 그걸로 충분하지 못했던 것일까? 수백 년에 걸쳐 빵, 고기, 커피로 이루어진 식단을 기본으로 해왔던 사람들은 갑자기 쌀, 생선, 차로 구성된 식사에 익숙해질 수가 없었다.

생리 기능이 다르고 생활양식도 다르다. 민족학자인 폴 에렌라이히는 말레이시아 말라카 지역의 쌀 재배의 종교적 측면을 연구하면서 거기에는 피 흘리는 제물을 바치는 관행이 없다는 점에 주목했다. 가장 외딴 곳의 작은 부족들도 원숭이나 코끼리, 새 등을 숭배하며 주문을 외우는 정도의 의식을 거행할 뿐, 토지를 동물의 피로 적시는 일은 찾아볼 수 없었다. 아즈텍 문명의 옥수수 수확 축제와 달리, 말레이시아의 추수감사절에는 아이들의 머리 위에 밥알을 떨어뜨리는 행위 정도가 이루어질 뿐이었다. 그것은 말레이의 아이들에게 쌀 농사가 계속되기를 기원하는 단순한 의식인 것이다. 인도 러크나우 지방의 라다카말 무케르드쉬 교수는 밀과 쌀을 비교했다. 서양의 곡식인 밀은 '자본주의의 곡식'으로, 그 비인간적이고 탐욕스러운 경향 때문에 로마나 미국 등지에서 대규모 농장이 발달한 반면, 쌀은 '소농의 친구'로서 농가의 앞뜰, 계단식 토지, 늪지대 등에서 주로 재배되었다는 점을 강조했다. 그러나 사회적 영향을 언급하며 밀을 비난한 것은 잘못된 것이었다. 쌀 역시 거상의 손에서 자본 축적의 도구가 될 수 있다.

동남아시아 지역의 주민들은 밀에 대해 뚜렷한 혐오감을 보였다. 아시아의 많은 지역에서 밀을 거부한 데에는 종교적, 미각적 이유뿐만 아니라 살림살이에 관련된 이유도 존재했다. 밀짚은 벼줄기만큼 튼튼하지 못했다. 지붕이나 덮개, 모자, 깔개, 신발, 모든 종류의 바구니 등을 집에서 만들어 쓰는 문화에서는 다방면으로 사용될 수 있는 융통성 있는 재질이 선호될 수밖에 없었다. 그런 측면에서 자연스럽게 밀짚보다 볏짚이 선호되었다.

밀의 제국 전문가들은 1870년대에 아시아 시장으로의 수출 가능성을 타진하면서 이러한 사실을 고려해야 했다. 그러나 다행스럽게도 이러한 사실들은 주로 덥고 습한 동남아시아 지역에만 국한되어 있었다. 북쪽에 있는 일본이나 중국 본토의 북부지방에서는 상황이 달랐다. 이와 같이 보다 온화한 기후를 지닌 지역에서는 밀의 존재를 알고 있었다. 중국 북부지역에서는 윤작도 도입되어 있었다. 하나의 밭에 여름에는 벼를, 겨울에는 밀을 심기도 했고, 수박과 콩을 번갈아 심기도 했다. 이곳을 수출의 출발점으로 삼았다. 밀의 맛을 알고 있는 중국 북부 지역으로 캘리포니아의 곡물들을 실어보내기 시작했다.

밀을 실은 첫 번째 상선, 콜로라도호가 샌프란시스코 항을 떠났던 1867년 1월 1일 이후 상하이로 가는 항로는 증기선이 내뿜는 뿌연 연기들로 가득했다. 샌프란시스코 회계사무소에서 일어난, 증기선 운송회사와 철도업자 간의 분쟁조차도 여기에는 영향을 줄 수 없었다. 곡물들은 계속해서 동아시아로 팔려갔다. 전해지는 이야기에 의하면 모든 밀은 단 한 톨까지도 네 명의 거물 마크 홉킨스, 찰스 크로커, 릴랜드 스탠포드 그리고 네 명 중 가장 강력한 콜리스 헌팅턴의 소유였다고 한다. 캘리포니아에 떨어지는 빗물의 세 방울 중 두 방울은 헌팅턴의 것이라는 이야기가 있을 정도였다. 헌팅턴으로서는 온갖 경쟁자들, 크고 작은 농부들과 대항하여 그토록 거대한 부를 그러모으는 일이 결코 쉽지만은 않았을 것이다. 이제 그는 높은 밀 가격으로 그동안의 모든 고투를 보상받고자 했다. 그런데 중국인들이 자기네는 언제든지 쌀을 먹던 시절로 돌아갈 수 있다고 온화하게 설명하자 밀 값은 폭락하기 시작했다.

그렇지만 빵은 정말 마술사였다. 연기를 내뿜는 굴뚝, 선원들 그리고 그들의 근심 없는 삶을 대면하고 살아가는 항구 도시의 많은 중국인들은 점점 미국화되어 갔다. 방랑벽이 그들을 사로잡았다. 극동지방에서 미국으로 돌아오는 증기선에는 유순하게 미소 짓는 중국인들이 가득 타고 있었다. 그들은 세탁소 일꾼, 항만 노동자, 식당 주인, 날품팔이꾼 등으로 일했다. 물론 그들 중 상당수는 아편 장사꾼이 되기도 했다. 회색빛 도는 노란 피부, 근면해 보이는 얼굴의 그들은 한두 다리 거치면 모두 친척간이었다. 그들은 넓고 아름답고 깨끗한 샌프란시스코에서 사는 것을 행복하게 여겼다. 그러나 그들은 죽어서 이곳에 머무르고 싶어하지는 않았다. 오로지 중국 땅에 묻히기만을 원했다. 중국인들이 죽으면 장의사는 시신을 깨끗이 닦고 유골을 브랜디에 적신 뒤 긴 여행을 위해 상자에 담았다. 주의 깊게 고향마을의 주소를 표시한 이 중국인들의 관은 살아있는 중국인들을 먹이기 위한 밀 수송선에 실려 태평양을 건넜다. 곡물의 도로 위에서 사람들이 서로 만나고, 사람과 곡물이 함께 이주했다. 그리하여 지나치지 않게, 밀의 제국과 중국 북부지방 사이에는 밀의 무역이 계속해서 이루어졌다.

그러나 밀을 통해 각국은 점점 서로에게 친숙해져 갔다.

제6장
우리 시대의 빵

농업은 모든 것에 앞서는 첫 번째 기술이다.

농업이 없이는 상업도, 시도, 철학도 존재할 수 없다.

— 프리드리히 2세

건실한 농사, 맑은 생각, 바른 생활

— 헨리 월리스

제1차세계대전과 승리의 여신, 빵

어떻게 미국인들은 세계 곡물시장에서 적대적인 러시아와 한 번도 마주치지 않을 수 있었을까? 시베리아가 중국에 훨씬 더 가까이 있음에도 불구하고 러시아 제국이 곡물 수출 경쟁에서 미국에 밀린 것은 참으로 놀라운 일이다.

1850년까지 러시아는 전 유럽에서 유일한 곡물 공급 국가였다. 1900년까지만 해도 러시아는 마음만 먹으면 세계 최대 밀 생산국가의 위치를 고수할 수 있었다. 그러나 그해에 미국은 2억1천6백만 부셀(러시아 수출량의 거의 3배)의 밀을 수출했다. 러시아는 기후적 조건과 국민의 기호 때문에 밀보다는 호밀을 더 많이 심어야 했다. 뿐만 아니라 밀의 대량 수출을 가능하게 하는 방대한 철도망도 갖추지 못했다.

1903년 러일전쟁이 터졌을 때 러시아 군장성급 지휘관들은 전선으로 가는 길에서 상당히 지체할 수밖에 없었다. 성 게오르기우스 십자가와 자수로 옷깃을 장식한 고위 장성들은 미국의 수확기를 실은 열차들이 지나가는 동안 대피선(待避線)에 서서 기다려야 했다. 세상은 이 일화를 재미있어했다. 농업이 전쟁보다 중요한 것이라는 점을 강조하고 있었기 때문이다. 그런데 이 일화의 중요한 측면은 정작 다른 곳에 있었다. 이것은 러시아의 철도가 단선으로 이루어져 있었으며 따라서 러시아의 곡물이 세계 곳곳의 항구에 도달하려면 오랜 시간이 걸릴 수밖에 없었다는 사실을 말해준다. 러시아가 수출하는 곡물의 양은 결코 적지 않았다. 통계에 의하면, 무더웠던 1911년에 러시아는 1억5천만 부셀의 곡식을 수출했다. 그러나 이 곡물 중 절반 이상은 내륙지방에서 가까운 오데사와 리가의 항구로 수송되었다. 블라디보스토크의 곡물창고는 텅텅 비어 있었다. 시베리아 철도가 대규모의 화물운송을 수행할 수 없었기 때문이다. 짐을 가득 싣고 금문교를 출발하는 미국 상선들이 없었다면 동북아시아는 굶주림 속에서 허덕였을 것이다.

운송수단의 부족으로 러시아는 아시아 시장을 포기했으며, 그 대신 여분의 밀을 유럽에 팔고자 했다. 그러나 여기서도 미국과 맞닥뜨렸다. 유럽과의 거래를 통해 러시아는 독일의 곡물 수요증가에 주목했어야 했다. 도대체 왜 독일인들이 갑자기 그토록 많은 양의 보리를 필요로 하게 되었을까? 그러나 러시아는 독일의 곡물수입 목적에 의문을 가지지 않았다. 1909~1914년에 러시아는 기쁜 마음으로 연간 보리 수확량의 절반을 독일에 팔아치웠다. 독일인들이 갑자기 맥주 소비라도 늘리려고 마음먹었던 것일까? 1913년에 독일은 엄청난 양의 귀리와 함께 2억2천7백만 푸드(약 37억1천8백만 킬로그램)의 러시아 보리를 사들였다.

독일이 계획했던 것은 맥주 소비의 증가가 아니었다. 1914년 8월 첫째 주, 엄청난 규모의 기마 대대가 잘 먹인 튼튼한 말을 타고 러시아 국경을 넘었을 때 비로소 러시아는 그 목적이 무엇이었는지 알게 되었다.

*　　*　　*

독일은 1년 정도의 전쟁을 계획했었다. 일 년 반도 괜찮으리라. 독일이 알고 있는 전쟁은 짧은 전쟁뿐이었다. 19세기에 덴마크, 오스트리아, 프랑스를 상대로 한 전쟁들은 모두 일 년 안에 종결되었다. 영국이 국경을 봉쇄해서 미국의 밀이 수입되지 못한다 하더라도 독일은 굶주리지 않을 것이라 생각했다. 사람과 동물을 위한 식량은 국내에서 생산된 농작물과 수입 농작물만으로도 충분했다. 그러나 전쟁이 예상 외로 진행되자, 즉 독일의 초기 승리가 세계대전을 결정적인 국면으로 몰아가지 못하게 되자 "충분히 심지 않은 것은 전혀 심지 않은 것과 마찬가지다"라는 격언에 부합되는 상황이 벌어졌다. 외부에서 보기에 독일은 모든 면에서 전쟁을 성공적으로 이끌어가는 것 같았다. 그러나 독일 내부에서 보면 독일은 포위당한 요새와도 같았다.

독일은 풍작의 절정에서 세계대전에 돌입했다. 1인당 450파운드의 밀은 사람들을 배불리 먹이기에 충분한 양이었다. 영국의 수확은 그보다 훨씬 보잘것없었다. 그러나 독일인들은 곧 굶주렸다. 왜냐하면 돼지와 소의 사료가 떨어져 빵의 재료인 밀을 사료로 사용했기 때문이었다. 농부들은 도시인들을 먹이는 것보다 가축들을 먹이는 게 더 급했다. 1915년, 정부는 비축 곡물을 몰수하는 법을 제정했으나 이미 때는 늦었다. 많은 농작물이 이미 푸줏간 주인의 이익 속으로 사라져 버린 뒤였다. 영국의 해양 봉쇄로 미국으로부터의 밀수입이 중단되자 독일은 곧 심각한 빵 부족 사태에 빠졌다.

1915년, 독일 군대가 거대한 규모의 땅을 정복함으로써 이러한 상황은 한동안 표면으로 부상하지 않았다. 독일이 정복한 땅은 경작 가능한 동유럽의 토지였으며 독일이 신속하게 앞으로 진격해 나감으로써 전쟁이 벌어진 땅들은 초토화되지 않았다. 반면 전투 기간이 보다 길고 치열한 교전이 이루어진 프랑스에서는, 전쟁이 핥고 간 자리가 모두 폐허로 변해 버렸다. 독일 군사들이 탄 열차가 지나간 자리에서 사람들은 다시 농사를 지었다. 독일은 폴란드와 러시아로 진격하면서 곡창지대를 점유하고, 거기서 난 곡물로 독일인들의 배를 채웠다. 한동안은 이 방법이 통하는 듯했다. 그러나 1916년과 1917년에 걸쳐, 독일이 이 땅을 이용하는 데 필요한 두뇌를 제공할 수는 있지만, 일손을 제공할 수는 없다는 사실이 드러났다. 지배를 받게 된 주민들은 차르를 위해서 일했던 것과 같은 속도로 카이저(독일 황제)를 위해 일할 마음이 전혀 없었다. 대부분의 농민들은 러시아 군대에 참여하고 있었기 때문에 노동력이 부족했다. 이때만 해도 독일이나 러시아의 농업은 모두 기계화되지 않은 상태였다. 전쟁 포로의 노동력만으로는 턱없이 부족했다. 그리고 무엇보다 교통시스템이 마비되어 있었다.

독일의 철도는 '내부 통신'이 가능하고, 적국의 철도에 비해 차량을 쉽게 움직이게 한다는 장점을 가지고 있었다. 그러나 4년에 걸쳐, 수리하는 데 필요한 재료의 공급이 줄어들자 점차 못쓰게 되었다. 게다가 군용열차가 우선순위를 차지하기 때문에 동쪽 지방에서 재배된 곡물은 적시에 서쪽으로 전달되기 어려웠다. 1916년에 프랑스와 전투를 벌일 때 독일군은 굶주리기 시작했다. 프로이센의 장군인 마르크스의 말에 의하면, 병사들은 "격렬한 베르덩 전투에 앞 다투어 참전하고 싶어 했다고 한다. 왜냐하면 거기서는 양이 적고 형편없는 급식 대신 풍부하고 질 좋은 전투 식량을 배급받는다는 얘기를 들었기 때문이다. 죽음조차도 계속되는 빵의 부족보다는 덜 무서운 것이었다"라고 말했다. 1918년 4월 독일군이 벨기에 남부를 공격하던 중 갑자기 진격을 멈추었다. 한 장교는 이 사건을 다음과 같이 묘사하고 있다.

독일군의 공습을 저지하는 영국 방위군이 없었는데도 진군이 중단되었다. 대체 무슨 일이 생긴 걸까? 적군이 버리고 간 참호 속의 풍부한 비축식량을 보자 독일군의 규율은 순식간에 무너지고 말았다. 더 이상 군인들은 명령을 듣지 않았다. 수년 동안 굶주려온 이 병사들은 눈앞에 있는 양식을 보자 참을 수가 없었던 것이다. 그들은 맹렬하게 음식을 향해 달려들었다. 전투 도중에 병사들은 총검으로 영국군의 빵 자루를 찢고 미제 통조림을 뜯어서 목이 막히도록 먹어 댔다. 간청도 협박도 전혀 통하지 않았다. 그들은 싸움을 멈추고 마치 짐승처럼 먹어댔다. 아니, 그들은 짐승이 아니라 인간처럼, 그들 자신과 같이 비참한 인간처럼 먹어댔다. 그들이 원하는 것은 오로지 배를 양껏 채우는 일이었다. 잠시 후에 죽더라도 말이다. 이 독일 병사들은 몇 주 동안 빗속에서 야영을 하고 적들이 퍼붓는 총알과 지뢰와 폭탄 속에서 움푹 들어간 눈으로 불평 없이 묵묵히 진군하던 바로 그 병사들이었다. 연합군의 총칼도 그들의 진군을 막을 수 없었지만 흰빵 덩어리와 소금에 절인 고기 조각을 보자 그 자리에 주저앉아 버렸다.

　수천 년 동안 독일인은 너무 많이, 잘못 먹어왔다는 영양학자들의 확신에 찬 주장도 배고픔을 달래주지 못했다. 호밀, 밀 같은 곡물만으로 빵을 구우라는 법은 없었다. 빵의 기본 성분은 해롭지 않은 다른 것으로 대체될 수 있었다.

　지금껏 보아왔듯이 기근이 닥치면 사람들은 위를 속이려 했다. 중세에 굶주린 사람들은 손에 잡히는 것은 죄다 반죽에 섞어서 빵을 구웠다. 하지만 그때까지는 습지에 난 풀(quicksand grass)이 귀리만큼, 아니 그 이상으로 영양가가 있다거나 '과학적으로 처리된' 지푸라기가 곡물 단백질을 대신할 수 있을 거라는 주장을 펴는 사람은 없었다. 그러한 도가 넘치는 주장은 우리 시대, 즉 '과학의 시대'의 몫이었다. 인간이 생물학과 화학을 소유하게 되자, 거짓말도 더욱 그럴듯하게 할 수 있었다. 저스투스 폰 리비히는 1840년에 런던의 제빵사들이 어떻게 정교하게 밀가루의 품질을 떨어뜨리는지를 목격하고 놀라움을 금치 못했다. 그들은 밀가루가 더욱 희게 보이도록 하려고 이전에는 알려지지 않았던 화학물질을 밀가루에 첨가했다.

독일의 영양학자들은 1916년 이래로 독일인들이 점점 더 깊숙이 비참한 수렁 속으로 빠져 들어가고 있음을 목격했다. 과학자들의 거짓말은 애국심에서 비롯된 것이었다. 어른이 하루에 필요로 하는 열량은 2천 칼로리이고 단백질은 60그램이라고 설교했다. 그 정도의 영양을 섭취하는 것은 그리 어려운 일이 아니었다. 독일의 영양학자들은 전쟁에서 승리해야 한다는 굳은 의지로 거리에서, 숲속에서, 들판에서 대체식품을 찾기 위해 온갖 노력을 기울였다. 한스 프리덴탈은 지푸라기로 만든 빵에 대해 진지하게 연구했다. 그래브너는 골풀로 만든 빵을 먹을 것을 제안했다. 튀빙겐 대학의 약리학자 야코비는 아이슬란드 이끼로 빵을 만들려고 했으며, 록스톡 지방의 저명한 코베르트 교수는 동물의 피를 빵에 넣는 방안을 검토했다. 유명한 밀 전문가이자 제분 전문가인 해리 스나이더는 이러한 비극에 대하여 다음과 같이 묘사했다.

사람들은 여러 번에 걸쳐 톱밥이나 목재의 펄프를 화학적으로 처리해서 인간이 먹을 수 있는 식품을 만들고자 했다. 화학적 처리에 의해 셀룰로스를 인간이 소화할 수 있는 탄수화물로 변화시키는 것이었다. 톱밥 1파운드를 열량계에 넣어 연소시키면 밀가루 1파운드에 맞먹는 열량을 발생시킨다. 그러나 톱밥은 소화가 되지 않거나 인간과 동물의 체내에서 열량을 발생시키지 못한다. 단순히 비활성 상태의 열량만으로는 식품이 될 수 없다. 인체에서 필요로 하는 열량은 소화가 되고 이용 가능한 특정 식품으로부터 유래된 열량인 것이다.

그렇다면 밀에서 가장 중요한 성분인 단백질을 생성시킬 수는 없을까? 아마도 생화학적으로 단백질을 합성하는 방법이 있을 법했다. 예를 들어, 질소를 함유한 효모의 염(鹽)과 탄수화물을 결합시켜 단백질을 만들어낼 수 있다는 사실은 잘 알려져 있다. 독일의 과학자들은 이 사실을 식량난 해소에 이용하고자 했다. 공기 속의 질소를 화학적 방법 또는 전기 공정을 통해 고정시킨 다음 합성 질소 물질을 효모의 먹이로 해서 단백질을 생산하는 것이다!

화학자 델브뤼크라는 설탕 1백 파운드로 단백질 50%를 함유한 식품을 만들 수 있는 방법을 발견했다고 주장했다. 그리고 농학 교수 하이두크는 이 단백질 제품을 소, 돼지 그리고 그 밖의 실험동물에게 먹였을 때 놀랄 만한 결과가 예상된다고 말했다. 아마 '그 밖의 실험동물'은 독일인들을 지칭한 것이었을 것이다.

발명자들의 말에 의하면 이 새로운 식품은 소고기에 비해 단백질 함량이 3배 더 높고, 파운드당 생산비용은 고작 3센트에 지나지 않았다. 이것은 마술이었다! 그러나 해리 스나이더는 이 마술 같은 식품에 대해 이런 의견을 피력했다. "효모로 만든 이 단백질은 어설픈 과학적 위장

(僞裝)에 지나지 않는다. 다른 나라의 화학자들에게 독일 제국의 화학자들이 식량 문제를 해결했다고 믿게 하기 위한 책략이 틀림없다." 실제로 이스트는 단백질을 12% 이상 함유하지 않았다. 지금까지도 단백질을 50% 이상 생산할 수 있는 식물은 없는 것으로 알려져 있다.

독일의 영양과학이 만들어낸 화학공식은 틀린 것이었다. 뿐만 아니라 그들이 한 짓은 명백한 죄악이었다. 왜냐하면 보통 사람들이 그 공식이 틀렸다는 것을 알았다면 싸움을 그토록 오래 끌지 못했을 것이기 때문이다. 아마도 그들은 2년 정도 더 일찍 무기를 던지고 항복했을 것이다. 왜냐하면 1916년부터 독일은 이미 전쟁에 패하고 있었기 때문이다. 좀 더 일찍 전쟁이 끝났다면, 엄청난 살육을 조금은 줄일 수 있었을지도 모른다. 또한, 전후 히스테리와 보상 심리로 연결되는 심각한 수준의 생물학적 퇴보를 막을 수 있었을지도 모른다. 결국 이 전후의 이상 심리는 히틀러와 제2차세계대전의 원인이 되었다.

*   *   *

세계대전은 빵의 생산자와 소비자 모두에게 전례 없이 새로운 상황을 만들어냈다. 지금까지의 모든 전쟁은 국가 사이에서 벌어진 것이었지 대륙간의 전쟁이 아니었다. 프렌치-인디언 전쟁으로 유명한 7년 전쟁은 일종의 세계전이었다. 프랑스와 영국은 여러 개의 대륙에서 전쟁을 벌였다. 그러나 이것은 우연이었을 뿐이다. 전쟁의 무대였던 유럽과 미대륙은 모두 상대방의 빵에 대해서는 관여하지 않았다. 그러나 1914년 8월 4일, 드디어 최초의 '세계전'이 시작되었다.

미국이 중립을 지킨 것은 사실이었다. 그러나 이 밀의 제국은 전쟁 양측을 모두 상대해야 했기 때문에 점차 증대되는 유럽의 갈등의 영향을 느낄 수밖에 없었다. 유럽에서는 7천만 명 이상의 노동인구가 전투, 또는 무기를 만드는 데 동원되었다. 남자들의 노동력을 메꾸기 위해 여자와 아이까지 식량 및 필수품 생산에 팔을 걷고 나섰지만 정상적인 공급량을 충족시키기에는 역부족이었다. 수레를 끄는 동물 및 운송수단의 부족, 비료 공급의 감소는 그들의 노력을 헛된 것으로 만들었다.

유럽의 생산력 감소는 농작물 수입의 증가로 이어졌다. 유럽에서 미국의 농작물은 전례 없이 중요한 것이 되었다. 그러나 전쟁에 가담한 양측은 상대방이 미국 생산물의 혜택을 보는 것을 가만히 보고만 있지는 않았다. 영국은 미국의 밀이 공해상을 지나 독일과 오스트리아로 흘러들어가는 것을 저지했다. 그리고 독일 역시 중립국의 상선들에게 경고 없이 잠수함 어뢰를 발포함으로써 영국과 프랑스가 국민의 굶주림을 이유로 전쟁을 그만두게 하려고 했다. 애초부터 미국은 연합국측이나 독일 양쪽 모두를 야만적이라고 생각했다. 전쟁은 전통적으로 군사활동이며 민간인을 결부시켜서는 안 되는 것이었다. 하지만 링 위의 두 선수는 치사하게도 상대방의 벨트 아래를 공격하고 있었다. 봉쇄와 역봉쇄가 그것이었다. 그러나 그 결과 미국의 해외무역이 타격을 입었다. 미국인들은 이 부당한 처사를 도저히 납득할 수 없었다. 유럽은 미국의 곡물을 먹어야 하고 미국은 잉여 생산물을 굶주린 유럽에 팔아야 한다는 사실은 의심할 여지없이 당연한 것이라고 여겼던 것이 다.

전쟁을 벌이는 나라에 밀을 보내는 밀 수송로가 위험에 처하자 미국은 새로운 경로를 찾아야 했다. 미국은 재주 좋게 새로운 해외무역 경로를 찾아냈다. 중립국인, 아니 한동안 중립국이었던, 네덜란드와 스페인, 이탈리아가 새로운 수출 창구가 되었다. 그런데 미국의 밀이 굶주린 유럽으로 주입되는 또 하나의 구멍이 있었다. 그것은 '벨기에에 대한 원조'로 미국의 가장 대담한 일격이었다. 벨기에는 중립국으로 남고자 무진 애를 썼으나 전쟁이 발발한 첫 주에 독일의 침략을 받게 되었다. 벨기에에 관한 뉴스를 읽은 미국인들은 두 가지 감정에 휩싸였다. 독일에 대한 반감과 벨기에인을 기아에서 구해야 한다는 굳은 의지가 그것이었다. 벨기에에 대한 구호 캠페인으로 많은 돈을 거두어들였다. 미주리 주의 가장 가난한 농부에서부터 월스트리트 금융가에 이르기까지 모두가 기꺼이 헌금을 내놓았다. 벨기에 출신의 은행가 에밀 프랭크와 허버트 클라크 후버가 이 구호운동을 주도했다.

후버는 정력적인 사람이었다. 광산기술자였던 그는 중국과 호주 등지에 광산회사를 설립하는 데 온 정열을 바쳤다. 그는 조직을 세우는 데 특출한 재능을 지니고 있었다. 그러나 점령된 벨기에에 대한 미국의 원조가 시작되자, 런던이 이에 반대하고 나섰다. 영국은 후버가 농업에 대해 아는 바가 없는 아마추어이며 독일의 농간에 놀아나고 있다고 비난했다. 그렇다면 도대체 무엇 때문에 벨기에에 기근이 닥쳤던 것일까? 전쟁 전의 벨기에는 충분한 자급자족을 이룬 국가였다. 앤트워프를 통해 들어오는 엄청난 양의 수입 곡물은 단순히 환영(幻影)에 불과했다. 앤트워프는 단지 곡물이 프랑스와 독일로 들어가는 입구의 역할을 하는 항구일 뿐이었다. 벨기에는 미국의 밀을 필요로 하지 않았다. 벨기에의 경우 국토의 60% 이상이 경작지이며 연간 빵 생산량은 22억8천만 파운드에 달했다. 735만 명의 벨기에인 가운데 80만 명 이상이 달아나거나 전쟁 포로가 되었기 때문에 6인 한 가족에 4~6파운드의 빵을 매일 먹을 수 있다는 계산이 나온다. 이것은 기근이 아니라고 영국은 주장했다. 그렇다면 후버는 왜 속임수에 넘어갔을까? 그것은 어쩌면 그가 독일을 잘 알았기 때문인지도 모른다. 이 생존 싸움에서 정복국은 피정복국의 국민을 먹여 살려야 한다는 헤이그 조약의 규정을 독일제국이 지키지 못할 것을 그는 전쟁 초기부터 예상했다. 독일은 먹여 살리기는커녕 자국민들의 배를 채우기 위해 벨기에의 식량을 무자비하게 약탈해 갔다. 미국은 이 사실을 영국보다 빨리 알아챘다.

미국은 중립국이었기 때문에 벨기에의 식량을 모조리 징발해 가는 독일의 냉혹한 전술을 눈감아주는 한편 벨기에를 먹여 살릴 권리가 있었다. 미국은 비극적인 딜레마에 봉착했다. 미국의 밀이 벨기에를 통해서 독일로 흘러 들어가지 않았다면 독일은 1916년 늦가을(루마니아를 정복해서 그곳에 비축되어 있던 밀로 새로운 생존 수단을 삼기 전)에 전쟁을 포기할 수밖에 없었을 것이다. 1917년 미국의 참전은 어떤 면에서는 교전국 양쪽에 생명의 양식을 공급한 미국의 '인도주의적 실수'에 대한 대가라고 볼 수 있었다.

그러나 미국이 어느 한쪽 편을 들기 시작한 순간, 즉 밀의 제국이 연합군의 손을 잡는 순간, 제1차세계대전의 향방은 결정되었다. 긴박했던 1917년 봄, 미국은 독일에 선전포고를 했다. 이 무렵, 붕괴의 조짐을 보이기 시작하던 러시아 제국은 비틀거리면서 링 밖으로 걸어나가 독일과의 전쟁을 포기해 버렸다. 미국은 총검뿐만 아니라 밀가루 포대를 가지고 전쟁에 뛰어들었다. 윌슨 대통령이 허버트 후버의 손에 맡긴 계획이 바로 '밀을 통한 승리'였다. 후버는 150년간 어떤 미국인도 가져본 일

없는 막강한 권력을 손에 넣게 되었다. 후버가 맨 처음 보였던 공개적 반응은 자신을 식량 황제가 아니라 식량 담당 국장으로 불러달라는 요청이었다. 그는 미국 국민들을 잘 알고 있었다.

만일 프랭크 노리스가 살아서 당시에 벌어진 일들을 목격했다면 놀라서 할 말을 잃었을 것이다. 밀의 해외 거래가 모두 국영화되었다. 즉 밀의 해외 무역이 정부가 설립한 '곡물거래공사'의 통제를 받게 된 것이었다. 정부가 국내 밀 거래 가격의 상한선을 정했으며 곡물시장에서의 어떤 투기 행위도 금지되었다. 이것은 워싱턴이나 링컨이 꿈도 못 꾸었던 수준의 정부 개입이었다. 이것은 바로 거래의 자유에 대한 간섭이었다. 정상적인 상황이라면 적절한 투기는 밀 판매에서 자연스러운 부분을 담당할 것이다. 이러한 방법을 통해 제분업자와 곡물 거래자는 판매 및 구매에 따르는 위험을 감소시키고 이익을 증대시키는 것이다. 그러나 전쟁에 의해 촉발된 수요 증가 때문에 투기는 어떤 종류의 것이든 생산자나 소비자에게 커다란 위협이 될 수 있었다. 그러므로 식량담당국으로서는 그러한 투기를 예방하기 위한 모든 조처를 취할 필요가 있었다.

프랭크 서피스의 계산에 따르면 미국 참전 당시 연합국 측이 필요로 한 곡물의 이론적인 양은 6억 부셸에 달했다. 러시아나 루마니아로부터의 곡물 공급은 생각할 수 없었다. 독일 황제 빌헬름의 군대는 러시아의 작물을 모조리 없애버렸으며 루마니아 역시 독일의 손아귀에 들어가 있었다. 독일은 U보트*로 매달 미국의 거대한 상선을 침몰시킴으로써, 미국이 연합군을 지원할 입장이 아니라는 점을 상기시켰다.

상황은 긴급했고 날이 갈수록 더욱 위급해졌다. 이런 조건 속에서 세

---

* 제1차 · 제2차 세계대전 중에 활약한 독일의 잠수함.

계가 가장 필요로 하는 식량을 공급하는 일은 결코 아이들 장난이 아니었다. 여기에는 통찰력과 경험을 가진 사람들이 필요했다. 1917년 겨울부터 이듬해 봄까지, 밀 관리에 조그만 허점이라도 있었다면 그것은 곧바로 연합군 측의 패배로 귀결되었을 것이다.

1916년부터 불안과 기근에 시달린 유럽의 중립국과 연합국들은 미국의 밀 판매업자에게 얼마라도 좋으니 밀을 달라고 간청했다. 밀 수송 선박의 부족이 가격상승을 부추겼다. 식량담당국을 통해서 정부가 가격을 통제하지 않았다면 밀 가격은 하늘 높은 줄 모르고 치솟았을 것이다. 밀의 수출가격을 억제하지 않았다면 내수 가격도 덩달아 올랐을 것이며 결국 투기가 기승을 부리고 기근이 횡횡할 것이 분명했다. 정부의 밀 거래 규제가 없었다면 전쟁을 성공적으로 수행하기 어려웠을 것이다.

후버의 보좌관 줄리우스 반즈는 1917년 "모든 사적인 투기행위는 금지되었습니다……. 연합국은 모든 잉여 곡물을 적절한 수준의 가격에 공급받을 것입니다……. 미국의 제분소들이 정상적인 가격으로 밀을 지속적으로 공급받을 것을 보장합니다. 그리고 모든 구매 행위는 정부의 통제하에 공정하게 이루어질 것입니다"라고 말했다. 이 계획의 성공적인 수행, 즉 연합국 및 중립국(세르비아, 폴란드, 체코슬로바키아 등의 망명 정부를 포함한)에 대한 식량공급은 책으로 쓰이지 않은 '위대한 세계대전의 역사'의 일부이다. 언젠가 이 부분은 새로이 평가받고 전쟁사에서 보충되어야 할 것이다. 나폴레옹은 "군대를 움직이는 것은 병사들의 위장이다"라고 말했다. 병사들이 행군하는 곳은 유럽이었지만, 빵이 오는 곳은 미국이었다. 병사들에게 그들이 행군하는 데 필요한 식량을 공급하는 일은 정말 쉽지 않은 일이었다. 그럼에도 불구하고 결국 그 일을 해냈다. "승리는 밀 줄기 위에 열린다"고 역사에 기록될 날이 언젠가 올 것이다. 밀이 없었다면 이탈리아는 1917년 10월 카포레토 지방에서 치명타를 입어 협상국에서 탈퇴할 뻔했다. 후버의 밀은 이탈리아를 협상국에 머물 수 있게 했다. 전쟁이 종결된 후에 밀에 대한 국가적 독점이 폐지되었을 때, 후버는 감사의 선물을 받았다. 이탈리아 식량 장관인 아톨리코가 나폴리 박물관에 소장되어 있던 고대 로마의 동전을 보냈던 것이다. 동전에는 선박과 벼이삭에 둘러싸인 곡물의 여신 아노나의 모습이 새겨져 있었다. 아톨리코가 의미하는 바는 명백했다. 밀의 제국인 미국이 로마제국을 대신하게 되었으며, 미국의 선물은 라틴 문명의 모국을 구해냈다는 것이었다.

러시아의 빵—1917년

독일 황제 빌헬름 2세는 우크라이나의 빵이 자신을 구하리라고 기대했다. 그러나 러시아의 들판이 수확되지 못한 채 남아있고 독일의 오븐이 텅텅 비게 되자 제국은 붕괴되어 버렸다. 따라서 우크라이나의 빵에 대해 전제적인 지배권을 행사하던 그도 통치자의 자리에서 물러날 수밖에 없었다.

러시아의 마지막 황제 니콜라이 2세는 일생 동안 자신이 황제로 남기 위해서는 농민의 황제가 되어야 한다는 점을 어렴풋이 깨닫고 있었다. 부르주아와 프롤레타리아, 개혁주의자와 사회주의자 사이에 반체제적 감정이 증폭되는 상황에서 농민만이 유일하게 적이 아닌 것으로 보였다. 군대에서 그를 위해 싸우는 자들도 바로 농민이었다. 그들은 인내심 있고, 아둔하며, 러시아 정교회의 사제들이 가르친 복종이 몸에 배어 있었다. 그들은 수세기 동안 크리스트교 정신에 가장 어긋나는 대우를 받아온 사람들이었지만, 그럼에도 불구하고 그들은 자신들이야말로 유일한 크리스트교 신도들이라는 확신을 가슴 깊이 지니고 있었다. 농노제는 폐지되었다. 그러나 낙후된 농법, 비참한 삶, 기계의 부족은 여전했다. 그들은 도시에서 벌어지는 일들(학생들의 동요와 공장에서의 소요)을 미심쩍은 눈으로 바라보았다. 어떤 도시의 청년이 마을에 와서, 농민이 땅을 소유하고 있다고는 하나 해방된 것이 아니며, 아직도 납세자로서, 군인으로서 관료체제와 궁정을 유지하는 데 이용되는 무지크(제정 러시아 시대의 소작농)일 뿐이라고 설명하면, 농민들은 이 나로드니키*에게 화를 내거나 그를 붙잡아서 당국에 넘겨버렸다. 차르는 이들 농민의 맹목적인 충성심과 단순성에 의지하고자 했다.

이 로마노프왕조의 마지막 황제는 매우 나약한 사람이었다. 어렸을 때 그는 이 같은 아름다운 전래동요를 들은 적이 있었다.

여왕이 지나간 자리에
호밀이 빽빽히 자라고,
달님이 지나간 자리에
귀리가 활짝 웃네.
자라라, 자라라,

* 19세기 러시아에서 사회주의운동을 추진했던 세력

호밀아, 귀리야.

번성하고 번영하라,

아버지와 아들 모두.

그의 마음속에 자리 잡은 농민들에 대한 믿음은 마치 자연에 대한 믿음과도 같았다. 언제든지 그들을 믿고 의지하려고 했다. 그래서 그는 아버지도, 할아버지도 한 적이 없는 일을 했는데, 그것은 스스로 농부의 작업복을 입는 것이었다. 우리는 옷이 인간의 정신적인 태도에 영향을 준다는 사실을 알고 있다. 차르는 이러한 자신의 복장에 큰 의미를 부여했다. 그는 자기 자신이 사실 농부이지만, 불행히도 국가를 통치하느라 밭을 갈 시간이 없을 뿐이라고 생각했다.

그러나 실제로 차르는 일생 동안 한 번도 진짜 농부를 만나본 일이 없었다. 농업 전시회에서 그에게 말을 걸던 농민 대표가, 각별하게 선발된 자이거나 농민 복장을 한 신사였다는 사실을 그는 알지 못했다. 그가 아는 것이라고는 단지 농민들이 자신을 증오하지 않는다는 사실이었다. 그러나 농민들이 황제를 미워하지 않는다는 것이 그를 사랑한다는 것을 의미하는 것은 아니었다. 긴 수염에 나무껍질과도 같은 얼굴을 한, 황제의 감상적인 총애를 받고 있는 이 사람들은 사랑 같은 강렬한 감정을 느낄 능력을 잃어버린 지 오래였다.

상상할 수 없는 비참함이 러시아의 마을 곳곳에 드리워 있었다. 이 비참함은 단순히 부의 재분배로 해결될 수 있는 것이 아니었다. 농민들이 자투리땅이나마 소유하고 있다는 것은 사실이었다. 아니, 정확하게는 마을 전체가 땅의 한 구획을 공동으로 소유하고 있었다. 미르(mir)라고 불리는 마을 공동체는 공산주의식으로 마을의 공유지를 공동으로 관리했다. 그러나 미르는 돈도 없었고 밭을 갈 가축도 없었기 때문에 이러한 것들을 귀족인 영주로부터 빌려야만 했다. 농민들은 돈을 되갚을 길이 없었다. 따라서 농노제가 폐지된 뒤 몇 년 지나지 않아 농민들의 상태는 법적으로만 농노 신분을 벗어났을 뿐 경제적으로는 예전과 다름없는 상태로 되돌아갔다. 농부나 가축이 할 수 없는 일은 농부의 아내가 해야 할 몫이었다. 고리키나 네크라소프 같은 작가들의 글을 보면 러시아 여자들보다 더 힘든 삶을 산 여자들이 없다는 것을 알 수 있다.

9세기부터 14세기까지 서유럽에 만연했던 기근이 러시아에서는 1900년까지도 계속되었다. 미국의 위원회들(American commissions)은 인간이 어떻게 이런 악조건에서 살 수 있는지 의아해했다. 노비코프는 러시아 농촌에 대해 이렇게 묘사했다. "영국인이 일주일만 러시아 농부가 먹는 음식을 먹는다면 모두 죽어버릴 것이다." 절인 양배추에 우유를 몇 방울 떨어뜨린 멀건 수프와 수수죽, 메밀가루, 시큼한 검은 빵, 감자 몇 개가 그들의 식사였고 여름이나 가을에 피클이 곁들여지는 정도였다. 노비코프는 이 모든 음식이 신맛을 가졌다는 점에 주목했다. 그러나 이 시큼한 맛이 없었다면 러시아 사람들은 괴혈병에 걸려 죽었을 것이다.

이 굶주린 농민의 제국이 사실은 세상에서 가장 비옥한 땅을 소유하고 있었다. 기름진 흑토에서 밀과 호밀을 풍부하게 수확할 수 있었다. 그러나 그 곡식들은 모두 외국으로 팔려 나갔다. 그나마 항만과 철도 부족이 수출의 장애물 역할을 하지 않았다면 더 많은 곡식이 남김없이 수출되었을 것이다.

러시아 황제는 미국의 번영이 철도에 힘입은 것이라는 사실을 깨달고 서둘러 시베리아 철도를 완성하고자 마음을 먹었다. 그때까지만 해도 아무 가치가 없다고 여겨진 시베리아의 숲과 황무지, 툰드라 지대로 뻗어나간 무역의 대동맥이 제국의 심장에 황금을 가져다줄 것이었다. 유럽대륙에서 경작된 농작물을 동아시아로 가져다 팔 수만 있다면 엄청난 부를 거머쥘 수 있으리라. 그럴려면 철도는 태평양까지 도달해야 한다. 철도 공사는 1893년부터 시작되어 엄청난 속도로 진척되고 있었다. 굶주림을 견디다 못해 유럽 국경 근처에서 시베리아로 도망쳐 와서 사냥꾼이나 나무꾼이 된 러시아의 농부들은 정부로부터 사면장을 받게 되자 놀라움을 금할 수 없었다. 황량한 시베리아 벌판에서 철도 노동자들이 먹을 만한 농작물을 기를 생각이 있다면 정부에서 땅과 돈을 후하게 하사하겠다는 것이었다. 정부의 야심은 거기까지였다. 시베리아가 언젠가 농작물 생산이 주목적인 농지가 된다는 것은 불가능해 보였다. 러시아 정부는 그저 철도 공사를 원활하게 할 수 있을 정도의 경작물을 원했을 뿐이다. 일단 철도가 완성되면 러시아는 부자가 될 수 있었다. 미국의 예가 그것을 증명하고 있다. 늪지대에서 물을 퍼내는 전문가나 토질 개량에 관련된 지식, 농사 도구와 기계도 없이 어떻게 처녀지에서 농작물을 경작할 수 있을까? 그것이 바로 러시아 제정의 비밀이자 희비극이었던 것이다.

마침내 철도가 극동 지방에 도달했을 때, 열차를 기다리는 것은 러시아의 생산물을 사려는 소비자가 아니라 이에 자극을 받은 일본의 증오였다. 태평양으로의 확장은 황금의 보상 대신 피의 대가를 가져왔다. 그것은 바로 1904년의 러시아의 패배였다.

1905년, 패전에 대한 보복적 성격의 혁명이 일어났지만 농민들은 가담하지 않았다. 차르가 일으킨 전쟁 때문에 가장 큰 고통을 받은 자들이 바로 농민이었지만 혁명의 중심 세력은 노동자와 중산층이었다. 끊임 없이 위장 폭파장치와 감추어진 리볼버의 위협에 시달리던 차르가 의지할 수 있는 마지막 피난처는 오직 농민층과 교회뿐이었다. 이 두 계층을 보다 강화시킬 필요가 있었다. 교회는 정부로부터 상당한 기부금을 받았고, 최초로 농민들의 삶의 조건을 개선하고자 하는 개혁이 고려되었다. 수상이었던 스톨리핀은 차르에게 농민이 잘 살아야 혁명이 재발하는 것을 막을 수 있다고 설득했다. 서유럽 같이 근본적으로 보수적인 농민들에게 어느 정도 자본주의적인 이익을 안겨줌으로써 스스로 부자가 될 수 있는 방안을 마련해주어야 한다. 농민들이 근본적으로 보수주의적이지 않다면, 틀림없이 노동자와 지식인의 혁명에 열성적으로 참여했을 것이 분명하다. 설사 그들이 다소 혁명에 참여했다고 해도 더 이상의 배신을 막기 위해서는 농민들을 대지주의 손아귀에서 풀어주어야 한다. 국영 농민은행에서 농민들에게 대출을 해주어야 할 것이다. 그렇지 않으면 그들은 결코 독립할 수 없을 것이다. 뿐만 아니라 대지주의 영향력을 약화시키기 위해서는 국가가 토지를 사들여 농민들에게 나누어 줘야 한다. 마을 공동체인 미르가 아니라 농민 개인에게 말이다. 스톨리핀은 미르야말로 둘째가는 진보의 적이라고 생각했다. 마을 공동체의 공산주의는 "일을 하지 않는 농부나 부지런한 농부나 똑같이 먹도록" 만들고 있기 때문이다. 국가는 "자신과 지역을 잘 살게 만들 수 있는, 믿을 만한 근대적인 농부들"에게 땅을 나누어 줘야 할 것이다.

1906년, 귀족층의 거센 반발에도 불구하고 이 개혁안은 시행되었다. 그로부터 5년간 러시아의 농업생산성은 눈에 띄게 향상되었다. 신문은 스톨리핀을 '러시아의 솔론'이라고 떠들어댔다. 그런데 1911년 9월 14일, 스톨리핀은 키예프의 시립극장에서, 통치자의 눈앞에서 저격당했다. 스톨리핀에게 적대적이었던 사회주의 혁명가가(스톨리핀은 귀족정치를 지지했다) 사형을 선고했던 것이다.

농부의 옷을 입은 통치자는 종종 스톨리핀이 한 일이 신의 뜻에 어긋나는 것이라고 생각했다. 그의 눈에 농민들은 경건한 아이들이었다. 그들을 어른으로 만드는 것이 오히려 동요를 부추기는 일이 될지도 몰랐다. 농민들은 토지처럼 영원불변하다는 것이 니콜라이의 생각이었다. 농민들은 모든 악을 물리칠 수 있는 신비스러운 힘을 생산해 낸다. 특히 혁명이라는 악을 말이다. 신을 믿고 차르를 믿는 것 외에 무엇이 더 농민들에게 필요하겠는가?

그러자 운명의 신은 차르를 한 남자로 끌어내렸다. 그는 자신조차도 모호해하는 사실을 입증하려고 했다. 농민은 그들의 순진함을 사라지게 하는 개혁이 일어날 때 불행해진다는 것이었다. 농민은 '토지의 사제'이며, 그들에게는 노동 자체가 보상이라는 것이었다.

러시아 사회는 오래 전부터 사기꾼들이 설치기에 딱 알맞은 조건이 마련되어 있었다. 도스토예프스키의 위대한 소설 《카라마조프가의 형제들》의 주인공은 엘레우시스에 대한 실러의 시에 매혹당했다. 이 대범하고, 지적이며, 열정에 사로잡힌 청년은 농사의 경이로움을 찬양했다. 그는 흐느끼면서 실러의 시를 인용했다.

영혼의 더러움을 씻어내고
빛과 진리에 도달하고자 한다면

태고의 어머니인 대지로 돌아가

그 품에 영원히 안기라.

그러다가 그는 갑자기 낭송을 멈추었다. 그는 바로 군대의 장교이자 도시인이었기 때문이다. 그는 이성을 찾고 자신에게 질문을 던졌다. "그런데…… 어떻게 어머니 대지의 품에 영원히 안길 수 있다는 것인가? 내가 농부나 목동이 되어야 한다는 말인가?" 그는 농부도 목동도 될 수 없었다.

이러한 사회 속으로 어머니 대지의 손을 꼭 잡고 있는 척하는 (러시아의 지도층인) 위대한 사기꾼 칼리오스트로가 침투했다.

그리고리 라스푸틴은 두 가지 역할, 즉 농부와 승려의 역할을 완벽하게 수행해낸 인물이었다. 그러나 그는 농부도 승려도 아니었다. 단지 권력과 쾌락에 대한 무한한 욕망을 따라 움직이는 뛰어난 최면술사였을 뿐이다. 가난하고 천한 태생의 이 '러시아의 데메테르 사제'는 국가회의와 상트페테르부르크의 살롱에 향기로운 거름 냄새와 신비로운 중요성을 지닌 종교, '빵과 흙'을 가지고 왔다. 수염을 기른 창백한 얼굴에 동물 같은 활력을 지닌 라스푸틴은 고대의 신화에 나오는 들의 신들 중 하나처럼 보였다. 그가 추구한 것은 토지와 그가 만난 여인들의 다산이었다. 성적 욕망이 지나치게 강한 이 인물은 반대자들에게 농부의 옷과 장화가 어떤 위력을 가지는지 보여주었다. 오래지 않아 궁정의 자유주의자들은 조용해졌다. 궁정의 주인은 라스푸틴의 마술적인 힘을 숭배했으며, 라스푸틴의 국사에 대한 조정 능력을 신뢰했다. 그는 땅을 비옥하게 만들 수 있었고, 혈우병에 걸린 황태자의 출혈을 멈출 수 있었다. 2천 년 전 예수가 한 여인의 흐르는 피를 멈추게 하였듯이. 그러나 이것은 모두 연극일 뿐이었다. 1917년 어느 날 이 가짜 농부는 주변의 떠들썩한 소란에도 불구하고 침착하게 자신의 마지막 장면을 연기했다. 세계대전이 한창이던 무렵, 서유럽의 동맹국들에게 부끄러움을 느낀 몇 명의 궁정 인사들이 라스푸틴에게 총격을 가했던 것이다.

라스푸틴은 죽었다. 황제가 자기 없이는 오래 살지 못하리라는 그의 예언은 들어맞았다. 몇 달 되지 않아 또 한 명의 '가짜 농부'가 왕위에서 쫓겨났으며 그로부터 1년 뒤 살해되었다. 러시아 혁명의 물결은 그들에 대한 기억을 몰아냈다. 그것은 농민의 혁명이 아니라 노동자의 혁명이었다. 노동자들이 퇴각하는 적과 싸우고 난 뒤인 1917년 11월 7일, 모든 토지는 인민의 소유라는 법령이 발표되기 전까지 농민은 혁명과 관련이 없었다. 이 법령은 농민들에게 마을마다 소비에트를 구성하고 교회와 왕, 대지주와 귀족의 영지와 모든 생산수단을 몰수하라고 지시했다. 법령은 타자기로 정서할 시간조차 없을 만큼 급조된 것이었다. 소비에트 의회 연단에서 레닌은 연필로 휘갈겨 쓴 단 한 장의 법령을 낭독했다. 쥬가노프와 트로츠키는 "법령의 필사본이 너무나 엉망으로 쓰여 있어서 레닌은 더듬거리며 읽어나갔다. 그러다가 그는 도저히 해독이 되지 않아 낭독을 멈추었다. 군중 속에서 누군가가 레닌을 돕기 위해 앞으로 나왔으며 레닌은 기꺼이 그에게 연단의 한쪽 자리를 내주고 법령이 적힌 종이를 그에게 건네주었다"고 전했다.

이것은 불길한 징조였다. 불과 몇 주 내에 군대와 도시 인민들을 장악한 볼셰비키는 농민들의 경향을 살필 만한 시간이 없었다. 만약 그랬다면 농민들이 동요하는 협력자라는 사실을 알아챌 수 있었을 것이다. 농민들에게 법령의 의미가 분명치 않았다는 사실이 혁명을 구했다. 법령

의회에서 연설하는 레닌

에 의하면 몰수된 것들은 인민의 재산의 일부가 될 거라고 했다. 그렇다면 인민의 재산은 누구에게 속하는 것인가? 모든 사람들에게? 아니면 국가에게? 그리고 무엇보다도 누가 그것을 관리할 것인가?

이것은 피비린내 나는 내부전쟁의 씨앗이 되는 문제였다. 그러나 그때까지만 해도 이 문제는 뒤로 물러나 있었다. 11월 7일, 농민들은 아버지나 할아버지가 생각조차 해본 적이 없는 일을 명령받음으로써 혁명의 편에 가담하게 되었다. 그것이 무엇인지 대부분의 농민들은 아직도 이해하지 못했다. 농촌의 국가사회주의? 그러나 몇 달 전에 레닌은 결정적으로 이와 같은 기록을 남겼다. "농부들은 계속해서 사유지를 보유하기를 원하고 있다. 그렇게 하도록 하라. 이성적인 사회주의자들은 그 문제를 가지고 빈곤에 허덕이는 농민들과 싸워서는 안 된다." 그러나 같은 문서에 그는 다음과 같은 말을 추가했다. "토지가 몰수되고 정치력이 모든 프롤레타리아 계층에 완전히 미치게 되면 나머지 계층들에게도 같은 관행이 적용될 것이다." 법령이 발표된 후, 지주의 재산을 습격하고 방화와 약탈로 난장판을 벌이면서도 농민들은 그 관행이 무엇을 의미하는지 알 수 없었다. 그들은 지주의 성들을 불태우거나, 아니면 문짝과 창문까지도 다 떼어갈 정도로 샅샅이 약탈해 갔다. 이러한 행위에는 '적들이 다시는 되살아나지 않기를' 바라는 본능적인 욕구가 내포되어 있었다. 농민들은 순진하게도 적들이 (중세에 실제로 그랬듯이) 벽 뒤에 살아 남아 있을지도 모른다고 믿었다. 농민들은 은행금고 서류에 적힌 농업자본주의가 이제는 끝장났다는 사실을 몰랐다. 그러나 그들은, 도시인들이 농민들이 잘사는 것을 바라지 않는다는 것은 깨달을 수 있었다. 그들이 즐거운 약탈원정에서 돌아오자마자 군모를 쓴 무장 시민군의 대대가 마을로 몰려와 아름다운 태피스트리와 도자기, 와인을 빼앗아갔다. 이 모든 것은 농민의 것이 아니라 나라의 것이라고 말하면서.

*　　*　　*

1917년 11월 이전까지 농민들은 자신들이 그렇게 많은 숙적들을 처치하고 또한 그렇게 많은 새로운 적들을 맞을 줄은 꿈에도 생각지 못했다. 대체 신성한 러시아에서 무슨 일이 벌어진 것일까? 톨스토이의 불멸의 소설 《부활》은 당시 러시아 농민들의 모든 성격을 집대성한 개론서라 할 만하다. 이 소설에서 네플류도프 공작은 영국 사상에 도취되어 모든 재산을 소작인들에게 넘겨주기 위해 자신의 영지로 돌아간다. 그는 스스로 불명예스러운 상태에 마침표를 찍으려 했던 것이다. 그는 자신의 영지를 거의 공짜나 다름없는 값에 소작인들에게 빌려주기로 결심했다.

네플류도프는 집합한 소작농들에게 다가왔다. 그의 눈에는 모자를 쓰지 않아 맨머리로 드러난 금발, 곱슬머리, 대머리, 회색 머리들이 보였다. 공작은 처음에 너무 당황해서 한동안 아무 말도 하지 못했다. 계속해서 떨어지는 빗방울은 농부들의 수염과 허름한 외투에 방울방울 맺혔다. 농부들은 무표정한 얼굴로 영주를 바라보았다. 그가 무슨 말을 할지 기다리면서……. 그러나 네플류도프는 혼란스러워서 아무 말도 꺼내지 못했다. 마침내 당혹스러운 침묵을 깨뜨린 것은 러시아어를 정확하게 구사할 줄 안다는 이유만으로 러시아 농민들 위에 군림할 권리를 가지고 있다고 믿는 뚱뚱한 독일인 집사였다.

"주인님이 너희들에게 호의를 베푸실 작정이다. 주인님이 땅을 나누어 주실 것이다."

농민들은 어리둥절해서 서로 마주보았다.

"그래, 이 사람 말대로 나의 땅을 너희들에게 나누어주려고 이 자리에 불렀다." 마침내 네플류도프는 수줍은 목소리로 말했다.

농민들은 침묵을 지켰다. 그들은 이해하지도 믿지도 못하겠다는 표정으로 네플류도프를 바라보았다.

생각이 느리고 신중한 농민 몇 명이 공작에게 '나누어준다'는 게 무슨 말인지 물었다. 나누어주는 것 자체는 그들에게 좋은 일인 것 같았다.

그런데…… 공작은 임대 가격과 지불 기간이 곧 결정될 것이라고 말하고 있었다. 대략의 윤곽이 잡히자 농민들의 마음은 의혹으로 혼란스러웠다. 그게 뭐란 말인가? 우리를 돕고 싶다고? 도대체 왜? 선물이라면 절대 좋은 것일 리 없었다. "네플류도프는 기쁨의 함성 속에서 그의 제안이 받아들여지리라고 기대했다. 그러나 자리에 모인 농민들에게서는 조금도 기쁨의 흔적을 발견할 수 없었다"라고 톨스토이는 적고 있다. 농민들은 그 땅을 전체 공동체(미르)가 소유할 것인지, 몇몇 개인이 받을 것인지를 놓고 다투기 시작했다. 일부는 미르 편이었고 다른 일부는 게으른 농부들과 세를 안내는 자들을 대여 혜택에서 제외시켜야 한다고 주장했다. 톨스토이는 "농민들은 기뻐하지 않았고 네플류도프도 만족하지 못한 채 영지를 떠났다"고 묘사하고 있다. 그런 단순한 행위로 태고로부터 수천 년 된 죄악이 용서될 수는 없다. 그것이 독자들에게 남긴 톨스토이의 생각이었다. 그러한 조치만으로 농민들에게 완전한 보상을 할 수는 없었던 것이다. 그러나 그로부터 한 세대가 지나서 '복수의 축제'가 벌어졌을 때, 이번에는 농민들이 스스로 조치를 취했다. 못된 영주들의 피는 착한 영주의 피와 섞여 강을 이루며 흘렀다. 톨스토이가 '약자들의 아이러니'라고 묘사한 성격 때문에 주어진 선물을 거절했던 농민들의 무릎 위로 엄청난 러시아의 땅과 러시아의 빵의 유산이 떨어졌다. 11월의 법령은 땅의 소유를 국유화했다. 농민들은 부엌 땔감으로 쓰기 위해 숲의 나무를 베어 날랐다. 독일과의 전쟁이 아직 끝나지 않아서 러시아에는 석탄이 없었기 때문이다. 뿐만 아니라 그들은 땅을 경작하고 싶어 했다. 파종을 하고 수확을 해서 그것으로 생계를 꾸려나가길 원했다. 그러자 그들은 '사회주의'에 대한 도시인들의 개념이 자신들의 생각과는 다르다는 것을 알게 되었다. 도시노동자들은 농작물을 심지 않았지만 그것을 먹고 싶어 했다. "그렇다면 사서 먹으면 되지 않는가"라고 농민들은 온화하게 생각했다. 그러나 노동자들에게는 돈이 없었다. 당시 러시아의 공업이 정체기에 빠졌기 때문이다. "우리가 알게 뭐람?" 하고 농민들은 생각했다. "공업 따위는 필요 없다. 양가죽이나 짚신 같은건 우리가 얼마든지 만들어 쓸 수 있다." 농민들을 자신의 계획대로 살도록 놓아둔다면, 도시인들은 굶어죽게 될 것이었다. 마르크시즘 이론가들은 이러한 사실을 예측했다. 결국 농민들의 자치를 허용하는 경제학은 칼 마르크스의 친구가 될 수 없었다.

"토지의 균등분배는 사회주의의 보편적 요소가 아니다"라고 로자 룩셈부르크는 쓰고 있다. 빵을 필요로 하지만 지불 능력이 없는 도시노동자들에게 통치권을 줘 보라. 그러면 오랜 세월 동안 차르와 귀족들을 위해 일해온 농민들이 이번에는 아무런 보상도 없이 도시 노동자들을 먹여 살리기 위해 일해야 한다는 얘기가 된다. 평화적인 해결 방안은 도대체 어디에 있는가? 혁명이 위기에 처했다. 한 가지 사실은 분명하다. 차르와 귀족은 되돌아올 수 없을 것이다. 권력 기반인 토지소유권을 빼앗겼으니 말이다. 그러나 나머지 모든 것은 불안정한 흐름 속에 남아있었다.

레닌은 새로운 국가 러시아를 상징하는 휘장에 망치와 낫을 서로 엇갈려 놓는 모험을 감행했다. 그러나 그가 이 표상을 채택한 지 반년이 지나지 않은 1918년 8월 4일, 이 상징이 상호간의 협력을 의미하는 것이 아니라 서로 대결하는 상반된 의도를 의미한다는 것이 분명해졌다. 그토록 짧은 시간 내에 무계급 사회에 도달하는 것은 불가능한 일이었다.

노동자와 농민의 이해관계는 그 어느 때보다 첨예하게 대립했다. 노동자들은 낫에게 정치적 자유를 가져다준 것은 망치였다고 목청껏 외쳤다. 망치의 강타가 없었다면 농민들은 지금 소유한 토지를 결코 소유할 수 없었을 것이라고 주장했다. 그런데 그것에 대한 농민들의 보답이 도시의 굶주림이란 말인가? 8월이 지나 9월에 접어들었지만 수확된 농작물은 도시에 공급되지 않았다. 노동자들은 농촌으로 달려갔다. '빵 아니면 죽음'이 그들의 모토였다. 또다시 마을과 헛간이 불타올랐다. 농민들은 총을 집으로 가지고 가서 곡식을 지켰다. 1억8천만 명에 이르는 사람들이 수천 개의 게릴라 전투에서 총격전을 벌였다. 그 주에 서유럽에는 미군들이 진격해 들어왔다. '총 한 자루당 고품질의 캐나다산 밀 5자루'를 가지고. 동쪽에서는 붉은 군대와 초록색 군대가 기아의 전쟁을 펼치고 있었다. 피를 흘리고, 불을 지르고, 파업을 했다. 식량을 움켜쥐고서.

도시와 농촌간의 싸움은 아주 오래 전부터 존재해 왔었다. 그러나 이토록 격렬한 싸움은 처음이었다. 1798년, 스위스 농촌지역의 몇 개 주에서 농민들이 종자 곡식을 강물에 뿌리고 쟁기를 부순 사건이 발생했다. 프랑스의 혁명군들을 먹이기 위해 일하느니 차라리 농사를 집어치우겠다는 것이었다. 같은 현상이 지금 러시아에서 벌어지고 있었다. 농촌 곳곳에서 농민들은 농사지어 도시로 보내느니 차라리 마지막으로 남은 황소를 잡아먹으려고 했다. 그들은 인민위원을 비웃듯 자신들은 더 이상 농사를 지을 도구가 없다는 것을 보여주었다. 허무주의적인 자살의 유혹이 농민들 사이에 번져갔다. 내가 죽어 사악한 이웃도 함께 죽게 된다면, 내 기꺼이 죽어주리라.

그러나 러시아 농민들은 이 각각의 전투에서 질 수밖에 없는 운명이었다. 배가 고픈 도시 노동자들은 보다 우수한 무기와 보다 효율적인 조직을 갖추고 있었다. 그러나 그로부터 3년이 지나자, 레닌은 농촌이 황폐화되어서는 새로운 국가가 유지될 수 없다는 것을 깨달았다. 그는 농민들에게 놀랄 만한 정치적, 경제적 양보를 감행했다. 1921년 3월 21일, 국가는 식량에 대한 독점을 포기했다. 농부들은 단지 농작물에 대한 세금만을 국가에 납부하고, 세금을 낸 후에 남는 것은 자유롭게 팔 수 있게 되었다.

이러한 자극제에 힘입어 농산물의 생산량이 다시 증가하기 시작했다. 도시와 농촌에서 기아가 사라졌다. 그러나 레닌의 후계자가 권력을 잡자 새로운 분쟁과 새로운 패배가 나타나게 되었다. 스탈린은 러시아를 농업국가에서 공업국가로, 가능하면 세계에서 제일 가는 공업국가로 탈바꿈시키고 싶어 했다. 이러한 노력은 도시 노동자들에게 자부심 넘치는 자의식을 새로이 불어넣음과 동시에 농촌 민중의 자의식은 앗아가 버리고 말았다.

1928년 공산당의 명령에 의하여 토지의 사유가 금지되었다. 농민들은 집단농장에 참여해야만 했다. 이것이 무엇을 의미하는지 짚고 넘어갈 필요가 있다. 자신의 작은 땅을 소유하고자 하는 농민들의 소망, 태고 이래로 계속되어온 소망이 산산이 부서져 먼지가 된 것이다. 이제 어머니인 러시아가 이 작은 땅을 모두 소유하게 되었다. 그러나 한편으로 가난한 소작농 한 사람 한 사람이 이 광대한 러시아의 토지를 모두 소유하게 되었음을 의미하기도 했다(적어도 공산주의자들은 그렇게 주장했다). 1938년, 러시아에는 2십4만3천 개의 국유화된 집단농장이 있었다. 이것은 예전에 3천9백만의 농부들이 경작했던 것이었다.

"농장의 집단화가 인간 생활이나 개인의 자유에 어떤 영향을 미쳤든 역사적으로 중요한 점은 이 제도가 성공적으로 정착했다는 것이다. 집단화에 의해 농장을 대단위로 운영함으로써, 농기계의 사용이 가능해졌으며 그 결과 1913년과 1937년 사이에 수확량이 두 배로 증가했다. 그렇게 함으로써, 전체 인구의 77%에 달하던 농업인구를 크게 줄여 공업분야에 수백만 노동자들을 공급할 수 있게 되었다."라고 1943년 〈라이프〉지는 적고 있다. 이렇게 해서 역사상 최대 규모의 '농업인구의 공업도시로의 이동'이 이루어졌다.

"러시아의 농민들은 여기에 대해 어떻게 생각했을까요?" 1930년 나는 위대한 러시아의 교육가인 루나차르스키에게 이렇게 질문했다. 그는 생각에 잠겨 바닥을 바라보다가 이렇게 답변했다. "우리는 개인의 행복까지 고려할 수 없었습니다. 반드시 이루어야만 하는 일이었으니까요."

집단농장은 비싼 값을 치렀다. 그러나 농민들은 다른 측면에서 볼 때 행복해졌다. 망치와 낫의 이익이 진정으로 양립할 수 없는 것만은 아니었다. 그리스 신화에는 대장장이의 신 헤파이스토스가 데메테르에게 낫을 선물한 것으로 나와 있다. 낫을 만들 때, 헤파이스토스는 분명히 망치를 사용했을 것이다. 중세에 도시의 장인들은 거만하고 무심하게 농민의 쟁기에 손도 대지 않았다. 그러나 현대 '도시의 노동자 동지들'은 농촌의 노동자들을 도와주었다. 소련연방은 집단농장의 농민들에게 농기계를 지급했다. 1932년에는 2십만 대의 트랙터가 러시아의 토지를 파헤치기 시작했다. 운전석에는 마음을 누그러뜨린 농부가 즐겁게 소리내어 웃으며 트랙터를 몰고 있었다. 농부는 자고 깨어보니 기계 기술자가 되어 있었던 것이다. 그의 웃음 속에는 새로운 요소가 들어있었다.

이 웃음은 선물을 받은 톨스토이의 농민들이 보인 어정쩡하고 당혹스러운 웃음이 아니었다. 이것은 태평양 너머의 땅에서 찾아온 웃음이었다. 기계화된 쟁기와 처음으로 그것을 시운전할 사람은 미국에서 건너왔다. 러시아의 자랑스러운 도시 스탈린그라드에서 경작기가 발명되기 전의 일이었다.

세계 지도를 바꾼 식물학자들

러시아의 빈곤은 로터리 경작기나 철도와 같은 기계 관련 요소만으로 설명될 수 없다. 가장 큰 러시아의 문제는 바로 기후였다. 수천 년에 걸쳐서 러시아는 파종한 종자가 얼지 않을 만한 땅에 호밀을 심어왔다. 밀의 경우, 지중해성 기후가 부드러운 손을 내밀어 토지를 어루만지는 우크라이나와 크림반도의 흑토에서만 경작해 왔다. 1896년 상트페테르부르크에서 열린 회의에서 누군가가 시베리아에서의 경작 가능성에 대해 묻자 러시아의 교통장관인 힐코프 공작은 어깨를 으쓱하고는 이렇게 말했다. "시베리아는 지금까지 한 번도 시베리아 주민들이 충분히 먹을 만한 호밀과 밀을 생산해낸 적이 없었고 앞으로도 마찬가지일 것입니다."

러시아가 진짜로 경작 가능한 토지를 늘리고자 하고, 철도와 기계화된 농기구만으로 부족하다면 기후를 바꾸어야 했다. 그러나 그것은 분명 불가능한 일이었다. 캐나다 역시 똑같은 문제에 봉착했다. 캐나다는 너무 추워서 국토 중 4분의 1만이 경작 가능했다. 이런 땅에서 자라는 작물이 있다면 그것은 매우 운 좋은 우연으로 예외적 경우에 속했다. 밀 전문가인 윌리엄 크룩스 경은 1897년에 이런 기록을 남겼다.

겨울에는 상당히 깊게 땅이 얼어붙는다. 밀은 봄에, 일반적으로 4월에 파종하는데 이때 언 땅은 표면으로부터 3인치 가량 녹는다. 짧은 여름동안 뜨거운 햇볕을 받으면 밀의 싹은 놀랄 만한 속도로 자라난다. 아마 아래쪽의 흙이 녹으면서 지속적으로 수분이 공급되어 빠른 성장을 돕는 것으로 보인다. 흙을 완전히 녹이기에 여름은 너무 짧다. 가을에 땅에 꽂아 두었던 기둥이나 죽은 나무를 뽑아보면 뿌리 끝이 아직도 얼어있는 것을 볼 수 있다.

그러나 이 유용한 자연 급수도 해마다 이루어지는 것이 아니다. 캐나다가 밀의 나라가 될 가능성은 거의 없어 보였다. 크룩스는 향후 12년 동안 자치령의 밀 경작지가 6백만 에이커 이상으로 늘어나지 못할 것이라고 했다. 그런 상황에서 캐나다가 어떻게 에덴동산 같은 캘리포니아와 경쟁하는 꿈을 꿀 수 있단 말인가? 그럼에도 불구하고 캐나다는 그것을 시도했다. 1901년 밀을 경작하는 3개의 주, 앨버타, 서스캐처원, 매니토바의 경작지는 7백만 에이커를 넘지 못했다. 그러나 20년 후 경작지는 7천5백만 에이커로 늘어났다. 자치령은 기록적인 밀 수확량, 2억5천만 부셸을 기록했다. 1910년에는 이 산더미 같은 밀을 위니펙으로 수송하다가 그만 그 무게에 눌려 철도가 주저앉는 바람에 밀이 궤도 옆에서 썩어간 일도 있었다. 여러 이유로 결코 밀의 나라가 될 수 없는 땅에서 그런 풍부한 수확을 얻게 된 것은 단순히 캐나다의 사냥꾼이 엉클 샘(미국인)으로부터 '무적의 쟁기'를 사온 것만으로는 설명될 수 없었다. 분명 뭔가 다른 요인이 작용했다. 그 요인이 기후였을까?

아니다. 인간은 기후를 바꿀 수 없다. 기후는 운명이다. 당신은 북회귀선과 남회귀선 사이에서 태어났는가? 적도 근처에서 태어났는가? 아니면 북극권 내에서? 지구에는 다섯 가지의 주요 기후가 존재하며 당신이 태어난 곳의 기후가 당신의 생각, 행동, 식습관, 관습, 국가의 인구분포, 정치, 경제, 수도의 위치 등을 결정한다. 모든 것은 기후의 영향하에 있다. 당신 국가의 수도가 기후 측면에서 최적성에 어긋난 곳에 자리 잡고 있다면, 너무 남쪽이나 너무 북쪽에 치우쳐 있다면, 그 도시를 수도의 위치에서 끌어내려야 한다. 마드리드는 '일하기 좋은 기후'가 아니라는 이유로 오래 전에 바르셀로나에 통치권을 이양했으며, 밀라노는 로마보다 더 중요한 도시가 되었다. 실제로 모든 것을 정복하는 것은 바로 기후이다. 기후의 결정 사항에는 간청이나 호소가 통하지 않는다.

6천 년 동안 오직 아열대기후 지역이나 온대기후 지역에 밀을 가두어 둔 것은 바로 기후였다. 그보다 북쪽에서는 밀이 얼어 죽었고, 그보다 남쪽에서는 밀이 타죽었다. 이것이 법칙이었다. 그런데 이 법칙이 영원불멸한 것이라면 어떻게 해서 1900년 이후 캐나다에서 밀이 자라기 시작했으며 그로부터 몇 십 년 후 시베리아에서조차 밀이 자라게 되었을까? 어떻게 밀이 얼지 않았을까?

그 문제를 해결하기 위해 새로운 부류의 사람들이 무대에 등장했다. 100년 전에는 존재하지 않았던 부류의 사람들이었다. 그들은 사람들이 필요로 할 때만 모습을 드러내는 그런 부류의 사람들이다. 그들은 이전에 '식물학자'라고 불렸던 사람들과 어딘가 비슷한 데가 있었다. 그들 대부분은 조용하고 안경을 쓴 남자들로 사랑하는 식물들을 분류하는 비실용적인 일에 일생을 바치곤 했다. 그런데 어느 날 아침 갑자기 이러한 부류의 사람들이 엄청난 실용적 중요성을 획득하게 되었다. 기술자들을 부자로 만들고 소농들을 가난하게 만들었던 밀의 제국, 철도왕과 농기계 남작, 주식시장의 영주들을 탄생시킨 이 제국은 이번에는 곡물 실험가 즉, 식물학과 수학, 유전법칙을 결합하여 놀랄 만한 결과를 내놓은 밀의 종자개량연구가라는 부류의 사람들을 만들어냈다.

＊　　＊　　＊

18세기 베를린의 프로이센 과학아카데미는 "식물도 이종교배(異種交配)가 가능한가?"라는 질문을 던졌다. 이것은 완전히 어리석은 질문이었다. 모든 정원사들은 잡종이 존재한다는 사실을 알고 있었다. 이종교배로 탄생한 과일들과 다양한 빛깔의 관목들의 로코코적 아름다움을 즐겼던 것이 바로 18세기였다. 그러나 그러한 잡종들을 가리키며 킥킥거리고 웃었던 수많은 사람들 중 아무도 이종교배가 아무렇게나 이루어지는 것이 아니라 매우 엄격한 법칙에 따라 이루어진다는 사실을 깨닫지 못했다.

이 법칙을 발견한 사람은 모라비아의 수도인 브륀의 성직자 그레고르 멘델이었다. 그는 오래 전에 정착한 독일계 농부의 후손이었다. 지난 세기 중반에 독일, 오스트리아, 체코에서 미국으로 건너간 수많은 이민자들은 가뭄, 메뚜기 떼, 눈보라, 회오리바람, 고독, 텀블위드*와 묵묵히 싸

＊ 가을에 바람에 의해 지상부가 둥글게 뭉쳐서 날아가는 미국 북서부 사막 지대의 잡초.

유전학의 창시자 멘델

워나갔다. 이 개척민들은 자신이 두고 떠난 땅에서 한 가난한 농부의 신
앙심 깊은 아들이 식물 유전에 대한 실험에 매달렸다는 것 그리고 여기
서 얻어진 발견에 의해 자신의 손자들 중 일부가 큰 부자가 될 것이라는
것을 생각지도 못했을 것이다.

멘델의 법칙을 만들어낸 사람이 성직자였다는 사실은 우연이었을까?
예로부터 농사짓는 수고를 면제받았던 성직자들은 작물의 성장을 관찰
하기에 적합한 위치에 있었다. 그들은 뜰의 작물을 가꾸는 여자들을 돕
고 조언해주었다. 잘 잊어버리는 여자들에게 계절의 순환과 파종하기
에 적당한 날과 그렇지 않은 날, 해와 비의 역할을 알려 주었고, 많은 수

확을 가져다주는 좋은 종자를 나누어주고 나쁜 종자는 없애게 했다. 그렇다면 좋은 종자들은 어디서 난 것일까? 좋은 종자를 얻는 법은 그들이 노심초사하며 지켜온 비밀이었다. 왜냐하면 그들은 종자를 개량할 뿐만 아니라 종자를 팔기도 했기 때문이다.

1860년, 식물의 씨앗을 개량하려고 노력했던 이 성직자는 씨앗 판매상이 아니었다. 그는 전적으로 신을 섬기고 과학을 통해 봉사하고자 하는 사람일 뿐이었다. 어느 맑고 차가운 2월 밤, 이 성직자는 브륀의 학교 건물에서 열린 작은 모임에 참석했다. 이 자연과학협회에서는 2주에 한 번씩 모임을 가졌으며 그레고르 멘델은 이 모임의 회원이었다. 그는 그날 밤 모임에서 아마추어 식물학자로서 자신이 수년에 걸쳐 수도원 뜰에서 실험 재배한 식물의 교배에 대해 발표했다. 그의 발표는 전적으로 완두콩과 완두콩간의 이종교배에서 얻은 결과만 다루고 있었다. 이것은 다른 회원들에게는 그리 흥미로운 내용이 아니었다. 그곳에 모여있던 고등학교 교수들과 약제사들은 자신이 유전학이라는 새로운 과학의 탄생에 입회하고 있다는 사실을 전혀 깨닫지 못하고 있었다.

강의는 몹시 지루했다. 식물학적 용어들은 매우 낯선 데다가 그의 강의는 대부분 숫자로 이루어져 있었기 때문이다. 멘델은 완두콩을 가지고 수백 번, 수천 번 실험을 했다. 그는 청중을 엄청난 숫자의 바다에 빠뜨리고 있었다. 수술과 암술의 꽃잎과 꽃받침을 모두 세고 그것들을 곱하고 나누었다. 그렇지만 결과는 역시 그저 완두콩, 수많은 완두콩에 지나지 않는 것 같았다. 수학 교수들은 대체 통계와 확률 계산이 식물학과 무슨 관계가 있는지 이해할 수 없었다. 식물학자들은 그것에 대해 더더욱 의아해했다. 2주 전에 어느 강연자가 다윈에 대해 이야기했다. 그의

'종의 변화'에 관한 강연은 많은 갈채를 받았었다. 다윈이 제시한 새로운 사고의 영역은 얼마나 대담하고 놀라운 것인가? 여기에는 기상천외하고 생동감 넘치는 자연의 장난, 오비디우스의 세계처럼 죽음을 피하기 위해 끊임없이 변하는 생존을 위한 적응이 나타나 있었다. 청중은 멘델이 (그 위대성이 결코 다윈에게 떨어지지 않는) 종의 불변성, 모든 생명체의 결코 파괴할 수 없는 유전적 특성에 대해 이야기하고 있다는 점을 깨닫지 못했다. 모든 살아있는 생명체들은 물려받은 형질을 가지고 있다.

멘델의 실험은 서로 거리가 먼 계통의 식물들, 수천 가지 성질에 있어서 서로 차이가 나는 식물들을 교배하는 것은 아무 소용이 없을 것이라는 매우 상식적인 생각으로부터 출발했다. 그래서 멘델은 단 하나의 특징에서만 차이를 보이는 매우 가까운 계통의 두 가지 식물(빨간 꽃 완두콩과 흰 꽃 완두콩)을 어버이로 하여 실험을 시작했다. 교배 후 첫 번째 세대에서는 모두 분홍색 꽃이 나왔다. 그것을 자가수분해서 얻은 두 번째 세대에서는 4분의 1은 빨강, 4분의 1은 흰색, 2분의 1은 분홍색이 나왔다. 간단한 곱셈으로 모든 가능한 조합의 비율을 따져볼 수 있다. 멘델은 몇몇 대립형질 중에 어느 한 형질이 다른 것에 비해 우세하게 유전되는 경향이 있음을 발견했다. 그는 이 형질을 '우성'이라고 불렀고 그것과 쌍을 이루는 억제되는 형질을 '열성'이라고 불렀다. 그런데 (이것은 완전히 새로운 사실이었다) 첫 번째 어버이 세대로부터 계속해서 그 자손들을 교배시키자 억제되었던 형질이 아래 세대에서 다시 나타나는데 이때 나타나는 비율이 매우 엄격한 수학적 법칙을 따른다는 사실을 발견하게 되었다.

멘델의 후계자인 프란시스 골턴 경은 1897년에 '유전의 법칙'을 입증했다. 부모가 자식에게 2분의 1의 형질을 물려주며 조부모는 4분의 1, 증조부모는 8분의 1의 형질을 물려준다. 따라서 어느 개인이 모든 조상들로부터 물려받은 형질은 2분의 1 더하기 4분의 1 더하기 8분의 1 더하기 (2분의 1)n과 같은 연속적인 합으로 나타낼 수 있다. 이것은 매우 수학적인 규칙이라고 생각되지만 한편으로는 엄청난 잠재적 실용가치를 지니고 있다. 유전되는 형질 중 어떤 것도 우연적인 것이 아니라면 우리는 교배를 통해 원하는, 혹은 필요로 하는 성질을 얻어낼 수 있다는 의미가 된다.

이와 같은 멘델의 법칙의 실용적인 측면을 이해한 사람은 아무도 없었다. 그의 논문은 먼지를 뒤집어쓴 채 도서관에 틀어박혀 있었다. 농장주들에게 거대한 부를 안겨주고 인류에게 풍족한 빵을 가져다줄 방법을 그 안에 담고 있었지만 말이다. 멘델을 교수로 초빙하는 대학도 없었고 그를 통신회원으로 삼는 학회도 없었다. 그의 유일한 사회적 성취는 동료 성직자들이 그를 수도원장으로 추대한 것뿐이었다. 이 조용한 성품의 남자는 그것을 커다란 영광으로 여겼다. 그는 자신의 행위로써 멘델의 법칙을 몸소 입증해 보였다. 모든 유전적 성질은 어떠한 경우에도, 몇 세기가 지나도 결코 사라지지 않고 남는다는 사실을 말이다. 평소의 멘델은 겸손하고 다루기 쉬운 성격을 지닌 사람이었다. 그런데 그는 교황을 만나기 위해 로마에 갔다온 뒤, 속세 정부와의 분쟁에 휘말리게 되었다. 오스트리아 정부가 수도원에 부과한 세금을 내지 않겠다고 버텼던 것이다. 오랜 조상들로부터 유전되어온 성격이 모습을 드러냈다. 농부였던 조상들로부터 물려받은 완강한 고집과 속세의 권위에 고개 숙이지 않겠다는 성직자로서의 의지가 맞물려 빚어낸 일이었다. 이 무렵의 그의 모습을 그린 초상화가 남아있다. 주교의 홀장(笏杖)과 교황의 티아라*를 옆에 둔 겸손하고 수수한 수도원장의 모습이었다. 그는 자신이 살았던 시대를 잘못 판단했다. 이것은 그의 실패한 행동에서도 증명된다(결국 수도원은 세금을 낼 수밖에 없었다). 그러나 그는 물려받은 전통, 즉 유전에 그 누구보다 충실했다.

* * *

멘델의 값진 지식은 1900년에 이르기까지 거의 인정받지 못했다. 그러나 닐슨 엘이 밀의 이종교배에서 멘델의 법칙을 확인하자 전세계는 갑자기 이 겸손한 신부를 기리는 기념비를 세우고 찬사를 늘어놓기 시작했다. 문외한이라 하더라도 그의 발견의 경제적 가치를 알아챌 수 있었다. 기후조건 때문에 닐슨 엘의 고향 스웨덴에서는 밀이 잘 자라지 못했다. 사람들은 이삭이 많이 맺히는 품종을 재배해 보려고 애를 썼다. 그러나 이 품종은 겨울이 되면 흙 속에서 얼어죽고 말았다. 그러자 사람들은 겨울에 잘 견디는 품종을 심어 보았다. 이 품종은 겨울에도 살아남았다. 그러나 이삭에 열리는 낟알의 수가 너무 적었다. 멘델의 실험으로 돌아가서 닐슨 엘이 두 품종을 교배시켜 보았다. 풍부한 이삭과 겨울의 추위에 잘 견디는 줄기를 결합하는 것이었다. 그 후 스웨덴은 밀을 수입할 필요가 없었다. 마치 털 달린 짐승처럼 밀 씨앗은 겨울의 추위를 견뎌냈다. 열악한 기후와의 싸움에서 식물학자들이 승리를 거둔 것이다.

멘델이 나타나기 전에 사람들은 '좋은 토양만 고려했을 뿐, 좋은 종자

---

* 보석을 박은 머리 장식.

에 대해서는 미처 생각하지 못했다. 물론 발아할 수 있는 건강한 씨앗이어야 한다. 그러나 나머지는 속수무책이었다. 어떻게 씨앗 안을 들여다볼 수 있겠는가? 어떻게 서로 똑같이 생긴 두 낱알을 보고서 하나는 풍성한 낱알을 맺고 다른 한 알은 결실을 맺지 못할 거라는 사실을 미리 알 수 있겠는가? 어떻게 다 똑같이 생긴 씨앗에서 튼튼한 줄기가 나올지, 쓰러져 죽는 약한 줄기가 나올지 예측할 수 있단 말인가? 그런 것들이 우연이 아니란 말인가?

우연은 때로 친절을 베풀기도 한다. 농부들은 우연히 괄목할 만한 현상들을 지켜보고는 그것을 아들에게, 손자에게 가르쳐 주기도 한다. 이와 같은 행운은 스코틀랜드의 농부인 파이프에게도 일어났다. 1842년에 그는 러시아산 붉은 밀을 조금 받아서 봄에 그것을 자신의 밭에다 심었다. 파이프는 이 종자가 가을밀인지 몰랐다. 봄에 심은 이 밀은 여물기도 전에 죽어버렸다. 단 한 줄기만이 살아남았는데 이것이 바로 경질(硬質)밀*의 선조가 되었다. 우연의 손이 유효하게 작용한 경우이다. 농경사회는 6천 년에 걸쳐서 신들에게 이러한 우연을 달라고 기도해 왔다. 그리고 경건한 마음으로 이러한 우연을 이시스와 데메테르, 예수의 은혜로 돌렸다. 그러나 씨앗이 수천 배의 결실을 낳을지, 수확하기도 전에 말라죽을지는 여전히 우연으로 남아 있었다.

캘리포니아의 식물 마법사 루터 버뱅크는 이렇게 쓰고 있다. "밀 이삭 두 개를 손에 들고 보라. 두 개가 똑같다고 말할 수 있는가? 좀 더 자세히 들여다보라. 이쪽 것은 낱알이 좀 더 많이 열려있고 저쪽 것은 그보다 적다. 이쪽의 알갱이는 모양이 찌그러졌고 속이 비어있는 것처럼 보

---

* 단백질이 11~15% 함유되어 있고 글루텐 함량이 풍부해서 식빵 등을 만드는 강력분의 재료.

인다. 밀 줄기 중에도 키가 큰 것이 있고, 작은 것이 있고, 아주 땅에 달라붙은 것도 있다." 왜 그럴까? 아니 수천 년 동안 밀밭에 있는 밀들이 왜 어떤 것은 낟알이 많이 열리고 어떤 것은 아무 것도 열리지 못했던 것일까? 그것은 식물학과 수학을 결합하여 곡식의 우수한 성질을 대를 거듭하여 발전시킬 수 있다는 사실이 멘델 이전에는 알려져 있지 않았기 때문이다. 헤로도토스가 페르시아 농부들의 밭에서는 곡물이 '6백 배' 생산된다고 했는데 그 페르시아의 농부들은 유전학에 대해 뭔가 알고 있었는지도 모른다. 그러나 설사 그렇더라도 그리스가 동방을 침략해서 정복했을 때, 그 지식은 모두 사라져버렸다. 그리스로마시대에는 식물을 교배하여 우수한 종을 만들어내고자 하는 실험이 행해진 적이 없었다.

이러한 시도는 멘델이 길을 제시한 후에야 이루어지기 시작했다. 이러한 시도는 곧 밀의 제국의 승리를 더욱 확고하게 했다. 무성하게 우거지고 낟알을 많이 맺는 것은 남쪽 지방 밀의 특성이었다. 단단하고 추위에 잘 견디는 대신 낟알이 적게 열리는 것은 북쪽 지방 밀의 특성이었다. 20세기가 시작될 때까지 캐나다나 시베리아에서는 밀이 거의 재배되지 못했다. 그것은 토양 때문이 아니었다. 토양은 매우 좋았지만 작물이 죽어버렸다. 밀 씨앗은 1만 년이 지나도 추위가 극심한 겨울과 뜨거운 여름에 적응하지 못했다. 그런데 지금 캐나다인 찰스 손더스는 교배를 통해 마르퀴즈 밀을 만들어냈다. 이 밀은 북쪽 지방의 밀처럼 겨울 추위에 강하고 남쪽 지방의 밀처럼 낟알이 많이 맺히며 석 달 만에 수확이 가능했다. 이제 서스캐처원, 앨버타, 매니토바 지역은 밀이 물결치는 경작지가 되었다. 노란색 불꽃을 단 화살과도 같이 밀은 대서양에서 태평양쪽으로 날아갔다. 얼마 전까지만 해도 나무꾼 그리고 동물을 잡아

모피를 파는 사냥꾼과 어부의 자치령이었던 캐나다는 몇 년 사이에 얼굴이 싹 바뀌어 버렸다. 이것은 모두 브륀의 작고 고집 센 성직자, 그레고르 멘델이 우수한 형질을 유전시킬 수 있다고 주장했기에 가능했던 일이었다.

연이어 다른 사람들이 병, 녹병, 미생물, 해충 등에 강한 밀을 발견해 냈다. 1770년 무렵에 뉴잉글랜드 지방의 농부들은 밀밭 가까이에서 자라는 매자나무 때문에 농사를 포기할 지경에 이르렀다. 농부들은 어렴풋이 질병의 원인을 알아차렸다.* 그러나 농부들은 관목을 모두 없애는 것이 불가능하다는 것을 깨달았다. 결국 밀의 녹병은 과학의 힘으로 해결할 수 있었다. 이와 같이 현미경과 들판을 오가며, 실험실과 정원을 오가며 '기아와의 전쟁'에서 싸운 용사는 찰스 손더스, 윌리엄 손더스, 앵거스 매케이, 마크 칼레튼, 조지 셜, 윌리엄 빌 등이었다. 특히 빠져서는 안 될 인물이 바로 미국의 부통령이었던 헨리 윌리스이다. 그는 다른 사람들이 밀을 가지고 했던 연구를 옥수수에 적용하여 연구한 끝에 "적은 공간의 밭에서 보다 많은 수확을 얻을 수 있는" 옥수수를 만들어냈다. 밭의 면적보다 하나의 이삭에 얼마나 많은 낱알이 맺히느냐가 더 중요한 문제가 된 것이다.

*　　　*　　　*

"희망과 지혜로 전 인류를 위해 기아와 싸우고, 그러한 노고를 인정받

---

* 밀줄기녹병균은 밀을 숙주로 하면서 다른 곡류나 풀을 또 하나의 숙주로 하여 기생한다. 이처럼 두 종류의 숙주를 필요로 하는 병균이 병의 원인인 경우에는 반경 수백 미터 내에 있는 하나의 숙주를 완전히 제거하는 것이 피해를 막는 방법이다.

지 못한 채 이름 없이 죽는 것이 인간의 운명이다"라는 폴 드 크뤼프*의 말은 고대 곡물 공급자에게나 해당되는 말로 오늘날에는 적용되지 않는다. 모든 연구소가 새로운 사실을 발견하면 곧바로 신문사에 알리기 때문에 어떤 업적을 이룬 사람들이 이름도 없이 죽어 가는 경우는 거의 없다. 예를 들어 트로핌 리센코는 '북방 밀'을 만들어낸 사람인데 사람들은 그의 업적을, 아주 오래 전에 차르를 위해 이교도와 싸워 시베리아를 얻은 정복자들의 업적에 비교하고 있다. 그는 광활한 얼음의 스텝지역을 밀 경작지로 만들었다.

오랫동안 러시아에서 밀 권위자로 알려진 사람은 레닌그라드의 전연방 작물재배협회 회장이었던 바빌로프였다. 나중에 다시 언급하겠지만 이 식물분포 지리학자는 마침내 밀의 탄생지를 찾아냈다. 어떤 식물의 종이 가장 다양하게 존재하는 곳이 바로 그 식물의 유래지일 거라는 믿음에 근거하여 그는 많은 연구자들을 이끌고 아프리카, 아시아 등지에서 광범위한 탐사활동을 펼쳤다. 바빌로프는 다음과 같이 가정했다. 석기시대에 인간이 원시적인 형태로 농사를 짓기 시작할 무렵, 농사를 지으며 살던 땅의 지력(地力)이 다하여 다른 곳으로 이동할 때, 곡물의 종자를 가지고 떠났을 것이다. 본래 살던 곳으로부터 멀리 떨어질수록, 그것들이 지니고 있는 종자의 종류는 줄게 될 것이다. 새로운 환경에 맞지 않는 종자는 버려지기 때문이다. 바빌로프는 두 대륙에서 참을성 있게 수를 세고, 분류하고, 관찰하는 작업을 계속한 끝에 가장 많은 밀의 종이 존재하는 지역을 찾아냈다. 그곳은 아비시니아의 고원지대였다.

---

* Paul de Kruif: 1890~1971, 미국의 세균학자, 저서에 《세균 사냥꾼들》, 《기아의 전사들》 등이 있다.

따라서 바빌로프는 그곳이 바로 태고 적에 야생의 상태로 밀이 우연히 혹은 인위적인 노력에 의해 나타난 곳이라고 결론을 내리게 되었다.

이러한 발견은 그에게 세계적인 명성을 가져다주었다. 노벨상은 따 놓은 당상처럼 보였다. 그러자 그의 조국에서 반대세력의 공격이 그의 머리 위에 떨어졌다. 반대파들은 그의 지리학적 업적을 비판하지는 않았다. 그 업적의 가치는 의심할 여지가 없었으니까. 대신 바빌로프가 인내심이 강한 정통파 멘델주의자라는 점이 공격의 대상이 되었다. 그는 실험실에서 밀의 교배에 관련하여 2만5천 종의 실험을 했다. 그는 언젠가 중앙아시아의 뜨거운 스텝 지역에서도 자랄 수 있고, 시베리아의 추운 툰드라 지역에서도 자랄 수 있는 밀을 공급하겠다고 정부에 약속했다. 사실 이러한 밀의 품종은 이미 만들어져 있었다. 단지 보급할 만큼 충분하지 못했을 뿐이다. 몇 년만 더 시간이 있었다면 종자로 사용할 밀을 엄청나게 생산할 수 있었을 것이다. 이것은 매우 합리적인 이야기였다. 순수한 혈통의 말 한 쌍이 있다고 하더라도 몇 개월 만에 자식과 손자와 증손자까지 얻어낼 수는 없으니까.

그러나 인내심을 가지고 기다려달라는 주문은 소비에트 러시아 농업 과학 아카데미 회장 리센코에게 비웃을 만한 것으로 여겨졌다. "식물학자들에게는 시간이 남아돌지 모르지. 그러나 우리에게는 시간이 없다. 우리는 여기, 러시아에서 혁명과업을 완수했다. 거만하게도 인종적 특성과 불변하는 성질을 내세우는 멘델의 과학 따위는 우리에게 필요치 않다. 우리는 마르크스주의자이다. 그렇지 않은가? 마르크스주의자라면 살아있는 생명체를 변화시키는 데 몇 세대가 걸린다는 말을 믿을 수 없다. 다윈과 마르크스에 의하면 생명체를 변화시키는 것은 다름 아닌 환경이다. 새로운 조건에서는 새로운 품종이 만들어질 수 있다. 우리는 그러한 사실을 이미 인간의 경우에서 관찰한 바 있다. 과연 식물이 인간보다 더 반동적인지 살펴보자!"

바빌로프는 자신의 연구소 직원이었던 리센코의 제자로부터 이러한 조롱을 받자 이렇게 응수했다. "만일 환경만으로 생물학적 변화가 일어날 수 있다면, 아마도 리센코는 아무 씨앗이나 집어들고 시베리아의 툰드라지대로 가지고 가서 심은 뒤, 씨앗이 얼지 않도록 평원 전체를 데워야 할 것이다."

그러나 바빌로프는 리센코를 잘못 판단했다. 그는 훨씬 고단수의 '정치꾼'이었다. 리센코의 부모는 농부였다. 농부의 아들이었던 만큼 어린 시절부터 식물이 꽃을 피우는 데 두 가지 환경적 요소가 작용한다는 사실을 알았다. 낮의 길이와 온도가 바로 그것이다. 그는 이러한 요소에 변화를 주는 것이 어쩌면 효과가 있을지도 모른다는 생각에 도달하게 되었다. 미국인 가너와 앨러드라가 이미 '단일식물'과 '장일식물'이 존재한다는 사실을 발견한 적이 있었다. 열대기후의 식물들은 단일식물로 매일 12시간 동안 빛을 쬐는 식물이다. 반면 극지방의 식물들은 장일식물로 낮이 몇 달간 계속되는 지역에서 자라는 식물이다. 만일 극지방의 식물이 너무 짧은 기간 동안 빛을 받을 경우 꽃이 피지 않는다. 그 반대도 마찬가지다. 열대식물이 12시간 이상 빛을 받을 경우 역시 꽃이 피지 않는다.

만일 이것이 사실이라면 (그것은 사실이었다) 태양광선을 대신하는 램프, 온상(溫床), 냉상(冷床)을 이용하여 그러한 성질의 이점을 이용할 수도 있을 것이다. 리센코는 낮은 온도에서 발아하는 식물이 빨리 자란다는 사실을 발견했다. 역으로 높은 온도에서는 발아가 늦게 일어난다. 이것은 모든 농부들이 알고 있는 사실을 통해 확인할 수 있다. 가을밀은 늦게 심더라도 너무 춥기 전에만 싹이 트면 봄에 정상적으로 자라난다. 그러나 가뭄 때문에 봄이 될 때까지 싹이 트지 못하면 너무 천천히 자라서 낟알을 맺지 못한다. 리센코는 특별히 빛과 온도를 이용한 씨앗을 종자로 사용하기로 했다. 비활성 상태의 씨앗을 미래의 시련에 미리 대비시키자는 것이었다.

리센코의 위대한 실험은 성공했다. 실험실에서 미래의 기후조건에 미리 단련된 씨앗들은 극심한 추위의 북쪽지방에서 제대로 뿌리를 내려서 수백만 명의 사람들에게 빵을 제공하게 되었다. 이전에는 러시아의 주된 곡창지대가 서쪽지방, 즉 독일 및 폴란드 접경에 자리잡고 있었다. 이제 영토의 서쪽이 적군의 침략을 받더라도 굶주리지 않을 거라는 사실은 러시아인들에게 매우 중요한 것이었다. 얼어붙은 북쪽지방의 땅들이 빵을 생산하기 시작했다.

*　　*　　*

방법은 문제가 되지 않았다. 멘델의 예를 쫓아 최상의 성질을 가진 밀을 교배하든, 리센코의 방법에 따라 어느 환경에서도 견딜 수 있는 강한 종자를 만들든, 결론은 같았다. 인간은 오랜 세월 동안 인류의 적이었던 기후를 정복했다. 식물학자의 영광은 기술자나 농화학자의 영광보다 밝게 빛났다.

한 세기가 넘는 기간 동안 식물학자, 기술자, 화학자들은 밀의 세계지도를 바꿔 놓았다. 캐나다나 시베리아의 경작은 이 놀랄 만한 혁명의 한 장을 차지할 뿐이었다.

인도는 대부분의 인구가 쌀을 주식으로 삼지만 인도의 보다 뜨거운 열대기후 지역에서는 해마다 수출용 밀을 재배하게 되었다. 이전에는 상상도 할 수 없었던 일이 일어났다. 열대의 태양을 견뎌낼 수 있는 밀의 품종이 발견되었기 때문이다. 한편, 남해(南海)의 위대한 섬 호주, 영겁의 시간 동안 다른 땅으로부터 격리되어 다른 대륙에서는 찾아볼 수

| Emmer | Speller | Polish | Single-grained | Common bearded |

여러 종류의 밀

없는 식물들이 자라고 있는 이 땅을 보자. 호주는 가뭄이 계속되는 사막이었다. 이런 나라에서 어떻게 사람들을 먹여 살리고 세계 다른 지역의 사람들에게까지 식량을 공급하게 되었을까? 뿐만 아니라 호주는 매우 희박한 인구분포를 가진 나라이다. 면적은 거의 미국 만하지만 인구는 미국의 18분의 1에 지나지 않는다. 그러나 이러한 사실을 일찌감치 깨달았기 때문에 호주는 노동력의 부족을 기계로 보충해야 한다고 생각했다. 수확과 탈곡을 동시에 수행하는 초기 형태의 콤바인이 호주에서 사용되기 시작했는데 이 기계는 미국에서 들여온 것이 아니라 호주의 자체 발명품이었다. 오늘날 호주인들은 아마 세계에서 가장 현저하게 미국의 정신을 계승하는 사람들일 것이다. 현재 경작 가능한 토지의 60% 이상이 밀을 생산하고 있으며 '비를 만들어낼 수 있다면' 더 많은 밀을 생산할 수 있을 것이다. 지금도 과학과 근면성으로 가장 메마른 땅에서도 물을 짜내고 있다. 호주는 밀 수출국가이다. 시드니와 멜버른에서 밀을 싣고 떠나는 배의 40%는 영국으로, 30% 이상이 이집트로 가고 있다. 세계에서 가장 젊은 밀의 나라가 가장 오래된 밀의 나라에 보내고 있는 것이다.

아르헨티나, 세계 어딘가에서 빵이 필요하게 되었을 때 이 나라를 떠올리게 될 줄 누가 상상이나 했을까? 아르헨티나가 조심스럽게 밀 수출을 시도하게 된 것은 1890년에 이르러서였다. 그러나 제1차세계대전이 일어나기 직전에도 아르헨티나는 2천만 에이커의 땅에서 밀을 경작하고 있었다. 가장 비옥한 토지는 분명 부에노스아이레스 서쪽 지역의 땅이었다. 그러나 경작지가 서서히 남쪽으로 뻗어나가기 시작하더니 급속하게 확산되기 시작했다. 대서양 연안에서 안데스산맥에 이르는 지역에서는 유난히 밀이 번성했다. 에이커당 40부셸의 밀을 생산할 정도였다. 그러나 호주와 달리 아르헨티나의 밀은 대부분 내수에 이용되었다. 왜냐하면 이 지역의 밀은 소금기 있는 토양 때문에 유난히 단단하고 질겨서 빵보다는 파스타를 만드는 데 사용하기에 적합했기 때문이다. 잠깐, 이탈리아 사람들에게는 마카로니가 필요하지 않은가? 그렇다면 아르헨티나의 엄청난 밀을 이탈리아에 수출할 수 있지 않을까? 그렇다. 그것은 실현되었다.

노리스의 《밀 거래소》는 시카고에 앉아서 세상의 밀 시장을 독점하려고 한 사내의 이야기이다. 오늘날 이것은 어림도 없는 일이다. 과학의 진보도 세계 밀 농업에서 미국의 최고 지위를 흔들지 못했지만 이제 어느 한 국가가 세계 밀 시장의 독점적 생산자가 되는 것은 불가능하다. 기후가 밀 생산에서 더 이상 결정적인 조건이 되지 못하자, 세계경제의 특성상 지구 상의 어느 특정 지역에서만 밀을 생산하는 것이 불가능하게 된 것이다. 어떤 제국이 존재한다면 그것은 다른 곡물과의 관계 속에서 존재하는 것일 뿐이다. 그러나 제국이 어느 한곳에 집중된 것도 아니고 황제의 지위를 누리는 국가도 없다. 밀로 돈을 번 미국의 백만장자 가운데 1910년 이후 억만장자가 된 자는 없었다. 자유방임주의 경제 체제 안에서 소농들을 짓밟았던 밀의 거물들, 라이벌들을 시장에서 모조리 몰아내버린 주식시장의 큰손들, 그들 모두가 그토록 철저히 신봉하던 자유경쟁의 영향력으로 고통받게 되었다. 오늘날 밀은 아주 광범위한 지역에서 생산되고 있으며 어느 곳에든 조달할 수 있기 때문에 몇 사람이 밀의 유통을 손에 넣고 주무른다는 것은 불가능한 일이다. 일 년 열두 달, 세계 어느 곳에선가는 밀을 수확하고 있다. 1월에는 호주, 뉴질랜드, 아르헨티나에서 밀이 익는다. 2월과 3월에는 인도, 브라질, 우루과이, 4월에는 북아프리카와 멕시코, 페르시아 지역의 밀이 수확되며 5월에는 스페인 남부, 중국, 플로리다, 텍사스에서 6월에는 캘리포니아와 이탈리아, 프랑스 남부, 일본에서 밀이 나온다. 7월은 우크라이나와 러시아 중앙부, 미국 북부의 주들과 캐나다 전역에서 밀이 쏟아진다. 8월에는 영국, 스웨덴, 노르웨이, 독일에서 9월에는 스코틀랜드에서 10월에는 러시아의 많은 지역들이 11월에는 페루와 남아프리카, 12월에는 아비시니아에서 추수가 이루어진다. 물론 이 나라들 중에 세계시장에서 밀 공급자의 역할을 하는 나라는 일부에 지나지 않는다. 그러나 위와 같은 모습의 세계 밀 수확 달력은 어떤 나라도 1870년과 1910년 사이에 미국이 했던 것처럼 밀의 공급 및 가격을 통제할 수 없다는 것을 분명히 보여주고 있다. 세계 각국은 대부분 자국의 농업을 지원하기 위해 보호관세를 부활시켰다. 왜냐하면 1914년 이후로, 세계 평화를 믿는 국가가 없어졌고 또 해외에서 아무 문제없이 밀을 들여올 수 있다고 믿는 국가도 없어졌기 때문이다. 공학기술과 토양화학과 식물학은 세계 모든 국가들에게 필요한 식량을 스스로 얻을 수 있는 방법을 제시했다. 불행히도 독일이 일으킨 제2차세계대전이 이러한 노력들을 조기에 부수어 버리지 않았다면 말이다.

농민을 구제하라

1918년 여름, 제1차 세계대전의 결정적 공격이 시작될 무렵은 캐나다에서 가을밀의 수확이 시작되는 시기와 일치했다. 총검을 손에 쥐고 샤토 드 띠에르 지방을 향해 돌격했던 스무 살의(빵을 먹어 영양 상태가 좋은) 미국 청년들은 농부의 아들들이었다. 그 아버지들은 자식이 미국 땅에서 먹고 살 수 있을지 걱정이 되었다. 왜냐하면 모든 땅이 철도회사와 문어(독점가)에게만 모든 산물을 갖다바치는 것처럼 보였기 때문이다. 그러나 밀 속에 존재하는, 스스로 균형을 잡아가는 능력은 마침내 농부들을 도와 그들에게 옛 자리를 되찾아주었다. 그것은 바로 국가의 기반이라는 자리였다.

정부가 농부들을 위해 한 일은 거의 없었다. 사업가 정신을 존중하는 것이 미국의 특질이다. 또한 이 정신을 가로막는 것은 무엇이든 헌법에 의해 부정되었다. 그러나 장사는 장사였다. 미국의 완고한 개인주의는 농부를 위해 상인의 활동을 제한하는 것을 가로막았다. 토머스 제퍼슨이나 벤자민 프랭클린은 분명 그 반대를 원했겠지만 미국은 해밀턴이 꿈꾸던 상인의 나라가 되었다. 철도는 미국이 위대한 나라가 되어 세계적인 힘을 갖도록 도왔다. 과연 농부를 위해서 정부가 직접 열차들을 운영하고 철도의 강력한 힘을 묶어두어야 하는 것일까? 그렇게 한다면 아마도 그 줄은 끊어지고 말 것이다.

그럼에도 불구하고 1880년대 말, 클리블런드 대통령은 싸움을 시작했다. 워싱턴에서 철도운임 상한선이 결정되었으나 법령은 휴지조각에 불과했다. 법원에서는 정부의 결정이 위헌이라고 판결했고 대중의 여론도 자유기업가 정신의 편이었다. 결국 철도회사의 적인 클리블런드는 노동자의 파업과 싸우는 철도왕 풀맨을 위해 군인들을 보낼 수밖에 없었고 풀맨사의 철도를 보이콧하라고 지지자들에게 호소한 사회주의자이자 파업주동자였던 데브스를 체포했다.

아무도 소농들을 돕지 않았다. 농부들은 적에게 둘러싸였다. 그들의 적은 철도뿐이 아니었다. 그들은 인간의 노동력으로는 대농장의 기계와 맞설 수 없다는 것을 깨달았다. 그래서 결국 기계를 사들이기 위해 자신의 땅을 담보로 잡혔다. 이자를 갚기 위해 최대한의 수확을 얻을 수 있도록 기계를 최대한 돌려야 했다. 그러나 잉여농산물이 증가할수록, 밀의 산이 높이 쌓일수록, 가격은 점점 떨어졌다. 황금 밀의 홍수 속에서 농부들의 수입은 점점 적어졌다. 새로운 곡물시장이 형성되었다. 곡물가격을 살리기 위한 것이 목적이었다. 그러나 시장은 가격을 잡는 대신, 투기의 영향을 받았다. 투기꾼들은 미래의 수확량에 내기를 걸었다. 이것은 농부들이 이해할 수 있는 범위를 넘어선 것이었다.

천지창조 이래로 냉철한 지성들은 빵이 공기나 물처럼 개인의 이익을 위한 도구가 되어서는 안 된다고 하지 않았던가? 1880년대에 밀 생산이 획기적으로 증대되자 전세계 사람들과 정당들은 밀의 거래를 국영화하자고 주장하기 시작했다. 1887년 9월 장 조레스는 프랑스 의회에서 이렇게 주장했다. "국가가 밀이나 밀가루를 수입할 권리를 독점해야 한다. 그리고 수입한 밀은 해마다 법으로 가격을 정해서 판매해야 한다." 한 달 뒤에 이러한 사회주의적인 움직임은 프로이센 상원의 극단적 보수주의자이자 농무장관인 카니츠 백작에 의해 그대로 시행되었다. 전세계가 곡물 거래업자들의 행태에 치를 떨어왔기 때문이다. 그러나 자유를 신봉하는 미국은 그들을 지지했다. 용기 있는 사업가들의 발목을 잡는다는 것은 미국에서는 있을 수 없는 일이었다. 정부의 곡물거래독점은 제1차세계대전이 발발하기 전까지 미국에서 나타나지 않았으며 전쟁이 끝나자 곧 폐지되었다. 대부분의 미국인들은 곡물의 독점을 파라오나 태양왕 루이 14세의 정치와 비슷한 것으로 여겼다. 정부가 내일 어떤 모습으로 변할지 아무도 알 수 없었기 때문이다.

농부들은 주식시장이 제 몫을 할 것이라 믿었다. 상품에 대한 과학적 기준을 마련하고 곡물의 양을 추정하고 미리 수출에 대비하도록 하는 역할을 할 것이라고. 그러나 농부들이 목격한 것은, 한 무리의 거래업자들이 작당을 해서 농부들의 생산물에 대해 서로 더 높은 값을 부르지 않기로 하고, 한편으로는 투기꾼들이 밀의 시장가격을 극도로 불안정하게 만드는 일들이었다. 오랜 적인 철도회사들은 화물 운임을 더욱 올리고, 가능하다면 철도주인이 소유한 밀만을 수송하려 했다. 농부들이 대출을 받으려고 은행에 가면 농장을 담보로 대출해주는 것은 불법이라는 얘기를 들었다. 그러면 고리대금업자가 농장으로 찾아와 돈을 빌려주고는 4분의 1을 그 자리에서 선이자로 공제했다. 그들은 그렇게 마련한 돈으로 기계를 샀다. 그러나 10년쯤 지나면 알아보지 못할 정도로 개선된 새 모델이 나왔고, 기계 가격은 너무 비싸졌다. 농민층은 몰락할 것처럼 보였다. 모든 경제적인 요소들이 손을 잡고 작당하여 농부를 괴롭히는 것 같았다. 농부들은 절망 속에서 마침내 서로 손을 맞잡았다. 고작 몇백 명이 모여서 탄원서나 돌리고 총질을 하려는 것이 아니었다. 무셸 슬로우의 패배를 반복할 수는 없었다. 이번에 모인 수십만의 사람들은 자신의 힘을 자각하고 있었다. 그들은 생산자이며 동시에 소비자였다. 농부의 승리는 전적으로 현대적인 개념, 바로 경제적 협동에서 비롯되었다.

'그렌지(농민공제조합)'는 즉각적인 효력을 발휘했다. 그렌지는 중세에 가장 작은 단위조차도, 독립적이고 자급자족이 가능한 것으로 만드는 경제 형태였다. 중세의 이 작은 농장은 필요한 모든 것을 자체적으로 생산했다. 무역업자들과 투기꾼들의 손에 이끌려 세계경제의 흐름에 휩쓸리는 일도 없었고, 그 결과로 생산물의 가치가 하락한다거나 생계비용이 높아지는 경우도 없었다. 지난 세기의 마지막 30년 간 미국 농부들에게 '그렌지'는 단지 은유에 지나지 않았다. 그러나 이것은 매우 훌륭한 은유였다. 어디서든 그렌지가 기계를 공동구매하고 농작물을 공동판매하기 시작하자 그 집단에 속한 농민들의 생활이 개선되기 시작했다. 각 그렌지는 곧 지역 단위로, 마침내는 주 단위로 연합하게 되었다. 각 지역마다 중개인을 선임해서 그 지역 농산물을, 가장 큰 이익을 가져다주는 방식으로 판매하고 제조업자들에게는 가능한 한 저렴한 가격에 물품을 공급하도록 압력을 가했다. 이러한 그렌지의 결성에 가장 선도적이었던 아이오와는 다른 주에도 영향을 미쳤다. 1872년 그렌지는 5백만 부셸의 곡물을 도매상을 끼지 않고 직접 시카고에 내다 팔았다. 뿐만 아니라 조합원들은 기계를 대량으로 공동 구매함으로써 4십만 달러를 절약했다. 이 행운은 여기저기 옮겨다니며 다른 주에서도 그렌지를 결성할 수 있게 했다. 그렌지는 여기저기에 구매사무소, 기계공장 심지어는 은행까지도 설립했다. 일부는 실패로 돌아갔지만 대부분은 성공을 거두었다. 많은 좌절을 겪으면서도 협동조합의 개념은 살아남았다. 이제 아무도 이것을 억제할 수 없게 되었다. 1900년까지 1천 개의 협동조합이 생겨났다. 1920년에는 협동조합의 수가 1만1천개에 달했다. 곡물과 관계된 협동조합은 그중 일부에 불과했다. 하지만 그것이 가장 중요한 부분을 차지한 것은 분명한 사실이었다.

농부들뿐만 아니라 정부도 농업협동조합의 가치를 인식하게 되었다. 이전에 중산층 사람이었던 대통령 데오도르 루즈벨트는 단호한 목소리로 "트러스트를 매일 아침식사로 먹어치우겠다"고 공언하곤 했다. 여론 또한 농민의 편으로 기울었다. 농민의 조직은 권력에 의해서 결성된 것이 아니라 자유로운 합의에 의한 것이었으며 그 때문에 강력한 힘을 가질 수 있었다. 이보다 더 미국적인 것이 무엇이겠는가? 사람들은 피를 흘리지 않고서 현대 경제의 손아귀에서 빠져나올 수 있었다. 마치 노회한 영국으로부터 탈출했던 그들의 조상들처럼. 1914년 독점금지법이 통과되자 큰손들은 농부들의 집단도 일종의 트러스트와 같은 성격을 지녔다고 주장했다. 그들의 말이 전혀 이치에 맞지 않는 것은 아니었다. 그러나 농업협동조합은 법률이 규정한 독점에 대한 규제에서 벗어날 수 있었다. 이제 트러스트는 전쟁 중과 전후에 곡물소수송으로 얻은 이익을 독점할 수 없게 되었다. 농부들을 포함한 모든 사람들이 합당한 몫을 차지하게 되었던 것이다.

오늘날 미국의 식량 생산 계층이 지닌 영향력은 무시할 수 없는 수준이다. 유럽의 농민들처럼 독자적인 정당을 구성해서 정치에 참여하는 것은 아니지만, 농민들이 공화당과 민주당에 엄청난 영향력을 행사하고 있는 것이 사실이다. 이 영향력은 아마도 공식적인 '빵의 당'이 행사할 영향력보다도 훨씬 클 것이다. '전미공제조합 그렌지'의 설립자인 윌리엄 손더스와 켈리는 '어렵던 시절'을 대표하는 사람들이다. 만약 그들이 손자뻘 되는 농민들의 정치, 경제적 성취를 직접 목격한다면 아마 놀라서 눈을 비빌 것이다.

미국 농부들의 경제적 투쟁과 승리의 역사 속에는 언제나 종교적인 요소가 존재했다. 모든 농부는 집회를 가질 때마다 성경책을 펼쳐 놓았다. 정말이지 밭고랑을 내는 것에서부터 메뚜기 떼를 몰아내는 것에 이르기까지 농업에 관련된 그 많은 정보를 한 권에 담은 책을 어디서 찾을 수 있겠는가? 1877년, 미네소타 주민들은 연단에 선 주지사 워시번이 "흑암 중에 행하는 염병과 백주에 황폐케 하는 파멸을 두려워 아니하리로다 "라고 한 시편 91장을 낭독한 후 메뚜기의 대재앙이 멈추었던 일을 잊지 못했다. 그런데 놀랍게도 웨슬리 맥쿤의 저서에 의하면 '농업 후원자 전미공제조합'이 간부직책에서 점점 엘레우시스의 비밀의식과 같은 색채를 띠었다고 한다. 그것은 지도자, 감독관, 강사, 목사, 회계원, 서기, 문지기, 여성 보조집사 그리고 케레스, 퍼모나*, 플로라**의 역할을 맡아 의식을 주관하는 세 명의 여성 간부들로 이루어져 있었다. 뿐만 아니라 데메테르의 집회는 성스러운 장소에서 열렸으며 아르콘***과 연대사가들이 그 의식을 주관했다. 이러한 '미국의 엘레우시스'는 단순한 모방 집단이 아니었다. 그것은 고대의 농업 의식과 연결되기를 바라는 미국 농부들의 소망을 보여주는 것이었다. 1923년에서 1941년까지 지도자로 활동한 루이스 테이버는 자신들의 조직이 "영원한 진리 위에 설립된 것이다"라고 말했다. 그리고 이시스 시대처럼 이 조직의 회원들은 비밀을 지킬 의무가 있었다. 그러나 몇몇 비밀은 밖으로 새어나왔다. 모든 조합원에게 칼을 한 자루씩 주었는데 그것은 "가지나 꽃을 꺾지 말고 칼로 부드럽게 베어서 식물에게 상처를 주지 말 것"을 각성시키기 위한 것이

---

* 로마 신화에 등장하는 과일의 여신.
** 로마 신화에 등장하는 꽃과 풍요와 봄의 여신.
*** 고대 아테네의 고위 집정관.

었다고 한다. 미국은, 조직원들에게 칼을 나누어주는 비밀조직이 법의 테두리 안에 머물 수 있는 행복한 나라이다. 만약 독일이나 헝가리, 루마니아 같은 곳에서 그런 일이 일어났다면 그것은 의심의 여지없이 '정치적 질서에 대한 살인적 위협'으로 받아들여졌을 것이다.

*　　*　　*

오늘날에는 농민층에게 우호적인 법안들이 모든 국민들로부터 압도적인 도덕적 지지를 받는다. 국민의 과반수가 농업에 종사하는 인구가 아니라는 점을 감안할 때 이는 실로 놀라운 일이 아닐 수 없다. 도시와 농촌 간의 경제적 마찰, 소비자와 생산자 간의 반목이 아테네와 로마시대 이래 그 어느 곳보다 첨예하게 드러난 곳이 바로 미국이다. 그럼에도 불구하고 도시의 거주자들은 언제나 농민들에게 호감을 가지고 있다.

미국의 농업계획에서 획기적 전기가 된 것이 바로 '패리티*'라는 개념이다. 패리티 가격에 대한 공식적인 설명은 "특정 기간 동안의 농부의 생필품이 갖는 교환가치로 농산물 가격을 산정한 것으로서 그 '표준'이 되는 기간은 전쟁이 일어나기 전 5년, 즉 1909년부터 1914년까지의 기간이다"라는 것이다. 그 시기를 기준으로 삼은 이유는 그때가 농업에 있어서 매우 중대한 시기였기 때문이다. 이것을 달리 설명하자면 1909년부터 1914년까지의 기간에 농부가 1백 부셸의 밀을 팔아 1백 달러를 받고 그 돈으로 새 난로와 새 양복을 살 수 있었다면 오늘날에도 밀 1백 부셸을 팔아 얻은 수입으로 새 난로와 새 양복을 살 수 있어야 한다는 것이

---

* 농가의 농업경영 및 가계용품의 가격에 대하여 농산물 가격이 균형을 이루도록 하는 제도.

다. 그렇다면 난로 수리비와 양복 세탁비도 보장을 해주어야 하는 게 아닌가 하고 수리공과 세탁업자가 나선다고 해도 조금도 이상할 것이 없다. 그러나 실제로 그런 경우는 거의 없다. 일종의 기사도 정신이 그렇게 하는 것을 막는다. 농민과 농업에 관련된 일은, 심지어 정치적인 사안이라 할지라도, 정서적으로 강하게 결부되어 있기 때문이다. 이것은 새로운 양상이며 매우 중요한 의미를 지닌다.

그렇다. 미국의 도시 거주자들이 농업에 애착을 갖는 것은 놀랄 만한 일이다. 도시 거주자와 농민 사이에는 공통의 정치적 뿌리가 없다. 심지어 그것은 때때로 도시인에게 불리한 정책을 지지하는 꼴이 되기도 한다. 빵과 우유, 계란에 관한 정책들이 언제나 소비자에게 이익이 되는 것은 아니기 때문이다. 그러나 그들은 상관하지 않았다. 보통의 미국 사람이라면 종종 신문에서 '농민 연합' 대표자들(민주당일 수도 있고 공화당일 수도 있다)의 목소리를 접하며 그것을 즐긴다. 도시 거주자들은 상원의원 라 폴레뜨 같은 농업주의자들이 "농장의 노동력 문제는 문명의 역사만큼 오래된 것이면서도 한편으로는 조간신문 기사 같이 새로운 것이다"라고 말하는 것을 듣는 즉시, 농업이 자신과 무관한 문제라는 사실을 의식적으로 잊어버린다. 여기서 우리가 짚고 넘어가야 할 사실은 소수의 농민에 대한 다수 도시인의 너그러운 태도가 실로 놀라우면서도 지극히 미국적이라는 점이다. 고작 몇백 년 전에 유럽의 도시인들이 농민들을 어떻게 생각했는지 기억해 보라. 그들의 일반적인 정서는 독일의 시인 제바스티안 브란트의 시에 묘사된 바와 같았다.

시골뜨기의 지갑은 불러서 터질 지경

포도주와 밀을 감추어 버리고

어느 것도 팔려고 들지 않네.

가격을 올리려고 꽉 붙들고 있다가

천둥번개와 성스러운 불이

헛간과 곡식을 모두 태워버렸네.

오늘날에는 누구도 이렇게 생각하지 않는다. 무엇 때문에 그렇게 된 것일까? 종교적, 경제적 계몽이 해내지 못한 일을 해낸 위대한 힘은 바로 문학이었다.

바로 문학작품이었던 것이다! 오늘날 문학의 힘은 예전에 종교가 행사했던 권력에 비교될 수 있다. 예전에 종교가 그랬듯 오늘날 문학은 정신세계에서 최고의 위치를 차지하고 있다. 한동안 문학은 정치나 경제의 속박을 받는 것처럼 보였다. 그러나 문학은 곧 자신이 본질적으로 자유롭다는 점을 자각하고 지배적인 경제체제에 일격을 가했다. 문학은 이상주의자와 속물, 감상주의자들과 단순히 호기심만을 충족시키고자 하는 사람들 사이를 오간다. 문학은 많은 국민들이 자신들과는 관계없는 연극 및 소설들을 소비하게 만든다. 뿐만 아니라 근본적인 사회적 토대에 대한 의문을 독자들에게 제기한다. 예금통장을 손에 들고 어스킨 콜드웰의 연극 〈토바코 로드〉를 보러 가는 사람은 마치 보마르셰의 피가로를 보러 가는 18세기의 프랑스 귀족처럼 자신의 이익에 위배되는 행동을 하는 셈이다.

이것이 바로 문학의 힘이었다. 1910년부터 1940년까지 문학은 미국의 지성계에 커다란 파문을 일으켰다. 그것은 고작 한 세대에 해당하는 시기에 일어난 일이라고는 믿기 어려울 정도의 큰 사건이었다. 미국의 책들을 쭉 훑어보면 '상류계급의 시대'가 그다지 호의적인 평가를 받지 못했다는 것을 알 수 있다. 어느 누구도 '케사르처럼 동료 시민들의 행복을 건설한' 약탈자 거부들에게 환호를 보내지 않았다. 기업가들이 여전히 정치와 현실을 지배했지만 지적 영역에서 그들은 주변인일 따름이었다. 이러한 인물들에 대해 연구하고 그들에게서 찬양할 만한 속성을 찾아낸 문학작품은 찾아볼 수 없었다.

미국 문학을 선도한 농촌소설은 약자를 위해 헌신했다. 펄 벅의 서사시에서 인내심 많은 농부는 홍수, 가뭄, 역병, 혁명 같은 온갖 고난을 겪었지만 결국은 모든 것을 이겨냈다. 유럽에서도 훌륭한 농촌소설에 대한 필요성이 오래전부터 제기되었다. 그러나 유럽에서는 매우 천천히 그것도 아주 소극적인 형태로 나타났다. 이유는 유럽적인 배경, 유럽의 역사, 유럽인의 심리와 관계가 있다. 프랑스 혁명 이후에 나타난 모든 농촌소설들은 두 명의 위대한 스위스인의 글에 뿌리를 두고 있다고 해도 과언이 아니다. 장 자크 루소와 예레미아스 고트헬프가 그들이다. 루소는 불어로, 고트헬프는 독일어로 글을 썼다. 그들은 앞으로 지어질 '문학'이라는 건물에서 양대 기둥 역할을 할 사람들이었다. 그러나 스위스는 그 유명한 자연경관 때문에 농촌소설 발달에 필요한 영감을 일으키지 못했다. 스위스는 낙농국가이다. '우유에 관한 대서사시'는 모르지만 '밀의 대서사시'는 생산해내지 못했다. 곡식의 대서사시를 노래한 시인들은 대개 비옥한 평야지대에서 탄생했다. 프랑스와 독일에서는 공업화의 그늘이 농촌소설이 번영하는 데 필요한 햇빛을 가려버렸다. 노르웨이도 마찬가지였다. 만약에 함순이 국가의 진정한 부의 원천인 탄광,

목재, 어업에 대해 노래했다면 위대한 시인이라는 소리를 들었겠지만, 그는 그렇게 하지 않고 농촌소설《대지의 성장》을 썼다. 그의 동포들 중에는 이 소설을 읽어본 사람이 별로 없다. 농촌소설이 빛을 발한 곳은 동유럽, 바로 러시아와 폴란드의 넓은 평원이었다. 그곳은 톨스토이의 작품 외에 폴란드인 레이몬트가 쓴《농민》이라는 작품의 배경이 된 곳이다. 동유럽 지역에서는 시대를 초월한 농민들의 위대한 대서사시가 탄생하곤 했다.

광활한 땅과 시대를 초월한 환경을 가진 미국에서도 수많은 농촌소설이 탄생했다. 미국의 도시들은 세계 어느 곳보다 도시화되었지만 농촌은 여전히 소박했다. 미국에는 여러 시대의 삶이 공존하고 있었다. 산업화의 정점을 이룬 곳이 있는가 하면 멀지 않은 곳에서는 여전히 농부와 목동 간에 싸움이 벌어지곤 했다. 유럽에서 이미 2천 년 전에 끝난 싸움이 말이다.

펄 벅의 노벨상 수상은 미국문학의 물줄기를 농촌으로 돌리는 데 일조했다. 펄 벅의 소설은 중국을 무대로 삼고 있었지만 그것은 지구 상의 모든 농민들에 관한 이야기이기도 했다. 이러한 소설들은 '근면한 소농'을 찬양했다. 문학세계의 항해자들은 이러한 경향 또한 문학의 한 조류이자 유행이며 몇 년이 지나면 다른 사조에 자리를 내주게 될 것이라고 예측했다. 그러나 주목할 사실은 평생 리비히나 비스카운트 타운센드 같은 정치가에 대해 들어본 일조차 없는 일반인들이 소설을 통해 토양의 고갈, 윤작, 가을밀, 해충 등에 대해 자세히 알게 되었다는 것이다. 프랭크 노리스와 에드윈 마크햄이 1899년에 심어놓은 씨앗이 싹을 틔우기 시작했다. 분명《문어》는 공공도서관에서 쉽게 찾을 수 있는 소설이 아니었다. 그러나 노리스의 제자들이 쓴 책은 많은 사람들의 애독서였다. 콜드웰, 포크너, 스타인벡 등은 노리스의 영향을 받아 들판으로 나가서 농장과 빵의 문제에 대한 책을 썼다. 이들은 프랭크 노리스보다 훨씬 더 미국 토양에 가까웠다. 개척자였던 노리스의 글은 너무 프랑스적이었고 그의 어투나 사고방식은 에밀 졸라나 법정 재판 같은 고전적인 성격을 띠고 있었다. 노리스의 소설에 등장하는 농부들은 이편이든 저편이든 모두 변호사 같은 말투를 사용하고 있다!

그와 대조적으로 스타인벡의 《분노의 포도》에서 주인공 조드의 가족은 말이 어눌하다. 《담배 길》에서 지터 레스터의 가족은 동물처럼 웅얼거리거나 말 대신 손짓으로 의사소통을 하곤 한다. 이것은 극히 대조적인 상황이다. 40여 년 전의 소설 속에 등장하는 농부들이 마치 토지 개혁가 헨리 조지가 쓴 책을 읽은 사람들처럼 말을 하는 것이다. 그런데 현재의 추세는, 말이 어눌해서 독일 황제에게 항의도 할 수 없었던 시대, 농민들이 '말을 하지 못하는 사람들'로 여겨졌던 시대를 연상시킨다. 이제 작가들이 농민들을 대신해서 항변한다. 농민의 말을 통해서가 아니라 상황을 통해서. "일단 말을 하면 잃어버리게 될 것이다"라고 헤밍웨이는 말했다. 또한 매독스 포드의 미학은 이것을 다음과 같은 명제로 압축했다. "소설가의 목적은 독자들이 책을 읽으면서도 책을 읽고 있다는 사실을 완전히 잊어버리게 하는 것이다."

그러나 작가들의 일은 단순히 현실을 취합하는 것에 그치지 않는다. 스타인벡을 폄하하는 사람들은 그가 환경과 상황을 있는 그대로 묘사하지 않는다고 비난한다. 실제로 오클라호마나 캘리포니아에서는 그가 묘사하는 것과 같은 조건을 찾아볼 수 없다는 것이다. 또한 그들은 스토가《톰 아저씨의 오두막집》에서 사용한 것처럼 스타인벡 역시 과장법을 주로 사용했다고 주장한다. 그러나 그가 현실을 그대로 묘사했든 아니든, 그의 작품 속에는 문제를 그다지 중요하지 않은 것으로 만드는 정신적인 진실이 들어있다. 그렇기 때문에 미국 소설들은 사실주의를 획득할 수 있었고 연극이나 영화로 각색된 작품들은 대중의 사랑을 받을 수 있었던 것이다. 그들의 사실주의가 저자나 독자가 믿는 것만큼 사실적이냐 아니냐 하는 것은 중요한 문제가 아니다. 중요한 것은 바로 도덕이다.

*　　*　　*

이 책들의 주인공은 용감한 보통사람들이었다. 행복했든 불행했든 간에. 미국을 이해하기 위해서는 용감한 보통사람들이 미국에서 어떤 존재인지를 이해할 필요가 있다. 미국은 모델을 필요로 한다. 전형적인 농부의 얼굴, 파이프를 입에 물고 덜컹거리는 구식 자동차의 운전석에 몸을 싣고 가까운 도시로 물건을 사러 가는 농부의 모습, 인정이 넘치고 예의바르며 자족의 미소를 가진 촌부의 모습, 그것이 사람들이 사랑한 모델이었다. 유럽에서는 대지주들이 지역 문화의 주역을 맡았지만 미국에서 그들은 여전히 무명으로 남아 있었다. 그들은 일반인들에게 모습을 드러내지 않았다. 2백 년 전, 남부에서 담배와 목화를 재배한 대농장주들이 그랬듯이 서부의 '밀의 거물들'은 토지에 기반을 둔 귀족들이 아니었다. 아마도 서부에서 부를 축적하기 위해 힘썼던 밀의 거물들이 어디에도 정착하지 못했던 것이 가장 큰 이유였을 것이다. 밀에서 이익을 얻는 데에는 많은 요소들이 작용했다. 대지주들은 한곳에 오래 머물 수 없다는 사실을 알고 있었다. 그들은 광활한 농장의 땅을 사정없이 혹사시키고 몇 년 지나서 토질이 떨어지면 다른 곳으로 이동했다(이것은 유목민의 오랜 관습이었다. 5천 년 동안 유목민들은 이런 식으로 옮겨다녔다. 지금은 가축 대신에 종자와 트랙터가 옮겨다니게 되었지만). 따라서 그 땅에는 어떠한 문화도 생겨나지 않았다. 귀족적인 문화가 생성되지 못했던 것이다. 미국의 부자들은 사회의 중심으로서 자신의 성을 쌓고 하인들과 음악가, 학자들을 불러모을 생각조차 해보지 않았다. 17세기와 18세기에 헝가리의 많은 성들은 하이든 같은 음악가들의 집이 되어 주었다. 미국의 부자들은 땅에서 얻은 돈을 땅을 위해 쓰지 않고 도시나 프랑스의 리비에라 같은 곳에서 썼다. 마치 같은 곳에서 대지주들처럼. 밀의 자본주의는 추한 흔적을 남기고 지나갔다. 버려진 오두막, 무너진 마을 교회당, 부서진 학교 건물들……. 그런데 그렌지가 그 땅을 지켜냈다. 소농들의 정신이 버림받은 그 땅을 말이다. 겨울이 되면 농부들은 난롯가에 앉아 부자들이 읽지 않는 책을 읽었다. 농부들은 자식들을 학교에 보냈고 땅에 활력을 불어넣었다. 물론 위기도 여러 번 있었다. 1929년, 전쟁의 여파로 인한 전반적인 경기침체가 농민의 존립을 위태롭게 했고, 결국 거짓된 번영은 무너지고 말았다. 과잉 생산과 유통의 혼란, 은행의 부도가 연이어 일어났다. 그러나 대개의 경우 농민 출신의 지도자들이 경제를 살려냈다. 일례로 맥너리는 농산물의 가격 폭락을 막기 위해 보조금을 지급하는 법안을 제안했다. 그것이 1927년의 일이었다. 또한 미합중국 부통령을 지낸 헨리 월리스는 공업 생산량이 감소할 때 농업 생산량도 함께 감소할 수 있도록 정부가 토지를 임대해서 휴경지로 만드는 법안을 제안했다. 월리스의 정책은 농산물의 가격 폭락을 막았고 농부들에게 숨 돌릴 틈을 주었다. 1930년대 초반에야 미국은 데메테르의 경고를 이해할 만한 수준이 되었다. 데메테르의 경고는 6천 년 동안 이어진 농업의 역사에서 수없이 되풀이되어 왔다. 솔론이든, 모세든, 케네든, 리비히든, 목소리는 달라도 말하는 내용은 한결같았다. 농민이 자유롭고 번영을 해야 국가 전체의 자유와 번영이 지켜질 수 있다는 것이었다. 그리고 자유롭고 번영하는 농민이란 아내와 아이들과 기계의 도움을 받아 자신의 땅을 스스로 경작하는 소규모의 자작농 계층을 말한다. 그들의 소망은 미치광이 같은 부자들의 탐욕과는 다르다. 그저 소박하고 편안한 삶을 원할 뿐이다. 그리고 4천만 명의 사람들이 그들에게 기대고 있다. 조아킨 밀러의 시는 그들의 업적을 노래하고 있다.

> 자신의 손으로 심은 것을 거두고
> 자신보다도 신을 위해, 다른 이들을 위해 더 많은 일을 하는 자는
> 모든 미친 영웅들을 합친 것보다 더 큰 사람이다.

데메테르, 다시 경고하다

사람과 토지의 우호적인 관계는 필수적인 조건이다. 이러한 관계하에서만 '사람을 위한 농작물 생산'이 가능하다는 사실이 농업의 역사 전

체에 걸쳐서 드러나고 있다. 1934년의 자연재해는 미국에서 인간과 토지의 관계가 주인과 하인의 관계처럼 잘못된 방식으로 이루어져 있다는 것을 여실히 보여주었다. 그야말로 토지의 반항이었던 것이다.

아테네의 장인들은 두 명의 신을 자신들의 옷에 붙이는 휘장의 주인공으로 삼았다. 하나는 지혜의 여신 아테나였고 다른 하나는 대장장이의 신 헤파이스토스였다. 지혜와 기술이 결합할 때, 산업이 번성하고 사회복지가 이루어진다.

그러나 기술이 더 이상 지혜와 평화롭게 공존할 수 없다면 어떻게 될까? 기술이 지나치게 많은 역할을 차지하고자 한다면? 전설에 의하면 대장장이의 신은 처녀 신, 아테나에게 음탕한 짓을 했다고 한다. 그는 도시 바깥까지 아테나를 쫓아가서, 성벽을 돌아 숲속에서 그녀를 강간하려고 했다. 검댕투성이의 절름발이 신은 힘이 셌다. 그는 뒤에서 여신을 꽉 붙잡았으나 여신은 가까스로 뿌리치며 발뒤꿈치로 그의 허리를 세게 걷어찼다. 그는 밭고랑 사이로 넘어지면서 사정했는데 대지가 그의 정액을 받아 탄생시킨 것이 바로 에릭토니오스였다.

그렇다. 친절한 대장장이의 신, 그토록 기발한 물건들을 많이 만들어낸 발명가도 그렇게 미쳐 날뛸 수 있었다. 2천 년 후에 미국의 소설가 존 스타인벡이 《분노의 포도》에서 바로 그 헤파이스토스, 즉 기술자가 대지를 강간하는 장면을 목격했다. 쟁기질을 하지 않고는 빵을 만들 수 없다는 사실을 스타인벡도 잘 알고 있었겠지만 그는 기계적 쟁기질에서 폭력을 보았다.

철제 의자에 앉아있는 남자는 사람처럼 보이지 않았다. 장갑을 끼고, 보안경을 쓰고, 먼지막이 고무 마스크를 쓴 그의 모습은 마치 로봇, 또는 그 괴물의 일부처럼 보였다. 엔진 실린더에서 나는 우레 같은 소리는 대기와 땅을 하나로 섞으며 농촌 마을에 울려 퍼졌다. 대기와 땅은 같은 목소리로 진동했다……. 트랙터는 과연 숭배할 만했다. 기계 같은 외양, 폭발적인 실린더의 굉음……. 그러나 이것은 그의 트랙터가 아니었다. 트랙터 뒤쪽에는 반짝이는 원반이 날카로운 날로 지표를 깊숙이 베어내며 굴러가고 있었다. 이것은 쟁기질이 아니라 수술과정 같았다. 잘라진 흙을 오른쪽으로 밀어내면서 지나가면 잇따라 또 한 줄의 원반이 흙을 베어서 왼쪽으로 밀어냈다. 원반 뒤에서는 써레가 흙덩어리를 잘게 부수었고, 표면을 부드럽게 고르기 위해 강철로 된 이가 흙을 곱게 빗질했다. 그 뒤를 따르는 것은 길게 늘어선 파종기, 즉 씨뿌리는 장치였다. 주물공장에서부터 발기된 채로 나온 구부러진 모양의 강철 페니스 12개가 오르가즘을 느끼며 빠짐없이 흙을 강간했다. 아무런 감정도 없이. 철제 의자에 앉은 운전자는 자신이 손수

대지를 약탈하는 근대 농업

갈지 않았는데도 나란히 열을 지어 일구어진 밭을 자랑스러워했고, 자신의 것이 아닌 트랙터와, 자신이 통제할 수 없는 그 힘을 자랑스러워했다. 작물이 자라는 동안 또는 그 작물을 수확하는 동안 뜨거운 흙덩이를 손에 쥐고 부수어 보거나 손가락 사이로 흙을 흘려본 사람은 아무도 없었다. 아무도 씨앗을 만지지 않았고 씨앗에서 싹이 트기를 갈망하는 사람도 없었다. 사람들은 손으로 기르지 않은 작물을 먹게 되었고 빵과의 연결고리를 잃게 되었다. 땅은 강철 덩어리 아래서 농작물을 생산해냈으며 강철 덩어리 아래서 서서히 죽어갔다. 빵은 더 이상 사랑도 미움도 받지 못했다. 자신을 위해 기도하는 이도 없었고 자신을 저주하는 이도 없었기 때문이다.

토지는 황소가 쟁기질을 하면 기꺼이 농작물을 내주려고 했다. 그러나 자신의 등허리 위에서 6톤짜리 기계의 무게를 느끼게 된 데메테르는 점점 화가 나기 시작했다. 그러자 그녀는 다시 한 번 기계에 대한 반항을 시도했다.

1934년 3월 중순, 버지니아를 향해 키를 잡고 대서양을 건너오던 배들이 이상한 광경을 목격하게 되었다. 맑은 날씨였음에도 불구하고 미국의 해안은 검은 베일로 뒤덮여 있었다. 수억 톤의 석탄이 산산이 부서져서 수마일 위의 상공으로 휩쓸려 올라간 것처럼 보였다. 엄청난 속도의 이 검은 베일은 북쪽에서 남쪽으로 날아가고 있었다. 배가 해안 가까이 다가가자 먼지들이 갑판에 내려앉았다. 그것은 바로 허공을 가로질러 날아온 미국의 흙이었다. 도대체 이 행복한 나라에 무슨 재앙이 불어 닥쳤던 것일까?

이것은 경제적인 측면에서 폼페이의 재난보다 더 끔찍한 자연재해였다. 이번 재앙은 땅 밑에서 솟아오른 힘이 죄 없는 사람들을 죽음으로 몰아넣은 것이 아니라, 죄 있는 사람들이 빚어낸 재해였다. 50년에 걸쳐서 사람들은, 거대한 새 경작기계로 흙을 너무 잘게 부수고 너무 깊숙이 파내면 흙의 기름진 성질이 사라지게 될 것이라고 경고했다. 그러나 농부들은 그런 말에 귀를 기울이지 않고 그저 흙의 생산물에만 끊임없이 욕심을 부렸다. 그러자 무언가가 그들의 흙을 모조리 가져가 버렸다. 바로 바람이었다. 태고 적부터 공포의 대상이었던 바람. 바람은 잘게 부수어진 흙을 몇백 마일 떨어진 곳으로 가져가 버렸다.

통계에 의하면 1934년의 태풍은 여느 해에 비해 그리 심한 것이 아니었다. 그것은 그저 춘분 전후에 부는 보통 바람이었다. 그런데 당시에 미국에서는 수년간 가뭄이 계속되었고 그로 인해서 산산이 부서지고 자연적으로 건조되어 수분을 빼앗긴 흙이 더 이상 무게가 나가지 않게 되었고 태풍이 그 흙을 바닥에서부터 잡아챈 것이었다. 미국인들은 그들의 여신 데메테르가 검은 베일을 쓰고 승천하는 광경을 보게 되었다.

이것은 진정한 비극이었다. 이 땅은 미국인들이 3세기에 걸친 힘겨운 투쟁 끝에 숲과 초원으로부터 일구어낸 것이기 때문이다. 이 땅은 바로 스콴토, 필그림 파더스, 올리버 에반스, 워싱턴, 토마스 제퍼슨, 링컨이 자신의 고독한 삶을 바쳐온 곳이었다. 사람들이 끊임없이 서부로 달려갔던 것도, 산을 넘고 숲을 베고 철도회사와 싸웠던 것도 바로 이 땅을 위해서였다. 피츠버그에서 기계 경작기를 생산해내고 해충이나 농작물의 질병과 싸우기 위해 화학이 동원된 것도 모두 땅을 위해서였다.

기원전 40년 로마 학자 바로에 의하면, 스페인 사람들이 로마의 초대 황제가 된 옥타비아누스에게 '군대를 보내 기승을 부리는 야생토끼 떼를 물리쳐 달라'고 간청한 일이 있었다. 그러나 군사들이 도착하기도 전에 그 토끼 떼는 이미 모든 곡물을 먹어치워 버렸다. 미국은 그와 같은 전철을 밟지 않았다. 미국에는 정부와 각종 재원, 공공기금, 대학 등이 있었다. 밀 혹파리나 밀 이삭벌레들이 들어오지 못하도록 밭 둘레에 방역 비상선(非常線)이 쳐졌다. 해충의 유충이 발견될 때마다 박사 논문이 한 편씩 나왔다. 미국은 기근에 시달려온 독일이나 다른 유럽 국가들과 달랐다. 독일이나 유럽의 여러 국가가 꼼꼼한 것으로 명성이 높았다고 해도 과학적인 농업을 하는 미국은 따라갈 수가 없었다. 그러나 모든 노력이 헛된 것이었을까? 토지가 치유될 기미는 보이지 않았다.

대륙의 하늘을 덮은 먼지구름이 도시로 내려와 사람들의 호흡기로 파고들었다. 사람들의 폐가 손상되었고, 어린아이와 노인들이 가장 먼저 죽음을 맞이했다. 축사와 목장에서는 가축들이 공포에 질려 날뛰었다. 가축들은 헛간에서 뛰쳐나와 울타리를 넘어 사람들이 살지 않는 곳으로 가서 죽었다. 새로 심은 씨앗 위에 쌓인 흙먼지는 씨앗을 땅속 깊이 묻어 질식시켰다. 몇 달 뒤에는 유사 이래 처음으로 구름이 폭발하면서 더 큰 재앙이 닥쳤다. 태풍이 남겨 놓은 흙을 이번에는 물이 휩쓸고 지나갔다. 오클라호마 주의 농업 전문가 폴 시어스는 먼지바람과 홍수의 원인이 같은 것이라고 주장했다. 가뭄이 들자 잘게 부서진 흙이 날려갔고, 비가 내리자 토양의 부식질이 수분을 가두는 스펀지의 역할을 하지 못했으며, 물이 흘러내려가면서 그나마의 부식질도 휩쓸려 가고 말았다. 일단 흐르는 물이 격렬한 물줄기로 변하면 댐을 쌓는 것도 소용이 없다. 사실 비는 식물의 생장에 없어서는 안 될 귀중한 것이다. 그러기 위해서는 스펀지와 같이 흡수력이 있고, 빵 반죽 같이 탄력이 있는, 검은빛을 띤 표토가 필요하다. 그런데 이 표토가 모두 사라져버린 것이다. 시어스는 '모래바람과 홍수는 인간을 공격하기 위해 연합한 거대한 힘의 전조일 뿐'이라고 경고했다. 그리고 아직 때가 늦지 않았으니 유럽식 농법을 적용해, 땅을 착취하지 말고 돌보아야 한다고 주장했다.

시어스가 말하는 유럽식 농법이란 무엇인가? 18세기의 영국 과학자가 권장한 윤작이 바로 그것이다. 미국의 경우에는 모든 농과대학에서 윤작에 대해 가르치고 있다. 그러나 농부들은, 대농장주이든 소작농이든 이 방법을 사용하지 않았다. 무자비한 쟁기질뿐 아니라 계속해서 한가지 종류의 곡식만을 심는 단식농법 역시 토양을 건조하게 만들고 침식을 심화시켰다. 1934년 이전에도 미주리 주의 농학자들은, 유럽에서 하는 것처럼 밀과 옥수수와 토끼풀을 돌아가면서 심을 경우 홍수로 소실되는 땅이 연평균 3톤 정도 될 것이라고 계산해냈다. 그러나 밀만 계속해서 경작할 경우 10톤의 흙이 침식될 것이며 옥수수만 경작할 경우 20톤에 이를 것이라고 했다. 적절한 방법으로 윤작을 시행할 경우 미주리의 농지들은 375년간 경작이 가능할 것이라고 통계학자들이 계산해냈다. 그러나 계속해서 밀만 경작할 경우 단지 100년만 경작이 가능하고 옥수수만 심을 경우 그 기간이 50년으로 단축된다고 했다.

18세기에 아서 영을 비롯한 토지개혁가들이 윤작을 권장했을 때, 그들의 목적은 토지를 비옥하게 하는 것이었다. 그들은 윤작으로 토지의 화학적 성질뿐만 아니라 물리적 성질까지 보존할 수 있다는 것을 미처 생각하지 못했다. 흙이 산산이 부서지는 것을 방지한 것이 바로 윤작이었다. 스위스의 농업 전문가 한스 제니는 미주리의 토양 속에 함유된 부식질과 질소의 양이 35% 가량 줄어든 상태라고 진단했다. 바람에 의해 표토가 날아갈 무렵에는 농사가 거의 불가능할 정도로 토질이 나빠져 있었다. 이러한 현상은 미주리뿐만 아니라 다른 곳에서도 나타났다. 미국의 경작지 중 3분의 1 가량이 불모지로 변해가고 있었다.

또 다른 권위자인 달링은 상황을 보다 비관적으로 보았다. 미국이 지금껏 해온 대로 땅을 계속 착취할 경우 35년 후에 기근이 닥칠 것이라고 예언했다. 인구증가 곡선과 경작 가능한 토지의 하강곡선이 1960년에 서로 만나게 될 것이며 그때는 미국인 한 사람당 식량생산의 면적이 2.5 에이커에 불과할 것이라고 했다. 이 정도면 거의 중국과 비슷한 조건이다. 미국이 1백 년 이상 집약적인 농업으로 토지를 파멸로 몰아넣었다는 것이 달링의 경고였다.

＊　　　＊　　　＊

먼지태풍이 기승을 부리고 홍수로 인해 표토층의 흙이 쓸려 내려가서 전문가들이 개탄하고 있을 때, 옷깃을 세운 한 남자가 워싱턴의 농무부에서 걸어나와 이 모든 소란과 격정을 멈출 것을 요구했다. 그가 바로 농무부 장관 헨리 월리스였다. 그의 아버지는 농부이자 목사였다. 따라서 그의 가족은 속세의 피조물을 재배하고 판매하는 것에 관여했지만, 동시에 그 일에 대해 보다 고상하고 기독교적인 측면을 존중했다.

이 무렵에 헨리 월리스는 '보다 적은 땅에서 보다 많은 수확을'이라는 슬로건을 치켜들었던 20대 때와는 전혀 다른 모습을 하고 있었다고 폴 크뤼프는 묘사하고 있다. 실용적인 농부이자 유능한 원예학자였던 이 목사의 아들은 인간이 땅에 대해 죄를 지었다는 것을 깨닫고 있었다. 사람들은 과로에 시달리는 땅을 하인처럼 혹사시켰다. 안식일도 주지 않았다. 월리스와 동료들은 미국의 농업을 제한할 필요가 있다고 오랫동안 주장해 왔으며 경작지의 일부를 농사짓지 못하게 묶어두는 법안을 통과시켰다. 휴경지의 면적도 점점 늘려나갔다. 수년 전부터 월리스는 양분이 고갈된 땅으로부터 마지막 한 자루의 밀까지 쥐어짜는 것이 농부들에게 도움이 되지 않는다는 것을 목격해왔다. 농부들의 수입이 감소하는 것은 이미 피부로 느낄 수 있었다. 보다 덜 집약적인 농법으로 되돌아갔다면 생산비용을 줄일 수 있었을 것이다. 1934년에 농무부는 4백만 에이커의 경작지를 초원으로 만들겠다고 발표했다. 하지만 이것은 단지 생산과잉을 막고 곡물 가격을 떠받치기 위한 조치만은 아니었다. 위험한 상황을 예감한 월리스가 근본적인 '물리적 사실들'을 보았던 것이다.

정부는 땅의 일부를 풀밭이나 목초지로 만들고자 하는 농부들에게 지원을 약속했다.

밀의 나라가 초원의 나라로 되돌아가려는 이유가 무엇이었을까? 초원의 풀들은 흙을 잡아두는 역할을 한다. 설사 태풍이 지나간다 해도 풀밭의 흙이 죽음의 먼지가 되어 이웃의 들판에 떨어질 수는 없었다. 경작지의 일부를 따로 떼어 경작을 금한 것은 순전히 경제적인 필요성 때문이다. 이제 농업을 계획함에 있어 가장 중요한 요소로 떠오르는 것은 토양의 보존이었다. 나무와 풀뿌리는 바람이나 홍수로부터 흙을 보호한다. 이제 모든 밀밭은 초원과 숲의 띠로 둘러싸이게 되었다. 어디선가 본 광경이 아닌가? 이것은 바로 유럽의 경치를 미국에 심어놓은 것이었다.

다채로운 경치는 사람들에게 커다란 시각적 즐거움을 제공했다. 호수와 숲과 언덕의 가운데에 밀밭이 물결치고, 그 사이로 점점 좁아지다 사라지는 수로와 길이 있었으며, 늪이 어두운 빛을 뿜어냈다……. 왜 이러한 모습을 갖게 되었으며 왜 이러한 모습이 아름다운 것일까? 화가라면 누구든지 "당연히 그러한 모습이어야 한다. 왜냐하면 그것이 자연 본연의 모습이니까"라고 대답할 것이다. 오랫동안 화가들이 막연히 생각해왔던 '아름다운 경치'란 아마 생물학적으로 올바른 요소들이 적절한 비율로 들어간 경치였을 것이다. 확실히 데메테르는 곡물이 자라는 밭을 가꾸기 위해 오래전부터 자리잡고 있던 다른 요소들을 희생시켜야만 했다. 숲과 호수, 평원 등을 말이다. 그러나 그중 어떤 요소도 지나치게 강해져서 다른 요소들을 쫓아버려서는 안 된다.

우리는, 땅이 살아있는 생물이라고 한 레오나르도 다빈치의 일기를 읽었다. 바위는 뼈고 식물은 털이고 물은 피다. 이것은 시적인 과장이 아니라 가장 순수한 현실이다. 땅은 온몸에 피가 흐르는 살아있는 피조물이다. 땅의 각 부분은 다른 부분들과 손을 잡고 춤을 춘다. 땅에서 자라나는 모든 것들은 토양의 물과 기후, 공기 그리고 땅 자체에 의해 서로 결합하게 된다. 모든 것은 서로 투쟁하거나 서로 기운을 북돋아준다. 예술가라면 '조화'라고 부를 것이고 일반인이라면 '균형'이라고 부를 만한 어떤 신비스러운 법칙에 의해 어떤 것도 다른 존재 없이 홀로 존재할 수 없다.

토지를 경작하는 데 있어서, 밀밭도 포함하여, 어느 한 가지 경치만이 우세해서는 안 된다. 폼페이에서 해적 퇴치용 전함을 만드는 데 나무가 필요하다거나 1940년의 뉴욕에서 신문을 더 많이 찍어내기 위해 나무를 베어야 한다는 등의 이유는 중요하지 않다. 어떤 상황에서든 삼림을 지나치게 훼손하는 것은 자연의 법칙에 위배되는 범죄 행위이다. 숲은 우리가 들이마시는 공기를 제공한다. 또한 대기는 무수한 나뭇잎의 세포로부터 수분을 얻으며 이러한 수분이 없으면 대지는 결실을 맺을 수 없다. 사람들은 이 사실을 알고 있다. 그러나 그 외에도 우리가 몰랐던 사실들이 얼마나 많은가. 늪의 기능을 예로 들 수 있다. "물웅덩이는 말라리아를 일으키는 모기들의 온상이다. 흔적도 남지 않게 모조리 없애버려야 한다!"고 사람들은 말한다. 그러나 스위스의 농학자 에렌프리트 파이퍼는 저서《농업에서의 생체동역학》에서 물웅덩이가 주변의 평원에 수분을 공급하는 역할을 한다고 밝힌 바 있다. 가뭄이 들었는데도 이슬이 맺히는 것은 바로 이 물웅덩이 때문이다. 기술시대의 이상을 좇아 늪지대를 몇 에이커의 경작지로 개간하는 것이 무슨 소용이 있겠는가? 그렇게 함으로써 잃는 것은 무엇이고 얻는 것은 무엇이겠는가? 신중하게 저울질해볼 필요가 있다.

전체의 생명을 유지하는 데 있어서 각 부분은 생물학적 중요성을 지니고 있다. 모든 것에 알맞은 때가 있듯이 모든 것에는 알맞은 장소가 있다. 그 알맞은 장소로부터 억지로 떼어놓아서는 안 된다. 바로 그 자리에서만 제 역할을 할 수 있기 때문이다. 초원의 풀들을 그대로 두자. 그걸 모조리 쟁기로 파 엎어서는 안 된다. 이것이 바로 엄청난 모래바람과 홍수로부터 얻은 교훈이다. 데메테르는 단지 곡물의 여신이 아니라 자연에서 생장하는 모든 것의 여신이라는 점을 기억해야 할 것이다. 여신은 스스로를 보호하며 인간의 국가에 경고를 내린다.

            *   *   *

미국인들은 새로운 기술을 배워야 했다. 뭔가를 배우는 것은 미국인들에게는 언제나 즐거운 일이었다. 도시인들은 놀라움 속에서 검은 먼지의 맛을 보고는 그 원인을 알게 되었다. 원인을 알게 되자 그 원인을 제거하려고 노력했다. 정부는 각 학교를 통해 재앙의 원인을 알렸으며, 해마다 3억 톤의 비옥한 흙이 미시시피강을 통하여 영원히 바다 속으로 사라져버린다는 사실을 어린애들조차 알게 되었다. 침식작용과의 싸움은 전 국가적인 목표가 되었다. 수백만 명의 사람이 재산을 잃었지만 강한 의지와 아무도 꺾을 수 없는 낙관주의는 재앙에 도전장을 던졌다. 토양 보존을 담당하는 부처가 정부조직 내에 신설되었다. 엄청난 지식과 엄청난 자금을 가지고 있었다. 새롭게 진보한 기술로 과거의 오류를 고칠 수 없을까?

일단 잘못이라는 것이 드러나면, 그것을 솔직하게 시인하고 미래에는 다시 되풀이하지 않겠다고 결심하는 것이 미국인들의 타고난 재능인 듯하다. 루스벨트는 1937년 6월 3일 역사적인 국회연설을 통해서 과거와 같은 위험이 다시 발생할 수 있음을 각성시켰다. "자연은 태풍, 홍수, 가뭄 등을 통해 우리에게 매우 통렬하게 경고해 왔습니다. 우리 자신과 후손을 위해서 자연을 생명력 있는 상태로 유지하기 위해서는 시간이 있을 때 서둘러서 조치를 취해야 할 것입니다."

"국가의 토지를 신중하게 운영하기 위해서는 장기적인 안목을 가지고 관리할 필요가 있음이 연구결과에 의해 드러났습니다. 홍수와 가뭄, 먼지바람 등은 자연의 관대함을 과용하는 우리의 행위를 더 이상 두고보지 않겠다는 자연의 의지를 천명하는 징후가 분명합니다."

　그는 사실 이미 지나간 일에 대하여 말하고 있었다. 이미 곳곳에서 숲
이 조성되고 관목 울타리가 자랐으며 물의 흐름을 조절하기 위해 계단
식 장치가 마련되었다. 사람들은 풀의 씨를 뿌리고 초원은 다시 초록색
의 카펫으로 덮였다. 칼 샌드버그가 묘사한 정복자가 "나는 풀이다. 나
는 어느 곳이든 덮어버린다"고 말한 것처럼. 토지를 태고의 침상에 데려
다 누이기 위해 많은 사람들이 지성과 수고를 아끼지 않았다.

빵, 건강, 사업 그리고 인간의 영혼

　　빵이 지혜를 가져다준다.

　　　　　　　　　　　　　　　　－ 이탈리아 속담

　기계가 자연에 가한 폭력은 농업에만 국한된 것이 아니었다. 영양 측
면에서도 기계의 폭력성이 드러났던 것이다. 과학자들은 현대적인 제
분 방법이 사람들의 건강에 좋지 않은 영향을 준다는 것을 알게 되었다.

　도대체 뭐가 잘못된 것일까? 제분기야말로 인간이 사용하는 모든 도
구들 중에서 가장 훌륭한 것이고 그런 점에서 에밀 베르하런의 시는 격
찬을 받아 마땅한 것이 아닌가?

　제분기는 우리의 창이요 칼이다.

우리를 파멸시키려는 모든 것들

추위와 홍수의 마수,

하늘을 찢는 바람에 맞서 싸우는.

그러나 이러한 명백한 진실에도 불구하고 사람들이 발명한 제분기는 부수어서는 안 될 것들까지도 부수어 버렸다.

미국에서 과학적 의견이 대중에게 퍼져나가는 속도는 가히 놀랄 만하다. 중세의 미신들이 그랬던 것처럼 그야말로 번개와 같은 속도로 퍼져 나가는 것이다. "우리의 식습관에 문제가 있다" 또는 "우리가 먹는 음식은 잘못된 것이다"라고 누군가가 주장하면, 모두가 놀라서 경계하기 시작한다. 식품산업에 투자된 엄청난 자금은 나날이 엄청난 이익을 가져오고 있다(그러므로 신규자금이 계속 만들어진다). 그러나 바로 그러한 점이 사람들의 의심을 증폭시키고 있다. 수백만의 소비자들은 이제 자신이 먹는 식품의 보호자가 될 수밖에 없었다. 현대인들은 단지 배를 채우기 위해 먹는 것이 아니라 건강을 위해 먹는다(이것은 완전히 새로운 현상이다).

그러한 이유 때문에 1차대전이 끝난 후 미국인들은 자신들이 먹는 빵에 대해여 진지하게 생각하기 시작했다. 우리가 먹는 빵은 어떤 빵일까? 그것은 궁극적으로 모두에게 필요한 것이라고 파르망티에가 묘사한 빵, 밀기울이 섞이지 않은 빵이었다. 파르망티에는 그런 빵이 없다는 사실이 수많은 사회적 불행을 초래했다고 말했다. 그는 사람들이 빵이 아닌 밀기울을 먹었기 때문에 계속해서 배가 고플 수밖에 없었다고 말했다. 당시에는 밀기울을 피할 도리가 없었다. 밀기울을 제거할 수 있는 기계가 없었기 때문이다(라브와지에가 낙후된 제분소에 대해 이야기한 일이 있다).

그러나 전술한 바와 같이, 1830년에 뮐러와 슐츠베르거가 현대적인 제분기를 만들어냈다. 현대의 제분기는 자기(磁器)와 강철로 만든 7쌍의 롤러로 이루어져 있다. 첫 번째 쌍의 롤러는 서로 상당히 넓게 떨어져 있어 낱알을 으깨고 배아(胚芽)와 유분을 분리시킨다. 그 다음 롤러는 미들링* 을 제거하여 따로 떼어놓고(페이턴트 밀가루를 만들기 위해), 마지막으로 가장 간격이 좁은 롤러는 밀알의 전분 부분을 분쇄하여 흰 밀가루를 만든다. 쉽게 상하는 배아 부분을 제거하고 수분을 흡수하는 성질을 가진 밀기울을 제거함으로써 밀가루의 보존성이 향상된다. 스위스 제분기 또는 헝가리 제분기라고 불리는 이 제분기는 1880년대에 미네아폴리스의 제분산업에 일대 혁명을 일으켰다. 워스번사나 필즈버리사 같은 회사는 전 미국을 흰 밀가루로 뒤덮었다.

당시에는 연질(軟質) 밀을 제분하는 것이 밀 제분의 전부였다. 북쪽에서 나는 가을밀을 제분하는 데는 실용성이 떨어졌다. 밀이 너무 딱딱해서 제분기의 돌이 금방 상해버렸기 때문이다. 그러나 지금은 그것이 가능해졌다. 대규모의 제분회사들은 동쪽과 서쪽으로 철도의 확장을 추진했다. 동쪽으로는 소비자들에게 제품을 공급하기 위해서, 서쪽으로는 생산지에서 나온 밀을 실어 나르기 위해서였다. 1903년 이후로는 모든 제분소가 하나 둘씩 버펄로 지방으로 몰려들었다. 그것은 나이아가라 폭포의 유혹 때문이었다. 그들은 이 엄청난 급류의 힘을 제분기를 돌리는 데 이용하고자 했던 것이다. 필리스티아인들이 삼손에게 물레방

---

* 밀을 롤러로 분쇄해서 순화기(purifier)로 밀기울을 제거한 뒤 남은 밀의 알맹이.

아를 돌리게 했듯이.

사람들은 진보를 이루어냈다. 1875년에 찰스 개스킬은, 호레이스 데이가 나이아가라의 에너지를 이용하기 위해 만들어낸 수력시스템을 밀가루 제분기에 연결시켰다. 흰 갈기를 휘날리며 전기 춤을 추는 5백만 마리의 말들이 미국 전역의 밀을 전부 갈아 버릴 듯한 기세였다. 폼페이의 방앗간에서는 두 마리의 작은 말이 빙빙 돌면서 밀을 빻았는데 사람들이 엄청난 진보를 이루어낸 것이다.

양적으로 그러한 진보가 있었다면 질적인 면에서는 어떠한가? 제분소들이 계속해서 거대한 힘의 중앙으로 나아가던 무렵인 1920년대에 누군가의 외침이 들려왔다. "당신들은 밀을 죽이고 있다." 예전에 두 개의 돌로 밀을 갈 때는 밀알의 모든 요소들, 밀기울, 전분, 배아를 모두 한데 섞어서 갈았다. 그러나 진보된 제분 과정에서는 밀기울과 배유가 제거된다. 그렇게 만들어진 빵이 무슨 영양가가 있겠는가? 밀기울은 무기질을 함유하고 있고 배유는 필수 비타민 B1의 주된 공급원인데……. 수백 명의 의사들이 이러한 문제를 제기하기 시작했다.

빵이 높은 열량을 갖는다는 것은 사실이다. 밀을 생산하고 제분하는 과정에서 수많은 기술적 진보가 이루어졌음에도 불구하고 빵의 열량가치는 파운드당 1천2백 칼로리, 온스(28.35g)당 75 칼로리이다. 그리고 빵은 값이 싸다. 1온스의 빵이 75 칼로리의 열량을 갖는데, 사실 같은 열량을 가지면서 1온스의 빵보다 값이 더 싼 식품은 찾아보기 어렵다. 현대과학은 모세, 예수, 솔론, 플라톤 등이 이미 알고 있었던 사실들을 입증하고 설파하는 데 힘을 기울였다. 배고픔을 달래주고 힘을 공급함에 있어 빵보다 뛰어난 식품이 없다는 것을 말이다. 그러나 1920년경에는 미국의 1인당 빵 소비량이 5분의 1 이상 줄어들었다. 미국인들은 빵 대신 야채, 과일, 주스 등 비타민이 풍부한 다른 음식을 찾게 되었다. 고도로 제분되고 정제된 밀가루가 나쁘다는 선전에 의해 이러한 경향은 더욱 심화되었다.

먹는 것에 신경을 많이 쓰는 미국인들은 통밀빵을 먹기 시작했다. 강력한 광고 캠페인은 통밀빵만이 조부모들 시대에 먹던 '돌로 간 밀가루' 빵과 같은 영양가를 지니고 있다고 설파했다. 조부모들이 먹던 밀가루에는 밀이 함유한 티아민(비타민 B1)의 60%가 들어 있는 것으로 추정되었다. 그러나 곧 흰 밀가루가 예전의 자리를 되찾아가기 시작했다. 제분업자들이 잘못 잡은 방향을 제빵사들이 바로잡았던 것이다. 쉽지는 않았다. 연방식품위원회에 책 세 권에 해당하는 방대한 자료를 제출한 끝에 관료들을 설득할 수 있었다. 그러나 이후로는 화학자들의 도움을 받아 잃어버린 티아민을 빵 반죽에 첨가할 수 있게 되었다. 콜롬비아 대학 교수 헨리 크랩 셔먼은 제분과정에서 손실된 영양소를 보충할 수 있는 방법들을 고안해냈다. 탈지유 분말, 비타민이 풍부한 이스트, 밀의 배아 등을 밀가루 또는 빵 반죽에 첨가하고 제빵과정에 비타민과 무기염을 넣어주는 것이었다. 미국에서 한 해 동안 구워내는 1백5십억 덩어리의 빵에 영양소를 보충해주기 위해 이러한 방법들이 사용되었다. 〈베이커스 위클리〉지는 이렇게 결과를 요약하고 있다. 1941년 10월 30일, 판매된 빵의 30%가 영양소가 강화된 빵이었고 1942년 6월에는 55%, 1943년 1월에는 75%였고 마침내 전시 국민보건정책의 일환으로 모든 흰 빵에 대한 영양소 강화를 의무화하는 규정이 정부에 의해 만들어졌다(물론 통밀빵은 그럴 필요가 없었다). 법령의 규정에 따르면, '영양소 강화 빵'

이란 강화 밀가루를 사용하여 만든 빵 또는 '보통 밀가루로 만들 경우 빵을 반죽할 때 동량의 성분을 첨가한 빵'이다.

1941년, 컨티넨탈 베이킹 컴퍼니사에서 수행한 실험으로 밀의 제분에 혁명을 일으키는 방법이 개발되었다. 얼(Earle) 공정이라고 불리는 이 방법은 (밀의 겉껍질만 벗겨내고 쓴맛을 제거하는 방법) 비타민의 75% 가량이 보존되도록 하는 획기적인 기술이었다. 이 발견은 갈색 통밀가루나 비타민을 제조하는 업체에 타격을 가했다. 이 싸움은 지금도 격렬하게 계속되고 있다. 통밀가루와 강화 밀가루 사이에서 벌어지는 상업적, 과학적 측면에서의 경쟁은 아직 승패가 결정되지 않았다. 이 전쟁에서 이득을 보는 것은 바로 소비자들이다. 양측 모두 소비자들을 위해 고군분투하는 셈이다. 1673년 파리대학에서 벌어진, 팡모레와 시골에서 먹는 질긴 빵 중에 어느 것이 더 영양이 풍부한지에 관한 '이스트 논쟁' 이래로 소비자들은 계속 이익을 얻어왔다. 경쟁은 제빵사로 하여금 더 좋은 빵을 만들게 했다. 가발을 쓰고 다니던 시절에 파리에서 벌어진 경쟁은 단지 말싸움에 지나지 않았지만 미국에서 벌어지는 양측의 경쟁은 소비자들을 잡기 위한 엄청난 광고의 전쟁이었다.

＊　　　＊　　　＊

빵의 역사에서 두 세계대전 사이의 기간은 '위생의 시대'라 할 만하다. 이 용어는 반어적인 냄새를 풍기고 있다. 루스벨트 대통령이 미국 농업의 미래에 대한 연설을 한 지 1년 뒤, 히틀러는 모든 유럽 국가들을 침략해서 인공적인 기근으로 온 나라들을 포위하려고 시도했다. 이런 상황에서 빵의 가장 이로운 성분들을 보존하기 위해 새로 발견된 방법들이 무슨 소용이 있겠는가? 그러나 리비히가 말한 대로 전쟁은 부수적인 사건일 뿐이다. 진보는 전쟁을 지나치거나 돌아서 간다. 건강에 좋은 빵을 만들기 위한 성취가 헛될 수는 없다.

　위생적인 측면은 빵이 발명된 이후부터 주요 관심사였을 것이라고 생각하기 쉽다. 그러나 사실은 그렇지 않다. 1886년 에밀 베르하렌은 자신의 첫 번째 시집《플랑드르의 여인들(Les Flamandes)》에서 벨기에의 빵 굽는 방식을 현실적으로 보여주고 있다.

> 하녀가 일요일에 먹을 빵을 만들고 있다.
> 가장 신선한 우유와 가장 좋은 밀가루로,
> 양미간을 찌푸리고, 소매를 팔꿈치 위로 걷어붙이고,
> 흐르는 땀은 소매를 적시고 반죽통으로 떨어진다.
>
> 손에서, 허리에서 열기가 뿜어져 나온다.
> 꽉 죄는 조끼 때문에 목에는 맥박이 뛰고
> 밀가루가 하얗게 묻은 주먹으로 반죽을 두드려
> 여인의 가슴처럼 둥글게 빚어낸다.
>
> 격렬한 열기가 달아오르고 석탄은 빨갛게 빛난다.
> 쟁반 위에 놓인 네 개의 부드러운 덩어리를
> 둥근 지붕의 오븐이 널름 삼켜버린다.

그러자 불길이 갑자기 솟아올라 모든 것을 삼켜버린다.

뜨겁고 빨갛고 커다란 불꽃이 여러 마리의 사냥개처럼

뛰어올라 하녀들의 얼굴로 달려든다.

빵을 만드는 데 있어 위생적인 면은 전혀 고려되지 않았다. 베르하렌
의 소녀들이 빵을 굽는 방식은 수천 년 전에 그리스의 하녀들이 빵을 굽
던 방식과 똑같다(루브르박물관의 테라코타에 그려져 있듯이). 이마에
서 흐르는 땀은 인간의 노동을 치하하기 위해 신이 보낸 장신구라고 성
경에 나와 있다. 땀은 또한 빵반죽을 만드는 데 좋은 재료일지도 모른
다. 인간의 땀은 염화나트륨을 다양한 농도로 함유하고 있다. 뿐만 아니
라 요소, 요산, 젖산, 포름산, 부티르산, 카프릭산 등……. 수천 년에 걸
쳐서 이러한 물질들은 빵에 존재해왔다. 그렇다고 해서 빵 맛이 나빠진
건 아니었다.

그러나 1920년대에 들어서자 빵 굽는 방법은 베르하렌이 젊었던 시절
과는 딴판이었다. 제빵소에 기계가 들어와서 사람의 손을 대신하게 되
었다. 조셉 헤르게쉬머의 소설《빵》은 세계 제1차세계대전이 끝나갈 무
렵의 미국 제빵산업을 묘사하고 있다.

다음날 아침 어거스트 턴불은 턴불 베이커리로 차를 몰고 들어갔다.
빵집은 벽돌로 둘러싸인 직사각형 건물이었다. 사무실이 전면에 있었
고 마당은 육중한 배달 트럭들이 내는 소음으로 가득했다. 각각의 트럭
에는 새로운 전시 빵을 선전하는 임시 라벨이 붙어 있었다. 그 광고에
는 다음과 같은 애국적인 문구가 들어 있었다. "밀로 전쟁을 이기자!" 그

는 언제나 그렇듯 거대한 빵 쟁반의 힘과 그의 능력으로 생산해낸 제품의 엄청난 흐름에 매혹되었다. 빵 덩어리들은 위생적인 종이봉투에 하나하나 담겨서 운반되고 있다. 대중적 인기를 끌고 있는 미신인 '위생'은 그의 성공에 기여한 요소들 중 하나였다. 그는 자기 자신이 거대한 세력가, 온 도시의 삶을 지탱하는 곡물창고가 된 듯한 상상에 빠지는 것을 좋아했다. 수천 명의 사람들이 남녀노소를 불문하고 그의 빵 덩어리들을 기다리고 있었다. 자신의 빵을 사기 위해 사람들이 고생하고 있다고 생각하면 그는 기쁘기 짝이 없었다.

이것은 이야기의 주인공인 못마땅한 인물에 대한 풍자이다. 하지만 '대중의 인기를 끌고 있는 미신, 위생'은 풍자가 아니었다. 1913년 공장조사위원회가 뉴욕의 빵집들에 대한 철저한 조사를 벌였을 때, 위생이 형편없는 수준이라는 사실이 명백하게 드러났다. 거의 2천4백 개에 이르는 빵집들이 임대료가 싸다는 이유로 지하실에 자리 잡고 있었다. 프라이스 박사를 단장으로 하고 6명의 의사들로 이루어진 위원회는 그 지하 작업장에 고용되어 있는 8백 명 제빵사들의 건강상태를 검진했다. 그 결과 453명이 질병에 걸려있는 것으로 드러났다. 32%가 결핵, 류머티즘, 빈혈, 성병 등을 앓고 있었으며, 26%는 만성 카타르성 질병에, 12%는 안과질환에 걸려 있었다. 또한 7%는 '제빵사의 가려움증'이라고 불리는 습진으로 고생하고 있었는데 이것은 중세시대부터 제빵사들의 직업병으로 알려져 왔다. 뭔가 개혁이 필요했다. 그러나 사람들의 노동력으로 꾸려나가는 소규모 사업체에서는 그러한 위생상의 개혁이 이루어지기 힘들었다. 대규모 사업체들만이 필요한 조치를 취할 수 있었다.

물론 대규모의 제빵회사들이 생겨난 것은 위생적인 동기에 의한 것이 아니었다. 그것은 경제논리에 의한 것이었다. 2만 개의 소규모 업체들이 탄광산업을 이끌어나갈 수 없다는 것은 경제의 법칙이었다. 소규모 업체를 가지고는 석탄에 대한 엄청난 수요를 충족시킬 수 없었다. 제빵 산업에서도 그와 같은 법칙이 작용했다. 물론 그 법칙은 석탄의 경우처럼 절대적인 것이 아니다. 수천 년 동안 제빵업은 가내수공업 형태로 유지되어 왔다. 오늘날에도 시골 마을이나 소도시는 유능하게 일을 처리하는 몇몇 작은 빵집들이 마을이 필요로 하는 모든 빵을 공급하고 있다. 그러나 인구가 수백만 명에 이르는 거대 도시, 뉴욕, 런던, 레닌그라드에서는 손수 빵을 만들어 파는 작은 빵집들이 빵공장에 의해 밀려나고 말았다. 이제 제빵 기술자 개인이 아니라 일개 대대의 트럭을 가지고 매일 아침 소매점에 빵을 실어 나르는 제조업자들이 빵을 공급하게 되었다.

　현대적인 대도시의 빵 소비량은 엄청났다. 1924년 컨티넨털 베이킹 컴퍼니사가 운영하는 106개의 빵집은 3백만 배럴의 밀가루, 6천만 파운드의 설탕, 1천만 파운드의 계란, 2천5백만 파운드의 우유, 1천1백만 파운드의 소금, 175만 파운드의 쇼트닝, 9백만 파운드의 이스트를 소비했다. 이러한 대규모 소비는 예전처럼 수공업으로 운영되는 빵집에서는 볼 수 없었던 문제점을 야기했다. 상해서 버려지는 빵이 너무 많았던 것이다. 빵은 쉽게 변질되는 식품이다. 물리적 측면뿐 아니라 상업적 측면에서도, 소비자들은 하나같이 갓 구워낸 빵과 오래된 빵 가운데 갓 구워낸 신선한 빵을 골랐다. 그런데 제조업자 입장에서는 어떤 날 빵이 몇 덩어리나 팔릴지 정확하게 추정하는 것이 불가능했다. 1923년 스탠클리프 데이비스와 윌프레드 엘드레드는 스탠포드 대학 식품연구소의 연구과제로 변질된 빵의 손실을 조사했다. 두 연구자 모두 빵공장들의 평균 손실이 총 생산량의 6~10%를 차지한다고 보고했다. 이 비율이 25%에 이르는 이례적인 경우도 있었다. 대규모 제빵회사들이 소매상들과 확정계약을 맺고 있지 않아서 상황은 더욱 복잡했다. 소매상들은 팔지 못한 빵들을 반품시켰다. 따라서 오래되었지만 아직 먹을 수 있는 빵들이 새 빵을 구워내기 위한 땔감으로 쓰이는 일이 벌어졌다! 미연방 식품청은 소매상에서 반품되어 손실되는 빵을 밀가루로 환산하면 '연간 최고 6십만 배럴'에 이른다고 추정했다. 돈으로 환산하면 몇백만 달러였다. 세계 제2차대전이 발발한 후에 정부가 가장 먼저 취한 조치는 오래된 빵의 반품을 금지한 것이었다. 빵은 신선한 것이든 오래된 것이든 사람들이 먹도록 만들어진 것이니만큼 그 외의 다른 용도로 사용되는 것은 경제적 죄악이자 도덕적 죄악이라는 것이었다.

어쩌면 우리 자식이나 손자 대에는 변질된 빵이 뭔지 모르게 될지도 모른다. 한 자루의 빵을 가난한 사람들에게 나누어주지 않고 놔두었다가 상하게 만든 중세의 '구두쇠'에 대한 전설도 이해할 수 없을지도 모른다. 왜냐하면 빵이 변질되는 것은 화학적인 현상으로 언젠가는 틀림없이 극복될 것이기 때문이다. 예전에 화학자들은 빵이 변질되는 주된 이유가 수분의 손실 때문이라고 생각했다. 1919년 오스발트의 실험은 전분의 함량이 빵의 변질에 중요한 역할을 한다는 사실을 밝혀냈다. 화학자들이 도출한 최종 결과로 단계를 설정할 수 있다면 그 과정을 수정할 수 있을 것이다. 오스발트는 부패하여 끈적끈적해진 전분이 열에 의하여 이전의 신선한 상태로 되돌아갈 수 있다는 것을 발견했다. 이것은 매우 중요한 발견이었다. 그러나 제빵업계는 이 연구에 큰 관심이 없었다.

그들이 원한 것은 상품의 빠른 유통이었다. 빵을 보존식품으로 만드는 것은 그들에게 이로울 것이 없었다. 그러나 긴급한 전쟁 상황은 상업적인 동기로 간과했던 측면을 개선시키기도 했다. 나폴레옹의 시대에 스위스인 아페르는 과일을 가열한 다음 공기가 통하지 않게 병에 넣고 밀봉하여 보관하는 방법을 발견해냈다. 거추장스러운 야전 제빵소를 설치하지 않더라도 얼마든지 전쟁을 수행할 수 있는 방법을 누군가가 고안해낼 것이 분명하다.

병사들은 질 좋은 빵을 원했다. 그리고 제2차세계대전 기간 동안 정글이나 사막 같은 혹독한 환경 속에서도 병사들을 위해 질 좋은 빵을 만들어 냈다. 그러나 이런 어려움을 감수해야만 하는 것일까? 보다 나은 조건에서 미리 구운 빵을 가져갈 수는 없는 것일까?

이 문제는 아직 해결되지 않았다. 사실은 해결되지 않았는지조차 확실하지 않다. 1942년 11월, 이집트 엘알라메인 지방에 주둔한 영국군 제8사단에게 붙잡힌 독일군 포로들은 '몇 달 전에 뮌헨에서 구웠으나 여전히 신선한 빵'을 가지고 있었다는 보도가 발표된 적이 있다. 이 이야기는 사실이 아닐지도 모른다. 그러나 이것은 미래에 있음직한 일에 대한 전조라고도 볼 수 있다.

*　　*　　*

미국에서, 빵도 대량생산 품목이 될 수 있다는 사실을 가장 먼저 인식한 사람은 워드였다. 워드는 미국 제빵업의 실제적인 창시자라고 할 수 있다. 그는 '제빵 역사의 나폴레옹'인 것이다. 1849년 뉴욕에서 작은 공장을 차린 워드 일가는 1912년에는 동부 및 중서부에 3천만 달러 가치의 제빵업체를 운영하게 되었다. 1924년 워드는 컨티넨탈 베이킹 컴퍼니사를 설립하였고 이 회사는 계속 회사들을 인수해 나갔다. 회사 설립 후 6개월 동안 20개 이상의 사업체들을 인수했다. 그 다음 제네럴 베이킹 코퍼레이션사를 합병하기 위해 2십억 달러의 기금을 조성했다. 이제 이 공룡기업은 전체 제빵업계를 완전히 통제할 수 있게 되었다. 워드는 이타주의의 신봉자임을 자청했다. 그는 '인간 생명의 핵심'을 지배함으로써 "종국에는 모든 미국인들이 적정 가격에 양질의 빵을 먹는 즐거움을 누리고, 모든 아이들이 건강하게 태어나서 무사히 학교에 가고, 신체적으로나 정신적으로나 건강한 미국 시민으로 성장하도록" 만들고 싶다고 말했다. 그러나 그 무렵에 정부가 개입했다. 이 새로운 제빵회사가 독점기업이 되어 모든 경쟁을 억압할 것이라는 점이 분명해 보였기 때문이다. 이것은 반독점법에 위배되는 일이었다.

1929년 워드가 죽었을 때, 그는 그 원대한 계획을 달성하지 못했다. 그러나 대규모 제분업자들의 간담을 서늘하게 만드는 데는 성공했다. 만일 일단의 자본가들이 통일된 관리 체계하에서 모든 제빵업계를 운영하면 제분업계는 그들이 제시하는 가격에 밀가루를 팔 수밖에 없다. 이것을 방지하기 위해 이번에는 제분업자들이 제빵회사들을 사들이기 시작했다. 1931년 골드 더스트 코퍼레이션사와 스탠다드 밀링사는 거의 2천 년 동안 전례 없는 일을 시도했다. 그들 사업의 재정적 이익을 제빵판매업의 이익과 일치시켰던 것이다. 로마제국 이래로 제분업자와 빵 가게 주인은 분리되어 있었다. 그런데 이제 하나로 합쳐지려 하고 있었다.

워드의 계획은 재미있는 사실을 보여준다. 오늘날 미국에서 (그리고 세계 모든 나라에서) 광고의 가장 주된 속임수는 '건강'을 내세우는 것이다. 이것을 완전히 위선이라고 말하는 것은 섣부르다. 그러나 위생은 어디까지나 부수적인 것임에도 불구하고 현대산업 발전에서 중요한 역할을 해왔다. 건강을 증진시킴으로써 제빵산업은 자신에 대해 속죄하려고 하는 것이다. '사람 손이 닿지 않은 빵'이라는 사실은 제빵산업의 가장 중요한 요소였다. 이것은 사실 무수히 많은 잠재적 노동자들을 쫓아내는 것을 의미한다. 그러나 슬로건 자체는 그리 나쁘게 느껴지지 않는다.

'제분기에서 사람의 입까지' 다른 사람의 (균이 묻어있는) 손이 닿지 않고 빵을 만든다는 아이디어는 실제로 이루어져 전 제빵과정이 기계화되었다. 빵을 반죽하는 최초의 기계는 유명한 아라고가 프랑스 아카데미에서 1850년에 시연했다. 그것은 차라리 귀신이 북을 치는 것 같이 보였다. 오늘날의 기계 반죽기는 강력한 강철 팔이 재빠르게 반죽 속을 휘젓고 다니며 반죽을 섞어 속에 공기가 들어가도록 해주고 있다. 이 기계는 땀을 흘리지도 않았다! 농업과 마찬가지로 제빵산업 역시 오늘날 강철군단을 거느리고 있다. 체, 혼합기, 반죽기 그리고 이전부터 존재하던 도구들.

제빵이 수공업 형태로 이루어지던 시절, 제빵과정은 결과를 예측할 수 없는 작업이었다. 그러나 기계가 도입된 이후로 빵은 규격이 엄격하게 미리 결정되는 제품이 되었다. 제조방식은 가내수공업 형태의 빵집이나 가정에서 만드는 방식과 전혀 달랐다. 정확하게 무게를 달아 혼합기 옆에 준비된 재료들은, 정해진 순서에 따라 혼합기에서 균일하게 섞이고, 거대한 반죽통에 들어간 반죽은 따뜻한 방으로 옮겨져 발효된다. 반죽이 부풀면 컨베이어에 의해 분할기로 이동된다. 정확하게 나누어진 덩어리는 중간발효기를 거쳐 빵성형기로 들어가서 일정한 형태의 빵반죽으로 만들어진다. 성형된 반죽은 자동으로 팬 위에 일정한 간격으로 놓인다. 빵이 담긴 팬은 2차 발효실에서 또 한 번 발효된다. 마지막으로 팬은 화씨 450~500도가 정확하게 유지되는 거대한 오븐으로 들어간다. 빵이 구워지면 선반 위에서 식혀진 후 포장되어 소매상에게 배달된다.

*　　*　　*

빵 굽는 오븐이 자동기계가 되었다!

신시내티에서 만들어진 이 괴물은 마음을 불안하게 했다. 온갖 다이얼과, 기술자들이나 읽을 수 있는 계기판으로 가득한 거대하고 매끄러운 벽면. 여기저기에서 번쩍이는 스위치와 레버는 기계에 익숙하지 않은 사람들에게는 위협적으로 보였다. 시간조절장치, 자동온도조절기, 트레이 표시판, 배기스위치……. 이것이 오븐이란 말인가? 이것이 포르낙스나 이슈타르 같은 여신들이 머물렀던 집이란 말인가? 그렇다. 그러나 이것은 자동기계이기도 했다.

그렇다면 고대부터 인간을 흥분시키고 동요시켜온 일, 여러 요소의 결합과 변환을 통한 신비로운 빵의 창조 과정이 사라져버렸단 말인가? 그렇지는 않다. 그것은 민간전승과 사람들의 추억 속에 여전히 남아있다. 그리고 무엇보다 아직 도시 기계의 손이 닿지 않는 곳, 동유럽의 시골 마을에 남아 있다.

미국의 빵공장에서는 수많은 폴란드 노동자들이 일하고 있다. 그들에게 있어서 빵이란 다른 공업제품과 다를 것이 없다. 이 노동자들은 이민자들의 아들들이다. 그들의 아버지나 고향에 남아있는 사촌에게 빵은 전혀 다른 의미였다. 그들의 조국에서는 (물론 평화시에) 빵 틀과 빵을 발효시키는 반죽 통은 아버지가 아들에게, 아들이 손자에게 대대로 물려주는 물건이었다. 오래 사용하면서 이 도구들은 점차 빵에 맞추어 길이 들고, 사용하는 사람은 그 안에서 반죽이 어떻게 변하는지를 알았다. 폴란드 마을에서 쓰던 반죽 통이 깨져서 새 반죽 통을 사는 경우에는 통장수에게 빨리 반죽 통을 만들라고 재촉한다. 통장수의 근면성이 통에 깃들고 이것이 다시 빵 반죽에 전달되어 반죽이 빨리, 잘 부푼다고 믿었기 때문이다. 모든 반죽 통은 살아있는 생명체로 하나하나 서로 다른 성격과 특성을 지니고 있다고 생각했다. 더운 곳을 좋아하는 통이 있는가 하면, 추운 곳을 좋아하는 통이 있고, 주위가 조용해야 하는 통이 있는가 하면, 소음을 잘 견디는 통이 있다. 반죽 통을 다른 집에 빌려주는 일은 없었다. 그러면 나중에 다른 집의 냄새와 습관이 묻어서 돌아온다고 생각했기 때문이다. 특히 빵 반죽이 안에 들어있을 때는 반죽 통을 신주단지처럼 모셨다. 반죽이 춥지 않게 양가죽으로 덮어두었다. 왜냐하면 이것을 살아있는 것으로 여겼기 때문이다. 부풀어오르는 빵은 자라나는 아이처럼 추위를 막아주고 부드럽게 보살펴주어야 한다.

기계시대는 인간의 경제 및 사회, 역사의 한 단계이다. 그러나 이 단계가 이전 단계를 소멸시켜버린 것은 아니다. 자세히 살펴보면, 문명은 속임수에 지나지 않는다. 인류는 동시에 여러 시대를 살고 있으며 모든 시대의 경험이 계속적으로 반복되는 것이다. 작가 푸엘로프 밀러가 루마니아에서의 어린시절에 대하여 쓴 이야기에 이런 대목이 나온다.

어느 날 밤 나는 커다란 빵 덩어리가 식탁 위에 있는 꿈을 꾸었다. 엄마가 빵을 자르려 할 때 누군가가 불러서 나갔다. 엄마가 나가자마자 빵 껍질이 터지면서 빵의 부드럽고 하얀 속살이 빵집 주인의 아내인 이다가 되었다. 빵은 자취도 없이 사라졌다. 빵의 속살은 이다의 몸이 되었고 껍질은 머리카락이 되었다. 그녀의 은은한 향기가 방 전체를 채웠다. 그 향기가 너무 강해서 새로 온 유모는 정신을 잃고 의자에서 떨어져 버렸다. 그러자 이다는 나에게 "오늘 나타난 것은 내가 매일 아침 빵 속에 있으면서 너에게 온다는 사실을 알려주기 위해서야. 하지만 아무에게도 이 사실을 말해서는 안돼."라고 말했다. 그러자 그녀의 몸은 다시 빵의 하얀 속살로 변하고 머리카락은 빵 껍질로 변해서 흰 속살을 둘러쌌다. 엄마가 들어서자 자르지 않은 빵은 전과 같이 식탁 위에 놓여있었다. 빵 속에서 이다가 나타났던 꿈의 기억은 너무나 생생해서 엄마가 빵을 자를 때마다 이다의 모습이 눈에 선했다. 빵을 먹을 때면 나는 비밀스럽게 "내가 먹고 있는 것은 이다다" 하고 생각했다.

이 현대 소년의 꿈속에 나타난 빵의 마술적이고 관능적인 힘은 고대에는 대부분의 사람들에게 잘 알려져 있었다. 둥그런 천장을 가진 오븐은 어머니의 자궁을 상징했다. 오븐은 질투를 하기도 한다. 마키저스 제도의 원주민들은, 바나나 가루로 빵을 구운 남자가 그날 밤에 부인과 잠자리를 해서는 안 되는 것으로 알고 있다. '자궁 회귀'는 (적에게 쫓기는 사람을 아궁이에 숨겨주는 등의) 수많은 동화와 전설에 나타나는 요소이다. 7년 전쟁이 끝난 후, 슐레지엔 지방의 한 여인은 오스트리아 군대에게 쫓기는 프로이센의 프리드리히 대왕을 빵 굽는 아궁이 속에 숨겨주었다고 자랑했다. 여인은 배설물이 들어있는 요강을 아궁이 앞뒤에 갖다 놓음으로써 황제의 모습을 감출 수 있었다. 만일 프로이드가 빵에 전승되어 오는 이야기들을 알고 있었다면 자신의 이론에 나오는, 소망을 감추거나 드러내는 상징들로 이용했을 것이다. 모권제(母權制)이론(인류 역사의 초기에 여성이 남성보다 더 우월했다는)을 전개했던 스위스의 위대한 인류학자의 이름이 바흐오펜(빵굽는 오븐)이었다는 사실도 이러한 점을 암시한다. 이와 같이 상징적인 이름이 일생의 과업과 일치하는 경우가 적지 않다.

비록 기계로 빵을 굽게 되었지만 빵의 힘은 조금도 손상되지 않은 듯하다. 대 풍작을 거두었던 1452년, 두 명의 스위스 귀족이 말을 타고 밀밭을 지나가다가 잠자고 있는 소년을 발견했는데 그 소년은 너무 무거워서 둘이 힘을 합쳐도 들어올릴 수가 없었다고 한다. 그래서 그들을 도울 농부들을 불러오자 소년은 마술처럼 사라졌다고 한다. 그 대신 온 천지가 향기로운 빵 내음으로 가득해졌다. 이 우화는 1940년에 동유럽에서 다시 나타난다. 전쟁으로 폐허가 된 유럽의 시골 마을은 이것을 소망이 담긴 신화로 여겼다. 이야기를 이 나라에 전해준 이가 없었음에도 사람들은 그 이야기를 만들어냈다. 이탈리아 사람들은 "빵이 지혜를 가져다준다"고 말한다. 그러나 사실은 그 이상이다. 빵은 점쟁이이고 초자연적인 힘에 사로잡힌 사냥꾼이다. 1942년, 영국에 주둔했던 미국 병사들은 많은 영국 사람들이 빵이 익사한 시체의 위치를 찾을 수 있게 해준다고 믿는 것을 보고 놀라움을 금치 못했다. 수은('불안정'을 상징하는)을 빵('안정'을 상징하는)에 섞어서 구워낸 뒤 이 빵 덩어리를 물에 던지면 이것이 익사한 사람을 끌어당겨서 수면 위로 올라오게 한다는 것이다.

미신을 믿는 영국 사람들은 자신이 옳다는 것을 입증하기 위해 1885년 9월 18일에 1만여 명이 지켜보는 가운데 링컨셔 주의 스탬포드에서 시범을 보였으며 성공을 거둔 일이 있었다. 전쟁이 발발해서 수없이 많은 배들이 침몰하자 이 오래된 미신이 부활했던 것이다. 이것은 성경(전도서 6장)에 나오는 "너는 빵을 물 위에 던지라. 여러 날 후에 네가 그것을 찾게 될 것이니라"라는 구절을 잘못 이해한 데서 유래된 것이 아닌가 싶다.

빵의 마술이 사라지지 않듯 대중의 믿음과 전통의 집합인 빵의 신성한 힘에 대한 믿음을 그대로 간직하는 종교도 없어지지 않았다. 1942년, 미국 병사들이 모로코에 상륙했을 때 그들이 부대로부터 받은 안내서에는 절대로 회교도 앞에서 빵을 자르지 말라고 나와 있다. 회교도들은 본래 빵을 살아있는 피조물이라 여기며 신성하게 생각하지 않았다. 그러나 종교는 변화했다. 기독교인들이 그토록 빵에 중요성을 부여하자, 처음에는 무관심했던 이슬람교도들도 서서히 변하게 되었다. 미국인들은 이슬람인들의 기분을 상하게 하지 않기 위해 빵을 자르지 않고 손으로 떼어먹었는데 나중에는 그 방법이 몸에 배게 되었다. 몇 달 뒤, 미국 병사들은 튀니스에서 유대인들이 야훼에게 진설병(陳設餅)*을 올리는 장면을 보게 되었다. 네모난 모양으로 구워진 빵들이 서로 포개져 있었는데 빵 사이사이에 금으로 된 관을 만들어 공기가 통하게 해주었다. 신에게 대접하는 음식에 곰팡이가 필 것을 우려해서 만든 장치였다(이 관습은 다른 곳에 있는 유대인들에게는 알려져 있지 않다). 그런데 2천 년전에 이러한 관습이 유대인들 사이에 광범위하게 퍼졌다고 플라비우스 요세푸스는 묘사했다.

---

* 제상에 놓는 12개의 빵.

빵과 관련된 모든 관습은 살아서 전 세계에 모습을 드러내고 있다. 그 이전에 나타난 어떤 것보다도 의미심장한 빵에 대한 찬가는 성 토마스 아퀴나스가 지은 것으로, 1943년에 로마 세인트 피터 대성당에서 교황 피우스 12세 앞에서 불렀던 노래이다.

> 보라! 애써 노력하는 순례자에게 주어진
> 천사의 음식을.
> 천국에서 내려온 아이들의 빵을.

착한 사람도 먹고 악한 사람도 먹는 성찬의식은 모든 사람들에게 축복을 나누어주었다. 가톨릭 사제는 아이들에게 면병(麵餠)*을 절대 깨물지 말고 통째로 삼키라고 말해준다. 신을 삼키는 것은 괜찮지만 신을 깨물어서는 안 된다고 설명한다. 신도가 아닌 사람은 성찬용 빵을 먹어도 아무런 소용이 없다고 주장한다. 그러나 다르게 생각하는 사람들도 있다. 몇십 년 전에 시인 기욤 아폴리네르는 '성당의 쥐가 성찬에 사용되는 면병을 먹는다면 그 쥐는 보다 영광스러운 삶을 살게 될 것인가'라는 질문에 대한 논문을 썼다. 그는 농담을 하려고 했던 것이 아니다. 그것은 실제로 중세 스콜라 철학의 시대에 프랑스 작가들이 자주 거론했던 질문이다.

크리스트교 종파는 더 이상 빵의 의미를 두고 싸우지 않는다. 각각의 종파들이 자신의 주장을 고수할 뿐이다. 루론 하월스의 말에 따르면, 미국에서 현재 10개 이상의 크리스트교 종파가 예수의 몸이라는 빵에 대해 서로 다른 해석을 내놓고 있다고 한다. 극단적인 실재론적 해석에서

* 로마 가톨릭 교회에서 미사 때 성체로 사용하는 밀떡.

극단적인 상징론적 해석에 이르기까지. 각각의 교파는 나름대로 번성했고 신도들에게 빵을 나누어주었다. 물론 빵을 필요로 하는 이웃에게도 기꺼이 빵을 나누어주었다. 치열한 전투에서 사제가 죽어 가는 사람들을 위로할 때 적용되는 규칙은 교리가 아니라 사랑이다.

＊　　＊　　＊

　우리는 여러 시대를 동시에 살고 있다. 그리고 빵의 중요성은 언제나 변함이 없다. 외적으로 볼 때, 빵의 중요성은 물질적인 측면에 제한되어 있다. 그러나 그것은 표면적인 모습일 뿐이다. 상업적 눈으로 보면 누구나 빵이 가진 물질적인 힘을 넘어서는 징후를 발견할 수 있다. 물질적인 힘은 보다 넓은 정신적인 싸움에서 전사의 역할을 수행한다. 그러한 혼합은 20세기에 전형적인 것이다.

　1899년, 미국에서 베이킹파우더 논쟁이 일어났다. 베이킹파우더는 리비히가 발명한 무해한 물질로, 독일의 주부와 제빵사들이 빵을 만들 때 반죽을 보다 빨리 부풀게 하기 위해 사용한다. 두 경쟁사(어메리칸 베이킹파우더 어소시에이션사와 로얄 베이킹파우더 컴퍼니사)가 서로를 매장시키기 위해 싸움을 벌이기 시작했을 때, 베이킹파우더는 미국의 역사에서 새로운 것이 아니었다. 새로운 것은 이 논쟁이 대중 속에 일으킨 반향이었다. 두 회사가 상대방의 제품이 유해하다고 오명을 뒤집어씌우는 데서 싸움이 시작되었다. 그런데 1년도 채 안 되어 싸움은 국가적 규모의 전쟁으로 발전해갔다. 전국 곳곳에서 각 회사의 지지자들은 보통 알루미늄으로 알려진 황산알루미늄이 인체에 유해한지에 대

미국의 제분업 트러스트를 풍자한 그림

해 격렬한 논쟁을 벌였다. 하비 윌리 같은 유명인이 미국의 화학자들과 식품에 불순물을 섞는 것에 반대하는 사람들을 이끌고 싸움에 참여했다. 알루미늄전쟁은 러일전쟁보다 더 자주 신문의 머리 기사를 장식했다. 로비스트들이 국회에 몰려들었다. 수년에 걸쳐 소송이 잇달았다. 각종 뇌물을 위한 장치, 상원과 하원의 부정부패 등 오늘날 미국정치에서 매우 빈번하게 나타나는 모든 면들이 백일하에 드러났다. 수많은 로비스트들이 기소를 당하고, 자살소동을 벌이고, 제 편을 모함하고, 달아났다. 나중에 에이브러햄 모리슨이 진술서, 의견서, 기소장 등을 한데 모으자 2천 페이지짜리 책 두 권이 나왔다.

이것은 비록 두 경쟁사간의 싸움이었지만 싸움의 명목은 빵이었다. 빵의 순수성과 공공기관의 순수성. 이때 업튼 싱클레어의 소설을 읽고 소시지에 무엇이 들었는지 알게 된 데오도르 루즈벨트는 식탁에 놓인 소시지를 창밖으로 던져버렸다고 한다. 정부는 순정식품법(純正食品法)을 시행했고 산을 이용해 밀가루를 표백하는 제분업자들은 징역형을 선고받았다.

이것은 빵의 '물질적인' 특질, 본질적으로는 건강에 좋은지 여부에 관한 싸움이었다. 같은 해(1899년)에 동방의 성스러운 나라 러시아에서 빵의 정신적인 싸움이 재개되었다. 츠빙글리는 예전에 프랑스 혁명의 군중 옆에서 성찬론을 공격했었다. 그러나 이 성스러운 의식이 비웃음을 산 것은 바로 톨스토이의 소설《부활》에서였다.

톨스토이는 사람들로부터 비난받기에는 너무나도 위대한 작가였다. 그는 이렇게 묘사했다.

의식이 시작되었다……. 매우 낯설고 불편해 보이는 황금색 옷을 차려 입은 사제는 빵을 잘라 작은 접시 위에 올려놓고 빵을 포도주 잔에 담갔다. 각각의 이름과 기도문을 중얼거리면서. 그동안 부사제는 처음에는 이해하기 어려운 슬라브어로 된 기도문을 읽어나갔는데 너무 빨리 읽어서 더욱 알아듣기 힘들었다.

사제가 작게 잘라 포도주에 적신 빵 조각이 특정한 조작과 기도를 거치면 예수의 살과 피로 변한다는 가정이 이 의식의 정수이다. 이러한 조작을 담당하는 사람은 사제이다. 그는 몸에 걸친 거추장스러운 금빛 자루 같은 옷이 방해되지 않도록 하면서, 규칙적으로 팔을 들어올렸다가 내린 후 탁자와 탁자 위에 있는 물건에 키스를 한다. 그런 다음, 이 단계가 가장 중요한데, 천을 꺼내서 양쪽 끝을 잡고 은 접시와 금으로 된 컵 위에서 리듬감 넘치는 동작으로 부드럽게 흔든다. 바로 이 단계에서 빵과 포도주가 살과 피로 변한다는 것이다. 그러므로 의식 가운데 이 부분은 가장 엄숙한 분위기 속에서 진행된다.

…… 예수의 이름으로 행해지는 이러한 의식이 예수에 대한 가장 큰 모독이자 조롱이라는 사실을 아무도 알아차리지 못하는 것 같다……. 사제 자신도 빵이 살로 변한다고 믿지 않는다……. 아무도 믿을 리가 없다. 그러나 사제는 모두가 믿어야 한다고 생각한다. 그에게 이러한 믿음을 강화시켜준 가장 큰 요소는 지난 18년 동안 이러한 수요를 채워줌으로써 가족들을 먹여 살릴 수 있었다는 점이다.

톨스토이는 이와 같이 성체의식을 조롱한 죄로 1901년 동방정교회로부터 파문을 당했다. 이러한 추방의 배후에는 매우 물질적인 힘이 자리

잡고 있었다. 정교회의 미사의식에 대한 공격은 차르 체제에 대한 공격, 왕권과 국가 안보에 대한 도전이었기 때문이다. 정신적인 동기에는 물질적인 동기가 수반된다. 러시아 최고의 고등 성직자이자 종무원(宗務院) 대표였던 콘스탄틴 포베도노스체프는 톨스토이의 몸은 아니지만 그의 영혼을 불구덩이에 던져버렸다. 역사가들에게 있어서 그러한 행위의 효과는 그리 중요하지 않다. 우리에게 중요한 것은 톨스토이가 자신이 성취하고자 했던 일들을 성취했는가 하는 점이다. 러시아 민중의 대다수를 차지했던 정교도 신도들에게 그가 영향을 미치지 못했음은 의심할 나위가 없다. 그리고 그는 확실히 로마 가톨릭교에도 영향을 미치지 못했다. 뛰어난 정치가이자 사상가이며 심리학자였던 교황 레오 13세는 "성체의 빵은 20세기에도 가장 중요한 요소가 될 것이다"라고 선언했다. 그가 이 말을 한 지 40년이 흘렀다. 그의 말이 완전히 틀린 것은 아니었다. 세계 제2차대전에서 가톨릭 교회와 성찬의 주요소인 빵의 변신은 어느 때보다 강력한 힘을 발휘했다.

히틀러의 '기근협정'

> 풀무치가 남긴 것은 메뚜기가 먹고
> 메뚜기가 남긴 것은 자벌레가 먹고
> 자벌레가 남긴 것은 유충이 먹었다.
>
> — 요엘서 1장 4절

세계 제2차대전이 벌어지자 빵은 어떤 길로 접어들었을까? 제1차세계대전과 같은 길을 걸었을까? 아니면 초반부터 가는 길이 달랐을까?

제2차세계대전이 발발하자마자 베를린의 농무장관은 호밀을 선전하기 시작했다. 이 선전은 매우 신중하게 준비되었다. 유명한 포스터들은 교묘하게도 밀을 직접 언급하지 않으면서 밀을 비방했다. "호밀 빵을 먹자. 색보다는 영양이다. 검은 호밀 빵은 뺨을 붉게 만든다." 독일정부는 이 세계대전이 언제까지 계속될지 알 수 없었다. 그러나 지난번 세계대전의 경험을 통해서 독일에서 생산하는 밀만으로는 부족할 것이며, 미국에서 수입되는 밀도 끊길 것이라는 것을 알고 있었다. 그러니 국민들은 검은 빵에 익숙해질 필요가 있었다.

광고하는 식품이 더 나은 것이라면 별로 고통스러울 일이 없다. 호밀에 비해 밀은 단백질 함량이 높다. 그런데 독일인들에게는 밀의 맛이 아직 새로운 것이어서 오직 젊은이들로부터만 쉽게 호응을 얻을 수 있었다. 프랑스인과 영국인이라면 "호밀은 아무런 가치가 없고 배를 채우기 좋을 뿐이다. 이삭에 낱알은 많이 열리지만, 호밀가루의 거무튀튀한 색깔 때문에 매력이 없다."고 한 플리니우스의 말을 지지할 것이다. 그러나 독일인은 호밀 맛을 더 좋아했다. 1936년, 독일의 제분소들은 (약 2만 8천 개의) 9백만 톤의 곡식을 가공했는데 그중에 4백8십만 톤이 호밀이었고 4백2십만 톤이 밀이었다. 1인당 약 3백 파운드의 곡물을 소비했다는 얘기다. 전쟁이 시작된 후 전체 소비량은 거의 변함이 없었으나 밀과 호밀의 비율은 크게 변했다.

1935년, 독일의 빵에 관한 법은 감자가루를 10% 이상 섞으라고 종용하는 것이었다. 독일은 호밀의 나라였다. 그러나 호밀을 희석해서 양을 늘릴 필요가 있었다. 1935년에 농무성은 전쟁성의 계획을 제대로 이해하고 있었다.

감자는 굉장한 야채다. 그러나 곡물은 아니다. 지난 4백 년간의 역사는 감자를 빵에 섞을 경우 점점 그 비율이 늘어난다는 것을 보여준다. 그 비율은 10%에 머무르지 않았다.

그런데 독일은 전쟁이 시작될 무렵 사상 최고의 감자 보유량을 기록하고 있었다. 1937년에 독일은 거의 5천3백만 톤의 감자를 수확했는데 이것은 세계 감자 생산량의 5분의 1에 해당하는 양이다. 감자가 지방과 단백질을 제외한 대부분의 영양분을 공급할 수 있다는 사실을 독일인들은 잘 알고 있었다. 감자는 오랫동안 독일인의 가장 절친한 친구였다. 적어도 물질적인 측면에서는. 1848년, 혁명이 실패로 돌아가자 철학자 포이어바흐는 화를 내며 "감자나 먹는 인간들이니 혁명을 할 수 없지"라고 소리쳤다. 단백질이 부족한 식사가 독일 민중을 허약하게 만들었다고 개탄한 것이리라. 그러나 이 이론에는 의문의 여지가 있다. 감자를 먹는 아일랜드 사람들은 수도 없이 혁명을 해왔으니 말이다.

프리드리히 대왕이 프러시아 사람들에게 감자가 해롭지 않다는 것을 증명하기 위해 대중 앞에서 감자를 시식한 이래로 감자는 독일인들의 사랑을 받아왔다. 나치의 농무부 장관 다레는 훌륭한 선동책이 되리라 생각하고는 전쟁이 시작되자 "영국 비행기들이 콜로라도 감자벌레의 유충을 공중 살포했다"는 소문을 퍼뜨렸다. 독일의 감자농업에 대한 연합군의 공격은 독일 농민들에게 어떤 잔학 행위보다 큰 분노를 가져왔다. 사람들은 '감자에 대한 영국의 범죄'설을 믿었다. 독일 농민들은 이런 극악무도한 적에게 본때를 보여주어야 한다고 마음먹었다.

독일의 농민들은 '농민'의 수상이 되겠다고 한 히틀러의 말을 믿었다. 그들은 제대로 속아 넘어가고 말았다. 좀 더 세심하게 귀를 기울였다면 '농촌의 민중'을 돕겠다고 말할 때 사용한 것과 똑같은 메가폰으로 '도시의 민중'에게 비슷한 약속을 한 것을 알아차릴 수 있었을 것이다. 이것은 먹거리를 파는 사람들에게는 비싼 가격을, 그것을 사는 사람들에게는 싼 가격을 약속한 것과 같았다. 이중 사기라는 점은 명백했으나 농민들은 그 모순을 알아차리지 못했다. 나치의 선동가들은 농민들에게 영주의 땅을 빼앗아 나누어주겠다고 약속하고, 융커*들에게는 농민들이 반란을 일으킬 경우 무장병력을 보내 보호해주겠다고 약속했다. 이와 같이 사회의 모든 계층이 완전히 속아 넘어간 일은 찾아볼 수 없었다. 농민들이 다른 계급보다 더 멍청했던 것은 아니었다. 그렇다고 더 똑똑했던 것도 아니었다. 히틀러는 전통적으로 의심이 많았던 농민들을 속이는 데 성공했다.

독일공화국에서 가장 중요한 문제는 새로운 경작지를 개간하는 문제였다. 이 문제가 적시에 해결되었다면 히틀러가 권력을 잡는 일은 없었을 것이다. 공화국의 무능과 우유부단한 태도는 히틀러에게 "정부는 이주민들의 소망을 배신했다!"고 떠들어댈 구실을 마련해 주었다. 그러나 이 배신의 대가로 정권을 쥐게 되자 그는 배신당한 이주민들을 또 한 번 배신했다.

식량을 생산하는 계층은 독일제국에서 그리 존경받지 못했다. 이것

---

* 국수주의적인 동프로이센의 토지 귀족.

은 농민에 대해 전혀 아는 바가 없는 대도시 시민들의 잘못이라기보다는 농민에 대해 너무나 잘 알고 있는 소도시 주민들의 잘못이었다. 소도시에는 독일인들이 추구하는 삶의 이상이 구현되어 있었다. 맥주창고 관리인은 유지 행세를 하며 문을 열고 도시의 신사들을 맞았고, 말단 우체국 직원은 제복을 입었다는 점만으로도 카이저의 이미지를 가질 수 있었으나, 농민들은 전적으로 멸시당했다. 땀에 젖은 농부가 거름이 잔뜩 묻은 장화를 신고 도시로 물건을 사러 나오면 도시인들은 눈살을 찌푸렸다.

제1차세계대전은 이러한 상황을 완전히 바꿔 놓았다. 그것은 러시아나 세르비아 같은 진정한 농민국가들이 독일의 도시인들에게 땅에 대한 향수를 불러일으켰기 때문인지도 모른다. 폭격의 굉음 속에서 독일 병사들은 떠나온 고향 땅을 그리워했고 한 뙈기의 땅이 군국주의와 범게르만주의를 치유할 것이라고 생각했을지도 모른다.

이 끔찍한 전쟁이 전개되는 동안 독일인들은 매우 특이한 민족들을 만났다. 그중 하나가 불가리아인이었다. 1918년 봄, 베를린의 장성들은 불가리아 사병들이 그해 9월 15일이 되면 고향에 돌아갈 것이라고 말하고 다닌다는 얘기를 듣고 매우 놀랐다. 이 사실을 보고한 힌덴부르크는 이 소문을 연합국의 선전이라고 일축했다. 9월 15일이 동유럽 남부에 있는 국가들이 수천 년 동안 지켜온 '엘레우시스 주'가 시작되는 날이라는 사실을 제국의 수도 베를린에서는 알지 못했다. 그날은 곡식의 씨앗이 지하로 되돌아가는 때였고, 겨울 파종을 시작하는 때였다. 9월 15일이 되자 불가리아 농민들은 군복을 벗어 던지고 테살로니카 전선을 떠났다. 그들은 고향으로 농사를 지으러 떠났던 것이다.

1919년이 되자 자신이 먹을 빵을 굽는 것이 독일인의 꿈이 되었다. 1918년 11월, 힌덴부르크는 패배한 군사들을 이끌고 고향으로 돌아오면서 이렇게 말했다.

> 동지들이여, 대규모 이주 계획이 있소. 이것은 곧 시행될 예정이오. 조국은 감사의 표시로 귀환 병사들에게 가장 우선적으로 땅을 나누어 줄 것이오……. 정부는 농부, 정원사, 수공업자를 위하여 수백, 수천 개 지역의 땅을 싼값에 사들일 것이오……. 이 위대한 사업은 이미 시작되었으며 완성까지는 몇 년이 걸릴 것이오. 단 몇 년 동안만 참을성을 가지고 기다립시다. 가장 어려운 때, 황폐해진 조국을 복구하는 데 힘을 써 주길 바라오. 독일인의 규율과 질서의식을 가지고 조국을 다시 한번 일으켜 주시오. 그러면 당신의 행복과 미래를 보장받게 될 것이오.

이러한 선언은 독일공화국의 새로운 농업계획의 시발점이 되었다. 1919년 8월, 막스 제링 교수가 기초한 제국 이주법에는 독일 대규모 영지의 3분의 1을 재정착을 위해 따로 남겨둔다고 명시되어 있다.

1920년대 초반의 독일에 있었다면 재정착에 대한 민중의 믿음이 얼마나 강하고 뿌리 깊은 것이었는지 느낄 수 있었을 것이다. 날마다 공업 노동자들이나 지적 노동자들은 (함순의 책을 주머니에 가지고 다니는) 운명의 여신에게 농사지을 땅 한 뙈기만 달라고 기원했다. 대도시가 그토록 추하게 보인 적은 없었다. 대도시는 정치적 갈등과 식량난, 석탄 부족으로 몸살을 앓고 있었다. 뉴욕타임스지의 특파원이었던 링컨 에어는 "독일에서는 대부분의 사람들이 토지로 되돌아가는 것을 원하지 않는다"고 전했으나 그것은 상황을 잘못 판단한 것이었다. 사람들은 원했다. 단지 미루고 미루다가 '서쪽에서 해가 뜰 때까지' 미루어져서 사람들이 체념하게 되었던 것뿐이다. 독일의 정치가는 좌파든 우파든, 교황청 상서국장(尙書局長)이었던 브루에닝처럼 대지주들의 땅을 강제로 빼앗을 수 없었다.

수세기 동안 동부 독일은 1만3천 개의 가문에 속해 있었다. 그들은 서로 가깝게 연결되어 있었으며, 가문에 속하지 않은 사람들에 대해서는 적대적이었다. 그곳은 마침내 독일의 일부가 되었지만 원래는 프로이센의 영토였다. 어떤 왕도 그들을 뿌리 채 뽑을 수 없었다. 어떤 정부도 그들을 통제할 수 없었다. 베를린은 군대를 통솔할 장교를 필요로 했으며 이 지방은 가장 훌륭한 장교들을 배출해냈다. 또한 그들은 땅을 잘 다스려 왔다. 프리드리히 대왕은 이 동부지방의 귀족들에게 감탄하는 한편 그들을 욕했다. 1768년, 그는 "전쟁 기간 동안에 나는 동부 프로이센 귀족들에게 수없이 실망했다. 이들의 기질은 프로이센인보다는 러시아인에 더 가까웠다. 나머지 사람들에게 그 전통은 폴란드와 같은 악습으로 생각되었다"고 기록하고 있다. 이 프로이센인들의 증손자들은 아무것도 새로 배우지 않았고, 아무 것도 잊어버리지 않았다. 1920년, 융커의 특권이 위험에 처하자 그들은 공화국의 등을 칼로 찔렀다. 공화국이 채택한 법을 '토지몰수'와 '볼셰비즘'이라고 비난하며 법의 시행을 방해했다. 사실 법은 토지몰수와는 거리가 멀었다. 단지 귀족들에게 땅의 일부를 팔도록 강요할 뿐이었다. 그 자신이 대지주였던 힌덴부르크는 공화국의 대통령이 되자 "대체 무엇을 위해서 그러는가?"라고 격분했다. "우리 대지주들은 소작농들을 최대한으로 보살펴주었다."

1941년, 독일의 마지막 카이저 빌헬름 2세가 죽었을 때 그가 소유한 독일의 토지는 24만 에이커에 달했다. 그 다음으로 부유한 영주는 플레스 공작이었고, 그 다음은 호헨로헤 대공으로 12만 에이커를 소유하고 있었고, 그 다음은 귀족 가문인 호헨졸레른 지그마링겐으로 11만2천 에이커를 소유하고 있었다. 독일 농부들이 믿을 만한 신문을 읽을 기회가 있었다면 마사리크가 이끄는 체코슬로바키아나 알렉산더 왕 치하의 유고슬라비아, 나루토비치의 폴란드 등에서 제1차세계대전이 끝난 뒤 성공적으로 대지주의 땅을 분할했다는 소식을 접할 수 있었을 것이다. 그러나 이 신생 슬라브 국가를 '야만적인 문화국가'로 다루고 국내의 약자에 대해 억압적이었던 독일 신문들은 이처럼 중요한 사실을 전달하는 데 게을렀다. 융커들은 자신의 광대한 토지를 그대로 소유했다. 그리고 독일공화국은 실제로 어떤 조치에 들어가기 전에 수많은 위원회를 결성하여 농업관련 문제들을 검토하도록 지시했다. 보고서가 완성될 무렵, 혁명의 불씨는 이미 꺼진 뒤였다. 기회는 지나가버렸다.

히틀러는 민중을 선동하기 위해 "공화국이 농민의 적에게 한 일이 뭐가 있는가?"라는 말을 자주 사용했다. 히틀러는 공화국의 상처를 찾아내 거기에 소금을 문질러대는 재능을 가지고 있었다. 그가 정권을 장악하기 8년 전인 1925년, 국가사회주의자(나치)들은 1525년에 도시인과 귀족들에게 무참히 살해당한 독일 농민들을 위해 기념일을 제정하려고 시도한 일이 있었다. 나치당원들은 프랑켄하우젠 전투에서 토마스 뮌처*가 패배한 날을 농민들을 애도하는 국가기념일로 제정하는 것을 고려했다. 그러나 곧 생각을 바꾸었다. 왜냐하면 역사적인 관점에서 뮌처

---

* Thomas Muntzer: 1490년 이전~1525년, 프로테스탄트 종교개혁 시기의 독일 급진파 종교개혁 지도자로 농민반란 (1524~1525)을 이끌었다.

는 공산주의자였고 그를 기념했다가는 히틀러의 돈줄인 공업자본가나 대지주들의 심기를 건드릴 것이 분명했기 때문이다. 그 대신 나치는 농민들의 직접적인 적이 바로 독일공화국이라고 농민들을 설득했다. 독일공화국은 비민주적이며 볼셰비즘의 성격을 띠고 있다. 농민들은 세금납부를 거부해야 한다. 농민들이 고통을 받는 것은 관료주의와 유대인 때문이다. 공화국 관료의 서투른 농정, 늘어가는 농가 채무, 농장의 강제 경매는 히틀러의 외침에 장단을 맞추었다. 결국 농민들은 순순히 이용당하고 말았다.

*　　*　　*

히틀러는 농민들을 좋아하지 않았다. 신분 상승을 꿈꾸는 소부르주아의 아들로서 그것은 당연한 일이었다. 물론 그는 굶주린 경험이 있었기 때문에 빵의 가치를 잘 알고 있었다. 그러나 그는 빵 생산층을 배신해서는 안 된다는 생각을 할 만큼 지각 있는 인간이 아니었다.

그가 속한 사회처럼 고도로 산업화된 사회는 파쇼국가 아니면 공산국가가 될 수밖에 없다고 생각했다. 그 외에 다른 가능성은 없었다. 농민들은 국가를 지배할 능력이 없었다. 세상 어느 곳도 농민들이 지배권을 가진 적은 없었다. 히틀러의 추종자들 중 누군가가 그와 다른 생각을 가졌다고 해도 스탐불리스키의 슬픈 운명이 그 생각을 방해했을 것이다.

알렉산드르 스탐불리스키는 조국을 농민의 힘으로 통치하고자 했던 불가리아의 독재자였다. 농민 지도자였던 그는 불가리아를 발칸전쟁에 밀어 넣으려는 페르디난드 왕의 정책에 찬성할 수 없었다. 그는 자주

적인 민족인 불가리아 국민이 이웃 국가들과 평화롭게 공존할 수 있다고 주장했다. 1915년, 독일 태생의 페르디난드 왕이 불가리아와 유럽 중심 세력의 연합을 꾀하자 스탐불리스키는 왕의 방에 들어가서 난폭한 태도로 왕을 위협했다. "코부르크의 페르디난드! 당신은 외국인일 뿐이오, 당신의 왕관은 곧 떨어질 것이오!" 이러한 소동으로 스탐불리스키는 군법회의에 회부되어 종신형을 선고받았다. 그러나 1918년 9월, 독일이 패배하기 전날 밤 석방된 그는 농민 병사들을 이끌고 불가리아의 수도 소피아로 진격했으며 페르디난드 왕은 도망쳤다. 페르디난드 왕의 후계자 보리스는 스탐불리스키에게 모든 권력을 줄 수밖에 없었다.

스탐불리스키는 투박한 얼굴과 덥수룩한 머리털에 강한 눈빛을 가진 거칠고 건장한 남자였다. 1920년에서 1923년 사이에 스탐불리스키는 강철 보습으로 불가리아를 다스렸다. 국민의 5분의 4를 차지하는 농민들이 바로 이 농민 독재의 지지 기반을 형성했다. 그러나 이탈리아 정부의 뇌물로 주머니가 두둑해진 나머지 5분의 1의 국민들이 1923년 6월 9일, 조직적인 폭동을 시도해서 정권을 전복시켰다. 무솔리니가 이 반란을 배후 지원했는데, 그가 스탐불리스키를 증오한 것은 농민사회주의 자체보다는 스탐불리스키가 이웃 국가 유고슬라비아에게 보인 고지식한 우정 때문이었다. 무솔리니는 유고슬라비아를 포위, 고립시키려고 애쓰고 있었다. 그 목적을 이루기 위해서는 불가리아가 다른 모습을 취할 필요가 있었다. 따라서 그는 쿠데타를 금전적으로 지원했다. 스탐불리스키는 고향인 슬라보비차로 피신했으나 결국 무장한 불가리아 파시스트들의 덫에 걸려 총탄에 맞아 쓰러지고 말았다. 그의 마지막 말은

"세계의 그린 인터내셔널* 이여, 나의 원수를 갚아다오!"였다.

그러나 그린 인터내셔널이라는 것은 존재하지 않았다.

그 무렵에 히틀러는 유명한 비어 홀 폭동**을 준비하고 있었다. 스탐불리스키의 죽음은 그에게 매우 인상적인 것이었다. 이 사건은 그에게 "파시즘은 농민보다 강하다"라는 교훈을 주었다. 진짜 권력을 추구하는 사람이라면 농민의 쟁기에 의지하는 것보다 더 나은 길을 생각해내야 할 것이다.

그러나 나치의 전단은 '농민들에 대한 우호적인 논조'를 한때나마 유지했다. 히틀러는 국가의 지도자가 된 후에도 "기독교가 전파되기 전에 독일인은 농사에 우호적이었는가, 아니면 적대적이었는가?"라는 주제로 베르취테스가르덴에서 열린 학술적 토론에 깊은 관심을 보였다. 히틀러는 다레가 자신을 위해 쓴 책《농민―북유럽 민족의 생명력의 원천》을 후원했다. 이 책은 독일을 농업국가로 전환시키는 데 있어 기독교의 역할이 필수적이지 않았음을 '입증'한 책이었다. 히틀러는 자기 자신이 믿고 싶어 했던 사실을 흑백논리로 주장한 것을 보았고 이후에 그 헛소리를 자신의 문화정치의 초석으로 삼았다. 그는 독일의 농민들을 기독교를 공격하기 위한 보루로 여겼다. 농민들을 개종시키기 위해 시골로 선동자들을 보내서 농사에 관련된 기독교적 의식을 버리도록 종용했다. 파종이나 수확은 이제 다시 튜턴족 신들의 보호하에 이루어질 것이다. 이것은 말도 안 되는 생각이었다. 왜냐하면 튜턴족의 신들 중에는 그런 신이 없었기 때문이다. 전술한 바와 같이 북유럽 민족의 신들은

---

* 인터내셔널은 노동자 및 사회주의 단체의 국제적 조직을 일컫는 말로 그린 인터내셔널은 농민들의 국제적 연합조직을 말함.
** 독일에서 아돌프 히틀러가 바이마르 공화국에 대항해 일으키려 했던 반란.

폭풍과 바람, 구름의 신이었다. 그들은 농업의 적이었다. 농민들은 이러한 헛소리에 넘어가지 않았다. 그들이 믿고 의지하는 종교가 있었다면, 그것은 그저 마리아의 보호에 의지하고 크리스트교의 명절들을 지키는 것이 전부였다. 히틀러는 농민들이 북방민족의 '신화'를 되찾으려는 움직임에 협조하지 않은 것을 결코 용납하지 않았다.

*　　*　　*

독일의 모든 계층의 잘못과 어리석음은 결국 나치가 권력을 쥐는 것을 용인하였고 나치는 농민들에게 반쯤 약속했던 사항들을 곧 잊어버렸다. 이전의 독일 공화국은 농민의 최대 적들에게 보조금을 지급하는 치명적인 죄악을 범했었다. 1926년에서 1930년 사이, 연간 약 7억 마르크를 생산성이 떨어지는 융커들의 토지에 쏟아 부었다. 독일 공화국의 마지막 수상 쿠르트 폰 슐라이허는 독일의 납세자들에게 '동부지역 원조'의 배경을 설명하려고 시도했었다. 힌덴부르크는 그를 해임하라는 압력을 받았고 결국은 히틀러가 뒤이어 수상자리에 올랐다. 이 무렵 독일 농민들이 가장 절실하게 필요로 했던 것은 노동력을 줄이고 생산성을 높여줄 기계였다. 히틀러의 통치가 시작되고 6년이 지났을 때, 독일의 새 농무장관 허버트 바케는 독일 농가 중 트랙터를 소유하고 있는 농가의 비율이 2%도 되지 않는다는 점을 시인해야 했다. 히틀러는 그의 거짓말 보따리를 풀어 농민들 앞에서 몇 가지 마술쇼를 펼쳤다. 이것이 바로 1933년 9월 29일에 제정된 '국가세습농장법'이었다.

이 법은 한 가족의 생계를 유지하기에는 충분하지만 자본가가 다른 용도로 쓰기에는 충분치 않은 125헥타르의 농지를 '세습농장'이라는 명목으로 각 농가에 나누어준다는 내용이었다. 이 땅은 팔 수도 없고 담보를 잡힐 수도 없었다. 이것은 분할되지 않고 고스란히 농부의 장남에게 세습된다. 담보로 이용하지 못하게 한 것은 강제 경매의 가능성을 배제하기 때문에 농민들에게 도움이 되는 조치였다. 그러나 한편으로 농민들은 땅을 팔고 싶을 때에도 땅을 팔 수 없었다. 이 법으로 농민들은 족쇄에 묶이게 되었다. 그 족쇄가 자신의 땅일지라도. 땅을 분할할 수 없도록 한 조항은 사람들의 불만을 가져왔다. 세습에서 소외된 장자 이외의 형제들로서는 이 가부장적인 칙령을 두 손 들어 환호할 수 없었다. 그들은 농촌을 떠나 도시로 가거나 아니면 땅 없이 떠돌아다니며 품을 파는 농업노동자가 될 수밖에 없었다. 게다가 법 시행에 따르는 훈령은 보다 중요한 함정을 포함하고 있었다. 농장을 제대로 관리하지 못하는 농부는 땅을 다시 몰수당한다는 것이 그 내용이었다. 농장을 제대로 관리하지 못하는 농부란 누구를 말하는 것일까? 파시즘 치하에서 무능한 농부란 씨 뿌리기를 잊어버린 농부이고 그것은 곧 당원 노릇을 게을리 하는 농부였다. 히틀러의 세습농장제도는 많은 사람을 자신의 말에 무조건적으로 복종하는 충견으로 탈바꿈시켰다. 그렇지 않은 사람들은 세습농장에 남아있을 수가 없었던 것이다.

히틀러는 정치에 있어서는 결코 아마추어가 아니었다. 새로운 법에 대해 설명하는 1933년 10월 1일의 연설에서 그는 빵 생산계층의 중요성을 시인했다. "독일 농민의 붕괴는 독일 민족의 붕괴를 가져올 것입니다." 수공업 계층은 붕괴되더라도 재생될 것이다. 중산층은 비참한 수렁에 빠지더라도 언젠가는 다시 부유해질 것이다. 공업이 산산이 부서지더라도 언젠가는 노력에 의해 다시 일으킬 수 있을 것이다. 극도로 궁핍해지고 인구가 줄어든 도시도 언젠가는 다시 번영할 가능성이 있다. 그러나 땅에서 추방되어 사라진 농민들은 영원히 다시 농촌으로 돌아오지 못한다. 농민들은 온 국민이 매일 먹는 빵을 생산할 뿐만 아니라 국가 미래의 보증인이자 전 독일 민족에게 힘, 건강, 균형, 인내를 제공하는 존재이다.

히틀러는 과연 아마추어가 아니었다. 그는 차가운 피를 가진 사기꾼으로 희생물의 경제적 가치를 매우 잘 알고 있었다. 농민들이 전쟁에 휩쓸린 1939년, 빵을 생산하는 계층은 어느 때보다 가난했다. 노동력은 마구 착취되고 보상은 전혀 없었다. 세습농장에서 땀 흘려 일했으나 농작물의 가격은 바닥에 떨어졌다. 그러나 융커들은 카이저 치하에서 그랬던 것처럼 다시 군대의 장교가 되었다. 대영지를 분할해서 이주자들에게 나누어주기로 한 계획은 어떻게 되었는가? 히틀러가 정권을 잡기 1년 전인 1932년, 9천 개의 새로운 농장이 설립되고 25만 에이커의 땅이 이주민에게 분배되었다. '농민의 수상'이 통치했던 1937년에는 이 땅의 3분의 1만이 땅을 갈구하는 이주자들에게 주어졌다. 1938년에 고슬라르 지방에서 열린 농업회의에서 농무장관 발터 다레는 농민들의 비참한 상황에 대해 다음과 같이 사과할 필요를 느꼈다.

지난 10년간 감소된 농장노동자의 수는 조금도 과장하지 않고 70만에서 80만 명에 이르고 있습니다. 저는 경제적 어려움, 노동자들의 빈곤, 인생의 자연법칙을 위배할 수밖에 없는 농부 아내들의 고된 삶에 대해 잘 알고 있습니다. 농장의 근로조건, 특히 여성 노동자의 부족 사태는 농촌 여성들이 많은 자녀를 낳아 기르는 일을 거의 불가능한 것으로 만들고 있습니다. 이처럼 농촌 여성들이 떠안게 되는 과중한 부담은 애초에 우리가 의도했던 농장관련법의 취지를 무색하게 만들고 있습니다. 우리는 농촌의 사정이 나라 전체에 치유 불가능한 손상을 입히고 있다는 사실에 진지하게 주목해야 할 필요가 있습니다. 독일 농민 계층의 재건은 아직 요원합니다. 이 계층은 아직 자본가의 속박으로부터 자유를 얻지 못하고 있습니다.

다레는 독일 농민을 망치고 있는 것이 자본가의 속박이 아니라 군사적 노예제도라는 사실을 알고 있었으나 그것을 시인할 수 없었다. 독일의 정신 나간 재무장 정책은 농촌의 인구를 감소시키고 농업노동자들을 도시로 몰아냈다. 그러나 러시아나 미국처럼 대규모 기계시스템으로 농촌의 부족한 일손을 채울 수도 없는 형편이었다. 1935년부터 독일의 지도자는 다가오는 전쟁에 모든 생각을 집중해 왔다. 괴링은 무모할 정도로 독일의 삼림을 마구 베어냈다. 목재를 비싼 값에 팔기도 했지만, 한편으로는 군사 도로를 만들기 위한 것이었다. 150만 에이커 이상의 비옥한 토지가 군대 막사를 건설하고, 비행장을 부설하고, 군사훈련장을 만드는 데 이용되었다. 마틴 굼페르트가 쓴 《기근 만세》에 따르면 전쟁 준비에 사용된 농경지의 면적이 야채 재배용 밭 면적보다 넓었다.

그리고 1939년 9월 1일이 되었다. 전쟁이었다. 뻔뻔스러운 나치는 이 전쟁이 '이주할 새로운 땅을 획득하기 위한' 전쟁이라고 농민들에게 설명했다. 이제 독일 농부들은 땅을 제대로 경작할 줄도 모르는 폴란드 농민들의 땅을 차지할 수 있을 것이다. 이제 천 년 된 독일 농부들의 땅에 대한 갈증이 해소되려는 순간이었다. 이러한 소문을 퍼뜨린 신문들은 거대한 섬유공장이 있는 의류산업의 심장 로츠 시가 독일의 손에 떨어지게 되면 옷값이 싸질 것이라고 독일의 중산층에게 선전했다.

폴란드는 20일 만에 함락되었다. 몇 주 전에 수확된 농작물이 고스란히 넘어왔다. 반년 후면 독일의 무장병력이 네덜란드, 벨기에, 프랑스의 생산적인 땅들을 모두 차지할 것으로 보였다. 서유럽에서 몇 년에 걸쳐 비축된 엄청난 양의 밀이 독일로 쏟아져 들어오기 시작했다. 나치는 덴마크에서는 돼지고기를, 노르웨이에서는 생선을 빼앗았다. 헝가리, 루마니아와의 연합은 폴란드나 서유럽에서의 노획물에 이어 또 다른 약탈물을 독일에 가져왔다. 독일 최고사령부는 독일인들이 1917년의 식량난을 다시 겪는 일은 없을 것이라고 발표했다. 그 말은 믿을 만한 것으로 여겨졌다. 전쟁이 전쟁을 먹여 살렸으니 말이다. 그것이 얼마나 오래 갈지는 알 수 없었지만.

*　　*　　*

두 세계대전 사이에 유럽은 자신이 이루어낸 농업의 진보를 지나치게 자랑스러워했다. 콤바인의 발달, 새로운 밀의 이종교배, 기록적인 양파 수확량의 증가는 1910년 이전이라면 신문에서 찾아보기 어려웠을 내용이었다. 그러나 1920년 이후에 이러한 기사들은 상당히 많은 지면을 차지했다. 왜냐하면 유럽이 자신의 농업 능력에 대해 매우 민감했었기 때문이다. 제1차세계대전 동안 유럽은 식량자급에 실패했다. 이제 유럽은 1917년의 기근과 같은 대규모 기근에 시달리는 일이 없도록 특단의 조치를 취해야 한다는 것을 느끼고 있었다. 대다수 유럽 국가의 전후 국가 예산을 살펴보면 유럽이 이것을 얼마나 절실하게 느끼고 있었는지 알수 있다. 그럼에도 불구하고 농업 발전에 투자되는 비용은 군사비용에 미치지 못했다. 어떻게 그럴 수 있을까? 1942년, 유고슬라비아 망명 정부의 농무 장관은 자신의 조국에서 아직 30만 개의 나무쟁기가 사용되고 있다는 점을 시인했다. 이 숫자를 라이플총의 숫자와 비교해 보라. 라이플총의 총신은 분명 나무로 만들어지지 않았으리라.

유럽의 자급자족은 매우 주의 깊게 이루어졌다. 그래서 1940년에 이것이 완전히 무너져버린 것은 더욱 가슴 아픈 일이었다. 모든 노력이 산산이 부서져 버렸다. 나치는 자신이 정복한 나라의 식량 경제를 의도적으로 무너뜨려 버렸다.

왜 그렇게 했을까? 사람들은 기근을 극지방의 추위나 화산의 불꽃처럼 자연스럽고, 인간이 통제할 수 없는 것으로 여겼다. 1918년 12월, 런던의 〈내이션〉지에 실린 로렌스 비니언의 시는 이러한 측면을 잘 표현하고 있다.

나는 그림자와 같이 사람들 사이를 파고든다.
내 양옆에는 사람들이 앉아 있다.

그러나 그들은 나를 보지 못한다. 그저 서로의 얼굴을 마주보고
나의 존재를 알아챌 뿐이다.
나의 침묵은 조수의 침묵처럼
아이들이 뛰놀던 곳을 소리 없이 묻어버린다.

밤중에 서서히 쌓여 가는 서리는
아침에 발견된 죽은 새에 의해 그 존재가 알려질 뿐.

군대는 하늘과 땅에서 포효하는 총으로
짓밟고, 침략하고, 파괴하지만

나는 군대보다 더 강력하고
대포보다 더 무섭다.
왕과 수상은 쉼 없이 명령을 내리지만
나는 누구에게도 명령하지 않는다.

그러나 사람들은 왕보다, 열정적 웅변가의 말보다
나의 말에 귀를 기울인다.

나는 맹세를 부수어 버리고 위업을 무(無)로 되돌려버린다.
오직 벌거벗은 것들만 나를 알아챌 수 있다.

나는 살아있는 생명이 최초에 느끼고 최후에 느끼는 것.
바로 배고픔이다.

나치는 이 기본적인 것을 전쟁의 무기로 사용했다. 마치 독가스와 폭탄을 이용하듯이. 히틀러는 유럽의 기근을 만들어내는 최고의 기술자였다. 나치는 기근을 살상무기로 이용했으며 그 효과를 미사일 탄도처럼 정확하게 계산해냈다.

정복자를 위해 일하는 자들만이 식량을 받을 수 있었다. 그 밖의 모든 사람은 굶어죽을 수밖에 없었다. 체내에 비축된 에너지의 양에 따라 늦고 빠름의 차이가 있을 뿐. 이것이야말로 진정한 기근 협정이었다. 이것은 본래 18세기의 프랑스에서 왕과 귀족들이 인구를 말살하려고 협정을 맺었다는 민중들의 망상이었다. 물론 말도 안 되는 소리였다. 그러나 그 말도 안 되던 소리가 이제 말이 되고 말았다. 설령 당시의 왕과 귀족들이 정말 민중을 말살하려고 했다 하더라도, 그들의 앙시앵 레짐의 조직력으로는 도저히 불가능한 일이었다. 그러나 놀라운 나치기계들은 소리 없이 그 일을 해내고 있었다. 인공적인 기근으로 유럽의 인구를 말살하는 일을 말이다.

식량으로 동맹을 맺고 파기하는 일은 역사상 처음 있는 일이 아니다. 로마의 황제들은 모두 아우구스투스의 사악한 선례를 따랐다. 힌덴부르크의 회고록에 의하면 1917년 겨울, 최후의 순간에 터키 국민들이, 정복된 루마니아에서 밀을 공급받지 못했다면 터키는 전쟁에서 밀려나고 말았을 것이다. 적국의 식량을 빼앗아 우방에게 주는 것은 당연한 이치였다. 그러나 새로운 것은 식량을 모조리 압수한 다음, 분배를 보류하여 적뿐만 아니라 중립적인 위치에 있었던 사람들(나치에 적극적으로 협력하지 않은 사람들)까지 굶겨 죽인 나치의 잔혹한 시스템이다.

히틀러의 기근 협정은 첫 번째 전쟁 수단으로 이용되었다. 그에게는 벨기에의 공업 생산품이 필요했다. 벨기에는 생산되는 석탄의 75%, 섬유제품의 80%, 가공된 가죽제품의 80%를 독일로 보냈다. 이러한 물품을 생산하는 데 필요한 노동력을 충당하는 가장 간단한 방법은? 식량 배급카드라는 미끼였다. 빵의 품질은 구역질이 날 정도였다. 벨기에 사람들이 먹었던 빵은 재료의 50%만이 밀가루였으며, 나머지 50%는 이물질이었다. 빵은 검고 끈적끈적해서 칼로 자를 수조차 없었다. 그저 모양이 일정치 않은 덩어리로 쪼개서 먹을 수밖에 없었다. 그러나 이런 빵이나마 먹을 수 있는 사람들은 운이 좋은 편이었다. 독일을 위해 일하는 노동자들만이 목숨을 부지할 정도의 빵을 받을 수 있었다. 1941년 11월에 독일의 식량 배급 시스템은 벨기에 사람 한 명이 하루에 마가린 4분의 1 온스, 버터 5분의 1 온스, 고기 1.5 온스(뼈 20%를 포함해서), 빵 7온스, 쌀 5분의 1온스, 설탕 12분의 1 온스, 말린 12분의 1 온스, 감자 15온스를 받도록 명시하고 있었다. 농담처럼 들릴 것이다. 그야말로 새에게 주는 모이 정도의 양이다. 그러나 이것이 성인 한 명에 대한 할당량이었다. 선심을 쓴 듯한 15온스의 감자는 실체가 없는 항목이었다. 벨기에 브라반트 지역에서는 대부분의 사람들이 감자 한 알도 구경하지 못했다.

그러나 기근 협정은 단순한 전쟁 수단만이 아니었다. 히틀러의 군대가 새로운 국가에 침입해 들어갈 때마다 사용하는 이 과학적 약탈 시스템은 전쟁을 위한 목적 이상의 것을 목표로 하고 있었다. 이는 독일의 기호에 맞게 유럽의 인구를 조정하려는 계획적인 시도였다. 히틀러는 라우쉬닝에게 퉁명스러운 어조로 "인종 말살은 과학이다"라고 말했다. 과학의 최고 기술자 히틀러는 서유럽 지방에서는(영국이 가까이에서 보고 있었기 때문에) 다소 조심스럽게, 동유럽 및 유럽의 남동부에서는 극악무도하게 이 이론을 실천했다.

미국인들은 과학적 범죄가 현실 정치 세계에 실제로 존재한다는 사실을 받아들이기 어려웠다. 그러한 일들은 영화나 탐정소설에서 보아왔던 것이었다. 그러나 이러한 일은 실제로 일어났다. 히틀러와 그의 공범자들은 과학적 기근을 일으키기 이전에 특정 영양소 부족으로 인한 영양실조와 이를 방지하는 보호식에 대한 국제연맹의 연구 자료를 면밀히 검토했다. 인간의 몸이 세포 재생을 위해 필요로 하는 영양소를 조사한 다음 동유럽 전체의 인구를 감소시키는 데 이러한 의학적 지식을 이용했다. 그 땅을 독일인으로 채울 생각이었던 것이다. 식량 배급에 있어서도 대상을 엄격히 구분했다. 나치의 발굽 아래 있는 민족들 중 일부는 허약한 농노 상태로 만들 작정이었다. 폴란드인을 그 대표적인 예로 들수 있다. 일부 민족은 지구 상에서 완전히 추방해 버리려고 했다. 유대인들처럼 말이다. '아메리카 유대인 대회'를 위해 이 문제를 연구했던 보리스 섭은 나치의 악명 높은 '인종별 배급' 상황에 대해 이렇게 보고하고 있다. 독일인에게는 필요한 열량의 100%를 공급하고, 총독부 치하의 폴란드인에게는 65%, 유대인에게는 21%만을 공급했다. 지방의 경우 (새로운 질서하의 모든 국가에서는 특히 지방의 부족이 가장 심각한 문제였다) 독일인은 필요량의 77%를 섭취할 수 있었지만 폴란드인은 18%, 유대인은 고작 0.32%만을 섭취할 수 있었다. 이것은 전 세계인을 세 종족으로 나누어 세계를 재편하고자하는 고의적이고 주도면밀한 계획이었다. 영양 상태가 좋은 지배 계층의 인종, 반란을 일으키기에는 너무나 허약한 노동 계층의 인종, 모조리 시체가 되어버릴 인종, 이렇게 세 인종 말이다.

히틀러의 악당들은 패전하는 경우도 생각했다. 독일이 전쟁에서 또다시 진다고 하더라도 그들은 전쟁 기간 동안에 실시한 체계적인 기근 계획이 유럽의 인구통계학적 힘의 균형에 영구적이고 근본적인 변화를 일으킬 것이라는 마음의 위로를 받으며 이 세상을 뜰 수 있었다.

1941년에 독일이 그리스를 침략했을 때, 그들은 먹을 수 있는 것은 그 자리에서 먹어치우거나 짐으로 꾸려서 독일로 보냈다. 소들을 총으로 쏘아 그 자리에서 도축했다. 독일인들이 아테네에 도착하자 빵의 색깔이 변했다. 현대의 고트족이 데메테르 여신을 모신 신성한 도시에 침입하는 장면을 목격한 미국 여성 베티 위슨은 당시의 상황을 다음과 같이 묘사하고 있다. "아테네인들은 빵 문제에 대해 특히 분개했다. 빵은 검은 색도 아니고 회색이었다. 그리스에서 나는 모든 곡식을 섞었는데 상당 부분은 톱밥으로 만든 것이었다." 게오르피오스 콜리아키스에 따르면, 1942년 여름 아테네에서는 시신을 묘지로 나르는 장례 행렬 의식을 더 이상 찾아볼 수 없었으며 시신은 문 앞 보도 위에 하나 둘 쌓여갔다고 한다. 아름답고 현대적인 도시였던 아테네는 폭탄 하나 스치고 지나가지 않은 곳이었다. 그러나 독일 사령부는 이 도시를 내부로부터 붕괴시켜 나갔다. 그들이 선택한 인공기근이라는 방법은 폭격보다 잔인했다.

유럽에서 온 피난민들, 세르비아, 네덜란드, 프랑스, 노르웨이에서 탈출하여 망명한 사람들은 총살당한 인질들, 무참하게 짓밟힌 폭동, 학살자들을 처단하기 위해 지하실에 설치했던 폭탄에 대한 이야기들을 들려주었고 죽어가는 프랑스 도시의 빵집들 앞에 길게 이어졌던 행렬에 대해 말하기도 했다. 몇 시간 동안 줄을 서서 기다린 사람들은 조금씩 앞으로 나아갔다. 하지만 덜컥 하고 갑자기 가게 문이 닫혀버리는 경우가 허다했다. 그러나 그들이 말하지 않은 것들, 눈에 보이지 않는 사실들이 따로 있었다. 사무실에서 기근 정책을 문서화한 타자수들, 그것을 현실화하는 데 앞장선 사람들의 잔혹성에 대해서는 아무도 이야기하지 않았다. 망명자들은 이러한 사실들을 알아낼 길이 없었다. 그저 연합국 군인들이 사무실로 쳐들어가 서류 보관함을 부수어 열고, 연합국 정치가들이 재판에서 그들에게 유죄를 선고하기만을 기다릴 뿐이었다.

그 동안 유럽은 서서히 죽어갔다. 장티푸스와 기근이 폴란드를 덮쳤고, 프랑스와 체코슬로바키아에서는 결핵과 구루병이 만연했으며, 네덜란드에서는 유산율이 증가했다. 노르웨이에서는 생선이 부족해졌고 예전 같으면 20년을 더 살 노인들이 죽어갔다. 전쟁을 3개월만 미리 끝냈다면 수십만 명의 목숨을 구할 수 있었을 것이다(그러면 미국 빵이 도착했을 테니까). 이번 전쟁은 굶주린 중부 유럽과 병든 독일, 오스트리아-헝가리 제국이 대륙 전체를 전염시켜 버리겠노라고 위협하던 1918년의 전쟁과는 상황이 다르다. 이번에는 유럽붕괴의 결과가 전 세계를 위협하고 있다. 병든 세대의 (독일뿐만 아니라 유럽 전체의) 전염성이 통제되지 않으면 향후 20년 안에 복수를 당할 것이다. 뉴욕 헌터 칼리지의 학장 조지 셔스터가 〈뉴욕포스트〉에 기고한 다음의 글을 되새겨볼 필요가 있다.

나치의 진짜 권력은 지난번 전쟁 때 군사 통치를 경험한 세대에 기초하고 있다. 그 젊은이들은 놀라울 정도의 영양실조와 그에 따른 육체적 질병 그리고 그에 못지않은 심리적 질병으로 고통을 받았다. 나치의 야만성과 잔혹성은 그 세대의 병적인 상태에 뿌리를 두고 있다. 만일 우리가 1918년에 도스안*을 앞당겨 도입하여 독일의 인플레이션을 막을 수 있었다면, 그리고 정전 이후에 독일로 식량이 공급되는 것을 허락했다면 독일의 젊은 세대의 문제를, 나아가서 독일 전체의 문제를 조기에 치유할 수 있었을지도 모른다.

* Dawes Plan: 제1차세계대전 이후 독일의 전쟁 배상금 지불에 관한 계획안. 1924년 8월 16일 연합국과 독일에 의해 승인되었으며 이 계획으로 독일의 제국은행이 다시 설립되었고 독일에 8억 마르크의 차관이 지급되었다.

여기서 독일이라는 말 대신 유럽이라는 말을 집어넣으면 미래에 나타날 위험의 전조를 볼 수 있을 것이다.

*   *   *

2차대전 직후의 '유럽의 기근'에 잠재되어 있던 생물학적 위험성에 대해 최고의 권위를 가지고 말할 수 있는 사람은 바로 제1차세계대전 직후에 미국구제청 청장으로 일한 허버트 후버일 것이다. 그는 정전이 선언된 후 2주 만에 미국 식량담당국의 주요 인사들과 함께 파리로 달려와서 본부를 세우고 1천5백 명의 유능한 직원들로 조직을 확장했다.

후버는 유럽의 상황을 다음과 같이 지도 위에 나타냈다. 먼저 인구 430만의 6개 국가(덴마크, 네덜란드, 노르웨이, 스페인, 스웨덴, 스위스)로 이루어진 '중립국 집단'으로 이들은 수송능력과 자금능력이 있었다. 인구 1,320만의 5개 국가(영국, 프랑스, 이탈리아, 그리스, 포르투갈)로 이루어진 '연합국 집단'도 수송능력과 자금능력을 가지고 있었다. '적국 집단'은 인구 1,020만의 4개 국가(오스트리아-헝가리, 불가리아, 독일, 터키)로 이루어져 있었다. 마지막으로 '해방국 집단'은 인구 980만의 13개 국가(알바니아, 아르메니아, 아제르바이잔, 벨기에, 에스토니아, 라트비아, 리투아니아, 체코슬로바키아, 핀란드, 조지아, 폴란드, 루마니아, 유고슬라비아)로 이루어져 있었다. 28개국의 3억7천5백만 명이 모두 굶주린 것은 아니지만 다양한 수준의 기근과 물자 부족에 시달리고 있었다.

후버는 냉철하고 차분하게 기근에 대한 작전을 펼쳐나갔다. 내전으로 식량과 옷의 배분이 제대로 이루어지기 어려운 지역(러시아가 그런 경

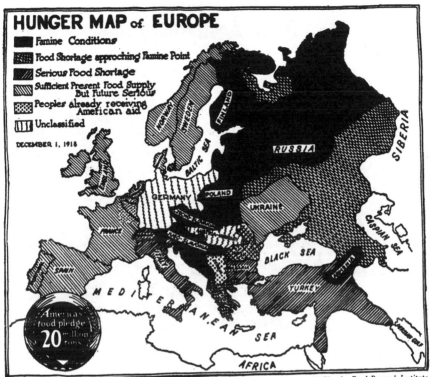

후버의 유럽 기근도(1918.12)

우였다)을 제외하고 모든 지역에서 작전을 펼쳐나갔다. 그러나 굶주린 헝가리인들에게는 식량 공급이 중단되기도 했다. 미국이 헝가리에 빵을 공급하려고 노력하는 동안 헝가리에서는 네 번의 혁명이 일어났다. 식량배급은 대충 해나갈 수 있는 일이 아니었다. 정교한 기술이 요구되었다. 공급자들은 대부분의 경우 각국의 관료들에게 이 일을 맡겨야 했으나 이전 관료들은 대부분 축출된 상태였다. 공황 상태에 빠진 관료들은

미국의 상무장관과 31대 미국 대통령을 역임한 하버트 후버

계획에 따라 지급하기로 약속한 식량을 일시에, 한꺼번에, 즉시 공급해 줄 것을 요구하기도 했다. 국민들은 굶어 죽어가고 있었으며, 그들은 미국이 계속해서 약속을 지킬 만큼 부자라는 사실을 믿기 어려웠다.

구제활동은 동쪽으로 갈수록 점점 어려워졌다. 오래된 4개국의 붕괴는 유럽 대륙의 완전한 무정부상태를 촉진했다. 농부에게서 농작물을 사들일 만한 여유가 있는 자들은 사들인 농작물을 값이 오를 때까지 움켜쥐고 있거나 암시장에 내다 팔았다. 엉망이 되어버린 도시 빈민들은 엄격한 식량 통제가 이루어지자 이전보다 더 비참해졌다. 따라서 각국의 새로운 정부는 보다 효율적인 식량 담당 행정조직을 편성할 필요가 있었다. 이것이 미국인들에게는 어려운 문제였다. 기근에 시달리는 동유럽 민족들은 행정 경험이 별로 없는 사람들의 통치를 받고 있었기 때문이다. 지도자들은 정부의 살림 같은 지루한 업무보다는 정치적, 사회적 이데올로기에 온통 신경을 집중하는 사람들이었다.

그러나 후버의 외교정책은 성공을 거두었다. 그는 재정과 수송의 어려움에도 불구하고 유럽인들을 먹여 살렸다. 그는 학교, 관공서, 주택들을 부엌과 급식소로 개조했다. 1천5백만 명의 유럽 어린이들을 먹였고, 17만5천 톤의 옷가지를 전달했다. 미국이 이러한 자선활동에 지출한 돈의 액수는 3억2천5백만 달러에 달했다.

단 한 가지 점에서 후버는 한발 물러났다. 그는 독일이 정전협상에 사인을 하자마자 이 나라에 대한 봉쇄를 풀어야 한다고 신중하게 제안했다. 그러나 그의 제안은 포흐 원수의 강철 같은 반대에 부딪히게 되었다. 연합군 측의 다른 지도자들도 단호히 반대 의사를 표명했다. 식량봉쇄가 계속될 경우 엄청난 인명과 건강의 손실이 야기될 것을 후버는 인식하고 있었다. 그는 중립국과 해방국에 대한 봉쇄를 해제시키는 데는 성공했지만 독일과 동맹국에 대한 봉쇄 완화는 거부당했다. 포흐는 콩피에뉴에서 다음과 같은 칙령을 내렸다. "연합국과 관련 정부에 의해 만들어진 현재의 봉쇄체제는 그대로 유지될 것이다. 바다에서 독일 상선이 발견될 경우 즉시 체포한다." 이러한 강경한 어조는 다음과 같은 선언에 의해 다소 누그러졌다. "연합국과 미국은 필요할 경우 독일에게 식량을 공급할 것이다." 그러나 이 마지막 구절은 순전히 종이 위에만 존재하는 것이었다.

1919년 6월 28일, 전쟁이 종결되었을 때 독일인들은 그야말로 배를 곯고 있었다. 군사적 측면에서 보면 포흐의 판단이 옳았다. 그는 독일이 배가 부르면 평화조약에 서명하지 않을 수도 있음을 우려했던 것이다. 그러나 장기적으로 봤을 때 구제를 늦추는 것은 독일 국민을 병들게 하는 것이었고, 이로 인한 정신적 피해는 그들을 새로운 국수주의 물결의 먹이로 만드는 것이었다. 당시의 결정이 궁극적으로 히틀러의 집권을 초래했다는 사실에는 의심의 여지가 없다. 후버는 이 점을 예견했다. 그는 우드로우 윌슨 대통령의 지지를 등에 업고 연합국의 군사 지도자들과 투쟁을 벌였다. 그의 투쟁은 수다 베인과 랠프 루츠가 정리한 8백 페이지의 문서에 의해 빛을 보게 되었다. 이 서신과 전보, 메모 등은 역사적 업적과 실수의 전개과정을 가장 교훈적으로 보여주고 있다.

*　　*　　*

배고픔은 광기를 불러일으킨다. 유명한 사회학자 소로킨(러시아계 미국인)은 자신의 마지막 저서에서 "재앙이 닥치면 개인이나 사회는 계승된 윤리의식의 연결고리를 모두 끊어버린다"고 적고 있다. 1922년, 독일 작가 아르투르 홀리쳐는 볼가강을 따라 여행하면서 기근이 닥친 강가 마을에서 공공연히 인육을 먹는 장면을 목격했다. 야수의 본성을 가진 사람들은 사람의 고기를 먹었다. 그들은 살아남았을 것이다. 그러나 그들이 극단적인 상황에서 한 행동에 대한 기억이 과연 사라질 수 있을까? 1919년에 드레스덴에서 일어난 폭동의 원인은 식량 부족이었다. 당시에는 사회주의자가 주지사를 맡고 있었다. 폭도들은 지사 공관으로 쳐들어가 얼마 전 자신들이 뽑은 지사를 엘베강 다리 위로 끌고 가서는

빵을 위해서 줄을 선 유럽인들 (〈빵줄-아무도 배고프지 않았다〉, 레지날드 마쉬, 1932)

물 속에 처넣었다. 그런 다음 물에 빠진 지사를 다시 총으로 쏘았다. 폭도 중 일부가 체포되었는데 이 실성한 자들은 작센이 공화국이 되었다는 사실도 잊고 있었다. 그들은 혁명이 일어나기 이전의 작센왕의 지사, 델자 장군을 처치하는 것으로 착각했던 것이다.

1919년, 부활절 즈음에 파리의 한 호텔에 머물고 있던 후버가 전보를 한 장 받았다. 전보는 폴란드에서 온 것으로 미국의 밀을 분배하는 과정에서 조직적인 유대인 학살이 일어났다는 소식을 전하고 있었다. 후버는 전보의 내용을 믿을 수 없었다. 그러나 그것은 사실이었다. 1919년 4월 5일, 37명의 유대인이 핀스크에서 살해되었다. 그들은 유월절*을 위해 미국에서 반입되는 밀의 분배를 논의하려고 회의를 열었는데 회의 도중에 폭도들에게 잡혀가 처형당한 것이었다. 이것은 물론 비이성적인 행위였다. 그러나 굶주림으로 이성을 잃고 자기 영혼의 안전에 대한

---

* 逾越節: 이집트 탈출을 기념하는 유대인의 대축제.

중세적 공포에 사로잡힌 사람들이 있는 곳에서는 무교병을 굽는 것도 매우 위험한 일이었다. 격분한 후버는 폴란드 수상 파데레프스키를 소환했다. 그는 "그 유대인들이 아마 공산주의자들이었던 것 같다"는 빈약한 논리를 내세웠으나 후버는 인정할 수 없었다. 후버는 인종적, 종교적 소동을 즉시 진압하라고 요구했다.

당시는 어디든 비정상적인 상태였다. 그러나 모든 속박에서 벗어난 지난 4년간의, 아직도 끝이 보이지 않는 기아는 1918년의 기아와는 비교도 되지 않는 것이었다. 만일 히틀러가 사악한 기근 협정을 계속해서 유지할 수 있었다면 지배하에 있는 인간의 생존뿐 아니라 아직 태어나지도 않은 유럽 인구까지도 위협했을 것이다. 전 세계는 신체적으로 퇴화한 악당이 될 잠재성을 지닌 세대를 만나게 되었을 것이다.

전쟁이 끝나자 굶주린 세계를 먹여야 했다. 그것은 루즈벨트 대통령과 처칠 수상이 모든 희생자들 앞에서 약속한 사실이었다. 그러나 이것은 제1차세계대전 때보다 훨씬 어려운 일이 될 것이 분명했다. 1918년 10월, 정전을 앞두고 있을 때 후버는 전 세계 식량공급안을 윌슨 대통령 앞에 꺼내놓을 수 있었다. 이 안에 의하면 필요한 식량의 총량은 대략 3천만 톤이었다. 하지만 이번에는 그 정도의 양으로는 어림도 없었다. 2차대전 직후에 식량 원조를 필요로 하는 사람의 수는 약 3억9천만 명으로 추정되었다. 식량 원조가 필요한 지역은 유럽뿐이 아니었다. 중국도 구조의 손길을 기다리고 있었다. "쌀을 끓이는 곳에서는 빵을 굽지 않는다"라는 속담이 있다. 그러나 쌀을 먹던 사람도 쌀이 없으면 미국의 밀을 수입할 수밖에 없었을 것이다. 러시아도 미국의 밀을 필요로 하고 있었다. 식물학자들이 일으킨 기적으로 러시아의 극지방에서도 밀을 생산하게 되었고, 많은 전문가들이 얼어붙은 툰드라 지대를 꽃이 피고 상당한 작물이 생산되는 곳으로 바꿔놓았지만 (웬델 윌키는 1942년 세계 여행을 할 때 이러한 사실을 발견하고 매우 놀랐다) 러시아가 초토화된 서쪽 영토를 되찾기 전까지는 미국의 밀에 의존해야 했을 것이다.

이렇게 수많은 사람들을 먹이기 위한 농작물을 심고 거두는 것은 미국 농업이 떠맡은 커다란 임무였다. 6천 년의 세월 동안 모든 전쟁이 농업에 타격을 가했다. 많은 농민들이 군대에 끌려 나갔고 농기구는 부족하게 되었으며 (더 빨리 닳아버리지만 다시 구하기는 힘들었다) 공장들은 비료 대신 폭탄을 제조하기에 바빴다. 오랜 전쟁으로 인해 미국의 농작물 생산량도 감소할 가능성이 높다. 농업이 군수산업만큼 중요한 것으로 여겨지기만 해도 세상은 평화로워질 것이고, 그 평화는 '빵의 평화'로 이름 붙여질 수 있을 것이다.

미국에서 새로 설립된 유엔국제부흥기관 의장 허버트 레만은 인류 역사상 최대 규모의 사회적, 경제적 재건사업을 맡게 되었다. 이러한 모험을 시작하기 전에 우리는 하느님이 선지자 요엘을 통해 약속한 다음의 말을 기억할 필요가 있다. "내가 메뚜기와 바구미와 곰팡이와 풀무치가 농작물을 먹어치운 만큼 너희에게 갚아 주리니, 너희는 풍족히 먹고 만족하게 되리라." 전 세계적인 빈곤과 결핍 속에서 자유를 건설하는 것은 매우 위대한 일이다.

1943년 11월, 애틀랜틱 식량회의에 참석한 44개 협력국가 정부의 대표들은 나치와 일본 군국주의자들에 의해 피해를 입은 국가들에 식량과 옷, 약품은 물론이고 종자와 원료, 기계, 도구, 비품, 집까지도 필요하다는 것을 알고 있었다. 대영제국과 영연방 산하 국가들이 필요한 물자의 상당량을 지원함에도 불구하고, 미국은 연간 국내 총수입의 1%에 해당하는 10억 달러를 지원해야 할 형편이었다. 루즈벨트 대통령은 현명하게도 "전쟁은 이보다 더 값비싼 대가를 요구한다"고 말했다. 그 기금이 모두 자선 사업에만 쓰이는 것은 아니었다. 미국은 무기력하고 굶주린 세계 인구를 공동의 목표를 위해 일하는 근로자로 탈바꿈시킴으로써 엄청난 이익을 볼 수 있을 것으로 예상되었다.

물론 이것은 물자를 공급하는 국가와 공급받는 국가 간의 긴밀한 협조 위에서만 달성될 수 있다. 이것은 일종의 세계적 배급 시스템과 같은 형태를 띨 수밖에 없다. 어쩌면 미국인들은 전쟁이 끝난 뒤에도(어쩌면 한참 동안), 인상된 물가 때문에 그 전과 같은 소비생활을 즐기지 못하게 될지도 모른다. 모든 정치인들이 이에 대해 조심스럽게 입을 열고 있지만 미국인들에게는 다른 선택의 여지가 없다. 만일 미국이 자신만을 돌보고 고립주의적 노선을 걷고자 한다면 세계는 3차대전을 피할 수 없게 될 것이다. 굶주리는 세계는 혼자서 잘 사는 대륙을 그냥 놔두지 않을 것이다.

1943년에 후버는 "세계의 평화는 빵의 평화다"라고 내게 말한 적이 있다. "모든 전쟁에서 처음 한마디는 총성이었지만 마지막 한마디는 언제나 빵의 목소리였다. 우리는 또다시 세계를 먹여 살려야 할 것이다." 그는 계속 말을 이었다. "미국인들은 기아와 굶주림의 유행을 상상하기 어려울 것이다. 미국인들은 그런 경험을 해본 적이 없다." 그의 말은 사실이었다. 지구 상의 모든 값진 것들, 유럽인에게는 희미한 기억 속에서나 존재하는 것들을 미국에서는 아직도 누릴 수 있었다. 모든 사람들은 그것을 당연한 것으로 여겼다. 곡물은 남아돌았고 모든 종류의 빵을 맛볼 수 있었다. 미국에 사는 이탈리아인의 후손은 자신이 가장 좋아하는 계란빵 빠스꾸알레를, 프랑스계 미국인은 '여름 하늘의 구름처럼 나풀나풀한' 파리 스타일의 흰 빵을, 뉴욕의 독일인은 영양가가 풍부한 호밀 빵을, 미네소타에 사는 노르웨이인은 발효시키지 않은 바삭바삭한 크니케를 먹을 수 있다. 이들로서는 조부모가 살던 대륙에 더 이상 이런 빵들이 존재하지 않는다는 사실을 이해하기 어려울 것이다.

나는 이 모든 사실을 누구보다 잘 알고 있다. 내가 직접 그것을 겪어왔기 때문에. 부켄발트의 강제수용소에서 우리는 진짜 빵을 맛볼 수 없었다. 빵이라고 불리는 물건은 감자가루, 콩, 톱밥의 혼합물이었다. 속은 납빛이었고 껍질은 쇳빛이었다. 맛도 쇠 같은 맛이 났다. 이 물건은 마치 고문당하는 사람의 이마에 땀이 송송 맺히듯 표면에 물기가 배어나왔다. 그럼에도 불구하고 우리는 예전에 먹었던 진짜 빵을 추억하며 그것을 빵이라고 불렀다. 우리는 그 빵이나마 사랑했고 그것이 배급되기를 노심초사 기다리곤 했다.

그곳에 있던 많은 사람들은 다시는 진짜 빵을 맛보지 못하고 생을 마감했다. 나는 아직 살아있다. 내가 다시 진짜 빵을 먹을 수 있게 된 것이 그저 놀라울 따름이다. 빵은 성스러운 것이다. 그러나 빵은 한편 세속적인 것이기도 하다. 모든 사람들이 빵을 먹을 수 있다면 더 이상 좋을 것이 없다. 사람과 빵은 나란히 6천 년이라는 세월을 함께 걸어왔다. 신의 두 피조물은 원하는 모든 것을 가질 수 있었던 순간이 종종 있었다. "그리고 그들은 배불렀다"라고 성경은 기록하고 있다. 이보다 더 간결하게 행복과 만족과 감사를 표현한 말은 없을 것이다.

후기

빵의 역사는 식물학에서 농업경제까지 그리고 제빵기술에서 신학까지, 수많은 여타 과학의 근본이 되는 과학이다. 필자는 사실과 생각을 얻는 데 4천여 권의 책을 참고했으나 지면이 허락하지 않아 10분의 1만 적었다. 10분의 9를 적지 못한 것에 대해 사과한다.

그리고 파리, 런던, 쮜리히, 스톡홀름 그리고 레닌그라드의 대도서관이 보여준 친절에 감사를 표한다. 특히 나치 치하의 유럽을 탈출한 후 지난 4년간 나의 연구 작업을 지원해준 콜롬비아대학 도서관과 뉴욕 공공도서관에 감사의 말을 전하고 싶다.

아내가 이 원고뭉치들을 숨기는 데 성공하지 않았다면 나치들은 당시 미완성이었던 이 원고들을 불태우고 말았을 것이다. 그녀에게도 감사한다. 또한 내가 다카우와 부켄발트 집단수용소에 갇혔을 때, 무슨 일이 있어도 원고를 완성하여 출판하도록 나를 종용했던, 종교사학자인 내 친구 로버트 엘리저에게도 감사한다. 자연과학 분야에서는 뉴욕의 쿠르트 로젠발트 박사로부터 많은 도움을 받았다.

참고문헌

제1장 선사시대의 빵

BOAS, Franz: The Mind of Primitive Man, New York, 1924.

BRAUNER, L.: Die Pflanze, eine moderne Botanik, Berlin, 1930.

BURKITT, Miles Crawford: Prehistory, Cambridge, 1921.

CHILDE, Gordon V.: Dawn of European Civilization, New York, 1928.

CLELAND, Herdman F.: Our Prehistoric Ancestors, New York, 1928.

DAWSON, Christopher H.: The Age of the Gods, London, 1928.

EBERT, Max: Reallexikon der Vorgeschichte, Berlin, 1924~1932.

ENGELBRECHT, Theodor: Die Entstehung des Kultur-Roggens, Leipzig, 1917.

FOREL, Auguste: Le monde social des fourmis du globe compare á celui de l'homme, Genève, 1921~1923.

FURNAS, C. C. and S. M.: The Story of Man and His Food, New York, 1937.

GOETSCH, Ferdinand: Die staaten der Ameisen, Berlin, 1937.

GRANT, James: chemistry of Bread Making, New York, 1912.

HAHN, Eduard: Die Entstehung der Pflugkultur, Berlin, 1909.

HEER, Oswald: Die Pflanzen der Pfahlbauten, Zeurich, 1865.

HEHN, Victor: Kulturpflanzen und Haustiere, Berlin, 1810.

HOERNES, Moritz: Naturund Urgeschichte des Menschen, Leipzig, 1909.

HROZNY, B.: Sumerisch-Babylonische Mythen, Berlin, 1903.

Jasny, Naum: Competition among grains, California, 1940.

LESER, Paul: Entstehung und Verbreitung des Pflunges, Leipzig, 1931.

McCOOK, Henry S.: Ant Communities, New York, 1909.

MOGGRIDG: Harvesting Ants and Trapdoor Spiders, London, 1873~1874.

OBERMAYER, Hugo: Der Mensch der Vorzeit, Berlin, 1912.

PEAKE, H. J. E.: Early Man, London, 1931.

RENARD, S.: Life and Work in Prehistoric Times, New York, 1929.

ROMANES, George J.: Animal Intelligence, New York, 1897.

SCHIEMANN, Elisabeth: die Entstehung der Kulturpflanzen, Berlin, 1932.

SCHRADER, Otto: Reallexikon der Indogermanischen Altertumskunde, Berlin, 1917~1929.

SCHWEINFURTH, Georg: Im Herzen von Afrika, Leipzig, 1874.

SOROKIN, ZIMMERMAN, GALPIN: Systematic Sources Book in Rural Sociology, Minnessota, 1931.

VAVILOW, Nikolaus: Geographical Regularities in the Distribution of Cultivated Plants, Leningrad, 1927.

WASMANN, Erich: Comparative Studies in the Psychology of Ants and of Higher Animals, St. Louis, 1905.

WHEELER, William M.: Ants, New York, 1910.

제2장 고대의 빵

ANTON, S.: Die Mysterien von Eleusis, Naumburg, 1899.

BACHOFEN, I. I.: Das Mutterrecht, Basel, 1867.

BARTON, George H.: Archeology and the Bible, Philadelphia, 1937.

BERTHOLET, Alfred: A History of Hebrew Civilization, London, 1926.

BLOCH, Leo: Der Kult und die Mysterien von Eleusis, Hamburg, 1896.

BOECKH: Der Staatshaushalt der Athener, Berlin, 1851.

BREASTED, James H.: History of Egypt, New York, 1912.

BREASTED, James H.: Dawn of Conscience, New York, 1933.

BRION, Marcel: La Vie d'Alaric, Paris, 1930.

BUECHER, Karl: Arbeit und Rhythmus, Leipzig, 1909.

BUSOLT, Georg: Griechische Staatskunde, Muenchen, 1920~1926.

CREELMAN, H.: An Introduction to the Old Testament, New York, 1917.

CUMONT, F.: Les Religions orientales dans le paganisme Romain, Paris, 1929.

DARENBERG et SAGLIO: Dictionnaire des Antiquités Grecques et Romaines, Paris, 1873~1912.

DIELS, H.: Sibyllinische Blätter, Berlin 1890.

DREWS, Arthur: Das Markus-Evangelium, Jena, 1921.

DUNCAN, John G.: The exploration of Egypt and the Old Testament, New York, 1909.

EISLER, Robert: Weltenmantel und Himmelszelt, Muenchen, 1910.

ERMAN, Adolf: Aegypten und aegyptisches Leben im Altertum, Tuebingen, 1885.

FARNELL, Lewis R. : The Cult of the Greek States, Oxford, 1896~1909.

FERRERO, Guglielmo: The Greatness and Decline of Rome, New York, 1907~1909.

FERRERO, Guglielmo: Ancient Rome and Modern America, New York, 1914.

FLEMING, James: Personalities of the old Testament, New York, 1939.

FOUCART, Paul: Les mystères d'Eleusis, Paris, 1914.

FRANK, Tenney: An Economic Survey of Ancient Rome, Baltimore, 1933~1940.

FRAZER, J. G.: Taboo and the Perils of the Soul, London, 1922.

GINZBERG, ELI: Studies in the Economics of the Bible, New York, 1917.

GLOTZ, Gustave: The History of Civilization, New York, 1926.

GLOVER, T. R.: The Influence of Christ in the Ancient World, New Haven, 1929.

GOLDBERG, Oskar: Die Wirklichkeit der Hebraeer, Berlin, 1925.

GRUPPE, Otto: Griechische Mythologie und Religionsgeschichte, Berlin, 1906.

HASTINGS, James: Dictionary of the Bible, New York, 1901.

JUNG, C. G. and KERENYI: Das göttliche Mädchen, Amsterdam, 1941.

KLAUSNER, Joseph: Jesus of Nazareth, New York, 1925.

LARSEN, Hjalmar: On Baking in Egypt During the Middle Kingdom, Copenhague, 1936.

LEHMANN-HAUPT, Ferdianad: Solon of Athens, Liverpool, 1912.

LOUIS, Paul: Ancient Rome at Work, New York, 1927.

LOWRIE, R. H.: Primitive Society, New York, 1920.

LOEWY, Gustav: Die Technologie und Terminologie der Müller und Bäcker in den rabbinischen quellen, Berlin, 1926.

MOMMSEN, Theodor: Römische Geschichte, Berlin, 1865~1885.

MYLONAS, George, E.: Hymn to Demeter and Her Sanctuary at Eleusis, St. Louis, 1942.

NEUBURGER: Die Technik des Altertums, Leipzig, 1919.

OVERBECK, Joh.: Pompeji, Leipzig, 1884.

PAPINI, Giovanni: Life of Christ, New York, 1923.

PAULY-WISSOWA: Real-Encyklopaedie der Klassischen Altertumswissenschaft, Stuttgart, 1894~1939.

PHILIOS, Demetrios: Eleusis, Her Mysteries, Ruins and Museum, London, 1906.

POEHLMANN, Robert: Geschichte des Sozialismus und der sozialen Frage in der antiken Welt, Muenchen, 1912.

ROSTOVTZEFF: Social and Economic History of the Roman Empire, New York, 1926.

SCHINDLER, Franz: Aus der Urheimat unserer Getreide-Arten, Wien, 1934.

SEECK, Otto: Geschichte des Untergangs der antiken Welt, Berlin, 1895~1920.

SIMKHOVITCH, Vladimir G.: Toward a Better Understanding of Jesus, New York, 1921.

SPECK, E.: Handelsgeschichte des Altertums, Leipzig, 1906.

STEINDORFF, Georg: The Religion of the Ancient Egyptians, New York, 1905.

STRAUSS, David Fr.: Das Leben Jesu, Tuebingen, 1835~1836.

STRUBE, Julius: Studien über den Bilderkreis von Eleusis, Leipzig, 1870.

THIERRY, Amédée S.: Récits de l'historie Romaine au V. Siècle, Paris, 1880.

VERINDER, Frederick: My Neighbours' Landmark, London, 1911.

WEINEL, H.: Die Gleichnisse Jesu, Leipzig, 1918.

WELLHAUSEN, Julius: Prolegomena to the History of Israel, Edinburgh, 1885.

ZIEGLER: Die Königsgleichnisse des Midrasch, Breslau, 1903.

제3장 중세의 빵

ASHLEY, Sir William: Bread of Our Forefathers, Oxford, 1928.

BACHTOLD-STAEUBLI, Hans: Handwörterbuch des Deutschen Aberglaubens, Berlin, 1927~1938.

BARING-GOULD: Life of the Saints, Edinburgh, 1914.

BAUMANN, Franz L.: Akten zur Geschichte des deutschen Bauernkrieges, Freiburg, 1877.

BAX, Ernest B.: The Peasants' War in Germany, New York, 1899.

BELOW, Georg von: Die Ursachen der Rezeption des Römischen Rechts in Deutschland, München, 1905.

BENNETT and ELTON: History of cornmilling, London, 1898~1904.

BERNHART, Joseph: The Vatican as a World Power, New York, 1939.

BLOCH, Ernst: Thomas Münzer als Theologe der Revolution, München, 1921.

BRING, Ragnar: Dualismus hos Luther, Lund, 1929.

BROWE, Peter: Die eucharistischen Wunder des Mittelalters, Breslau, 1938.

BUEHLER, Johannes: Die Kultur des Mittelalters, Leipzig, 1931.

BURCKHARDT, Abel: Das Geistproblem bei Huldrych Zwingli, Leipzig, 1932.

THE CATHOLIC ENCYCLOPEDIA, New York, 1907~1913.

CLAASSEN, Walter: Schweizer Bauernpolitik im Zeitalter Huldrych Zwinglis, Zuerich, 1928.

COULTON, George G.: Chaucer and His England, London, 1921.

COULTON, George G.: The Mediaeval Village, Cambridge, 1925.

CRISTIANI, Léon: Luther et la question sociale, Paris, 1911.

CURSCHMANN, Fritz: Hungersnöte im Mittelalter, Leipzig, 1900.

DOPSCH, Alfons: Die Wirtschaftsentwicklung der Karolinger-Zeit, Weimar, 1921~1922.

EHRENBERG: Verhandlungen der Königlich Preussischen Akademie der Wissenschaften, Berlin, 1848~1849.

FORTESCUE, Adrien: The Orthodox Eastern Church, London, 1929.

FRAZER, I. G.: Spirits of the Corn and the Wild, London, 1912.

FUSTEL DE COULANGES, Numa D.: Histoire des institutions politiques de láncienne France, Paris, 1930.

FUSTEL DE COULANGES, Numa D.: The Origin of Property in Land, London, 1927.

GARNIER, Russel: Annals of the British Peasantry, London, 1895.

GIBERGUES, Emmanuel: Entretiens sur l'Eucharistie, Paris, 1919.

GILLETT, E. H.: The Life and Times of John Huss, Philadelphia, 1870.

GOOSENS, Werner: Les origines de l'Eucharistie, Gembloux, 1931.

GRIMM, Jakob und Wilhelm: Deutsches Wörterbuch, Leipzig, 1854~1938.

GRIMM, Jakob: Deutsche Rechtsaltertümer, Leipzig, 1899.

GRUPP, Georg: Kulturgeschichte des Mittelalters, Paderborn, 1908~1925.

HARNACK, Adolf von: History of Dogma, Boston, 1898~1903.

HERZOG-HAUCK: Realenzyklopaedie für protestantische Theologie und Kirche, Leipzig, 1896~1913.

HEYNE, Moriz: Deutsche Hausaltertümer, Leipzig, 1900~1903.

HOLMQUIST, Hjalmer: Luther, Loyola, Calvin i dera reformatoriske genesis, Lund, 1912.

HUEGLI, Hilde: Der deutsche Bauer im Mittelalter, bern, 1929.

HUIZINGA, J.: Erasmus, New York, 1924.

THE JEWISH ENCYCLOPEDIA, New York, 1900~1905.

KOEHLER, Walther: Zwingli und Luther, Leipzig, 1924.

LACROIX, Paul: Moeurs, usages et costumes au moyen âge, Paris, 1877.

LAMPRECHT, Karl: Deutsche Geschichte, Freiburg, 1904~1910.

LAVERAN, A.: L'hygiène de la boulangerie, Paris, 1910.

LIPSON, E.: The Economic History of England, London, 1929~1931.

LOSERTH, Johann: Huss and Wyclif, München, 1925.

LUCHAIRE, Achille: La société fançaise au temps de Philippe-Auguste, Paris, 1902.

MANN, Horace: The Lives of the Popes in the Middle Ages, London, 1925~1929.

MANNHARDT, Wilhelm: Wald- und Feldkulte, Berlin, 1875~1877.

MANNHARDT, Wilhelm: Zeitschrift für Deutsche Mythologie und Sittenkunde, Göttingen, 1853~1859.

McGIFFERT, Arthur: A History of Christian Thought, New York, 1932.

MEIER, Albert: Das Bäckerhandwerk im alten Bern, Bern, 1939.

MEITZEN, A.: Siedlung und Agrarwesen der Westgermanen und Ostgermanen,

Berlin, 1895.

MEYER, Elard Hugo: Germanische Mythologie, Berlin, 1891.

MOFFET, James: The First Five Centuries of the Church, Nashville, 1938.

MUNCH, Peter Andreas: Norse Mythology, New York, 1926.

MURRAY, R. H.: Erasmus and Luther, London, 1920.

NIESEL, Wilhelm: Calvins Lehre vom Abendmahl, München, 1930.

ORDNUNG der Bäcker in Frankfurt am Main, Frankfurt, 1560.

PETRUSCHEWSKI, D. M.: The Rebellion of Wat Tyler, Moskau, 1914.

PICKMAN, Edward M.: The Mind of Latin Christendom, London, 1937.

POLLOCK and MAITLAND: History of English Law, Cambridge, 1898.

RESSEL, Gustav: Das Archiv der Bäckergenossenschaft in wien, wien, 1913.

REUTERSKIOELD, Edgar: Die Entestehung der Speisesakramente, Stockholm,
1907.

SCHAFF, Philipp: The Creeds of Christendom, New York, 1919.

SCHNUERER, Gustav: Kirche und Kultur im Mittelalter, Paderborn,
1927~1929.

SCHULTZ, Alwin: Deutsches Leben im 14 und 15, Jahrhundert, Wien, 1892.

SCHWEITZER, Albert: Das Abendmahlsproblem, Berlin, 1901.

SMITH, Preserved: A Short History of Christian Theophagy, Chicago, 1922.

STOBBE: Die Juden in Deutschland während des Mittelalters, Berlin, 1923.

STRACK, Hermann Leberecht: Der Blutaberglaube in der Menschheit,
München, 1892.

VINOGRADOFF, Paul: The Growth of the English Manor, London, 1905.

WHITE Andrew D.: The History of the Warfare of Science with Theology, New
York, 1910.

WUERTTEMBERGS erneuerte Müller-Ordnung, Rösslin, 1701.

ZINSSER, Hans: Rats, Lice and History, New York, 1938.

제4장 초기 아메리카의 빵

ADAIR'S Histroy of the American Indians, London, 1775.

ADAMS, James Truslow: The Epic of America, Boston, 1931.

ADAMS, John: Letters to His Wife, Boston, 1841.

ALISON, William P.: Observations on the Famine of 1846~1847 in Ireland, Edinburgh, 1847.

BASALDUA, Florencio D.: Agricultura; cultivo del maiz, Buenos Aires, 1897.

BAYLEY, L. H.: Cyclopedia of American agriculture, New York, 1912.

BELT, Thomas: The Naturalist in Nicaragua, New York, 1928.

BIDWELL and FALCONIER: History of Agriculture in the Northern United States 1620~1860, Washington, 1925.

BOLLMAN, Lewis: Indian Corn, Washington, 1862.

BONAFOUS, Matthieu: Histoire naturelle, agricole et économique du maïs, Paris, 1836.

BRAYLEY, Arthur: Bakers and Baking in Massachusetts, Boston, 1909.

BRINTON, Daniel G: The Myths of the New World, New York, 1868.

BRUCE, Ph. A.: Economic History of Virginia in the XVII Century, New York, 1896.

BRUYERINUS: De re cibaria, Lyon, 1560.

CAMPBELL, James: Ireland; Its History, Past and Present, London, 1847.

CARRIER, Lyman: The Beginnings of Agriculture in America, New York, 1923.

CLARK, Dora M.: British Opinion and the American Revolution, New Haven, 1930.

COLON, Fernando: Le historie della vita e dei fatti di Cristoforo Colombo, Milano, 1936.

EARLE, Alice Morse: Home Life in Colonial Days, New York, 1899.

EAST, Robert A.: Business Enterprise in the AmericanRevolutionary Era, New York, 1938.

ELLET, Elisabeth: Domestic History of the American Revolution, New York, 1850.

ERDOZAIN, Ernesto Ruiz: Estudio sobre el cultivo del maiz, Mexico, 1914.

EVANS, Oliver: The Young Mill-wright and Millers guide, Philadelpia, 1853.

FRAZER, J. G.: The scapegoat, London, 1913.

GANN and THOMPSON: The History of the Mayas, New York, 1931.

GARCILASO de la VEGA: El Inca. The Royal Commentaries of Peru, London, 1688.

GILBERT, Arthur W.: The Potato, New York, 1917.

GILES, Dorothy: Singing Valleys. The Story of Corn, New York, 1940.

HARRIS, Hanry: Pellagra, New York, 1919.

HODGE, F. W.: Handbook of American Indians. HOWE, Henry: Memoris of the Most Emerited American Mechanics, New York, 1840.

JEFFERSON, Thomas: Writings, New York, 1892~1899.

KALM, Peer: Beskrifning om Mais i Norra America, Stockholm, 1751.

LEVY, Reuben: An Introduction to the Sociology of Islam, London, 1931~1933.

MARGOLIOUTH, D. S.: The Early Development of Mohammedanism, London, 1926.

MASON, A. E.: The Life of Francis Drake, New York, 1940.

MASON, Gregory: Columbus Came Late, London, 1931.

O'CONNOR, James: History of Ireland, London, 1925.

PARKER, Arthur C.: Iroquois Use of Maize, Albany, 1910.

PARRINGTON, Vermont: Main Currents In American Thought, New York, 1927.

POINDEXTER, Miles: Peruvian Pharaohs, Boston, 1938.

PRENTICE, Ezra Parmelee: Hunger and History, New York, 1939.

PRESCOTT, W. H.: Conquest of Mexico, New York, 1847.

PRIESTLEY, H. J.: The Mexican Nation, New York, 1923.

RAUWOLF, Leonhard: Reis' in die Morgenländer, Augsburg, 1582.

SCOTT, S. P.: History of the Moorish Empire in Europe, Philadelphia, 1904.

SERRES, Oliver de: Le theatre d'agriculture, Paris, 1600.

STEFFEN, Max: Landwirtschaft bei den altamerikanischen Kulturvölkern, Leipzig, 1883.

STUART, W.: The Potato, Philadelphia, 1923.

TARBOX, J. N.: Sir Walter Raleigh and His Colony in America, Boston, 1884.

THACHER, James: Military Journal During the American Revolutionary War, Hartford, 1854.

USHER, Roland G.: The Pilgrims, New York, 1918.

VERRILL, A. H. and BARRETT, O. W.: Foods America Gave the World, New York, 1937.

WALLACE, Henry A., and BRESSMAN, E. A.: Corn and Corn-growing, New York, 1937.

WASHINGTON, George: Writings, Washington, 1931~1941.

WHEATERWAX, Paul: The Story of the Maize Plant, Chicago, 1923.

제5장 19세기의 빵

ARASKRANIANZ, A.: Die französische Getreidehandelspolitik bis zum Jahre 1789, Berlin, 1882.

ASHTON, John: The HISTORY of Bread, London, 1904.

AULARD, Alphonse: Paris sous le premier Empire, Paris, 1912~1923.

BEARD, Charles and Mary: The Rise of American Civilization, New York, 1930.

BOYLE, James: Chicago Wheat Price for Eighty-one Years, New York, 1922.

BRITNELL, G. E.: The Wheat Economy, Toronto, 1939.

CASPARY, Adolf: Wirtschaftsstrategie und Kriegführung, Berlin. 1932.

CASSON, Herbert N.: Cyrus Hall McCormick, Chicago, 1908.

CASSON, Hearbert N.: The Romance of the Reaper, Chicago, 1908.

CURTLER, W. H. R.: The Enclosure and Redistribution of Our Land, Oxford, 1920.

DAVY, Sir Humphrey: Elements of Agricultural Chemistry, London, 1813.

DONDLINGER, Peter C.: The Book of Wheat, New York, 1903.

FAY, Bernard: L'esprit revolutionnaire en France et aux Etats-Unis à la fin du 18 siècle, Paris, 1925.

FAY, Charles R.: The Corn Laws and Social England, Cambridge, 1932.

FOURNIER, August: Napoléon I., New York, 1912.

FRANCÉ, Raoul: Das Leben im Acker, Stuttgart, O. J. GARLAND, Hamlin: Companions on the Trail, New York, 1931.

GEIGER, G. R.: The Theory of the Land Question, New York, 1936.

GEORGE, Henry: Progress and Poverty, New York, 1908.

GEORGE, Henry: The Land Question, New York, 1911.

GRAS, N. S. B.: A History of Agriculture in Europe and America, New York, 1925.

GREENO, Follett: Obed Hussey, Who, of All Inventors, Made Bread Cheap, Rochester, 1912.

GRIFFITH, I. T.: Population Problems of the Age of Malthus, Cambridge, 1926.

HALLUM, John: reminiscenes of the Civil War, Little Rock, 1903.

KAEMPFFERT, Waldemar: Popular History of American Invention. New York,

1924.

KOZMIN, Pjotr: Flour Milling (mukomolje), London, 1917.

LAVISSE, Ernest: Histoire de la France Contemporaine, Paris, 1920~1922.

LE CLERC: International Trade in Wheat and Wheat Flour, Washington, 1925.

LIEBIG, Justus von: familiar Letters on Chemistry and Its Relation to Commerce, Physiology, and Agriculture, New York, 1843.

MALTHUS, Thomas Robert: Observations on the Effects of the Corn Laws, London, 1814.

MAURIZIO, Adam: Die getreidenahrung im Wandel der Zeiten, Zürich, 1916.

McCORMICK, Fowler: the Development of Farm Machines, Princeton, 1941.

MICHELET, Jules: Histoire de la Révolution Française, Paris, 1898.

MILLER, Francis T.: The Photographic History of the Civil War, New York, 1911.

PARMENTIER, Augustin A.: Traité sur la culture et les usages des pommes de terre, Paris, 1789.

PARMENTIER, Augustin A.: Le parfait boulanger. La fabrication et la commerce du pain, Paris, 1778.

PERCIVAL, John: The Wheat Plant, London, 1921.

PERLMANN, Louis: Die Bewegung der Weizenpreise und ihre Ursachen, München, 1914.

QUAINTANCE, H. W.: The Influence of Farm Machinery on Production and Labor, London, 1904.

RIESENBERG, Felix: Golden Gate; the Story of San Francisco Harbor, New York, 1940.

ROGERS, George D.: History of Flour Manufacture in Minnesota, St. Paul, 1905.

RUSSELL, Edward I.: Soil Conditions and Plant Growth, London, 1921.

SANDBURG, Carl: Abraham Lincoln. The Prairie Years, New York, 1926.

SANDBURG, Carl: Abraham Lincoln. The War Years, New York, 1930.

SCHAFER, Joseph: The Social History of American Agriculture, New York, 1936.

SMITH, Rollin E.: Wheat Fields and Markets of the World, St. Louis, 1908.

STEPHENS, H. M.: The Principal Speeches of the Statesmen and Orators of the French Revolution, 1789~1795, Oxford, 1892.

TAINE, Hippolyte: L'ancien régime, Paris, 1891.

VALLERY-RADOT, René: La vie de Pasteur, Paris, 1918.

VAN DOREN, Carl: Benjamin Franklin, New York, 1939.

VOLHARD, Jakob: Justus von Liebig, Leipzig, 1909.

WAKSMAN, Salmon A.: Humus, Baltimore, 1938.

WAKSMAN, Salmon A.: The Soil and the Microbe, New York, 1931.

WALKER, Franklin: Frank Norris, New York, 1932.

WHITE, John: A Treatise on the Art of Baking, Edinburgh, 1828.

제6장 우리 시대의 빵

AGRANOWSKIJ, Aleksandr: Kommuna, sovkhoz, kombinat, Moskau, 1930.

AKERMAN, Ake: Swedish Contributions to the Development of Plant breeding, Stockholm, 1938.

ALSBERG, C. L.: Combination in the American Bread-baking Industry, Stanford, 1926.

ANTSIFEROW, BILIMOVICH, BATSHEV: Russian Agriculture During the War, New Haven, 1930.

BANE, Suda L. and LUTZ, Ralph H.: The Blockade of Germany after the

Armistice, Stanford, 1942.

BEACH, Joseph Warren: American Fiction 1920~1940, New York, 1941.

BULLER, Arthur H.: Essays on Wheat, New York, 1919.

BURBANK, Luther: Partner of Nature, New York, 1939.

CARLETON, Marc Alfred: The Small Grains, New York, 1916.

CONFERENCE INTERNATIONALE DU BLÉ: La distribution du froment dans le monde, Rome, 1927.

CONTINENTAL BAKING CORPORATION: The Story of Bread, New York, 1925.

COX, Joseph F.: Crop Production and Soil Management, New York, 1936.

CROOKES, Sir William: The Wheat Problem, Bristol, 1898.

DARBISHIRE, A. D.: Breeding and the Mendelian Discovery, London, 1911.

DARRÉ, Walter: Das Bauerntum als Lebensquell der Nordischen Rasse, München, 1928.

DAVIS, I. ST.: Stale Bread Loss, Stanford, 1923.

DE KRUIF, Paul: Hunger Fighters, New York, 1928.

DOUGLAS-IRVINE: The Making of Rural Europe, London, 1923.

EBENSTEIN, William: The Nazi State, New York, 1943.

GERHARD, Albert: Handbook for Bakers, New York, 1925.

GUMPERT, Martin: Heil Hunger! Health Under Hitler, New York, 1940.

HEVESY, Paul de: World Wheat Planning, London, 1940.

HINDUS, Maurice: Mother Russia, New York, 1943.

HOLT, John B.: German Agricultural Policy 1918~1934, New York, 1936.

HOOVER, Herbert and GIBSON, Hugh: The Problems of Lasting Peace, New York, 1943.

HOWELLS, Rulon S.: His Many Mansions, a Compilation of Christian Beliefs, New York, 1940.

HUBBARD, Leonard E.: The Economics of Soviet Agriculture, London, 1939.

ILTIS, Hugo: Gregor Mendel, Berlin, 1924. JACKS, V. and WHITE, R. O.: Vanishing Lands, New York, 1940.

JAGO, William: The Technology of Bread-making, London, 1911.

KRUEGER and TENIUS: Massenspeisungen, Berlin, 1917.

KUHLMANN, Charles B.: The Development of the Flour-milling Industry in the United States, Boston, 1929.

LIBKIND, A.: Agrarnoje perenaselenje(The Agrarian Overpopulation), Moskau, 1931.

LICHTENBERGER, André: Le third Reich, New York, 1937.

LUDWIG, Emil: Hinenburg, Philadelphia, 1936.

MACADAM, I. H.: Collection of Proverbs of All Nations on Bread and Baking, London, 1926.

MARTIN, Louis: De Tolstoi á Lénine, Montpellier, 1920.

MENASSEYRE, Robert: Politique du blé Toul, 1934.

MOHS, Karl: Mehlchemie, Dresden, 1931.

MOLOTOV, Viacheslav: Food for All. The Abolition of the Bread-card System in the Soviet Union, New York, 1934.

MORGAN, Thomas Hunt: The Theory of the Gene, New Haven, 1926.

MORRISON, Abraham E.: The Bakingpowder Controversy, New York, 1904~1907.

MOTZ, Roger: Beelgium Unvanquished, London, 1942.

NEUMANN, Max Paul: Brotgetreide und Brot, Berlin, 1929.

OLDEN, Rudolf: Hitler, New York, 1936.

OSBORNE, Thomas Burr: The Proteins of the Wheat Kernel, Washington, 1907.

RATHSACK, Karl H.: Der Speisewert der Kartoffel, Berlin, 1935.

SANDERSON, E. D.: Isect Pests, New York, 1931.

SCHIMPER, A. F. W.: Pflanzengeographie, Jena, 1935.

SEARS, Paul: Deserts on the March, Norman, Oklahoma, 1935.

SELIKHOV, M.: Russkoje mokomolje (Russian Flourmilling), St. Petersburg,

1912. SERING, Max: Die deutsche Landwirtschaft, Berlin, 1932.

SHERMAN, Henry C. and PEARSON, Constance: Modern Bread from the

Viewpoint of Nutrition, New York, 1942.

SHUB, Boris and WARHAFTIG, Zygmunt: Starvation over Europe, New York,

1943.

SNYDER, Harry: Bread, New York, 1930.

SOROKIN, Pitirim A.: Man and Society in Calamity; the Effects of War,

Revolution, Famine, Pestilence upon Human Mind, New York, 1942.

STAHL, C. J.: Die Geschichte des deutschen Bäckers, Stuttgart, 1911.

STOKLASA, Julius: Das Brot der Zukunft, Jena,1917.

SURFACE, Frank M.: The Grain Trade During the World War, New York, 1928.

TIMOSHENKO, Vladimir P.: Agricultural Russia and the Wheat Problem,

Stanford, 1932.

TROTZKY, Leo: Die russische Revolution, Berlin, 1920.

WACHSMANN, Kurt: Das Osthilfe-Gesetz, Berlin, 1932.

WALLACE, Henry Agard: Agricultural Prices, Des Moines, 1920.

WALLACE, Henry Agard: Statemanship and Religion, New York, 1934.

WALLACE, Henry Agard: The New Administration and farm Relief,

Philadelphia, 1933.

WALLACE, Henry Cantwell: The Wheat Situation, Washington, 1923.

WHITNEY, Milton: soil and Civilization, New York, 1925.

ZISCHKA, Antoine: Brot für zwei Milliarden Menschen, Leipzig, 1938.

찾아보기

옮긴이 ● 곽명단

고려대학교 영어교육학과를 졸업하였으며 옮긴 책으로 《세상의 어린이들》, 《일 잘하는 사람들의 시간
관리》, 《나는 내가 아니다―프란츠 파농 평전》 등이 있다.

옮긴이 ● 임지원

서울대학교 식품영양학과와 동대학원을 졸업했다. 논문으로 〈녹두전분의 이화학적 특성 연구〉 등이 있
으며 생명과학과 의학 분야의 논문을 다수 번역했다.

육천 년 빵의 역사

초판 1쇄 인쇄 2019년 1월 15일
초판 3쇄 인쇄 2022년 12월 20일

지은이 하인리히 에두아르트 야콥/ 옮긴이 곽명단, 임지원/ 편집 이재필/ 디자인 임나탈
리야/ 펴낸곳 써네스트/ 브랜드 우물이 있는 집/ 펴낸이 강완구/ 출판등록 2005년 7월
13일/ 등록번호 제2017-000293호/ 주소 서울시 마포구 망원로 94/ 전화 02-332-9384/ 팩
스 0303-0006-9384/ E-mail sunestbooks@yahoo.co.kr
한국어판 ⓒ 써네스트, 2019

* 우물이 있는 집은 써네스트의 인문브랜드입니다.

ISBN 979-11-86430-84-2 03900 값 24,000원